Chega
de
Saudade

RUY CASTRO

Chega de Saudade

A HISTÓRIA
E AS
HISTÓRIAS
DA
BOSSA NOVA

Projeto gráfico
Hélio de Almeida

4ª edição
revista, ampliada e definitiva

6ª reimpressão

COMPANHIA DAS LETRAS

O BIG BANG DA BOSSA NOVA:

os dois 78 rpm que mudaram a História em 1958

Para Pilar e Bianca

Copyright © 1990 by Ruy Castro

Grafia atualizada segundo o Acordo Ortográfico da Língua Portuguesa de 1990, que entrou em vigor no Brasil em 2009.

Mapas
Sírio Cançado

Revisão
Isabel Jorge Cury

Índice remissivo
Luciano Marchiori

Dados Internacionais de Catalogação na Publicação (CIP)
(Câmara Brasileira do Livro, SP, Brasil)

    Castro, Ruy, 1948-
    Chega de saudade : a história e as histórias
da Bossa Nova / Ruy Castro. — 4ª ed. — São Paulo :
Companhia das Letras, 2016.

    ISBN 978-85-359-2752-8

    1. Bossa Nova (Música) – Brasil – História e crítica
2. Música popular – Brasil I. Título.

16-03549   CDD-781.630981

Índice para catálogo sistemático:
1. Brasil : Bossa Nova : Música popular : História e crítica
781.630981

Todos os direitos desta edição reservados à
EDITORA SCHWARCZ S.A.
Rua Bandeira Paulista, 702, cj. 32
04532-002 — São Paulo — SP
Telefone: (11) 3707-3500
www.companhiadasletras.com.br
www.blogdacompanhia.com.br
facebook.com/companhiadasletras
instagram.com/companhiadasletras
twitter.com/cialetras

EM 1960, ÚLTIMO SHOW AMADOR DA BOSSA NOVA:
João Gilberto na "Noite do amor, do sorriso e da flor"

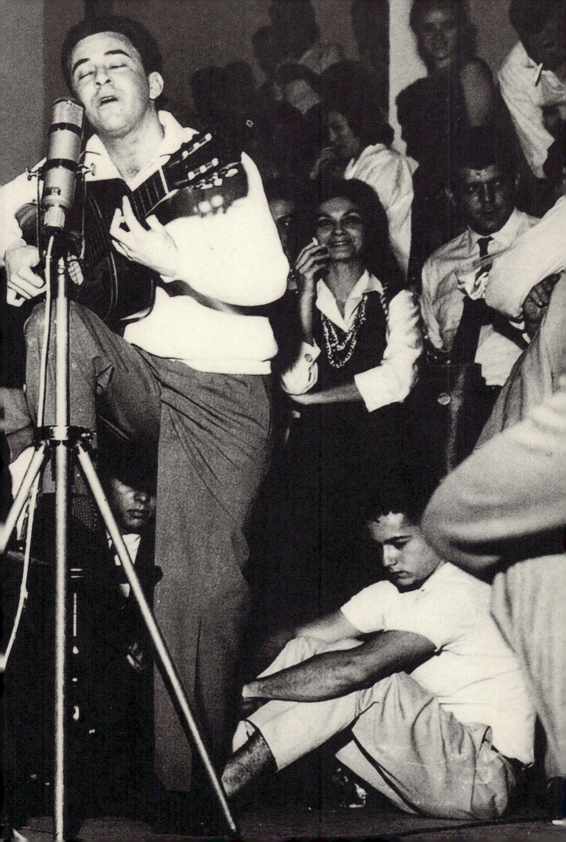

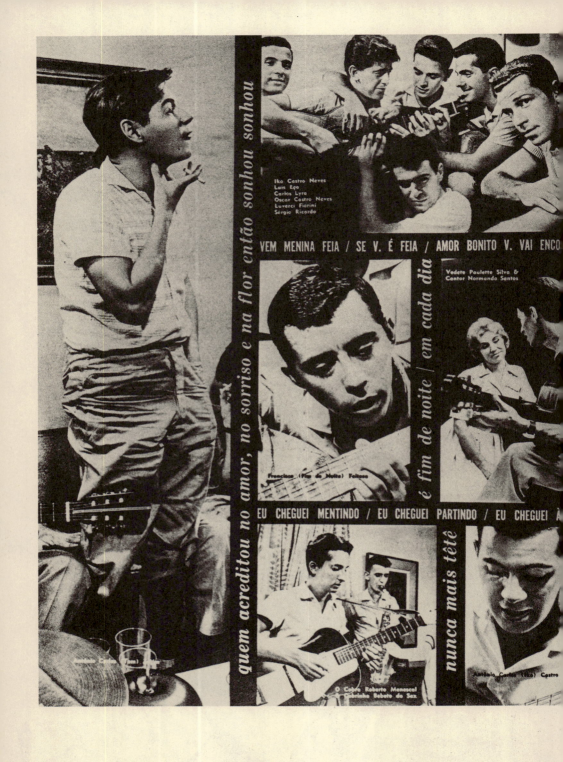

OUSADIA GRÁFICA:
O Cruzeiro adere à Bossa Nova

> *A Bossa Nova voltou mais uma vez para ficar por toda a vida.*
> Vinicius de Moraes

MÚSICA COM TOPETE:
a partir da esq., Ronie Mesquita, Ohana, Otavio Bailly, Luiz Eça, Luiz Carlos Vinhas e Bebeto Castilho — o Tamba Trio e o Bossa Três misturados

SUMÁRIO

Prólogo: Juazeiro, 1948 15

PARTE 1: O GRANDE SONHO
1. Os sons que saíam do porão.................................... 29
2. Tempo quente nas Lojas Murray............................. 45
3. A guerra dos conjuntos vocais................................. 63
4. A montanha, o sol, o mar... 85
5. Zona Sul cheia de blues.. 100
6. A turma.. 123
7. Em busca do ego perdido 137
8. A chegada da batida... 152
9. Um minuto e 59 segundos que mudaram tudo....... 171
10. Desafinado... 195

PARTE 2: O GRANDE FERIADO
11. Bossa Nova vai à escola.. 213
12. Jogo de cena 229
13. O amor, o sorriso e a flor....................................... 250
14. É sal, é sol, é sul... 268
15. Bossa Nova à venda 281
16. Garota de Ipanema 300
17. A lambida na maçã... 316
18. A flor armada... 334
19. Ponte aérea 350
20. A diáspora.. 375
21. O mundo como saída... 398

Cançãografia 419
Discografia 441
Bibliografia 467
Agradecimentos... 473
Créditos das imagens.. 477
Índice remissivo.. 481

PRÓLOGO

JUAZEIRO, 1948

O alto-falante pendurado num dos postes da rua do Apolo, em Juazeiro, Bahia, tocava "Naná", com Orlando Silva, pelo menos três vezes por dia. A folhinha dizia 1948, e "Naná", um fox-blues de Custodio Mesquita e Geysa Bôscoli, era um velho sucesso de 1940. Mas *seu* Emicles, o dono da amplificadora, não estava preocupado em tocar as últimas novidades. Em seus alto-falantes ele tocava os discos que gostava de ouvir, e só de vez em quando fazia uma concessão à paciência do seu público — *toda* a Juazeiro — e ia a Salvador comprar discos novos. Felizmente, o gosto de *seu* Emicles era amplo e variado como um arco-íris. Entre as atrações de seu repertório estavam "Canção da Índia", com Tommy Dorsey; "Caravan", com Duke Ellington; "Siboney", com Gregorio Barrios; "Musica proibita", com Carlo Buti; "Ménilmontant", com Charles Trenet; "Cambalache", com Francisco Canaro; "Dream lover", com Jeanette MacDonald. Nenhuma estação de rádio em Juazeiro — se Juazeiro tivesse uma estação de rádio — faria melhor.

E, naturalmente, a programação de *seu* Emicles também incluía muita música brasileira: "Bolinha de papel", com os Anjos do Inferno; "Onde o céu azul é mais azul", com Francisco Alves; "Boogie-woogie na favela", com Cyro Monteiro; "Ave-Maria no morro", com o Trio de Ouro; "A primeira vez", com Orlando Silva; "Adeus, batucada", com Carmen Miranda; "O samba da minha terra", com o Bando da Lua. Exceto pelos breves intervalos para a transmissão da missa e dos reclames do comércio, a amplificadora de *seu* Emicles enchia o ar de Juazeiro com música de todos os estilos, de todas as épocas e, o que era uma tortura para alguns, o dia todo — principalmente à noite, quando *seu* Emicles programava alguma atração local, ao vivo.

Enquanto a usina fornecesse energia, haveria música no ar. A hidrelétrica de Paulo Afonso ainda estava nas pranchetas e, quando a luz piscava duas ou três vezes, por volta das onze da noite, era o aviso de que dentro de dez minutos a força seria cortada e a vida social em Juazeiro teria de ser deixada para o dia seguinte. Os alto-falantes silenciavam, as lâmpadas, já anêmicas, apagavam de vez, e as famílias iam dormir. A trilha sonora, a partir daí, era fornecida pelos boêmios com seus violões. Eles permaneciam na rua, fazendo serenatas e candidatando-se à recompensa líquida de penicos que jorravam das janelas sobre suas cabeças.

Evidente que essa lei do silêncio não valia para o Carnaval nem para a roda de São Gonçalo, uma espécie de festa do candomblé, em que a cidade dançava a noite inteira ao som dos alto-falantes. Quer dizer então que Juazeiro era New Orleans? Bem, nem tanto. No começo daquele ano, por exemplo, quando a amplificadora atingiu o seu máximo de Ibope, o motivo da transmissão não teve nada a ver com música.

Raimundo, um gerente de banco de Salvador que viera a Juazeiro para instalar uma agência do Banco do Fomento Agrícola, viveu um flamejante e secreto caso de amor com uma beldade local chamada Juju. Tanto Raimundo quanto Juju eram casados, esta com o agravante de ter como marido um soldado da PM. Raimundo instalou a agência e foi a Salvador buscar a patroa, para se estabelecer de vez em Juazeiro. Mas, assim que chegou, a sra. Raimundo foi contemplada com uma coleção de cartas anônimas, daquelas com detalhes, relatando o caso de seu marido com Juju.

Pratos voaram e Raimundo poderia ter tomado diversas atitudes, mas escolheu justamente a mais inábil e pateta: foi à amplificadora,

JUAZEIRO, 1948

leu as infames cartas ao microfone e defendeu a honra de d. Juju, declarando-a uma mulher honestíssima. Encerrada a leitura, agradeceu a atenção dispensada e saiu, julgando ter esclarecido a coisa. Enganou-se, porque o militar não gostou de ver a honra de sua mulher defendida. Raimundo foi esperado na esquina por um pelotão de PMs com *esprit de corps*, os quais, entre outras coisas, lhe massagearam as gengivas com o cabo das carabinas. A tropa o convenceu a voltar para Salvador, levando a legítima esposa, e a ficar por lá. Raimundo achou melhor acatar a ideia. Quanto a Juju, continuou em Juazeiro com o marido e, felizmente, o Banco do Fomento Agrícola também. Durante muito tempo não se falou em outra coisa. A tal ponto que "Copacabana", sucesso do estreante Dick Farney em todos os alto-falantes do país, passou quase em branco justamente nos de Juazeiro.

Em 1948, Juazeiro era uma cidade de 10 mil habitantes, entre os quais um garoto de dezessete anos que todos chamavam de Joãozinho da Patu. Jorge Amado foi lírico ao descrever o lugar em seu romance *Seara vermelha*, mas a vida real ali era um desconsolo. Poucas de suas ruas eram calçadas e todas as casas possuíam chão de tijolos, que os cidadãos tinham de molhar dia sim, dia não, para refrescar o corpo e a alma. O calor era fenomenal e não conseguia ser amenizado nem pelo vento que varria Juazeiro com os redemunhos. Quando ventava era pior, porque fazia com que as pessoas literalmente mastigassem poeira. Os milhões de litros do rio São Francisco correndo na sua porta não livravam a cidade de ser um areal, em que até os cactos suavam para vingar. O São Francisco era cruel. Costumava encher sem aviso prévio, mesmo que não chovesse, e, entre outras vilanias (piranhas, por exemplo), alagava apenas as zonas pobres — tendo a cautela de poupar a praça da Matriz, um dos poucos lugares arborizados de Juazeiro e que os "ricos" preferiam para morar.

O nome da praça, como é óbvio, se devia à igreja matriz, de Nossa Senhora das Grotas. A qual, na lembrança até dos que já eram veteranos em Juazeiro naquela época, estava em obras desde que se entendiam por gente. Os garotos da cidade, amigos de Joãozinho, apelidaram a igreja de *Sinfonia inacabada*, porque era como se aquele esqueleto de vigas e andaimes já fizesse parte da fachada, e a obra não fosse terminar enquanto o velho pároco tivesse forças para extrair dinheiro do povo.

Um dos beneméritos das obras da igreja era *seu* Juveniano de Oliveira, pai de Joãozinho. Católico até dizer chega, ele seria capaz de contribuir até para uma campanha destinada a remover a caspa da batina do pároco. *Seu* Juveniano atribuía à cortesia divina o fato de, com as simples armas do curso primário, ter se tornado um dos mais prósperos negociantes de Juazeiro. Mas seu tino comercial também ajudara. Ele começara com uma loja de tecidos, expandira para o comércio de cereais, tornara-se dono de barcas no São Francisco e, em sociedade com o irmão Walter, comprara duas ou três fazendas e tinha agora até uma ilhota no rio. Como se fosse pouco, sua firma, a Oliveira & Irmão, detinha a representação da Anglo-Mexican Petroleum para toda a região do São Francisco. Só faltava coroar sua carreira tornando-se rotariano. Com tudo isso, *seu* Juveniano ainda encontrava tempo para tocar cavaquinho e saxofone como amador e ser o incentivador oficial da centenária Banda de Música 22 de Março, em Barro Vermelho, no vizinho distrito de Curaçá.

Seu Juveniano morava na praça da Matriz, numa casa grande e térrea, sempre pintadinha de fresco, recheada de filhos novos e móveis antigos. Podia ser visto diariamente, a caminho do escritório, mirrado, branquinho, elástico e asseadíssimo em suas camisas de colarinho engomado e punhos fechados com abotoaduras. Todo um folclore, provavelmente injusto, circulava a seu respeito, insinuando que ele usava palavras com o peso de dobrões de ouro para dizer coisas de mil-réis. Uma das histórias era a de que, antes de possuir um serviço de barcas e poder atravessar o São Francisco de graça, à hora que quisesse, ele se dirigia ao barqueiro, perguntando:

"Paqueteiro, quanto queres para me transportar deste polo àquele hemisfério?" — referindo-se a Petrolina, que, apesar de ficar em Pernambuco, era apenas do outro lado do rio.

O *patois* pseudoerudito não disfarçava o fato de que *seu* Juveniano nunca tinha visto um banco de ginásio, mas a verdade é que ele *era* um homem de posses em Juazeiro. O que os invejosos não entendiam era como, sendo ligeiramente rústico, conseguira casar-se em segundas núpcias (era viúvo do primeiro casamento) com a bonita e fina Patu, de Salvador. O espanto era porque ela era bonita e fina, e seus parentes, da influente família Viana, incluíam médicos, políticos e diretores de clubes chiques da capital, como o Baiano de Tênis e o Iate Clube. Dona Patu era uma mulher que impunha o respeito: austera, altaneira, ela cruzava a rua com um andar curtinho e apressado, cumprimentando as pessoas, mas sem se deter com nenhuma. As famílias é que iam visitá-la, aproveitando para admirar os seus bordados. Certa vez, num jantar que ofereceu em sua casa, serviu lavanda aos convidados e alguns se atrapalharam, achando que era para beber.

Não admira que *seu* Juveniano apostasse na educação dos filhos, que não eram poucos: ele já tinha Walter, do primeiro casamento, e, com d. Patu, vieram, em escadinha, Dadainha, Vavá, Joãozinho, Dedé, Vivinha e o caçula Jovininho. Educar aquela filharada era uma tarefa cara e difícil. Em Juazeiro, nos anos 40, a instrução parava no curso primário e, do ginásio para a frente, o destino dos garotos era Salvador ou, mais próxima, Aracaju. Mas *seu* Juveniano foi um vitorioso porque, de um jeito ou de outro, pôs um diploma na mão de cada filho. Exceto na de um, e justo aquele que todos diziam ser o mais inteligente. Naturalmente, Joãozinho.

Este, desde as calças curtas, quando voava em sua bicicleta pelas ruas estilo faroeste de Juazeiro, já havia decidido preferir o caminho mais difícil: ia tornar-se João Gilberto.

Sua mãe devia ter razão em achá-lo avoado, porque ele vivia esquecendo livros, cadernos e canetas pela rua. Certo dia, Joãozinho saiu com um par de sapatos novos e d. Patu recomendou-lhe, meio séria, meio de brincadeira, que não fosse perdê-los. Os moleques estavam jogando uma pelada no campinho e o convidaram a participar. Joãozinho tirou os sapatos para jogar, mas, lembrando-se do que sua mãe lhe dissera, enterrou-os na areia, para não perdê-los. Ao fim da pelada, foi procurá-los e não se lembrou onde os havia enterrado. Voltou descalço para casa e levou um daqueles pitos inesquecíveis.

Aos onze anos, em 1942, seu pai mandou-o para um colégio interno, o Padre Antonio Vieira, em Aracaju. Não se pode dizer que Joãozinho fosse um aluno brilhante: latim e geometria, decididamente, não eram com ele. Estava muito mais interessado em torcer por um time de futebol local, o Silvestre, e em formar conjuntos vocais com os colegas. Aos quatorze anos, numa das férias em Juazeiro, um padrinho boêmio deu-lhe um violão. Era o que ele precisava.

Aprendeu a tocá-lo pelo Método Elementar Turuna, daqueles vagabundos, impressos em papel-jornal, porque foi o primeiro que lhe caiu às mãos. O Turuna não o transformou em André Segóvia, mas ensinou-lhe posições suficientes para permitir-lhe acompanhar-se e tentar harmonizar as vozes mutantes dos colegas. A voz de Joãozinho também estava mudando e, para seu desespero, o timbre de trombone que ele começava a adquirir às vezes modulava para o de uma flauta, sem que ele esperasse. Mas aos quinze anos, quando voltou de vez para Juazeiro — sem a menor intenção de continuar os estudos —, sua voz já havia se firmado naquele tenor rico e encorpado com que ele brindaria a cidade com canções, debaixo do tamarineiro.

Uma das raras árvores em Juazeiro era um gigantesco tamarineiro na praça da Matriz. Tamarineiros gostam de terreno seco, mas aquele devia adorar, porque crescera a ponto de ficar mais alto do que qualquer casa da cidade. Sua copa produzia uma sombra sob a qual diversas gerações instalaram cadeiras para conversar — tanto que ninguém se conformou quando ele foi abatido, na década de 80. Nos tempos de adolescência de João Gilberto, o tamarineiro era tão importante para a vida de Juazeiro quanto os dois clubes sociais da cidade, o 28 de Setembro e a Sociedade Apolo Juazeirense. Encontros eram marcados à sua sombra, e seu tronco era disputado à noite pelos casais mais assanhados. Ali, negócios eram fechados, desocupados discutiam política e moças e rapazes se juntavam para tocar violão.

Um desses grupos de violão incluía os garotos Joãozinho, Waltinho, Pedrito e Alberto. Os quatro cantavam e tocavam, mas os solos vocais às vezes ficavam por conta de Waltinho, que muitos elegeram como a voz mais bonita do conjunto. (No futuro, Pedrito e Alberto iriam fazer outra coisa, mas Waltinho se tornaria o compositor e cantor Walter Santos, autor de "Amanhã".) O líder e arranjador do grupo era Joãozinho.

Debaixo do tamarineiro, eles ensaiaram todo um repertório para o dia em que se atrevessem a cantar ao microfone da amplificadora de *seu* Emicles. Seus *hits* eram "Marina", que Dorival Caymmi tinha acabado de lançar, e a espanhola "Malagueña salerosa". Mas, na verdade, cantavam tudo o que ouviam nos alto-falantes. Se dependesse de algum dos quatro, acanhadíssimos, eles nunca teriam se aproximado de *seu* Emicles e o mundo não saberia o que perdeu. Mas um primo de Joãozinho, Dewilson, convenceu o dono da amplificadora a deixá-los se apresentar de vez em quando. Eles cantaram, agradaram e tornaram-se minicelebridades na região. Não que fossem os Mills Brothers. Acontece que a vida noturna em Juazeiro não era das dez mais emocionantes. Assim, até um pequeno espetáculo ao vivo, mesmo que com jovens artistas do lugar, era sempre um acontecimento.

A cidade tinha um único cinema, o Apolo, cujos filmes já haviam acumulado poeira de pelo menos dez anos quando chegavam lá — e foi por isso que Joãozinho pôde ver todos os velhos musicais de Fred Astaire e Ginger Rogers na RKO, fora de moda nos grandes centros. (Era tão alucinado por Fred Astaire que falou até em aprender a sapatear.) Depois do filme, havia o *footing* obrigatório na rua do Apolo, com o alto-falante a toda, e, às onze, a usina dava o toque de recolher. Para os rapazes, uma alternativa às serenatas era a zona de prostituição, na rua da Boa Esperança. (No Carnaval, as prostitutas formavam um cordão e desfilavam pela cidade, com suas bocas e roupas em technicolor. Era considerado o cordão mais bonito.) Mas não há notícia de que, mesmo aos dezoito anos, Joãozinho tivesse passado perto da Boa Esperança.

Era nos fins de semana que a vida, afinal, ganhava mais sentido, com os bailes nos clubes. O 28 de Setembro contava com uma orquestra comandada pelo saxofonista Babauzinho, que Joãozinho admirava. No Carnaval, Babauzinho fazia dois bailes por dia: o dos adultos, à noite, e o da tarde, para os garotos, aos quais Joãozinho comparecia. Não ia para brincar — e, para ser franco, não gostava muito de Carnaval —, mas para acompanhar suas amigas Merita, Belinha e Ieda e, ocasionalmente, esguichar lança-perfume em suas axilas. Mas o que gostava mesmo era de ouvir Babauzinho.

Depois de meses limando o gogó na amplificadora de *seu* Emicles, surgiu a chance de Joãozinho e seus amigos se apresentarem num baile do 28 de Setembro — felizmente, fora do Carnaval. Como acontece nos filmes, a orquestra de Babauzinho não poderia tocar, por qualquer motivo, e Joãozinho, Waltinho, Pedrito e Alberto foram convidados a substituí-la. Seria a sua primeira apresentação com cachê e eles deram um trato especial ao arranjo de "Malagueña", com que iriam abrir o show. Prometia ser uma grande noite para eles e — esperavam — para o público.

E foi mesmo, mas não como previam. Assim que atacaram os primeiros acordes de "Malagueña", estourou uma briga no salão, envolvendo um popular médico da cidade, o dr. Lauro, e o marido de uma das senhoras da sociedade local. Qual terá sido o pivô? A briga recebeu imediatas adesões e as garrafas e cadeiras preencheram o espaço aéreo. No meio daquele banzé, Joãozinho, Waltinho, Pedrito e Alberto continuaram cantando a plenos pulmões, tentando impor as belezas de "Malagueña". Sua amiga Merita lembra-se até hoje de como Joãozinho insistia em cumprir sua obrigação, cantando no meio daquele tumulto. Mas, quando uma garrafa passou mais perto, ele e os companheiros convenceram-se de que era mais prudente dar o fora. O baile acabou ali, mas, no dia seguinte, Joãozinho insistiu e recebeu o cachê.

Outros bailes viriam, inclusive o *réveillon* de 1949, e Joãozinho cantou em vários deles. Sua potência de voz era suficiente para que ele se fizesse ouvir em todo o salão, não importava que o público cantasse junto. Com um bom microfone, podia-se ouvir cada *tremollo* seu — o que, junto com a perfeita afinação, era uma de suas especialidades. A voz de Joãozinho não chegava a partir cristais, mas a de Orlando Silva, sua maior admiração, também não chegava a esses extremos — e Orlando era sensacional até em sambas e marchinhas, como provara em outros carnavais com as suas gravações de "Jardineira", "Jurei, mas fracassei" e "Meu consolo é você". Quando o chamavam de "o novo Orlando Silva", Joãozinho ficava todo prosa — porque era exatamente o que ele queria ser.

Estava vivendo agora em função da música e de mais nada. O violão tornara-se quase que uma parte do seu corpo, e uma de suas distrações era ficar na janela de casa, cantando para as moças que passavam na praça da Matriz com seus vestidos de babados. Algumas canções eram recados marotos, como "Um cantinho e você", um sucesso corrente de Dick Farney. Mas os recados, se chegavam a ser entendidos, eram levados na brincadeira pelas moças, porque Joãozinho, apesar de viver cercado de amigas, nunca teve namorada em Juazeiro. Se pudesse, teria namorado Ieda, a garota mais bonita da cidade — uma gaúcha cujo pai, funcionário público, fora transferido para lá. Ieda era loura, de olhos verdes e incandescia o coração dos rapazes. Ela gostava que Joãozinho fizesse serenata à sua janela, mas, na hora de escolher um namorado, deu preferência a um jovem chamado Charles, que as outras moças disputavam. Os rapazes de Juazeiro olhavam para Charles com os longos olhos da inveja e, como não podiam vencê-lo no terreno das conquistas, reduziam-no despeitadamente à condição de bocó e tentavam superar-se no que sabiam fazer, como cantar e tocar violão.

Para Joãozinho, o violão calçou como uma luva a sua personalidade retraída. Não que ele fosse tímido. Seus contemporâneos de Juazeiro o descrevem como tudo, menos isso. Se fosse, não se abriria a ponto de suspirar e dizer para a turma:

"Eu queria me casar com uma bailarina..."

Ou não dedicaria canções às moças da cidade, ao microfone da amplificadora. Ao contrário: era engraçado, tagarela e podia ser deliciosamente perverso, quando atribuía essas dedicatórias a outros rapazes que já tinham namorada, obrigando-os a ter de se explicar com elas e divertindo-se ao vê-los encalacrados. Mas bastava a entrada de um estranho na roda para que ele se escondesse por trás do violão. Sem perceber, começou a transformar o instrumento num escudo, para impedir que o mundo chegasse muito perto. Por sorte, o mundo raramente ia a Juazeiro.

Seu pai não gostava nem um pouco dessa história de violão. Em seus projetos, Joãozinho seria médico, engenheiro, advogado ou alguma outra profissão de doutor. E, se não fosse nada disso, seria o seu herdeiro na sociedade com o irmão. *Seu* Juveniano ainda não se dera conta de que Joãozinho não viera ao mundo a negócios ou para estudar. E, além de outras idiossincrasias, Joãozinho era o menos religioso numa família de carolas e beatas. Nem Dadainha, a irmã mais velha e a única com alguma ascendência sobre ele, conseguia arrastá-lo para a *Sinfonia inacabada*. (Anos depois, Joãozinho se tornaria religioso a ponto de benzer-se até para entrar em elevadores. Mas, em Juazeiro, ele parecia distante dessas preocupações.) As ausências de Joãozinho na igreja já deixavam seu pai numa posição absolutamente esquerda diante dos outros, mas o que o irritava de verdade era o fato de que Joãozinho não queria nada com nada, que não fosse o violão.

Tentando botá-lo na linha, parou de dar-lhe os trocados de praxe para o cinema, as jujubas e outros investimentos juvenis. Isso criou um problema para Joãozinho, que ficou sem dinheiro para cigarros (havia começado a fumar) e, principalmente, para as cordas do violão. Qualquer outro teria se curvado ao rigor paterno. Mas ele foi socorrido pela pronta solidariedade dos amigos, que passaram a tirar dinheiro de suas mesadas e a fazer uma vaquinha para subsidiar-lhe as cordas — com o que as noites de Juazeiro continuaram a ser embaladas pelas suas interpretações de "Naná".

Mas, como se não bastassem as pressões de seu pai, Juazeiro estava ficando pequena demais para Joãozinho. Aos dezoito anos, que acabara de completar em junho de 1949, sentia-se preparado para voar longe com sua voz. A primeira escala teria de ser Salvador, aonde ia de vez em quando, de trem, com seu primo Dewilson. A viagem durava 24 horas pela Leste Brasileira, com pernoite em Senhor do Bonfim, e eles levavam bananas para comer no caminho. Nessas idas a passeio à capital limitava-se a flanar pela cidade e a namorar por fora os edifícios das estações de rádio — sem coragem para entrar e dizer que era cantor. Afinal, não sabia a quem procurar. Mas, em Salvador, moravam vários de seus primos importantes, como Jovino, Alípio e Yulo. Quando fosse morar lá, eles o ajudariam na única coisa de que precisava: penetrar numa daquelas estações. Sua voz faria o resto.

Nas últimas rodas de violão sob o tamarineiro, assim que decidiu ir embora de Juazeiro, Joãozinho fazia um ar gaiato, abria os braços e, antecipando o que o esperava em Salvador, anunciava para os amigos:

"Champanhe, mulheres e música, aqui vou eu!"

E foi.

PARTE

1

O GRANDE SONHO

1

OS SONS QUE SAÍAM DO PORÃO

No verão de 1949, os nativos estavam inquietos no país do Carnaval. As cuícas iriam roncar nas ruas do Rio em fevereiro, e as válvulas dos Philcos já pegavam fogo ao som dos sucessos daquele ano. De três em três minutos, a Rádio Nacional martelava "Chiquita bacana", com Emilinha Borba, e "General da banda", com Blecaute. Era um massacre, a que nem os surdos eram poupados. E até que aquele não seria um Carnaval dos piores: alguns sambas e marchinhas eram divertidos, como o eufórico "Que samba bom!", a sacana "Jacarepaguá", o ranzinza "Pedreiro Waldemar". E dezenas de outros, feitos para durar apenas o tempo de uma *prise* de lança-perfume Rodouro no baile do Quitandinha, em Petrópolis, mas que as pessoas aprendiam e cantavam. As escolas de samba existiam em função dos sambistas, não dos cambistas — não que elas fossem muito importantes para o Carnaval. E, como não existia a televisão, ninguém ficava apalermado em casa, vivendo vicariamente o espalhafato alheio. Saía-se às ruas para brincar e, durante os dois primeiros meses do ano, todo o Rio de Janeiro era um Carnaval com um elenco de milhões. Mais exatamente 2 377 451 figurantes, segundo diria o IBGE em 1950.

Dito assim, parece que era ótimo, mas, para quem não gostava de samba e Carnaval, podia ser um inferno. Naquele verão de 1949, por exemplo, uma turma de moças e rapazes da Tijuca, na Zona Norte carioca, tinha mais o que fazer além de saracotear em volta do Rei Momo. Estavam muito ocupados reformando, pintando e decorando uma espécie de porão de 140 metros quadrados na rua Dr. Moura Brito, 74. Não era exatamente um porão, mas o andar térreo, com entrada independente, de um sobrado cuja parte residencial ficava no pavimento superior. As moças se chamavam Joca, Didi e Teresa Queiroz, tinham entre quinze e dezessete anos e, como todas as suas amigas, usavam rabo de cavalo, saias xadrez, meias soquete e suspiravam por Robert Taylor. As três estudavam no Instituto Brasil-Estados Unidos, eram primas e moravam no sobrado da família.

Elas promoveram um mutirão com seus amigos do bairro e deixaram o porão estalando de novo: enceraram o chão de tábua corrida com Parquetina; forraram o teto com uma lona listrada de verde e branco; improvisaram um minibar com uma velha geladeira Norge, a ser abastecida com estoques de Crush, Guará e Coca-Cola; e — o mais importante — empapelaram as paredes com capas de discos, recortes de *Life* e *O Cruzeiro*, fotos e tudo o mais que se referisse aos seus cantores favoritos, Frank Sinatra e Dick Farney. (Mais tarde, a decoração seria enriquecida com uma ampliação de 1,5 metro × 1 metro, mostrando os dois ídolos — juntos!)

Perto da entrada, Joca, Didi e Teresa emolduraram as partituras de "Night and day", de Cole Porter, e "Copacabana", de João de Barro e Alberto Ribeiro, cortadas ao meio, formando um retângulo. As duas canções eram emblemas daquela época. "Night and day", lançada em 1932 por Fred Astaire, tornara-se quase propriedade particular de Sinatra nos anos 40 e, juntamente com sua coleção de gravatas-borboleta, tinha sido uma das principais causas de desmaios femininos durante a Segunda Guerra. (Os menores de cem anos podem não acreditar, mas Frank *era* um símbolo sexual naquele tempo. Era também tão magro que, quando andava pelo palco com o microfone na mão — foi um dos primeiros cantores a fazer isso —, tinha de tomar cuidado para não ficar invisível atrás do fio.) E "Copacabana" era a canção que revelara o brasileiro Dick Farney e demonstrara aos infiéis que era possível ser *moderno*, romântico e sensual em português, sem os arroubos de opereta de Vicente Celestino.

Toda a agitação de Joca, Didi, Teresa e seus amigos tinha um motivo: o porão estava sendo maquiado para tornar-se a sede de um fã--clube — o primeiro do Brasil.

Na sua identidade secreta de Farnésio Dutra, o carioca Dick Farney provavelmente não iria muito longe. Mas, com um nome charmoso como esse, dedos aveludados pelo piano da orquestra de Carlos Machado no Cassino da Urca, no tempo do jogo, e com o seu jeito "casual" e macio de cantar, suas chances decuplicavam. Com um único disco, ele se tornara a resposta nacional às preces de uma boa parcela de brasileirinhos do pós-guerra, apaixonados pelas bandas de *swing*, pelos *crooners* e pelos conjuntos vocais americanos. Para esses jovens — cuja grande restrição a Carmen Miranda era a de que ela não voltara suficientemente americanizada —, o mundo não era um pandeiro, mas as sofisticadas harmonias de Axel Stordahl para os discos de Sinatra na Columbia. Ou, no máximo, o mar de violas, violinos, celos e oboés do maestro Radamés Gnattali, lambendo as areias e sereias cantadas por Dick naquela música. Farney gravara "Copacabana" na Continental em julho de 1946, aos 25 anos. Então, num gesto inédito para um cantor brasileiro estreante, nem esperara a cera esfriar e deixara o seu público a ver navios na praça Mauá, embarcando num deles para a suprema aventura: tentar carreira na América como cantor americano.

Vencer cantando em inglês nos Estados Unidos parecia um delírio, numa época em que artistas brasileiros só tinham alguma utilidade por lá como figurantes sestrosos de filmes de Walt Disney passados na Bahia. (Ou será que não? Afinal, seu xará Dick Haymes era argentino — e, apesar de tudo, era Dick Haymes!) É verdade que Farney já viajara levando no bolso um contrato inicial de 52 semanas com a cadeia de rádio NBC — ideia de um orquestrador americano chamado Bill Hitchcock, que o ouvira na Urca. E a situação por aqui não parecia brilhante para os cantores como ele, que deviam ser ninados por uma grande orquestra. O presidente Eurico Gaspar Dutra ameaçara fechar os cassinos ("Voxê qué xabê? Eu vou fechar os caxinos", dissera, com sua dicção peculiar) e fechara mesmo. Com isso, fechou também as orquestras que trabalhavam neles e desempregou inúmeros *crooners*.

O que Dick podia perder indo embora? Não muito, e talvez desse certo. Tinha boa estampa, inglês afiado, voz de Bing Crosby (mas com uns toques de Sinatra) e, principalmente, já era senhor de um invejável piano jazzístico. E não é que deu certo? Em pouco tempo começaram a chegar relatos de que Dick estava realmente abafando nos cabarés chiques de Los Angeles, gravando novidades como "Tenderly" na Majestic Records, e de que até ganhara dois programas de rádio só para ele, patrocinados pela Pepsi-Cola e pelos cigarros Chesterfields. Claro que havia quem desse gargalhadas silenciosas e não acreditasse.

Para calar os incréus, gravações ao vivo desses programas, em *V-discs* trazidos pelo pai de Dick, começaram a circular pelas rádios do Rio, como a prova do crime. (Os *V-discs* eram acetatos de dezesseis polegadas, em 33 rpm, que os Aliados lançaram durante a Segunda Guerra, para bombardear o Eixo com glenn-millers. Faziam parte da propaganda. Com a vitória final de "In the mood" sobre "Die fahne Hoch", esses trambolhos passaram a servir para gravar de tudo, mas só as rádios tinham equipamento para tocá-los.) A partir daí, ninguém mais duvidou de que havia americanos pagando ingressos para ouvir um brasileiro chamado Dick Farney.

Nos dois anos e meio que se seguiram à sua partida, sua gravadora brasileira, a Continental, continuara injetando no mercado doméstico os discos que ele havia gravado e deixado estocados aqui antes de ir embora. Suas interpretações de outras canções tão *modernas* quanto "Copacabana", como "Ser ou não ser", "Marina" e "Esquece", foram sendo lançadas em conta-gotas durante 1947 e 1948, na expectativa de ajudar a manter o culto a Farney para o caso de, um dia, ele voltar.

Dick, *voltar*? A essa altura, ninguém por aqui acreditava nisso. Os mais ufanistas achavam que, a continuar naquele ritmo, Dick poria rapidamente o próprio Sinatra no chinelo e, a exemplo de Carmen Miranda, só voltaria ao Brasil para passear. Afinal, sua gravação de "Tenderly", uma balada do pianista Walter Gross — na época, acompanhante do jovem Mel Tormé — tinha ido para o *hit parade* americano e todo mundo sabia que, quando crescesse, essa canção se tornaria um *standard*. O que Dick viria fazer aqui?

Mas aconteceu que, em dezembro de 1948, ele anunciou a sua volta ao Rio de Janeiro — para ficar. Deixaria para trás o que havia conquistado lá fora, para retomar a carreira no Brasil. Ninguém entendeu direito, mas, sendo os brasileiros como são, muitos viram nisso uma atitude patriótica e sua popularidade aqui chegou ao máximo. Não o questionaram por voltar. Se tivessem feito isso e Dick respondido — como muitos outros, antes e depois dele —, "Não me dei bem com a comida", "Tive saudades de mamãe" ou "Não há, ó gente, oh não, luar como este etc.", todos certamente achariam muito natural. Mas Dick não falou essas platitudes, e nem elas faziam o seu figurino de homem bem-nascido, urbano e viajado.

A verdade é que ele voltou porque expirara o seu contrato com a NBC e não havia nada de muito promissor imediatamente à vista — uma situação corriqueira para qualquer artista em seu país, mas incômoda para um estrangeiro.

E, além disso, ele *estava* com saudades de mamãe.

Poucos meses antes da volta de Dick Farney, a praça Mauá recebera outro brasileiro vindo de Nova York: o radialista Luís Serrano, que descera do navio com uma mala cheia de discos e duas ou três ideias na cabeça. Os discos eram as últimas bolachas lançadas nos Estados Unidos pela Capitol, uma gravadora fundada em 1943, em Los Angeles, pelo compositor Johnny Mercer. Em pouco tempo a Capitol se tornaria, artística e comercialmente, a marca mais atrevida do mercado. Toda gravadora precisa de pelo menos um astro para começar, não? Pois a Capitol em pouco tempo teria o guitarrista Les Paul (ele mesmo, o inventor da famosa guitarra), as bandas de Woody Herman e de Stan Kenton, o famosíssimo "King" Cole Trio, conjuntos vocais como os Mel-Tones de Mel Tormé e os Pied Pipers de Jo Stafford, e cantoras como Peggy Lee, Dinah Shore e Nellie Lutcher. Que tal? Só que nenhum deles era estrela quando a Capitol os contratou. Mas não demoraram a tornar-se e, quando isso aconteceu, a Capitol ficou sendo a gravadora mais quente do planeta. Até construiu aquele revolucionário edifício em forma de uma pilha de discos, na Vine Street, em Los Angeles.

Em 1948, ela viu no Brasil um mercado a conquistar e cogitou ter um representante aqui. O intermediário foi Luís Serrano e a gravadora brasileira premiada com a representação foi a Sinter, ainda mal saída das fraldas — não por coincidência, de propriedade do irmão de Luís, Paulo Serrano. Os primeiros discos daqueles ases começaram a sair no Brasil em 1950, o que pouparia os fãs do jazz de terem de disputá-los quase a tapa nas lojas importadoras do Rio, como a Murray e a Suebra.

Luís Serrano trouxe outra ideia, que não demorou a pôr em prática: comandar um programa diário na Rádio Globo, das 18h às 18h30, chamado *Disc-Jockey*. O próprio nome era o máximo do *moderno* e, entre outras modernidades, ele tocaria discos (quase toda a música que se ouvia no rádio era ao vivo), falaria de artistas e promoveria um intenso intercâmbio entre os fãs. Tal e qual se tinha começado a fazer nos Estados Unidos. E, como lá, esse intercâmbio ficaria muito mais fácil e lhe renderia notícias se os fãs se reunissem em clubes — fãs-clubes —, cujas atividades ele divulgaria e municiaria com discos. (Com uma compreensível preferência pelas próximas atrações internacionais da Capitol.)

Serrano estreou o programa no final daquele ano e soltou no ar a ideia dos clubes. As meninas Joca, Didi e Teresa foram as primeiras a comprar a ideia. Em poucos dias, elas botaram de jeito o porão na Tijuca; comunicaram a Serrano quem seriam os patronos; este alertou os fãs de Sinatra e Farney pelo microfone da Rádio Globo; os fãs começaram a aparecer na rua Dr. Moura Brito; Dick Farney ia voltar para o Brasil — e, em fevereiro de 1949, ignorando o escarcéu de cuícas e reco-recos que vinha do bárbaro mundo exterior, declararam abertos os trabalhos do Sinatra-Farney Fan Club.

Onde já se sonhava, sem saber, com a Bossa Nova.

Resmas de fantasias têm sido escritas sobre o Sinatra-Farney Fan Club, principalmente depois que se descobriu que ele foi uma espécie de manjedoura de muitos nomes que futuramente fariam a Bossa Nova. Por causa dessas fantasias, leitores inocentes já foram levados a acreditar que se tratava de um clube noturno, aonde as pessoas iam para beber e ouvir talentos imberbes que logo ficariam famosos em várias especialidades — Tom Jobim, Vinicius de Moraes, Luiz Bonfá, Billy Blanco, Jô Soares, Johnny Alf, João Donato, Paulo Moura, o pianista Raul Mascarenhas (pai do futuro saxofonista), o violinista Fafá Lemos, a dupla de compositores Klécius Caldas e Armando Cavalcanti, os cantores Nora Ney, Doris Monteiro e Mirzo Barroso, o ator Cyl Farney e o diretor de cinema e televisão Carlos Manga.

Bem, o Sinatra-Farney também adoraria ter sido assim — algo como o Minton's, na rua 118, em Nova York, onde todos os futuros craques do be-bop se libertaram da primeira chupeta. A verdade não é tão romântica — porque Jobim, Vinicius, Bonfá, Blanco, Doris e Jô, apesar de frequentemente citados como tais, nunca foram sócios do clube. Mas não foi uma história menos fascinante, nem menos estrelada, porque todos os demais citados o foram. E foi também uma história que, provavelmente, só poderia ter acontecido na Tijuca, onde a maioria deles morava.

Apesar de tijucano, da classe de 1927, Antonio Carlos Jobim nunca pôs os pés no Sinatra-Farney, e por um motivo simples: sua família mudara-se para Ipanema quando Tom tinha menos de um ano de idade e, depois disso, ele raramente voltou lá. Em 1949, quando o clube foi fundado, Tom completara 22 anos, acabara de casar-se com Teresa Hermanny, sua namorada de infância, e já começara a "apostar corrida com o aluguel" — o que o obrigava a varar madrugadas ao piano de todas as boates e inferninhos da Zona Sul. Mesmo que quisesse, o já profissional da noite Tom Jobim não teria tempo nem saúde para um fuzuê de estudantes e amadores como o Sinatra-Farney. Em sua lua de mel, então, nem pensar — principalmente numa época em que a lua de mel era considerada o apogeu do casamento.

O já consagrado poeta e recalcitrante diplomata Vinicius de Moraes não foi nem poderia ter sido sócio do clube. Nos dezessete meses de existência real do Sinatra-Farney, de fevereiro de 1949 a julho de 1950, Vinicius estava servindo em Los Angeles. O violonista Luiz Bonfá, estrela do conjunto vocal Quitandinha Serenaders, também nunca foi visto nas imediações da Moura Brito pelos outros sócios. Já a única associação do futuro compositor Billy Blanco com o Sinatra-Farney foi amorosa, por namorar (e depois casar-se com) uma das sócias fundadoras, Ruth, prima de Carlos Manga. (Mas, quando isso aconteceu, o Sinatra-Farney já havia acabado.) E Jô Soares realmente tocou bongô com antigos membros do clube nas *jam sessions* que o Sinatra-Farney promoveu num bar em Copacabana, na rua Belfort Roxo — mas também nunca foi um associado, nunca teve a carteirinha verde, nunca atrasou as mensalidades e, certamente, nunca se perdoou por isso.

Para muitos sócios, mesmo entre os que depois se tornariam celebridades, ter pertencido ao Sinatra-Farney foi uma das maiores coisas de suas vidas. Pergunte ao saxofonista Paulo Moura. Ele tinha dezessete anos, era aprendiz de alfaiate e por pouco não deixou de ser aceito como sócio. Ao chegar ao clube e solicitar inscrição, sua admissão dependeria do que soubesse fazer com o clarinete que trazia debaixo do braço. (Todos os associados tinham de dançar, cantar ou tocar alguma coisa, mesmo mal — mas não *muito* mal.) O garoto tocou umas escalas e suas *examinadoras*, com os ouvidos calejados pelo que ouviam Benny Goodman fazer com o mesmo instrumento, não pareceram muito impressionadas. Moura passou raspando no teste, e só porque o clube estava com falta de um clarinetista. Dois anos depois, Paulo Moura enfrentaria uma banca mais complacente, a da Escola Nacional de Música, e faria tão melhor as tais escalas que seria não apenas aprovado, como o obrigariam a entrar direto no quinto ano. Aquelas meninas eram rigorosas demais.

Quanto a Johnny Alf, então com vinte anos, era ele quem estava precisando de um piano. Comparado aos outros associados, o jovem Alf (na realidade, Alfredo José da Silva) podia ser considerado pobre. Seu pai era um cabo do Exército que fora convocado para lutar na Revolução de 1932 e morrera em combate no vale do Paraíba, quando ele tinha três anos. Sua mãe, empregada doméstica, fora trabalhar numa casa de família na Tijuca e levara Alfredo com ela. A patroa de sua mãe gostava de música e do garoto. Ela o matriculou no IBEU, onde lhe deram esse apelido, e o fez estudar piano clássico com a professora Geni Bálsamo. Mas, como tinha de dividir o instrumento com os outros membros da família, Alf passava mais horas ouvindo os discos do "King" Cole Trio ou do pianista inglês George Shearing do que propriamente praticando. Quando soube que o Sinatra-Farney tinha um piano inativo a maior parte do tempo, venceu a sua impressionante timidez e inscreveu-se. Foi fácil aceitá-lo: bastou que Alf abrisse o piano e corresse os dedos sobre ele durante quinze segundos.

O piano do Sinatra-Farney era um velho Playel marrom, de armário, heroico ex-acompanhante de filmes mudos e com um teclado tão cariado que mais parecia egresso do cinema surdo. Tinha sido cedido pelo associado Manga, cuja mãe queria livrar-se dele e pensava em vendê-lo ao burro sem rabo. Estava desafinado até a última nota, mas, com a doação, o clube despejou uma família de baratas que o habitava, entregou-o a um afinador e mandou envernizá-lo. Alf teve permissão para passar as tardes durante a semana — fora do *expediente* normal do clube — estudando e ensaiando coisas como "I'm in the mood for love" e "How high the moon", desde que não fizesse muito barulho.

Barulho era o principal problema do Sinatra-Farney. Apesar da liberalidade dos donos da casa, o dr. José Queiroz e d. Jandira, pais de Joca, e de d. Zeca, mãe de Didi e Teresa, as moças só tiveram permissão para instalar um clube no porão se não incomodassem os vizinhos. O que limitava as atividades do Sinatra-Farney às tardes e noites de sábado, embora boa parte da música que se ouvisse ali, no princípio, saísse de uma precária vitrola montada pelo pai do associado Oswaldo Carneiro. Consistia de um único alto-falante, um amplificador afônico e um toca-discos que rodava exclusivamente discos de 78 rpm — cujas agulhas RCA Victor, daquelas de aço, descartáveis, eram do comprimento e espessura de espinhos de rosas. Eram essas agulhas do tempo de Enrico Caruso que cavalgavam bravamente os moderníssimos arranjos de Pete Rugolo para a orquestra de Stan Kenton naqueles discos Capitol de selo roxo — que ainda não tinham saído no Brasil, mas que Luís Serrano fornecia com o maior prazer. O fã-clube podia ser dedicado a Sinatra e Farney, mas a paixão dos sócios por Stan Kenton era, no mínimo, avassaladora. Sua gravação de "Artistry in rhythm" só faltava ser ouvida de joelhos.

Os 78s eram a grande matéria-prima do clube, embora fossem objetos de alto risco: tinham de viajar pela cidade e quebravam com a maior facilidade. Apenas um associado, o inglês Derek, tinha carro; os ônibus viviam lotados, o Rio nem sequer cogitava o metrô e a principal condução era o bonde. É um milagre que tantas pilhas de discos tenham chegado inteiras ao clube naquele leva e traz. No ano anterior, 1948, a Columbia americana havia lançado os primeiros *long-playings* em 33 rpm e já havia alguns por aqui, mas poucos no Brasil tinham aparelhos para tocá-los. As contracapas dos LPS anunciavam orgulhosamente que se tratava de *unbreakable microgrooves* — microssulcos inquebráveis —, e mais de um aplicado aluno do IBEU destroncou a língua ao tentar pronunciar isso.

A notícia de que saíra um disco novo de Sinatra provocava alvoroço, embora isso não tivesse nada de raro. Estrelas como ele soltavam um disco a cada quinze dias nos Estados Unidos, já que os 78s continham apenas duas músicas. Com algum atraso, esse disco acabava aportando no Rio e era a senha para juntar todo mundo no clube, ao redor do objeto santificado. Os discos eram fantasticamente resistentes ao uso normal, mas, no caso dos mais tocados (como "That old feeling", lado A, e "Poinciana", lado B, com Sinatra, gravação Columbia, selo azul), a cera passava rapidamente do preto-azeviche para um cinza leitoso, depois de semanas sendo submetido ao suplício das agulhas.

A adoração por Sinatra era tanta que se Farney não tivesse voltado ao Brasil e não comparecesse em pessoa ao clube, seus fãs se contentariam perfeitamente com Frank. Sendo este o deus inatingível, é claro que eles nunca exigiriam nada dele, a não ser que continuasse gravando duas maravilhas a cada quinze dias. Acontece que, como se não bastasse, o Sinatra-Farney tinha a sensação de ver o seu amor correspondido, já que o clube escrevia para Frank e este *escrevia* de volta! Através da Columbia americana, Luís Serrano lhes conseguira o "endereço" de Sinatra (na verdade, da central de seus fãs-clubes nos Estados Unidos), e o resultado é que, periodicamente, o correio despejava na rua Dr. Moura Brito fotos carinhosamente "autografadas", discos "inéditos" e farto material sobre Sinatra.

Juntamente com Serrano, o maior provedor de preciosidades do Sinatra-Farney era Dick Farney. Assim que chegou dos Estados Unidos, ficou encantado em saber que havia um fã-clube brasileiro em sua homenagem — e, o que é melhor, um fã-clube que se ajustava ao seu *low profile*, sem as macaquices histéricas que se dispensavam a certos cantores. Os rapazes e moças da Tijuca eram sérios, com quem ele podia esquecer-se de que era *the romantic Brazilian troubador*, como o chamavam na América. Com eles, podia falar de jazz moderno, discutir estilos de piano e até contar sobre as últimas inovações estilísticas que estavam sendo feitas na Costa Oeste por uns sujeitos chamados Gerry Mulligan, Lee Konitz e Lennie Tristano.

Os meninos do Sinatra-Farney eram também pessoas que ele podia convidar à sua casa (na realidade, a casa de seus pais, com quem morava), na rua Dr. Júlio Ottoni, em Santa Teresa. A intimidade era tanta que, às vezes, o próprio Dick se encarregava de ir à Tijuca para fazer o carreto de alguns deles no seu Cadillac conversível, preto, com capota branca, que ele comprara de Carmen Miranda e trouxera dos Estados Unidos. As reuniões em sua casa consistiam de longos bate-papos, em que Dick descrevia os seus encontros com os heróis de todos eles — Nat, Mel, Woody, Anita e, suprema glória, Frank —, os quais ele chamava com a maior naturalidade pelo primeiro nome. "Bem, aí eu disse ao Frank..." Todos esses bate-papos eram ilustrados com aqueles discos que *só* ele tinha, como um acetato com Sinatra cantando e o presidente Truman ao piano. Ou então Dick ia logo para o piano e, acompanhado por seu irmão Cyleno à bateria, mostrava sem cerimônias o que estava querendo dizer. Quase todas as suas reuniões tornavam-se um show.

Embora nunca tivesse ocorrido a um membro do Sinatra-Farney que Dick pudesse estar fazendo farol a respeito de sua intimidade com os ídolos americanos (afinal, para que serviam as fotos em que aparecia com eles?), havia surtos de palpitações no clube quando um desses ídolos vinha se apresentar no Rio e era recebido por Dick em sua casa — na presença de seus fãs tijucanos. Foi assim quando se anunciou que Billy Eckstine estava a caminho, para cantar no Golden Room do Copacabana Palace. Os garotos prepararam um arranjo vocal de "I apologize" para recebê-lo no aeroporto, mas, à última hora, Eckstine não apareceu e a decepção foi grande. Mas Stan Kenton — *Stan Kenton!* — passou por aqui, de férias, vindo da Argentina, e foi visitar Dick. Não veio para se apresentar, mas um dos músicos que estavam de férias com ele executou um ou dois solos com uma sócia mais airosa do clube.

Nada superou, no entanto, a noite em que o Sinatra-Farney roçou cotovelos com o cantor Frankie Laine na casa de Dick. Como é inevitável entre cantores, acontecia às vezes que Laine também resolvesse exemplificar alguma informação cantando — e de repente, ali estavam os garotos, ouvindo um de seus heróis a fazer em pessoa o que fazia nos discos: cantar "That's my desire". E todo o clube sentiu-se um pouquinho responsável quando, anos depois, Frankie Laine gravou — em português — "Não tem solução", de Dorival Caymmi e Carlinhos Guinle, que Dick lhe ensinara em sua casa.

No verão de 1950, o Sinatra-Farney tinha cinquenta sócios pagantes. Poucos, mas escolhidos. Os não sócios só podiam comparecer às reuniões se recomendados por um sócio, mesmo que fosse o milionário jazzófilo Jorginho Guinle, que foi levado por Dick, ou o adolescente Ivan Lessa, torcedor irrestrito de Billy Eckstine. O que limitava o número de associados era a condição de que todos deveriam saber fazer alguma coisa — uma exigência a que muitos, por timidez, não conseguiam atender e ficavam de fora. Mas, uma vez aceitos, todos se imbuíam de uma deliciosa certeza de vocação artística, mesmo que nem sempre com o talento correspondente.

Uns se julgavam dançarinos, outros tocavam algum instrumento (e, nesse ponto, os já profissionais como o violinista Fafá Lemos levavam vantagem). Todos, sem exceção, cantavam, ou, no mínimo, eram craques em *dublar* gravações famosas. A maioria queria acreditar que, como nos musicais com Gene Kelly, Sinatra e Ann Miller (*Um dia em Nova York* era o sucesso daquele ano), a música brotaria repentinamente das nuvens — por uma invisível orquestra da MGM, regida por Lennie Hayton —, e era só sair sapateando pelas calçadas, sem que nenhum transeunte olhasse torto.

O Sinatra-Farney dava-lhes a chance de fazer isso. Ou pelo menos, parecido. A princípio, os seus espetáculos aconteciam no porão da rua Dr. Moura Brito. O forte eram os arremedos de *jam sessions*, com a indefesa "The more I see you" submetida aos caprichos de Johnny Alf ou Raul Mascarenhas ao piano ou do atrevido Donato ao acordeão. Encenavam também *sketches* cômicos, em que dois dos sócios ridicularizavam a *grotesquerie* de seus vilões favoritos, Bing Crosby e Al Jolson, dublando o seu dueto em "The Spaniard that blighted my life". (O grande rival de Farney, Lucio Alves, era ignorado de propósito.) Eles se aventuravam também em números de dança, gincanas de "quem está cantando?" e testes de conhecimentos sobre a trívia mais *recherchée* da música americana. Mas o grande sucesso, naturalmente, eram as participações especiais do próprio Dick, que ia ao clube com frequência e engarrafava o trânsito na Tijuca quando estacionava o seu rabo de peixe na rua Dr. Moura Brito.

Muito do que se cantava ou tocava ali era gravado num pré-diluviano aparelho Revere americano, de rolo, do tamanho de uma mala. (Aliás, o estojo do Revere *era* uma mala e, apesar do peso, também viajava de bonde pela cidade, da casa dos sócios para o clube e vice-versa.) Fitas virgens eram difíceis de conseguir, o que os obrigava a apagar coisas já gravadas para gravar outras em cima, apesar de lhes cortar o coração. Assim, possíveis preciosidades, como as primeiras piruetas de Donato ao acordeão em "I wish I knew" e de Alf ao teclado em "Stella by starlight" — tudo isso se perdeu.

Os sons que saíam do porão raramente agradavam muito à vizinhança. Por isso, pontualmente às dez da noite, a dupla de PMs que fazia a ronda ao quarteirão batia à porta do clube para lembrá-los da existência de uma lei do silêncio. Muito a contragosto, é verdade, porque, enquanto não chegava a hora, os jovens PMs esqueciam-se da ronda e ficavam na calçada, curtindo a música. Foi quando o Sinatra-Farney sentiu que estava crescendo demais para limitar-se aos eventos no porão. Se não podiam ter o Radio City Music Hall de Nova York à sua disposição, só lhes restava conquistar o Rio de Janeiro.

As primeiras atividades a transbordar do porão foram as *jam sessions*. A princípio elas passaram a acontecer nas tardes de sábado, em *dancings* como o Avenida e o Brasil, na av. Rio Branco, e depois mudaram-se para a boate Chez Penny, em Copacabana. Muitas vezes eram visitados por principiantes já profissionais, como o pianista Jacques Klein e o sax-tenor Cipó, que adoravam tocar com eles. Ou pelo veterano sax-soprano americano Booker Pittman, que morava havia anos no Brasil, mas cuja cabeça nunca saíra dos bordéis de Storyville, em New Orleans. (Booker era bem recebido, apesar de seu instrumento ser detestado por todo mundo. Ainda não começara a mania mundial pelo sax-soprano, e os únicos praticantes conhecidos na face da Terra, além de Booker, eram Sidney Bechet e o brasileiro Ratinho, parceiro de Jararaca.)

Mas as *jams* eram pequenas para acomodar todos os talentos do clube, e este passou a oferecer pacotes fechados de atrações a quem quisesse *contratá-los* para animar suas festas. (Belos contratos. Não apenas os meninos não eram pagos, como não recebiam dinheiro para o bonde e nem mesmo para um lanche durante os ensaios. O *pagamento* era a possibilidade de participar das festas e exibir os seus dotes.) Foi assim que o Sinatra-Farney se estendeu ao Tijuca Tênis Clube, ao Fluminense, à Associação Atlética Banco do Brasil, apresentou alguns quadros musicais e de humor num espetáculo beneficente no Teatro Municipal do Rio e chegou até a viajar para exibir-se em Curitiba.

O diretor artístico e sócio fundador do clube era o estudante de direito e caixa do Banco Boa Vista Carlos Manga. Entre os privilégios de seu cargo estava o de ser o imitador oficial de Sinatra no clube — embora os despeitados, que viram suas propostas de admissão recusadas, dissessem que essa função deveria caber a Dick. Como diretor, a ideia que Manga fazia de um espetáculo *moderno* consistia em montar o cenário como um bar em estilo americano e fazer com que o casal Tecla e Natanael irrompesse no palco rasgando um telão e dançando o *jitterbug* (uma espécie de dança de são Guido em ritmo de *boogie--woogie*). Hoje isso pode parecer antigo, mas, numa dessas, impressionou tanto o cineasta Milton Rodrigues que este convidou Manga para ser seu assistente num dramalhão que estava rodando, *O pecado de Nina*, com Fada Santoro. Manga aceitou e levou com ele o irmão de Dick, Cyleno, que se tornou o galã Cyl Farney. A partir de 1951, os dois estariam juntos, como diretor e astro, nas principais chanchadas da Atlântida — execradas, naturalmente, por seus ex-companheiros do Sinatra-Farney, que já achavam pobres até os musicais da Fox.

Mas, por mais que se espalhasse e conquistasse territórios, o Sinatra-Farney continuava a depender do porão na Moura Brito. Era lá que Joca, Didi e Teresa recebiam os sócios, planejavam os ensaios, acertavam as apresentações e centralizavam as atividades. Em julho de 1950, morreu d. Zeca, mãe de Didi e Teresa. O sobrado foi vendido e as duas moças foram morar com parentes em Belo Horizonte. Joca e seus pais mudaram-se para um apartamento na Urca, impróprio para abrigar clubes. Só isso seria suficiente para desarticular o Sinatra-Farney, mas outras coisas aconteceram.

Como era inevitável, algumas das principais estrelas do clube, como Donato, Alf, Paulo Moura, Raul Mascarenhas e Nora Ney, começaram a profissionalizar-se. Cyleno e Manga eram agora homens de cinema. Outros sócios se casaram e passaram a viver em liberdade condicional. O próprio Dick se casara, com o que passara a ter menos tempo para seus fãs, e também se mudara para a Urca. Até permitira que a correspondência do clube fosse enviada para o seu novo endereço, na rua Almirante Gomes Pereira, mas já não era a mesma coisa. E, para completar o estrago feito involuntariamente no clube pela instituição do casamento, o próprio Sinatra casou-se com Ava Gardner e entrou no seu famoso inferno astral. O sucesso pareceu abandoná-lo: durante os três anos seguintes, até 1953, tudo que ele gravava parecia errado; seus filmes eram horríveis; e ninguém gostava de vê-lo toureado por Ava com o matador espanhol Dominguin. Como ser fã de alguém que está sendo chifrado pela mulher com um toureiro?

Foi quando começou nos Estados Unidos a moda de um cantor chamado Johnnie Ray, um baladeiro ultrarromântico (e, curiosamente, surdo), cuja grande façanha musical era pronunciar monossílabos como *"cry"* em três sílabas: *"ccc-rrr-yyy"*. "Cry" era o título do seu maior sucesso. Os sinatras-farneys não se converteram a Johnnie Ray, preferindo ficar órfãos. Mas o clube tinha chegado ao fim.

Fim em termos porque, durante uns poucos anos, ele continuou vivo em espírito. Algumas *jam sessions* na nova casa de Dick ainda foram feitas em nome do Sinatra-Farney. Outras vezes essas reuniões aconteciam no apartamento de Jorginho Guinle, no Flamengo, e, como incluíam ex-membros do Sinatra-Farney, deram o pretexto a alguns que as frequentavam, como Vinicius de Moraes, de dizer que haviam pertencido ao clube.

As *jams* que mais preservaram o velho espírito — porque tinham na arquibancada muitos dos antigos associados — foram as que Paulo Moura promoveu em sua casa, na Tijuca, em 1954. Elas reuniam, além dos ocasionais Donato e Alf, menores de vinte anos como o pianista Luizinho (Eça), o guitarrista Durval (Ferreira), o gaitista Maurício (Einhorn) e um dente de leite de treze anos, chamado Bebeto, que, então indeciso entre o sax-alto, a flauta e o contrabaixo, acabaria escolhendo todos no futuro Tamba Trio. Os sons que eles produziam já não eram os do Sinatra-Farney e ainda não chegavam a ser os da Bossa Nova que viria, mas Joca, Didi e Teresa não perderiam por esperar.

2

TEMPO QUENTE NAS LOJAS MURRAY

Poucos meses depois de criado, no próprio ano de 1949, o Sinatra-Farney olhou em volta e se deu conta de que não estava sozinho no mercado carioca de fãs-clubes. Nem podia estar, com a zoeira promovida pelo programa de Luís Serrano na Rádio Globo e, agora, pelo *Hit Parade* de Paulo Santos, na Guanabara, estimulando a criação de mais clubes. Não haveria associados que chegassem. Organizou-se rapidamente o Glenn Miller Fan Club, que os jazzistas desprezavam. Uma outra turma da Tijuca, na rua Pereira Nunes, não perdeu tempo e reagiu com o Stan Kenton Progressive Club. Seu fundador, Silvio Wander, era vendedor da loja de discos Suebra, na Cinelândia, e recebia os Kentons ainda quentes do forno nos Estados Unidos. Esse clube, sim, azucrinava a vizinhança.

O nome era uma referência ao autodenominado *progressive jazz* de Kenton, que estava dividindo violentamente as opiniões de críticos e fãs de jazz em toda parte. Em termos de polêmica, foi um barulho das dimensões que Miles Davis aprontaria em 1970, quando eletrocutou o jazz e criou aquele avantesma chamado *fusion*. Musicalmente, a comparação não se aplica porque o que Kenton promoveu foi um estranho — para muitos, genial — *swing* com sotaque sinfônico, que os espíritos de porco classificavam como um cruzamento entre o jazz e o "Pássaro de fogo", de Stravinsky, com quem Kenton estudara.

Os conservadores resmungavam que a bombástica banda de Kenton não suingava — o que era uma injustiça, porque ela suingava muito mais do que Stravinsky, embora não tanto quanto Count Basie. Além disso, Kenton e seus fãs não estavam a fim de bailes. Stan conquistara um público de jovens *diferentes*, embora muito parecidos entre si, fossem brasileiros, cubanos ou americanos. Eles eram alucinados pelas suas ousadias harmônicas e pelo autêntico balaio de ritmos que ele fazia caber nos velocíssimos três minutos de cada gravação. Kenton parecia uma variação particular de Midas: tudo que tocava virava Kenton aos ouvidos de seus devotos.

E ele não tinha preconceitos: gravava desde os grandes sucessos como "Begin the beguine" ou "The man I love", que todas as bandas tocavam, até certo tipo de material do qual elas não chegariam perto nem com máscaras contra gases, como tangos, valsas e boleros. Kenton era fascinado por ritmos latinos, principalmente cubanos, mas gravava até canções brasileiras, como "Tico-tico no fubá", de Zequinha de Abreu, e "Delicado", de Waldir Azevedo, que aprendia com seu guitarrista nascido em Miracatu, SP, Laurindo de Almeida. Não importava o que Stan tocasse. Ao passar pela caneta de seu arranjador, o siciliano Pete Rugolo, qualquer canção saía timbrada com o estilo Kenton. É uma sorte que Laurindo não lhe tenha ensinado "Vem cá, Bitu".

Todos os seus músicos eram venerados (e era preciso pular miudinho para acompanhar as trocas de formação em sua orquestra), mas os garotos tinham especiais xodós pelo baterista Shelly Manne, os trompetistas Shorty Rogers e Maynard Ferguson, os saxofonistas Bill Holman e Lee Konitz, os trombonistas Frank Rosolino e Bill Russo e, principalmente, por Pete Rugolo. Esses eram as estrelas. Mas havia também o conjunto vocal de Kenton, The Pastels, revolucionariamente harmonizado por ele e Rugolo. E as suas vocalistas? Primeiro, Anita O'Day; depois, June Christy; em seguida, Chris Connor. Saía uma, entrava outra, e cada qual melhor. O homem era um demônio para descobri-las. E que outra orquestra tinha um líder com a sua personalidade? Kenton era um pianista de 37 anos, com explosões gasosas de temperamento e que, periodicamente, ameaçava abandonar o jazz, jogar tudo para o alto e trocar a profissão de *band-leader* pela de psiquiatra (!). Nem em 1 milhão de anos essa ideia ocorreria a Harry James, marido de Betty Grable.

A criação do Kenton Progressive na Tijuca, no entanto, não alterou a cotação do dólar no Sinatra-Farney, porque os dois grupos admiravam igualmente "Blues in riff", "Eager beaver", "Southern scandal" e os outros grandes sucessos de Stan. E, por sua vez, até os kentonianos mais hidrófobos, em suas recaídas românticas, suspiravam ao ouvir "I didn't know what time it was", com Sinatra, e tinham tremendo respeito por Farney como pianista — embora nem tanto como cantor. (Nenhum problema nisso: o próprio Dick se considerava muito mais pianista do que cantor.) Era uma *entente* mais do que cordial. Os dois clubes eram vizinhos e se visitavam, trocavam discos e figurinhas e tinham até sócios em comum, sem que isso fosse considerado dupla militância. Um desses era João Donato, que tinha uma foto de Kenton no porta-retratos sobre o seu criado-mudo.

Mas a reação foi muito diferente quando um grupo da rua Marquês de Olinda, em Botafogo, teve a audácia de criar o Dick Haymes-Lucio Alves Fan Club, em meados de 1949. A provocação era total. Como alguém poderia preferir Dick Haymes, um reles carbono vocal de Bing Crosby, a Sinatra? E desde quando Lucio Alves poderia ser comparado a Dick Farney, a ponto de merecer um fã-clube? Curiosamente, não ocorria aos membros do Sinatra-Farney que Farney, como cantor, devia tudo ou quase tudo a Crosby, não a Sinatra — e que, se havia alguém de fato original entre os dois brasileiros, era Lucio Alves. O que os ligava era o tipo de repertório e o fato de ambos terem, como se dizia , "voz de travesseiro".

Outro motivo pelo qual os fãs de Sinatra não levavam Dick Haymes a sério era porque, além de ser um "imitador" de Bing, Haymes parecia um abutre dos empregos que Frank ia largando para trás. Tinha sido assim em 1939, quando Sinatra deixou a orquestra de Harry

James para cantar com a de Tommy Dorsey — e Haymes entrou em seu lugar. A coisa se repetiu em 1942, quando Sinatra deixou Tommy Dorsey para tentar carreira solo — e, mais uma vez, foi Haymes quem o substituiu com Dorsey. E, finalmente, Haymes também deixou Tommy Dorsey para tentar carreira solo. Só faltava agora Sinatra separar-se de sua mulher, Nancy Barbato, e Dick Haymes casar-se com ela. (Isso não aconteceu — mas quase. Sinatra separou-se de Nancy para casar-se com Ava Gardner e, rapidamente, Haymes iria também separar-se de sua mulher, mas para casar-se com Rita Hayworth.)

Dessa vez, a parada era dura para o Sinatra-Farney, porque os animadores do Dick Haymes-Lucio Alves Fan Club eram Ney Lopes Cardoso, chefe de vendas das lojas Tonelux, e o jornalista Sylvio Tullio Cardoso, que mantinha uma coluna de discos no *Diário da Noite* (e, logo em seguida, em *O Globo*), e ainda apresentava um programa de jazz na Rádio Guanabara. Nos piores pesadelos dos sinatras-farneys, eles já imaginavam uma conspiração — envolvendo um jornal, uma rádio e uma loja de eletrodomésticos (que vendia discos e vitrolas) — para esmagar os seus ídolos e substituí-los pelos usurpadores, aliciando jovens inocentes. Naturalmente, isso nunca passou pela cabeça de Ney e Sylvio Tullio, mas a preocupação dos sinatras-farneys pareceu ter fundamento quando se descobriu que havia um quinta-coluna em suas hostes.

Um de seus associados mais queridos era também membro do Dick Haymes-Lucio Alves. Houve um alvoroço em busca da serpente no orquidário. E quem era o traidor? João Donato.

Donato não apenas era fã de Lucio Alves como cantor, o que já seria heresia suficiente, mas ainda o admirava como arranjador de conjuntos vocais, que eram a coqueluche da época. A perfídia de Donato se revelou quando ele foi ouvido assoviando distraído — em plenos domínios do Sinatra-Farney — o fabuloso arranjo vocal de Lucio para "Eu quero um samba", gravado pelos Namorados da Lua. Era o cúmulo. "Calabar! Judas Iscariotes!", gritaram vários, querendo submeter Donato sumariamente à prancha. Joca, Didi e Teresa o encostaram a um canto para a corte marcial. Quando Donato admitiu que havia ido "uma ou duas vezes" ao Haymes-Lucio, as moças lhe deram um ultimato:

"Você é que escolhe. Ou fica conosco e nunca mais põe os pés naquele antro, ou vai de vez", sentenciou Joca.

"Está bem, vou ficar com vocês", balbuciou Donato. Elas o perdoaram e ele, com as mãos enfiadas nos bolsos das calças curtas, foi rir baixinho num canto. E, naturalmente, continuou frequentando o Haymes-Lucio às escondidas.

O que elas queriam? Além de ser inútil esperar altas fidelidades de um garoto de quinze anos (que era a idade de Donato), bastava conhecê-lo para saber que ele exerceria dupla, tripla e até múltiplas militâncias em termos de fãs-clubes. Aliás, faria *qualquer* coisa para ficar longe de casa e escapar à sufocante relação com seu pai, um ex--major da Aeronáutica e piloto da Nacional Aerovias. O pai de Donato atribuía ao acordeão as seguidas reprovações de seu filho em latim. Donato era bom em ginástica e canto orfeônico, mas essas matérias pesavam pouco. Naquele mesmo ano de 1949, iria repetir pela quarta vez o primeiro ano do ginásio, até desistir de vez de estudar. Seu pai queria esfolá-lo vivo.

Mas, dentro do Sinatra-Farney, Donato devia saber onde pisava, para se atrever a frequentar o território inimigo. Poucos meses antes, o sempre elegante Dick Farney tentara pôr panos quentes naquela rivalidade boba entre os seus fãs e os de Lucio Alves — propondo levar ao clube nada menos do que o próprio Lucio. (Para que eles o conhecessem e vissem que, além de grande cantor, era um ótimo sujeito etc.) Os sócios tiveram de concordar, porque não recusariam nada a Dick. Marcou-se dia e hora, mas, para a maioria deles, a perspectiva de ver aquele homem de bigodinho entrar no porão da rua Dr. Moura Brito, de braço dado com Farney, era pior do que se o próprio Dick Haymes fosse apanhado na cama com Ava Gardner. (Aliás, é um espanto como isso não aconteceu.)

O clube foi satanicamente preparado para receber Lucio Alves. Se ainda houvesse um centímetro vago nas paredes, sem fotos ou recortes sobre Sinatra ou Farney, eles o preencheram — para deixar

Lucio bem constrangido. Não que isso fosse muito difícil. Os meninos o saudaram com educação e frieza quando ele entrou no terreno minado, pisando como se o chão tivesse sido atapetado com papel pega-moscas. Serviram-lhe Crush morno, perguntaram como ia a família e deixaram que Dick conduzisse a conversa. Este falou de sua admiração e amizade pelo outro. O outro retribuiu em igual medida e ambos explicaram que, se cantavam mais ou menos o mesmo tipo de repertório, era porque tinham os mesmos gostos. Depois do rasga-seda, em que não faltaram elogios ao comportamento civilizado dos fãs-clubes, Dick foi para o piano e Lucio pegou o violão. Os meninos bateram palmas apenas formais quando Lucio cantou "De conversa em conversa", mas aplaudiram freneticamente o acompanhamento de Farney ao piano. Foi quase sutil.

Com pouco mais de uma hora de visita, Lucio despediu-se e, para todos os efeitos, desfizera-se a hostilidade a ele. Mas bastou que virasse as costas para que os sinatras-farneys lhe mostrassem a língua e lhe dessem adeusinho com o polegar na ponta do nariz. E, com ou sem fãs-clubes, a coisa não iria melhorar nos anos seguintes.

Aos olhos de hoje, a traição de Donato ficou fácil de explicar. Para quem realmente tivesse alguma ideia de tornar-se músico ou cantor no Rio de 1950, fora dos passionalismos infantojuvenis dos fãs-clubes, era quase impossível escapar à admiração por Lucio Alves. Os fãs de Dick Farney, por exemplo, às vezes confundiam o cantor e pianista com o galã que ele também era, estimulados pelas suas calças de flanela, as gravatas-borboleta e o seu chuca-chuca louro. Com Lucio, ninguém corria esse risco.

Lucio Alves, seis anos mais moço do que Dick, foi talvez o primeiro *cult singer* brasileiro. Todo mundo que o ouvia na Rádio Tupi, como solista do seu grupo, Os Namorados da Lua, ficava deslumbrado e achava que ninguém mais o conhecia — como se ele não estivesse no ar, e o ar não fosse grátis, ao alcance de qualquer um que tivesse rádio. Aos poucos, teve tantos fãs desse tipo que o compositor

Silvino Neto, pai do futuro comediante Paulo Silvino, batizou-o de "o cantor das multidinhas" — em contraste com Orlando Silva, que era o "das multidões". Orlando, por sinal, era o herói de Lucio, que, por não saber inglês, se sentia muito mais ligado à música brasileira do que Farney. Mas, como todos os cantores jovens do seu tempo, ele também não podia escapar à influência americana. Os Namorados da Lua, dos quais era o *crooner*, violonista e arranjador, tinham como modelo um fabuloso conjunto vocal americano, os Starlighters. E, como solista, Lucio era magnífico ao adaptar as bossas de Crosby e, mais tarde, Haymes, ao seu jeito de cantar samba ou música romântica.

Lucio fundara Os Namorados da Lua em 1941 — aos quatorze anos de idade, um prodígio. Deixando crescer o bigodinho, parecia muito mais velho e, com isso, podia apresentar-se com o grupo naqueles templos da perdição, os cassinos Atlântico e Copacabana, que tinham sob contrato os maiores músicos do Brasil. Durante os anos 40, os Namorados da Lua competiam com os Anjos do Inferno em prestígio entre os conjuntos vocais, mas, ao contrário destes, que eram um sucesso de vendas, eles só conseguiram emplacar um disco nas paradas: justamente "Eu quero um samba"; de Janet de Almeida e Haroldo Barbosa — o arranjo que denunciara Donato no Sinatra-Farney. Mas, como os conjuntos vocais nascem para morrer, e o fechamento dos cassinos foi o beijo da morte em muitos deles, Lucio desfez o grupo em 1947 e embarcou na sua própria carreira individual. Estava indo bem cantando sozinho, mas, em 1948, aos 21 anos, resolveu embarcar também para os Estados Unidos, e justamente na bagagem dos Anjos do Inferno, que haviam ido para o México e mandaram chamá-lo para uma temporada americana.

Léo Vilar era o líder dos Anjos. Ele levara o conjunto para a excursão, mas, no meio do caminho, casou-se com uma cubana e abandonou-os. Lucio foi convidado a substituí-lo em Nova York. Os Anjos não eram só competentes, eram safos. De saída conseguiram contratos em boates luxuosas, como o Blue Angel e o Reuben Bleu, cantando brejeirices em português, como "Doralice", "Bolinha de papel" e "Eu sambo mesmo". Isso, apesar de estarem perfeitamente ilegais perante o Departamento de Imigração americano. Como se vê, não tiveram a menor culpa de que o nome com que se apresentavam nos Estados Unidos — Hell's Angels — ficasse depois associado a um outro tipo de grupo, muito menos musical.

Nas asas dos Anjos do Inferno, Lucio tinha tudo para ser feliz na América. Os Anjos recebiam e pagavam em dia e tinham trabalho em várias cidades. Em Nova York, Lucio tornou-se amigo de Dick Farney, seu conhecido no Rio apenas de obas, olás e repertório. Dick circulava por toda parte como se estivesse em casa, e o apresentou a músicos famosos com quem trabalhara em Los Angeles. Lucio ficava de boca aberta nessas apresentações, mas não conseguia emitir som. *Ele* não estava em casa e preferia não se afastar muito do hotel Somerset, na rua 46 com Broadway. Até que conheceu e ficou inseparável de Jorge Aminthas Cravo — *Cravinho* —, um jovem baiano rico que estudava administração de empresas na Universidade de Syracuse, perto de Nova York. Nas folgas de Lucio, os dois circulavam pela rua 52, que era o quarteirão musical mais quente de Manhattan e, às vezes, era como se estivessem em Copacabana.

Cravinho o animou a gravar um acetato numa loja de discos que procurava um *crooner* para a orquestra de Tex Beneke. Lucio relutou, mas gravou "Too marvelous for words", com as palavras em inglês cuidadosamente ensaiadas por Cravinho. Beneke chegou a ouvir e dizem que gostou de Lucio. Talvez até mandasse chamá-lo. Mas Lucio não quis esperar. Antes de completar um ano fora do Brasil, no fim mesmo de 1948, pegou um DC-4, voltou para o Rio e justificou-se:

"Tive saudades do feijão."

Mas não se arrependeu. Voltou para retomar o seu lugar de minissensação como cantor independente e guru dos conjuntos vocais nas Lojas Murray. E, como sabemos, ganhou até fã-clube.

Havia uma loja de discos e eletrodomésticos chamada Murray, na esquina das ruas Rodrigo Silva e Assembleia, a poucos metros da av.

Rio Branco, no centro do Rio. Embora a razão social fosse *Lojas* Murray, ela não tinha nem uma filial para justificar aquele otimismo. Mas quem passasse pelas suas portas nos fins de tarde, em qualquer dia da semana, notaria um rumor tão intenso na sobreloja que juraria estar ali o maior movimento de discos do comércio carioca — e só uma parte do fuzuê podia ser atribuída à presença dos craques do Vasco da Gama, campeão da cidade em 1949 e base da Seleção Brasileira de 1950, que faziam ponto ali.

Na verdade, a Murray até que vendia pouco, em comparação com o entra e sai de gente que a frequentava. Na sua sobreloja reuniam-se, diariamente, os meninos dos fãs-clubes; os integrantes dos conjuntos vocais, que não eram poucos; todos os músicos que gostavam de jazz, entre os quais o homem que eles respeitavam absolutamente, o violonista Garoto; estrelas do jornalismo e do rádio, como Sergio Porto, Sylvio Tullio Cardoso, Paulo Santos e Eustórgio de Carvalho, aliás Mister Eco, e futuros jornalistas como Ivan Lessa, José Domingos Rafaelli e Carlos Conde; e jazzófilos por atacado, divididos em torcidas — a favor do estilo de New Orleans, do *swing*, do *be-bop* e do que seria o moderno jazz da Costa Oeste. A Murray era a melhor importadora de discos da cidade, mas poucos tinham dinheiro para comprar os novos LPS americanos de dez polegadas. A maioria ia lá para trocar ideias ou 78s, tendo como trilha sonora, grátis, as novidades que chegavam à loja, colocadas para tocar por dois vendedores igualmente jazzmaníacos, Jonas e Acyr.

Enquanto os frequentadores tomavam partido por estilos de jazz, a Murray tomava prejuízo porque, na maior parte do tempo, os clientes de verdade — os que compravam discos — não conseguiam chegar ao balcão, nem atrair a atenção dos vendedores. Jonas e Acyr estavam sempre muito ocupados arbitrando as discussões sobre, digamos, a superioridade de Sarah Vaughan diante de Ella Fitzgerald, durante as quais a gravação de "Black coffee", com Sarah, era tocada até cinco vezes em menos de uma hora contra outras tantas de "How high the moon", com Ella. Os torcedores de Fitzgerald argumentavam que Vaughan apenas *parecia* melhor porque, atrás dela, em "Black coffee", estavam os arranjos à la Kenton de Joe Lippman, nitidamente influenciados por Pete Rugolo, e aí era covardia.

Bem, se era assim tinha-se de tocar os discos de novo, porque a discussão deixara de ser sobre as cantoras e se transferira para os arranjos. Por causa disso, pilhas de Kentons eram baixadas das prateleiras, postos para rodar e começava tudo outra vez. As discussões pegavam fogo, com cada litigante tentando falar mais alto do que o outro e todos querendo se fazer ouvir, enquanto Kenton, no disco, fazia seu naipe de metais (cinco trompetes, cinco trombones) soprar cada vez mais forte. Era o caos. O gerente da loja, seu Álvaro, temendo uma conflagração, subia correndo as escadas da sobreloja e pedia que se falasse mais baixo. A discussão esfriava, com a vitória por pontos de Sarah sobre Ella, mas, no dia seguinte, voltava a ferver, dessa vez com uma querela entre os fãs de Jo Stafford contra os de Dinah Shore.

Além do arrebatamento pelos ídolos supremos — Sinatra, Kenton, Vaughan —, os deuses de todos os frequentadores da Murray eram os conjuntos vocais americanos. Os grupos mais queridos eram os Pastels, os Starlighters, os Modernaires (que começaram como um apêndice da orquestra de Glenn Miller e seguiram por conta própria, quando Miller tomou aquele avião), os Pied Pipers (que tinham feito muito bem em se desligar de Tommy Dorsey) e o Page Cavanaugh Trio. Eles eram ouvidos em contrição pelos jovens, que conseguiam identificar as mais finas firulas de harmonia naqueles 78s, embora o som fosse de amargar. Discos desses conjuntos não faltavam na Murray — o que, infelizmente, não acontecia com os de outro que, até por gravar pouco, era o que mais emocionava a turma: os Mel-Tones, pilotados por Mel Tormé. Suas gravações de "What is this thing called love", acompanhados pela orquestra de Artie Shaw, e de "Bewitched", tendo por trás os homens de Kenton, faziam os rapazes perder o sono — razão pela qual ninguém entendeu quando, naquela época, Tormé desfez os Mel-Tones para cantar sozinho. Houve quem jurasse nunca perdoá-lo por desmanchar o melhor conjunto vocal do planeta.

Não admira que, habitando esse universo sonoro, todo mundo na Murray sonhasse com uma única coisa: fazer parte de um conjunto vocal. Alguns já faziam, como Jonas Silva e Acyr Bastos Mello, os balconistas da loja. Juntamente com o arranjador Milton Silva, o violonista Alvinho Senna e o pandeirista Toninho Botelho, eles eram Os Garotos da Lua. Se o nome lhes soa familiar, não é por acaso: os Garotos se apropriaram não apenas de parte do nome, mas de muitas ideias dos recém-extintos Namorados da Lua, de Lucio Alves — os quais, por sua vez, já haviam tomado emprestado do Bando da Lua, de Aloysio de Oliveira, essa mesma inspiração lunar. (Era uma epidemia de lua nesses conjuntos vocais: havia também os Vaga-Lumes do Luar, embora estes só piscassem ocasionalmente.)

Os Garotos eram tidos como o mais *brasileiro* dos conjuntos — não porque fossem nordestinos, mas só porque, ao contrário dos outros, não viviam cantando músicas americanas. Isto é, não as cantavam em inglês. Mas não tinham nada contra as versões de Inaldo Villarim para "Caravan" e "In the mood", que chegaram a gravar em 1946, ou as de Haroldo Barbosa para as popularíssimas "All of me" ("Disse alguém") e "The three bears" ("Os três ursinhos"), seu sucesso na Rádio Tupi. E não se envergonhavam nem um pouco de reproduzir, tintim por tintim, os arranjos *ultracool* do trio de Page Cavanaugh para estas duas últimas canções.

Os Garotos da Lua estavam na praça desde 1946. Depois de passar fome em seus primeiros tempos no Rio, tinham sido contratados pela Tupi na vaga dos Namorados da Lua, e ela os escalava quase todo dia no programa *Parada de Sucessos*, tiranicamente comandado por Almirante. Não se pode dizer que tivessem muita liberdade. Certa noite, estavam cantando um arranjo de Cipó para "Feitiço da Vila", completamente inspirado em Stan Kenton. Almirante, que ouvia o programa em sua casa enquanto jantava, deixou a sopa pela metade e irrompeu na rádio, com o guardanapo no pescoço, mandando-os rasgar o arranjo, para que ninguém jamais "cantasse aquilo de novo".

Como todos os grupos sob contrato com uma rádio, os Garotos da Lua não levavam boa vida. Além das obrigações normais de renovar continuamente o repertório, tinham de estar sempre a postos para atender a emergências, como compor uma canção sobre um tema de encomenda, vesti-la com um daqueles arranjos para lá de rococós, ensaiá-la à exaustão e ir ao ar com ela, ao vivo, na ponta da língua — tudo isso, muitas vezes, da noite para o dia. Como conseguiam dar brilhante conta do recado é um mistério: nenhum dos Garotos lia música. Mas, depois que se habituaram a fazer duas refeições por dia, resolveram se multiplicar para agradar à Tupi e continuar satisfazendo aquele hábito.

A concorrência era feroz e, em certo momento, havia mais conjuntos vocais no Rio do que rádios, gravadoras e boates capazes de absorvê-los. Vinham quase todos do Norte e pareciam surgir em nuvens, como gafanhotos. Mesmo com os Anjos do Inferno e o Bando da Lua fora do Brasil, os microfones eram poucos para acomodar os Quatro Ases e Um Coringa, os Titulares do Ritmo, os Vocalistas Tropicais, o Trio Nagô, o Grupo "X", o Quarteto de Bronze, Os Trovadores, Os Tocantins, os já citados Vaga-Lumes do Luar, os Quitandinha Serenaders e, claro, Os Cariocas. Alguns desses nomes podem ter hoje uma sonoridade cafona, mas não se iluda: a maioria deles produzia a melhor música popular do Brasil naqueles anos pós-guerra. Todos queriam ser *modernos* e, para isso, mantinham-se afinadíssimos com o que de melhor se fazia em conjuntos vocais nos Estados Unidos.

Infelizmente não bastava ser bom para vencer nesse torneio de gogós — a disciplina também contava. Foi o que liquidou com as ambiciosas aspirações de um grupo chamado Os Modernistas, que tentou se formar em 1950 para ser uma espécie de The Pastels brasileiros.

Os Modernistas eram os jovens João Luís, Chico, Fred, Janio (este, naturalmente, antes de tornar-se o jornalista Janio de Freitas) e o acordeonista, arranjador e líder João Donato. Eles tinham nos discos de Stan Kenton a entrada, o prato principal e a sobremesa de sua dieta diária, mas, para fazer todas as revoluções vocais com que sonhavam, estavam ao sabor do talento e da estroinice de Donato. Com a mesma pureza com que *traía* os membros do Sinatra-Farney Fan Club com os do Haymes-Lucio e vice-versa no ano anterior, Donato fazia a adrenalina melar o sangue dos companheiros, faltando aos ensaios, chegando em cima da hora para as apresentações na Rádio Guanabara, onde o grupo estava em experiência, ou simplesmente sumindo do mapa, o que era mais comum.

Não que Donato, agora com dezesseis anos e já de calças compridas, fosse um dos músicos mais ocupados do Rio. Faltava ao dever com o conjunto porque se distraía na rua, conversando fiado na Cinelândia sobre... conjuntos vocais. Na dúvida entre demiti-lo e esganá-lo, os companheiros acabavam absolvendo-o, mesmo porque qualquer outra atitude significaria o fim dos Modernistas. E, além disso, Donato era sensacional ao acordeão — quase tanto, talvez, quanto o acordeonista que ele mais admirava, o americano Ernie Felice, cujos discos ouvia na Murray. Pena que a Rádio Guanabara não tivesse paciência para com gênios que não acreditavam em relógios. Cancelou a experiência e o conjunto acabou.

Mas nada detém a juventude, e os mesmos rapazes (mais o *crooner* Miltinho e o violonista Nanai, ex-Anjos do Inferno; menos Janio, que foi tentar a vida como repórter no *Diário Carioca*) reuniram-se três anos depois, em 1953, novamente ao redor de Donato, para outra corajosa tarefa: reconstruir os Namorados da Lua, de Lucio Alves — sem Lucio. Este lhes cedeu o repertório, os arranjos e parte do nome do conjunto — os Namorados —, reservando-se o direito de ficar com a Lua, para qualquer eventualidade. Pressionados por Paulo Serrano, os Namorados gravaram na Sinter, aquele ano, uma nova versão de "Eu quero um samba", ainda mais espantosa do que a original de Lucio, de 1945.

Esse é um disco a ouvir para crer. No novo arranjo de Donato, os baixos do seu acordeão fraturavam o ritmo como uma metralhadora de síncopes e produziam uma batida que antecipava, quase sem tirar nem pôr, a do violão de João Gilberto, cinco anos antes de "Chega de saudade". Era tão *moderno* que, na época, ninguém entendeu — tanto que os Namorados ficaram por ali mesmo.

Dezenas de conjuntos surgiram e sumiram na esquina dos anos 40 com os anos 50, mas havia um que parecia indestrutível: Os Cariocas. Desde que se profissionalizaram em 1946, já com a sua formação cristalizada — Ismael Netto, seu irmão Severino Filho, Badeco, Quartera e Valdir —, os Cariocas passaram a ser vistos, até na Murray, como a General Motors dos conjuntos vocais. (Apenas para o registro, os Hi-Los, de quem se diria depois que eles seriam uma cópia, só iriam surgir em 1953.) Os Cariocas eram os mais completos em todos os sentidos. Enquanto outros conjuntos se desagregavam por falta de um líder, Ismael os fazia ensaiar até que um simples bom-dia emitido por um deles soasse perfeito — e ninguém reclamava.

Além disso, eles eram da Rádio Nacional, o que representava, de saída, cinco corpos de vantagem sobre a concorrência, porque a Nacional era a Rede Globo do seu tempo, talvez mais. O programa que eles estrelavam, *Um Milhão de Melodias*, era produzido por Haroldo Barbosa, o que garantia pelo menos duas ou três versões de canções americanas por semana, e passava a ilusão de que se estava ouvindo os Pied Pipers em português. Havia uma ironia nisso porque, num mano a mano, é bem possível que os Cariocas fossem até melhores do que os Pied Pipers, mas quem acreditaria em tal absurdo na época?

Não por coincidência, o primeiro sucesso dos Cariocas, "Adeus, América", de Barbosa e Geraldo Jacques, em 1948, era um cínico e debochado apelo ao *nacionalismo* musical: *"Eu digo adeus ao boogie-woogie, ao woogie-boogie/ E ao swing também/ Chega de hots, fox-trots e pinotes/ Que isto não me convém"* — só que num divertido *boogie-woogie* puxado a samba, do qual era impossível não rir. Todos os sofisticados entenderam. Mas, como ninguém passava pela Rádio Nacional impunemente, o outro grande sucesso dos Cariocas, em 1950, seria com aquele novo ritmo que, para os mais sofisticados, só servia como coreografia para se matar uma barata no canto da sala: o baião. E justamente com o baião-mor, "Juazeiro", de Luís Gonzaga e Humberto Teixeira. Dessa vez, os sofisticados *não* entenderam. Aos que não se conformavam em ouvir um conjunto chamado Os Cariocas cantando aqueles exotismos do Norte, bastava uma explicação: Ismael e Severino, líderes do grupo, na realidade eram do Pará.

Os meninos do Sinatra-Farney podiam torcer o nariz para a Rádio Nacional, acusando-a de ser muito Jararaca e Ratinho para o seu paladar, mas é porque não a ouviam direito. Em 1950, a Nacional era uma das poucas instituições absolutamente profissionais num país que insistia em ser amador — e, apesar de pertencer ao Estado (na realidade, fora amamentada pelo Estado Novo), era tão lucrativa que podia permitir-se todas as extravagâncias. Seu departamento musical, no 21º andar do edifício de *A Noite*, na praça Mauá (de frente para uma baía cheia de navios que levavam café e traziam ioiôs), era um cenário de Primeiro Mundo. Nele cabiam nada menos que sete estúdios e o auditório, famoso por ter o palco sobre molas. O elenco fixo — e contratado! — era um *who's who* da música brasileira, com cerca de 160 instrumentistas, noventa cantores e quinze maestros, entre os quais Radamés Gnattali, Leo Peracchi e Lyrio Panicalli. E essa multidão tinha de ser mesmo contratada porque, exceto pelo *Repórter Esso* e pelas novelas, a Rádio Nacional gerava música dia e noite, quase toda ao vivo.

Nem toda essa música na Rádio Nacional era brasileira. Ao contrário: em quantidade de minutos no ar, a música internacional batia os sambas, choros e baiões (e mais Jararaca e Ratinho) por quase 3 a 1 — e olhe que as versões dos sucessos americanos entravam na conta da música *brasileira*. Só Haroldo Barbosa fez mais de seiscentas versões entre 1937 e 1948, nas horas vagas de sua função como chefe da discoteca — tornando-se "parceiro" de Cole Porter, George Gershwin, Irving Berlin, Richard Rodgers, Jerome Kern, Harold Arlen, Vincent Youmans e de gente muito menos nobre. Enfim, a xenofobia podia ser reinante em outros grotões da vida nacional, mas não ali. Com todos os seus músicos e cantores especialistas em foxes, mambos, rumbas, tangos, valsas e boleros (tinha até um caubói de araque, Bob Nelson, para cantar au-le-rê-is), é provável que a Rádio Nacional fosse a maior democracia rítmica do mundo.

E devia ser também a mais presunçosa, mas fazia jus à empáfia. Seu programa musical de maior prestígio era o já citado *Um Milhão de Melodias*, e ninguém achava o título exagerado. Nos treze anos em que foi semanalmente ao ar, de 1943 a 1956, sob o patrocínio da Coca-Cola — aliás, o programa foi criado para lançar a Coca-Cola no

Brasil —, é claro que ele não tocou esse milhão de canções. Mas corte dois zeros e você terá o número quase exato de música de todo tipo, para as quais Radamés Gnattali escreveu arranjos originais que apresentou com sua orquestra, formada pela nata dos músicos da Nacional. *Um Milhão de Melodias* era uma superprodução envolvendo *tanta* gente que exigia dois maestros: um no palco, Gnattali, regendo os músicos, e outro na técnica, Peracchi, "regendo" pela partitura os operadores dos oito microfones. Tudo era grandioso na Nacional, exceto os salários. Em comparação com os da Tupi, sua concorrente, eles até podiam ser considerados baixos. Apesar disso, os artistas se atropelavam para pertencer à Nacional. Sua estação de ondas curtas garantia-lhes audiência no país inteiro, o que, para eles, significava fama, trabalho e dinheiro em toda parte.

Sua vizinha da av. Venezuela, a Rádio Tupi, não ficava muito atrás em popularidade, e um dos motivos era o de que, em 1946, ela havia sido reformulada de alto a baixo pelo homem que praticamente construíra a Nacional: Gilberto de Andrade. Andrade, contratado por Assis Chateaubriand, não apenas levou para a Tupi grandes nomes da Nacional, como fez um estrago por atacado no meio radiofônico do Rio, roubando gente e audiência das emissoras menores. Ele tirou a Tupi da sua fase romântica e a fez também funcionar como um relógio. Com isso, seus diretores artísticos começaram a se levar a sério e a exigir certos desempenhos dos músicos, como se realmente entendessem do assunto. Vários contratados foram para a marca do pênalti em 1950 e, entre estes, estavam os Garotos da Lua.

O pernambucano Jonas Silva era o *crooner* do conjunto. Aos dezoito anos, em 1946, ele embarcara num caminhão pau de arara em Recife, com seus conterrâneos Milton e Miguel, em direção às rádios e cassinos do Sul. Pararam na Bahia e, em Salvador, juntaram-se a eles dois baianos, Alvinho e Acyr. Os cinco descobriram que se afinavam e tomaram o navio *Itatinga*, que pegou mau tempo perto de Vitória e quase foi a pique no meio do caminho por excesso de passageiros — era o primeiro navio que partia de Salvador, desde a Guerra —, e finalmente desembarcaram no Rio, já como os Garotos da Lua. (Dois anos depois, Miguel deixaria o conjunto e outro baiano, Toninho Botelho, que já morava no Rio, entraria em seu lugar.) Uma péssima notícia aguardava os Garotos da Lua na praça Mauá: o governo Dutra fechara os cassinos e, com isso, todos os conjuntos vocais que trabalhavam neles haviam voltado às rádios. Não iriam conseguir emprego tão cedo.

O grupo passou a pão e laranja durante mais de um ano, antes de ter uma chance. Jonas e Acyr foram trabalhar como balconistas nas Lojas Murray e, em pouco tempo, Jonas se tornou o comprador oficial da loja junto às gravadoras estrangeiras. Os outros viviam de biscates e, nas horas vagas, ensaiavam a valer, à espera de uma oportunidade. Quando essa aconteceu, na Rádio Tupi, em 1947, eles a seguraram com todos os dentes. Eram extremamente musicais e, como Jonas e Acyr eram vendedores de discos, tinham acesso antecipado aos últimos truques inventados pelos conjuntos americanos. Seus favoritos eram os Pied Pipers e os Mel-Tones, e eles não perdiam tempo em adaptá-los para o seu próprio estilo.

Como cantor, Jonas era afinado e cheio de bossa, mas sua voz, anasalada e sem vibrato, podia ser medida com a régua. Isso numa época em que o padrão de solista dos conjuntos vocais era difícil de bater: nada menos que Lucio Alves. Para a maioria das criações dos Garotos da Lua, a voz curtinha de Jonas se prestava às maravilhas, como nas versões que eles fizeram de "Caravan" e "In the mood". E, além disso, ele não era o único a cantar assim. O cantor e acordeonista americano Joe Mooney, que todos admiravam na Murray, era outro que "cantava baixinho", como se dizia. E havia um conjunto vocal inteiro, o Page Cavanaugh Trio, que também dispensava o gogó. Então, qual era o problema?

Antonio Maria, recém-chegado de Pernambuco e já diretor artístico da Tupi, achou que *havia* um problema. Por causa de Jonas, o grupo inteiro era obrigado a sussurrar, dizia ele. E, quando se tratava de cantar Carnaval, o conjunto "não chegava lá". Com o auditório lotado e a orquestra do maestro Carioca pondo os bofes pela boca, o volume vocal dos Garotos da Lua quase desaparecia, segundo ele. Teriam de escolher: ou o conjunto trocava de cantor — ou a Tupi trocava de conjunto.

Toninho Botelho, o pandeirista recém-chegado aos Garotos da Lua, liderou a conspiração para afastar Jonas e salvar o emprego do grupo. Enquanto Jonas, alheio à história, mediava contendas jazzísticas na Murray, Toninho reuniu os outros três no café Atlântida, debaixo do Hotel Serrador, e os lembrou do tempo em que tinham passado fome. Em sua argumentação, Botelho tinha uma carta forte: se a Tupi queria demiti-los porque o *crooner* os obrigava a "cantar baixinho", dificilmente encontrariam emprego em outra rádio, com o mesmo *crooner*. Milton, Alvinho e Acyr podiam concordar com Botelho em tudo, mas não era uma decisão fácil. Jonas viera do Nordeste com eles, era um dos dois fundadores do grupo, moravam juntos havia anos no Bairro de Fátima, e, que diabo, eram quase irmãos. Além disso, Jonas era querido no meio dos conjuntos vocais e, sem comparação, a figura mais popular da Murray. Afastá-lo seria como dar um golpe de Estado. E, além disso, quem iria substituí-lo? Todos os bons *crooners* da praça já estavam empregados.

Alvinho tropeçaria na resposta a essa pergunta poucos dias depois, ao ir a Salvador para ver a família. Conheceu um rapaz na Rádio Sociedade da Bahia, que "cantava feito a peste" e tocava "um violão direitinho". Foi o que escreveu para Milton, Acyr e Toninho no Rio, garantindo que era o homem de que precisavam.

"Canta como o Lucio", disse na carta.

Acyr, companheiro de Jonas na Murray, foi o primeiro a comprar a ideia. Toninho não precisava ser convencido. Os dois dobraram a resistência de Milton e escreveram para Alvinho, autorizando-o a contratar o cabra. Este aceitou. Alvinho disse ao rapaz que ele só teria de esperar alguns dias, enquanto faziam a delicada cirurgia no outro *crooner* — e voltou para o Rio.

Uma semana depois, consumado o afastamento de Jonas, Alvinho foi ao correio e passou um telegrama para João Gilberto do Prado Pereira de Oliveira, a/c Rádio Sociedade, Salvador, Bahia.

3

A GUERRA DOS CONJUNTOS VOCAIS

A viagem da Bahia ao Rio, em 1950, em pau de arara, pela BR-116 de antes do asfalto, era uma prova de resistência, com mais perigos nos seus quase 1600 quilômetros do que nos filmes seriados da Republic. Com chuva, quem sobrevivesse aos atoleiros, deslizamentos e crateras arriscava-se a despencar barranco abaixo quando a estrada sumia de repente. Não havia ônibus direto; de trem, morria-se de tédio ou de velhice; e, de navio, comia-se pior do que no encouraçado *Potemkim*. Por aí se pode imaginar por que os artistas nordestinos tinham tanto tutano para enfrentar qualquer parada: 99% deles chegavam ao Rio por um desses meios. A única opção civilizada era o DC-3 da Panair do Brasil. João Gilberto tinha pressa de chegar ao Rio para atender ao chamado dos Garotos da Lua. E não queria desembarcar na Rádio Tupi com o terno maculado e os pulmões entupidos de poeira. O jeito era tomar o avião.

Passara mais de um ano em Salvador e não conseguira emprego fixo em nenhuma rádio. Nem mesmo como ator de radionovelas — uma hipótese que chegou a considerar, embora sem muito empenho. Tinha ido morar com seus primos, enquanto não achasse um lugar para ficar. É verdade que não estava com muito tempo para procurar, principalmente depois que conhecera Cravinho, amigo de Lucio

Alves em Nova York e que também voltara para o Brasil. Cravinho trouxera para Salvador uma fabulosa coleção de discos de cantores, orquestras e conjuntos vocais americanos. Sua casa, no bairro da Graça, era de dar água na boca em qualquer *disc-jockey* carioca.

João Gilberto ficava extasiado quando Cravinho tirava, dentre os milhares de 78s e já alguns LPS, certas bolachas reluzentes: "Pinky", com Sarah Vaughan; "After you", com The Pastels; "Everything I have is yours", com Billy Eckstine. Cravinho ouvira todos esses astros ao vivo em Nova York. Mas o ídolo *mesmo* de ambos era um brasileiro: Orlando Silva. Quando João ia visitá-lo, pilhas e pilhas de Orlandos na sua melhor fase — os que ele gravara na RCA Victor entre 1935 e 1942 — desciam das estantes: "Céu moreno", "Lábios que beijei", "Dá-me tuas mãos", "Deusa do cassino", "Aos pés da cruz". Nenhum dos dois tinha dúvida de que Orlando Silva era — ou tinha sido — o maior cantor brasileiro de todos os tempos e talvez o melhor do mundo, incluindo Sinatra, Crosby, Haymes, Eckstine ou Tormé. Por motivos que eles não sabiam, Orlando havia perdido a voz em alguma época dos anos 40. Depois que trocara a RCA pela Odeon, sua carreira começara a declinar e o fato é que o maior cantor do Brasil, agora, para ambos, passara a ser Lucio Alves — não por acaso, um seguidor de Orlando Silva.

Tudo isso fervia na cabeça de João Gilberto quando ele circulava pelos corredores da Rádio Sociedade, em Salvador, em busca de uma oportunidade. A família de sua mãe se dava com Odorico Tavares, o diretor da PRE-4. Isso o ajudara a defender alguns cachês, cantando (com orquestra!) em programas de auditório. Mas, no Rio, seria diferente. Fora chamado pelos Garotos da Lua, contratados da Rádio Tupi. Ao receber o telegrama de Alvinho, autorizando-o a viajar, engrossou esse dinheiro dos cachês com contribuições de seus primos e foi à Panair comprar a passagem para o Rio. E, através de uma carta de seu tio Walter, ganhou ainda uma coisa quase tão boa quanto dinheiro: uma recomendação para ser contratado como escriturário na Câmara dos Deputados.

João Gilberto desceu sozinho a escadinha do DC-3, no Galeão, tomou um táxi e subiu ao sexto andar da Rádio Tupi, na av. Venezuela. Nunca tinha ido ao Rio, mas a cidade não o assustou. Trazia o violão dentro da capa e estava chegando para vencer. Sua entrada no estúdio, onde o esperavam os Garotos da Lua, foi perto de triunfal. Alvinho o apresentou aos seus futuros colegas e também à estrela Dircinha Baptista, amiga do grupo e que casualmente estava por ali. Eles lhe pediram que mostrasse alguma coisa. João desencapou o violão e cantou "Sinceridade", uma canção dos Cariocas. (E por que não cantou uma dos Garotos da Lua? Porque não conhecia nenhuma.)

Não se tratava de um teste, porque já viera contratado. Os outros é que estavam roxos de curiosidade, para ver se ele era mesmo aquela maravilha de que Alvinho falava. Eles acharam que era. Falava baixinho, com um terrível sotaque baiano, e não era grande coisa no violão, mas, quando cantava, podia ser Orlando e Lucio ao mesmo tempo. Ou seja, João Gilberto prometia-lhes o melhor dos dois mundos.

Nem a presença de Dircinha o embaraçou. Cantou com a segurança de um veterano e ela saiu dali anunciando que os Garotos da Lua tinham descoberto um estouro de *crooner*. E estes sentiram que, agora, suas possibilidades cresciam no campeonato dos conjuntos vocais cariocas. Não era só o emprego do conjunto que estava salvo. Com o razoável volume de voz de João Gilberto, poderiam dar conta das exigências da Tupi em todos os gêneros, inclusive Carnaval, e não precisariam limitar-se aos temas intimistas e sofisticados que faziam com Jonas.

Ah, sim, Jonas. Seus colegas ficaram surpresos com a aparente frieza com que recebeu a notícia de que havia sido rifado do próprio grupo que ajudara a fundar. Claro que se magoou, mas foi fino. Chamou Milton num particular e queixou-se:

"Que diabo, podiam ter conversado comigo. Eu teria entendido. Estava sabendo dos problemas do conjunto com a rádio. Teria saído antes, sem dar a impressão de estar sendo chutado."

Milton não sabia onde se enfiar e Jonas deixou-o sofrer por uns tempos. Inventaram uma história que salvaria as diversas faces: Jonas estaria com um problema de laringe e *pedira* para ser substituído. Teria até ido à Bahia "ajudar a trazer João Gilberto". Com isso, não ficaria marcado pelos outros conjuntos como tendo sido substituído por causa de uma limitação. Na realidade, o que lhe estava doendo não era a laringe, mas as costas, no lugar onde lhe haviam cravado o punhal. Financeiramente, não via grande prejuízo em ter saído. Havia outros conjuntos na praça e, aos 21 anos, estava começando a descobrir sua vocação para o comércio — o comércio de discos. Sua posição nas Lojas Murray garantia-lhe um dinheiro certo por mês e, na medida em que se tornava uma autoridade em música popular americana, ficara indispensável para a loja quando se tratava de decidir o que comprar ou não.

Qualquer lojista óbvio pediria, por exemplo, cem cópias de "I'm looking over a four-leaf clover", com Russ Morgan, o grande sucesso do ano — mas quem se atreveria a pedir também dez discos de "You never say 'never' again", com um grupo chamado The Axidentals, ou "Hawaiian war chant", com The Merry-Macs? Jonas sabia que esses conjuntos vocais eram bons e que, vendendo os primeiros dois ou três discos, o boca a boca na Murray faria o resto e não haveria encalhe de um sequer. Até agora vinha dando certo. Mas, entre seus planos, estava o de não passar muito tempo na Murray, porque, no futuro, teria a sua própria loja de discos.

Então Jonas continuou a tratar como irmãos os seus ex-colegas dos Garotos da Lua, seguiu morando com Milton, Acyr e Toninho no Bairro de Fátima, continuou trabalhando com Acyr na Murray e recebeu João Gilberto como gostaria que o tivessem recebido, na sua própria chegada ao Rio, três anos antes. Quanto a João Gilberto, foi morar com Alvinho na Tijuca, enquanto não achasse onde ficar.

No embalo do seu entusiasmo, os Garotos se empolgaram. Antonio Maria parou de persegui-los na Tupi e, numa época em que nem todos os cartazes do rádio gravavam regularmente, os Garotos da Lua fizeram dois 78s (quatro faixas) na gravadora Todamérica, em 1951: "Quando você recordar" / "Amar é bom" e "Anjo cruel" / "Sem ela". Nenhum desses discos bateu recordes, mas não se esperava isso deles.

Apesar (ou por causa) de sua musicalidade, os conjuntos vocais eram mais admirados pelos outros músicos do que amados pelo público, que tendia a vê-los como uma espécie de contrapeso dos cantores românticos.

Por isso, um *crooner* que se destacasse partia logo para a carreira individual, achando que, sem os outros para carregar, voaria mais leve rumo ao estrelato. (Alguns desses *crooners*, tendo ido lá fora ver a vida, davam-se conta de que eles é que eram carregados pelos outros e voltavam correndo para o conjunto.) Poucos grupos, como Os Cariocas, conseguiam manter-se unidos — talvez porque não tivessem um líder como Ismael Netto. Outras vezes, quando o cantor saía, era um deus nos acuda: podia significar o fim do conjunto, principalmente se esse cantor fosse o chefe, como Lucio Alves com os Namorados da Lua.

Bem, tudo isso para dizer que, um ano e meio depois de ter entrado para os Garotos da Lua, já ficara mais do que claro que João Gilberto tinha aspirações altíssimas e que iria zarpar rapidinho para a carreira solo. Surpreendentemente, isso não tirou um minuto de sono dos seus companheiros, por dois motivos: 1) o conjunto estava preparado para sobreviver sem ele; 2) foram os Garotos da Lua que demitiram João Gilberto.

A carta de recomendação de tio Walter a outro tio seu, o deputado baiano Rui Santos, casado com uma irmã de sua mãe, valera a João Gilberto um cargo remunerado como escriturário no gabinete deste, na Câmara dos Deputados do Distrito Federal, no Centro — a poucos metros das tentações das Lojas Murray. Ele foi contratado, mas a carta não dizia que o novo funcionário não teria a obrigação de comparecer ao trabalho. João esquecia-se de cumprir até o dever mínimo do funcionário exemplar: pendurar o paletó no cabide, ir à vida e passar para recolhê-lo ao fim de cada expediente. Um ano depois de nomeado, quando a ausência de seu paletó no cabide começou a ficar excessivamente conspícua no Palácio Tiradentes, tiveram de demiti-lo.

Sua participação nos Garotos da Lua não era muito mais assídua. Depois dos primeiros meses de euforia, seus colegas começaram a queixar-se dos atrasos e faltas aos ensaios e apresentações. Os arranjos do conjunto passaram a ser construídos por Milton de tal maneira que, na falta do *crooner*, este pudesse ser substituído por outro que estivesse à mão, mesmo que em cima da hora — bastaria ao substituto aprender a música. Com isso, as faltas de João chegaram a ser cobertas por outros contratados da Tupi, como Doris Monteiro e até mesmo Lucio Alves. Em outras dessas faltas, ele foi substituído por ninguém menos que seu antecessor no conjunto, Jonas Silva, numa prova de que Jonas não alimentava rancores. As coisas começaram a se complicar para João Gilberto quando a Rádio Tupi, mais uma vez, pôs o seu olho sobre o conjunto. Dessa vez, em nome da disciplina: ou se alinhavam ou saíam.

E o resto do conjunto transferiu esse olho para João Gilberto, a quem a rádio endereçara a carapuça. Os Garotos da Lua não queriam se arriscar, porque viviam um momento em que tinham tudo para entrar em quarto crescente. Em janeiro daquele ano, 1951, a TV Tupi começara as suas transmissões no Rio e, pelo programa inaugural, apresentado por Antonio Maria, desfilaram os principais astros da rádio, entre os quais os Garotos da Lua — com João Gilberto e tudo. A TV Tupi de São Paulo havia sido inaugurada quatro meses antes e, pertencendo ao *cast* das Associadas, o conjunto teria uma esplanada de trabalho à sua frente na televisão.

As coisas também iam de bem a melhor no departamento discos. Em maio e setembro, respectivamente, eles gravaram os dois 78s na Todamérica, ambos com o maior capricho de produção. No primeiro, eram acompanhados pela suingante orquestra do jovem e ambicioso Cipó; no segundo, que iria sair no Carnaval de 1952, tinham o reforço vocal do grupo feminino As Três Marias. Os dois discos ficaram ótimos e João estava formidável nas quatro faixas. Os convites para apresentações em clubes choviam. Enfim, nada poderia segurar os Garotos da Lua.

Exceto, talvez, um *crooner* no mundo da Lua.

Um show a mais ou a menos no Madureira Tênis Clube não significaria o apogeu ou o fim de suas carreiras, mas quando Norival Reis, um influente técnico de som da gravadora Continental e diretor social do clube, os convidou para uma apresentação lá, eles não tiveram como recusar. E, além disso, deviam-lhe favores. Norival mandaria um táxi buscá-los no café Atlântida, na Cinelândia. Quando o carro chegou, estava faltando um Garoto da Lua: João Gilberto. Esperaram-no por mais de uma hora, entre furibundos goles de cafezinhos e de áraque. Quando se convenceram de que João não apareceria, mandaram-no às favas e foram sem ele, mas aquilo estava se tornando um hábito irritante. Cinquenta minutos depois, chegaram à então distante Madureira. As luzes do clube já estavam apagadas. Todo mundo tinha ido embora e, à espera deles, apenas o perplexo e apoplético Norival. Na volta para a cidade, decidiram que aquela fora a última vez.

No dia seguinte, João apareceu nas Lojas Murray, cantarolando "Tangerine" com sua namorada Sylvinha. Acyr o viu entrar e, do outro lado do balcão, nem se preocupou em abaixar o tom de voz. Gritou no meio da loja apinhada:

"Porra, João, assim não dá mais. Ou você deixa de ser irresponsável ou cai fora dos Garotos da Lua. Somos profissionais."

João Gilberto tentou se explicar, dizendo que não havia "podido ir", mas Acyr não queria saber. A Murray, onde todos se conheciam, ouvia os gritos de Acyr. João Gilberto adquiriu uma leve coloração de tomate por estar sendo repreendido na frente dos amigos e da namorada. Tentou dar a última palavra:

"Se é assim, diga aos outros que não volto mais."

Não contava com o disparo final de Acyr:

"Ótimo. Vamos arranjar outro com quem se possa contar."

Na rua, a caminho do café Atlântida com Sylvinha, João não parecia muito preocupado. Milton, quando soubesse, iria dizer que Acyr tinha ficado lelé e que, com relação à falta da véspera, estava tudo bem. Afinal, Acyr não era o chefe dos Garotos da Lua, e Milton era. Não que, para João, o conjunto continuasse a ser tão importante para a sua carreira. Estava decidido a cantar sozinho, em breve tempo. Sabia que suas faltas e atrasos estavam criando problemas junto à rádio e, cedo ou tarde, iria deixá-los do mesmo jeito. Mas, assim como Jonas dois anos antes, João Gilberto não teve tempo para sair do conjunto quando quisesse. Eles quiseram primeiro.

Milton e os outros apoiaram a atitude de Acyr. Enquanto não arranjassem um substituto, a voz do *crooner* poderia ser feita por Toninho Botelho, dono de um passável tenorino. Mas eles não demoraram a encontrar um cantor chamado Edgardo Luís, que serviu perfeitamente no *smoking* reservado a João Gilberto e que, para tranquilidade deles, usava o relógio para ver as horas.

Se João Gilberto caiu das nuvens ao saber-se dispensado, soube amaciar a queda com um colchão de molas. Não acusou o golpe. E, como acontecera com Jonas, continuou amigo dos Garotos. (Exceto de Acyr, com quem só voltou a falar cinco anos depois.) Além disso, havia acabado de sair do apartamento de Alvinho, na Tijuca, para ir morar com os outros, no Bairro de Fátima — mais uma vez, enquanto não achasse um lugar para ficar. Estava agora duplamente desempregado: da Câmara dos Deputados e do conjunto. Mas, em sua cabeça e seu coração, aquela situação era só uma questão de tempo.

Uma coisa é certa: sua saída dos Garotos da Lua foi a última vez que ele amargou uma demissão. Foi também o seu último emprego regular na vida.

O namoro com Sylvinha era só uma das coisas que distraíam João Gilberto dos rigores da vida profissional e, certamente, a mais doce. Ela tinha dezoito anos, estudava no Colégio Sacré-Coeur de Marie e era a irmã caçula de Mario Telles, amigo íntimo de João. Mario era um rapaz que tocava o negócio de tecidos de sua família, nos intervalos das horas que passava com os Garotos da Lua — era quase um sexto membro do conjunto, embora ainda não cantasse nem sonhasse em tornar-se letrista. João o conheceu na Murray e os dois ficaram tão unidos que, quando um aparecia sem o outro, as pessoas perguntavam: "Ué, cadê o outro lado do disco?".

Mario e Sylvinha moravam com seus pais na rua Farani, em Botafogo, e sua casa era um ponto de encontro dos conjuntos vocais, apesar das regras estritas. O pai deles, *seu* Paulo, não suportava bebida e os rapazes tinham de contentar-se com guaraná. Mas a mãe de Sylvinha e Mario, d. Maria, era francesa e grande cozinheira. Seu badejo ao forno com molho de abacate provocava grandes exclamações entre aqueles jovens que, com certa frequência, não tinham dinheiro nem para o bife a cavalo da Hanseática, um restaurante da praça Mauá, atrás da Rádio Nacional. João ficou íntimo da casa e se apaixonou por Sylvinha.

Entre outras coisas, ela se ajustava àquele seu sonho de adolescência: queria ser bailarina e fazia dança com a professora Madeleine Rosay, do Corpo de Baile do Teatro Municipal. Além disso, estudava piano, gostava de cantar e ele era capaz de passar horas acompanhando-a em "Duas contas", que o próprio compositor, Garoto, havia gravado com o Trio Surdina. Era claro que Sylvinha teria um brilhante futuro ao microfone, se sua família — ou seu pai — deixasse. Haveria muito mais badejos com molho de abacate se a aproximação de João Gilberto e Sylvinha não começasse a ficar perigosamente parecida com um namoro — e Mario não gostou. Segundo os códigos da época, a irmã de um amigo era tabu e tentar namorá-la era anátema.

João não quis saber desse código, principalmente porque parecia correspondido por Sylvinha, e os dois partiram para uma paixão flamejante. Mario rompeu com ele e, com isso, João e Sylvinha vislumbraram uma reta pela frente. Ela passou a acompanhá-lo por toda parte, às vezes em seu uniforme de normalista, e foi testemunha do arranca-rabo com Acyr na Murray, que provocou a sua saída dos Garotos da Lua.

Mas se Mario não foi capaz de brecar o namoro proibido, o velho Paulo abortou-o meses depois, com o peso da autoridade paterna, quando João Gilberto se atreveu a mandar dizer-lhe que queria se casar com sua filha. Como se suspeitasse de que seria posto da porta para fora, João não foi à rua Farani para fazer pessoalmente o pedido — mas mandou outro frequentador da casa, o radialista Macedo

Neto, em seu lugar. Macedo ouviu o não e os impropérios de *seu* Paulo contra João Gilberto, e ainda sobraram alguns para ele próprio. *Seu* Paulo não daria sua filha a um baiano sem eira nem beira, incapaz de pagar um simples aluguel e que vivia encostado na casa dos outros. Quanto a Sylvinha, foi proibida de continuar namorando aquele "inútil", e Mario encarregou-se de ver que isso ficaria assim.

Sylvinha era testemunha, no entanto, de que João Gilberto estava tentando tornar-se alguma coisa. Os dois ainda namoravam em agosto de 1952, quando surgiu a chance de João gravar o seu primeiro disco solo. Seria na nova gravadora Copacabana e ele teria direito até ao luxo de um naipe de cordas, para caramelar o conjunto que iria acompanhá-lo. Este, por sua vez, apresentaria como destaque o sensacional Jorginho ao sax-alto, além do pianista Britinho e do acordeonista Orlando Silveira, autor dos arranjos. Ele não podia se queixar.

Para a sua grande estreia, João Gilberto escolheu dois sambas-canção frescos do forno: "Quando ela sai", de Alberto Jesus e Roberto Penteado, e "Meia-luz", de Hianto de Almeida e João Luiz — todos eles jovens compositores que circulavam na Murray. A gravação foi feita num clima de paz celestial: quase de primeira, sem vacilações, erros ou repetições. Quem assistisse a ela jamais suspeitaria de que aquela era a primeira gravação de João Gilberto sem o aconchego de um conjunto vocal. Era como se ele tivesse passado toda a sua vida preparando-se para aquele momento — e, quando o momento chegou, não o fez perder nem uma batida cardíaca.

A não ser que o relógio do médico estivesse parado. Ao ouvir essa gravação de João Gilberto, você estava diante da segurança em pessoa. Sua tranquila superioridade ao cantar lembrava Orlando Silva na grande fase, quando nem uma mosca no estúdio parecia perturbar o *Cantor das multidões*. Mas não era só isso. Tudo o mais nessas duas faixas lembrava Orlando Silva: a emissão descansada da voz, a divisão, os vibratos, o jeito de sublinhar certas palavras, o "sentimento" e, em vários momentos, até a própria voz — inclusive os RR roliços e oleosos de Orlando. Era como se o carioca do Engenho de Dentro, então no seu pior inferno pessoal e profissional — sem voz, sem sucesso e sem prestígio —, tivesse finalmente encontrado o seu duplo no baiano de Juazeiro.

As discografias de João Gilberto, que costumam começar pelo 78 rpm contendo "Chega de saudade" e "Bimbom", gravado seis anos depois, omitem esse primeiro disco. É compreensível: poucos pesquisadores sabem da sua existência, e menos ainda o ouviram, desde aquele remoto 1952. Não que ele tenha sido prensado e recolhido. João Gilberto o gravou, ele foi lançado e, simplesmente, nada aconteceu. Mal foi tocado nas rádios, poucos se interessaram em comprá-lo e nenhuma das duas canções despertou *frissons* nos auditórios em que ele foi caitituá-las ao vivo. Não se poderia dizer que foi um fiasco — porque provavelmente nem a própria gravadora imaginou que seria diferente. A única pessoa a ver naquilo um grande fracasso foi João Gilberto.

O desprezo a que foi relegado o seu disco de estreia é quase incompreensível, quando se vê que ali estava alguém que, em outras condições, poderia ser o maior cantor romântico do Brasil. Talvez tenha sido este o problema: tanto em "Quando ela sai" como em "Meia-luz", João Gilberto recuou anos no tempo, ao estilo de Orlando Silva, numa época em que todos só queriam ouvir as *nonchalances* de Dick Farney e Lucio Alves. Era um jeito "antigo" de cantar, que já não estava pagando o aluguel nem do próprio Orlando Silva. Para aqueles que, ouvindo hoje esse disco, não conseguem reconhecer o João Gilberto que ele se tornaria depois, há outra ausência ilustre nas duas faixas: o violão. Nem adianta procurá-lo, porque, em seu lugar, ouve-se o piano de Britinho. Hoje parece absurdo, mas na época ninguém sentiu a menor falta, porque João Gilberto não era especialmente conhecido pelo instrumento. (Nos Garotos da Lua, o violão era Milton.) Mas, se é normal que não se encontre nesse disco nem miragem da futura Bossa Nova, é espantoso que não tenham sobrado vestígios de seu herói Lucio Alves. Na hora de gravar, o jovem João Gilberto deixou-se apoderar por completo pelo jovem Orlando Silva.

* * *

Lucio Alves foi uma das primeiras pessoas que João quis conhecer quando chegou ao Rio. Cravinho era o amigo comum e fez as apresentações. O ex-Namorado da Lua, apenas quatro anos mais velho do que João Gilberto, já detinha uma vasta quilometragem no éter e *quase* cantara com a banda de Tex Beneke. Acham pouco? Agora começava, finalmente, a saborear o lado iluminado da Lua: era o cantor a que os outros cantores tiravam o chapéu. Com seu ouvido à prova de erros, Lucio percebeu de saída o potencial do menino baiano e ficou de prontidão para ajudá-lo. Teve várias ocasiões para isso — sempre que os Garotos da Lua estavam para ir ao ar, por exemplo, e João Gilberto não estava à vista nos estúdios da Tupi.

Quando João e os Garotos se divorciaram e ficou esquisito que ele continuasse morando com eles, Lucio convidou-o a passar uns tempos em seu apartamento, na rua Raul Pompéia, em Copacabana — até que achasse outro lugar. Pelo visto, não era muito fácil, e João tendia a eternizar-se onde o acolhessem. Alguns meses depois, a Rádio Nacional quis incluir numa de suas novelas a canção "Just one more chance", de Sam Coslow e Arthur Johnson, sucesso de Les Paul e Mary Ford, e pediu a Haroldo Barbosa que escrevesse a versão. Em um minuto, Barbosa transcodificou-a para "Um minuto só", e indicou Lucio Alves para gravar o acetato. Mas cantar versões provocava urticárias em Lucio. Alegou que não estava disponível e sugeriu João Gilberto para substituí-lo. João gravou o acetato — fazendo uma perfeita imitação de Lucio Alves. Exceto pelos graves, que não tinha, usou todos os truques do seu ídolo e cantou de tal maneira que os desavisados poderiam jurar que estavam ouvindo Lucio Alves. Para João, era uma "homenagem" ao amigo. Lucio agradeceu e dispensou a homenagem — para dizer a verdade, ficou uma vara. Talvez tenha sentido ali, pela primeira vez, que João poderia ser uma ameaça.

João Gilberto acabara de mostrar que, se quisesse, poderia ser Lucio Alves. Em seu disco, iria provar que podia ser também Orlando

Silva. O que aconteceria quando resolvesse tornar-se ele mesmo — João Gilberto?

Comprava-se maconha quase abertamente na Lapa em 1951. Um dos *points* era a calçada do bar Primor e do cinema Colonial, no largo da Lapa, defronte ao ponto do bonde. Os fornecedores eram os garotos que vendiam cigarros nos tabuleiros. Nesses tabuleiros, entre os inocentes Lincoln, Caporal Douradinho, Liberty Ovais e outras marcas comerciais, podia-se escolher entre os cigarros que já vinham enroladinhos em três diâmetros e preços diferentes: "fino", "dólar" e, o mais grosso, "charo". Não há registros de cotações da época, mas diz-se que eram até baratos, considerando-se a sua excepcional qualidade — sem dúvida, para conquistar freguesia. Na intimidade, a maconha era chamada de "mato", "erva" ou, só pelos iniciados, de "Rafa" — uma abreviatura da expressão "O Rafael tá aí?", para saber se havia *fumo* no pedaço.

Ninguém corria grandes riscos ao fumá-la em lugares públicos. Embora não fosse exatamente "crime", era só aconselhável não fazer isso muito perto da polícia, porque esta poderia ter ideias. Quanto aos circunstantes, tudo bem: poucas pessoas sabiam identificá-la pelo cheiro. E, as que sabiam, curiosamente não viam a maconha como um tóxico (que todo mundo pronunciava "tóchico"), mas como um "alucinógeno". (Para o vulgo, havia uma importante diferença nas duas classificações.) Como quase ninguém sabia de verdade o efeito que aquilo provocava, o máximo de atribulações que alguém poderia ter se fosse apanhado *fumando* era a de adquirir uma certa fama de "maluco". Ou seja: nada que contribuísse muito para piorar a imagem que já se tinha dos músicos e cantores.

Apesar do aparente liberalismo, poucos músicos e cantores brancos estavam nessa nos primeiros anos 50. Os sambistas de morro sempre tiveram maconha à sua disposição, mas ela custou a descer para a cidade, e quando isso aconteceu, logo depois da Segunda Guerra, foi em pequena escala. No princípio, seus consumidores foram os soldados americanos, que já desembarcavam fissurados na praça Mauá. Ali eles fizeram contato com embarcadiços cubanos, sempre espertos quando se tratava dessas coisas, e resolveram o seu problema. Muitos desses soldados ficaram amigos dos músicos da Rádio Nacional, cujo ponto era o bar do Zica, na praça Mauá, no térreo do edifício da rádio. O Zica (não confundir com o futuro Zicartola, na rua da Carioca) não era um ponto de drogas, limitando-se a um ativo comércio de dólares ou uísques de contrabando. Mas, naquele vaivém entre *marines*, cubanos e músicos, o interesse pelo produto teria de ser despertado até em quem não fumava cigarros comerciais. A orquestra de Tommy Dorsey veio ao Rio naquele ano e introduziu a turma da Rádio Tupi nas diversas utilidades do produto.

Quase todos os Garotos da Lua eram chegados ao "Rafa" e, quando eles ofereceram o primeiro a João Gilberto, no apartamento do Bairro de Fátima, este viu na coisa qualidades que os cigarros comuns, que tentava fumar com certo engulho, decididamente não tinham. Ela lhe dava a impressão de aguçar a sua sensibilidade, fazendo-o perceber sons e cores de que nunca suspeitara. Além disso, parecia despertar-lhe uma coisa mística, meio inexplicável, que, até então, aos vinte anos, ele represara sem saber. Foi uma conquista fácil. Desde então, nunca mais fumou Lincoln, Caporal Douradinho ou Liberty Ovais.

João Gilberto tinha chegado havia pouco da Bahia quando passou por João Donato na Rádio Tupi. Nenhum dos dois jamais vira o outro em dias de suas vidas. Eles se entreolharam por um instante e João Gilberto exclamou:

"É mesmo!"

E Donato entendeu exatamente o que ele queria dizer.

Em Salvador, poucos meses antes, Alvinho, dos Garotos da Lua, dissera a João Gilberto que, quando ele chegasse ao Rio, iria conhecer um acordeonista que parecia seu gêmeo. No Rio, disse a mesma coisa a Donato sobre o cantor que estavam trazendo da Bahia. Quando João

A GUERRA DOS CONJUNTOS VOCAIS

Gilberto e Donato se cruzaram na Tupi, descobriram que Alvinho tinha razão.

Descobriram também que eram parecidos em outros sentidos, até mais importantes. Musicalmente, os dois exigiam tudo dos outros e um pouco mais de si mesmos, o que tornava difícil a sua convivência em grupo — ninguém parecia bom o suficiente para tocar com eles. Mas, desse rol de exigências, não constava um enorme apego à disciplina, e isso nem sempre era muito bem compreendido pelos seus empregadores. Com tantas afinidades, era normal que se ligassem como carne e unha naqueles primeiros e incertos anos 50 — e que, diante dos outros, se comunicassem num incômodo código, composto mais de silêncio do que de palavras, ligeiramente inacessível aos mortais. Isso valeu a ambos uma fama de excêntricos, da qual nunca se livraram. E com certa razão: os dois eram excêntricos. O que os levaria, por exemplo, a visitar o Instituto Pinel, em Botafogo, se não tinham nenhum conhecido internado? (Correndo inclusive o risco de que não os deixassem sair.)

Não que o fato de andarem juntos de lua a sol tenha resultado, no princípio, em alguma colaboração, exceto nas compras na Lapa. E nem os dois vinham evoluindo musicalmente com a mesma velocidade — Donato livrara léguas à frente de João Gilberto. Em junho de 1953, enquanto Donato estava gravando com Os Namorados aquela versão absolutamente moderna de "Eu quero um samba", na Sinter, João Gilberto estava fazendo piruetas para ter sua primeira composição gravada: um samba-canção, em *parceria* com Russo do Pandeiro, chamado "Você esteve com meu bem?".

Russo do Pandeiro era um veterano da turma de Carmen Miranda no Rio e em Hollywood. Morando nos Estados Unidos, Russo aparecera em várias comédias americanas passadas no "Brasil", estrelando Groucho Marx, Esther Williams e a trinca Bing Crosby-Bob Hope-Dorothy Lamour. Além disso, tinha uma banda intitulada Russo and the Samba Kings. Nunca foi indicado para o Oscar, mas ganhou dinheiro para realizar sua maior façanha no cinema: comprar a antiga casa de Rodolfo Valentino em Beverly Hills. De volta ao Rio desde 1950, vendera a casa de Valentino e montara um estúdio de gravação de *jingles* na rua Santa Luzia. O querido Russo não entrou com uma vírgula na parceria de "Você esteve com meu bem?", mas contribuiu com seus contatos na RCA Victor para que a canção fosse gravada. E por uma estreante: Mariza, futura Gata Mansa, a nova namorada de João Gilberto.

João ainda estava trocando os *band-aids* pelo fim de seu romance com Sylvinha Telles em 1953 quando conheceu Mariza, dezenove anos, numa festa na Tijuca, onde ela morava. Achou-a uma morena de fechar o comércio, o que não exigia grande poder de observação, e, quando lhe disseram que ela gostava de cantar, sacou mais que depressa do violão para acompanhá-la. Mariza cantou "Sandália de prata", de Alcyr Pires Vermelho e Pedro Caetano. João ficou tão duplamente impressionado que não resistiu à habitual pergunta, se ela não queria se tornar uma cantora de verdade. Mariza disse que estava satisfeita como balconista na loja A Exposição. Ele garantiu que faria dela uma profissional. Na verdade, queria fazer dela a sua namorada, o que conseguiu, mas o fato é que também a transformou em cantora. E foi bom que isso tivesse acontecido porque, depois que ele lhe prometeu luzes e aplausos, Mariza pediu as contas na Exposição.

"Você esteve com meu bem?", em que ela foi acompanhada pela orquestra do maestro Gaya, com um angelical João Gilberto ao violão, rendeu a Mariza uma série de apresentações em boates e, tempos depois, um longo contrato no Golden Room do Copa. Ou seja, João fez por Mariza o que não conseguia fazer por si mesmo. Mas para ele aquele disco foi apenas mais um desaponto. Sua canção passou em branco e ninguém ligou para seu violão. A coisa começava a ficar preocupante. Àquela altura já estava havia mais de um ano sem emprego, e os *jingles* que começara a gravar no estúdio de Russo do Pandeiro mal davam para o bonde. Além disso, não fora para ser um cantor de *jingles* que ele viera da Bahia.

E que *jingles*! No do Toddy, por exemplo, em que participava com Mariza e Os Cariocas, a letra dizia: "*Eu era um garoto magricelo/ Muito feio e amarelo.// 'Toddy todo dia ele tomou/ Engordou e melhorou/ Forte ficou.'// As garotas agora me chamam bonitão/ No esporte eu sou o campeão*".

Gravou outros até piores, mas aquele foi o que mais o fez sofrer, porque, até então, ele gostava de Toddy.

Menos desagradáveis, mas, de certa forma, ainda mais degradantes, eram as festas da sociedade a que o convidavam para tocar. O cachê era o livre acesso ao bufê e às bandejas dos garçons, embora ele tivesse de entrar e sair pelo elevador de serviço. Isso é que era tocar para comer. Numa dessas festas, na casa da família Serzedelo Machado, ele fora com Mariza. Um dos presentes era o ex-presidente da República Eurico Gaspar Dutra, que parecia mascar um chiclete imaginário enquanto cochilava na cadeira. Havia outros músicos ali, alguns dos quais tinham passado fome quando Dutra fechara os cassinos. E eles tocaram para o velhinho.

Em Juazeiro e Salvador, a família de João Gilberto é que estaria dando festas como essa, e ele seria o anfitrião, não um músico que entrava pelos fundos. Mas, no Rio, como poderia ser anfitrião de qualquer coisa, se já nem tinha de novo onde morar? Lucio Alves dera a entender que queria voltar a ficar sozinho e João teve de sair do apartamento do amigo. Que, aliás, já não era seu amigo — amigos não se magoam por brincadeiras como aquela, de gravar "Um minuto só" imitando-o. João Gilberto falou com Chico, companheiro de Donato nos Namorados, e ele concordou em recebê-lo por uns tempos em seu apartamento estilo caixa de fósforos, em Copacabana — mais uma vez, enquanto não achasse etc.

Não se pode dizer que João fosse uma absoluta peste como hóspede — mas apenas porque acontecia de, às vezes, ele desaparecer da casa onde morava e só voltar depois de dias. Isso significava que tinha ido visitar um amigo e se deixado ficar por lá, esquecendo tempo e afazeres. Um de seus refúgios favoritos era o apartamento do artesão e compositor baiano Clóvis Santos, na rua Alcindo Guanabara, no centro da cidade. Clóvis era o autor de "Grande mágoa", que Mariza gravara no lado B de "Você esteve com meu bem?" e, no futuro, seria um dos principais incentivadores da comunidade musical de Conservatória, no estado do Rio. Duas coisas prendiam João à casa do amigo: o diabólico ensopado de quiabo que sua mulher, Iola, preparava quase diariamente, a seu pedido, e a mudinha de maconha que ele plantara num vasinho e que gostava de ver crescer. Mariza, que o acompanhava à casa de Clóvis, não sabia o que era aquilo e se encantava com o súbito interesse de seu namorado por botânica.

Cultivar o próprio produto talvez fosse uma solução econômica para João. Suas finanças estavam cada vez mais abaladas. As perspectivas de trabalho eram zero. Não podia escrever para casa pedindo dinheiro, e seu orgulho ia ao chão quando um amigo como Clóvis (ou como o maestro Britinho, seu pianista em "Quando ela sai" e "Meia-luz") lhe oferecia algum dinheiro para se movimentar. Sua ronda noturna pelas boates também não estava lhe rendendo nada. É verdade que, como quase todos os músicos eram seus amigos, não pagava para entrar, mas era raro também que o convidassem a tocar. Às vezes preferia ficar na porta, sem entrar, esperando que um deles saísse para respirar e, então, bater um papo.

Um dos pontos era o bar do hotel Plaza, na av. Princesa Isabel, onde seu amigo Johnny Alf estava se apresentando. Todo mundo ia vê-lo. Outro era uma boate chamada Tudo Azul, na rua Domingos Ferreira, onde o pianista da casa era um rapaz chamado Tom. E Donato estava tocando acordeão com a orquestra de Copinha no Copacabana Palace. Donato tinha quarenta minutos de folga entre duas apresentações da orquestra e João costumava esperá-lo na calçada em frente ao mar. Mas o outro era campeão em se atrasar ou faltar ao serviço e João ficava por ali sozinho, sentado no banco, contemplando o mar. Nada de muito emocionante estava acontecendo.

E, pelo visto, não ia acontecer tão cedo. Em janeiro de 1954, quando seu estômago começou a piscar com frequência o sinal amarelo, ele sentiu que devia tomar alguma providência. Precisava de algum trabalho regular, que lhe permitisse navegar pelo menos por alguns meses. Mais uma vez pediu socorro a Russo do Pandeiro e este tinha a solução: Carlos Machado, o *Rei da Noite*.

Muita gente, inclusive Russo, devia o começo de suas carreiras a Carlos Machado, em lugares como o Cassino da Urca, o hotel Quitandinha ou a boate Night and Day. Alguns deles eram Dick Farney,

Laurindo de Almeida, os Quitandinha Serenaders, Fafá Lemos, Mary Gonçalves, Angela Maria, Emilinha Borba e, claro, Virgínia Lane. Seus shows eram uma folia de plumas, boa música, piadas sacanas e, principalmente, um viveiro de *girls* — pronunciava-se *guéus*. As moças, depois de dar muito no couro, saíam dali para carreiras internacionais ou casamentos ricos. A *girl* que Machado cevava em 1954 para se tornar a sua próxima sensação chamava-se Norma Bengell. João Gilberto não teria nada a perder se fosse trabalhar com ele, dizia Russo. O pior que poderia acontecer-lhe seria uma carreira internacional ou um casamento rico.

Naquele momento, Machado estava preparando mais uma de suas superproduções: o show *Esta vida é um carnaval*, que ele levaria na boate Casablanca, na Urca. O astro era Grande Otelo e o elenco era um exagero até para os padrões de Machado: a mulata Déo Maia, Ataulpho Alves e Suas Pastoras, Teresa Austregésilo, o próprio Russo, todo o naipe de *girls* e a bateria inteira do Império Serrano. Com tanta gente em cena, Machado conseguiu atender à solicitação de Russo e achar um lugar para João Gilberto. Não apenas para ele — para Mariza também. E, para provar que estava com a maior boa vontade, reservou cinco pequenas entradas em cena para João Gilberto. Apenas nas duas últimas ele cantava.

Na primeira entrada, João fazia figuração como um compositor no terraço do café Nice. Depois, um folião saía de cena, trocava de roupa a jato e reaparecia como um fuzileiro naval na Lapa. Outra mudança de roupa e voltava à cena em *black face*, como um dos escravos na senzala, cantando em coro com os outros. E finalmente entrava no encerramento, vestido de palhaço, para cantar com todo o elenco o samba de Sinhô, "Recordar é viver".

Não era fácil: cinco mudanças de roupa em uma hora e vinte minutos de show sem resmungos nem atrasos, sem perder as *deixas* para as entradas e tendo de enfrentar, às vezes, cinquenta pessoas no palco. Só um profissional, mesmo inexperiente, daria conta dessa responsabilidade. Mas João Gilberto levou sua participação até o fim da temporada, em março, sem que Machado se queixasse dele.

O empresário já não poderia dizer a mesma coisa de Mariza. Em todas as entradas, como qualquer *girl* de Machado, ela teria de aparecer de biquíni ou, no mínimo, com aqueles vestidos cavados nas pernas, que deixam as coxas à mostra. Mariza rebelou-se contra aquela exposição, que achava "indecente", e só cumpriu as duas primeiras semanas porque João Gilberto a convenceu. Quando resolveu ir embora, os dois brigaram.

"Você não vai estragar sua carreira por uma bobagem", disse João.

A gata não era tão mansa:

"Vou", respondeu Mariza. "Vim aqui para cantar, não para me exibir."

"Se você sair, está acabado entre nós", insistiu João.

"Então, adeus", disse ela. "Se você não se incomoda em cantar de fuzileiro, eu me incomodo em cantar pelada."

Quando Mariza abandonou o show, João Gilberto deve ter-se surpreendido com o seu próprio senso de responsabilidade, ao tentar submetê-la a cantar fantasiada — como ele, João, inacreditavelmente estava fazendo. É claro que não tinha escolha e ele também se odiava a cada vez que entrava em cena com aquelas roupas ridículas. Mas havia sempre tanta gente no palco que talvez ninguém o estivesse vendo.

A agonia foi curta, apesar de *Esta vida é um carnaval* ter sido um sucesso de crítica. (Rubem Braga classificou-o de "emocionante"; Antonio Maria definiu-o como "um espetáculo que a gente gosta nos nervos e na pele" — e, felizmente para ele, nenhum dos dois notara sua presença.) Era também um sucesso de público, mas Carlos Machado teve de fechá-lo em dois meses. Seu contrato com a boate Monte Carlo, na Gávea, expirara, e ele teria de transferir para o Casablanca o show que vinha apresentando lá, *Satã dirige o espetáculo*. Isso significava o fim da carreira teatral de João Gilberto, porque não havia lugar para ele no elenco de *Satã*.

O balanço de sua participação em *Esta vida é um carnaval* era tétrico: cantara vestido de palhaço, não deslanchara para uma carreira internacional, não tinha arranjado um casamento rico e ainda ficara sem namorada.

Por coincidência, poucos meses antes, havia sido literalmente adotado por um conjunto vocal que também começara a vida com Carlos Machado: os Quitandinha Serenaders. Machado os batizara com esse nome quando eles cantavam com sua orquestra no famoso hotel Quitandinha, em Petrópolis, no tempo em que este era um cassino. Com o fim do jogo em 1946, o hotel voltou às suas funções de apenas hospedar gente, mas havia perdido a prática e decaiu. O conjunto desceu a serra em direção às boates e rádios do Rio, mas conservou o nome — que *não* despertava risos quando era anunciado.

Os Quitandinha eram os gaúchos Luiz Telles, Alberto Ruschel, Francisco Pacheco e o carioca Luiz Bonfá, cada qual em sua bombacha. Seu forte eram as canções folclóricas do Rio Grande do Sul, mas, aos poucos, foram incorporando temas mais urbanos, ainda que dolorosos, como "Felicidade", de seu conterrâneo Lupicinio Rodrigues. Às vezes resvalavam para o exótico, com coisas como "Clair de lune" e, ora vejam, "Malagueña salerosa". Além do sotaque, arejado pelas verdes pastagens sulinas, eles tinham um estilo facilmente reconhecível. Nunca foram um sucesso de arromba, mas eram muito queridos.

Até nisso os Quitandinha eram um reflexo de seu líder, o veterano Luiz Telles, um homem conhecido pela bondade. No futuro, ele teria no Sul uma monumental plantação de rosas, que aceitava vender para todos os fins, exceto para cemitérios. Ao conhecer João Gilberto, em 1953, Luiz Telles tomou-se de uma admiração que nunca tivera por outro cantor. Em seguida, encantou-se pelo ser humano e, dezesseis anos mais velho, acolheu-o como o filho que não tinha (e que só viria a ter daí a muitos anos). Até o chamava de Joãozinho. Telles e também Ruschel acolheram João Gilberto sob suas capas gaúchas e aqueceram seu coração como um braseiro. Através de Ruschel, que, além de cantor, era galã do cinema nacional (fizera o papel principal em *O cangaceiro*, de Lima Barreto), João ficara conhecendo uma de suas admirações, Assis Valente, o compositor de "Brasil pandeiro". Valente iria musicar um dos próximos filmes de Barreto — um dos que ele vivia fazendo em imaginação. O filme nunca foi feito mas, pelo menos, uma importante produção resultou daquele encontro: nos dentes de João Gilberto.

Nos primeiros e duros três anos que passara no Rio, sua boca se tornara uma antologia de focos dentários. Assis Valente (cuja carreira havia entrado em declínio depois que ele tentara o suicídio pulando do Corcovado e não morrera) decidira dedicar-se mais ao seu consultório de prótese dentária e ofereceu-se para fazer um tratamento gratuito em João Gilberto. Foi generoso de sua parte, mas Valente era melhor sambista do que protético e não é improvável que estivesse usando o cantor como piloto de provas de suas ferramentas. João passou meses com a boca em obras, mas as pontes fixas que Assis instalou, no lugar dos dentes que lhe extraiu, não ficaram muito satisfatórias.

Ao contrário do que se pensa, João Gilberto nunca chegou a ser um membro dos Quitandinha Serenaders. Mas andava tanto com eles que era como se fosse. Quando Bonfá deixou o conjunto para trabalhar sozinho, em 1953, João era a escolha natural para substituí-lo. Passou a ensaiar regularmente com o grupo, mas alguma coisa dizia aos outros três que não daria certo: João não gostava das camisas com estampas de uvas, nem do repertório; criticava os arranjos, as harmonias, o ritmo e, quando os outros já estavam a ponto de assá-lo, Luiz Telles tinha de vir correndo com doses extras de chimarrão, para restabelecer a paz. João fez apenas algumas apresentações esporádicas com os Quitandinha e quem de verdade substituiu Bonfá foi Paulo Ruschel, irmão de Alberto.

Luiz Telles nunca deixou que aqueles problemas interferissem na sua admiração e afeto paternal por João. Entre os desvelos que dedicava a seu protegido, estava o de obrigá-lo a tomar guaraná com alho, para cortar ou prevenir gripes — e o de manter as pessoas à distância dele, nas horas seguintes.

Mas sua participação no futuro próximo de João Gilberto seria muito mais radical do que o guaraná com alho que lhe administrava.

4

A MONTANHA, O SOL, O MAR

Em retrospectiva, a Copacabana dos primeiros anos 50 parece muito romântica. E, para quem a viveu, devia ser mesmo. Mas, aos olhos do jornalista Antonio Maria — que, praticamente, só a via de noite e, quase sempre, de dentro da boate —, ela também tinha "um clima sombrio de *Le jour se lève*", um antigo filme francês com Jean Gabin (no Brasil, *Trágico amanhecer*). Para Antonio Maria, o letrista Alberto Ribeiro só a chamara de *"princesinha do mar"* e dissera que, *"pelas manhãs, ela era a vida a cantar"*, porque "morava na Zona Norte e não devia estar muito bem informado". Vista de perto, dizia Maria numa crônica da época, a noite de Copacabana era uma passarela de "mulheres sem dono, pederastas, lésbicas, traficantes de maconha, cocainômanos e desordeiros da pior espécie". Uau!

Talvez fosse possível morar em Copacabana e não enxergar nada daquilo, mas Maria circulava pelos lugares mais vivos do bairro, às horas mais mortas. Aliás, pagavam-lhe para isso. Em sua descrição, "homens urinavam tranquilamente à porta dos bares e valentões espancavam gente indefesa, a poucos metros de policiais que, em vez de intervir, palitavam os dentes e davam gargalhadas boçais". Cada edifício tinha "uma média de cinquenta janelas", atrás das quais se escondiam, pelas suas contas, "três casos de adultério, cinco de amor avulso, seis de casal sem bênção e apenas dois de cônjuges unidos no padre e no juiz". Nas outras 34 janelas, parecia não estar acontecendo nada, mas "era só esperar pelos vespertinos: eles falariam de tiroteios, assassínios, roubos, desquites e suicídios". E, como se não bastasse, faltava água.

De 1948 a 1964, Antonio Maria manteve uma popularíssima coluna em diversos jornais do Rio (*Diário Carioca, O Jornal, Última Hora* e *O Globo*). No seu registro cotidiano da vida noturna da Zona Sul (ou de Copacabana, já que Ipanema era considerado um apêndice e havia dúvidas sobre a existência do Leblon), Maria criava uma atmosfera *noire*, sufocante e claustrofóbica, onde a vida amorosa era quase uma letra de tango, só que em ritmo de samba-canção. Ele devia saber o que estava dizendo porque, se você fizesse um resumo de suas músicas, sairia convencido de que ninguém amava ninguém e que, se ele morresse amanhã, não haveria quem sua falta sentisse. As pessoas eram restos de bebidas que outras jogavam fora e, se Antonio brigasse com uma mulher às três e cinco da madrugada, cinco minutos depois já seria tarde para o arrependimento.

Mas, afinal, não devia ser *tão* ruim porque o pernambucano Antonio Maria morou em Copacabana durante quase toda a sua vida no Rio. E a maior parte desse tempo ele passou dentro dos bares, boates e restaurantes entre o Leme e o Posto 6, em muitos dos quais tornou-se uma lenda. Tinha um jeitão espaçoso, engraçado e generoso, mas que também podia ser valentão, intempestivo e inconveniente — mais ainda depois do décimo uísque. Nem todos gostavam dele, mas a maioria não se atreveria a enfrentá-lo num mano a mano. Não admira: Maria ocupava 1,85 metro do chão ao teto e carregava uma estrutura de 130 quilos de músculos e gordura bem socada. Mas parecia ainda mais assustador por sua presença no rádio e na televisão e pela força de sua coluna, capaz de derrubar ou construir reputações — houve época em que, se ele desaprovasse um artista ou um show, podia-se mandar encomendar os lírios.

Para cunhar uma frase, Maria era um "menino grande" (título de uma canção sua), às vezes precisando de umas palmadas. As quais acabou levando, mas pela mão das mulheres. Ele tinha o coração duplamente a perigo: era cardíaco até a última aorta e protagonista dramático de tremendas paixões amorosas, que relatava em música sem o menor pudor. Uma dessas paixões públicas foi por Danuza Leão, que "tomou" de Samuel Wainer, seu próprio patrão em *Última Hora*, e com quem viveu, de 1960 a 1964, um caso de filme mexicano.

A primeira metade da década de 50, no Rio, foram os anos Antonio Maria. Sua presença se refletia na vida das pessoas, mesmo quando ele não sabia o que estava fazendo, o que não era raro. Tem-se a impressão de que, se estivesse num navio e se se mexesse para coçar as costas, balançaria o navio inteiro. Fizera isso quando implicara com Jonas Silva nos Garotos da Lua e estes tiveram de mandar buscar João Gilberto — o que, no futuro, alterou os rumos de toda a música popular.

Na Rádio Tupi, Maria não se contentava em ser o diretor do Departamento de Produção. Também narrava futebol, escrevia programas humorísticos, produzia crônicas diárias e ainda fazia letra e música para os *jingles*. Quando a televisão começou, ele a ocupou com o seu peso e altura, mal deixando espaço no vídeo para os outros. Em 1951, foi objeto da maior transação do rádio brasileiro até então, quando deixou a Tupi e foi para a Mayrink Veiga com 50 mil cruzeiros por mês — uma fábula. Nenhum cantor, nem mesmo Francisco Alves, ganhava esse salário, e olhe que Francisco Alves cantava muito melhor.

Como também dominava os jornais, Maria podia ditar o gosto da época à vontade. Naturalmente, à vontade do seu gosto. E este era por aquele ritmo que surgiu quando o samba e a canção foram apanhados na cama: o samba-canção — embora os maldosos insinuassem que o pai da criança fosse o bolero, num momento em que o samba estava distraído. Maria não inventou o samba-canção, que já vinha lutando por um lugar à luz do abajur lilás desde o começo dos anos 40. Mas foi o seu grande campeão, ainda mais quando começou a produzi-lo como compositor. Teve a sorte de estourar de saída, em 1952, com "Ninguém me ama", em que fez rigorosamente tudo: música, letra, caititu, escolheu a intérprete e ainda deu parceria a seu amigo Fernando Lobo.

"Ninguém me ama" fez muito por uma porção de gente. Para Antonio Maria, deslanchou-o como compositor. Para Nora Ney, que o cantou, valeu uma carreira — recém-egressa do Sinatra-Farney Fan Club, ela tinha feito muito bem em aceitar o conselho de Dick Farney trocando o seu nome (Iracema Ferreira) por aquele outro, mais artístico. Para jovens pianistas da noite, como Tom Jobim e Newton Mendonça, indicou um caminho a seguir quando eles se tornaram compositores. E, para uma geração ainda mais jovem — a de Carlinhos Lyra, Roberto Menescal e outros, que tinham quinze anos em 1952 —, foi importante até pelo contraste: "Ninguém me ama" era só o que eles *não* queriam fazer.

Embora o sucesso da música tenha lhe garantido o uísque durante muitos anos, até Antonio Maria se encheu dela, porque já não podia entrar nas boates sem que o *crooner* começasse a cantá-la, para puxar-lhe o saco. Numa dessas, na boate Michel, quando o pianista, ao vê-lo, atacou a introdução, Maria antecipou-se ao cantor e parodiou a sua própria letra, cantando:

"Ninguém me ama/ Ninguém me quer/ Ninguém me chama/ De Baudelaire."

Pela onipresença de suas músicas, tinha-se a impressão de que Maria compunha muito. Na verdade, produziu até pouco: cerca de sessenta canções, e mesmo assim se você contar os frevos, dobrados e maxixes que seus amigos, caridosamente, elogiavam. Mas, quando Maria acertava, o fazia à grande, o que quase sempre acontecia em suas parcerias com Ismael Netto, o líder dos Cariocas. Maria e Ismael fizeram dez canções juntos, das quais "Canção da volta" e "Valsa de uma cidade" eram mais do que suficientes para gravar os seus nomes em bronze. Nesta última, o repórter-letrista Antonio Maria usava um estilo câmera-olho que seria adotado na Bossa Nova por seu futuro arqui-inimigo Ronaldo Bôscoli.

Por ironia, essas e outras canções ficaram para a posteridade como "músicas de Antonio Maria", quando, musicalmente, eram muito mais de Ismael Netto. A importância de Ismael para a música popular brasileira, como harmonizador, ainda está por ser reconhecida, mas, em seu tempo, ele era um prodígio. Em 1948, quando Os Cariocas explodiram com aquela constelação de vozes em "Adeus, América" e deixaram de boca aberta os outros conjuntos, Ismael tinha 23 anos. Ninguém acreditava que ele não tivesse recebido uma educação musical formal. Pois é, não recebeu, e, a partir daí, não precisou mais dela. Nem teria tempo para isso, porque morreu aos 31 anos, em 1956.

Em certo momento, ele se tornou uma lenda na Rádio Nacional ao ser visto fazendo com a voz, para Radamés Gnattali, as frases instrumentais com que a orquestra acompanharia Os Cariocas num dos programas *Um Milhão de Melodias*: "Os trombones fazem assim, as cordas fazem assado". Ninguém duvidava de que Ismael fosse capaz disso, mas o inédito era que Radamés desse tamanha confiança ao jovem. Outra prática sua, que deixava atônitos os maestros da Nacional, era a facilidade com que dissecava um complicado arranjo vocal de algum admirado conjunto americano, como os Pied Pipers, e distribuía as vozes dos Cariocas para reproduzir exatamente um determinado efeito — apenas para mostrar que, se quisesse, sabia fazer igual.

Boa parte da qualidade dos Cariocas se devia à disciplina musical do conjunto, imposta por Ismael, embora pessoalmente ele fosse o indisciplinado-modelo. Boêmio seria uma palavra singela para defini-lo. Mais exato seria dizer que garrafa cheia ele não queria ver sobrar e que, muitas vezes, só por milagre Ismael e seu Jaguar azul-metálico, inglês, chegaram inteiros à av. Prado Júnior, onde ele morava.

Sua massa física, que lembrava o Brucutu das histórias em quadrinhos, podia explicar sua resistência, mas não o faria durar para sempre. Em fins de 1955, ele saiu direto de uma hepatite mal curada para os chopes com genebra no Bar do Zica, indiferente ao fato de que seu fígado lhe mandara uma carta de demissão. Para surpresa geral, não foi isso que o matou. No começo do ano seguinte, foi atacado por uma pneumonia e já entrou em pré-coma no hospital, morrendo em meia hora. Ismael era diabético e não sabia.

CHEGA DE SAUDADE

* * *

O grande fantasma na vida de Antonio Carlos Jobim, depois do aluguel, era o medo de ficar tuberculoso. Segundo sua família, todos os músicos acabavam assim, e os pianistas da noite mais ainda. Podia haver várias causas para isso, mas as principais deviam ser o abre e fecha da porta das boates, a goma do *smoking* em contato com o pulmão, o conteúdo dos copos em cima do piano, os pacotes de cigarros que se fumavam enquanto se tocava "Everything happens to me", o papo dos frequentadores daqueles lugares, o dinheiro absolutamente mixo que se recebia pelo trabalho e o fato de que este desregulava completamente o fuso horário da pessoa, impedindo-a de ir à praia e de poder combinar almoços e jantares com as pessoas que trabalhavam das nove às seis.

Havia muita lenda a respeito da tuberculose em pianistas, mas, de concreto mesmo, as pessoas só se lembravam do cantor Vassourinha e dos compositores Noel Rosa, Jorge Faraj e Newton Bastos como vítimas da praga noturna — e nenhum deles tocava piano. Seja como for, não tinha sido para correr esse risco que Tom havia investido o creme da sua juventude debruçado sobre Villa-Lobos, Debussy, Ravel, Chopin, Bach, Beethoven e Custodio Mesquita. E, além disso, já estava ficando farto de encarar o bife com ovo do bar Far-West, no Posto 6, onde via diariamente o sol nascer, depois que saía do trabalho na boate.

Todos os pianistas de boates passavam mais ou menos pelo mesmo calvário, mas Tom sentia-se especialmente próximo de um colega: seu amigo de infância Newton Mendonça. Os dois se conheciam desde que a família de Tom se mudara da Tijuca para Ipanema, em 1927, antes que ele tivesse apagado sua primeira velinha. Quando Tom chegou a Ipanema, Newton já estava lá. Ele nascera na rua Nascimento Silva, exatamente dezessete dias depois de Tom. Desde que ficaram amigos, usando as mesmas roupinhas de marinheiro e sofrendo sarampos simultâneos, os dois haviam levado vidas quase simétricas. Com mais alguns amigos, formaram até um conjunto de gaitas.

Sendo vizinhos, foram moleques de praia na rua Joana Angélica, colegas de pescarias na lagoa Rodrigo de Freitas, de empinar pipa e caçar rolinhas no morro do Cantagalo. Ambos estudaram piano em criança. E ambos tiveram pais ausentes: o de Tom, funcionário do Itamaraty e poeta, abandonou a casa pouco depois do seu nascimento e morreu quando Tom tinha oito anos; o de Newton, capitão do Exército e professor de inglês e francês, conspirou contra o ditador Getulio Vargas e atravessou preso o Estado Novo. (Newton estudou no Colégio Militar e recebeu o diploma do curso secundário, em 1945, como "órfão de pai vivo"; o que acontecia aos filhos de militares presos por motivos políticos.) Deposto Getulio naquele ano, o pai de Newton foi libertado, morreu de enfarte e sua família perdeu o que tinha.

Como Tom, que desistiu da arquitetura antes de começar, Newton largou os estudos e foi trabalhar. Sua irmã tornou-se manicure. Newton começou como intérprete no Galeão (falava francês e um pouco de inglês). Depois, a exemplo de Tom, foi ser pianista da noite. Entre bares, boates e inferninhos, os dois tocaram em quase todos os endereços da Zona Sul do começo dos anos 50: Mocambo, Tudo Azul, Clube da Chave, Acapulco, Farolito, Mandarim, La Boheme, Dominó, Vogue, Michel, French Can-Can, Posto 5, Ma Griffe e Carrousel. Não que os dois tenham trabalhado em todas essas casas, mas, em várias delas, Newton entrou no lugar de Tom ou foi Tom que entrou no lugar de Newton. Num desses revezamentos, no entanto, interrompeu-se a simetria: em 1952, Tom resolveu que precisava trocar a noite pelo dia — ou seja, achar um emprego que lhe permitisse continuar trabalhando com música, mas num lugar tipo escritório, bem *quadrado*, no centro da cidade, em que tivesse de carregar uma pasta e funcionasse no horário comercial.

De preferência, um emprego em que não precisasse acompanhar os *crooners* que não conseguiam cantar uma única nota sem desafinar. Era por isso que, às vezes, Tom pegava o microfone da boate e desafinava ele próprio. (Tom já cantava naquele tempo, embora não tão bem quanto no futuro.) Mas, principalmente, queria um emprego em que não precisasse ficar agradando cantores.

"Ivon, você acha que eu sou bom?", ele perguntou ao então estrelíssimo Ivon Curi na boate Michel, onde tocava.

"Ora, mas é claro, Tom. Acho você ótimo", respondeu Ivon.

"Mas acha mesmo, no duro?"

"Claro, qual é a dúvida?"

"Então diga isso à madame Fifi, pra ver se ela me dá um aumento." Madame Fifi era a proprietária do Michel, a boate da rua Fernando Mendes.

Tom tornou-se arranjador da gravadora Continental e só esporadicamente voltou a trabalhar na noite, e mesmo assim quando o senhorio lhe mordia as canelas, exigindo um aumento no aluguel. Na Continental, passando para a pauta os sambas que outros menos escolados compunham em caixas de fósforos, ele se animou a compor também. E tinha a companhia constante do homem que todo músico queria ter ao lado por ao menos cinco minutos: Radamés Gnattali, igualmente maestro da Continental. (O impressionante não era o número de empregos de Radamés, mas o fato de que ele *realmente* trabalhava em todos eles.)

Na mesma época, 1952, seu amigo Newton Mendonça também achou que precisava mudar de vida. E mudou, mas não muito. Prestou concurso e tornou-se funcionário do Hospital dos Servidores do Estado (por acaso, no Departamento Financeiro), ao qual comparecia principalmente para receber o salário — e continuou pianista da noite. A tese é discutível, mas essa ruptura na simetria entre Tom e Newton poderia explicar, por exemplo, por que, entre aqueles dois rapazes de talentos similares, Tom Jobim se tornou Tom Jobim — e por que Newton Mendonça não se tornou Tom Jobim.

Embora o futuro os tivesse levado para caminhos muito diferentes, é provável que, se pudesse, qualquer um dos dois trocaria de lugar naquele tempo com um homem que estava fazendo ao piano tudo que eles gostariam: Johnny Alf.

Alf era o pianista do bar do hotel Plaza, na av. Princesa Isabel, em Copacabana. Tocava suas próprias composições, como "Rapaz de bem", "Céu e mar", "O que é amar", "Estamos sós" e "É só olhar", que ele já tinha havia algum tempo e que seriam as irmãs mais velhas da futura Bossa Nova. Alf tocava também toda espécie de tema de jazz que chegasse por aqui com o *imprimatur* de George Shearing ou Lennie Tristano; e alguma coisa dos outros cantores e músicos que faziam romaria para ir ouvi-lo: Tom Jobim, João Donato, João Gilberto, Lucio Alves, Dick Farney, Dolores Duran, Paulo Moura, Baden Powell e um bando de meninos que mal tinham idade para frequentar boates, como Luizinho Eça, Carlinhos Lyra, Sylvinha Telles, Candinho, Durval Ferreira e Mauricio Einhorn. Os mais jovens o admiravam porque ele tocava "por cifra", uma raridade na época.

Quer dizer então que Johnny Alf era um sucesso? Não. O bar do Plaza tinha fama de caveira de burro e quase ninguém o frequentava, mas, para os músicos *modernos* de 1954, era o lugar porque, à falta de fregueses, podiam tocar o que quisessem. Quase todos os *habitués* já eram seguidores de Alf desde que ele estreara profissionalmente, em 1952, na recém-inaugurada Cantina do Cesar, de Cesar de Alencar. O radialista precisava de um pianista para facilitar a digestão dos fregueses de seu restaurante, e o jovem Johnny lhe foi indicado por Dick Farney e Nora Ney, seus amigos do Sinatra-Farney. Cesar de Alencar tinha orelhas tão de abano que seu apelido em alguns círculos era *Dumbo*, mas, pelo visto, usava-as também para escutar. Quando a comida da Cantina se provou indigerível, ele converteu o restaurante numa boate e permitiu a Alf se mostrar como quisesse.

Os primeiros a ir vê-lo na Cantina foram Donato e Dolores Duran, seus vizinhos da Tijuca, e eles levaram os outros. Dolores, em suas folgas do Hotel Glória, às vezes dava uma *canja*, acompanhada por um jovem pianista chamado Ribamar; ou então era o próprio Alf que acompanhava João Gilberto, o qual se limitava a cantar, sem violão, no canto mais escuro da boate. O repertório era o de sempre: lucios e dicks a granel, ou seja, sambas-canção e alguns foxes. As pessoas só se sentiam na rua 52 de Nova York quando Alf e Donato exibiam seus conhecimentos de jazz, e Alf, como cantor, conseguia quase se confundir com Sarah Vaughan, mesmo cantando em português.

Um produtor da Sinter, Ramalho Neto, convenceu sua gravadora a fazer um 78 rpm com Alf, nem que fosse instrumental. Alf sentou-se ao piano e formou um trio estilo Nat "King" Cole, com Garoto ao violão e Vidal ao contrabaixo. Gravaram "Falseta", do próprio Alf, e "De cigarro em cigarro", de Luiz Bonfá. Ninguém esperava que o disco fosse para as paradas ou servisse para dançar, mas sua aceitação foi tão pálida que Paulo Serrano não quis insistir com Alf, ao contrário do que faria com Donato quase em seguida. Nos anos 60 essas duas faixas (que pouca gente ouviu) seriam muito citadas como "já sendo Bossa Nova". É um exagero. Na verdade, eram sambas-canção com improvisações de jazz (Alf intercala um trechinho de "Jeepers creepers" em "Falseta"), com extrema riqueza harmônica, mas sem nada de novo no ritmo. Só e mais solto, ele devia ser muito melhor, o que explica que aqueles rapazes o seguissem como os ratinhos faziam com o flautista de Hamelin.

Nos dois anos seguintes, o grupo tentou acompanhar Johnny Alf à medida que ele ia mudando de pouso nas boates, mas às vezes Alf era contratado por lugares um pouco caros para o bolso da turma, como o Monte Carlo, na Gávea, ou o próprio Stud do Theo, em Copacabana. Até que Alf voltou para o Leme, começando pelo Mandarim, na rua Gustavo Sampaio; depois o Drink, na mesma Princesa Isabel; e então atravessou a rua e se estabeleceu no Plaza em 1954. Com tantos talentos jovens reunidos, quase todas as ousadias rítmicas e harmônicas que produziriam a Bossa Nova estiveram em laboratório naquelas madrugadas com o bar quase às moscas. Milton Banana, que tocava para dançar no Drink de Djalma Ferreira, no outro lado da rua, aproveitava suas folgas e ia participar das *canjas*.

Um dos grandes momentos, segundo Carlinhos Lyra, era quando, à luz do lampião na porta do Plaza, se formava um improvável quarteto vocal composto pelo próprio Carlinhos e mais Alf, Donato e João Gilberto — cujo apelido, recorda ele, era *Zé Maconha*. Carlinhos também descreve o figurino de João como invariável — terninho azul da Ducal, camisinha branca e calças de pescar siri — e não se lembra de tê-lo ouvido tocar violão naquele tempo.

Nem todos os fãs de Johnny Alf se cruzaram ao ir ouvi-lo no Plaza. Tom Jobim e Carlinhos Lyra, por exemplo, iam bastante e nunca se viram lá. Mas, durante mais de um ano, até meados de 1955, ali se cozinharam experiências que, muito em breve, iriam resultar em alguma coisa. E exatamente quando o prato estava quase no ponto de ser servido, Johnny Alf aceitou a proposta de um empresário da noite de São Paulo, chamado Heraldo Funaro, e mudou-se para lá, a fim de inaugurar um lugar chamado Baiúca.

Seus jovens discípulos cariocas sentiram-se subitamente órfãos porque, naquele tempo, a Pauliceia parecia mais remota do que o Congo Belga. Mas São Paulo já *pagava* melhores salários do que o Rio. Na certeza de que Alf não voltaria mais, os meninos tiveram de se virar sozinhos.

Na versão de Billy Blanco, a "Sinfonia do Rio de Janeiro" nasceu a bordo de um lotação, no verão de 1954, quando ele ia da praça Mauá para sua casa, em Ipanema. O ônibus fez a curva na av. Princesa Isabel e, quando tomou a av. Atlântica, a montanha, o sol e o mar de Copacabana se abriram de repente à sua frente, em cinemascope. Como se Billy não passasse por ali há anos, todos os dias, o espetáculo que viu pela janela caiu-lhe como uma revelação divina e uma frase musical, com letra e tudo, iluminou-lhe a testa:

"Rio de Janeiro, que eu sempre hei de amar/ Rio de Janeiro, a montanha, o sol, o mar."

Billy entrou em êxtase e, em seguida, em pânico. Era um achado bom demais para se perder, e ele temia que, até chegar em casa, tivesse esquecido o que acabara de compor. Ficou repetindo mentalmente:

"Rio de Janeiro, que eu sempre hei de amar/ Rio de Janeiro, a montanha, o sol, o mar."

Não aguentou mais e, no meio do caminho, deu sinal para descer. O lotação parou e ele saiu correndo em busca de um telefone. Não existiam orelhões em 1954 e, quando se queria telefonar da rua, era preciso apelar para um botequim. Entrou no primeiro que encontrou, na rua República do Peru, e disse ao português do caixa que se tratava de uma emergência. (E, de certa forma, era mesmo.) O português acedeu de má vontade e Billy ligou para Tom Jobim:

"Tom, escute isto: *'Rio de Janeiro, que eu sempre hei de amar/ Rio de Janeiro, a montanha, o sol, o mar'.*"

Mas as ligações ainda eram mais precárias do que hoje e o botequim estava apinhado com os habituais vadios de bermudas e chinelos, discutindo futebol. E havia ainda o inferno do trânsito. Billy teve de repetir várias vezes a frase musical, aos gritos, no que todos os olhos e ouvidos voltaram-se para ele como flechas:

"'*Rio de Janeiro, que eu sempre hei de amar/ Rio de Janeiro, a montanha, o sol, o mar.*' Tom, escreve isto antes que eu esqueça! Estou indo praí!"

E assim, sem muita poesia, nasceram os primeiros compassos da belíssima "Sinfonia do Rio de Janeiro", de Antonio Carlos Jobim e Billy Blanco. Não é emocionante?

Para Tom Jobim nem tanto:

"Billy Blanco sempre foi muito generoso. Ele vivia pela rua, criando essas coisas maravilhosas, e ainda me dava parceria. Por que não andava com um gravador?"

Seja onde for, a bordo de lotações ou num piano da rua Nascimento Silva, a "Sinfonia do Rio de Janeiro" foi feita no começo de 1954, mas só seria gravada no fim daquele ano. Paulo Serrano, da Sinter, conseguira que Billy e Jobim assinassem um contrato dando prioridade à sua gravadora. Mas era um disco de produção cara: depois de orquestrada e arranjada para as várias vozes que Tom e Billy haviam previsto, a "Sinfonia" ficaria com no mínimo quinze minutos de duração e teria de ser gravada em *long-playing*. E os *long-playings* (as pessoas ainda não se sentiam com intimidade para chamá-los de LPs), mesmo os pequenos, de dez polegadas, eram artigos de tal luxo no Brasil que só se gravava neles música de retorno certo. E nada garantia que a "Sinfonia" fosse um grande sucesso a bordo dos trens da Central do Brasil. Serrano deixou as partituras na gaveta, à espera de dias melhores, e é bem provável que elas ficassem um bom tempo por ali, se João de Barro, *Braguinha* (o eclético autor de "Copacabana" e "Chiquita bacana" e, então, diretor da Continental), não a tivesse ouvido tocada por Tom — aliás, seu funcionário na gravadora.

O *cast* da Continental também era eclético: possuía desde os ídolos dos auditórios, como Emilinha Borba e Jorge Goulart, até artistas classudos, como Dick Farney, Lucio Alves, Gilberto Milfont, Nora Ney, Doris Monteiro e Os Cariocas. Com esse time, e mais os arranjos de Radamés Gnattali, seria possível fazer da "Sinfonia" um grande disco, até rentável. Braguinha negociou com Serrano para que este lhe cedesse a obra. Serrano disse que não poria problemas, se a Continental lhe emprestasse Lucio Alves para um disco na Sinter. Braguinha topou, a "Sinfonia" foi gravada na Continental e Lucio Alves fez um disco na Sinter, sem saber que havia sido usado como troco numa transação.

O LP original de dez polegadas, *Sinfonia do Rio de Janeiro*, é hoje um item de colecionador, quase sem preço. Principalmente por ter sido um fracasso de vendas. A Continental rodou apenas mil cópias e ainda teve o dissabor de um encalhe. A sinfonia propriamente dita, com os vocais daquele elenco, ocupava todo o lado A; o lado B repetia os temas em versão instrumental, com o quinteto de Gnattali, um ninho de cobras como Chiquinho no acordeão, Zé Menezes na guitarra, Vidal no baixo, Luciano Perrone à bateria e, claro, Gnattali ao piano. Era mesmo um grande disco, mas nenhuma das canções ("Arpoador", "Noites do Rio", "O samba de amanhã", "Hino ao Sol" e "Descendo o morro") fez sucesso ou mesmo sobreviveu isoladamente, exceto em reuniões domésticas, onde pequenos grupos amadores (como o dos irmãos Castro Neves, em Laranjeiras) as usavam como temas de jazz.

Está bem, não era um disco *fácil*, mas ninguém podia esperar um tamanho fiasco porque, em julho daquele mesmo 1954, enquanto a "Sinfonia" ainda estava no forno, a dupla Jobim/Billy acabara de entrar para a História — ou para a história dos fãs-clubes — com uma canção chamada "Teresa da praia".

Tanto o Sinatra-Farney quanto o Dick Haymes-Lucio Alves Fan Club já tinham encerrado suas operações havia quatro anos, mas era como se os fãs de Dick e Lucio não soubessem disso. A rivalidade continuava, num clima de Fla-Flu. A cada sucesso de um deles, os respectivos grupos ameaçavam quebrar 78s na cabeça uns dos outros, e temia-se que um dia isso acontecesse em plena Murray. Pretextos para provocações abundavam. Os fãs de Farney podiam alegar a superioridade de seu favorito porque, naqueles poucos anos, Dick gravara "Nick Bar", "Uma loura", "Alguém como tu", "Sem esse céu", "Ranchinho de palha" e, como se não bastasse, Dave Brubeck mandara dizer que era seu fã.

Mas os fãs de Lucio tinham argumentos tão ou mais respeitáveis porque, no mesmo período, ele lançara "Sábado em Copacabana", "Nunca mais", "Nova ilusão", "Se o tempo entendesse" e "Na paz do Senhor". Grandes canções, todas essas, e, se era por falta de aval, o próprio Dick Farney mandara dizer que era seu fã. Os fãs de Dick certamente não gostariam de saber que Lucio havia sido o primeiro a cantar "Copacabana", no programa *Um Milhão de Melodias*, da Rádio Nacional, antes de Dick gravá-la e estourar.

Naquele julho de 1954, os dois estavam no auge da forma e da fama. E, embora os fãs não quisessem acreditar, estavam também no apogeu de sua amizade. Lucio morava no Posto 6 e Dick na Urca, o que não os tornava exatamente vizinhos, mas os dois tinham um território comum: a noite, onde trabalhavam e viviam se encontrando. Não que essa amizade fosse segredo, mas, desde aquela reunião na sede do Sinatra-Farney, quatro anos antes, nenhum dos dois fizera novos esforços para acabar com a ridícula rivalidade entre os fãs.

Agora Dick tivera a ideia de gravar um disco *com* Lucio — os dois cantando juntos —, na Continental. Era uma ideia ousada, porque o disco tanto poderia ter um enorme *appeal* comercial para as duas torcidas, como não ter o mínimo para nenhuma delas, pela presença de um ou de outro. O irresistível é que todos os ingredientes da receita estavam à mão: Dick e Lucio eram da Continental; a gravadora tinha um jovem "compositor da casa", Tom Jobim, que sabia fazer as coisas no estilo de que eles gostavam; Dick, aliás, acabara de gravar um samba-canção de Tom, "Outra vez"; e Billy Blanco, que aparecera poucos meses antes com "Estatutos da gafieira", parecia um especialista em escrever letras que contassem uma história engraçada. Não podia falhar.

    E não falhou. Tom e Billy transformaram a *rivalidade* entre os dois cantores numa disputa por uma morena chamada Teresa (*"os olhos verdinhos, bastante puxados"*) que ambos teriam conhecido na praia do Leblon. A dita praia, aliás, entrou na canção não apenas para rimar com *"amar é tão bom"*, como também porque, nos anos 50, ainda havia uma inevitável conotação de sacanagem quando se falava no Leblon. O bairro não tinha sido completamente colonizado e sua praia, à noite, era o paraíso carioca do sexo à milanesa.

    "Teresa da praia", lançada naquele sinistro mês de agosto, foi um dos mais surpreendentes sucessos de 1954, porque o único assunto do momento parecia ser a guerra do jornalista Carlos Lacerda contra o "mar de lama" do presidente Getulio Vargas. (E olhe que Lacerda não gastou todos os seus cartuchos na campanha. Poderia ter denunciado, por exemplo, que Gregorio Fortunato, o famoso capanga de Getulio, era contratado como "clarinetista" na Rádio Nacional, quando era de conhecimento público que ele não sabia nem assoviar.) Seja como for, a guerra culminou com o suicídio de Getulio no dia 24 e com o empate entre Dick e Lucio no disco, porque eles dosaram os seus truques vocais para que um não ofuscasse o outro.

    Poucos anos depois, quando surgiu a Bossa Nova, essa briga deixaria de ter motivo para continuar. Aliás, as duas torcidas também. Dick e Lucio talvez nem desconfiassem, mas, com "Teresa da praia", estavam atingindo o seu máximo de popularidade. A partir dali, muita coisa aconteceria, em boa parte inspirada por eles — e na qual eles não teriam lugar.

5

ZONA SUL CHEIA DE BLUES

Para as boas famílias dos anos 50, cantar e tocar violão eram coisas associadas à boemia decadente da Lapa, às brigas de navalha entre malandros em botequins imundos, à cachaça, à pobreza e à prostituição. O passaporte para esse submundo, na visão dessas famílias, era o rádio, um lugar a se manter à distância de meninas bem-criadas, como, por exemplo, Sylvinha Telles. Mas, para outras famílias, que não tomavam conhecimento desses ambientes, cantar *e* tocar violão era uma prática remanescente de antigos saraus elegantes, nos quais parentes e amigos se reuniam em casas cercadas de muros de hera, ao redor de licores e quitutes e de uma filha especialmente prendada, que os entretinha com suas próprias canções e umas coisinhas em francês ou inglês — como Maysa. E, para outras famílias ainda, cantar ou tocar violão, quando se era pago para isso, podia ser uma forma de escapar à pobreza — como aconteceu com Dolores Duran.

Dolores, Maysa e Sylvinha foram as cantoras mais influentes da década de 50 e seus sambas-canção foram a coisa mais próxima de um *blues* brasileiro. As três saíram de meios completamente diferentes para se encontrar na noite de Copacabana, onde esqueceram suas origens e se impuseram às custas de seus grandes talentos e personalidades. As três eram *sinceras* nas letras que cantavam e, no caso de

Dolores e Maysa, sinceras até demais, já que as escreviam. Todas se meteram em grandes encrencas, sofreram "por amor" mais do que deviam, beberam como se a reserva alcoólica do planeta fosse acabar no dia seguinte e morreram muito jovens: Dolores aos 29, em 1959; Sylvinha aos 32, em 1966; e Maysa aos 41, em 1977. Mas todas tinham séculos de estrada quando isso aconteceu.

Dolores Duran fez o caminho mais longo: teve de sair do Irajá, um remoto subúrbio do Rio, onde se diria depois que Greta Garbo acabaria. Seu pai era sargento da Marinha, o que significava que ela e os três irmãos teriam de pegar cedo no batente. Mais cedo até do que esperavam, porque o pai morreu quando ela tinha doze anos, em 1942. Pouco antes, Dolores, que se chamava Adiléa e gostava de cantar, vencera um concurso de calouros no programa de Ary Barroso na Rádio Tupi, *Calouros em Desfile*, e sua mãe viu nisso uma saída: introduziu a menina nos bastidores das estações de rádio, para que ela se tornasse cantora.

O normal era que muitos desses bastidores levassem à cama de diretores, poucos ao microfone. Mas, em 1946, Adiléa chegou ao microfone da boate Vogue e, pouco depois, ao do *Programa Cesar de Alencar*, na Rádio Nacional. A essa altura, já passara a se chamar Dolores Duran — um nome muito mais adequado do que Adiléa, principalmente porque ela tinha jeito para ritmos e línguas e queria cantar em espanhol, francês, inglês e até em esperanto. E, de qualquer maneira, o nome Dolores era muito melhor do que o apelido que lhe deram, que poderia ter destruído sua carreira antes de ela começar: "Bochecha".

Da Rádio Nacional à sua ascensão a deusa *cult* da boemia da Zona Sul, a metamorfose de Adiléa em Dolores incluiu todas aquelas firulas com Donato e João Gilberto ao redor de Johnny Alf, mas, enquanto os outros se deixavam cozinhar sob o lampião do Plaza, Dolores já estava sendo seduzida e adotada por outra turma, que a descobrira no Vogue: a dos cronistas da noite. Seus novos companheiros da madrugada passaram a ser Antonio Maria, Fernando Lobo, Sergio Porto, Mister Eco, Lucio Rangel e Nestor de Holanda — este, na época, um escândalo ambulante, por ter criado a expressão *macacas de auditório*, referindo-se à gritaria das plateias de Cesar de Alencar.

A convivência com esses jornalistas, mais amargos do que engraçados, *sofisticou* Dolores. Eles lhe pincelaram uma demão de verniz, ensinaram-na a valorizar as canções que "diziam coisas" e, de certa forma, extraíram da mulher alegre e brincalhona que ela era a Dolores cheia de *spleen*, que se tornou a sua *persona* pública. Todas as letras que lhe deram para cantar eram nessa linha — "Canção da volta", "Bom é querer bem", "Quem foi?" —, num festival de almas torturadas.

Quando a própria Dolores começou a compor, em 1955, incorporou aquela máscara trágica que eles haviam moldado para o seu rosto de lua cheia. Com isso, os pequenos grandes dramas do dia a dia — fins de caso, corações partidos e solidões atrozes — tornaram-se as especialidades do seu cardápio. Para os que a conheciam na mesma época, circulando com os amigos às quatro da manhã pela av. Atlântica e cantando a plenos pulmões, de brincadeira, uma ária de "Tannhäuser", de Wagner, era como se Dolores, na hora de escrever suas letras, gritasse Shazam! ao contrário.

Sua primeira canção, "Se é por falta de adeus", em parceria com o também novato Tom Jobim, era só uma gota no mar de lágrimas que ela iria derramar nas músicas seguintes: *"Se é por falta de adeus/ Vá-se embora desde já"*. O jovem Jobim — solidamente casado com Teresa, sua primeira e única namorada de infância — ainda não tinha um passivo amoroso que lhe permitisse entender a fundo esses problemas. (Como se sabe, sua única preocupação era o aluguel.) Em compensação, não havia solução que ele não encontrasse no piano. Anos depois, em 1957, Dolores poria letra em outras duas canções de Tom. Uma delas, "Estrada do sol", narrava uma *morning after* tão luminosa entre dois amantes que os habituados às penumbras de Dolores devem ter até estranhado. A outra, "Por causa de você", deu origem a uma das histórias mais repetidas sobre Dolores: a de que ela teria escrito a famosa letra (*"Ah, você está vendo só/ Do jeito que eu fiquei/ E que tudo ficou..."*) de um só jato, com o lápis de sobrancelha, sobre a tampa do piano em que Tom lhe tocou a melodia, na Rádio Nacional.

A história é boa, mas parece mais uma cena de filme do que da vida real. Os dois teriam se encontrado casualmente na Rádio Nacional, e Tom lhe mostrara a canção, ainda sem letra — que Vinicius havia ficado de fazer. Dolores, enquanto ouvia a música, tirou da bolsa o lápis de sobrancelha, rabiscou de estalo a letra sobre um lenço de papel e mostrou-a a Tom. Este gostou e suspirou:

"Já pensou esta música com o Sinatra?"

Aí bateu na testa e disse: "Xi! E o Vinicius?". Dolores então escreveu nas costas do lenço de papel: "Vinicius, esta é a minha letra para esta música. Se você não concordar, é covardia". No que Vinicius, dias depois, galantemente retirou sua letra.

Tudo perfeito, exceto por algumas coisas: dificilmente Dolores (ou qualquer letrista que não conhecesse música) poderia ter escrito de primeira a letra de "Por causa de você", de modo a fazê-la caber tão perfeitamente na melodia. Muito menos em meio ao burburinho da Rádio Nacional, sob o alarido das *macacas*. E menos ainda com um lápis de sobrancelha num lenço de papel — experimente. Na verdade, Tom teve de tocar a melodia várias vezes e repetir trechos, para que Dolores encaixasse letra e música, o que ela só conseguiu fazer em sua casa e depois foi mostrar o resultado para Tom. Com isso, configurava-se uma parceria explícita — o que, naquela época, Tom podia permitir que acontecesse, porque Vinicius vivia fora do Brasil e ainda não se sentia com direitos exclusivos sobre ele. Quanto à fantasia de Tom ("Já pensou esta música com o Sinatra?"), acabou se realizando — doze anos depois, em 1969, quando Sinatra gravou "Por causa de você", com o título de "Don't ever go away", no segundo dos dois discos que fizeram juntos.

A parceria Tom & Dolores teria produzido mais canções se, a partir do momento em que *descobriu* Jobim, Vinicius não o tivesse assoberbado com todo o seu estoque de olhos das amadas. À sua maneira terna e implacável, ocupou-o tanto que Tom deixou à deriva antigos parceiros como João Stockler, Alcides Fernandes, Roberto Mazoier e até o velho amigo de ambos, Paulinho Soledade. Para não falar em Billy Blanco. A partir da era Vinicius, Tom só conseguiria compor com outros quando Vinicius não estivesse olhando, como faria em 1958, com Marino Pinto ("Aula de matemática") e em 1959, com Aloysio de Oliveira ("Dindi", "De você eu gosto", "Demais", "Eu preciso de você"). Ronaldo Bôscoli queixa-se até hoje de que Vinicius ameaçou romper com Tom, se Tom compusesse com Ronaldo — de quem Vinicius, aliás, era grande amigo.

O único parceiro a que Vinicius não podia se opor era Newton Mendonça. Não porque Tom e Newton fossem amigos de infância, mas porque Mendonça era mais músico do que letrista e, quando os dois abriam o piano, as sétimas e nonas eram mais importantes do que as plumas que o vento ia levando pelo ar. Talvez por isso Vinicius não o julgasse uma ameaça — como Bôscoli sem dúvida seria e Dolores efetivamente era.

À luz do que Tom e Vinicius fizeram, não tivemos grandes prejuízos. E Dolores se revelou surpreendentemente capaz de escrever música e letra, sozinha, em "Fim de caso", "Solidão", "Castigo" e, naturalmente, "A noite do meu bem".

Maysa Figueira Monjardim já tinha aqueles olhos desde o tempo em que, como Sylvinha Telles, era aluna do Sacré-Coeur, só que em São Paulo. Mas, ao contrário desta, saíra do internato aos dezoito anos, em 1954, diretamente para um casamento rico: com o austero André Matarazzo, sobrinho do conde Francisco Matarazzo, vinte anos mais velho do que ela e cujo brasão de família dizia *Honor, fides, labor* [honra, fé, trabalho]. Apesar do brasão, os Matarazzo não impediriam Maysa de cantar, desde que ela restringisse suas prendas aos saraus da aristocracia paulistana. Mas o pai de Maysa, o fiscal da Receita Federal Alcebíades Monjardim, tinha outros planos.

Segundo Ronaldo Bôscoli, Alcebíades era admirado em São Paulo por ser uma das poucas pessoas capazes de tomar três porres num único dia: às onze da manhã, já amarrara o primeiro; às três da tarde, estava novo e pronto para o segundo; e, às nove da noite, saudável como um pepino, preparava-se para iniciar o terceiro. A partir daí, já não podia jurar por sua sobriedade. Uma noite, em 1955, ele se encontrou, na boate Oásis, na praça da República, com seu velho amigo Zé Carioca, um dos órfãos de Carmen Miranda no Bando da Lua, e com Roberto Corte Real, radialista ligado à gravadora Columbia. Alcebíades falou-lhes de sua filha: uma cantora que o mundo estava perdendo para um casamento de conveniência, um talento a ser descoberto, uma jovem que podia ser a Edith Piaf brasileira.

Os dois descontaram desse entusiasmo uma possível parcialidade paterna, mas ficaram curiosos o bastante para ouvir a moça. Um encontro foi marcado para o dia seguinte, na casa de Alcebíades, longe dos olhos e ouvidos de qualquer Matarazzo.

Pela descrição do pai, Corte Real e Zé Carioca pensavam encontrar uma garota assustada e escondida atrás das cortinas. Nunca a infernal mulher de dezenove anos que os esperava: cabelos cheios e alourados; rosto lindíssimo, dominado por uma boca sensual (lábios surpreendentemente à Elvis) e um par de autênticos holofotes verdes (às vezes azuis) sob as sobrancelhas grossas; uma voz rouca e "profunda", que Piaf gostaria de ter possuído quando jovem; um uísque na mão, um cigarro na outra; e, por que Monjardim não avisou?, absolutamente grávida.

Se o visual de Maysa já era sensacional apesar da gravidez, ela impressionou ainda mais as visitas quando cantou algumas canções americanas — "The lady is a tramp", "Round midnight". Era o bastante para entusiasmar Corte Real, que se orgulhava de trocar cartas com Dick Haymes e se dizia amigo do próprio Cole Porter. Mas o que acabou de incendiá-lo foi quando a mãe de Maysa — d. Iná, um pedaço de mulher, como a filha — calculadamente disse a ela que cantasse algumas de suas próprias composições.

Maysa pegou o violão e, como se estivesse arrancando os mais amargos sentimentos do fundo de seu decote, cantou "Marcada", "Adeus", "Agonia", "Rindo de mim". Corte Real não podia acreditar no que ouvia. Ali estava uma menina, que compunha e cantava como uma deusa, com o jeito de uma mulher madura que tivesse vivido de verdade aquilo tudo. E (não que este detalhe fosse desprezível) o fato de ser a esposa de um homem da alta sociedade de São Paulo podia ter um fantástico apelo comercial.

Corte Real queria levá-la imediatamente para gravar na Columbia, mas Maysa, na época, ainda sabia onde pisava. Primeiro teria seu filho. Enquanto isso, tentaria convencer seu marido e a família a que a deixassem gravar o disco. Se isso parece incompreensível hoje, o contrário é que seria impensável em 1956. Pessoas de *boa* família não se misturavam a músicos e cantores, exceto ao contratá-los para tocar em suas festas — caso em que estes entravam e saíam pelos fundos —, e muito menos gravavam discos ou se apresentavam como profissionais. Aliás, não faziam *nada*, como profissionais, que não estivesse associado diretamente à administração de suas fortunas. Senão, não seriam ricos.

Os Matarazzo já tinham ficado constrangidos poucos anos antes, em 1950, quando um de seus membros, Ermelindo, primo de André, não conseguira dominar sua paixão por futebol e pelo Botafogo, e oferecera consideráveis contribuições em dinheiro ao clube carioca para que este o deixasse treinar como goleiro entre os reservas. O Botafogo, evidentemente, topara mais que depressa e, com isso, Ermelindo Matarazzo tornara-se a piada favorita dos meios esportivos: era o único jogador do futebol brasileiro que praticava o profissionalismo ao contrário. Ou seja, *pagava* para jogar. E o que era pior: orgulhava-se de ser o reserva de um homem chamado Oswaldo Baliza.

O caso Ermelindo, no entanto, podia passar como apenas uma divertida excentricidade de milionário e, além disso, ele *era* um Matarazzo. Com Maysa seria diferente, e a família do marido sabia que os pais dela eram de outra extração. Meses depois, Maysa teve seu filho e conseguiu dobrar a oposição da família. Os Matarazzo acabaram concordando em que ela gravasse, desde que a renda líquida da venda dos discos, abatidos os custos da gravadora, fosse doada à Campanha contra o Câncer, de d. Carmen Prudente — uma forma discreta de fazer com que Maysa continuasse *amadora* e a coisa passasse por beneficente.

Mas, para surpresa de Corte Real, a Columbia rejeitou Maysa antes mesmo de ouvi-la. Seus diretores não se deixaram convencer pela exortação do divulgador, e um deles chegou a perguntar "quantos discos o marido dela compraria". Essa é uma suposição, mas não é improvável que a então poderosa família Matarazzo tivesse manifestado à gravadora o seu "desagrado" pela ideia de que ela aceitasse Maysa como cantora. Corte Real não hesitou: levou Maysa a seu amigo José Scatena, de quem era sócio num estúdio de gravação de *jingles* de publicidade em São Paulo, a RGE, e, em função desse disco, propôs-lhe a transformação da RGE num selo fonográfico. Scatena topou. Não houve interferências estranhas e fez-se o que seria o primeiro *Convite para ouvir Maysa*, um LP de dez polegadas com oito canções, todas dela.

Nada de excepcional aconteceu, a princípio. Foram rodados apenas quinhentos discos, André Matarazzo *não* comprou o estoque e o encalhe parecia certo. A depender dela, os cânceres que d. Carmen Prudente combatia continuariam à solta. Até que o disco foi *descoberto* no Rio, a partir de uma crônica de Henrique Pongetti a seu respeito em *Manchete*. As rádios começaram a tocá-lo, a RGE teve de prensá-lo aos milhares e Maysa, para desespero de André Matarazzo, tornou-se uma sensação nacional. Não podia haver cantora mais *moderna* e sofisticada. E, então, quando a TV Record lhe ofereceu um contrato de 100 mil cruzeiros por mês (perto de 2 mil dólares na época) para comandar um programa semanal, seus pais, enfrentando os Matarazzo, não a deixaram recusar.

A "sociedade", a que Maysa pertencia pelo casamento, desfechou uma campanha insinuando que uma de suas filhas mais diletas resvalara para o *bas-fond*. André Matarazzo tentou salvar a própria face, passando a acompanhá-la em todos os programas de rádio e entrevistas a que ela agora deveria comparecer. Era como se estivesse avalizando o trabalho da mulher, mas, na realidade, só queria vigiar Maysa para evitar que ela cometesse gafes muito sérias — e ele nem disfarçava o seu mau humor e desprezo pelas pessoas que começaram a cercá-la. Devia saber o que fazia, porque Maysa não se segurou por muito tempo. Repórteres iam entrevistá-la e ela lhes servia cafezinho na sala, enquanto biritava às escondidas na cozinha. Ao fim de cada programa, convidava toda a equipe da televisão para sua casa, na rua Traipu, no bairro de Perdizes, com os resultados previsíveis. No começo eram apenas reuniões alegres, nas quais ela tentava manter um mínimo de sobriedade diante do marido. Mas logo as reuniões se transformaram em fuzarca, com Maysa, fora de controle, permitindo que um ou outro casal de convidados se escondesse num dos quartos.

O sucesso do disco liberou-a de qualquer compromisso com as convenções do Sacré-Coeur e da família Matarazzo. Permitiu-lhe assumir publicamente a face trágica que exibia nas canções e que talvez fosse a sua autêntica face: a da mulher sozinha, não importava com quem estivesse ou que estivesse ou não com alguém.

Rapidamente ficou óbvio que, se Maysa estava com alguém, este não era André Matarazzo. O casamento acabou em menos de um ano a partir do seu lançamento como cantora e, sem a proteção do ilustre sobrenome, ela se viu à mercê de todos os julgamentos. A imprensa deixou de tratá-la como "Sra. Maysa Matarazzo" e reduziu-a a simplesmente Maysa — o que, pensando bem, lhe ficava melhor. O poeta Manuel Bandeira, do alto de seus inconformados quase oitenta anos, teve um ataque de tesão verbal e publicou um poema num suplemento literário, no qual, depois de louvá-la em detalhes por dentro e por fora, amenizou a sonora cantada com um bonito verso: "Os olhos de Maysa são dois oceanos não pacíficos".

Sylvinha Telles, como Maysa, também teve de arrombar a porta de casa, de dentro para fora. Mas, depois de seu namoro com João Gilberto em 1952, quando ela tinha dezenove anos, nada poderia ser muito grave aos olhos de seu pai. Mesmo assim, foi às escondidas dele — mas com a cumplicidade da família — que Sylvinha se apresentou nos *Calouros em Desfile* de Ary Barroso, na Rádio Tupi. Mario Telles induziu seu pai a ouvir "casualmente" o programa, no rádio do carro, e, quando ele se deu conta de que a cantora de que havia gostado era Sylvia, já não podia impedir que ela penetrasse no mundo proibido. Mesmo porque o primeiro trabalho que ofereceram à menina era o de uma *ingénue*, como assistente do palhaço Carequinha em seu programa *O Circo do Carequinha*, na TV Tupi. Mais infantil do que isso, só os dramas da Vera Cruz.

Mas ela não demorou a receber propostas mais adultas. No começo de 1955, aos 21 anos, Sylvinha namorava Candinho, que se chamava José Cândido de Mello Mattos, era um ano mais novo, estudava direito e não estava em falta de nenhuma das qualidades que se atribuíam a quem tocava violão: era o boêmio absoluto. Candinho frequentava o bar Alcazar, na av. Atlântica, famoso pela canja de galinha na madrugada e pelas *canjas* de violão que garotos como ele e Carlinhos Lyra costumavam dar. Os dois eram alunos do superviolonista Garoto e adoravam exibir o que haviam aprendido na véspera. Sylvinha cantou numa dessas *canjas* e foi ouvida na mesa ao lado pelo debochado comediante Colé, o astro do teatro de revista.

Colé comportou-se segundo o *script*: convidou-a a participar de um espetáculo que iria montar no teatro Follies, ali perto, na galeria Alaska. O convite era de um atrevimento equivalente a convidar d. Helder Câmara para montar Gualicho no próximo Grande Prêmio Brasil. Para sua surpresa, Sylvinha se entusiasmou, mas, dessa vez, quem pisou no freio foi Candinho, mineiro de Lambari. Onde já se vira sua namorada, uma menina do Sacré-Coeur, trabalhar em teatro de revista, onde todas as coristas davam? Mario, irmão de Sylvinha, também achou um acinte, mas Colé, por incrível que pareça, conseguiu dobrá-los. Reescreveria o texto do espetáculo, *Gente bem e champanhota*, expurgando-o de todos os palavrões, e jurou que cortaria a língua se improvisasse *cacos* muito imorais em cena. Manteve a palavra e Sylvinha Telles pôde trabalhar no show mais sanitizado da história do teatro de revista. Sua participação se limitava a pouco mais do que cantar uma música chamada "Amendoim torradinho", de Henrique Beltrão, mas ela só precisaria disso para ser a revelação de 1955 como cantora.

Colé prometeu que se comportaria em cena e cumpriu, mas Candinho, que não havia prometido nada, fez das suas nos bastidores: trancou-se com uma das vedetes de Colé e foi flagrado por Sylvinha. A doce Sylvia teve então a oportunidade de estrear a outra face, gloriosamente explosiva, de seu temperamento: pôs fogo em seu camarim no teatro Follies. Os bombeiros chegaram correndo e nada de muito grave aconteceu, mas foi um aviso para que soubessem que ela era capaz de torrar mais do que amendoins.

Candinho pediu perdão e a Odeon convidou Sylvinha a gravar "Amendoim torradinho". As rádios se apaixonaram pelo disco e fizeram dela uma estrela. O lado B do 78, contendo uma composição de Garoto, "Desejo", foi gravado para fazer número, mas revelou o ótimo violonista que era Candinho. Dizia-se de Candinho que costumava dormir com caixas de fósforos amarradas entre os dedos, para fazer sua mão "aumentar" e permitir-lhe alcançar acordes mais difíceis — como os que Garoto ou Bonfá tiravam sem toda essa mão de obra. De todo modo, o disco o fez saltar para a Rádio Mayrink Veiga, onde, com Luizinho Eça ao piano e Jambeiro no contrabaixo, ele formou o efêmero Trio Penumbra. Com esse nome, eles nunca fariam esquecer o "King" Cole Trio, no qual se inspiravam, donde o jovem Eça preferiu continuar se dedicando às madrugadas da boate Plaza com o seu próprio trio — com o qual fora contratado para substituir Johnny Alf. Candinho então decidiu atrelar sua carreira — e sua própria vida — à fulgurante Sylvinha. Para começar, casando-se com ela.

Ele não cometeu o erro infantil de João Gilberto e foi em pessoa pedir a *seu* Paulo a mão da garota. Não ganhou, mas levou do mesmo jeito, porque Sylvinha já tinha idade para resolver e queria casar-se com ele. Eles não apenas se casaram, como representaram os seus verdadeiros papéis de marido e mulher, no ar, pela TV, para alguns milhares de espectadores. Foi talvez o primeiro casamento no Brasil em que, se as pessoas quisessem saber o que estava se passando na intimidade do casal, bastava ligar a televisão às quartas-feiras às oito da noite.

O programa se chamava *Música e Romance* e a fórmula lembrava a de *I Love Lucy*, com Lucille Ball e Desi Arnaz, também marido e mulher na vida real. Apesar da absoluta pobreza de recursos da recém-inaugurada TV Rio, ele foi de certa maneira a novela das oito no Rio do seu tempo. Não pela história, já que *Música e Romance* não contava nenhuma, mas pelas brigas entre os dois no vídeo. Sylvinha e Candinho interpretavam um casal que recebia os amigos "em casa", para cantar e bater papo. Em tese, era um programa simples e fácil de fazer: um cenário no estúdio, um único microfone, os dois apresentadores e alguns convidados. E ao vivo, é claro, naqueles tempos pré-videoteipe.

Na prática, no entanto, era a produção mais complicada do mundo. Candinho se atrasava e, já com o programa no ar, Sylvinha tentava salvar as aparências: "Ué, ele não apareceu! Será que se esqueceu?". Ou então Candinho chegava, mas ligeiramente de fogo, e sua mulher e *partner* rilhava os dentes para ele e para a câmera. Ou então Candinho simplesmente não aparecia e a fúria de Sylvinha fazia a equipe técnica temer que ela pusesse fogo também na TV Rio. Nem Katharine Hepburn se indignava tão maravilhosamente com Spencer Tracy. A coisa parecia ainda mais patética porque Sylvinha estava grávida (de sua filha Claudia) e, segundo o *script*, sua barriga seria um pretexto para os bate-papos. (No ano anterior, Lucille Ball havia feito uma série inteira de *I Love Lucy* sobre a sua própria gravidez, mas nenhuma de suas confusões com Desi Arnaz superou as de Sylvinha com Candinho.)

Terminado o programa, a novela continuava na vida real, na presença dos amigos e convidados do programa. O tempo fechava ali mesmo no estúdio, se Candinho estivesse lá — e, se não estivesse, Sylvinha ia para casa, na rua Anita Garibaldi, a fim de esperá-lo. Horas depois, Candinho aparecia com flores, que Sylvinha jogava pela janela, ameaçando atirá-lo também. Candinho descia à rua para recolher as flores e aproveitava para fazer uma serenata sob a sua própria janela. Sylvinha despejava-lhe um balde d'água, fechava a janela, deixava-o na rua e ia dormir. Era melhor ainda do que o programa.

Mas havia também quem não perdesse *Música e Romance* por sua parte musical, que, quando as coisas corriam sem quebra-pratos, podia ser sensacional. Os convidados interpretavam sua produção mais recente, e foi assim que passaram pelo programa Garoto, com "Duas contas"; Dolores Duran, com Tom Jobim ao piano, em "Se é por falta de adeus"; Johnny Alf, com "Rapaz de bem"; e Billy Blanco, com "Mocinho bonito". A própria Sylvinha, com Candinho ao violão, exercitava o seu gosto já então impecável em coisas como "Canção da volta"; a novíssima "Chove lá fora", de Tito Madi; "Amendoim torradinho", que era um *must* do programa; e principalmente "Foi a noite", de uma nova dupla: Antonio Carlos Jobim e Newton Mendonça.

Apesar disso, *Música e Romance* não durou muito — nem tinha razão para continuar, com o fim do casamento entre Sylvinha e Candinho. Assim que Sylvinha teve sua filha, os dois se separaram e passaram a se dar muito melhor. Tanto que ele a acompanhou no seu disco seguinte — "Foi a noite", de um lado, e "Menina", de Carlinhos Lyra, no outro. E, em 1957, quando o novo diretor artístico da Odeon, Aloysio de Oliveira, resolveu expandir esse 78 rpm num LP de dez polegadas, Sylvinha e Candinho reeditaram pela última vez o dueto com que abriam e fechavam *Música e Romance*: o samba-canção de Altamiro Carrilho e Armando Nunes, "Tu e eu", um hino à felicidade dos casais.

Falando em casais, a carreira e a vida de Sylvinha Telles passavam ali para outras mãos, sem habilidades no violão, mas com muito mais experiência: as de Aloysio de Oliveira.

Se todas as grandes ideias que se tem ao redor de uma garrafa de uísque chegassem vivas à última gota, a Casa Villarino, na esquina das avenidas Calógeras e Presidente Wilson, no centro do Rio, deveria ser tombada como um patrimônio nacional. Ali, nos anos 50, uma valente matilha de boêmios planejou os maiores programas de rádio, os poemas definitivos, as peças que fariam a posteridade babar, os mais arrasadores sambas-canção, a deposição de alguns presidentes e, com ou sem motivo justo, a destruição das mais ilibadas reputações. É verdade que quase tudo isso aconteceu apenas na imaginação dos seus frequentadores — não que não tivessem talento para tanto, mas porque estavam mais interessados em continuar bebendo do que em realmente pôr os planos em prática. É quase inacreditável que *Orfeu da Conceição*, o começo da parceria entre Antonio Carlos Jobim e Vinicius de Moraes, tenha nascido no Villarino.

As redações dos jornais, as editoras de livros, as gravadoras de discos, o Ministério da Educação, o Itamaraty e estações de rádio, que eram os principais empregadores daqueles boêmios, todos ficavam relativamente perto do Villarino. Isso facilitava a que eles dessem ali um expediente diário, naquele horário agônico das cinco e meia da tarde às nove da noite, antes de iniciar *de verdade* os trabalhos, que se passavam, naturalmente, na madrugada de Copacabana. O Villarino era o de que você quisesse chamá-lo. Visto de fora, era uma mercearia, que oferecia uvas argentinas, sardinhas do Báltico e um oceânico estoque de bebidas importadas. Nos fundos, convertia-se numa charmosa uisqueria, com um ligeiro clima de *speakeasy*. As paredes eram decoradas por desenhos (a pincel, batom, giz e o que houvesse à mão) de artistas amigos da casa, como Pancetti, Carlos Leão e Antonio Bandeira. Havia meia dúzia de mesas e os uísques da moda, Haig e Black Label, eram servidos por Jorge, o garçom, segundo o "gabarito fosfórico" criado pelos fregueses: doses da altura de uma caixa de fósforos Beija-flor, de pé, na vertical. Considerando-se a generosidade do "gabarito fosfórico" e a fenomenal capacidade cúbica desses fregueses, é inexplicável que o Villarino não tenha quebrado em dois tempos.

Os *habitués* eram o poeta e cronista Paulo Mendes Campos, os jornalistas Antonio Maria, Sergio Porto, Lucio Rangel, João Condé e Irineu Garcia, o embaixador Roberto Assumpção, os compositores Ary Barroso, Haroldo Barbosa, Fernando Lobo, Paulo Soledade e Dorival Caymmi, e as cantoras Dolores Duran e Aracy de Almeida — todos aparentemente empenhados numa conspiração para transformar as Highlands num areal. Mas, para que não se dissesse que o Villarino não era um ambiente sóbrio, havia clientes bissextos que bebiam até pouco para os padrões vigentes, como o poeta Carlos Drummond de Andrade, o maestro Heitor Villa-Lobos e os diplomatas Roberto Assumpção, Mário Dias Costa e — surpresa! — Vinicius de Moraes.

Dizia-se, com evidente exagero, que das mesas do Villarino podia-se sair com a montagem de um musical brasileiro praticamente esquadrinhada, incluindo libreto, canções, cenários, cartazes e, se duvidassem, até as críticas — contra e a favor —, antes que o musical fosse encenado. É mais ou menos o que se diz que aconteceu, em 1956, com *Orfeu da Conceição*.

Reza a história oficial que, num fim de tarde daquele mês de maio, o poeta e diplomata Vinicius de Moraes — recém-chegado de Paris, onde, nos três anos anteriores, desempenhara docemente constrangido as funções de vice-cônsul brasileiro — procurava um parceiro para escrever-lhe a música da tragédia grega que ele transformara numa tragédia negra, ambientada no Carnaval carioca. Algo como *Cabin in the sky*, um musical da Broadway que virara filme de Hollywood. O libreto, em versos, Vinicius já trouxera quase pronto de Paris. Faltavam as canções, a que ele poria as letras. Mas, para Vinicius, elas não poderiam ser de um compositor qualquer. Teria de ser alguém *moderno*. Sua primeira opção fora o pianista e compositor Vadico, aliás Oswaldo Gogliano, antigo parceiro de Noel Rosa em "Feitiço da Vila", "Feitio de oração", "Conversa de botequim" e outros sambas pré-1934.

Podia-se estranhar (mas, aparentemente, ninguém estranhou) que, em busca de alguém *moderno*, Vinicius propusesse casamento musical a um homem de 46 anos como Vadico, cujos últimos sucessos tinham acontecido mais de vinte anos antes. Mas Vinicius não via nisso um impedimento: as harmonias de Vadico, então arranjador da Rádio Mayrink Veiga, ainda eram tão *modernas* que provocavam suores frios em Silvio Caldas, refratário a qualquer novidade em samba. Surpreendentemente, Vadico teria recuado da proposta de Vinicius, por questões de saúde e por "não se julgar à altura". (Estranha recusa, considerando-se a sua longa experiência como músico de Carmen Miranda em Hollywood nos anos 40 e como regente da orquestra que acompanhara a bailarina Katherine Dunham numa excursão à Europa em 1949.) Mas o fato é que Vadico disse não, e Vinicius precisava de um parceiro para *Orfeu*. Pois, sempre segundo a versão oficial (repetidamente divulgada por Aloysio de Oliveira — que não estava lá), o poeta iria encontrar esse parceiro no Villarino.

A história é a de que, pedindo sugestões a um e outro no Villarino, Vinicius teria ouvido de Lucio Rangel o nome de Antonio Carlos

Jobim. O qual, por uma dessas coincidências, se encontrava a duas mesas de distância, "tomando uma cervejinha" e de olho numa possível carona para a Zona Sul. Rangel os teria apresentado, e Tom, mostrando-se interessado, atrevera-se a perguntar:

"Tem um dinheirinho nisso aí?"

Pergunta, por sinal, muito procedente, já que o seu trabalho diurno, agora na Odeon (andava dia e noite com uma pasta, contendo material que lhe permitia fazer arranjos instantâneos para todo mundo), ainda não o livrara de vez do trabalho nas madrugadas. Mas Lucio Rangel não teria entendido assim e reagira indignado:

"Como é que você me fala em dinheiro, diante de um convite desses? Tom, *este* é o poeta Vinicius de Moraes!"

(Tem-se a impressão de que, diante de um convite de Vinicius, supunha-se que a pessoa deveria trabalhar de graça.)

Mas, enfim, Tom dera de ombros, vexadíssimo, e, ao ser aceito por Vinicius, começava ali a fabulosa parceria.

Deve ter sido fascinante presenciar a cena em que o querido Lucio apresentou Tom a Vinicius no Villarino. Os dois provavelmente fizeram um enorme esforço para fingir que não se conheciam havia três anos, desde 1953, quando o poeta, em companhia de Antonio Maria, adentrou o Clube da Chave, ouviu o pianista, gostou do que ouviu e, ao fim da jornada de Jobim, saiu com este e foram comer ovos com presunto no bar dos Pescadores, onde conversaram até o sol raiar. Devem também ter omitido que, meses depois, Vinicius, de passagem pelo Brasil, foi ouvir Tom, agora no Tudo Azul, na rua Domingos Ferreira, e dali saíram — com mais um amigo de Tom, chamado João Gilberto — para ir conversar no Far-West, outro bar das altas madrugadas.

"Eu falava e os dois ouviam. Tudo o que eu dizia parecia *profundo*", contou Vinicius muitos anos depois à repórter Beatriz Horta, numa das raras vezes em que admitiu que já conhecia Tom antes de ser *apresentado* a ele no Villarino.

OK, por que essa discussão sobre um fato aparentemente tão banal? Não foi tão banal. O encontro entre T. & V. transformou a música brasileira e é natural que qualquer pessoa gostaria de se atribuir a sua paternidade. Os dois realmente se encontraram no Villarino — e Lucio Rangel não teve culpa de ver a história simplificada desse jeito por Aloysio de Oliveira —, mas esse encontro foi apenas a formalização de uma campanha que já vinha sendo feita havia dias para acoplá-los como parceiros. Na própria véspera, por exemplo, Vinicius havia passado horas ouvindo a respeito de Tom por uma pessoa a quem, na época, ele era todo ouvidos: seu cunhado Ronaldo Bôscoli.

Bôscoli e seu amigo Chico Feitosa tinham ido à casa de Vinicius, na rua Henrique Dumont, em Ipanema, expressamente para vender-lhe a ideia de convidar Tom para musicar *Orfeu* — e Vinicius havia comprado. Grande ano, 1956.

Bôscoli, cuja árvore genealógica parecia ter um artista em cada galho (sobrinho-bisneto da compositora Chiquinha Gonzaga, sobrinho dos homens de teatro Geysa Bôscoli e Jardel Bôscoli, primo do radialista Héber de Bôscoli e do ator Jardel Filho), tinha 22 anos em 1951 quando conheceu Vinicius. O poeta rondava sua irmã Lila, de dezenove anos, e Ronaldo não estava gostando da história — incrível como as irmãs de antigamente precisavam de proteção. Era uma daquelas erupções amorosas de Vinicius, que depois se tornariam corriqueiras. Mas aquela parecia novidade porque Vinicius ainda estava casado com Tati, sua primeira mulher.

Vinicius e Tati formavam havia treze anos o que parecia um casal indissolúvel. Ela tinha enorme ascendência sobre ele e, juntamente com o socialista americano Waldo Frank, fora a responsável por Vinicius ter começado a abandonar, em 1941, suas decididas simpatias por Hitler e Mussolini. Até então, ele torcia pelo Eixo na guerra como pelo Botafogo no futebol. A conversão de Vinicius tinha sido tão radical que, em 1946, ele namorou a ideia de entrar no Partido Comunista, o que só não fez porque foi dissuadido pelo próprio Luís Carlos Prestes. (Prestes disse que ele seria mais útil fora do que dentro do Partido. Foi melhor assim porque Vinicius, com o seu horror a burocratas, não teria aturado por muito tempo a *disciplina* partidária.) Enfim, um casamento capaz de levar o marido a esses extremos parecia mais difícil de cair do que Stalingrado.

Mas Vinicius convenceu Ronaldo de suas ótimas intenções para com Lila e efetivamente separou-se de Tati para viver com ela. Embora se diga que ele sempre saiu de seus casamentos levando apenas a folclórica escova de dentes, aquela parece ter sido a única vez que ele fez isso. O fato é que, vivendo dos magros cruzeiros que o Itamaraty pagava aos diplomatas estacionados no Brasil, Vinicius descobriu que precisava faturar uns extras: ele e Lila estavam passando a arroz e ovo num apartamento sem luz nem geladeira, na rua Francisco Otaviano, e isso não ficava bem para o autor de *Poemas, sonetos e baladas*.

Ronaldo Bôscoli era repórter na *Última Hora* de Samuel Wainer, a quem Vinicius foi pedir umas colaborações. Wainer, com típica generosidade, garantiu ao poeta um cheque de trinta em trinta dias, em troca de sorver-lhe o sangue: entregou-lhe a crítica de cinema, arrancou-lhe uma crônica diária e encarregou-o do "correio sentimental", no qual, sob o pseudônimo de *Helenice*, Vinicius respondia às palpitações amorosas das leitoras — o que o divertia muito. (Uma edição de fato abrangente da obra de Vinicius não poderia dispensar essa fase *Helenice* de sua carreira.)

Foi corajoso da parte de Wainer confiar-lhe a crítica de cinema, mesmo em 1951. Na primeira vez em que desempenhara essa função, no extinto jornal *A Manhã*, em 1941, Vinicius lançara-se numa guerra santa contra o cinema falado — colorido, então, nem se fala —, e com tal fúria que não se sabe como este sobreviveu. Considerava os filmes falados uma diversão para a "plebe ignorante", a não se confundir com os clássicos de Eisenstein, Dreyer e Murnau. Não que Vinicius fosse incondicionalmente a favor do cinema mudo. Era também contra a que os filmes mudos tivessem legendas explicativas e que fossem acompanhados por uma orquestra debaixo do palco, como acontecia com as superproduções, ou até mesmo por um solitário pianista.

Isso pelo menos dez anos depois que a polêmica cinema mudo × cinema sonoro havia sido resolvida no resto do mundo, e sob as barbas de Orson Welles, que já havia feito *Cidadão Kane* e até estava no Brasil tentando filmar o Carnaval. (Indagado a respeito, Orson achou a polêmica de Vinicius muito divertida.) Claro que, em 1946, quando foi destacado para o seu primeiro cargo diplomático, em Los Angeles (a alternativa, que ele declinou, era Moscou), Vinicius tornou-se rapidamente um cidadão de Hollywood, perdeu todos os purismos sobre cinema e passou a aceitá-lo falado até pelo Pato Donald. Em 1951, já era capaz de ser mais imparcial a esse respeito do que o grande crítico da época, Antonio Moniz Vianna, do *Correio da Manhã*, o qual não admitia nenhum filme falado — em português.

O suplício durou dois anos, mas, em 1953, Vinicius deixou para trás a crônica diária, a crítica de filmes e as aflitas leitoras de *Helenice*, pegou Lila pelo braço e foi assumir em dólares o seu posto na embaixada brasileira em Paris, onde escreveu *Orfeu*.

Ronaldo Bôscoli, que ficara por aqui, continuara repórter na *Última Hora*, mas seu amor pela imprensa estava pegando um terceiro lugar fácil — a música e as mulheres disputavam os dois primeiros. O endereço dessas preferências era o clube Tatuís, em Ipanema, com as festas organizadas pelo diretor social Walter Clark. O Tatuís colecionava as moças mais bonitas do Rio de Janeiro, o que explica por que Bôscoli não saía de lá, mas a música que se tocava ali era quase tão boa — a cargo, muitas vezes, de Candinho, seu diretor musical, e eventualmente dos pianistas Newton Mendonça ou Tom Jobim. Bôscoli conhecera Jobim na praia e o reencontrara no Tatuís em 1953, mas isso só teria alguma consequência daí a três anos, em 1956, quando seu cunhado Vinicius estava na captura de alguém *moderno* para musicar *Orfeu*.

Bôscoli e seu amigo Francisco Libório Feitosa (Chico Feitosa, futuro Chico *Fim-de-noite*) foram à casa do poeta em Ipanema aquela noite. Por indicação de Bôscoli, Feitosa tornara-se secretário de Vinicius e estava funcionando como seu assistente na produção de *Orfeu*. Muita coisa vinha sendo acertada nesses encontros. Lila desenharia os figurinos. Candinho faria, por trás das cortinas, o violão que Orfeu pareceria tocar. Ronaldo, a pedido de Vinicius, estava introduzindo gírias e expressões populares no texto da peça, para fazê-la parecer mais *moderna*. O poeta achava Bôscoli uma autoridade em tudo que estava se passando de novo na rua — é bom não esquecer que, depois de treze anos de casamento e outros tantos fora do Brasil, o ainda formal e conservador Vinicius sentia-se bastante desatualizado da realidade brasileira. Esse foi um dos motivos que o levaram a apostar na indicação de Jobim por Ronaldo. Além disso, já ouvira Tom no Tudo Azul e conhecia o disco da *Sinfonia do Rio de Janeiro*.

Tom e Vinicius não chegaram a se falar naquela noite, mas Vinicius sabia que o encontraria no dia seguinte, no Villarino, quando Tom encerrasse o seu expediente na Odeon, ali pertinho, na av. Rio Branco. O que, afinal, aconteceu — com Lucio Rangel maravilhado com a rapidez com que o poeta aceitara a sua indicação de um músico desconhecido para uma tarefa tão importante.

Quando Tom e Vinicius se reuniram na casa do compositor para escrever as canções de *Orfeu da Conceição*, o endereço na rua Nascimento Silva, 107, não era famoso nem para os carteiros da vizinhança e ninguém cogitava que, um dia, ele se tornasse letra de uma canção de Vinicius e Toquinho, chamada "Carta a Tom 74". Ao contrário, o sobradinho em Ipanema era apenas uma perda de sono para Tom, que calculava as notas que ainda tinha pela frente no teclado, aquele mês, pelos dias que faltavam para o pagamento do aluguel. Já a nova casa de Vinicius e Lila na Henrique Dumont, quase esquina com Vieira Souto, era impraticável para o trabalho, porque eles a transformaram numa *open house*, sem chaves, equivalente à de Eugênia e Álvaro Moreyra, com um entra e sai de Rubem Bragas, Di Cavalcantis, Cyro Monteiros, Moacyr Werneck de Castros e Paulo Mendes Campos. *Orfeu* foi escrito quase todo na Nascimento Silva, entre os alaridos de Paulinho, seis anos, filho de Tom e Teresa — e não é de se surpreender que, juntando-se a timidez do compositor em face do poeta e a pouca prática deste como letrista, as primeiras canções custassem a sair.

A experiência de Vinicius nesse departamento limitava-se a uma colaboração com Haroldo Tapajós num foxtrote, "Loura ou morena", no ano pré-diluviano de 1932, e a duas com Antonio Maria — um samba, "Quando tu passas por mim", de 1953, e o "Dobrado de amor a São Paulo", de 1954 — com, nos dois casos, Vinicius fazendo a música e Maria a letra. Mas, quando Tom se soltou e Vinicius serviu-se de um uísque (não bebia ao escrever poesia, mas isso era música popular), o primeiro produto acabado da parceria foi nada menos que "Se todos fossem iguais a você". Aquilo serviu para desencantar a dupla e estabeleceu um padrão. A partir dali, ficava liberado beber em serviço e Tom, a conselho de Vinicius, começou a trocar a cevada pelo malte em sua dieta. "Cerveja é perda de tempo", dizia o poeta.

Quando *Orfeu da Conceição* estreou no Teatro Municipal, no dia 25 de setembro de 1956, uma segunda-feira, a plateia teve vários motivos para fazer *ohs* de admiração. O cenário de Oscar Niemeyer era ousadamente alegórico, com uma rampa — sendo de Niemeyer, *tinha* de haver uma rampa — conduzindo a um jirau que representava o morro, e a uma escada em espiral (o que era surpreendente, porque Niemeyer sempre odiou escadas) que fazia as vezes do barraco de Orfeu. O violão acabou não sendo Candinho, que não lia música, e sim Luiz Bonfá, por sugestão de Tom. E Tom, que deveria estar regendo a orquestra, teve medo de tremer e passou a batuta às mãos mais firmes de Leo Peracchi, seu colega na Odeon.

O elenco negro, encabeçado por Haroldo Costa (Orfeu), Léa Garcia (Mira) e Dirce Paiva (Eurídice), era belíssimo e dizia-se que aquela era a primeira vez que os negros subiam ao palco do Municipal sem ser para fazer faxina. (Não era verdade. O teatro já levara uma adaptação de *O imperador Jones*, de Eugene O'Neill.) Durante toda a semana em que *Orfeu* ficou em cartaz, o Municipal teve casa lotada e foi um acontecimento na vida cultural e social do Rio, com os colunistas Ibrahim Sued e Maneco Müller fazendo a festa. Poderia ter continuado no Municipal por muito mais tempo, mas, com a vocação de Vinicius para empresário, a apresentação do domingo à noite foi a última, porque ele reservara o teatro apenas para uma semana.

Alguns dias depois, *Orfeu* mudou-se para o Teatro República, onde ficou mais um mês em cartaz, apesar dos problemas. No segundo dia, Abdias do Nascimento, que fazia Aristeu, acusou Vinicius de se aproveitar dos negros — um duro insulto a quem, apenas seis anos depois, se diria "o branco mais preto do Brasil". Vinicius demitiu Abdias e, em seu lugar, escalou nada menos que Chico Feitosa em *black face*. Feitosa parecia mais Al Jolson do que Aristeu, mas a plateia o aplaudiu delirantemente. Aplaudiria com ainda mais fervor se soubesse que, fora do palco, ele estava namorando a cobiçadíssima Eurídice. *Orfeu* foi outro sucesso no Teatro República e cogitou-se levar o espetáculo para o Municipal de São Paulo. Mas o Municipal já estava com a agenda cheia, e não havia teatros em São Paulo capazes de receber a peça.

Todo o *score* de *Orfeu* era magnífico, mas o impacto provocado por "Se todos fossem..." pôs na sombra a beleza das demais canções de Tom e Vinicius "Um nome de mulher", "Mulher, sempre mulher" e "Lamento no morro", além da "Valsa de Orfeu", música de Vinicius, mas harmonizada por Tom. Simultaneamente ao espetáculo, gravou-se na Odeon um LP de dez polegadas, com o sambista Roberto Paiva, além de Vinicius recitando o monólogo de Orfeu e — já que não havia plateia — Tom regendo a orquestra. Um amigo de Vinicius, o industrial paulista Zequinha Marques da Costa, levou as canções para São Paulo, onde elas fizeram sensação na boate Cave com um cantor novato, Almir Ribeiro. "Se todos fossem iguais a você" já se tornara propriedade particular de Ribeiro, quando ele morreu afogado em Punta del Este, dois anos depois, durante uma excursão com Carlos Machado.

Um editor musical de São Paulo, Enrique Lebendiger, proprietário da poderosa Fermata, chegou na frente dos outros e conseguiu que Tom e Vinicius editassem com ele as canções de *Orfeu da Conceição*. Isso significava, dizia ele, que, a partir daí, elas estariam protegidas, até mesmo internacionalmente. Ninguém poderia gravá-las sem autorização da editora, e esta, com suas representantes em Nova York, Zurique, Sydney, Tóquio e Buenos Aires, seria vigilante na arrecadação dos direitos de reprodução, de interpretação e de execução das obras — cabendo aos autores o único e árduo trabalho de, quando houvesse, receber o dinheiro.

Como Tom e Vinicius não demoraram a descobrir, este era mesmo um árduo trabalho, quando se tratava de lidar com editores musicais. E o dinheiro, a princípio, foi exatamente aquilo que se mencionou no Villarino: "um dinheirinho". Mas as canções de *Orfeu* ficaram, sem dúvida, bem protegidas. Inclusive dos seus próprios autores.

6

A TURMA

Em 1956, Roberto Batalha Menescal estava fazendo jus ao nome e hospedando mais conflitos internos do que um saco de gatos. Não sabia se estudava arquitetura, se entrava para a Marinha ou se tocava violão. Não é pouco quando se tem dezoito anos. Nesse tríplice dilema, a opção que menos o interessava era a arquitetura, apesar de pertencer a uma família de engenheiros e arquitetos. Ou por isso mesmo. Já ficava escarlate de modéstia sempre que tinha de dar seu endereço: o edifício da Galeria Menescal, em Copacabana, construído por seus pais. A ideia de entrar para a Marinha também não significava nenhuma vocação militar, nem era inspirada pelos musicais da MGM. Apenas lhe dava a ilusão de que, se fosse marinheiro, não precisaria praticar pesca submarina somente nos fins de semana em Cabo Frio — teria o ano inteiro e os sete mares para demonstrar sua perícia com os arpões. Mas, depois de algumas aulas de violão com Edinho, do Trio Irakitan, e de sentir os aromas da madrugada, começou a suspeitar que parecia mais emocionante ser músico.

Por causa da música, pelo menos, já estava correndo mais riscos do que diante dos meros e cações jamantas de oitenta quilos que costumava enfrentar debaixo d'água. Pouco antes, por exemplo, falsificara a carteira de estudante para penetrar naquele covil dos adultos, o

Scotch Bar, na rua Fernando Mendes, e ouvir seu ídolo, o novato Tito Madi, cantar "Chove lá fora". Na mesma época, estava adquirindo o perigoso hábito de confiscar uísques White Horse da adega de seu pai para vender de madrugada à boate Tudo Azul e, com sorte, pegar um sujeito chamado Tom Jobim tocando "Foi a noite". O único lugar em que não conseguira penetrar fora na vesperal de *Gente bem e champanhota* no teatro Follies, para ouvir aquela menina que era o máximo do *moderno*, Sylvinha Telles, cantando "Amendoim torradinho" — tivera de contentar-se com a matinê das quartas-feiras.

Menescal passava horas escutando o disco *Julie is her name*. Não por causa da voz de cama da cantora Julie London e do seu luxuriante decote na capa, mas pelo acompanhamento do violão de Barney Kessel. Seus pais observavam preocupados esse fanatismo. Ficariam muito mais se descobrissem a verdadeira razão pela qual Menescal estava trocando de colégio no último ano do curso científico, do Mello e Souza para o Mallet Soares, ambos na rua Xavier da Silveira: porque ficara sabendo que ali estudava um rapaz chamado Carlinhos Lyra. Segundo a lenda, Lyra tocava violão "por cifra", era amigo de Johnny Alf e tinha até *duas* músicas gravadas — ou seja, era quase um profissional. Dizia-se também que matar aula para tocar violão era de praxe na turma de Lyra, e os professores que gostavam de violão matavam junto com eles e garantiam as frequências. Tinha ou não tinha de trocar de colégio?

Os pais de Menescal, como muitos pais de 1956, viam no violão um pseudônimo para vadiagem e não aprovavam aquilo nem em sonho. Não que Menescal tivesse qualquer futuro como boêmio. Apesar de esforçar-se para gostar de cuba-libre, seu pior vício era *milk-shake* — um amigo, o baterista Victor Manga, iria apelidá-lo de *Rei do leite*. Mesmo assim, para tentarem enquadrá-lo, seus pais cortaram-lhe a mesada. Subitamente inadimplente até para comprar pipoca, Menescal teria de virar-se. Foi quando Carlinhos Lyra, também tentando escapar ao desvelo leonino de sua supermãe, sugeriu-lhe abrirem uma *academia* de violão, e Menescal aceitou mais que depressa. Nas previsões de ambos, a *academia* parecia uma fonte de renda que lhes serviria, no máximo, para as cocadas e mariolas. Mas, na prática, ela logo se revelou um grande negócio. Lyra ficou independente e Menescal resolveu aquele dilema: a *academia* permitiu-lhe dar bye-bye à arquitetura e o convenceu de que, a partir daí, poderia viver de música e praticar pesca submarina com produção própria, sem precisar do subsídio da Marinha.

João Paulo, um amigo de Carlinhos, ofereceu-lhes um quarto e sala que usava como *garçonnière*, na rua Sá Ferreira, em Copacabana, para o funcionamento da *academia*. Em troca, levava 10% do faturamento. Ficava implícito que a *garçonnière* seria desativada em nome dos bons costumes. Lyra e Menescal eram rapazes excepcionalmente boas-pintas, o que pode explicar o fato de 80% das matrículas serem femininas. Mas os tempos eram outros, e uma ou outra mãe mais zelosa insistia em acompanhar a filha, para certificar-se de que ela tocaria apenas violão durante a aula. Isso tumultuava o trabalho e obrigou os professores a separar os dois aposentos.

Um cartaz foi afixado na sala de espera, com os dizeres, educadíssimos: *"Sras. mães, por favor, queiram aguardar na sala de espera".* É claro que, para todos os efeitos, o cartaz significava *"Mãe não entra".* Mas, para que não restasse nenhuma dúvida quanto às intenções dos professores, um olho mágico foi instalado na porta que dividia os aposentos, para que as mães pudessem perscrutar os progressos da filhota nos mistérios do violão. Na realidade, tantas precauções e preocupações eram desnecessárias, porque Lyra e, principalmente, Menescal eram os mais interessados em manter o máximo de respeito na sala de aula. Nada contra o fato de que, fora dali, algumas alunas (quase sempre as mais velhas) tomassem umas *aulas* extras com eles.

Os dois foram também beneficiados por um vírus que acometeu muitos pais daquele tempo: o de obrigar seus filhos a estudar acordeão com Mário Mascarenhas. Para fugir a esse destino terrível, os jovens argumentavam com suas boas notas no colégio ou com a frequência regular à missa, e arrancavam deles a autorização para aprender violão. Outros matriculavam-se clandestinamente. Com isso, em poucas semanas, Lyra e Menescal viram-se com quase cinquenta alunos — ou alunas. Uma delas, Nara Lofego Leão.

Ela tinha quatorze aninhos e estava de mudança para o futuramente célebre apartamento em Copacabana, onde aconteceriam as "reuniões da Bossa Nova". Mas, em 1956, ninguém falava ainda em Bossa Nova e o apartamento era apenas a residência do dr. Jairo Leão, um ambicioso e esperto advogado capixaba, e de sua mulher, d. Tinoca. A filha mais velha do casal Leão, Danuza, desfilava pela Bangu, era permanente candidata à lista das "dez mais elegantes", tornara-se musa dos intelectuais, namorara o galã francês Daniel Gelin, e se casara com o jornalista Samuel Wainer. Uma vida. Comparada com a exuberância de Danuza, a timidez de Nara era preocupante — seus apelidos domésticos eram *Jacarezinho do pântano*, *Caramujo* e *Greta Garba*.

E, quanto ao famoso apartamento, não tinha nada de tímido. Ocupava metade do terceiro andar do edifício Palácio Champs-Elysées, na av. Atlântica, sobre pastilhas e pilotis típicos dos anos 50, bem em frente ao Posto 4. Sua sala esparramava-se por 90 metros quadrados, com janelões que se abriam para o mar. Ou seja, nada que obrigasse a se tocar música baixinho, "para não incomodar os vizinhos", como se diria depois para *explicar* a Bossa Nova — principalmente porque não havia vizinhos: o prédio ao lado, de esquina com a rua Constante Ramos, ainda não existia. Era um terreno baldio.

Ao contrário do pai de Menescal, que via no violão uma ferramenta do demônio, o pai de Nara dera-lhe um aos doze anos e contratara, para ensiná-la a domicílio, o veterano Patrício Teixeira, um cantor sobrevivente dos Oito Batutas de Pixinguinha e criador em 1937 de "Não tenho lágrimas", um samba que Nat "King" Cole iria gravar, em 1960, num de seus discos brasileiros. Nas últimas décadas, Patrício vinha se dedicando a acumular fungo e a ganhar a vida como professor de violão das dondocas cariocas. Para a velha guarda, ele podia ser uma lenda viva, mas isso não alterava o fato de que, para Nara, Patrício era veterano *demais*: tinha 63 anos, estava cansado, burocratizado e ele próprio não via muito sentido em ensinar violão a uma garota de doze, "rica" (devia ser, pelo tamanho do apartamento) e que nunca mais pegaria no violão depois que se casasse.

Nara, por seu lado, também não achava que suas aulas com Patrício fossem passar para as páginas da História. Acontece que ela estava realmente interessada em violão e, dois anos depois, ao saber da *academia* de Lyra e Menescal, matriculou-se logo. Iria fazer parte de uma turma, tocar diante dos outros e, talvez, até mesmo cantar. Era uma chance de vencer a timidez e um álibi para sair da toca. Quando descobriu que Menescal era seu vizinho de Posto 4, os dois passaram a andar juntos por todo lado e, sendo Menescal quatro anos mais velho, aquilo podia ser chamado de um namoro. Em seguida, foi a vez de Carlinhos Lyra namorá-la — embora, segundo Nara, ela não tenha sido informada disso na época. De todo modo, nenhum dos dois casos foi para valer. Nada parecido com o que ela começaria um ano depois, quando Ronaldo Bôscoli apareceu em seu apartamento. Não se era cunhado de Vinicius impunemente.

Menescal e Bôscoli nem desconfiavam de que tinham sido feitos um para o outro quando se conheceram, em 1956, numa das rodas de violão de outro veterano, o compositor Breno Ferreira, na Gávea. Breno era o autor de "Andorinha preta", uma toada do remotíssimo ano de 1925 e que *também* seria gravada por Nat "King" Cole. (De onde Nat tirou essas escolhas?) O *hit* de suas rodas de violão era a inevitável "Andorinha preta", que fora recentemente ressuscitada pelo Trio Irakitan.

Naquela noite, na casa de Breno, depois de ouvir andorinhas pretas suficientes para vários verões, Menescal passou por uma porta e saiu numa varanda onde os integrantes da roda eram bem mais jovens e o repertório também. Um dos rapazes estava cantando coisas como "Duas contas", "Nick Bar", "Uma loura" — enfim, os dick-farneys. Menescal ficou sabendo que o rapaz era um repórter da *Última Hora*, chamado Bôscoli. Devia ser ótimo jornalista, para cantar mal daquele jeito. Os dois conversaram e descobriram que, além de uma paixão em comum pelo mar, também pensavam igual sobre o estado de coisas da música popular. Achavam pavoroso.

Ambos cultivavam a maior antipatia por aquele tipo de letra penumbrosa que era o forte da época, como a de um samba-canção chamado "Bar da noite", que dizia, *"Garçom, apague esta luz/ Que eu quero ficar sozinha"*. Em outra música, um bolero chamado "Suicídio", o cantor dava um tiro na gravação. Não tinham paciência nem com Antonio Maria, admiradíssimo pelos quarentões por ter escrito *"Ninguém me ama/ Ninguém me quer/ Ninguém me chama/ De meu amor"* e *"Se eu morresse amanhã de manhã/ Minha falta ninguém sentiria"*. Os dramalhões da Pelmex perdiam para aquela *overdose* de ninguéns. Na flor do tesão, fazendo esporte e vendendo saúde, os dois moleques de praia achavam impossível identificar-se com aqueles sambas-canção, cheios de mulheres perversas, que traíam os homens e os levavam à morte.

E aquilo ainda não era o pior. Havia também as pesadas letras de Lupicinio Rodrigues, como a de "Vingança", com o ódio à mulher: *"Enquanto houver força em meu peito/ Eu não quero mais nada/ Só vingança, vingança, vingança aos santos clamar/ Ela há de rolar como as pedras que rolam na estrada/ Sem ter nunca um cantinho de seu/ Pra poder descansar"*. Mas nem Lupicinio, com seu mau gosto de tango, conseguia superar a descrição de Wilson Batista em "Mãe solteira", descrevendo o drama da porta-bandeira que "ateou fogo às vestes" quando se descobriu grávida: *"Parecia uma tocha humana/ Rolando pela ribanceira/ A pobre infeliz teve vergonha/ De ser mãe solteira"*.

Era o que mais se ouvia no rádio, e não era para menos que Menescal e Bôscoli não se identificassem. Aqueles dramalhões não faziam parte de suas biografias. Eles estavam muito mais próximos das canções de Tito Madi, Jobim, Newton Mendonça; das letras de Billy Blanco, Marino Pinto, Dolores; das harmonias ousadas de Radamés Gnattali, Garoto, Valzinho, Donato, Johnny Alf; das vozes de Dick Farney, Lucio Alves, Sylvinha Telles e das estrepolias vocais dos Cariocas. Dos mais velhos, gostavam de Custodio Mesquita, Caymmi e Vadico, mas achavam que a música brasileira podia ter um pouco mais de Cole Porter, George Gershwin ou Jimmy Van Heusen. E achavam também que o único defeito de Frank Sinatra era não ser brasileiro.

Menescal queria fazer música; Bôscoli, letra. Os dois ficaram de se ver, marcaram o primeiro encontro para alguns dias depois, deram o primeiro bolo um no outro e só foram se reencontrar daí a um ano, quando se cruzaram no Arpoador. Àquela altura, 1957, muitas coisas haviam começado a tomar forma. Bôscoli dera palpites na produção de *Orfeu da Conceição*, tornara-se letrista e fizera "Fim de noite" com Chico Feitosa; e Menescal tocava nas domingueiras dançantes do clube Columbia, na Lagoa, e tinha uma *academia* de violão com Carlinhos Lyra. O apartamento de uma aluna chamada Nara passara a ser uma extensão da *academia*, com uma vistosa frequência das melhores alunas da dupla. Menescal falou a Ronaldo da *academia*, das alunas e de como, todas as noites, ia-se para a casa de Nara com os violões. Convidou-o a dar um pulo. Bôscoli ficou muito interessado — principalmente em Nara e nas alunas — e prometeu aparecer. Dessa vez, não deu o bolo.

Tinha de acontecer. Uma aluna, passeando distraída os dedos pelas dobras do sofá da *academia*, achou uma camisinha Jontex recém-usada. O filho da puta do João Paulo continuava usando o apartamento como *garçonnière*, pensou horrorizado Carlinhos Lyra. Quando se viu com aquela coisa mole e viscosa na mão, a moça levou um susto e deu um grito. A mãe, na sala de espera, acudiu. Carlinhos tentou imaginar como esconder a camisinha, enfiando-a no bolso ou engolindo-a, como nos filmes de espionagem, mas era inútil. Nunca iriam acreditar que ele não usava essas coisas. A jovem ultrajada cancelou a matrícula e a mãe pôs a boca no mundo.

Lyra e Menescal tiveram de fechar a *academia* por uns tempos.

A chegada de Ronaldo Bôscoli em 1957 alterou a paisagem no apartamento de Nara. Ele levou a tiracolo seu amigo Chico Feitosa, apelidado imediatamente de Chico *Fim-de-noite*, pela sua canção com Ronaldo. Os dois se espremiam numa quitinete na rua Otaviano

Hudson, em Copacabana, a qual abrigava ainda um negro gigantesco, amigo deles, Luís Carlos *Dragão*, de profissão indefinida. *Dragão* contribuía para o aluguel fazendo pequenos mandados para os outros, como levar diariamente a coluna de Bôscoli à *Última Hora*, da qual ele era agora colaborador, ou ir à esquina comprar Coca-Cola para Chico Feitosa. Mas sua principal ocupação era dormir. Quando ferrava no sono, nem a Terceira Guerra Mundial conseguiria acordá-lo. Certa manhã, Ronaldo e Chico transportaram-no dormindo pela escada de serviço, quatro andares abaixo, com cama e tudo, até a entrada do prédio. Quando acordou e viu que estava quase na rua, *Dragão* tomou a única atitude que considerou sensata: virou-se para o outro lado e continuou roncando.

Bôscoli levou Feitosa ao apartamento de Nara, não apenas porque ele era um bamba no violão e os dois estivessem compondo juntos. No último ano, Bôscoli passara por um surto paranoico que o fazia ter medo de sair de casa. Agora já conseguia sair à rua, mas nunca sozinho. Era Feitosa quem o acompanhava, ida e volta, tanto para o trabalho, na velha sede da *Manchete* na rua Frei Caneca, quanto para o consultório da psicanalista Iracy Doyle, pioneira da especialidade no Brasil. Feitosa passou também a trazer e levar Bôscoli ao apartamento de Nara, mas, em pouco tempo, esse serviço de carreto ficou desnecessário: beneficiando-se da extrema liberalidade do casal Leão, Ronaldo praticamente instalou-se na casa de Nara — e foi ela que passou a acompanhá-lo para todo lado, de táxi ou de bonde.

Observando melhor o que passara despercebido a Menescal e Lyra, ele foi o primeiro a olhar para os joelhos morenos e rechonchudos de Nara com os olhos de um homem. O que era natural, considerando-se que, em 1957, Bôscoli tinha 28 anos, contra os verdes vinte de seus antecessores. Ela também viu nele o que não podia ver nos dois meninos: Ronaldo era poeta, jornalista, experiente, andava com Tom, Vinicius e Newton Mendonça, conhecia a noite e o dia, e, como ela, era mortalmente tímido — uma timidez que ele reprocessava num humor tão ácido quanto hilariante e que, na época, já lhe rendia um escrete de inimigos.

Alguma garota de quinze anos poderia resistir a isso? Nara se encantou com ele, e seus pais também — a tal ponto que o velho Jairo fazia uma divertida vista grossa ao dar pela falta de camisas, meias e cuecas em seu armário. Sabia que estavam em Ronaldo.

Carlinhos e Menescal reuniram suas economias, alugaram uma casa na rua Cinco de Julho, também em Copacabana, e reabriram a *academia*. O escândalo da camisinha fora esquecido e as alunas voltaram, em hordas, aos braços de seus violões. Agora eram quase duzentas. Menescal contentava-se em tocar e ensinar, mas Lyra estava mais do que nunca empenhado em compor. Já tinha feito algumas coisas sozinho, como "Maria Ninguém", mas, quando Menescal o apresentou a Bôscoli, sentiu que tinha ali um parceiro. Os dois começaram a trabalhar juntos e a primeira música que resultou foi "Se é tarde, me perdoa". Em seguida, de brincadeira, escreveram "Lobo bobo". A letra não era tão ingênua como as pessoas pensavam: contava aproximadamente como o lobo Bôscoli se deixara prender por Nara. E a melodia, que parecia tão espontânea, era um assumido decalque do tema de *O Gordo e o Magro*, cujas antigas comédias curtas tinham ficado populares de novo, na televisão. Lyra e Bôscoli achavam engraçadíssimo o fato de ninguém perceber.

Ao contrário do que se acredita, quase nada era composto no apartamento de Nara. Lyra e Bôscoli encontravam-se no apartamento de um ou de outro, e só depois iam mostrar o resultado *chez* Nara. A parceria não exigia exclusividade. Lyra às vezes compunha sozinho, como fez com "Barquinho de papel", e Bôscoli continuava a pôr letra nas canções de Chico Feitosa, como "Sente" e "Complicação". Mas o apartamento de Nara era o centro. Luiz Carlos Vinhas, ex-colega de Menescal no Mallet Soares, e Normando Santos, ex-aluno e agora professor da *academia*, também não saíam de lá. A música passou a ocupar as 24 horas da turma. Os que ainda estudavam, como Nara, pararam de ir ao colégio, a não ser para mostrar as canções, que já consideravam *modernas*. Outro ponto era a casa de Lu e Aná, duas garotas ricas que moravam na Urca e aonde iam os garotos que gostavam de jazz.

As coisas esquentaram ainda mais quando Bôscoli introduziu no apartamento de Nara os jovens irmãos Castro Neves — todos formidavelmente musicais e cada qual especialista num instrumento: Mario, piano; Oscar, violão; Leo, contrabaixo; e Iko, bateria. Em seu apartamento em Laranjeiras, eles formavam um conjunto, o American Jazz Combo, e eram fãs de Jobim desde a "Sinfonia do Rio de Janeiro". O amigo de Bôscoli era Mario, o mais velho, mas foi Oscar, então com dezessete anos, que compôs de saída com Ronaldo uma coisinha chamada "Não faz assim", que depois seria considerada uma das primeiras canções da Bossa Nova.

Mario, no entanto, deu a Ronaldo um tema complicado e dissonante, inspirado no "Reloginho do vovô", de Garoto, e que permitiu a Ronaldo resumir numa letra o que se passava na cabeça de todos eles: *"Reclamem com o papai/ Se eu nasci moderno assim/ Perguntem pra mamãe/ Se o dissonante mora em mim/ Tomei a mamadeira e fui ninado em atonal/ E o meu sonho é embalado por um ritmo infernal.// Se o coração da gente entendeu que assim tá bom/ Não há quem me convença que eu saí fora do tom.// Pergunto pra você se está errado um samba assim/ Se não é brasileiro quem não toca tamborim.// Eu não nasci quadrado/ Eu não posso me enquadrar/ Mas o meu samba tem direito de viver e de falar".*

Este samba, "Mamadeira atonal", nunca chegaria a ser gravado e, pelo que se viu depois, não precisaria sê-lo. Em 1957, todos o conheciam nos colégios Mello e Souza e Mallet Soares, e nas casas de Nara e de Aná e Lu — onde era cantado por João Gilberto. Dois anos depois, em 1959, quando começaram os primeiros shows oficiais da Bossa Nova, "Mamadeira atonal" já tinha ficado para trás. Havia um outro, no mesmo estilo, só que melhor: "Desafinado".

Ué. Alguém falou em João Gilberto?

Poucos meses antes, em meados de 1957, Menescal estava em casa, na festa das bodas de prata de seus pais, no apartamento da

Galeria Menescal, quando bateram à porta. Devia ser mais um convidado. Foi abrir e um rapaz que ele nunca vira perguntou:

"Você tem um violão aí? Podíamos tocar alguma coisa."

O rosto de Menescal transformou-se num ponto de interrogação. Não sabia o que dizer. Descobriu imediatamente quando o rapaz se apresentou:

"Eu sou João Gilberto e quem me deu seu endereço foi Edinho, do Trio Irakitan."

Para Menescal, se *aquele* era João Gilberto, o nome de seu ex-professor Edinho era dispensável como recomendação. Ele já ouvira falar em João Gilberto — e, no meio dos jovens músicos cariocas nos últimos meses, quem não? Sabia que se tratava de um baiano meio louco e genial, fabuloso no violão, cantor afinadíssimo e que às vezes aparecia sem avisar no bar do Plaza. Convidou-o a entrar. João Gilberto atravessou as dezenas de convidados como se eles fossem feitos de vapor — da mesma forma, ninguém o viu — e foram para um quarto dos fundos. Não disse mais nada. Apenas examinou o violão, afrouxou uma ou duas cravelhas, testou o prolongamento das notas e cantou "Hô-bá-lá-lá", sua própria composição.

Era um beguine — um ritmo caribenho que, mesmo para 1957, já estaria mais do que esquecido se não fosse por aquela canção de Cole Porter. Menescal não entendeu direito a letra e, ainda que ela fizesse muito sentido, ele, como a maioria dos músicos, não dava importância a letras. E quem queria saber de letras diante do que ele estava ouvindo?

A voz de João Gilberto era um instrumento — mais exatamente, um trombone — de altíssima precisão, e ele fazia cada sílaba cair sobre cada acorde como se as duas coisas tivessem nascido juntas. O que era espantoso, porque o homem cantava num andamento e tocava em outro. Na realidade, não parecia *cantar* — dizia as palavras baixinho, como Menescal já ouvira outros fazendo. Mas ele sentia que João Gilberto, se quisesse, seria capaz de se fazer ouvir lá na sala, com ou sem a festa. João Gilberto cantou "Hô-bá-lá-lá" cinco ou seis vezes, com mínimas alterações, mas cada versão parecia melhor do que a anterior. E que diabo de ritmo era aquele que ele fazia? Menescal não resistiu. Pegou-o pelo braço, com violão e tudo, e saiu com ele pela noite. Ia exibi-lo aos amigos.

Começou pelo apartamento de Ronaldo Bôscoli, na rua Otaviano Hudson. João Gilberto cantou de novo "Hô-bá-lá-lá" incontáveis vezes. Cantou também uma outra canção sua, esquisitíssima, chamada "Bim Bom", e uma série de sambas que eles nunca tinham ouvido — e que João Gilberto ia identificando como tendo sido grandes sucessos deste ou daquele conjunto vocal do passado. Em apenas uma noite e quase todo o dia seguinte (ninguém dormiu), ele lhes abriu os ouvidos para uma música brasileira muito mais rica do que jamais haviam imaginado. E, quando lhes falou de suas admirações — Lucio, Dick, Alf, Donato, Bonfá, Jobim, Tito, Dolores, Newton Mendonça, vários deles seus amigos —, eles entenderam tudo. Para Menescal e Bôscoli, naquela noite, João Gilberto era a realidade encarnada do que, até então, eles vinham procurando às cegas, meio pelo tato.

Da casa de Bôscoli, completamente insones, foram logo de manhã ao apartamento de Nara, onde a epifania se repetiu, e, de lá, à casa de Aná e Lu, na Urca. Menescal queria aprender aquela *batida* que João Gilberto fazia no violão — aquele jeito de tocar acordes, não notas, produzindo harmonia e ritmo de uma só vez. Durante essa peregrinação de quase dois dias, sem pausas, ele não tirava os olhos das mãos de João Gilberto. Particularmente da mão direita: Menescal observou que os dedos polegar e mínimo de João Gilberto se esticavam, formando quase uma reta, enquanto os três dedos do meio faziam a pegada e retesavam todos os músculos do seu antebraço. E ele, Menescal, se achava professor de violão!

E havia as coisas de que João Gilberto falava enquanto iam de casa em casa e de volta ao apartamento de Ronaldo. Poesia, por exemplo. Carlos Drummond de Andrade era claramente o seu favorito, mas ele também recitou, de cor, trechos inteiros das *Cartas a um jovem poeta*, do alemão Rainer Maria Rilke. Literatura era uma preocupação remota dos músicos, inclusive cantores, e era inédito ouvir um deles citando escritores com tanto desembaraço. Em outro momento, João

Gilberto começou a falar de técnicas de emissão de voz. Tinha admiração pela maneira como Dick controlava a respiração ao cantar, conseguindo soltar quilômetros de frases num único fôlego, apesar de fumar "dois maços de Continental por dia". (Menescal observou depois que, durante todo o tempo em que estiveram juntos, João Gilberto não fumou e parecia resmungar quando alguém acendia um cigarro ao seu lado. E também não bebeu, o que era duplamente estranho. Poxa, todo mundo bebia ou fumava!)

Mas o que deixou Menescal atarantado foi quando João Gilberto lhe explicou como exercitava técnicas dos iogues para respirar, e como isso lhe permitia espichar ou encurtar as frases musicais, sem perder sílabas e sem se cansar. Os exemplos vinham uns atrás dos outros. Tudo aquilo repicava nos ouvidos de Menescal como pepitas douradas e ele percebeu, fascinado, que estava ficando preso àquele homem. A imagem que lhe veio à cabeça, para definir João Gilberto, foi a de uma aranha em sua teia, tecendo seduções ao redor de moscas. Precisava tomar cuidado. Pois não lhe adiantou de nada saber disso: quando se despediu dele na rua e voltou para casa, a fim de tentar dormir, já estava falando, pensando e se comportando como João Gilberto.

Quase ninguém no Rio, em 1957, entre os mais jovens, sabia muito sobre João Gilberto — quem era, o que fizera antes, como aprendera a cantar ou a tocar daquele jeito. Sabiam vagamente que tinha vindo da Bahia para cantar num conjunto vocal (qual era mesmo?), que saíra do conjunto e que trabalhara esporadicamente na noite. Nomes, datas, lugares, tudo era impreciso a seu respeito e, engraçado, as pessoas não estavam muito interessadas — ou não ousavam atravessar a barreira de silêncio que ele próprio se impunha a seu respeito. Mas a grande pergunta era: como não tinham sabido antes da existência daquela maravilha?

Carlinhos Lyra, que o conhecera na porta do Plaza em 1954, lembrava-se vagamente daqueles vocais de madrugada, à luz do lampião, e até do apelido que lhe deram, mas não se recordava de que, na época, ele fosse tanta maravilha. Com toda a certeza, não cantava daquele jeito. Muito menos tocava aquele violão. Ronaldo Bôscoli, apesar de até mais velho do que João Gilberto, nunca o vira antes. E não havia muitos outros que pudessem prestar informações aos meninos. Johnny Alf tinha se mudado para São Paulo e Jobim era praticamente inacessível para eles, assim como Bonfá, Newton Mendonça ou Os Cariocas. Pena, porque alguns destes, que o conheciam desde sempre, haviam sido dos poucos a registrar que, nos últimos tempos, João Gilberto andara sumido. Mas, se perguntados, nem eles saberiam dizer ao certo como, quando e para onde havia ido, embora tivessem uma ideia — errada — do porquê.

7

EM BUSCA DO EGO PERDIDO

Dois anos antes, no início de 1955, João Gilberto havia chegado ao seu fundo de poço no Rio. Estava sem dinheiro, sem trabalho e quase sem amigos. O orgulho flechado por todos os lados fizera sua autoestima despencar a zero. Mas ele resistia: não cantaria em boates onde os clientes falassem como matracas ou o humilhassem com gorjetas — na sua visão, esmolas. Não pediria emprego em conjuntos, não cantaria fantasiado de fuzileiro, não gravaria *jingles* idiotas. Não que estivesse assim tão disputado: na verdade, ninguém parecia louco pelos seus serviços. Zanzava pela noite de Copacabana, nas cercanias das boates, mas não entrava em nenhuma. Nem era convidado a entrar pelos porteiros que o conheciam. E, pelos que não o conheciam, muito menos. Ficava ali pela calçada, em silêncio, mas seu aspecto quase miserável não ajudava muito: cabelo caindo sobre os ombros — numa época em que isso era considerado meio insano —, barba de vários dias e roupa amarfanhada, como se estivesse dormindo com ela havia uma semana — e estava mesmo. Mais de uma vez fora visto falando sozinho nos bancos da praça defronte à Biblioteca Nacional, no Centro, ou na av. Atlântica.

Sua família na Bahia cortara-lhe a eventual ajuda havia anos e ele não considerava a hipótese de arranjar um emprego *normal*, fora da música. Sem dinheiro para o bonde, tinha de andar a pé, e há quem diga que passou fome. Nada disso o impedia de, às vezes, investir seus últimos trocados num *fino* na Lapa. Precisava de algum escape para o seu intolerável sentimento de frustração pelo fato de o mundo não ter se comportado de acordo com os seus planos. O Rio de Janeiro, com suas mediocridades bem-sucedidas, não enxergara o seu talento e não havia ninguém com a opinião de que ele era o maior cantor do Brasil.

Não se sabe se João Gilberto pensou em se jogar dos Arcos ou debaixo do bonde. Mas tomou uma decisão que, para ele, devia parecer próxima da morte: admitir a derrota, ir embora do Rio, recomeçar em outro lugar. Mas onde? Não podia voltar para a Bahia, porque sua família iria martirizá-lo. Não conhecia ninguém em São Paulo, Belo Horizonte, esses lugares. Só via uma saída: aceitar o convite que o gaúcho Luiz Telles, seu protetor nos Quitandinha Serenaders, vinha lhe fazendo para passar uns tempos *descansando* em Porto Alegre. Telles era o último amigo que lhe restara. Quando todos os outros lhe viravam as costas, fartos dos seus usos, abusos e esquisitices, havia sempre uma rede para receber Joãozinho na pequena cobertura de Luiz na praça do Lido.

Nos últimos tempos, Luiz Telles vinha observando preocupado a decomposição física e psicológica do rapaz — que atribuía em grande parte ao *alucinógeno*. Achava-o à beira de um colapso nervoso e planejara um jeito de tirá-lo daquilo. Iria levá-lo para Porto Alegre, onde, se a vida noturna não era exatamente Las Vegas, no mínimo serviria como uma mudança de ares e o faria voltar a se animar. (Claro que, antes, Joãozinho teria de cortar o cabelo.) Mas o principal é que, em Porto Alegre, estaria longe da maconha, uma coisa terrível que enlouquecia as pessoas e as fazia ficar tristes e sem vontade de cantar. Aquela visão ingênua sobre os efeitos da maconha não era um privilégio de Luiz — muitos da sua roda (e de João Gilberto) pensavam o mesmo.

Luiz Telles podia não ter grande entendimento sobre o que levara Joãozinho àquele estado, mas sua boa intenção ao afastá-lo do

Rio certamente valeu-lhe pares extras de asas no céu, quando chegou lá, em 1987, aos 72 anos. Aquela viagem ao Sul marcaria, para João Gilberto, o começo de um doloroso processo que lhe tomaria os dois anos seguintes — talvez os mais importantes de sua vida —, nos quais ele amargaria um longo e tremendo confronto consigo mesmo. Dessa descida solitária aos seus próprios infernos, que iria começar em Porto Alegre e continuaria por cidades tão diferentes como Diamantina, em Minas Gerais, e Salvador e Juazeiro, na Bahia, até a volta ao Rio, em 1957, João Gilberto emergiria não apenas fortalecido e seguro do que deveria fazer, como também — finalmente — com as respostas que vinha buscando para sua carreira.

João Gilberto passou cerca de sete meses em Porto Alegre, provavelmente de janeiro a agosto de 1955. (As datas são aproximativas e baseiam-se nos cálculos, nem sempre muito precisos, das pessoas com quem ele conviveu no Sul.) Luiz Telles hospedou-o no luxuoso hotel Majestic, na rua da Praia, onde também morava, como endereço permanente, o poeta Mario Quintana. O fato de Telles ter preferido instalar o seu convidado no melhor e mais caro hotel da cidade, arcando com as despesas — quando teria sido tão mais simples hospedá-lo com sua família, quase toda composta de militares —, só pode indicar que ele sabia muito bem o que era melhor para todos.

É possível que, no fim das contas, Joãozinho não lhe tenha saído tão pesado. (Comparativamente, é lógico.) Mal viu-se instalado, por exemplo, João usou todos os seus poderes de *charmeur* para encantar camareiras, mensageiros, telefonistas, cozinheiros e até os proprietários do hotel. Eles se hipnotizaram com os seus modos educados, com a sua inteligência e com a sua música. Em pouco tempo, tinha um exército de funcionários esmerando-se como seus prazerosos serviçais, enquanto, pela primeira vez, se dedicava *full-time* ao violão — como se tivesse acabado de descobri-lo. A conquista do *staff* talvez tenha poupado uma fortuna ao seu anfitrião, considerando-se que os incontáveis sanduíches pedidos fora de hora pelo hóspede vinham sem taxa extra ou que nem todos os seus telefonemas em longa-metragem lhe eram cobrados.

Luiz Telles circulou João Gilberto por toda a Porto Alegre num sobretudo príncipe de Gales marrom, muito curto, que tirou de seu armário e deu a ele. Começou por levá-lo ao Clube da Chave, a primeira boate *decente* da cidade — ou seja, que não podia ser chamada de bordel. Na verdade, era um *privé* de artistas e boêmios, na rua Castro Alves, com um nome obviamente tirado do seu famoso homônimo carioca. Em sua primeira noite no Clube da Chave, João Gilberto ofereceu-se para acompanhar uma curvilínea cantora argentina chamada Noélia Noel, no famoso bolero "Juguete". João Gilberto firulou o bolero com tantas harmonias diferentes que a cantora ficou maravilhada. Ovídio Chaves, dono da boate e autor de "Fiz a cama na varanda", não resistiu e deu-lhe a chave do lugar. Agora João Gilberto já tinha um pouso fixo para suas noites em Porto Alegre.

Apesar de não ser famoso (na realidade, até então ninguém ouvira falar nele), João Gilberto alterou a vida da cidade — ou, pelo menos, a sua vida noturna. Os boêmios de Porto Alegre, habituados a dormir cedo, passaram a regular-se pelos seus horários. O Clube da Chave tornou-se um ponto obrigatório porque, a qualquer momento, Joãozinho iria aparecer com seu violão — e isso podia acontecer, digamos, às três da manhã. Mas ele nem sempre cantava. Às vezes apenas falava — e como falava! —, para uma roda respeitosa e atenta. Em pouco tempo alguns *habitués* foram flagrados trocando o sotaque gaúcho, movido a motor, pelo dengo arrastado da língua baiana, para tentar falar como ele. Houve até os que começaram a *pensar* parecido — o que significava disparar uma série de elucubrações místicas, poéticas, *profundas* e sem muito nexo.

Influenciados por Luiz Telles, todos na cidade passaram a tratá-lo por Joãozinho. Por uns tempos, voltou a ser Joãozinho, como na Bahia. Reencontrou duas amigas de Juazeiro, as gaúchas Belinha e Ieda, que haviam voltado para a terra. Sua simpatia, com conhecidos e desconhecidos, não tinha limites e ele encantava até as crianças. No dia em que faria 24 anos, 10 de junho de 1955, seus novos e muitos amigos em Porto Alegre deram-lhe uma festa-surpresa de aniversário. Atraíram-no à casa de d. Boneca Regina, uma senhora que já se considerava sua "mãe", e, quando ele entrou na sala às escuras, acenderam as luzes e cantaram-lhe "Parabéns pra você". Joãozinho ficou emocionado e só sabia dizer "Muito obrigado, muito obrigado". Nunca se sentira tão querido em toda a sua vida — e nem sabia o que fizera para merecer tanto carinho de estranhos.

Ninguém entendia por que, mas, com exceção de "Solidão", de Tom Jobim e Alcides Fernandes, que ouvira no rádio com Nora Ney, João Gilberto não cantava as músicas até o fim no Clube da Chave. (E nem chegava a começar "Fiz a cama na varanda", embora isso pudesse ser um afago no proprietário.) Certa noite explicou: não estava gostando de seu violão e, além disso, as cordas eram de aço. Se pudesse, teria um violão novo, com as cordas de náilon, que começavam a ser adotadas. O Clube da Chave se mobilizou e, organizada por Luiz Telles e outros dois amigos, os advogados Paulo Parreira e Alberto Fernandes, fez-se uma vaquinha e deram-lhe o instrumento.

Na noite da entrega solene, João Gilberto agradeceu muito, arranhou algumas cordas e, oh!, não gostou do violão.

"Não sei, ele tem alguma coisa...", tentou explicar.

O Clube da Chave não se ofendeu. No dia seguinte, voltaram à loja e trocaram-no por outro, escolhido por ele. Com o novo violão, ele começou uma movimentada maratona de apresentações em casas de famílias da sociedade local e no Bar do Treviso, no Mercado Público. Telles levou-o também ao programa de auditório de Adroaldo Guerra, na Rádio Gaúcha, e promoveu um show seu no Clube do Comércio. Com tudo isso, João animou-se até a fazer um baile no clube de Bento Gonçalves, a cidade dos vinhos, cantando com o conjunto local. Foi anunciado como "um artista da Rádio Tupi, do Rio", mas isso não lhe rendeu mais do que alguns aplausos extras. Seria outra coisa se ele fosse "da Nacional".

Poucos meses antes, no Rio, se você o comprasse pelo que ele achava que valia e o vendesse pelo preço de mercado, tomaria um baita prejuízo. Agora, no entanto, os valores começavam a se equivaler.

Luiz Telles o apresentara ao velho pianista e professor Armando de Albuquerque, uma das glórias da música gaúcha, homem sério e amigo de Radamés Gnattali. Albuquerque, que não era de elogiar qualquer um, ouviu o rapaz e ficou entusiasmado. Só o achara aflito, em busca de alguma coisa *moderna* que ele próprio não sabia definir. João Gilberto costumava visitá-lo em sua casa, na rua Lobo Gonçalves, e os dois ficavam horas, cada qual em seu instrumento, descobrindo pequenas belezas na valsa de Lamartine Babo e Francisco Matoso, "Eu sonhei que tu estavas tão linda". Ou então João Gilberto fazia com que Albuquerque lhe tocasse, vezes sem conta, a "Canção da Índia". Quando soube que era uma composição do russo Rimsky-Korsakov, espantou-se. Sempre achara que fosse de Tommy Dorsey.

Para Joãozinho, parecia não haver mais nada a fazer em Porto Alegre, a não ser continuar sendo o depositário da ternura local. Mas, mesmo ali, já começava a circular o tipo de histórias que sempre o perseguiam. Dizia-se, por exemplo, que a arrumadeira de seu quarto no hotel Majestic vivia encontrando cascas de tangerina ("bergamota", no Sul) sob a sua cama. Por mais que as jogasse fora, elas reapareciam no dia seguinte. Joãozinho explicou-lhe que ele mesmo as punha ali, a fim de atrair formigas para "fazer-lhe companhia". Quando outros casos do gênero vieram a correr, parte do fascínio que ele despertava começou a ser convertido em folclore. Luiz Telles achou que era hora.

Telles precisava voltar ao Rio para tentar reorganizar os Quitandinha Serenaders e não podia deixar Joãozinho em Porto Alegre. Ao mesmo tempo, não o queria de novo no Rio, exposto às velhas tentações e capaz de recair naquela melancolia que o envenenava. Ele sabia que Joãozinho tinha uma irmã mais velha — Dadainha —, morando numa cidade chamada Diamantina, em Minas. O marido de Dadainha, Péricles, era engenheiro rodoviário e fora transferido para lá, para trabalhar na construção de uma estrada. Pelo que Joãozinho lhe dera a entender, Dadainha era o único parente a quem ele ouvia sem estar com a cabeça nas nuvens. Seria a pessoa ideal para recebê-lo por uma temporada — com a vantagem de que, como ela morava em Minas, a família na Bahia não iria aborrecê-lo.

Diamantina, no centro-oeste de Minas Gerais, estava nas manchetes ultimamente como a terra do candidato do PSD (Partido Social Democrático) à Presidência da República, Juscelino Kubitschek. Ele tinha tudo para vencer. Seu principal adversário, o general Juarez Távora, da UDN (União Democrática Nacional), perdia votos a cada vez que fazia um discurso. Seria um lugar divertido para se passar uns tempos. Restava agora convencer Joãozinho.

Para sua surpresa, ele gostou da ideia. Iriam para o Rio e, assim que se sentisse disposto a enfrentar a estrada, partiria para Diamantina. Quando se despediu de Porto Alegre, Joãozinho deixou algumas moças chorando. Uma delas, casada.

Luiz Telles trouxe João Gilberto de novo para o Rio e instalou-o em seu apartamento no Lido. No térreo do edifício havia um bar da moda, O Ponto Elegante, mas João Gilberto não era um de seus frequentadores mais ativos. Um mês fora suficiente para que sua felicidade em Porto Alegre virasse fumaça e ele voltasse a despertar compaixão em quem o via. E, inevitavelmente, voltara a fazer compras na Lapa. Para que a situação não se perpetuasse, Telles foi enfático ao dizer que ele deveria procurar Dadainha, em Diamantina, no mais curto espaço de tempo. Joãozinho entendeu o recado.

Telles deu-lhe dinheiro, ele foi à velha estação rodoviária na praça Mauá, comprou uma passagem e entrou num ônibus — para a cidade errada. A passagem que comprara valia para Lavras, também em Minas, e ele só foi dar-se conta do engano quando chegou a essa cidade, a mais de quatrocentos quilômetros de onde deveria estar, e constatou que ali ninguém parecia conhecer Péricles e Dadainha. Além disso, não tinha levado o endereço da irmã.

Mas persistiu e chegou a Diamantina em setembro. Ao vê-lo, Dadainha tomou um susto maior do que se o próprio Juscelino Kubitschek batesse à sua porta. Aconteceu apenas que Joãozinho não lhe escrevera sobre sua chegada. Dadainha estava com um bebê em casa, sua filha Marta Maria, e isso costuma exigir dedicação total. Mas o pandareco emocional do irmão era tão indisfarçável que ela o acolheu com todos os mimos de que era capaz. Não sabia o que fazer para diminuir sua depressão, e nem Joãozinho traduzia em palavras toda aquela angústia. Mas ela lhe deu o que tinha para dar: casa, comida, carinho e, o que depois provaria ter sido fundamental, sossego e reclusão. Era o que ele queria, para pôr seus pensamentos em ordem.

João Gilberto passaria oito meses em Diamantina, até maio de 1956. Ninguém jamais chegou a vê-lo na rua, mas a cidade não ficou alheia à sua presença. Os enxeridos comentavam que, na casa de Péricles e Dadainha, havia um "sujeito esquisito", que passava o dia de pijama, tocando violão, e não saía nem à calçada. Juscelino ganhara a eleição, tinha havido carnaval em Diamantina e Joãozinho nem fora lá fora dar uma espiada. Joãozinho não se limitava a ficar em casa: trancava-se no quarto com o violão e só saía dele para ir ao banheiro, onde também se fechava durante horas — e também com o violão. Sua irmã levava-lhe as refeições aonde ele estivesse. De madrugada, via-o passar de meias pelo corredor, para ir cantar e tocar baixinho ao pé do berço de Marta Maria, no quarto da criança.

Em todo esse tempo, uma única pessoa em Diamantina resolveu procurá-lo, e nem era exatamente alguém da cidade: um jovem estudante de Belo Horizonte, muito alto e magro, chamado Pacífico Mascarenhas. Seus pais eram donos de uma poderosa tecelagem da região e ele estava ali de férias, saudoso das serenatas com sua turma em Belo Horizonte. Quando lhe falaram do "sujeito que tocava violão", Pacífico pensou ter encontrado um companheiro e foi à casa de Dadainha. Esta chamou Joãozinho no quarto e, para surpresa dela, ele veio à sala para conhecer o rapaz. Falaram um pouco, João Gilberto tocou alguma coisa, não cantou. O assunto rendeu menos do que numa conversa franca entre dois mineiros. Pacífico despediu-se, ficou de voltar e não voltou. (Dois anos depois, reencontraria João Gilberto no Rio, mas se veria diante de outra pessoa.)

Um turbilhão de pensamentos estava zumbindo na cabeça de João Gilberto naquele seu exílio entre montanhas. Toda a sua vida passava-lhe diante dos olhos, como num filme, com trilha sonora a cargo dos melhores e mais ambiciosos músicos de sua geração. As primeiras semanas foram em silêncio, remoendo lembranças que doíam ao mais leve toque da memória. Era possível saber disso pela angústia impressa no seu rosto, indisfarçável para quem o via. Mas algo lhe despertou uma centelha porque, de repente, ele passou a tocar violão dia e noite, encerrado no quarto, como se tomado por uma obsessão. No princípio, nada que tocava fazia muito sentido: o mesmo acorde era repetido um zilhão de vezes, em duplicatas quase perfeitas, exceto quando ele lhes acrescentava a sua voz.

Descobriu que a acústica do banheiro era ideal para ouvir a si próprio e ao violão. Todos aqueles ladrilhos e azulejos, infiltrados havia anos de umidade e vapor, formavam uma espécie de câmara de eco — as cordas reverberavam e ele podia medir sua intensidade. Se cantasse mais baixo, sem vibrato, poderia adiantar-se ou atrasar-se à vontade, criando o seu próprio tempo. Para isso, teria de mudar a maneira de emitir, usando mais o nariz do que a boca. Sua memória parecia um rádio cujo dial estivesse sendo girado aparentemente ao acaso, sintonizando tudo o que ele ouvira e que o marcara. O enunciado natural de Orlando Silva e Sinatra. O tom aveludado de Dick Farney e sua respiração. O timbre do trombone de Frank Rosolino na orquestra de Stan Kenton. O enunciado baixinho do trio de Page Cavanaugh, de Joe Mooney, de Jonas Silva. O *jogo de cena* dos conjuntos vocais — como seria usar a voz para alterar ou completar a harmonia do violão? A *divisão* de Lucio — só que Lucio *dividia* para trás, se atrasando. Era possível adiantar-se e atrasar-se em relação ao ritmo, desde que a batida ficasse constante — que "a base fosse uma só". A batida sincopada de Johnny Alf ao piano e, principalmente, a de Donato ao acordeão — como ficaria aquilo no violão? O novo João Gilberto estava nascendo daquelas experiências.

Elas lhe deram coragem para também puxar o fio do passado com menos autocomiseração. O que lhe acontecera desde que deixara Salvador havia seis anos? As noites de "champanhe, mulheres e música" que ele prometera a si próprio e que, em sua imaginação, o esperavam no Rio, não haviam chegado a se materializar. Ou, pelo menos, não exatamente. Champanhe não brotava das torneiras e ele não podia comprá-lo. Mas, depois de incontáveis farras com Mario Telles e outros nos botequins da Lapa, descobrira que não gostava muito de beber. Mulheres, tivera algumas — Sylvinha e Mariza, mas eram duas meninas. Onde estavam as grandes mulheres que ele via nos filmes, aquelas de que falavam as canções? Nenhuma se interessara por ele. Mas a principal fonte de desapontos era mesmo sua carreira.

Ninguém melhor do que ele sabia do seu talento, e este era o problema: *ele* sabia, mas aquilo não o estava levando a lugar nenhum. Ao contrário das ilusões que pusera na mala ao sair de Juazeiro, o sucesso não acontecia da noite para o dia, o dinheiro era curto e viviam obrigando-o a cantar coisas que odiava. Com os Garotos da Lua tivera de cantar até carnaval. O Rio não era Juazeiro, e as portas que lhe eram naturalmente abertas em sua cidade pareciam difíceis de arrombar na cidade grande. Estava começando a admitir que não era disciplinado — enfim, profissional — o suficiente para triunfar no raivoso e interesseiro mercado carioca. E que, se quisesse realmente vencer, teria de curvar a espinha, como todos faziam, e sujeitar-se a cumprir horários, estender a mão, pedir para se apresentar, aceitar críticas, engolir recusas. Teria de enterrar o seu orgulho e deixar florescer virtudes que, até então, não constavam do seu caderno, como a paciência, a modéstia e a tolerância. Teria de ser um novo João Gilberto também nisso.

Tomou uma repentina aversão à maconha. No Rio, quando o mundo lhe parecia injusto e cruel para com jovens artistas baianos desamparados, ela o ajudava a sair temporariamente do ar e deixava tudo mais bonito. Era uma ilusão à toa. Talvez a droga combinasse com o sucesso, mas não com o fracasso. Em Porto Alegre, onde havia escassez do produto, e em Diamantina, onde não se animara a procurá-la, estava sendo obrigado a encarar a vida sem ela — e descobrindo que era possível sobreviver. Se fosse realmente para chegar aonde queria, teria de parar com aquilo. Anos depois ele diria que se convencera disso enquanto cantava para a pequena Marta Maria.

Todas essas preocupações fervilhavam em sua mente e seria delas que começaria a tomar forma o homem que, daí a apenas dois anos, iria revolucionar a música popular com "Chega de saudade". Mas Péricles e Dadainha, naturalmente, não eram obrigados a saber dos macaquinhos que existiam naquele sótão e, para eles, a visão de João Gilberto era a de alguém que parecia ter mais *problemas* do que uma junta médica poderia resolver. Além disso, ele não era introspectivo o tempo todo. Às vezes invadia a sala com arroubos de entusiasmo, para exibir um efeito que arrancara do violão — algo que, depois, ficaria conhecido como "a batida da Bossa Nova" —, e isso os deixava ainda mais preocupados.

E por que não deixaria? Transporte-se para Diamantina em 1956, com Juscelino e tudo, e veja se, pensando bem, não devia ser difícil entender por que alguém teria aquelas súbitas variações de temperamento: Joãozinho passava do mais cavo desânimo para uma euforia de lamparina acesa — podendo voltar a agir, em questão de segundos, como se uma nuvem estivesse se carregando para desaguar sobre ele, apenas porque um acorde não saiu como ele esperava. Quem podia entender Joãozinho?

Péricles e Dadainha começaram a achar que seu lugar era a casa de dona Patu e *seu* Juveniano, em Juazeiro, e se empenharam numa discreta campanha para levá-lo de volta. Quando lhe falaram do assunto, ele reagiu muito mal. A ideia de voltar para sua cidade e para a casa de seus pais, levando consigo a derrota, era a suprema humilhação. Mas uma humilhação que ele talvez considerasse inevitável, naquele processo de mastigar o próprio fracasso. Além disso, não tinha escolha. Péricles e Dadainha iriam de qualquer jeito a Juazeiro, para mostrar Marta Maria aos pais, e não queriam deixá-lo sozinho em Diamantina.

Joãozinho ainda não se sentia pronto para voltar para o Rio e, mesmo que estivesse, não tinha um centavo. Então resignou-se e deixou-se ir com eles, como uma criança tomada pela mão.

Sua alma cheia de calos doeu mais do que nunca em Juazeiro. A cidade não o recebeu com fogos e seu pai encarregou-se de tornar ainda mais sufocantes os dois meses que passou por lá. Todas as

147

cansativas cobranças de *seu* Juveniano — de que Joãozinho tivesse se tornado um grande médico, engenheiro, advogado ou até mesmo alto negociante no São Francisco — retornaram com força total, e ele só tinha a sua decepcionante carreira musical para argumentar de volta. A diferença era a de que deixara de ser uma jovem promessa de dezoito anos. Era agora um homem de 25, que usava bigodinho e já podia ser nostálgico a respeito do doce pássaro da juventude.

Resolveu, pelo menos, ser prático. Não iria discutir com o velho e, já que estava estacionado em Juazeiro, aproveitaria para continuar na busca daquela nova combinação de violão e voz, na qual iria apostar tudo quando voltasse para o Rio.

Só que Juazeiro não lhe dava espaço para praticar. Experimentou trancar-se no quarto, como fizera em Diamantina, mas os sons que produzia ali chegavam até a sala, e seu pai, um adepto do *bel canto*, foi o primeiro a fulminar a futura Bossa Nova com uma definição:

"Isto não é música. Isto é nhe-nhe-nhem."

Seu Juveniano interferia agora, não apenas na opção profissional de Joãozinho, mas até na sua escolha de estilo. Outros na cidade fizeram coro à desaprovação de *seu* Juveniano. Para os que se lembravam de como o adolescente Joãozinho soltava a voz como um sabiá e reproduzia Orlando Silva à perfeição, aquele novo jeito de cantar — como se cada sílaba estivesse sendo tirada de dentro de um envelope — parecia, no mínimo, pouco másculo para os padrões juazeirenses.

Se Joãozinho não tinha sossego em casa para trabalhar, a rua também não lhe oferecia muitos refúgios. Ir tocar sob o tamarineiro estava fora de questão — na única vez em que se aventurou, percebeu a ponta de escárnio das pessoas que o ouviam. Na prainha à beira do São Francisco, a mesma coisa. Ninguém iria entender "Bim bom", que ele acabara de compor tentando reproduzir o ritmo das cadeiras das lavadeiras, quando elas passavam equilibrando as trouxas de roupa na cabeça. Era como se, em Juazeiro, João Gilberto estivesse preso dentro de uma garrafa — confinado em solitária, mas à vista de todos, exposto à visitação pública. Tinha de escapar dali, para qualquer lugar, nem que fosse Salvador — se não pudesse zarpar direto para o Rio.

Mais uma vez, para quem o observava de fora, seu estado devia ser preocupante. Como podiam adivinhar que a ostra estava produzindo a pérola? "Joãozinho está ficando tantã", foi o que seu pai começou a dizer. Partindo de fonte tão autorizada, a coisa cristalizou-se num simplório consenso entre os familiares. Joãozinho não estava bom da cabeça e tinha de ser tratado. Mas onde, como, com quem? Em Juazeiro, nem pensar. A posição social de *seu* Juveniano não permitia que se soubesse na cidade que ele tinha um filho naquelas condições. E não podia trancá-lo no armário das vassouras. Dewilson, primo-irmão de Joãozinho e ele próprio médico psiquiatra em Juazeiro, deu a solução: iria levá-lo para se tratar em Salvador, onde havia mais recursos e ninguém tomaria conhecimento. E lá ele teria o apoio dos parentes de d. Patu.

E, assim, Joãozinho e Dewilson tomaram mais uma vez a Leste Brasileira para Salvador, como faziam no tempo de garotos. Dessa vez, no entanto, a missão era séria. Dewilson ia entregar o primo a alguém que entendesse o que estava se passando com ele. É verdade que com o assentimento e conivência deste. No trem, João Gilberto parecia curiosamente tranquilo diante da perspectiva de ser examinado por médicos que ameaçavam vasculhar-lhe a cabeça e a alma. Talvez tivesse até alguma curiosidade em saber o que estava "se passando" com ele, mas, de concreto, só sabia que estava dando o fora de Juazeiro. Nada de muito grave iria acontecer-lhe, e ele detinha agora uma arma que ninguém poderia tirar-lhe: aquele ritmo do violão, que simplificava toda a batida do samba — como se ele tocasse só com os tamborins —, mas que era flexível o suficiente para acompanhar qualquer tipo de música. Além de ser uma coisa nova, que era o que queria.

Salvador possuía naquele tempo três casas para tratamento de distúrbios mentais. Uma delas, o sanatório Bahia, na ladeira do Politeama, era praticamente um hospício, com pavilhões recheados de homens cuja principal loucura era a pobreza; outra, a casa de saúde Santa Mônica, perto do bairro de Quinta, era uma clínica "sofisticada", para onde iam os abastados ou aqueles de quem as famílias queriam se ver livres por uns tempos. Dewilson achava que Joãozinho não era caso para nenhum desses lugares. Na sua visão, ele estava apenas desorientado pelo fracasso no Rio e andava obcecado por aquele raio de música de que ninguém gostava. Umas conversas com psicólogos lhe fariam bem. E, assim, levou-o ao hospital das Clínicas de Salvador, na rua João das Botas, e preencheu os papéis colocando-se como responsável, na condição de parente e médico. João Gilberto ficaria internado, aos cuidados de um respeitado médico baiano, o prof. Nelson Pires, chefe da cadeira de psiquiatria da Universidade Federal da Bahia, e de sua equipe.

Não chegou a ser exatamente uma internação, nem o setor do prof. Pires internava homens. E, como se constatou, nem era caso para isso. João Gilberto ficou no ambulatório, sendo submetido a uma bateria de entrevistas com as psicólogas, as quais confundiu com a sua argumentação ferina e sibilina. Como no dia em que, olhando com ar perdido pela janela, comentou com uma delas:

"Olha o vento descabelando as árvores..."

"Mas árvores não têm cabelo, João", ela cometeu o erro de dizer.

"E há pessoas que não têm poesia", ele fulminou, cortante.

Se João Gilberto não estava deprimido ao entrar ali, pode ter ficado, à visão da paisagem humana que o cercava. Cravinho foi visitá-lo e achou-o triste, talvez ensonado por algum medicamento que lhe estivessem dando.

"Não queria que você me visse assim, Cravinho...", disse João.

"Ora, deixe de bobagem. Você não tem nada, não sei o que está fazendo aqui."

Aparentemente, os médicos do hospital das Clínicas concordaram com Cravinho, porque João Gilberto foi liberado pouco mais de uma semana depois. Dewilson teve permissão para levá-lo embora e decidiu voltar com ele para Juazeiro, a fim de prestar contas a *seu* Juveniano e dona Patu, exibindo-o como um homem novo em folha. João Gilberto achou melhor acatar a ideia. Em poucos dias, estaria saindo de lá, para a longa viagem de volta para o Rio — dessa vez, para sempre. Faria uma escala a meio caminho, em Diamantina, para prestar suas próprias contas a Dadainha e consolidar tudo o que havia aprendido. Não sabia o que o esperava, mas queria ter certeza de uma coisa: iria chegar musicalmente pronto ao Rio.

Como se a primeira vez não tivesse valido.

8

A CHEGADA DA BATIDA

Nos dois anos em que João Gilberto esteve fora do Rio, dando tratos à bola, o mundo continuou tocando a vida da melhor maneira que pôde — ganhando aqui, perdendo ali. Veja o caso do grande violonista Garoto. Se ele tivesse recebido um centavo por cada elogio que lhe fizeram, teria morrido rico. Não havia um instrumento de corda que ele não dominasse à primeira vista, como Mario Telles o viu fazer certa vez, quando o apresentaram a uma guitarra havaiana. Dizia-se que, numa única canção, Garoto era capaz de alternar violão, guitarra, violão tenor e cavaquinho, passando de um para outro sem perder um compasso — e essa não era uma daquelas lendas que os músicos gostam de contar, porque ele costumava fazer isso no auditório da Rádio Nacional.

Garoto passou a vida pulando de rádio em rádio, no Rio e em São Paulo, e esteve por algum tempo com o Bando da Lua nos Estados Unidos, nos anos 40, mas sua conta bancária nunca despertou inveja em ninguém. Depois de passar a vida numa semipindaíba, ele finalmente iria ganhar algum dinheiro como compositor em 1954, vencendo um concurso da prefeitura de São Paulo, que queria uma música para o IV Centenário da cidade. A música foi o enfezado dobrado "São Paulo quatrocentão", sua e de Chiquinho do Acordeon. O disco teria vendido centenas de milhares de cópias (falou-se em 700 mil), mas, como instrumentista, Garoto só recebeu pela gravação, e não pela venda daquele mundo de discos.

O pior é que ele odiava "São Paulo quatrocentão". Vivia resmungando pela Murray que, quando morresse, temia ser lembrado por aquele dobrado. Garoto parecia estar adivinhando, porque morreu de um ataque cardíaco em maio de 1955, aos quarenta anos, e a música que as rádios mais tocaram em sua homenagem foi, injustamente, "São Paulo quatrocentão" — e não "Duas contas", " Gente humilde" ou "Sorriu para mim".

Carlinhos Lyra, seu aluno, lembra-se bem daquele dia. Telefonara para Garoto a fim de marcar a hora da aula e foi informado por d. Iracy, mulher do músico, em prantos:

"Hoje não tem aula, Carlinhos. O Garoto morreu esta manhã."

Carlinhos despencou-se, também chorando, para o apartamento na rua Constante Ramos, onde Garoto morava, e viu-o já no caixão, com o lenço amarrado no queixo. Não era assim que ele queria recordar um de seus dois ídolos — o outro, na época, era Johnny Alf.

Ismael Netto também morrera, em 1956, e houve quem pensasse que, com isso, Os Cariocas iriam acabar. Mas seu irmão Severino assumira a liderança, encarregara-se dos arranjos e, para fazer o falsete de Ismael, convocara outra irmã, Hortênsia. Em 1957, ainda na Continental, eles gravaram a segunda canção de Carlinhos Lyra, "Criticando" — uma espécie de pré-"Influência do jazz", só que condenando a invasão dos boleros e rock-baladas na música brasileira. Os Cariocas pagariam por isso nos anos seguintes, porque sua nova gravadora, a Columbia, iria obrigá-los a gravar os rock-baladas dos conjuntos americanos em voga nas paradas, com os arranjos literalmente copiados dos originais — e em inglês! Ou então lhes dava o inacreditável bolero *"Quem é/ Que lhe cobre de beijos/ Satisfaz seus desejos/ E que muito lhe quer?"*, de Oldemar Magalhães e Osmar Navarro, que, não se sabe como, conseguiram gravar sem ter ataques de riso. Mas Os Cariocas sobreviveram a "Quem é" e ao horrendo repertório que lhes era servido pela Columbia. Quando a Bossa Nova surgiu, com aquelas canções ao seu jeito, eles estavam preparados para ser de novo o grande conjunto vocal brasileiro.

Paradoxalmente, outra morte seria decisiva para o futuro da música popular: a de Carmen Miranda, em Beverly Hills, em agosto de 1955. Não pela própria Carmen, que havia muitos anos se tornara indiferente ao que se fazia por aqui, mas porque seu velho colaborador Aloysio de Oliveira precisou encarar a dura realidade: sem ela, os americanos estavam pouco ligando para o que a baiana tinha, e o Bando da Lua, que a acompanhava, só existia nos Estados Unidos como um apêndice da estrela — e nem tão importante quanto o seu *tutti-frutti hat*. Inesperadamente enlutado, Aloysio resolveu desfazer o conjunto e fazer as malas de volta para o Rio.

Chegou no começo de 1956, ainda preso à memória de Carmen e completamente desatualizado com o país. O que era natural, já que passara dezesseis anos fora. Mas ele não demoraria a constatar que, para toda uma nova geração de brasileiros, "Chica chica boom chic" devia ser uma nova marca de sorvete, e não o imortal sucesso da *Brazilian bombshell*. Sua primeira tentativa de trabalho foi a produção de um programa na Rádio Mayrink Veiga, *Se a Lua Contasse*, estrelado por Aurora Miranda, irmã de Carmen. Mas, às vésperas do lançamento do satélite soviético Sputnik, ninguém estava interessado no que a Lua tinha a dizer e o programa não agradou.

Seu passo seguinte foi a locução de *jingles*, para usar a voz que ficara famosa como narrador dos documentários de Walt Disney. No primeiro que faria, sua missão era convencer o público de que nove entre dez estrelas do cinema usavam o sabonete Lever. Nada mais fácil, já que todo mundo acreditava nisso, mas, por algum motivo, Aloysio não conseguia reproduzir no *jingle* a entonação que fazia nos filmes. Ou, segundo ele próprio, o cliente não o achava parecido com a imitação que o popularíssimo comediante José Vasconcellos fazia dele. Aloysio então imitou José Vasconcellos imitando-o e o cliente aprovou o *jingle*. Já estava achando que aquela não era uma maneira muito nobre de ganhar a vida, quando os ingleses da Odeon lhe ofereceram o cargo de diretor artístico da gravadora.

A CHEGADA DA BATIDA

Na época, a Odeon não tinha um homem nesse cargo, mas vários. Cada um de seus maestros era um *A & R man* (o homem que cuida dos artistas e do repertório) e respondia pela produção de um setor. Antonio Carlos Jobim era um deles, junto com Leo Peracchi, Lindolfo Gaya e outros. Aloysio iria ser o diretor-geral, com poderes para decidir quem gravaria ou não, o quê, como e com qual desses maestros. Hoje sabemos que ele se tornaria o maior produtor de discos na história do país, quase um pássaro entre morcegos. Mas quantos sabem que, para chegar lá, Aloysio teve de derrubar a sua muralha de preconceitos contra tudo o que fosse novo? Aos 41 anos, quando desembarcou no Brasil, ele era um homem da velha guarda e não podia fazer nada a respeito. Por exemplo: não admitia cantores que não *cantassem bem*, que não "tivessem voz".

Sua ideia da *grande música popular brasileira* estacionara em algum ponto dos anos 40, onde ele a deixara ao embarcar para Hollywood. Os máximos, portanto, eram Ary Barroso e Dorival Caymmi. Num dos primeiros LPs que produziu na Odeon, conseguiu reunir os dois: Caymmi cantava as músicas de Ary, e Ary, para sorte de Caymmi, apenas tocava ao piano as de Caymmi — sem que um participasse nas faixas do outro. Teria sido muito mais divertido juntá-los, como os americanos fariam, mas um dos dois (certamente Barroso, para não passar por acompanhante do baiano) deve ter-se negado. O resultado é que nem os mais carnívoros fãs de Ary ou Caymmi ficariam à míngua sem esse disco. (Nove anos depois, já em sua gravadora Elenco, Aloysio teria a mesma ideia, com o disco *Caymmi visita Tom*, mas aí fez a coisa certa: os dois gravaram várias faixas juntos.)

Em outro desses discos iniciais na Odeon, Aloysio formou um conjunto-fantasma no estúdio, batizou-o de Bando da Lua (por que não, se o nome era "seu"?) e o pôs para cantar paródias em português de velhas canções americanas, em ritmo de samba. As letras eram versões, em que "In the mood" se tornava "Edmundo" e "On the sunny side of the street" virava "O sobrinho da Judite". O próprio título do LP era de chorar: *Samba these days*, um trocadalho com a canção "Some of these days". (Aloysio, que nunca foi de jogar uma ideia fora, refaria também esse disco, em 1968, com o Quarteto em Cy e com sabor de Bossa Nova. Ficaria muito melhor.)

Aloysio podia ainda não saber a que viera na Odeon, mas enxergou depressa o enorme potencial de um de seus diretores: Jobim. Aos 29 anos em 1956, sem ter-se libertado por completo da estiva nos pianos da noite, Tom já estava odiando cada minuto que passava na gravadora. Os quais não eram poucos: tinha de participar de reuniões às nove da manhã, fiscalizar balancetes de vendagem, discutir a demissão de artistas. E, na sua função de *A & R*, não lhe ficava bem *colocar* suas próprias canções nos discos que produzia. Então, limitava-se a escrever arranjos para os boleros tiroleses de Dalva de Oliveira ou para o melancólico Orlando Silva, cujo astral àquela altura tinha ido morar no porão.

Para Tom, a chegada de Aloysio representava o corte de alguns zeros nos seus rendimentos, mas tirava-lhe um fardo das costas, que ele poderia compensar fazendo o que queria e sabia: compor, arranjar e — neste caso, sim — produzir discos com os cantores de que gostava incluindo as suas canções. Mr. Morris, o presidente da Odeon, não ficou surpreso com o seu alívio: "Não se podem mudar as pintas do leopardo", comentou com Tom, querendo dizer que ele vinha sendo o homem certo, mas no lugar errado.

Tom e Aloysio foram apresentados na sede da Odeon, no coquetel para a imprensa em que se anunciaria a sagração do novo diretor no cargo. Quando viu Aloysio pela primeira vez — magro, de bigodinho e com um paletó de listras finas e verticais —, Tom quase o confundiu com Joel de Almeida, da dupla Joel & Gaúcho. Só faltava o chapéu de palhinha. Quanto a Aloysio, que temera a reação de Tom, ficou aliviado ao descobrir que ele adorara ter sido despromovido. Mas os dois entraram logo num acordo — principalmente quando Aloysio ouviu pela primeira vez a "Sinfonia do Rio de Janeiro" e se convenceu de que estava diante do "Gershwin brasileiro".

Aloysio chegara à Odeon em junho de 1956, no momento em que um importante disco já estava em produção: o 78 rpm de Sylvinha Telles contendo "Foi a noite", de Jobim e Newton Mendonça, com arranjos de Tom e regência de Leo Peracchi. Ao entrar no estúdio desconhecendo a canção, a intérprete e o arranjo, tomou um choque diante da *modernidade* da coisa. Era um disco de difícil classificação. Não era um samba, mas também não lhe parecia um samba-canção e, evidentemente, não era um bolero. O que escrever no selo do disco, como se exigia na época? Na dúvida preferiu não escrever nada, e "Foi a noite" (com "Menina", de Carlinhos Lyra, no outro lado) foi lançado sem especificação de gênero.

No futuro, Aloysio diria muitas vezes que aquele fora o seu primeiro contato com o que viria a ser a Bossa Nova — e não estava mentindo. De fato, ele nunca ouvira a gravação de "Eu quero um samba", com Donato e Os Namorados, na Sinter, e, pelo visto, nunca ouvira falar em Johnny Alf. Meses depois da gravação de "Foi a noite", Aloysio teria a oportunidade de patrocinar mais um avanço: produzindo um LP com as canções de *Orfeu da Conceição*, de Tom e Vinicius. Infelizmente, não quis seguir o exemplo de Goddard Lieberson, um produtor da Columbia americana que gravou dezenas de *scores* de musicais da Broadway com os elencos originais. Para isso, bastaria a Aloysio ter levado ao estúdio o elenco de *Orfeu*, que ainda estava em cartaz no Teatro Municipal. Mas ele não conseguia libertar-se da sua ideia do que era *cantar bem* e preferiu um cantor "de verdade": o sambista Roberto Paiva, em sete das oito faixas. Paiva deu conta do recado, mas a impressão que se tem hoje é a de que, com o seu estilão tradicional, ele se sentia tão à vontade naquelas canções quanto um peixinho dourado num tapete persa.

A obsessão de Aloysio pelas vozes do passado não o impediu de ficar muito impressionado em todos os sentidos com Sylvinha Telles, durante a gravação de "Foi a noite". Pena que a moça tivesse namorado — um jovem ator chamado Herval Rossano, astro do seriado de aventuras da TV Tupi, *O falcão negro*.

O ex-namorado de Sylvinha, João Gilberto, estava de volta ao Rio. De concreto, trazia a vontade de ser um bom menino, a certeza de que era preciso ter um pingo de boa vontade para com seus irmãos humanos e, principalmente, uma medida mais realista do seu valor. Não via qualquer perspectiva de trabalho no horizonte próximo, e nem o Rio decretara feriado pela sua volta. Era possível até que ninguém tivesse dado pela sua falta naqueles dois anos. Como não sabia como os velhos conhecidos iriam recebê-lo, e seu ego não estava à prova de balas, alugou um quarto no hotel Globo, no Centro. Resolveu ficar por ali, enquanto assuntava o mercado ou enquanto o dinheiro desse — o que viesse primeiro. Adivinhe só: o dinheiro acabou antes que ele produzisse algum, e mais uma vez João bateu à porta de Luiz Telles, na praça do Lido. Que lhe deu, como sempre, uma recepção de causar inveja no Filho Pródigo, um importante personagem da Bíblia cujo nome seu biógrafo Lucas não conseguiu apurar.

Nada parecia ter mudado em João Gilberto, exceto a voz e o violão, mas o Rio de Janeiro, sem saber, estava lidando com outro homem. (Mais ou menos.) Durante todo o ano de 1957, ele se mexeu pela cidade em busca de contatos. Queria se mostrar, queria provar que tinha uma coisa nova e, principalmente, queria gravar. Um dos primeiros que procurou foi Bororó, o compositor de "Curare". Bororó, com quase sessenta anos, tinha uma namorada, Maria Luísa, que também morava no Lido. O apartamento de Maria Luísa era um ponto de tertúlias da velha guarda, entre os quais Silvio Caldas e Edu da Gaita. Um lugar no mínimo pouco indicado para se tocar o inédito "Bim bom", com todas aquelas harmonias alteradas.

Silvio Caldas, que não admitia inovações musicais posteriores a 1930, deve ter deixado escapar algum comentário ácido sobre "Bim bom" ou sobre o próprio João — porque, se João Gilberto já fazia beicinho à sua reputação, passou a não suportá-lo. Mas, se quisesse continuar frequentando Bororó, João teria de engoli-lo, porque fora Silvio quem gravara, em 1939, "Da cor do pecado", a única outra canção conhecida do ultrabissexto compositor. Mas, por via das dúvidas, João resolveu procurar sua turma.

Fez as pazes com Lucio Alves e com o irmão de Sylvinha, Mario Telles, que o apresentou a Tito Madi, famosíssimo por "Chove lá fora", e a um jovem cantor mineiro, Luiz Claudio, que acabara de estourar com "Joga a rede no mar". Madi era a sensação do momento: lotava todas as noites a boate Jirau, na rua Rodolfo Dantas, acompanhado pelo pianista Ribamar. *Le tout* Rio queria ouvi-lo em "Chove lá fora". No fim daquele ano, a canção receberia todos os discos de ouro possíveis — um deles, das mãos do presidente Juscelino em pessoa, na redação da *Revista do Rádio* — e sobreviveria até a uma gravação do conjunto The Platters, com todos aqueles *doo-wops*. Madi era *moderno*, competente e comercial. Também saíra de uma cidadezinha (Pirajuí, SP) havia coisa de cinco anos, mas não chegara cheio de vento ao Rio. Na sua modéstia, ele próprio ainda não se habituara ao sucesso.

Tito foi um dos primeiros a conhecer João Gilberto em sua nova fase e a se encantar com aquele jeito de cantar e tocar. Não apenas o cumulou de carinho, de que parecia ter reservas inesgotáveis, como tentou colocá-lo nas boates da moda: o Little Club, no Beco das Garrafas; o Texas Bar, no Leme; o Cangaceiro, na rua Fernando Mendes; e no próprio Jirau. Os donos dessas casas eram gratos a Tito, porque ele firmara as suas reputações cantando nelas naqueles últimos dois anos. Sua influência era enorme e qualquer cantor que recomendasse estaria automaticamente empregado — mesmo um perfeito desconhecido como João Gilberto. Mas este tinha um sério motivo para não se interessar por essas propostas: "Eles falam demais" — referindo-se aos clientes desses lugares, que não achavam justo pagar o esfolativo *couvert* de uma boate para ficar calados, ouvindo um concerto de sambas.

João Gilberto não entrava nessas boates para cantar e, curiosamente, também não parecia interessado em entrar nelas para ouvir. Nem quando o cantor era um amigo, como Tito. Como costumava fazer no passado, preferia ficar do lado de fora, na rua, esperando que Tito saísse durante o intervalo, para que pudessem conversar. Numa dessas noites, na porta do Jirau, João pediu para ver o seu violão.

"Este violão tem uma coisa tão boa, Tito", disse João com ar pensativo, enquanto alisava o pinho, feria as cordas, testava as cravelhas. Madi também deve ter ponderado longamente o comentário porque, quando voltou à vida e foi responder, não viu mais João Gilberto. Ele havia desaparecido com o violão. Tito percorreu a calçada para procurá-lo, mas em vão. Não entendeu nada — João talvez tivesse se lembrado subitamente de um compromisso — e conformou-se em voltar para a boate e terminar o show com o violão reserva. Dois dias depois, João reapareceu no Jirau para devolvê-lo. Sua única explicação era a de que o violão tinha "uma coisa boa" — e não estava se referindo ao pinho, às cordas ou às cravelhas, mas também não disse o que era. Tito achou graça. Luiz Claudio contou-lhe depois que João já fizera o mesmo com ele.

Do violão que ganhara em Porto Alegre, dois anos antes, nem sinal. Pelo visto pusera-o no prego, porque parecia estar sempre precisando de um. Naquela época, telefonou para seu velho colega Jonas Silva, o homem que ele substituíra nos Garotos da Lua em 1950. Não se viam fazia dois anos, desde que João sumira da Murray e do Rio.

"Jonas, você tem um violão?"

"Não, João. Você sabe que eu não toco violão", respondeu Jonas.

"Ah, compre um. Então vou poder ir à sua casa e tocar", sugeriu.

No mesmo dia, Jonas comprou o violão. Ou melhor: pediu ao amigo comum de ambos, Walter Santos — Waltinho, o antigo companheiro de Joãozinho em Juazeiro e também já morando no Rio —, que o comprasse para ele. Walter, grande entendido, testou vários violões e escolheu um, que Jonas pagou. João Gilberto apareceu alguns dias depois no apartamento de Jonas, no Bairro de Fátima. Tocou uma canção, "Rosinha", do próprio Jonas, e disse que tinha de ir embora. Foi a sua estreia e despedida daquele violão.

Jonas não foi o único (no seu caso, ex-) Garoto da Lua que João procurou. Acyr, com quem teve a discussão que provocara a sua saída do conjunto, ficou surpreso quando João lhe telefonou, querendo visitá-lo. Não se falavam desde o quiproquó na Murray em 1952. Para Acyr, João deu o serviço completo: tocou "Bim bom", "Hô-bá-lá-lá" e, diante do espanto do outro, que nunca o vira cantar ou tocar daquele jeito, explicou em detalhes como havia chegado àquilo em Diamantina. Repetiu a operação com o seu melhor amigo nos Garotos da Lua, o pandeirista Toninho Botelho, de quem também se reaproximou.

O GRANDE SONHO

DISCÍPULO E MESTRE: Dick e Frank em Los Angeles (1947) e na carteirinha do fã-clube

CASO DE AMOR: As meninas do Sinatra-Farney idolatravam Dick

OS NAMORADOS DA LUA, 1945: atrás, Ruy, Lucio Alves e Storino; na frente, Horaci, Russinho e João

OS CARIOCAS, 1948: atrás, Badeco e Ismael; na frente, Valdir, Quartera e Severino

OS GAROTOS DA LUA, 1949: atrás, Acyr e Jonas Silva; na frente, Toninho Botelho, Milton e Alvinho

OS GAROTOS DA LUA, 1950: acima e no centro — sai Jonas Silva, entra João Gilberto

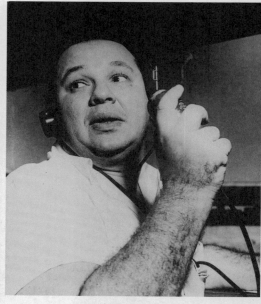

CORAÇÃO ELÁSTICO COMO UM ACORDEOM:
João Donato, 15 anos, no Sinatra-Farney. Acima, Antonio Maria, poderoso na Rádio Tupi

VILARINO, 1956:
Vinicius e seu filho Pedrinho. À sua dir., o jornalista Lucio Rangel, o embaixador Roberto Assumpção e o colunista João Condé. De pé, o poeta Paulo Mendes Campos, atrás do compositor Fernando Lobo. No painel, rabiscos e ilustrações de luxo

COZINHEIRO DE HARMONIAS:

Johnny Alf (piano), com Araken Peixoto (trompete), Pedrinho Mattar, Chu Viana (contrabaixo) e o cantor Ted Moreno, ditam a nova música em São Paulo

CANTOR DOS CANTORES:

Lucio Alves, cantor das multidinhas e guru dos conjuntos vocais

NASCE A PARCERIA:
Tom e Vinicius (abaixo) abrem o piano, e sai uma revoada de pássaros

VELHOS HÁBITOS:
às vésperas do enfarte fatal, Newton Mendonça (dir.), fora de tom com as ordens do médico

DEUSAS DA NOITE:
Dolores Duran, ultracult (esq.), e Maysa, cujos olhos, para Manuel Bandeira, eram "dois oceanos não pacíficos"

CARÍCIAS E AMENDOINS TORRADINHOS:
Sylvia Telles apresenta dezenas de novas canções de Tom Jobim

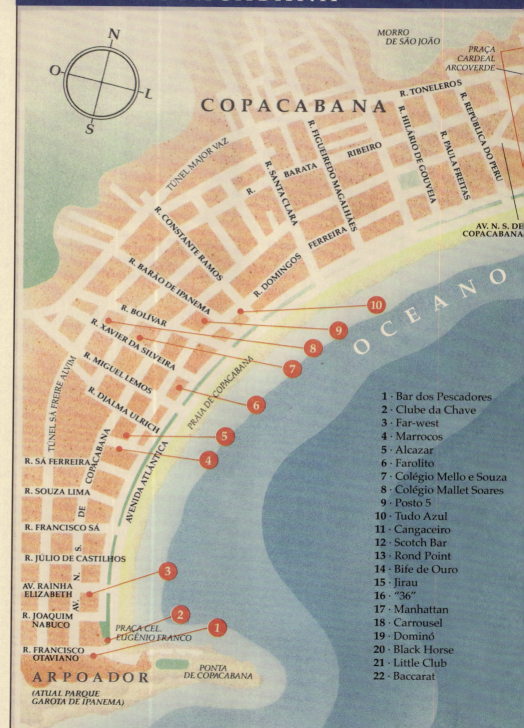

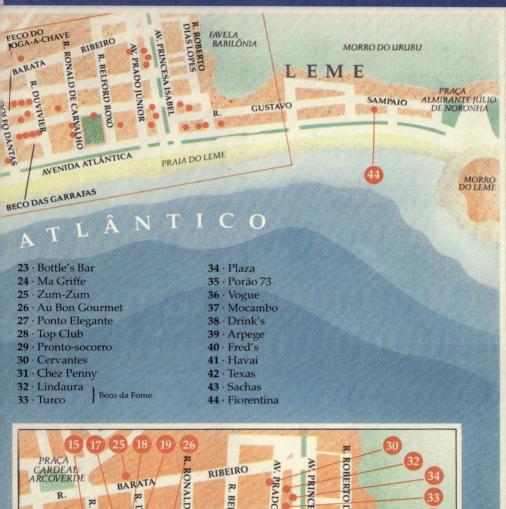

23 · Bottle's Bar
24 · Ma Griffe
25 · Zum-Zum
26 · Au Bon Gourmet
27 · Ponto Elegante
28 · Top Club
29 · Pronto-socorro
30 · Cervantes
31 · Chez Penny
32 · Lindaura ⎫ Beco da Fome
33 · Turco ⎭

34 · Plaza
35 · Porão 73
36 · Vogue
37 · Mocambo
38 · Drink's
39 · Arpege
40 · Fred's
41 · Havai
42 · Texas
43 · Sachas
44 · Fiorentina

QUASE IRMÃOS:
O baiano Cravinho (esq.) foi talvez o primeiro interlocutor de João Gilberto

CANÇÕES PARA SEMPRE:
Vinicius, Elizeth e Tom em 1958, na gravação do LP *Canção do amor demais*. Um ano depois, o filme *Orfeu do Carnaval* (do qual saiu "A felicidade") conquistaria o mundo

NO FAMOSO APARTAMENTO:
Nara, Menescal (guitarra), Bebeto (flauta), Dori Caymmi e, de perfil, Chico Feitosa

NA FLOR DO TESÃO:
Roberto Menescal (esq.) e Ronaldo Bôscoli, contra as penumbras musicais

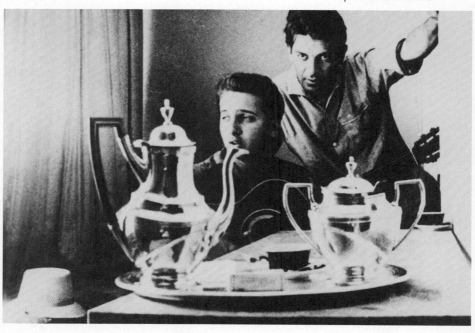

22/9/1959:
Sylvia Telles canta, Norma Bengell e Ronaldo Bôscoli (à dir.) acompanham e toda a jovem plateia presente ao show da Faculdade Nacional de Arquitetura descobre sua própria identidade

ARPOADOR, 1959:
João Gilberto, o violão e sua futura mulher, Astrud

TOTEM DAS DUAS GERAÇÕES:
Ary Barroso (no alto), Tom Jobim, Ronaldo Bôscoli e Carlos Lyra

MÚSICA DE APARTAMENTO:

Menescal (guitarra),
Bebeto (sax-alto),
Luiz Carlos Vinhas (piano),
Alayde Costa, João Mário (bateria)
e Henrique (contrabaixo)

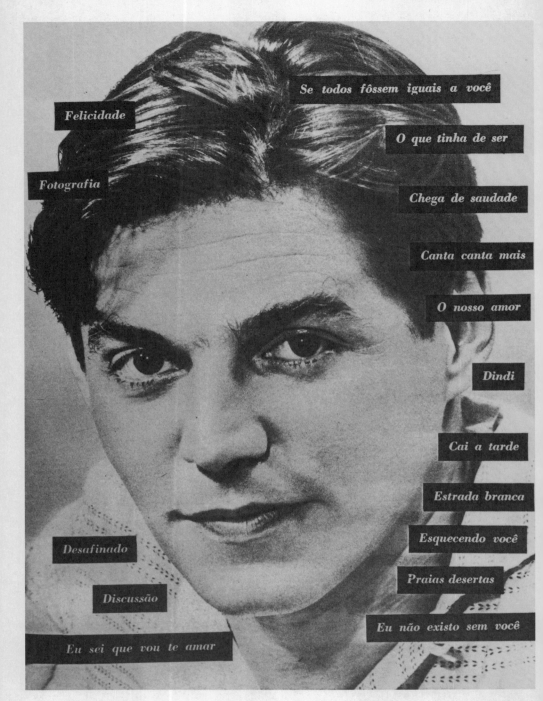

USINA DE BELEZA:
Na paginação de *O Cruzeiro*, a impressionante lista de sucessos de Tom Jobim até 1959

Por que João Gilberto estaria fazendo isso? Não porque quisesse o seu lugar de volta no conjunto — que vinha muito bem sem ele e acabara de gravar "Senhorita", com o disputado Tito Madi. Conjuntos vocais continuavam a ser o seu amor, mas, profissionalmente, eram uma ponte que ele deixara para trás e queimara. Provavelmente queria apenas a aprovação dos ex-companheiros. Toninho e Acyr se entusiasmaram com o que ouviram, mas, mesmo que João quisesse voltar, os Garotos da Lua não tinham vaga. E, afinal, que diabo, se haviam demitido Jonas porque ele cantava baixinho, por que iriam contratar João Gilberto de novo, agora que ele *também* cantava baixinho?

João Gilberto podia ter queimado as pontes das boates ou dos conjuntos vocais, mas teve de voltar pelo caminho das cinzas, quando sua aparente inépcia começou a dar nos nervos da última pessoa que se impacientaria com ele: seu protetor, Luiz Telles.

Estava havia quase seis meses encostado no apartamento do gaúcho e ainda não trabalhara um minuto, nem produzira um centavo. Telles dava-lhe com prazer os trocados para o dia a dia, mas queria ver resultados. Não podia conceber que um gênio como João Gilberto continuasse um zumbi na zona fantasma. Abria mão do seu sucesso, mas exigia dele uma carreira regular, como a de qualquer outro gênio. As cobranças começaram a enervar João e ele se dispôs a tomar algumas atitudes práticas, para aplacar o homem. O violonista Roberto Paciência tentava reorganizar os Anjos do Inferno, então na geladeira, e tinha proposta para uma temporada numa nova boate em São Paulo, no largo do Arouche — que se chamaria, em homenagem a eles, O Inferno dos Anjos. Paciência convidou João Gilberto a integrar o conjunto e lá se foi ele para São Paulo. E, assim como foi, voltou em poucos dias, deixando os outros sem *crooner* em São Paulo. Sua temporada com os Anjos do Inferno foi tão relâmpago que não serviria nem para efeito de currículo.

No Rio, o unicórnio continuava em seu jardim, por mais que ele fingisse não vê-lo: precisava fazer alguma coisa para ganhar dinheiro. Então aceitou acompanhar Sylvinha Telles no Texas Bar.

Havia alguma coisa de deliciosamente cruel nisso. Quando eram namorados, Sylvinha era uma menina e João um profissional, um artista da Rádio Tupi. Agora ela era uma estrela do disco, do rádio e da televisão, e ele não era ninguém. Dois anos antes, em 1955, Sylvinha cantara no Automóvel Clube, na rua do Passeio, acompanhada ao violão por Garoto. Cantar com Garoto era o máximo que uma pessoa podia querer. Desde então, ela não fazia por menos. Quando um violonista se candidatava a acompanhá-la, tinha de submeter-se a um teste, no qual o voto decisivo, sem que o músico percebesse, era de seu irmão Mario. Roberto Nascimento, Carlinhos Lyra e um garoto chamado Baden Powell foram alguns que Mario *aprovou*.

João Gilberto não precisava mais de testes para acompanhar Sylvinha — desde que ficasse longe dela. Mario ainda não estava certo de que os dois haviam apagado a velha chama e ficou de olho. Na realidade, preocupou-se à toa, porque João Gilberto não aguentou o burburinho da boate, a falta de modos dos garçons, o chocalhar das coqueteleiras, e pediu as contas em dois tempos. Iria ficar de novo sem trabalho. Em compensação, ganharia um enorme problema: o gaúcho Luiz Telles achou que o espeto passara do ponto e mandou que ele procurasse outro lugar. Enfim, o pôs na rua.

Pelo amor que investia em João Gilberto, deve ter sido a atitude mais dolorosa que Luiz Telles tomou na vida. Mas talvez fosse a única que poderia sacudir a impressionante incapacidade do homem de sustentar-se. Na sua visão, Joãozinho, à falta de qualquer outro teto que não as estrelas, teria de tomar jeito. Mas Telles se enganou. Não contava com os infinitos recursos de seu protegido para cativar estranhos, fazê-los sucumbir ao seu charme e despertar neles uma irresistível vontade de protegê-lo. Quando a porta de Luiz Telles se fechou às suas costas, por exemplo, João Gilberto não passou três minutos ao relento: apenas atravessou a praça, foi à casa de Maria Luísa, namorada de Bororó, e convenceu um dos frequentadores a hospedá-lo: um pintor argentino chamado Alfonso Lafita.

Lafita mal chegara ao Brasil e ainda não dominava o portunhol. Mesmo que morasse sozinho, a quitinete que alugara na rua Júlio de

Castilhos, em Copacabana, seria pequena para acomodar os quadros e cavaletes com que pretendia prosseguir no Rio a sua iniciante carreira nas artes plásticas. Mas conhecera João na casa de Maria Luísa e gostara dele. Acolheu-o no apartamento pelos poucos dias de que João iria precisar para achar um novo pouso. E teriam sido felizes para sempre — se aqueles dias não se arrastassem até se transformar em meses e começassem a parecer que iam durar mesmo para sempre.

O argentino sentiu que estava se irritando quando percebeu que era ele quem cozinhava, punha a mesa, lavava os pratos, os copos, varria o chão e espanava os móveis, além de lavar, passar e cerzir a roupa de João Gilberto — enquanto este, de novo com o violão, se aplicava durante horas na captura de um único acorde. Lafita descobriu também como era difícil concentrar-se em seus óleos e aquarelas quando o outro parecia incansável para tocar e só interrompia o violão para pedir constantemente a sua opinião sobre o que acabara de criar. Sem falar que o hóspede subvertera absolutamente os horários do anfitrião, e Lafita via-se agora acordando às três da tarde e almoçando às dez da noite, como ele. Apesar da convivência no *huis clos*, o argentino não chegou a conhecer João Gilberto muito bem. Entre outras coisas, só anos depois foi descobrir que ele era baiano, e não mineiro de Diamantina, como João lhe dizia.

Lafita não podia saber, mas João Gilberto estava às vésperas de mudar radicalmente de vida. João se encontrara com seu amigo Edinho, do Trio Irakitan, e Edinho lhe recomendara procurar um menino chamado Menescal, que tinha uma *academia* de violão e estava armando um conjunto. João Gilberto batera à porta de Menescal ("Você tem um violão aí? Podíamos tocar alguma coisa") e saíra com ele pela noite, sendo apresentado a uma porção de jovens talentosos e inteligentes. Um desses era Carlinhos Lyra, que ele conhecera sob o lampião na calçada do bar do Plaza, quando iam ouvir Johnny Alf. Aqueles garotos tinham as suas próprias músicas, eram bem-nascidos e penteavam-se com Gumex. Estava sendo um prazer andar com eles.

Uma das pessoas que João conhecera com os meninos fora o fotógrafo da Odeon, Chico Pereira. Pela quantidade de *hobbies* a que Chico dispensava total dedicação — som, jazz, aviação, pesca submarina —, era difícil imaginar como lhe sobrava tempo para fazer um único clique como fotógrafo. Mesmo assim, Pereira conseguia dar conta das fotos de todas as capas da Odeon. Menescal era seu companheiro de pesca e os dois eram também irmãos em Dave Brubeck. Quando João Gilberto cantou pela primeira vez em seu apartamento, na rua Fernando Mendes, levado por Menescal, Chico experimentou a mesma sensação que tivera ao conhecer o fundo do mar. Com a vantagem de que a voz e o violão de João Gilberto podiam ser capturados. Não perdeu tempo: assestou um microfone, alimentou seu gravador Grundig com um rolo virgem e deixou-o rodar. Foi a primeira das muitas fitas que gravaria com João Gilberto em sua casa.

Mas, para Chico, o que João tinha de gravar, com urgência, era um disco — e o caminho mais rápido para isso era procurar um dos maestros da Odeon, Antonio Carlos Jobim.

Não foi fácil, mas o empurrão de Chico Pereira fez com que João Gilberto se armasse de coragem para tocar a campainha da rua Nascimento Silva, em Ipanema. João e Tom nunca tinham sido amigos do peito no passado perdido, mas conheciam-se das madrugadas no Plaza, no Tudo Azul e no Far-West. Para João, Tom naquela época era um bom pianista da noite, como outros, embora achasse (Newton) Mendonça melhor. Depois aprendera a admirá-lo, à distância, enquanto Tom crescia de forma sensacional como compositor. Jobim se revelara (com "Solidão", "Foi a noite", "Se todos fossem iguais a você") justamente nos dois anos de exílio de João em Porto Alegre, Diamantina, Juazeiro e Salvador. Mas, agora, havia crescido demais. Não era mais um pianista da noite, que eventualmente compunha, como seu parceiro Mendonça. Tornara-se um grande compositor profissional, arranjador, maestro e homem influente em gravadoras. Provavelmente mandava fazer seus *smokings* no alfaiate. Era natural que João, vestido na Ducal, tocasse com apreensão aquela campainha.

Tom Jobim não tomou nenhum susto ao rever João Gilberto. Sabia que ele estava de volta ao Rio, depois de uma temporada na Bahia, em que ficara aos cuidados dos "homens de branco", como dizia. Comparado com a última vez que o vira — na porta do Tudo Azul, havia três anos, com o cabelo sobre os colarinhos e um ar de quem estava pensando em mudar-se para a quarta dimensão —, achou-o ótimo. O susto de Tom ficou reservado para o momento em que João Gilberto pegou o violão e o apresentou a "Bim bom" e "Hô-bá-lá-lá".

Tom não se impressionou com o contraste entre o João que ele conhecia e o que estava agora à sua frente. Sem dúvida, havia uma diferença na sua maneira de cantar — deixara de ser o discípulo de Orlando Silva, com toques de Lucio Alves, que ele se lembrava de ter ouvido. Cantava agora mais baixo, dando a nota exata, sem vibrato, estilo Chet Baker, que era a coqueluche da época. O que o impressionou foi o violão. Para começar, não associava João ao instrumento. Nunca o tinha ouvido tocar na vida, e muito menos daquele jeito. Aquela batida era uma coisa nova. Produzia um tipo de ritmo em que cabiam todas as liberdades que se quisesse tomar. Era possível escrever para aquela batida. Com ela, adeus à ditadura do samba *quadrado*, do qual a única saída até então era o samba-canção, que já estava levando as pessoas a um estado de narcolepsia — tanto quem ouvia como quem tocava.

Tom anteviu de saída as possibilidades da batida, que simplificava o ritmo do samba e deixava muito espaço para as harmonias ultramodernas que ele próprio estava inventando. Mas ainda seria preciso trabalhar nesse ritmo, testar canções novas e outras que já tinha, para ver como ficavam. Abriu a gaveta e tirou partituras contendo coisas que ainda estavam pela metade ou em fase de acabamento. Uma delas, já pronta, dormia havia mais de um ano naquela pilha: "Chega de saudade".

Tom a fizera com Vinicius pouco depois que *Orfeu da Conceição* encerrara sua carreira de um mês no teatro República. Se a canção tivesse lhes ocorrido antes, seria encaixada de qualquer jeito na peça. Mas aí era tarde e ele resolvera guardá-la. Nada indicava que "Chega de saudade" tivesse um grande futuro — ou qualquer futuro. É verdade que Tom a fizera quase por capricho: pouco antes, na casa de d. Nilza, sua mãe, ele vira a empregada varrendo a sala e cantarolando um choro. Ficara impressionado como a moça conseguia cantar aquela coisa enorme, de três partes, quando o grosso do que se ouvia no rádio cabia numa única frase musical. Ali decidiu que, um dia, faria um choro assim.

Semanas depois, no sítio de sua família, em Poço Fundo, perto de Petrópolis, veio-lhe a ideia para "Chega de saudade" e, quando se deu conta, tinha feito no violão uma espécie de samba-canção em três partes — por acaso, com um sabor de choro. Na volta ao Rio, mostrou a música a Vinicius. O poeta estava de malas prontas para reassumir seu posto de diplomata em Paris, mas, docemente constrangido, deixou-se ficar mais uns dias, pondo a letra na música.

Os dois gostaram do resultado final. Mas nem todos, dos poucos que ouviram "Chega de saudade" ainda no lactário, aprovaram a letra de Vinicius. Sua mulher, Lila, por exemplo. Ela implicou com o verso *"Pois há menos peixinhos a nadar no mar/ Do que os beijinhos que eu darei na sua boca"*:

"Que coisa mais boba, rimar peixinhos com beijinhos", comentou Lila.

Mas Vinicius não devia estar para muita conversa e rebateu:

"Ora, deixe de ser sofisticada."

Anos depois, Vinicius diria que uma das maiores surras que uma letra lhe aplicara tinha sido a de "Chega de saudade" — pela dificuldade de fazer com que as palavras se encaixassem naquela estrutura melódica cheia de idas e vindas. Com tudo isso, o destino da canção era incerto — até que o ressurgimento de João Gilberto, mais de um ano depois, fez com que Tom se lembrasse dela e "Chega de saudade" saísse da gaveta para um disco com Elizeth Cardoso, chamado *Canção do amor demais*.

André Midani, que todos pensavam ser francês, mas, na realidade, era sírio de Damasco, foi o primeiro a chegar ao apartamento de

Chico Pereira para a reunião que este iria promover. Usava a roupa com que circulava no maior à vontade pela conservadora Copacabana de 1957 e que fazia com que todo mundo se virasse para olhá-lo: jeans ensebados, camisa vermelha e tamancos holandeses. Com aquele visual, ninguém apostaria um grão de milho em que ele tivesse uma profissão, mas Midani, com apenas dois anos de Brasil, era o chefe do departamento de repertório internacional da Odeon. Em pouco tempo, ficaria também responsável pelas capas dos discos e, finalmente, pela promoção e publicidade de toda a gravadora.

Chico tirou do armário duas garrafas de Grant's que um amigo seu, comandante da Panair, lhe trazia de Nova York às caixas, junto com os últimos discos do Modern Jazz Quartet. Preparou o gelo, os copos e o famoso gravador Grundig. Iria apresentar Midani a alguns meninos que conhecia e admirava: Ronaldo Bôscoli, Roberto Menescal, Nara Leão, Carlinhos Lyra e um infante de quatorze anos, Eumir Deodato. Eles tocariam suas coisas, Midani iria ouvir e ele gravaria tudo.

Midani tinha 24 anos e uma ligeira experiência com discos em Paris — de onde fugira para não ter de lutar como francês na guerra da Argélia. Seu objetivo era tirar o que chamava de "ranço de Ataulpho Alves" da gravadora em que trabalhava e vender discos para jovens. O problema é que os jovens brasileiros não tinham a "sua própria música". Quando Chico Pereira lhe falou da turma, ficou interessado em ouvi-los. E, agora, ali estavam eles.

Midani contou depois que, no princípio, ficou muito mal impressionado. Com poucos minutos de conversa, achou-os todos muito chatos, exceto Bôscoli, que era o mais velho. Não bebiam (só ele e Bôscoli prestaram seus respeitos ao raro Grant's), eram excessivamente família e, pelo visto, nem faziam sexo com suas namoradas. Não era esse o modelo da juventude na Rive Gauche, onde ele convivera com os existencialistas e vira Juliette Greco fumando cachimbo. Com tanto bom-mocismo, era *incroyable* que aqueles meninos fizessem qualquer coisa diferente em música. Mesmo assim, dispôs-se a ouvi-los. Eles tocaram as suas coisinhas. Uma hora depois, Midani estava *épaté*: tirou do bolso um papel em branco e fez com que todos o assinassem ali mesmo. Era um *contrato* com a Odeon.

Sem valor jurídico, claro, mas era um compromisso de que, quando chegasse a hora, aquele papel em branco se tornaria um acordo para valer entre os garotos e a gravadora. Ao ouvi-los, Midani mudara completamente de opinião. Aquela era a música *jovem* que ele estava procurando.

Justamente quando as coisas começavam a melhorar para o seu lado, João Gilberto viu-se de novo na rua. Seu hospedeiro, o argentino Lafita, alegou que o dinheiro que estava ganhando com seus quadros mal dava para pagar as tintas, os pincéis e o aluguel — e que não achava justo que João continuasse morando ali de graça, sem contribuir com um palito para a despensa. Fazia-lhe mal olhar para si próprio e ver-se sarapintado de trabalho, com tinta até na testa, enquanto João saía todo frajola e perfumado para a noite. Além disso, estava farto de fazer faxina. Outro motivo de indignação era quando, nas poucas vezes em que conseguia pegar no sono em horas curriculares, era acordado às quatro da manhã pela chegada de João Gilberto e de seu expansivo amigo João Donato.

O que revoltava Lafita, de verdade, era que João Gilberto não parecia trabalhar — entendendo-se por trabalho um emprego regular, que lhe garantisse *plata* para tomar um lotação ou comprar um pente Flamengo no camelô.

Na verdade, João cumprira *um* mês de trabalho, durante os cinco em que foi seu hóspede: participando do conjunto que acompanhou a cantora Vanja Orico no Golden Room do Copa. E que conjunto! Entre outros, havia as vozes de Badeco e Severino, dos Cariocas; João Gilberto, voz e violão; Donato, ao acordeão; e Chaim, ao piano. Essa turma faria música até no céu. O problema era o repertório da bela Vanja: um sarapatel folclórico cujos itens mais sofisticados eram "Muié rendera" e "Saudades do Abaeté". Apesar disso, o espetáculo foi um sucesso e nenhum deles, nem mesmo Donato, faltou um só dia ao serviço. Uma noite por semana, o show se transferia para os estúdios da TV Tupi, na Urca, de onde era levado ao vivo. (Tão ao vivo, aliás, que, certa noite, *vazou* no ar a mão da sra. mãe de Vanja, dando-lhe na boca uma colher de mel.)

Não seria esse show que faria a independência de João Gilberto — o cachê era tão magro que Severino e Badeco só o usavam para complementar seus salários na Rádio Nacional. Mas foi a sua única fonte de renda nesse período, durante o qual ele dedicou os seus melhores esforços a pôr letra num samba de Donato, "Minha saudade" — desde então muito gravado, só que como instrumental. Terminada a temporada com Vanja, cada qual reassumira seus empregos e João continuara apenas hóspede de Lafita.

Até o dia em que este o chamou às falas e deu-lhe alguns dias de prazo para mudar-se. Os olhos de João encheram-se de lágrimas, mas ele não disse nada. Na mesma noite, pegou o violão e a mala, e foi dividir um quarto numa pensão em Botafogo com seu amigo Luiz Roberto, novo *crooner* dos Cariocas, e o amigo deste, um mineiro chamado Rômulo Alves. Lafita convenceu-se depois de que prestou um grande serviço a João Gilberto, apontando-lhe a porta.

Naqueles últimos meses de 1957, se alguém virasse João Gilberto de pernas para o ar, não cairia um níquel de seus bolsos. Na mesma época, no entanto, ele começava a se tornar uma secreta celebridade na Zona Sul, se isso é possível. Por causa de João Gilberto, o bar do hotel Plaza voltara a ser o lugar a que os músicos iam *after hours*, como havia três anos, nos tempos de Johnny Alf. O trio que substituíra Alf, com Ed Lincoln no contrabaixo, Luizinho Eça ao piano e Paulo Ney na guitarra, sofrera importantes modificações, com a saída de Ney e a entrada de Donato ao acordeão e Milton Banana na bateria. Ganhara até uma *lady-crooner*: a muito, muito jovem Claudette Soares, que, do alto dos seu 1,49 metro, tentava se livrar do rótulo de "princesinha do baião", que ganhara na Rádio Tupi.

Não que no Plaza não se tocasse também baião. Mas, com Donato ao acordeão, ele era transfigurado de tal jeito que nem Luís Gonzaga o reconheceria, se entrasse ali por engano, à procura do padre Cícero.

(Já Stan Kenton se sentiria imediatamente em casa.) No pequeno espaço do Plaza tocava-se de tudo e do jeito que os músicos quisessem, porque seus poucos frequentadores eram outros músicos ou jovens que gostavam de jazz e de tudo que fosse *moderno*. Foi assim, por exemplo, que o baiano Cravinho, na distante Salvador, teve grandes notícias de seu amigo João Gilberto. A última vez que o vira fora de pijama, na clínica da rua João das Botas. Depois João voltara para o Rio e Cravinho não soubera mais dele.

O portador da informação fora o galã Cyl Farney, de passagem por Salvador. O ex-baterista do Sinatra-Farney Fan Club falou-lhe de um espantoso baiano que dava *canjas* no Plaza quase todas as noites, cantando com uma harmonia diferente e tocando o violão mais *moderno* possível. Quando Cyl lhe disse o nome do baiano — João Gilberto —, Cravinho sentiu-se como se despencasse do elevador Lacerda. Evidente que acreditava no potencial do amigo, mas não imaginara que as coisas pudessem acontecer tão depressa. Cyl até falou-lhe de uma música que ele tocava e que parecia diferente de tudo — "Bim bom".

João Gilberto não era o único a estar cozinhando ousadias no Plaza. O baterista Milton Banana recebeu permissão para acompanhá-lo, desde que tocasse bem baixinho. Aos poucos, limitando-se à escovinha em cima do pano e a uma baqueta contra o aro da caixa, Banana conseguiu transpor para sua bateria Pinguim a mesma batida do violão. Chegou a tocar tão baixo que às vezes se tornava quase inaudível — o que também não fazia diferença porque, à falta de público às quatro da manhã, José Augusto, o proprietário, fechava o bar e deixava que os músicos continuassem tocando para eles próprios. E *eles* ouviam Banana.

Outro que o ouvia era Tom Jobim. Por causa de João Gilberto, ele voltara a frequentar o Plaza e vira naquela base rítmica o terreno para se plantar um pomar de novos acordes, em torno de suas melodias. Ainda não tinha uma ideia exata do que seria, mas Vinicius estava chegando de Paris e já avisara que vinha louco para compor. Os dois, Tom e Vinicius, passariam o resto do ano de 1957 em trabalho de parto, mas, para muitos, o verdadeiro feto já havia sido gestado e tinha até nascido.

9

UM MINUTO E 59 SEGUNDOS QUE MUDARAM TUDO

Canção do amor demais é o famoso LP que Elizeth Cardoso gravou em abril de 1958 para um selo não comercial chamado Festa. No futuro, iriam festejá-lo como o disco que *inaugurou* a Bossa Nova, por ser todo dedicado às canções de uma nova dupla, Tom e Vinicius — e, principalmente, porque João Gilberto acompanhava Elizeth ao violão em duas faixas ("Chega de saudade" e "Outra vez"), fazendo pela primeira vez o que seria a "batida da Bossa Nova". Diz a História que João Gilberto provocou tal espanto naqueles seus poucos segundos de participação em "Chega de saudade" que, mal o LP de Elizeth chegou às lojas, foi só uma questão de tempo para que o chamassem para fazer um disco só seu. De fato, menos de três meses depois, em julho, João Gilberto estava gravando na Odeon o seu histórico 78, com o próprio "Chega de saudade" de um lado e "Bim bom" do outro. Faz sentido, não? Só que não foi bem assim.

Canção do amor demais, ao contrário do que se pensa hoje, *não foi* um sucesso quando saiu, em maio de 1958. Não foi sequer um sucessinho, e nem era para ser. Elizeth tinha muito prestígio, mas não era exatamente alguém que ateasse fogo aos auditórios. Para dizer a verdade, vinha de anos sem um disco nas paradas. A Festa, por sua vez, não era uma gravadora, mas uma etiqueta peso-mosca que se espremia numa única saleta na av. Franklin Roosevelt, no Centro, e que dependia das gravadoras de verdade para ter os discos prensados e distribuídos. Sua divulgação era zero. E seu proprietário, o jornalista Irineu Garcia, era um simpático amador profissional, com boas amizades no Ministério da Educação, que programara sua vida comercial em função das três coisas de que mais gostava: viajar ao exterior, conviver com escritores famosos e, de preferência, conviver no exterior com escritores famosos. Felizmente, havia um órgão que, se bem tratado, às vezes tornava isso mais fácil para Irineu: o Itamaraty.

Ou, mais exatamente, o Departamento de Difusão Cultural, dirigido por seu colega de *gabarito fosfórico* no Villarino, o conselheiro Mário Dias Costa. A Festa permitia a Garcia unir o agradável ao agradável: divulgar os melhores poetas ou cronistas brasileiros, por acaso seus amigos, produzindo a baixo custo LPs de dez polegadas em que eles liam as suas obras. E se alguns desses escritores fossem também diplomatas, como Augusto Frederico Schmidt, João Cabral de Melo Neto ou Vinicius de Moraes, tanto melhor — os cisnes do Itamaraty ficariam orgulhosos. Donde um disco de Vinicius seria muito natural. Mas, que tal se esse disco, em vez dos consagrados poemas, contivesse as canções que o poeta e vice-cônsul estava escrevendo com o jovem Jobim? E por que não gravar essas canções na voz de uma cantora como Dolores Duran, uma divertida companheira das madrugadas? (Boa ideia — embora Vinicius preferisse que Elizeth, as interpretasse.)

Por ser um disco de música popular, *Canção do amor demais* tinha mais potencial comercial para a Festa do que os discos de poesia, que, às vezes, eram confundidos com linguafones. Mesmo assim, Garcia achou prudente rodar apenas 2 mil cópias, mais do que suficientes para lubrificar as suas relações com o Itamaraty e não ter prejuízo. Afinal, com *Orfeu* e tudo, Tom e Vinicius ainda não eram famosos como compositores e ninguém conhecia aquelas canções. Mas Dolores pediu alto para gravar e Irineu teve de desistir dela como estrela do disco. O jeito era aceitar a muito mais em conta Elizeth — com o que, aliás, estaria fazendo um agrado a Vinicius. E foi assim que, "crestada pela pátina da vida", a *Divina* "impôs-se como a lua para uma noite de serenata", segundo o enfarpelado texto do poeta na contracapa — e, de quebra, Elizeth entrou para a história da Bossa Nova como Pilatos no Credo.

Apesar da forma "casual" como esse texto de Vinicius aparece na contracapa original do disco (escrito à mão, com erros e "emendas", e não em composição), é óbvio que a mão que o escreveu estava cheia de dedos. Vinicius reviu-o cuidadosamente antes de entregá-lo à gráfica. Lendo-o hoje, salta ao sol a sua preocupação de não desagradar ao Itamaraty, sob cujo monóculo um disco de sambas poderia ser visto como uma vil empreitada comercial. Encaixando cada palavra com pinças, Vinicius dava a entender que aquelas canções eram o produto "livre e gratuito", "distração máxima", "sem motivos mesquinhos", de sua amizade com o compositor e com a cantora. Tudo para dar a entender que era uma brincadeira de amador. Para que não restasse a menor dúvida, as palavras "amizade" ou "amigo" apareciam seis vezes na contracapa. Fosse um disco de poesia, não seriam necessárias tantas precauções.

Esse era um dos dois motivos pelos quais, tanto na capa quanto no disco, as canções viessem assinadas "Música: Antonio Carlos Jobim. Poesia: Vinicius de Moraes". O outro era como se Vinicius estivesse dizendo aos espíritos de porco de 1958 (para quem era impensável um poeta se meter com música popular) que aquelas letras eram "poesia". Afinal, se ele, que era o poeta, garantia que eram, quem podia dizer que não?

Tantos cuidados políticos e poéticos de Vinicius ao escrever a contracapa, e ele se esqueceu de registrar exatamente o que a posteridade acharia a coisa mais importante de *Canção do amor demais*: o violão de João Gilberto naquelas duas faixas. No texto, não há nenhuma referência de Vinicius à estranheza do ritmo do violão. O nome de João Gilberto nem sequer é citado. Nem o dele nem o de outros grandes músicos que aparecem com destaque no acompanhamento de Elizeth em "Chega de saudade": o flautista Copinha, o trombonista Maciel, o violinista Irani, o baterista Juquinha — todos permaneceram anônimos. Estes, no entanto, eram músicos de estúdio, veteranos de milhares de gravações pelas quais nunca receberam o menor crédito. No caso de João Gilberto, a omissão não se explica, porque o disco de Elizeth aconteceu a poucas semanas de ele, literalmente, adquirir superpoderes para paralisar com suas exigências o estúdio da Odeon, ao gravar o seu próprio "Chega de saudade".

Para João Gilberto, aquele era o problema de *Canção do amor demais*: o disco era de Elizeth, não dele. Os arranjos de Tom previam que ele participaria com o violão em cinco faixas: "Chega de saudade", "Outra vez", "Eu não existo sem você", "Caminho de pedra" e "Luciana". Mas só nas duas primeiras teria alguma chance de aparecer, sendo que, em "Chega de saudade", Tom queria um corinho para fazer harmonia. (O coro seria formado por João Gilberto, seu amigo Walter Santos, que ele indicara, e o próprio Tom.) Nas outras três faixas, faria pouco mais do que figuração e, nas oito restantes, não iriam precisar dele.

Mesmo assim, quando Tom e Vinicius se reuniam com Elizeth na rua Nascimento Silva, para ensinar-lhe as canções, ele fazia questão de estar presente. Não estava gostando da gravidade com que a *Divina* tratava as músicas, como se fossem peças de algum repertório sacro — talvez porque as letras fossem de um poeta importante, Vinicius de Moraes. João queria que Elizeth as cantasse mais *para cima*, principalmente os sambas, e às vezes se metia a dar palpites. Mostrou-lhe como fazia com "Chega de saudade", atrasando e adiantando o ritmo de acordo com o que achava que a letra pedia, e tentou induzi-la a tentar algo parecido. Mas Elizeth não se interessou muito por suas sugestões e, pela insistência, deu a entender que não precisava dos seus palpites.

João recolheu-se ao silêncio mudo e passou a participar menos dos ensaios. Além disso, fazia-lhe voltas ao estômago ouvir a letra de Vinicius para a "Serenata do adeus", que dizia: *"Ah, mulher, estrela a refulgir/ Parte, mas antes de partir/ Rasga o meu coração/ Crava as garras no meu peito em dor/ E esvai em sangue todo o amor/ Toda a desilusão".*

Para ele, nenhuma letra de música deveria falar em sangue, morte ou punhal, e embrulhava-o imaginar aquelas garras rasgando peitos e arrancando corações que ficavam esguichando. O *seu* disco não teria nada daquilo.

Apesar da boa vontade de Tom, que estava se mexendo para gravá-lo na Odeon, não havia perspectiva de disco no horizonte e, naquele momento, João estava com o velho problema: a dona da pensão onde morava, em Botafogo, o botara para fora e dissera que ele só voltasse lá para pegar a mala quando tivesse dinheiro para pagar as diárias que lhe estava devendo. Seus dois companheiros de quarto não podiam ajudá-lo. Luiz Roberto, dos Cariocas, vivia na conta do chá, e Rômulo ainda não era o rico cafeicultor que se tornaria, anos depois, em Ubá, MG — ou não estaria dividindo um quarto naquela pensão barata.

João Gilberto descreveu a situação a Tito Madi, cujo coração era tenro como as folhas de uva que sua mãe, de origem libanesa, usava na cozinha. Tito emprestou-lhe o dinheiro para saldar sua dívida na pensão e recuperar a mala, e o convidou a morar com ele em seu apartamento na av. Atlântica, de esquina com a rua Miguel Lemos. O cantor Luiz Claudio, amigo de Tito e agora de João, morava ali pertinho, na Rainha Elizabeth. Os três formavam uma família, à qual se agregava de vez em quando um jovem de Belo Horizonte que ia com frequência ao Rio: Pacífico Mascarenhas, o estudante que conhecera João em Diamantina, na casa de Dadainha.

Em Belo Horizonte, Pacífico comandava um grupo de rapazes loucos por Dick Farney e que tentavam produzir uma mistura de samba e jazz. O grupo intitulava-se Sambacana e, apesar de boêmios, a cana do nome não se referia ao que você está pensando, mas ao honesto e inofensivo caldo de cana. Pacífico tocava um pouco de piano e violão, e não tinha problemas de dinheiro. À noite, ele e seus amigos assombravam Belo Horizonte, principalmente o bairro de Funcionários (futura Savassi), com extravagantes serenatas, que incluíam até piano a bordo de um caminhão. O piano ia na caçamba junto com eles e precisava ser continuamente reafinado depois de cada noitada.

Um dos amigos de Pacífico, o estudante Roberto Guimarães, tinha uma música chamada "Amor certinho", que era o grande sucesso das serenatas.

Luiz Claudio e Pacífico estavam com João Gilberto quando cruzaram com Carlos Drummond de Andrade na av. Rio Branco. O poeta trabalhava ali perto, no Ministério da Educação, e já era uma espécie de mito para muitos, mas nem de longe a unanimidade nacional que depois se tornaria. Seu poema "No meio do caminho", escrito quase trinta anos antes, ainda despertava chacotas entre muitos professores nostálgicos de Olavo Bilac. Mas era uma das paixões de João Gilberto e, quando este reconheceu Drummond, que vinha burocraticamente pela calçada do *Jornal do Brasil*, atirou-se sobre ele:

"Mestre! Mestre!"

O poeta assustou-se. Não estava habituado a essas efusões de admiradores e nunca vira aquele sujeito na vida. João Gilberto queria um autógrafo, que não tinha coragem de pedir, e limitava-se a sorrir para Drummond, dizendo, agora com voz de flanela:

"Mestre... Mestre..."

Estendeu para Drummond um envelope pardo que trazia. O poeta custou a entender e, vermelhíssimo, autografou-o com tinta azul-turquesa. João Gilberto agradeceu e deixou-o ir, enquanto continuava a sussurrar, sorrindo, "Mestre...". Minutos depois, entrou no escritório da Odeon, no edifício São Borja, e, na saída, esqueceu por lá o envelope.

Um homem que conseguia arrancar um autógrafo de Carlos Drummond conseguiria *qualquer* coisa, quanto mais gravar um disco.

A temperatura dentro do estúdio da Columbia, na praça Mauá, estava próxima de zero. Não porque o tempo no Rio tivesse enlouquecido naquele maio de 1958, mas porque João Gilberto iria cantar para um homem que não parecia com todo o tempo e disposição do mundo para ouvi-lo: o agora diretor artístico Roberto Corte Real. Era a primeira vez desde 1952 que João Gilberto pisava num estúdio de verdade, com a expectativa de que o deixariam fazer um disco todo seu e do *seu* jeito — sem ter de dividir o microfone com um apinhado conjunto vocal ou de acompanhar cantoras rebeldes. E ele estava roxo para gravar.

Mas, para que o disco se tornasse realidade, precisava submeter-se a um teste com Corte Real, cujo cacife agora estava maior do que nunca: o homem lançara Cauby Peixoto com "Conceição" e, dois anos antes, em 1956, havia *descoberto* Maysa. João Gilberto podia estar louco para fazer um disco, mas a perspectiva de ser testado — e eventualmente gongado — por um sujeito de São Paulo, e que ele nem conhecia, não fazia parte do seu projeto de vida. Tom Jobim estava tentando convencer a Odeon a gravá-lo e ele queria esperar. Só concordara em oferecer-se à Columbia por insistência de Luiz Claudio, que naquele dia ia gravar "Olhe-me, diga-me", de Tito Madi, e conseguira arrastá-lo até lá, dizendo que era a sua chance. Terminada a gravação, Luiz Claudio levaria Corte Real a um canto do estúdio e João Gilberto cantaria alguma coisa para ele — "Bim bom", claro, ou talvez "Hô-bá-lá-lá".

Corte Real, como todo mundo da indústria do disco, ouvira *Canção do amor demais*, com Elizeth, mas meio às pressas, e não ficara particularmente interessado no violão que a acompanhava. Ia atender João Gilberto por deferência a Luiz Claudio, um promissor contratado da Columbia, e a Tito Madi, que também lhe falara do rapaz. Sua expectativa era pouco mais do que nenhuma. João Gilberto deve ter sentido a frieza do ambiente e encarregou-se de fazer a temperatura cair a níveis glaciais quando começou a cantar "Bim bom" sem o menor entusiasmo:

"*É só isto o meu baião/ E não tem mais nada não/ O meu coração pediu assim...*"

Corte Real ouviu-o atentamente, cofiando sua gravata-borboleta, e — surpresa — não é que "gostou"? Mas, talvez porque tivesse pensado em Adelaide Chiozzo ao ouvir a palavra baião, cometeu um equívoco fatal ao observar:

"Olha, é muito bom, mas isto não é baião, nem aqui nem na China. Que tal se, naquele verso que diz, '*É só isto o meu baião*', você trocasse para '*É só isto esta canção*' ou coisa assim?"

João Gilberto não disse que sim, nem que não, mas foi ali que a Columbia o perdeu. Horas depois, num botequim das proximidades, que os músicos do estúdio chamavam de Minhoca Sorridente, ele comentou com alguém:

"Não gostei nem um pouco desse Corte Rayol."

Quando saiu do encontro com Corte Real, cruzou com Os Cariocas nos corredores da Columbia. Naquele justo momento eles estavam entrando no estúdio para gravar, imagine só, "Chega de saudade". Haviam aprendido a música com Luiz Roberto, o *crooner* do conjunto, que por sua vez a aprendera do próprio João, naquela pensão em Botafogo. Depois de ouvir o disco de Elizeth, com João ao violão, tinham decidido gravá-lo para escapar à ditadura da Columbia, que os vinha torturando com os boleros, rock-baladas e *covers* dos conjuntos americanos. Mas Badeco, o violão dos Cariocas, estava com um problema:

"Ainda não consegui pegar a batida, João."

"Deixe que eu faço pra você", ele se ofereceu.

Entrou e gravou com eles, incógnito. "Chega de saudade", com Os Cariocas, só iria sair no segundo semestre, depois que o seu próprio disco já havia sido lançado. Mas, para João Gilberto, naquele momento, era como se "Chega de saudade" estivesse lhe escapando dos dedos e se tornando propriedade de todo mundo, menos dele.

Tom Jobim estava fazendo o possível. No começo do ano, tivera a ideia de gravar um acetato em que João Gilberto cantasse "Chega de saudade" para ser mostrado a Aloysio de Oliveira. Russo do Pandeiro, *parceiro* de João em "Você esteve com meu bem?", em 1953, ainda tinha aquele estúdio que montara com a venda da casa de Rodolfo Valentino. Ali se fez o acetato — de graça, com João Gilberto e violão — que foi levado a Aloysio. Só que este não se deixou convencer. Sua ideia do que significava *cantar bem* continuava não dispensando os vozeirões com vibratos. Seu modelo era Dorival Caymmi cantando "Maracangalha", o primeiro grande sucesso da Odeon desde que ele estreara como diretor. Além disso, sua experiência nos Estados Unidos lhe dizia que cantores com voz centimetrada podiam ser a teteia dos intelectuais, mas não tinham a menor possibilidade comercial.

Mas dessa vez a pressão foi forte sobre Aloysio. André Midani tentou-o com a argumentação de que João Gilberto representava uma coisa que a música brasileira não tinha: apelo para o público jovem. Tom prometeu que cortaria custos: gravariam "Chega de saudade" usando uma versão simplificada do arranjo que fizera para Elizeth, sem todas aquelas harpas e trompas, e que, do outro lado, em "Bim bom", seria ainda mais econômico. Garantiu um disco de produção simples e barata. (Exatamente o que ele acabou não sendo, mas não se podia adivinhar.) Ao ouvir tudo isso, Ismael Corrêa, diretor de vendas da gravadora, foi enfático para Aloysio:

"Pode gravar que eu garanto."

O golpe de misericórdia na resistência de Aloysio, no entanto, só viria com a campanha por João Gilberto feita pelo compositor brasileiro que ele mais respeitava: Caymmi. O velho baiano conhecia João da Rádio Tupi e gostava dele. Foi Caymmi quem o levou ao apartamento de Aloysio na rua Toneleros — e, como acontecia a todos que se expunham ao poder de sedução de João Gilberto, Aloysio também não resistiu. Não apenas comprou a ideia de fazer o 78, como deu carta branca a João e Tom no estúdio da Odeon.

Z. J. Merky, o severo diretor técnico da gravação, olhou feio do outro lado do vidro quando João Gilberto pediu dois microfones: um para a voz, outro para o violão. Onde já se vira isso? A Odeon era britânica no seu controle acionário e mais britânica ainda — mão-fechada — no controle de custos: cantores estreantes e desconhecidos não tinham direito a luxos. Mas a carta branca de Aloysio funcionou, e os dois microfones surgiram. O aval de Aloysio só não previra os choques pessoais, e o primeiro confronto foi entre João Gilberto e os músicos. Gravando direto com a orquestra, ao vivo no estúdio, sem *playback*, ele interrompia *take* após *take*, *ouvindo* erros dos músicos que escapavam aos outros e obrigando a orquestra inteira a tocar de novo.

Em certos momentos, era como se todo mundo no estúdio fosse surdo, menos ele.

O arranjo de Tom era simples, mas João pedira quatro homens na percussão: Milton Banana na bateria, Guarany na caixeta, Juquinha ao triângulo e Rubens Bassini aos bongôs. Enquanto a letra de Vinicius falava de *"abraços e beijinhos e carinhos sem ter fim"*, a orquestra acusava entredentes o cantor de louco, e este dizia que ela é que queria enlouquecê-lo. Tinha uma especial assinatura com um trompetista argentino chamado Catita. Numa das incontáveis interrupções, alguns músicos se amotinaram, encaparam os instrumentos e saíram batendo portas; quando concordaram em voltar, era o cantor que já não queria gravar. Tom Jobim não sabia se tocava piano, se regia a orquestra ou se corria de um lado para o outro, com os panos quentes.

O segundo confronto foi entre João Gilberto e os técnicos. Habituados aos cantores *normais*, que davam conta de três faixas a cada quatro horas (média de gravação no planeta Terra), eles não entendiam aquele perfeccionismo maníaco, que estava transformando a gravação de um simples 78 numa novela interminável, tipo *O direito de nascer*. A agonia se prolongava havia dias quando aconteceu o terceiro e pior confronto: entre João Gilberto e o próprio Tom. Tanto quanto as birras e turras com os músicos e técnicos, as queixas de João Gilberto a respeito de acordes levaram a tensão entre ambos a um ponto de corda de violino. Uma explosão a mais, de qualquer dos dois — como João Gilberto repetir de novo que Tom "não entendia nada" —, significaria o fim de "Chega de saudade" e "Bim bom".

Mas foi justamente um insulto abrangente e profundo de João Gilberto que restabeleceu a harmonia:

"Você é brasileiro, Tom, você é preguiçoso."

Não havia como não rir — e não ir até o fim.

Segundo Milton Banana, a gravação durou "quase um mês" — por coincidência, o mês em que a Seleção Brasileira disputava a Copa do Mundo na Suécia. Banana escorregou. O que ele queria provavelmente dizer é que este foi o tempo exigido pelas várias etapas — Tom escrevendo os arranjos, João Gilberto ensaiando com ele em sua casa, os encontros entre João Gilberto e Banana para fazer de violão e bateria um metrônomo, os ensaios com a orquestra e, finalmente, a gravação. O tempo de estúdio propriamente dito não passou de alguns dias, e nem a Odeon tinha estúdios de sobra para ocupar um deles, semanas sem fim, com um cantor cujas possibilidades comerciais eram, no mínimo, duvidosas. A data oficial da gravação de "Chega de saudade" e "Bim bom", 10 de julho, é apenas aquela em que foram feitos os *takes* definitivos.

Depois de toda essa confusão, a Odeon tirou o biscoito do forno e concluiu que, pensando bem, não sabia direito o que fazer com ele. Que João Gilberto não era Anisio Silva (o grande cartaz da gravadora), parecia óbvio. Mas também não era Lucio Alves, e a Odeon só sabia raciocinar nesses termos. O disco chegou às lojas e rádios do Rio em agosto, num suplemento que incluía, entre tolices sortidas, "Cachito", com o Trio Irakitan, "Sayonara", com Lenita Bruno, e "Nel blu di pinto di blu", com Fafá Lemos. Ou seja, sem concorrência.

Mas, em seus primeiros meses de vida, nada aconteceu com "Chega de saudade" ou "Bim bom" — não porque João Gilberto fosse *diferente* demais para o paladar do mercado, mas porque ninguém o estava ouvindo. (Rádios sofisticadas, como a Tamoio ou a Eldorado cariocas, que foram as primeiras a descobri-lo, não contavam para o Ibope.) Nada aconteceu também com nenhuma outra gravação da época, porque a única coisa que se escutava no rádio e nos alto-falantes das lojas era o hino da vitória do futebol brasileiro na Suécia, "A Taça do Mundo é nossa", da trinca paulistana Mag, Dag e Lau, com os Titulares do Ritmo.

Mas Ismael Corrêa, que, afinal, falara grosso e garantira a gravação, ainda não se dera por vencido. *Aquilo* — fosse o que fosse — podia pegar. Esperou dois meses, até que as pessoas se acostumassem à ideia de que o Brasil era campeão do mundo e voltassem à tona, e preparou-se para disparar sua última bala no pente: o lançamento do disco em São Paulo. Em 1958, São Paulo já era o principal mercado e tinha a maior cadeia de lojas de discos e eletrodomésticos do país, as Lojas Assumpção. Com suas 25 filiais, quase todas na cidade e no rico interior do estado, as Assumpção, sozinhas, eram praticamente capazes de ditar o sucesso de um disco — se este fosse bem *trabalhado*. Além disso, elas patrocinavam o musical de maior audiência do rádio paulista, *Parada de Sucessos*, comandado diariamente pelo *disc-jockey* Hélio de Alencar na Rádio Excelsior-Nacional, das onze e meia da manhã ao meio-dia. Se Alencar gostasse de um disco, a gravadora só tinha de pôr as prensas para funcionar.

Oswaldo Gurzoni era o influente diretor de vendas da Odeon em São Paulo, em 1958. Entrou para a história da Bossa Nova como o homem que, ao ouvir o 78 rpm com "Chega de saudade" e "Bim bom", teve um espasmo apoplético e quebrou o disco na frente de seus vendedores, dizendo:

"Esta é a merda que o Rio nos manda!"

A história é uma delícia e vem sendo repetida por todos os pesquisadores. Ela lhes permite praticar o seu esporte favorito, que é o de prever o passado, e estender-se sobre como João Gilberto teve de enfrentar tanques e canhões até na sua própria retaguarda. Suponhamos, no entanto, que tenha sido um pouco diferente.

Ismael Corrêa mandou uma cópia do disco em acetato para Gurzoni com a ordem de Aloysio de Oliveira de que João Gilberto deveria ser *trabalhado* mais do que o normal em São Paulo. Gurzoni, que ouvira falar tanto de João Gilberto quanto de Karlheinz Stockhausen, anotou o recado. Chamou sua equipe de divulgadores e pôs o disco para rodar no escritório paulista da Odeon, na rua General Jardim. Por sugestão do próprio Gurzoni, os discos da Odeon haviam abolido as especificações de lado A ou B nos selos, para induzir as rádios a tocar os dois lados. Mas, ao ver os nomes de Antonio Carlos Jobim e Vinicius de Moraes como autores, calculou que "Chega de saudade" devia ser o "lado A" e tocou-o primeiro.

Diante do que ouviu, não entendeu por que o selo o classificava como "samba-canção". Se aquilo fosse um samba-canção, ele era o papa Pio XII. O cantor não tinha voz e *atravessava* o ritmo; aliás, que raio de ritmo? Virou o disco e tocou "Bim bom". Nova decepção. A letra era boba, sem sentido, e Aloysio devia estar lelé. Gurzoni não quebrou o disco. Apenas bramiu a sua opinião, no que foi expeditamente secundado por todos os divulgadores — exceto um, chamado Adail Lessa, que se entusiasmou com João Gilberto. Mas eles não estavam ali para gostar ou deixar de gostar, e a orientação do Rio era clara: o disco *tinha* de ser submetido aos pequenos truques que costumam garantir um sucesso.

A primeira coisa a fazer era conquistar Álvaro Ramos, gerente de vendas das Lojas Assumpção. Se Ramos gostasse do produto, seria meio caminho andado por uma aleia de flores. Era dele que partia a ordem para que todos os balconistas de discos das Assumpção acionassem a velha série de táticas para vender este ou aquele disco. Uma dessas táticas, óbvia, consistia em tocá-lo o dia inteiro nas caixas que davam para a rua. Se um transeunte sobrevivesse ao massacre e entrasse na loja para comprar outro disco que não X, o balconista punha o disco X para tocar enquanto ia lá dentro *procurar* o que o freguês pedira. Na maioria dos casos, o freguês levava os dois. Era cruzar os dedos e ver o que Ramos acharia de João Gilberto.

Gurzoni convidou Ramos a um cafezinho com ele, Lessa e os demais divulgadores na Odeon. Ramos admite hoje que talvez já tivesse saído de "má vontade" do escritório central das Lojas Assumpção, na rua do Curtume, para ir à rua General Jardim ouvir um novato. O trânsito que pegou pelo caminho não lhe melhorou o humor. Gurzoni tocou-lhe "Chega de saudade". Ramos considerou-se vítima de um trote:

"Por que gravam cantores resfriados?", rugiu.

Não esperou a música terminar e não chegou a ouvir "Bim bom". Tirou o disco do prato, pronunciou a célebre frase — "Então, é esta a merda que o Rio nos manda?" — e quebrou-o na quina da mesa. Gurzoni e Lessa gelaram.

Os dois começaram ali mesmo um trabalho de catequese sobre Álvaro Ramos. Gurzoni não sabia muito bem o que dizer, mas Lessa foi brilhante na argumentação sobre a música que o outro se recusara a ouvir. Era uma coisa diferente, moderna, corajosa. Os *quadrados* estrilariam, e isso criaria uma polêmica que atrairia um novo tipo de público. Os jovens iriam comprar o disco. Ramos pensou duas vezes.

Não se incomodava nem um pouco se passasse por *quadrado*, mas não queria ser acusado de perder um bom negócio. E seu negócio era vender discos, não música.

Gurzoni e Lessa acharam que Ramos trabalharia com mais entusiasmo se gostasse pelo menos um pouco do disco. Sem saber o que estavam fazendo, convenceram-no a deixar-se apresentar a João Gilberto. Eles rebocariam o cantor do Rio especialmente para conhecê-lo. Ramos topou e marcou um almoço em sua casa, na Lapa, para aquele fim de semana. No Rio, a Odeon localizou João Gilberto e embarcou-o de trem para São Paulo, onde Lessa foi esperá-lo na estação. A vida era mais simples naquele tempo, como se vê.

No dia e hora do almoço ali estavam, frente a frente, no casarão da Lapa, o comprador (Álvaro Ramos), os vendedores (Oswaldo Gurzoni e Adail Lessa) e a mercadoria (João Gilberto). D. Ignez, mulher de Álvaro, produziu uma maionese e um *strogonoff*, que João Gilberto apenas remexeu com o garfo e fingiu levar à boca, enquanto fazia observações pitorescas, como "Para que inventaram a luz? Já não existe o sol?". Antes que d. Ignez se ressentisse do agravo aos seus talentos culinários e o peixe morresse pela boca, Gurzoni e Lessa desviaram o assunto rapidamente para a música. Um violão foi providenciado, mas João Gilberto não cantou "Chega de saudade" ou "Bim bom", como se esperava. Em vez disso, cantou "Fibra de herói", peça para coro composta em 1942 por Guerra-Peixe, nada menos que quatro vezes. Ramos ficou impressionadíssimo. Na saída, João Gilberto viu uma criança na calçada em frente. Arrancou uma rosa do jardim de d. Ignez, atravessou a rua e ofereceu-a à criança. Se Gurzoni não entendia o que se passava, o estado de Álvaro Ramos só poderia ser descrito como catatônico.

Estava na presença de um gênio ou de um louco — talvez ambos, pensou. Mas o importante é que, através da repolhuda "Fibra de herói", João Gilberto convencera-o a vender "Chega de saudade" e "Bim bom". O disco foi recordista de vendas nas Lojas Assumpção aquele ano.

O *disc-jockey* Hélio de Alencar adotou o disco em seu programa *Parada de Sucessos* e deu a entender, ao microfone da Rádio Excelsior-

-Nacional, que ele fora quebrado no escritório da Odeon em São Paulo. Mas não disse por quem. A história correu como se o furibundo assassino do acetato tivesse sido Oswaldo Gurzoni. O qual a deixou passar, porque não estava disputando concursos de popularidade e porque isso criaria a sensação de que João Gilberto era um cantor contra a corrente. (O que, na verdade, era.) Seria bom para as vendas e, afinal, o disco estava de olho no mercado jovem. Como sabemos, a estratégia deu certo e Gurzoni ria da péssima reputação que adquiriu com a atitude de Álvaro Ramos.

Este também achou graça, mas nunca se penitenciou:

"Na época, realmente achei que o cantor estava resfriado."

"Ouçam este disco, liguem para 36-6331 ou 36-8451, aqui na Rádio Bandeirantes, e cantem a melodia, a letra ou a divisão, valendo dez LPs!"

O disco era "Chega de saudade" com João Gilberto, e o programa era *O Pick-up do Pica-Pau*, que outro *disc-jockey* de São Paulo, Walter Silva, acabara de estrear nos primeiros dias de dezembro, pela Rádio Bandeirantes. Dezenas de ouvintes telefonaram aquele dia, tentando repetir o que tinham escutado, mas, logo às primeiras notas, eram gongados pelo maestro Erlon Chaves, presente no estúdio. Uns poucos já sabiam a letra de cor e outros conseguiam solfejar sofrivelmente a melodia, mas todos naufragavam na divisão de João Gilberto — parecia impossível repeti-la tal qual. Exceto para dois ouvintes que conseguiram cantá-la à perfeição. O primeiro identificou-se como Francisco Nepomuceno de Oliveira — na verdade, Chico, vocalista do conjunto Titulares do Ritmo. O segundo não valia: Agostinho dos Santos.

"Chega de saudade" tornou-se a abertura do *Pick-up do Pica-Pau* nos meses seguintes — contra a vontade do diretor comercial da estação, Samir Razuk, segundo Walter Silva. A Bandeirantes era uma emissora popular em São Paulo, com um público cativo de cantores que hoje seriam chamados de bregas. Mas *Pick-up do Pica-Pau*, muito pela personalidade opiniática de Walter Silva, ganhou terreno no dial e, em três meses, chegou a 22% de audiência, superando a de *Parada de Sucessos*. Nos dois programas, "Chega de saudade" estava absoluto. João Gilberto, conhecido no Rio apenas no meio musical e em dois ou três apartamentos, era um minifenômeno de público em São Paulo.

Não que tivesse sido amado à primeira vista pelos paulistanos. Poucos dias depois do almoço na casa de Álvaro Ramos, ele foi um dos cinquenta artistas da Odeon que compareceram *espontaneamente* a um show gratuito no velho teatro Piratininga, no Brás. (O som era uma cortesia da gravadora.) As rádios e lojas ainda não tinham começado o *trabalho* com o disco e seria esperar demais que ele fosse logo assimilado pela mesma plateia que estava delirando com Catarino e sua orquestra. João Gilberto cantou — começou a cantar — "Chega de saudade" e foi simplesmente vaiado para fora do palco.

Esse começo desastrado não o impediu de ser um doce de cooperação com a Odeon e de cumprir o humilhante cardápio de caititus exigidos para a divulgação do disco. Com Adail Lessa a permanente tiracolo em São Paulo e, depois, no Rio, João Gilberto percorreu estações de rádio e TV, deu pequenas entrevistas, cantou ao vivo em programas como *Viva Meu Samba*, de Oswaldo Sargentelli, na Rádio Mauá, e posou para fotografias — tudo em nome de "Chega de saudade". Está bem, fazia o que lhe mandavam, mas ninguém o obrigava a gostar daquilo. Chegou até a comentar com Luiz Claudio:

"O rádio podia ser só nós, não é, Luiz? Eu, você, o Tom, o Vinicius... Sem tanto Cesar de Alencar..."

Provavelmente só o Senhor do Bonfim sabe o que tudo isso lhe custou, mas um dos itens mais importantes dessa programação foi a sua aparição no *Programa Paulo Gracindo*, um dos campeões de audiência da TV Rio nas noites de domingo. Poucos anos antes, o térreo do edifício da TV Rio, no Posto 6, em Copacabana, abrigara o fechado Clube da Chave, onde Tom e Vinicius se conheceram. Agora continha um auditório cujos lugares a turba disputava a cotovelos para o programa de variedades de Gracindo. Na noite em que João Gilberto apareceu, havia atrações fortes. Uma delas, o primeiro grupo brasileiro de rock'n'roll, Bolão e seus Rockettes. A outra, um concurso de fantasias de cachorros. Foi entre esses dois números que João se sentou no banquinho e cantou.

Mas valeu a pena. O 78 de "Chega de saudade" chegou às paradas de sucessos de *Radiolândia* e da *Revista do Rádio* no final daquele ano, disputando no olho mecânico com Celly Campello em "Lacinhos cor-de-rosa".

Você podia não gostar deles, mas a sua empregada adorava. Outro baiano, Anisio Silva, e um pernambucano, Orlando Dias, reinavam nas vitrolas pés de palito quando João Gilberto apareceu. Ambos tinham 35 anos e faziam o gênero *sentimental*, embora Anisio Silva, cujo grande sucesso era um bolerão intitulado "Alguém me disse" (exumado por Gal Costa em 1990), parecesse até recatado em comparação com Orlando Dias. Este, famoso por ser viúvo, rasgava-se todo enquanto cantava e era capaz de ensopar um lenço vermelho, do tamanho de uma toalha de mesa, durante "Perdoa-me pelo bem que te quero" — outro bolero. Ambos adubavam a sua popularidade nos cinemas, circos, praças, mafuás e churrascarias dos subúrbios e do interior. Ambos vendiam um mínimo de 100 mil cópias de cada 78 — o equivalente a 1 milhão hoje, considerando-se o número de vitrolas existentes. E ambos eram da Odeon, a gravadora de João Gilberto.

Sustentada pelos números em seis dígitos das vendas de Anisio Silva e Orlando Dias, a Odeon podia dar-se ao luxo de manter em seu elenco alguns artistas classudos, como Lucio Alves e Sylvinha Telles, para lhe emprestar prestígio. A carreira de Lucio parecia numa encruzilhada em 1958. Em poucos anos, desde o tempo do "cantor das multidinhas", ele se tornara *antigo* para os mais jovens, enquanto continuava a parecer moderno demais para os *quadrados*. Com todo o seu fenomenal talento, arriscava-se a ficar mais conhecido pelo *jingle* do leite em pó Glória que gravara em 1956 do que por ter influenciado toda uma brilhante geração de cantores e arranjadores de conjuntos vocais. E Sylvinha também não parecia talhada para arrebatar o proletariado: era uma cantora absolutamente requintada, cujo menu incluía apenas sambas-canção de primeira linha e não sofria dos ocasionais derrames vocais de Dolores ou Maysa.

Segundo as contas da Odeon, Lucio não vendia mais do que 5 mil discos e Sylvinha não chegava a 10 mil — e, mesmo assim, a prazo —, mas a matriz londrina da gravadora achava esses números de bom tamanho, desde que a fábrica brasileira não inchasse o seu elenco com mais cantores de *prestígio*.

João Gilberto tinha tudo para ser incluído nesse rol. Mas, com o arranque dado em São Paulo e, finalmente, a sua descoberta pelo mercado carioca, "Chega de saudade" vendeu 15 mil 78s de agosto a dezembro de 1958. A Odeon ainda não sabia que aqueles 1m59s de música, que haviam sido um inferno para gravar, se expandiriam em janeiro e fevereiro de 1959 num LP chamado *Chega de saudade*, que venderia, de saída, 35 mil cópias — e que, pelos cálculos de André Midani em 1990, teria ultrapassado a marca dos 500 mil discos vendidos, somente no Brasil. Ou que a música contida ali fosse alterar simplesmente tudo.

Quando o 78 com "Chega de saudade" saiu da prensa, pretinho e lustroso, João Gilberto foi levá-lo pessoalmente a Lucio Alves. Ponha nisso um agrado ao velho amigo, mas também uma sôfrega e orgulhosa ânsia de aprovação do homem que já fora o seu espelho. O que João Gilberto secretamente queria ouvir? Bem provável que algumas exclamações de admiração de Lucio, quando este visse que o novo, o *moderno*, que tantos deles haviam perseguido, havia sido finalmente sintetizado por ele naquele disco. João bateu à porta do apartamento de Lucio em Copacabana e quis pôr logo o disco no prato.

"Chega de saudade" começou a rodar, mas, em vez das delicadas flautas e cordas, o que eles ouviram foi um tenebroso ronco de motores, cinco andares abaixo, com *vrummms* de fazer tremer o edifício. O apartamento de Lucio, na esquina das ruas Raul Pompéia e Francisco Sá, no Posto 6, ficava em cima do Snack Bar — um botequim que servia de ponto de encontro entre os roqueiros do bairro, como Carlos Imperial, e os ferozes lambretistas da Tijuca, comandados pelos jovens Erasmo Carlos e Tim Maia. Sem mais o que fazer, exceto espremer espinhas e discutir a criação de um grupo de rock que se chamaria The Snakes, os rapazes divertiam-se roncando as lambretas estacionadas e tornando impossível aos cristãos da vizinhança ouvir música civilizadamente. *Qualquer* música — quanto mais "Chega de saudade".

Aquilo era irritante e João Gilberto começou a ficar desesperado. Lucio resolveu retaliar, de um jeito que sua família em Cataguases, MG, não aprovaria, mas que era a única forma de restaurar a paz no quarteirão: jogar cabeças de negro sobre a malta lá embaixo. As primeiras explosões provocaram sustos e as seguintes, revoltas dignas de *O selvagem*, mas, como não sabiam de onde vinham os estouros, os fedelhos não podiam reagir. João Gilberto gostou da brincadeira e divertiu-se como um menino, jogando bombinhas nos moleques. Quando eles se deram por vencidos e debandaram, João Gilberto pôde enfim tocar o seu disco para Lucio Alves.

O qual o ouviu com atenção e altaneiramente comentou:

"É isso mesmo, João. Você chegou lá."

Frio? Nem tanto. Lucio não disse isso por algum sentimento mesquinho — porque, afinal, o disco pareceu-lhe muito bom —, mas apenas porque nada nele lhe soou como uma epifania. Claro, de diferente havia o fato de que João abandonara as inflexões dramáticas e o gogó tipo Orlando Silva (ou dele próprio, Lucio). João estava agora "cantando baixinho", como Jonas Silva e os cantores americanos que ele, João, conhecera na Murray em 1950. Para Lucio, aquela batida de violão tinha vagos ecos do acordeão de Donato e do piano de Johnny Alf, embora parecesse mais organizada e compacta do que os sons que rolavam nas *jams* de madrugada no bar do Plaza em 1954. E a bateria não era pesada como antigamente.

Se algo o impressionou no *novo* João Gilberto foi a sua súbita competência para dividir as frases musicais — um elogio que, vindo de Lucio Alves, devia ser gravado em bronze, considerando-se que a divisão *diferente*, cheia de surpresas, era a grande especialidade do ex-Namorado da Lua. João Gilberto tinha chegado lá — e ele sabia o que Lucio queria dizer.

Outro antigo companheiro, João Donato, foi apanhado no contrapé, mas por motivos diferentes. Logo depois da gravação de "Chega de saudade", André Midani estava em sua sala na Odeon com João Gilberto quando Donato espichou o pescoço na porta, mostrou o seu topete de Brylcreem e gritou:

"Ah-há! Então, o grande cantor do Brasil finalmente gravou!"

João Gilberto saltou da cadeira como se tivesse molas e azulou da sala como num desenho animado, provocando um deslocamento de ar ao passar por Donato. Este dava gargalhadas satânicas. Aparentemente, João Gilberto teria tentado — e conseguido — gravar às escondidas de Donato. Morreria se Donato achasse que ele estava cantando "nhe-nhe-nhens".

Aos 24 anos em 1958, João Donato continuava como no tempo em que, aos quinze, de calças curtas, frequentava os fãs-clubes de todos os seus ídolos, não se sentindo membro de nenhum. Só que, agora, fazia isso profissionalmente. Com a partida de Johnny Alf para São Paulo em 1955, tornara-se talvez o músico mais respeitado do Rio. E, infelizmente, o menos confiável. Era considerado o homem capaz de achar o acorde certo, mesmo que, à sua volta, a torcida do Flamengo estivesse comemorando o tricampeonato. O problema é que ele dava a impressão de que *preferia* trabalhar nessas condições. Para alguns, Donato ficara assim desde que jogara fora a sua primeira rolha. Outros garantiam que ele sempre fora desse jeito.

Seu acordeão era arrasante, mas, a partir de 1954, ele começou a se concentrar também no piano e, depois, ainda iria pegar o trombone que aprendeu com Ed Maciel e com o qual pensava um dia fazer sombra a seu ídolo Frank Rosolino, o trombonista de Stan Kenton. Se o achavam dispersivo por não chegar a um acordo quanto ao instrumento que queria tocar, essa dispersão deixava as pessoas ainda mais tontas pelos tipos de música que encarava, e que eram simplesmente todos — é um milagre que não tenha inventado o fox-baião. E não queria saber quem era sua plateia.

De 1950 a 1958, Donato compareceu a dezenas de *jam sessions* em clubes como o Tatuís e o Copagolf; tocou rancheiras no programa *Manhã na Roça*, na Rádio Guanabara; participou do regional de Altamiro Carrilho e da orquestra do maestro Copinha; passou curtas temporadas em São Paulo, em lugares *finos*, como a nova Baiúca da praça Roosevelt, e *grossos*, como o *dancing* Cubadanças; de novo no Rio, fez parte dos conjuntos de Djalma Ferreira na boate Drink, de Fafá Lemos no Monte Carlo e de Ed Lincoln no Plaza; acompanhou Vanja Orico no Golden Room do Copa e várias outras cantoras em *rooms* muito menos *golden*; fez bailes de Carnaval, num lugar chamado Ranchinho do Alvarenga, no Posto 6, em 1957; e tocou em toda espécie de conjuntos de dança e até em bailes de debutantes e festas de formatura. Era também dele o acordeão na gravação de "Teresa da praia", com Dick e Lucio.

Enfim, uma carreira. Mas não importava o que tocasse porque, qualquer que fosse o gênero, Donato estava tocando para si próprio — e, com isso, levando à loucura contrabaixistas e bateristas, que não conseguiam acompanhá-lo. Seu invencível chamego por Kenton tornava-o difícil de ser *entendido*, o que, aliás, não seria de se esperar de certos conjuntos com que era obrigado a tocar. Não admira que se sentisse muito mais à vontade nas *jams*, quando se juntava com outros músicos sintonizados no seu canal — como na casa de Paulo Moura, na Tijuca, onde se tomava guaraná, ou na do industrial Everardo Magalhães Castro, no Leblon, onde se tomava uísque. E, principalmente, nas altas madrugadas do Plaza, depois que os chatos que pagavam iam embora e só ficavam os músicos, tocando e fazendo vocais de graça uns para os outros.

Não que Donato, ao contrário da maioria de seus colegas, passasse por muitos apertos financeiros. Pelo visto conseguira convencer seu pai de que era um caso perdido e amansou-o, porque continuou morando com a família na Tijuca e nunca sentiu falta de casa, comida e roupa lavada. Isso lhe permitiu tornar-se o profissional mais descansado da noite carioca, numa época em que garotos como Baden Powell corriam as boates de Copacabana com o violão, tentando tocar em algum lugar e defender a passagem de volta para o subúrbio.

Se essa carreira errática o impediu de firmar-se em algum lugar e consolidar um sucesso à altura da sua reputação entre os colegas, já é uma tristeza. Mas pior ainda é saber que os talvez milhares de seus achados como músico se perderam naqueles bailes bobocas ou nas festas de formatura, em que ninguém estava prestando atenção. Quase nada do que fez naquele tempo foi parar em discos e, o que chegou a parar, tornou-se raridade até nos sebos. É verdade que Paulo Serrano, dono da Sinter, fez o que pôde — à sua maneira. No próprio ano de 1953, em que Donato gravou "Eu quero um samba" com Os Namorados, Serrano convenceu-o a fazer um disco instrumental com a canção "Invitation", de Bronislau Kaper, que era ouvida aos soluços nas telas com o filme *O convite*, um dramalhão da Metro com Dorothy McGuire e Van Johnson. Donato pegou seu acordeão e disse:

"Está bem. Onde está a música?"

"Que música?", respondeu Serrano. "Vá ao cinema e veja o filme."

Donato foi ao Metro-Passeio, na Cinelândia, e ficou por três sessões seguidas de *O convite*. Na segunda sessão, já nem se comovia mais com o drama da agonizante Dorothy sendo cortejada pelo piedoso Van, o qual era pago para isso pelo pai dela. Senhoras se debulhavam ao seu lado na plateia, enquanto Donato fechava os olhos para ouvir "Invitation". Na terceira sessão, já estava vibrando com o papel canalha de Van Johnson.

Aprendeu a música e gravou o 78 (com "Tenderly" no outro lado), fazendo aquela combinação de acordeão e clarineta que ouvira nos discos de Ernie Felice. O resultado saiu excepcional, não porque se tratasse de um músico brasileiro — de dezenove anos —, mas porque talvez o próprio Felice não fizesse melhor. E aí, o que aconteceu com esse disco? Nada. Seus amigos, entre os quais João Gilberto, Johnny Alf, Badeco e poucos felizardos o ouviram. Ficaram maravilhados, mas eles não faziam parte das grandes massas.

Em 1954, Paulo Serrano arrastou Donato novamente para o estúdio — dessa vez para gravar em trio e, de preferência, música brasileira. Donato trocou o acordeão pelo piano e, de um lado, tocou "Se acaso você chegasse", de Lupicinio Rodrigues, com uma autoridade que deve ter assustado mais de um pianista profissional. Aproveitando uma distração de Serrano, gravou do outro lado algo chamado "Há muito tempo atrás", de Jerome Kern e Ira Gershwin — na vida real, "Long ago and far away". As massas, mais uma vez, não foram abaladas. Em 1956, a Odeon deixou-o fazer um LP inteiro de dez polegadas, *Chá dançante,* produzido por Tom Jobim. Mas, pelo repertório ("Farinhada", "Comigo é assim", "Peguei um ita no norte"), o chá só poderia ser de jurubeba, e a dança um forró. Donato deve ter concluído aí que discos eram perda de tempo porque, até o final da década, só entrou em gravadoras para dar sustos em João Gilberto.

Exceto em uma ocasião, e esta aconteceu quando gravou duas faixas (agora ao trombone) no LP *Dance conosco,* da Copacabana, em 1958 — um daqueles discos com capa e título grotescos, sem nada a ver com a grande música contida neles. As faixas eram um fantástico mambo, modestamente intitulado "Mambinho", e o samba "Minha saudade", dele e de João Gilberto — sem a letra. Seus arranjos eram tão surpreendentes que muitos se perguntavam quantas cartas Donato não teria nas mangas, se resolvesse arregaçá-las.

Não que ele não trabalhasse. Mas, à medida que evoluía como instrumentista e arranjador, ampliava também a sua fama de louquinho, e pelos mesmos motivos de sempre: faltas, atrasos ou excesso de aditivos. Os músicos do *be-bop* também tinham essa imagem, mas, não se sabia por que, nos do jazz *West Coast* era mais reparada. O mesmo acontecia com Donato, que, provavelmente, não era mais estabanado do que outros, como o grande trombonista Ed Maciel ou o próprio João Gilberto. Grande parte dessa duvidosa fama de Donato chegou ao apogeu quando ele trabalhava na orquestra de Copinha, no Copacabana Palace. Seus atrasos eram tão frequentes que, se o maestro fosse descontar-lhe todos eles, Donato acabaria em dívida no fim do mês. Assim, em vez de demiti-lo (o que qualquer maestro insensível faria com um músico *normal*), Copinha achou a solução perfeita: a cada dois atrasos de Donato, apenas um era descontado do seu salário. Os colegas o adoravam, porque as multas revertiam para uma caixinha dos próprios músicos. Copinha não abria mão do seu acordeão, mesmo que em raras e felizes ocasiões.

O próprio Donato encarregou-se de abrir mão do acordeão, concentrando-se no piano e fazendo do trombone um *hobby*. A história é a de que já não suportava ter de carregar o acordeão pelas boates, porque isso o obrigava a nunca tomar a última, com medo de esquecê-lo em algum lugar. (Daí por que tomava todas, menos a última.) Até que deixou o acordeão num carro aberto e ele foi roubado. Sentiu-se desobrigado de comprar outro e, como havia um piano em todas as boates em que trabalhava, estava resolvido o dilema.

Donato poderia ter contado também que abandonou o acordeão porque havia esgotado as possibilidades do instrumento, ao passo que o piano era uma fonte sem fim de possibilidades harmônicas. E ele queria explorá-las, se tivesse onde. Estava se tornando um músico cuja cabeça ficava em qualquer ponto do mapa do jazz, mas os pés pareciam plantados no Caribe e as mãos não tinham preconceitos quanto à música de qualquer região brasileira — ao contrário da coisa urbana e carioca de seus colegas. Isso e mais a sua fama de inconfiável começaram a fazer com que o seu mercado de trabalho coubesse dentro de um dedal. Em 1959 ninguém mais queria dar-lhe emprego, e ele começou a ter dificuldades até para tocar de graça às quatro da manhã.

Seu ex-colega dos Namorados, o violonista Nanai, estava trabalhando no México e o convidou para ir encontrá-lo na Califórnia, para uma temporada de duas semanas. Ele foi — e acabou ficando pelos treze anos seguintes.

10

DESAFINADO

Charlton Heston descendo do monte Sinai com os Dez Mandamentos debaixo do braço — foi mais ou menos essa a sensação dos que ouviram "Chega de saudade" com João Gilberto pela primeira vez. Mesmo os que já achavam Jobim *moderno* por "Foi a noite" e "Se todos fossem iguais a você" tiveram um choque. Em menos de dois minutos, essas canções pareceram irmãs de "Ninguém me ama" — relíquias do romantismo *noir* de homens mais velhos, que tinham amantes e não namoradas e cuja alma era tão enfumaçada quanto as boates em que afogavam seus chifres. "Chega de saudade", como depois diria pitorescamente o maestro Rogério Duprat, fora "uma pernada na era boleral". Aquele novo jeito de cantar e tocar de João Gilberto ensolarava tudo — até mais do que "Copacabana", com Dick Farney, tinha feito doze anos antes. (Apenas doze anos, mas era como se tivesse sido no tempo dos pterodátilos.)

"Chega de saudade" oferecia, pela primeira vez, um espelho aos jovens narcisos. Os garotos podiam se ver naquela música, tão bem quanto nas águas de Ipanema, muito mais claras que as de Copacabana. Na época não se tinha consciência disso, mas depois se saberia que nenhum outro disco brasileiro iria despertar em tantos jovens a vontade de cantar, compor ou tocar um instrumento. Mais exatamente, violão. E, de passagem, acabou também com aquela infernal mania nacional pelo acordeão.

Hoje parece difícil de acreditar, mas vivia-se sob o império daquele instrumento. E não era o acordeão de Chiquinho, Sivuca e muito menos o de Donato — mas as sanfonas de Luiz Gonzaga, Zé Gonzaga, Velho Januário, Mario Zan, Dilu Melo, Adelaide Chiozzo, Lurdinha Maia, Mario Gennari Filho e Pedro Raimundo, num festival de rancheiras e xaxados que parecia transformar o Brasil numa permanente festa junina.

E, para que não se dissesse que esse era um fenômeno das cidades do interior, havia Mario Mascarenhas, que ameaçava sanfonizar de vez as melhores vocações musicais brasileiras.

Mascarenhas era um gaúcho radicado no Rio e virtual candidato a monopolizador do instrumento no país. Não apenas produzia acordeões aos milhares, em sua fábrica de Caxias do Sul, RS, como mantinha uma rede de *academias* na maioria das capitais. Nos anos 50, todos os jovens rebeldes, respondões ou ameaçados de tomar pau no colégio recebiam como castigo estudar com Mario Mascarenhas. Ao fim de cada ano, ele promovia um tenebroso concerto de "mil acordeões" no Teatro Municipal, reunindo os estudantes, professores e ex-alunos das suas incontáveis turmas. (Em 1960, se gabaria de ter formado 25 mil acordeonistas.) A popularidade de Mascarenhas entre as famílias cariocas não se abalou nem quando sua bela mulher, Conchita, saiu de casa em 1956, acusando-o de fazê-la vestir-se de "trajes lascivos" — Salomé, Rainha de Sabá e até de Viúva Alegre — no sacrossanto recesso. Foi pândego, mas, para sossego da sociedade, ela voltou para casa e esclareceu-se depois que tudo não passava de um mal-entendido — embora as fotos de Conchita nos "trajes lascivos" tenham aparecido na *Revista do Rádio* e feito muito sucesso entre os pupilos de seu marido.

Espalhados entre os mil jovens acordeonistas da turma de 1957 no Teatro Municipal, estavam nada menos que os garotos Marcos Valle, Eumir Deodato, Edu Lobo, Ugo Marotta e Carlos Alberto Pingarilho, todos entre quatorze e dezessete anos — e todos odiando estar ali. Marotta depois se tornou vibrafonista do conjunto de Roberto Menescal e requisitado arranjador. Pingarilho também conseguiu sobreviver ao acordeão e compôs o "Samba da pergunta" com Marcos Vasconcellos. Mas, na festa de formatura de 1957, o futuro musical desses garotos parecia estar nos foles daquele que o humorista americano Ambrose Bierce chamava de "um instrumento com os sentimentos de um assassino".

Uma obsessão comum ligava os meninos em 1958: livrar-se dos acordeões e passar para o violão. O qual, aliás, fazia muito mais sucesso entre as moças. Todos acreditavam que suas chances com elas aumentariam muito, se pudessem fazer no violão tudo aquilo que ouviam em certos discos que rodavam até furar: "Dans mon île", com o francês Henri Salvador; a sensual e mormacenta "Fever", com Peggy Lee (da qual Norma Bengell faria um ótimo *cover* em seu LP *Ooooooh! Norma*, em 1959); e, unanimidade das unanimidades, "Cry me a river" com Julie London (mas sempre por causa do violão de Barney Kessel).

Todas essas eram canções estrangeiras, mas que escolha? Era o que havia de jovem e *moderno*, e, para eles, ninguém fazia parecido no Brasil. Até que foram apresentados a João Gilberto com "Chega de saudade" e, a partir daí, a vida para eles nunca mais foi a mesma.

Antes mesmo que o 78 de "Chega de saudade" invadisse as rádios — antes mesmo de ter saído o disco —, fitas domésticas de rolo, contendo a voz e o violão de João Gilberto, já circulavam pela Zona Sul. Circulavam é força de expressão. Poucos possuíam gravadores naqueles tempos pré-cassete, o que limitava a audiência de uma fita aos amigos do dono do gravador. Uma dessas fitas tinha sido gravada pelo fotógrafo Chico Pereira, felizmente um homem cheio de amigos (que ganharam cópias); outra, pelo cantor Luiz Claudio. Em quase todas João Gilberto cantava "Bim bom", "Hô-bá-lá-lá", "Aos pés da cruz", "Chega de saudade" e coisas que nunca gravaria em disco, como "Louco", de Henrique de Almeida e Wilson Baptista, e "Barquinho de papel", de Carlinhos Lyra.

Vários jovens tiveram acesso por acaso a essas fitas e, desde então, passaram noites em claro, sonhando com a tal batida do violão.

A maioria jurou não descansar enquanto não conseguisse repetir o que chamavam de *aquilo*. Um deles (poderia ser qualquer outro) foi o aprendiz de acordeão Pingarilho, de dezessete anos. Ele ouviu a fita no apartamento de seu vizinho Luiz Claudio, na av. Rainha Elizabeth, e não deu sossego ao cantor enquanto este, bom violonista, não o ensinou a tocar *aquilo*. É verdade que, para isso, Pingarilho só faltou mudar-se para o apartamento de Luiz Claudio — torcendo para que, a qualquer momento, seu amigo João Gilberto entrasse pela porta, com o violão nas costas. Mas João Gilberto, que parecia ter um radar para essas coisas, nunca apareceu enquanto ele estava lá.

Outros jovens ouviram pela primeira vez a batida na *academia* de Menescal e Lyra — a essa altura instalada na rua Cinco de Julho, desde o episódio da camisinha. (Apesar do escândalo, as matrículas continuaram predominantemente femininas.) "Na realidade, não ensinávamos violão", disse Menescal. "Ensinávamos a batida de João Gilberto. Ninguém sairia dali solista. Quem quisesse tocar 'Abismo de rosas', que fosse estudar com Dilermando Reis." E quem queria saber de "Abismo de rosas"? Junto com a batida que Lyra e Menescal disseminavam, vinham as canções que eles usavam para ilustrá-la — o repertório de Jobim e Vinicius, Jobim e Newton Mendonça, Tito Madi, Luiz Bonfá, Garoto e as primeiras canções dos próprios Lyra, Oscar Castro Neves e Chico Feitosa. (Menescal não se atrevia a compor — dizia que preferia pescar.) Enfim, para um punhado de meninos da Zona Sul, o inédito e invisível João Gilberto já era uma voz — ou, no mínimo, uma batida de violão.

E foi então que, na volta das férias de 1958, saiu *Canção do amor demais*, com Elizeth. Aqueles poucos jovens foram os únicos a tomar conhecimento de que, em pelo menos duas faixas, "Chega de saudade" e "Outra vez", havia o violão revolucionário por trás dos erres prussianos da cantora. Meses depois, saiu o *verdadeiro* "Chega de saudade", com João Gilberto. Eles já conheciam *aquilo*, mas agora tinham os discos. Podiam ensaiar em casa, ouvindo-os dia e noite. E os discos — quebráveis, mas portáteis — começaram a circular velocissimamente no meio secundarista e universitário carioca, do colégio Mallet Soares para o Mello e Souza, e da Faculdade de Arquitetura, na Praia Vermelha, para a PUC, na Gávea. Nunca se cabulou tanto. Rapazes e moças transformaram suas festas e reuniões em pretextos para ouvir João Gilberto. Quando se tocava o disco, ninguém falava. Cada compasso caía sobre um silêncio de igreja e era rítmica e harmonicamente esmiuçado.

Pela primeira vez, essas festas ficaram impensáveis sem violão, o ex-instrumento maldito. Quem aprendia as novas harmonias ensinava-as aos outros, em vez de escondê-las para si, como se dizia que era hábito na geração anterior. Aprender aquela batida passou a ser uma obsessão na Zona Sul, e tocar de outro jeito era *quadrado*. Os que não tocavam violão tinham de contentar-se em cantar — mas, se conseguissem fazer uma sofrível imitação de João Gilberto, isso já lhes garantia um pouco de trânsito entre os brotos. Os mais espertos de ouvido começaram a ligar as pontas do novelo. Vestígios daqueles sons passaram a ser percebidos em discos anteriores, como o LP *Carícia*, de Sylvinha Telles; no 78 "Chove lá fora", de Tito Madi; e em algumas gravações dos Cariocas. O nome Jobim aparecia tanto no selo de "Chega de saudade" como no de *Orfeu da Conceição* e em metade das músicas de *Carícia*. Os meninos foram registrando tudo isso.

Dito assim, parece uma multidão de orelhas em pé. Mas eram apenas multidinhas. Os grupos não tinham comunicação entre si e cada qual se julgava proprietário exclusivo da quase clandestina "Chega de saudade". Faltava um evento que os reunisse e os fizesse ver que, se não eram muitos, não estavam sozinhos.

Naquele primeiro semestre de 1958, por exemplo, o jovem Moysés Fuks era o editor do "Tabloide UH", um caderninho diário de variedades e serviços da *Última Hora*. Ao seu lado, na redação da praça da Bandeira, trabalhavam (modo de dizer) o repórter Chico Feitosa e a estagiária Nara Leão. Ronaldo Bôscoli, então em *Manchete Esportiva*, tornara-se colaborador, escrevendo uma coluna sobre generalidades, o que incluía futebol, música popular e generalidades propriamente ditas. Para Fuks, editar o tabloide era fácil. Difícil era ser também o diretor artístico do Grupo Universitário Hebraico do Brasil, uma associação de estudantes israelitas no Flamengo. Entre suas funções no Grupo, estava a de suprir os associados com noites de atrações musicais que não incluíssem, obrigatoriamente, "Hava nagila", uma canção tradicional do folclore judaico e, em breve, grande sucesso de Chubby Checker. Mas o Grupo Hebraico não tinha dinheiro para contratar grandes ou pequenos cartazes, e a colônia não era autossuficiente em talentos para garantir uma programação semanal variada como a do Tatuís. Muito menos, grátis.

Mas uma irmã de Fuks era uma das alunas de violão da *academia* de Menescal e Lyra. Ao ouvi-la fazer a lição de casa, ele escutara em primeira mão as canções da turma — "Lobo bobo", "Sente", "Se é tarde me perdoa", "Não faz assim", "Maria Ninguém". Depois voltara a ouvi-las, interpretadas por Feitosa, Normando e Nara, além de Menescal e Lyra, no apartamento da própria Nara e na casa de Aná e Lu, que ele também frequentava. Fuks entusiasmou-se com a turma e ofereceu a Bôscoli o auditório do Grupo Universitário Hebraico para uma apresentação. Não precisou convidar duas vezes. Sugeriu apenas que eles levassem alguém "de nome".

Bôscoli pensou logo em João Gilberto, mas ele não estava disponível. Sylvinha Telles foi a escolhida. Apesar de profissional, com um LP gravado e tendo sido até *estrela* da televisão, ela se considerava um dos garotos e sabia o repertório de cor. Feitosa, Nara, Lyra e Normando seriam os coadjuvantes, acompanhados por Menescal na guitarra; Luizinho Eça ao piano; Bebeto ao sax-alto; um menino americano que vivia no Rio, chamado Bill Horn, à trompa; Henrique no contrabaixo e João Mário na bateria. Bôscoli apresentaria o show, iniciando a sua carreira de, na sua própria definição, o "Cesar de Alencar da Bossa Nova".

Fuks redigiu o programa do que seria apresentado aquela noite. Depois mandou mimeografá-lo e despachá-lo pelo correio aos associados. Segundo ele, o texto prometia "uma noite bossa nova". Não restaram cópias desse programa, nem Fuks recorda por que usou essa expressão para definir o que seria o show, mas garante que ela não lhe foi soprada por nenhum profeta do Velho Testamento. A palavra "bossa", pelo menos, estava longe de ser nova: era usada pelos músicos desde tempos perdidos, para definir alguém que cantasse ou tocasse diferente — Cyro Monteiro, por exemplo, tinha "bossa". Noel Rosa a usara em 1932 num samba ("Coisas nossas"), em que dizia *O samba, a prontidão e outras bossas/ São nossas coisas, são coisas nossas*". Nos anos 40, o violonista Garoto liderou um conjunto chamado Clube da Bossa, que incluía o seu amigo Valzinho. Depois que a expressão Bossa Nova já estava consagrada e quase habitando dicionários, Sergio Porto (durante um bom tempo, feroz adversário da nova música) se atribuiria casualmente a sua paternidade adotiva, alegando tê-la ouvido de um engraxate a respeito de seus sapatos sem cadarços: "Bossa nova, hem, doutor?" — e passado a usá-la em sua coluna na *Manchete* para designar qualquer novidade.

A origem da expressão nunca ficou esclarecida de todo e gastou-se mais papel e tinta com esse assunto do que ele merecia. O fato é que as cerca de duzentas pessoas que foram ao acanhado Grupo Hebraico (pelo menos oitenta não conseguiram entrar e ouviram o show do lado de fora) depararam-se ao chegar com um quadro-negro em que se lia, escrito a giz por uma secretária: "Hoje, Sylvinha Telles e um grupo bossa nova". Não um grupo *de* Bossa Nova, note bem — a indicar que, pelo menos até aquela noite, *bossa nova* era apenas um adjetivo em minúsculas, não um nome de movimento.

O modesto Grupo Universitário Hebraico (não confundir com a rica Hebraica, em Laranjeiras) ficava num casarão de dois andares na pequena rua Fernando Osório, no Flamengo, o mesmo onde depois passou a funcionar a Biblioteca Ch. N. Bialik. Tinha dois miniauditórios, um em cada andar, e o show foi realizado no térreo. Não havia cadeiras suficientes para todo mundo. Metade da plateia ficou de pé, disputando o lugar com os enormes ventiladores de pedestal, ou sentou-se no carpete listrado de zebra. Ao contrário do que aconteceria com todos os shows seguintes da Bossa Nova, ninguém gravou o que se tocou naquela noite — para alívio de alguns de seus nervosíssimos participantes. Carlinhos Lyra, por exemplo, cantou quase de costas para o público, por medo de encará-lo. Nara Leão tremia tanto que

Ronaldo Bôscoli teve de segurar-lhe o microfone — era a primeira vez que ela via um. Mas o impacto provocado por aquela estranha combinação de samba e jazz ("Rapaz de bem", de Johnny Alf, com Lyra, foi a mais aplaudida) foi tão grande na plateia que ninguém reparou na afinação precária de alguns cantores ou na tocante insegurança de um ou outro músico. Insegurança mais do que normal porque, exceto Sylvinha e jovens veteranos como Eça e Menescal, ninguém ali jamais havia se apresentado num palco ou para mais de dez pessoas.

Os rapazes *bossa nova* tinham finalmente uma melhor estimativa do seu público — umas duzentas ou trezentas pessoas. Além dos sócios do Grupo Hebraico, que haviam sido comunicados por escrito, as outras, vindas do Mello e Souza, do Mallet Soares, da PUC e da Arquitetura, foram atraídas pelo boca a boca. Nenhum jornal — nem mesmo o "Tabloide UH", dirigido por Fuks — anunciara o show.

Os rapazes gostaram também da expressão *bossa nova*, que definia bem aquela nova batida do violão. (A tal secretária que a escreveu no quadro-negro nunca foi identificada. Ninguém se preocupou com isso nos anos seguintes, quando ainda era possível descobri-la.) Eles sentiam que alguma coisa ia sair dali. Até então, não era um movimento. Agora começava a ser. E, quando Tom Jobim e Newton Mendonça, meses depois, disseram que aquilo era Bossa Nova, eles acharam muito natural.

Newton Mendonça e seu parceiro Tom Jobim estavam às gargalhadas no minúsculo apartamento de Mendonça, na rua Prudente de Moraes, em Ipanema, no segundo semestre de 1958. Rir em serviço não era uma cena comum entre os dois, que ultimamente só se reuniam para compor nas noites de segunda-feira, quando Newton tinha folga na boate em que ainda trabalhava como pianista. Normalmente ficavam sérios, quase graves, ao se revezarem entre o piano e a caneta. Afinal, os sambas-canção que produziam — "Foi a noite", "Caminhos cruzados", "Meditação" — *eram* sérios e, pelo menos um deles, "Só saudade", era *tão* grave que as lojas deveriam fornecer um lenço com cada disco. Poucos dias antes, estavam tão concentrados no trabalho que, quando a dona da casa, Cyrene, mulher de Newton, fez uma tíbia referência à sujeira do teclado e quis limpá-lo com miolo de pão embebido em álcool, só faltaram enxotá-la.

"Ô Cyrene, eu lá quero saber da limpeza do teclado?", trovejou Tom. "Estou interessado é nos acordes, nas harmonias."

Àquela noite, no entanto, a habitual combustão de cerveja Antarctica com conhaque Georges Aubert estava sendo ativada pelos hilariantes comentários de Tom e Newton sobre a incompetência dos cantores da noite carioca, que às vezes eles tinham de acompanhar. Quase nenhum desses cantores marcava pontos em afinação aos ouvidos da dupla, mas, para eles, o caso mais perdido era o de Lélio Gonçalves, um moreno com nariz de *boxeur* e sem uma das mãos, o que ele disfarçava usando luvas. Os poucos que ainda se lembram de Lélio como *crooner* de boates no Rio naqueles anos 50 confirmam que ele era desafinado de doer.

A ideia que levava Tom e Newton às gargalhadas era cruelmente inspirada em cantores como Lélio Gonçalves: iriam escrever um samba que parecesse uma defesa de certos desafinados, mas tão complicado e cheio de alçapões dissonantes que, ao ser cantado por um deles, iria deixá-lo em apuros. Talvez esse samba nunca passasse de uma *inside joke*, que ninguém iria entender nem se interessaria em gravar. Mas seria engraçado de fazer, no que os dois encheram os copos e arregaçaram as mangas. Newton sentou-se ao piano e Tom lambeu a ponta do lápis. Notas e palavras iam saindo do teclado para o caderno, enquanto Cyrene administrava as cervejas, e os três riam a valer. Às vezes, Tom e Newton trocavam de lugar e era este quem passava a cuidar do lápis. Diante de um impasse, o que estava de pé curvava-se sobre o piano e propunha uma solução. Em algumas horas — exceto pela introdução que Tom faria depois, sem a intervenção de Newton, e para a qual Ronaldo Bôscoli faria a letra (sem crédito) —, "Desafinado" estava pronta.

O produto saiu muito melhor do que a encomenda. Não era apenas uma *inside joke*, mas podia ser também um samba de humor, com algumas possibilidades comerciais. Dependia de para quem dessem a música. "Desafinado" era uma galhofa só, música e letra, principalmente o verso que mais lhes arrancou risos, quando Tom o propôs: *"Fotografei você na minha Rolleyflex"*, numa referência à fabulosa câmera alemã 6 × 6, com visor indireto — o máximo para a época. Para acrescentarem uma pitada de provocação, referiram-se à expressão da moda entre os meninos de Ronaldo Bôscoli e escreveram: *"Isto é Bossa Nova, isto é muito natural"*.

Era uma música para ser cantada por alguém que não se levasse muito a sério. O primeiro em quem pensaram foi Ivon Curi, uma versão cômica do *chansonier* francês Jean Sablon. Curi cabia perfeitamente no figurino e era um grande vendedor de discos. Naquele momento tinha cinco sucessos na parada — uma façanha a que Tom e Newton não estavam habituados.

Mas, se era assim, raciocinou Tom, por que não dar a música de uma vez para Cesar de Alencar? No ar havia quatorze anos, seu programa de auditório na Rádio Nacional continuava catalisando donas de casa, empregadas domésticas e fanzocas aos milhares nas tardes de sábado. Se alguém o chamasse de cantor, Alencar riria da piada, mas gravava todo ano para o Carnaval, e *qualquer* som que produzisse ao microfone era sucesso. Cantada por ele, "Desafinado" podia ser uma mina de ouro. Newton não gostou muito da ideia. Preferia Ivon, que, apesar de, às vezes, ser engraçado sem querer, era um bom cantor.

Surpreso? Pois saiba que Tom chegou a *ir* à casa de Cesar de Alencar para mostrar-lhe a música. O apresentador, abanando-se com uma *Revista do Rádio*, ouviu-a com interesse, mas não achou que fizesse o seu gênero. Quanto a Ivon Curi, encontraram-no por acaso, daí a alguns dias, na boate Posto 5. Mostraram-lhe "Desafinado", e Newton chegou a propor:

"Você não acha que vai bem com o seu estilo, Ivon?"

Ivon até que não achou muito. Foi gentil ao cobrir a canção de elogios, mas, no íntimo, não a achara do outro mundo — e que história era aquela de Rolleyflex? Mesmo que a tivesse adorado, acabara de terminar um disco e não iria gravar outro em seguida.

Dias depois, na casa de Tom, três outros cantores ouviram "Desafinado" na mesma reunião. Dois deles quiseram gravá-la: Lucio Alves e Luiz Claudio. O terceiro a gravou, em novembro daquele ano: João Gilberto, que os atropelou gritando "É minha!", e ficou com ela.

João Gilberto não acreditou quando viu pela janela o caminhão do Gato Preto estacionando à porta do edifício de Tito Madi. Em poucos minutos, três homens estilo beques do Vasco entraram no apartamento, começaram a embalar a mudança de Tito e, se João Gilberto não se esquivasse rapidamente, seria embalado junto. Madi estava cumprindo a ameaça de mudar-se do apartamento da av. Atlântica se ele, João, não fosse embora. Cinco meses depois de acolhê-lo, Tito decidira que preferia dedicar-se à solidão. Já lhe pedira duas vezes que saísse e João se fizera de desentendido. Tito sentia que o espaço deixara de pertencer-lhe, porque João vivia recebendo uns amigos de São Paulo que conhecera durante o lançamento de "Chega de saudade". Tito temia que, a qualquer hora, iria entrar em sua própria casa e ser confundido com o tintureiro.

A última gota transbordara havia dois dias, quando Tito finalmente convencera a visitá-lo uma jovem beldade que vinha batalhando havia tempos. Ao subir com ela pelo elevador, antevia uma noite de nirvana, mas, quando enfiou a chave na porta, percebeu que tinha visitas: além de João, lá estavam de novo os rapazes de São Paulo. Dessa vez, hospedados. Tito viu o seu nirvana bater asas e ficou tão contrariado que quase deu um muxoxo. Finalmente, criou coragem e comunicou a João que ia mudar-se. Este fez pouco da ameaça e, para sua surpresa, ali estava agora o caminhão de mudanças.

Para João Gilberto, era mais um estorvo em seu percurso. Com o sucesso de "Chega de saudade" em São Paulo, ia gravar "Desafinado" naquele mês de novembro, mas achava que Tom vinha fazendo corpo mole para escrever o arranjo. As relações entre os dois não estavam uma coisa louca — nem podiam estar, depois de terem-se ralado feiamente durante a gravação do primeiro disco. Tom era diferente dos outros: aguentava os insultos, em nome do trabalho, mas era capaz de dar o troco. Antes que João ameaçasse instalar-se em sua casa, fora dos encontros estritamente musicais, ele passou uma tranca simbólica. Como no dia em que João apareceu, com ares de quem vinha para ficar, e Teresa, mulher de Tom, disse de propósito:

"O Tom mandou dizer que não está."

João ficou magoado. Seu coração rolou alguns quarteirões pelas calçadas de Ipanema, mas ele o recolheu de novo e foi morar no apartamento de um cantor chamado Sergio Ricardo, no Humaitá, enquanto procurava outro lugar para ficar.

Sergio Ricardo era um rapaz de Marília, SP, com formação clássica de piano e perfil de galã de teleteatro — o que ele havia sido em São Paulo. No Rio, no entanto, tinha ido trabalhar como pianista e cantor da noite em 1956 e herdara um banquinho ilustre, o de Tom na boate Posto 5. As longas madrugadas tocando música americana o levaram a compor de maneira *moderna* e, já gravando na RGE, ele viu uma de suas canções, "Buquê de Isabel", fazer piscar os olhos da estrela da gravadora: Maysa. Ela lançou a canção em 1958 e Sérgio foi atraído pela Bossa Nova a participar do movimento, embora, como cantor, estivesse mais na linha romântico-parnasiana de Francisco Petrônio. Em pouco tempo faria várias canções dentro do novo espírito, como "Pernas" e "Folha de papel", das quais nem todas ele teria muita pressa para gravar.

João Gilberto, por sua vez, tinha pressa para gravar "Desafinado". Já havia gente de olho na canção, como Lucio Alves e Luiz Claudio. Além disso, ela começava a ficar conhecida na noite, principalmente na boate Posto 5, onde Tom e Newton a tinham oferecido a Ivon Curi. Só faltava agora Cesar de Alencar voltar atrás e dizer que ela era sua.

Segundo André Midani, "Desafinado" levou treze *takes* para ser gravada por João Gilberto, no dia 10 de novembro de 1958. Isso apesar de Tom ter simplificado ainda mais o arranjo, para evitar os pegas entre o cantor e a orquestra. Dessa vez, Tom quis apenas a seção rítmica, com Milton Banana na bateria, e algumas cordas. Os atritos ficaram entre ele e João, e já foram mais do que suficientes — por muito menos, tinha havido tiroteios no Curral O. K. Os dois brigavam mais do que Carlos Lacerda e Samuel Wainer. Numa das eternas discussões a respeito de acordes, João disse para que o ouvissem de um lado a outro do estúdio:

"Puxa, Tom, mas você é burro, hein?"

Tom sentiu o mercúrio disparar em direção ao topo do termômetro, mas Midani o acalmou. Sua capacidade de tolerância estava chegando a extremos. "Desafinado" foi dada como pronta e o outro lado do disco seria "Hô-bá-lá-lá". As coisas correram melhores, mesmo com o acréscimo de uma percussão e um coro. Mas os novos músicos tinham sido indicados por João. O percussionista era Guarany, um dos bateristas mais respeitados da praça, apesar de ter uma perna mecânica — provavelmente o único baterista no mundo a trabalhar com essa deficiência. E o coro era formado por três dos Garotos da Lua, Milton, Acyr e Edgardo, este o seu sucessor no conjunto.

Quando "Desafinado" e "Hô-bá-lá-lá" chegaram às lojas, as coisas começaram a precipitar-se. "Chega de saudade" estourara finalmente no Rio, impulsionada pelo sucesso inicial em São Paulo. Com isso iria arrastar também "Desafinado" para as paradas. Apesar de constar da letra, a expressão *bossa nova* ainda não era popularmente associada àquele tipo de música. O jeito de cantar de João Gilberto, de tão inusitado, é que passou a acender discussões. Os surdos se perguntavam candidamente:

"Mas ele é mesmo desafinado?"

O que costumava provocar uma resposta tão tola quanto a pergunta:

"Está maluco? Esse cara tem ouvido de tuberculoso!"

Muita gente — músicos, principalmente — parecia acreditar na história de que os tuberculosos, por qualquer motivo, têm um ouvido privilegiado e, daí, uma superafinação. Na verdade, segundo alguns médicos, os remédios que os tuberculosos tomam para sua doença, à base de estreptomicina, lesam o nervo auditivo, afetam a audição e, portanto, comprometem a afinação do sujeito. Os próprios músicos já tinham uma classificação muito menos desagradável e mais exata para definir João Gilberto: o "ouvido absoluto", uma qualidade rara em humanos e que ele compartilhava no Brasil com Dick Farney, Dalva de Oliveira e poucos mais.

Ou então poderiam dizer que, se não estivesse começando a fazer sucesso, João Gilberto poderia ganhar a vida afinando diapasões.

Dois meses depois, em janeiro de 1959, Tom Jobim já digerira todos os batráquios que tivera de engolir durante a gravação dos 78s. Era preciso ir em frente, por mais que lhe custasse aturar o temperamento do baiano, e começou a pressionar Aloysio de Oliveira para que fizessem um *long-playing* inteiro com João Gilberto. Ismael Corrêa e outras pessoas dentro da Odeon secundaram a proposta, mas, agora, ficara mais fácil convencer Aloysio. Das doze faixas convencionais, já tinham quatro: "Chega de saudade", "Bim bom", "Desafinado" e "Hô-bá-lá-lá". O resto seria feito, como sempre, com um mínimo de pessoal — para cortar custos e reduzir o risco de encrencas.

O mapa de produção desse LP (que, naturalmente, se chamou *Chega de saudade*) é instrutivo. Das oito faixas que faltavam, João Gilberto gravou apenas uma no dia 23 de janeiro de 1959 — "Brigas, nunca mais", de Tom e Vinicius. Uma semana depois, no dia 30, voltou ao estúdio e gravou outra: "Morena boca de ouro", de Ary Barroso. A continuar naquele ritmo, seu LP só ficaria pronto no dia de são nunca. Mas, então, num só dia, 4 de fevereiro, ele foi e gravou nada menos que as outras seis: "Lobo bobo" e "Saudade fez um samba", de Lyra e Bôscoli; "Maria Ninguém", só de Lyra; "Rosa morena", de Caymmi; "É luxo só", de Ary Barroso e Luiz Peixoto; e "Aos pés da cruz", de Marino Pinto e Zé da Zilda. Curioso, não?

Não. Apenas que, nas seis faixas que faltavam, o acompanhamento era só ritmo. No máximo, a flauta de Copinha ou o trombone de Maciel. Sem a orquestra para deixá-lo infeliz.

O texto de contracapa que Tom Jobim escreveu em *Chega de saudade* é talvez o melhor que já se produziu no Brasil. À sua maneira, ele foi informativo, revelador e até profético naquelas treze linhas. Os contemporâneos podiam não entender muito do que ele dizia, mas estava tudo ali. "João Gilberto é um baiano *bossa nova* de 27 anos", começava Tom. Era uma das duas referências à Bossa Nova no disco (a outra estava na letra de "Desafinado"), embora a expressão ainda fosse levar alguns meses para pegar. E continuava: "Em pouquíssimo tempo influenciou toda uma geração de arranjadores, guitarristas, músicos e cantores".

Para os primeiros compradores desavisados de *Chega de saudade*, em abril de 1959, parecia um exagero. Como era possível que um cantor, de quem mal se ouvira falar, já tivesse influenciado "toda uma geração"? Mas, por incrível que aquilo parecesse, era verdade. Esses compradores, naturalmente, não frequentavam as madrugadas do Plaza ou a casa de Nara Leão. Note-se que Tom, com grande habilidade, omitiu os compositores e letristas desse raio de influência. Jobim, assim como Vinicius, Newton Mendonça e até mesmo Carlinhos Lyra ainda não reconheciam autoridade em João Gilberto para "influenciar" as suas criações.

"Nossa maior preocupação", prosseguia Tom, "foi que Joãozinho não fosse atrapalhado por arranjos que tirassem a sua liberdade, sua natural agilidade, sua maneira pessoal e intransferível de ser, em suma, sua espontaneidade" — uma forma elegante que Tom encontrou para dizer que teve de pisar nos próprios ovos, para que a gravação chegasse ao fim sem que os dois homens voassem aos respectivos pescoços.

"Nos arranjos contidos neste *long-playing*, Joãozinho participou ativamente: seus palpites, suas ideias, estão todas aí", continuava Tom. Bem, esse era o *understatement* do ano: "Joãozinho" simplesmente dirigiu a gravação, como o feitor que orientava com o chicote os remadores em *Ben-Hur*. A diferença é que ele, João, usava um chicote de veludo. "Quando João Gilberto se acompanha, o violão é ele. Quando a orquestra o acompanha, a orquestra também é ele." Nem João Gilberto permitiria que fosse de outro jeito — poderia ter acrescentado Tom. E é claro que a "orquestra" *tinha* de ser João Gilberto. A Odeon não soltara o dinheiro e, no meio do caminho, o próprio Tom se convencera de que era melhor assim: quanto menos gente ao redor do astro, melhor. Além disso, João Gilberto sozinho *era* uma orquestra.

Mais Tom: "Ele [João] acredita que há sempre lugar para uma coisa nova, diferente e pura, que — embora à primeira vista não pareça — pode se tornar, como dizem na linguagem especializada: altamente comercial". Este, na verdade, era um recado de Tom para o público interno: o da Odeon, onde ele ainda sentia certos bolsões de resistência a João Gilberto e àquele tipo de música. A frase final — "P.S.: Caymmi também acha" — era um aval com endereço, vindo do homem a quem Aloysio de Oliveira mais ouvia.

Ao dizer que aquela música podia se tornar "altamente comercial", Tom estava apenas se lembrando de suas leituras de Norman Vincent Peale e aplicando uma espécie de *wishful thinking*. Nos primeiros dias de 1959, ninguém poderia garantir que algo tão moderno e sofisticado seria, um dia, "altamente comercial". O próprio João Gilberto não poria a sua mão no fogo. Na intimidade, por exemplo, ele comentava para Ronaldo Bôscoli:

"Não adianta, Ronaldo. Eles são muitos."

Eles eram os inimigos. Mas, se Tom também não tinha tanta certeza do que estava dizendo, a Odeon e as outras gravadoras não demorariam a descobrir que a Bossa Nova era mais do que um pensamento positivo.

Tudo parecia tão róseo naquele começo de ano que João Gilberto nem se abalou quando Sergio Ricardo também lhe pediu que fosse morar em outro lugar. João passava o dia dormindo na sala e Sergio achava que isso constrangia seus pais e sua irmã, que viviam com ele. Era como se João Gilberto fosse uma peteca, que se jogava para lá e para cá. Mas, dessa vez, a extração foi sem dor. João pegou seus tarecos, enfiou-os numa mala 3 × 4 e foi para onde, como logo descobriu, deveria ter ido havia muito tempo: o apartamento de Ronaldo Bôscoli na rua Otaviano Hudson.

PARTE

2

O GRANDE FERIADO

11

BOSSA NOVA VAI À ESCOLA

Chico Pereira, o fotógrafo, ajustou as luzes e lentes em seu estúdio e mandou o astro sorrir para a foto da capa de *Chega de saudade*.

"Você sabe que eu não sorrio, Chico", respondeu João Gilberto, aprisionando um sorriso.

Era fevereiro no Rio e a temperatura lá fora já deixara para trás os trinta graus — imagine dentro do estúdio. Mas João Gilberto estava com um suéter de lã — um suéter branco, com duas listras azuis nas mangas e na gola em V, que pedira *emprestado* a Ronaldo Bôscoli. Não que estivesse com frio. Queria apenas esconder a camisa listradinha e de mangas curtas, que não lhe parecia muito fotogênica, embora fosse a sua melhor. João pôs a mão no queixo, fez um ar *cool* e desamparado de Montgomery Clift para a câmera e, quando Chico Pereira disparou o *flash*, o *spot* no fundo do cenário fez *pffft* e queimou.

Chico só se deu conta disso ao revelar o filme. Nas fotos havia uma sombra por trás de João Gilberto, parecendo uma machadinha apontada para a sua cabeça. Era a sombra do *spot*. Teriam de ser refeitas, mas não havia tempo. Quando André Midani, responsável pelas capas, aprovou uma delas assim mesmo, Chico disse azeite e a capa saiu daquele jeito. E, ah, sim, João esqueceu-se de devolver o suéter a Ronaldo Bôscoli.

Ronaldo jamais se atreveria a pedi-lo de volta; João Gilberto morava com ele e tinha livre acesso ao seu guarda-roupa, assim como Ronaldo visitava sem cerimônias o do pai de Nara. Às vezes, podia acontecer que as finas meias e cuecas que Bôscoli recolhia nas gavetas do advogado Jairo se materializassem de repente em João Gilberto. Para o qual tudo aquilo era um assombro. Pela primeira vez, nas muitas casas alheias em que se encostara desde que deixara Salvador em 1950 — nove anos antes —, finalmente era acolhido sem restrições.

Não que tivesse mudado seu comportamento. No quarto e sala de Ronaldo, do tamanho de uma casa de boneca, moravam agora, em tempo integral, Bôscoli, Chico Feitosa, João Gilberto e o amável moleque de recados (1,80 metro, seiscentos watts de potência na voz) Luiz Carlos *Dragão*. Os quatro já bastariam para tornar o lugar ligeiramente *crowdy*, quase uma cena de *Uma noite na ópera* com os irmãos Marx, mas o quórum era engrossado com frequência pela presença de um contrarregra da TV Continental, Luiz Carlos Miele, cuja barba ocupava um espaço extra. Miele, que só tinha uma calça, embora fosse uma calça de *smoking*, estava se tornando uma atração fixa do apartamento.

Apesar dessa explosão populacional, João Gilberto sentia-se confortável. Por exemplo: ocupava o banheiro por um mínimo de duas horas, toda vez que entrava nele. Os outros não eram mesquinhos de se importar com isso — desciam à rua e iam fazer no botequim. E, se fosse preciso, até dividiriam com ele suas escovas de dentes.

Sua chegada bagunçou o fuso horário do apartamento. Como João Gilberto só dava expediente à noite, os outros o acompanhavam acordados madrugada adentro, ouvindo-o falar e cantar como se fosse fazer um voto de silêncio perpétuo a partir do dia seguinte. A diferença era a de que, às nove da manhã, João Gilberto resolvia ir dormir, enquanto Ronaldo, Feitosa e Miele saíam direto para o trabalho. Bôscoli era repórter da *Manchete* e fazia trabalhos avulsos como redator de contracapas e do material de imprensa da Odeon; Chico Feitosa trabalhava agora na revista *Sétimo Céu*. Era comum que João chegasse da rua às quatro da manhã e os acordasse, para que eles ouvissem a harmonia nova que havia criado para uma música velha, de que acabara de se lembrar, como "Doralice" ou "Trevo de quatro folhas". O recital continuava com o nascer do sol, até que João ia nanar e os dois jornalistas arrastavam-se ensonados para suas redações — cantarolando "Doralice" ou "Trevo de quatro folhas", depois de as terem ouvido vinte vezes cada.

Numa das raras vezes em que conseguiu dormir e acordar em hora decente — porque iria participar de um almoço com o presidente JK no velho prédio da *Manchete*, na rua Frei Caneca —, Bôscoli teve uma surpresa: na hora de sair, procurou seu melhor terno e não o encontrou. Deu também pela falta de João Gilberto. Ele não voltara da rua. Nem ele, nem o terno. Quando ficou sabendo que João precisara do terno para ir cantar em São Paulo, Ronaldo decidiu tomar providências: vestiu seu segundo melhor terno (o que já usava todo dia) e foi almoçar com Juscelino.

Menescal o avisara de que, se admitisse João Gilberto em sua casa, Ronaldo teria a sua rotina radicalmente alterada. Advertira-o também de que, se deixasse João Gilberto abrir a boca, Ronaldo iria descobrir as delícias de ser dominado por uma inteligência superior. Mas Bôscoli, que ainda não fizera o seu Ph.D. em João Gilberto, não acreditou muito. Quando se deu conta, estava hipnotizado — não apenas ele, mas também Feitosa, Miele, *Dragão* e todos os que circulavam no apartamento. Nessa conjuntura ficava implícito, por exemplo, que João Gilberto não era responsável por um centavo das despesas, e nem eles jamais levantariam um assunto tão prosaico. João contribuía de vez em quando, levando frutas para casa, quase sempre tangerinas — aparentemente, sua fruta favorita.

Música era o único assunto em pauta no apartamento. O compositor Marino Pinto, mais velho do que eles e letrista de "Aos pés da cruz", morava no andar de cima e tinha um canário. Quando o canário acordava, naquele horário tipicamente inconveniente dos canários, eles já estavam ouvindo João Gilberto desde a noite anterior e em condições de fazer comparações. O próprio João Gilberto se aproximava da janela, apurava os ouvidos e suspirava desgostoso:

"Estão ouvindo? No Brasil, até os canarinhos desafinam."

* * *

Com o sucesso de *Chega de saudade*, Tom Jobim abriu de vez a gaveta e saiu uma revoada de pássaros. Já a havia aliviado das canções que Elizeth gravara em *Canção do amor demais*, mas ainda sobrara muita coisa do que tinha composto com Vinicius e, mais importante, o piano continuava aberto e produzindo. Além disso, o poeta fora servir em Montevidéu, o que abria o espaço a Tom para compor com outros parceiros. Entre meados de 1958 e fins de 1959, ele lançaria canções suficientes para sustentar uma emissora de rádio com tomjobins por 24 horas seguidas, se fosse necessário: "Aula de matemática", com Marino Pinto; "Caminhos cruzados", "Domingo azul do mar", "Meditação", "Discussão", "Desafinado" e "Samba de uma nota só", com Newton Mendonça; "De você eu gosto", "Dindi", "Demais" e "Eu preciso de você", com Aloysio de Oliveira; "Esquecendo você", "Canção da eterna despedida", "Este seu olhar", "Fotografia" e "Só em teus braços", só dele; e "É preciso dizer adeus", "A felicidade", "Canta, canta mais", "O nosso amor", "O que tinha de ser", "Sem você", "Por toda a minha vida", "Brigas, nunca mais" e "Eu sei que vou te amar", com Vinicius. Quem não conhecia Antonio Carlos Jobim passou a conhecê-lo. E quem já o conhecia ficou impressionado: o homem se tornara uma usina de belezas.

Sylvinha Telles lançou a maioria dessas canções. Em 1959, ela gravou dois LPs num espaço de apenas quatro meses, com um total de 24 canções — das quais dezoito de Jobim. Outras canções de Tom apareceram pela primeira vez nos discos de Agostinho dos Santos, Luiz Claudio, Elza Laranjeira, Carlos José, Lenita Bruno, Norma Bengell, Isaurinha Garcia, Maysa e, naturalmente, João Gilberto. Havia pouquíssimo tempo ele estava procurando Cesar de Alencar e Ivon Curi para lhes oferecer canções, lembra-se? Agora já não dava para as encomendas. Aos 32 anos, pôde finalmente comprar a casa da Nascimento Silva, livrando-se do aluguel, e até o seu primeiro carro, um fusquinha azul, deixando de depender das caronas.

Tudo aquilo foi composto naqueles agitados 1958 e 1960. Só essa produção já seria uma enormidade, mas Tom ainda encontrou tempo para reger semanalmente a orquestra da TV Tupi no programa *Noite de Gala*; escrever novas canções para o filme *Orfeu do Carnaval*; musicar um filme italiano, *Copacabana Palace*, com Mylène Démongeot, e ter um caso com a própria; apresentar o programa *O Bom Tom*, na TV Paulista, canal 5 de São Paulo, durante quase um ano, em 1959; e produzir os LPs de Sylvinha Telles e João Gilberto e ainda aguentar os desaforos deste.

Mas tudo isso lhe rendeu muito mais do que dinheiro. Ir a São Paulo apresentar o programa *O Bom Tom*, todas as segundas-feiras às 20h35, por exemplo, serviu-lhe para vencer o medo do avião — ninguém entrava regularmente num daqueles Constellations e continuava o mesmo homem. *O Bom Tom* era um programa simples, apesar de ao vivo: Tom, ao piano, apresentava algumas canções e recebia seus convidados, que cantavam outras, acompanhados por ele. Agostinho dos Santos era um convidado infalível — porque, além de ser um cartaz, morava em São Paulo, o que economizava algumas passagens ao patrocinador, as Casas Três Leões. Vinicius e Ronaldo Bôscoli também eram frequentes, por serem baratinhos: o poeta ia de trem, o jornalista de ônibus. Numa das idas a São Paulo, Bôscoli sentiu-se mal no ônibus e, sem muitas opções, teve o cuidado de vomitar no bolso da capa de um japonês que dormia ao seu lado.

Musicar o filme *Copacabana Palace* também não acrescentou um único zero à carreira de Tom. Se não fossem aqueles fins de tarde depois do trabalho, tocando violão e cantando para a estrela francesa Mylène Démongeot, às margens da lagoa Rodrigo de Freitas, ele acharia que teria perdido o seu tempo. Nesses saraus ao ar livre, Tom era acompanhado por João Gilberto, Luiz Bonfá e Os Cariocas, mas as esticadas à Ponta do Cocô, em São Conrado, no fusquinha azul, eram *à deux*. Eram melhores até do que ganhar a Palma de Ouro no Festival de Cannes.

O outro filme de que ele acabara de participar, *Orfeu do Carnaval*, ganhara não apenas a Palma em Cannes como o Oscar de melhor filme estrangeiro (ou seja, não americano) de 1959, mas só lhe rendera amolações. Era uma coprodução franco-ítalo-brasileira, baseada na peça *Orfeu da Conceição,* que Vinicius e Tom haviam montado no Rio em 1956. Todas as canções do *score* original, entre as quais "Se todos fossem iguais a você", tinham sido feitas de propósito para a tragédia grega de Vinicius, ambientada no Carnaval carioca. Mas o produtor do filme, o francês Sacha Gordine, avisou que não iria usar nenhuma das canções já escritas e exigiu que eles compusessem um *score* novinho em folha.

Tom não entendia por que se dar de novo àquela trabalheira. Mas Gordine era amigo de Vinicius, dos tempos de Paris, e, se não havia discussão, o negócio era abrir o piano. Três canções foram feitas pela dupla, em grande parte pelo telefone, já que Vinicius vivia em Montevidéu: "A felicidade", "Frevo" e "O nosso amor". Marcel Camus, diretor do filme, achou que não era suficiente e pediu a Luiz Bonfá — que tocaria o violão na trilha sonora — para lhe compor alguma coisa.

Bonfá estava de partida para os Estados Unidos, onde iria tentar vencer armado apenas com a cara, a coragem e o violão, principalmente os dois últimos, e não tinha tempo para fazer nada de novo. Então abriu sua própria gaveta e tirou duas canções ainda sem letra, que mostrou a Camus. Este não se entusiasmou, mas Gordine adorou e, por sugestão de Vinicius, convidou Rubem Braga a pôr as letras. O cronista alegou que letras de samba não eram a sua província e indicou Antonio Maria. Maria custou, mas entregou as letras — surpreendentemente otimistas — e os dois temas instrumentais se tornaram "Manhã de Carnaval" e "Samba de Orfeu".

Escolhidas as canções, de quem seriam as vozes de Breno Mello (Orfeu) e Marpessa Dawn (Eurídice), os astros do filme? Os dois teriam de ser dublados: Marpessa, por ser americana, e Breno, por não ser cantor. (Aliás, não era sequer ator. Jogava nos aspirantes do Fluminense e fora sugerido a Camus pelo tricolor Ronaldo Bôscoli por ser negro, bonito e atlético.) A escolha da voz de Eurídice foi fácil — Elizeth Cardoso, que vinha de gravar o LP *Canção do amor demais* e era a *darling* de Vinicius —, mas quem se candidatou a ser a voz de Orfeu?

Ponto para quem disse João Gilberto. Se o tivessem aceitado, ele teria sido o Orfeu menos dramático de toda a história da Grécia, quanto mais da Grécia do morro da Babilônia, inventada por Vinicius.

Argumentaram que sua voz não tinha um toque dos mais negros para o que Orfeu requeria, e o trabalho ficou com Agostinho dos Santos. João Gilberto engoliu a decepção, mas esta regurgitou todo o caminho de volta quando *Orfeu* ganhou uma prateleira de prêmios e Agostinho se consagrou internacionalmente. (João Gilberto nunca se conformou com aquela recusa. Em agosto do ano seguinte, quando o filme foi lançado, ele gravou "Manhã de Carnaval", "A felicidade" e "O nosso amor" num compacto duplo de 45 rpm. Suas interpretações são tão irretocáveis que seria difícil acreditar nelas, *cantadas* por Breno Mello.)

Tom também teve os seus motivos para achar que *Orfeu do Carnaval* foi um presente de grego. Com o sucesso do filme e das canções, ele descobriu que, além de Vinicius, ganhara uma multidão de sócios no dinheiro que elas estavam rendendo lá fora: o produtor Sacha Gordine, que as editara na Europa e que, como editor, ficava com 50%; o diretor Marcel Camus e dois letristas franceses, que entraram como *parceiros* e passaram a rachar com Tom e Vinicius os 50% restantes dos autores — ou seja, sobravam 10% para cada um, a serem ainda retalhados pelos impostos na França. Era injusto. E de onde tinham saído aqueles letristas, se no filme as canções só eram ouvidas em português? Era óbvio, para Tom, que tudo aquilo ia para o bolso de Gordine. Por isso ele os obrigara a escrever um novo *score*: porque as canções originais já haviam sido editadas no Brasil.

Durante toda a festiva carreira de *Orfeu do Carnaval* (rebatizado como *Orfeu negro*) nas telas de 1959, ninguém associou o filme a algo chamado Bossa Nova. E nem poderia — embora, em tese, os grandes ingredientes da receita estivessem ali: a música de Tom, as letras de Vinicius e até a batida do violão (feita por Roberto Menescal, acompanhando Agostinho dos Santos em "A felicidade"). *Orfeu* fora todo produzido em 1958, quando nem os próprios Tom e Vinicius tinham clara consciência de tudo que João Gilberto iria representar. Um ano depois, quando o filme chegou ao Brasil, o LP *Chega de saudade* já estava nas ruas, uma "geração inteira" fora influenciada e só então Tom, Vinicius e João Gilberto foram informados de que haviam inventado a Bossa Nova.

***

Uma preocupação martirizava o padre Laércio Dias de Moura, reitor da Pontifícia Universidade Católica do Rio de Janeiro, naquele agosto de 1959: seus estudantes de direito iriam realizar um espetáculo musical no auditório da universidade, e um dos artistas seria a vedete de Carlos Machado, Norma Bengell. Como era de sua tradição, a PUC estimulava as iniciativas dos jovens, desde que *construtivas*, mas aquilo era demais: a presença de uma moça com tal fama de escandalosa, dentro do recinto da escola, seria muito mal recebida pelos membros da congregação que sustentava a universidade. Para padre Laércio, os bilhões de botões de sua batina eram poucos quando ele pensava nas complicações que esse show iria lhe causar.

Nas primeiras semanas de agosto, a turma do diretório acadêmico, presidido pelo estudante Cacá Diegues, cobrira os corredores da PUC, na Gávea, com cartazes de cartolina escritos com pincel atômico, anunciando a realização do "1º Festival de Samba-Session". Seria a primeira vez que os meninos poderiam ouvir, em massa e na voz dos próprios autores, aquelas canções modernas que vinham penetrando na universidade e que pareciam sair da *academia* de Lyra e Menescal. Quando João Gilberto cantou várias delas ("Lobo bobo", "Saudade fez um samba", "Maria Ninguém") no LP *Chega de saudade*, que saíra pouco antes das férias de julho, era como se fosse um *movimento* do qual, de certa forma, até faziam parte. Um dos estudantes do primeiro ano de direito, Júlio Hungria, conhecia Roberto Menescal e Luiz Carlos Vinhas das reuniões de jazz na casa de Renezinha, uma garota do Jardim Botânico, e acertou-se que eles levariam a turma — enxertada de suas amigas, as profissionais Sylvinha Telles e Alayde Costa — para se apresentar na PUC.

As duas palavras mágicas, *bossa nova*, ainda não eram correntes entre os estudantes, apesar do show no Grupo Universitário Hebraico. Com isso, na hora de dar um nome ao espetáculo, eles se inspiraram no Festival de Jazz realizado em junho no Teatro Municipal — uma gigantesca *jam session* promovida pelo radialista Paulo Santos, que trouxera ao Rio Gerry Mulligan, Herbie Mann e outros cobras americanos — e não tiveram dúvidas: seria um festival de *samba-session*. E como inevitavelmente haveria outros, seria bom que este ficasse marcado como o primeiro. Donde, 1º Festival de Samba-Session.

Os outros cantores seriam Carlinhos Lyra, Nara Leão, Normando Santos e Chico Feitosa. Haveria dois conjuntos: o de Menescal, com Vinhas, Bebeto, Henrique e João Mario, e o dos irmãos Castro Neves, com Oscar, Mario, Leo e Iko. Ninguém seria pago. Sem problema: essa turma *pagaria* para se apresentar. Mas outro e mais importante contato foi feito: com André Midani, da Odeon. Ele não apenas cederia suas contratadas Sylvinha e Alayde, que seriam as atrações principais do show, como arrastaria o exigente Aloysio de Oliveira, o homem da velha guarda, a vê-lo. Ronaldo Bôscoli, que seria o apresentador, ficou de levar também Os Garotos da Lua. E não podia prometer, mas ia tentar assegurar ainda a participação de Antonio Carlos Jobim, subitamente famoso, Billy Blanco, Dolores Duran e Vinicius de Moraes. Foi então que Midani sugeriu a inclusão de Norma Bengell.

Ele tinha boas razões para isso. Poucos meses antes, por ideia sua, a Odeon embelezara com uma foto de Norma a capa de um daqueles discos-fantasmas, gravados com músicos brasileiros não identificados, que o público pensava que fossem americanos. A foto, com Norma de maiô, fora comprada da *Manchete* e era um estouro. A Odeon só se esquecera de um detalhe: pedir autorização a Norma para exibir a sua imagem — o que seria, no mínimo, uma delicadeza, já que haveria gente capaz de comprar o disco apenas pela foto, para fins imorais. Ao se ver suculentamente estampada na capa, Norma subiu pelas paredes e foi à Odeon fazer um escarcéu. Falou em advogado, processo, indenização e outras pedras de toque do vernáculo. A Odeon se assustou. Mas ficou mais aliviada quando Norma deu a entender que entraria num acordo: esqueceria tudo, se a Odeon realizasse o que sempre fora o seu desejo secreto — gravar um disco como cantora. (E, se fosse preciso, até posaria para a capa!)

A Odeon topou no ato porque, em 1959, Norma Bengell já era quase uma celebridade. Nos últimos quatro anos ela se tornara a estrela dos luxuosos shows de Carlos Machado na boate Night and Day, como *Banzo-ayê* e *Rio de janeiro a janeiro*, e agora começava uma carreira no cinema nacional. Acabara de estrear na chanchada *O homem do Sputnik*, de Carlos Manga, interpretando uma espiã francesa que fazia boquinha de Brigitte Bardot para seduzir Oscarito, e sua *ponta* era a melhor coisa do filme. A Odeon sentiu que podia ter em Norma a sua própria Julie London e resolveu investir no disco. Deu-lhe um belo repertório internacional — "Fever", "That old black magic", "On the sunny side of the street", "You better go now", "C'est si bon", "Drume negrita" —, e caprichou no nacional: três canções de Jobim, "Eu sei que vou te amar", "Eu preciso de você" e "Sucedeu assim"; a primeira gravação de uma letra de Ronaldo Bôscoli, "Sente"; e, espertamente, "Hô-bá-lá-lá", de João Gilberto. Além disso, vestiu-a com arranjos delicados o suficiente para realçar a sua voz milimétrica, mas, como ela, tremendamente sensual. Para que não houvesse dúvida, Chico Pereira fotografou-a para a capa de modo a que ela parecesse estar nua, e a Odeon sapecou-lhe um título que não podia falhar: *Ooooooh! Norma*.

O resultado ficou melhor que a encomenda e, enxergando um rapidíssimo futuro em Norma Bengell, a Odeon passou a encaixá-la em seus eventos. O show na PUC não era um evento da gravadora e, por isso, parecia mais perfeito ainda para *vendê-la* como cantora. Quanto aos estudantes, não tinham nada a opor e até acharam ótimo: Norma era a protagonista dos sonhos eróticos da maioria deles, os quais, se já tinham idade para vê-la nos shows de Carlos Machado, não possuíam dinheiro para isso. E, de repente, ei-la que faria parte do seu show.

Padre Laércio ficou horrorizado: ele podia apenas imaginar o impacto que a presença de Norma Bengell provocaria entre os estudantes, mas não tinha a menor dúvida sobre as suas consequências desastrosas nos alicerces da instituição. Dois dos estudantes foram chamados à reitoria: Júlio Hungria, que parecia o organizador, e Cacá Diegues. Ligeiramente trêmulos, eles ouviram o ultimato:

"Podem fazer o show, se quiserem, mas não com Norma Bengell", padre Laércio *dixit*.

Diegues e Hungria poderiam ter argumentado que, àquela altura, todo o material de propaganda do espetáculo, incluindo a participação de Norma, já havia sido distribuído à imprensa, e que qualquer alteração seria um embaraço. Mas não adiantava discutir. Quando deram a notícia aos colegas, estes reagiram com os resmungos mais indignados de que foram capazes, e só. A revolta ficou a cargo dos músicos, liderados por Sylvinha e Alayde. Sylvinha foi clara:

"Se a Norma não puder cantar, não tem show."

Diegues e Hungria voltaram à reitoria com esse fato novo, mas foram informados de que padre Laércio não via motivo para voltar atrás. Portanto, era o fim. Ou assim pensavam eles porque, com o clima em polvorosa entre os participantes, a notícia de que a PUC proibira Norma Bengell vazou para os jornais. Mais especificamente, para o mais debochado órgão da grande imprensa, o *Diário Carioca*. No dia seguinte à segunda negativa do reitor da PUC, o assunto virou matéria de primeira página, com manchete em três colunas e a foto de Bengell no melhor estilo *cheesecake*: "NORMA NO ÍNDEX".

Os outros jornais foram atrás e Norma Bengell tornou-se um escândalo municipal. De uma penada, ela saltou das plumas de Carlos Machado para a austera companhia de Lutero, Voltaire e Darwin entre os inimigos da Santa Madre. A situação ficou constrangedora para a época, já que, por mais suaves que fossem os eufemismos, era óbvio o que os padres pensavam da artista — eles não sabiam que a então suave Norma morava ainda com a mãe e até tinha hora para chegar em casa. No meio da confusão, alguém teve a ideia salvadora: transferir o show para o anfiteatro da Faculdade Nacional de Arquitetura, na Praia Vermelha, muito mais liberal. Os dois diretórios acadêmicos se entenderam e, com todo o foguetório da imprensa, promovido involuntariamente por padre Laércio, criou-se na cidade uma expectativa para o show que nenhuma brincadeira de estudantes jamais conseguiria produzir. A data foi fixada em 22 de setembro e ele se tornou o "show proibido", a que era *de rigueur* assistir.

O espetáculo (gratuito, claro) estava marcado para as oito e meia da noite, mas, uma hora e meia antes, já havia um engarrafamento humano na av. Pasteur, onde ficava a Arquitetura. Quando o show começou, às dez, diz a lenda que pelo menos 2 mil pessoas se espremiam do lado de dentro e outras mil protestavam do lado de fora, por não conseguir entrar. Ninguém jamais explicou como se chegou a esses números, mas há um consenso de que "não pode ter sido menos". O cálculo não é absurdo: só as turmas de direito, filosofia e engenharia da PUC tinham novecentos alunos, que compareceram em massa e levaram os amigos. (Apesar de a Arquitetura ter fornecido o cenário e contribuído com o seu próprio contingente, o show continuou sendo da PUC, que providenciou o som e a luz.)

Uma inesperada dádiva à posteridade foi a do fotógrafo Chico Pereira, que deixou de lado a sua Rolleyflex e concentrou-se em operar o seu gravador Grundig, ligado a uma mesa Shure de um canal, e gravou o show. Cópias domésticas dessa fita sobreviveram aos anos e nunca foram editadas em disco, mas, graças a Pereira, pode-se ouvir hoje o que se passou naquela noite — e nos shows amadores da Bossa Nova que seriam feitos em seguida.

Norma Bengell, a principal responsável por aquele mundo de gente na plateia, pisou em triunfo o centro da arena, escoltada por um estudante da PUC e outro da Arquitetura — a quem ela recomendou que "ficassem quietinhos". Estava toda de preto: meias, luvas, *tailleur* de mangas compridas e, quem sabe, na fantasia dos garotos, de *lingerie* também preta. Não era um "luto simbólico" contra a proibição que lhe haviam imposto, mas apenas uma tentativa de apresentar-se o mais *habillée* possível. Foi fenomenalmente aplaudida, sem contar as salivações intensas. Caitituou seu disco, resistiu às provocações para embaraçar ainda mais o pobre padre Laércio e cantou cinco números, todos do LP, com aquela curiosa maneira de escandir os encontros consonantais com R: *"lemb-Ra"*, *"ab-Re"*, *"b-Reve"*. (Não era uma exclusividade de Norma. Sylvinha Telles e outras cantoras da época também tinham essa mania.)

Mas o grande sucesso da noite foi Alayde Costa. Ela empolgou a multidão com "Chora tua tristeza", de Oscar Castro Neves e Luvercy Fiorini, que, meses depois, se tornaria a primeira canção "da Bossa Nova" a estourar fora dos limites do movimento. Naquela noite, exceto por Sylvinha Telles, Alayde não tinha competição. O amadorismo e a inexperiência de quase todos os participantes se revelavam a cada compasso, mas o clima era tão de estudantada que se ouviu até, pela primeira e, felizmente, última vez na vida, Luiz Carlos Vinhas e Ronaldo Bôscoli — cantando! (Vinhas, quase empurrado por Chico Feitosa para o microfone, foi obrigado a tartamudear "Desafinado" e "Chega de saudade"; Bôscoli, pressionado por Carlinhos Lyra, apresentou a sua "Mamadeira atonal".) Normando Santos (que Bôscoli classificava com ironia de "o Nelson Gonçalves da Bossa Nova", por ter um vozeirão) cantou "Jura de pombo", a primeiríssima composição de Menescal. Quem a ouviu naquela noite jamais poderia imaginar que, apenas três anos depois, o mesmo Menescal seria o homem que faria "O barquinho".

Os convidados ilustres — os "mais velhos" — compareceram, mas não cantaram. De Vinicius, não se esperava que fizesse isso, porque, constrangido pela própria timidez e pela sombra da águia do Itamaraty, ele ainda não cantava em público. Dolores Duran, que morreria de um enfarte exatamente 32 dias depois, mal chegou a ser vista. Billy Blanco foi chamado ao palco, elogiou o show ("Uma beleza!") e esquivou-se, dizendo que "não era de cantar". (Mudaria de ideia a esse respeito dentro de poucos anos.) E a chegada de Antonio Carlos Jobim, com o espetáculo em andamento, foi um *show-stopper*.

Norma Bengell estava se apresentando quando Tom entrou. Parou de cantar para que Bôscoli o anunciasse como "uma espécie de papa da música moderna brasileira" — provavelmente a primeira vez que a expressão foi usada a seu respeito num microfone. Quiseram que Tom falasse e ele disse, entre pigarros:

"Estive assistindo vocês. [*Pausa*] Está uma coisa formidável. [*Pausa*] É isso mesmo. [*Pausa*] Ótimo. [*Aplausos*]"

Saiu em seguida, mas sua presença-relâmpago bastou para paralisar por instantes os atarantados músicos de Menescal, que acompanhavam Norma. Esta não deixou de observar no ato:

"O Tom chegou e acabou com os meninos. Mas não pode acabar — nunca. Posso cantar agora?"

Os Garotos da Lua prometidos por Bôscoli não compareceram, exceto um: Toninho Botelho. Apresentado sem maiores formalidades, Botelho cantou "Não faz assim", de Oscar Castro Neves e Ronaldo, e retirou-se sem provocar comoções. Nenhum dos jovens na plateia sabia a que vinha aquele senhor (na verdade, Botelho tinha menos de quarenta anos), exceto que era membro de um obscuro conjunto vocal. Certamente ficariam muito surpresos se Bôscoli o tivesse identificado como um dos responsáveis pela vinda de João Gilberto para o Rio, anos antes, e, indiretamente, pela existência daquele próprio espetáculo.

O próprio Botelho talvez também não soubesse disso.

Na plateia do 1º Festival de Samba-Session, dois homens examinavam o que se passava no anfiteatro com olhos e ouvidos bem diferentes: André Midani e Aloysio de Oliveira. O primeiro enxergava nos artistas e na plateia a possibilidade de um novo mercado, a ser explorado imediatamente. O segundo via um mercado apenas na plateia, a ser suprido pelas genialidades de Tom, Vinicius e, talvez, Carlinhos Lyra, como compositores — mas não abria mão de que seus intérpretes fossem pessoas experientes, como Sylvinha Telles, Alayde Costa, Lucio Alves e, agora, João Gilberto. Para Aloysio, os outros garotos eram verdes demais, como músicos ou cantores, e, além disso, nenhum deles "tinha voz".

Ali nasceu também, para Aloysio de Oliveira, a diferença entre a *turminha* (comandada por Ronaldo Bôscoli) e a *turmona* (a ser orientada por ele, Aloysio). E ele sabia em qual das duas preferia investir. Midani não se incomodou: teria Menescal, Bôscoli, Nara, Chico Feitosa, Normando, Vinhas, os Castro Neves, Luizinho Eça e quem mais aparecesse de jovem, para pôr em prática suas ideias. A primeira delas era a de gravar um disco com a *turminha*.

Os jornais cobriram amplamente a noite de *samba-session* na Faculdade de Arquitetura, insinuando que nenhum dos meninos saíra em pecado mortal por ter deitado os olhos em Norma Bengell. Um grupo de estudantes da PUC convidou Norma a visitar padre Laércio e, estrategicamente, "pedir-lhe desculpas pelos aborrecimentos que lhe havia causado", com o que ficava encerrado o assunto. O evento continuou repercutindo e seu interesse foi promovido das páginas da reportagem geral para as de assuntos culturais, com as discussões sobre o tipo de música que se apresentara na Arquitetura. Era jazz? Não era jazz? A expressão "samba moderno", que se vinha usando até então, foi, afinal e definitivamente, substituída por Bossa Nova — imposta com grande senso de *marketing* por Ronaldo Bôscoli, em *Manchete*, auxiliado por seus discípulos Moysés Fuks, em *Última Hora*, e João Luiz de Albuquerque, em *Radiolândia*.

Convites para novas apresentações em auditórios começaram a chover. Quando Bôscoli se decidiu por um show na Escola Naval, no Centro, no dia 13 de novembro, o que seria apenas mais um festival de *samba-session* já passou a se chamar "Segundo comando da operação Bossa Nova". Ao som da balançadinha "Menina feia", com um quarteto formado por Luizinho Eça e três irmãos Castro Neves, o apresentador Bôscoli entrou no palco e ainda se sentiu obrigado a explicar o que era "Bossa Nova". Não conseguindo, escolheu a saída mais fácil:

"É o que há de moderno, de totalmente novo e de vanguarda na música brasileira."

A plateia na Escola Naval entendeu muito bem. Eles eram cerca de mil cadetes e jovens oficiais da Marinha, todos de cabelo reco, num auditório onde cabiam seiscentos bem sentados. Era o que o próprio Bôscoli classificou como sendo "a Bossa Nova numa praça de guerra". Bossa Nova foi uma expressão de que se usou e se abusou durante as duas horas de espetáculo, como se fosse um brinquedo que todos ali tivessem acabado de ganhar. Um justo crédito foi dado ao oficial que permitira o uso de um recinto tão severo como a Escola Naval para aquela apresentação, digamos, insólita: o almirante Adalberto de Barros Nunes, futuro ministro da Marinha do governo Médici. Se Nunes já era popular entre os marinheiros, passou a merecer a gratidão eterna dos que estavam na fila do gargarejo, que tiveram uma privilegiada visão das formas e formosuras de Norma Bengell na sua pré-minissaia.

Bôscoli, marotamente, agradeceu à Odeon a presença de seus contratados Lucio Alves (convidado pela Bossa Nova a juntar-se ao movimento), Sylvinha Telles, Alayde Costa e Norma Bengell — como se a Odeon, via André Midani, não estivesse maravilhada com aqueles eventos. (Afinal, ele ia ou não ia gravar a *turminha*?) Foi um grande show, muito mais profissional do que o da Arquitetura e do que dois outros, em ponto menor, que eles tinham feito em outubro, nos colégios Santo Inácio e Franco-Brasileiro — embora qualquer pessoa pudesse notar a diferença entre os amadores e os cantores de verdade. Carlinhos Lyra encabulou-se com o seu próprio "Lobo bobo" e desafinou inclusive para respirar, ao passo que Alayde Costa empolgou até quando fez humor involuntário ao anunciar, "E agora, com grande satisfação, cantarei 'Chora tua tristeza'".

Houve mais um show importante em 1959, para mostrar ao mundo que os meninos tinham vindo para ficar: no auditório da Rádio Globo, na rua Irineu Marinho, no dia 2 de dezembro. Era o aniversário do jornal *O Globo* e o show foi transmitido ao vivo pela rádio. Pela primeira vez, a Bossa Nova entrava no ar ao vivo, ao alcance de milhares. O elenco era o de sempre, mas, dessa vez, com uma importante contribuição: Os Cariocas. Já sem Hortênsia e reduzidos à formação que se tornou a oficial — Severino, Badeco, Quartera e Luiz Roberto —, eles cantaram "Chega de saudade" e "Menina feia", e arrasaram. Com os gogós mais velozes e afiados do que nunca, Os Cariocas estavam fechando o ciclo que tinham começado com "Adeus, América", em 1948, e abrindo um novo: a Bossa Nova era a música com que eles — e os outros conjuntos vocais brasileiros do passado — haviam sonhado desde o começo.

12

JOGO DE CENA

João Gilberto não tinha tempo para participar dessas folias de estudantes. Estava *on the road*, cuidando de sua carreira. Verdade. Na época de um daqueles shows, por exemplo, ele tinha ido fazer duas apresentações em Belo Horizonte, a convite de seu amigo Pacífico Mascarenhas. Ambas aconteceram quase sem problemas. Na primeira delas, no Automóvel Clube, ele já havia sido chamado ao palco por Pacífico e estava sendo aplaudido, quando cismou com seu próprio violão e não deixou que abrissem a cortina. Pacífico, sem saber de nada, anunciou-o de novo. Mais palmas e nada do artista. Quando espiou pela cortina para ver o que estava acontecendo, descobriu que ele queria que Pacífico lhe reafinasse o violão. O show começou com algum atraso, mas terminou na hora marcada, com sucesso apenas moderado. BH ainda não se encantara pela BN, como se dizia por lá.

Na noite seguinte, João Gilberto trancou-se no banheiro do hotel Normandie a duas horas do show no Iate Clube e não queria sair. Pacífico pensou em arrombar a porta, mas isso era uma afronta aos seus hábitos — para não dizer ao seu próprio nome. Preferiu *conversar* com João e convencê-lo a sair dali, como se faz com quem ameaça jogar-se de um viaduto. Em cima da hora do show, João Gilberto abriu mansamente a porta do banheiro, foi para o clube e encantou as trezentas pessoas da plateia.

Naqueles dias em Belo Horizonte, ele foi capaz de outros encantos individuais. Um músico local, cego, foi procurá-lo no hotel e os dois ficaram algumas horas ao violão. À saída, o rapaz fez elogios ao violão de João. O qual não teve dúvidas:

"É seu. Pode ficar com ele."

Os olhos opacos do rapaz pareceram ganhar uma bonita e absurda luminosidade. Não queria aceitar, mas João Gilberto insistiu:

"Faço questão. Leve como lembrança."

O jovem agradeceu milhões e saiu feliz com o violão. Acontece que o violão não era de João, mas de Pacífico Mascarenhas, que assistia incrédulo àquilo tudo — e, naturalmente, não iria desautorizar o generoso gesto do outro.

A excursão a Belo Horizonte rendeu outro belo fruto. Pacífico levou João à casa da pianista Talita Fonseca, onde ele conheceu outro membro do Sambacana, o estudante Roberto Guimarães. Roberto cantou-lhe "Amor certinho" e João teve uma sensação de amor à primeira vista pela música. Mas não à primeira audição, porque fez com que Roberto a cantasse inteira pelo menos cinquenta vezes naquela noite, até se certificar de que a havia aprendido. O estudante nunca imaginou, no entanto, que fosse ouvi-la gravada por João Gilberto em seu LP seguinte, *O amor, o sorriso e a flor*.

Acontece que João Gilberto não foi o primeiro a gravar essa música. Jonas Silva, seu antecessor nos Garotos da Lua, teve a primazia. E acompanhado por um time de que poucos outros cantores poderiam gabar-se: João Donato no trombone, Ed Lincoln no piano, Bebeto no contrabaixo, Milton Banana na bateria — e João Gilberto no violão.

Na verdade, foi João Gilberto quem lhe ensinou "Amor certinho", e Jonas a gravou, no próprio ano de 1959, num 45 rpm duplo para a etiqueta Rádio, que também incluía "A felicidade", "Rapaz de bem" e "Se você soubesse". A primazia foi apenas simbólica, porque o disco de Jonas passou despercebido e o lançamento *oficial* da canção ficou sendo mesmo a gravação de João. No ano anterior, quando os únicos exemplos de Bossa Nova em disco eram "Chega de saudade" e "Bim bom", Jonas gravara outro 45 rpm duplo, dessa vez para a Philips, em que cantava sucessos do momento, como "Cheiro de saudade", de Luiz Antonio e Djalma Ferreira, "Saudade querida", de Tito Madi, e até uma das primeiras brincadeiras de Chico Feitosa e Ronaldo Bôscoli, "Vocezinha". Mais uma vez era acompanhado por ases, como Copinha na flauta, o lendário Vadico ao piano, Baden Powell ao violão e Raul de Barros ao trombone — nenhum deles associado à Bossa Nova na época, nem mesmo o jovem Baden. Mas o vocal de Jonas, que apenas continuava cantando como sempre cantara, era absolutamente Bossa Nova.

"Nunca soube cantar de outro jeito", ele explicou depois, quase que se desculpando.

É verdade. Desde que foi afastado dos Garotos da Lua para a entrada de João Gilberto, em 1950, sua carreira como cantor declinara até praticamente deixar de existir. Quem cantasse "baixinho" tinha poucas ofertas de emprego em conjuntos vocais, e, depois daquilo, Jonas integrou apenas de passagem os Vocalistas Tropicais. E, confessadamente, nunca se sentira bem cantando solo — "por medo". Como era comum naquele tempo, Jonas chegou a fazer algumas gravações particulares, em acetato, por volta de 1954. Numa delas, gravou "Pra que discutir com madame?", de Janet de Almeida, acompanhado apenas (o que era um luxo) por Johnny Alf ao piano. Em outra, cantou a sua própria "Rosinha", novamente com Alf ao piano e Jorginho ao sax-alto. Interessante: apesar de Jonas ser um cantor quase obscuro, os grandes músicos sempre fizeram questão de tocar com ele. Nenhum desses acetatos jamais foi lançado comercialmente.

Mas, na sua impressionante modéstia, ele nunca se queixou de ter sido deixado para trás. Durante o resto da década, concentrou-se em seu trabalho na Murray, a qual continuou a ser por um bom tempo a melhor importadora de discos do Rio, e depois tornou-se ele próprio importador. Em 1958, quando João Gilberto saiu com "Chega de saudade", Jonas encarregou-se de fazer com que não se tocasse outro disco na Murray o dia inteiro — ou então que apenas o virassem para tocar "Bim bom". A constatação de que, a partir dali, já era possível cantar baixinho daquele jeito animou-o a voltar ao disco e, em 1958 e 1959, ele gravou os dois 45s. Mas a semelhança de voz, sotaque e jeito de cantar era tão grande que, para quem desconhecia os antecedentes da história, Jonas Silva devia ser apenas um dos muitos imitadores de João Gilberto que já estavam começando a surgir.

"Isto de 'Bossa Nova' é que eu não entendo", dizia o dr. Jairo Leão, pai de Nara. "Onde é que está a bossa? E o que essas músicas têm de diferente?"

O advogado Jairo era competente no seu ramo, mas não muito perspicaz em assuntos musicais ou para reconhecer suas meias inglesas nas canelas de Ronaldo Bôscoli. O apartamento de Nara no edifício Palácio Champs-Elysées tornara-se o QG da Bossa Nova — não a Bossa Nova de Jobim e João Gilberto, que raramente iam lá (e Vinicius só iria pela primeira vez em 1963), mas a da turma de Ronaldo. Para este, que tinha medo de andar na rua, o apartamento servira a princípio como um *bunker*. Na qualidade de namorado (e agora noivo) de Nara, instalara-se como se ali fosse a casa da sogra e fazia todo mundo ir para lá. Depois de algum tempo começara a passear em grupo e ultimamente já se arriscava a sair sozinho, mas o hábito das reuniões na casa de Nara persistira.

Na realidade, eram reuniões de violão, embora com a assistência de Bill Horn na trompa e de Bebeto no contrabaixo ou sax-alto. Nem sempre Hélcio Milito levava a bateria, mas esta era fácil de ser improvisada: bastava a vassourinha sobre o catálogo telefônico. Mas tinha de ser o catálogo certo:

"Me passa o de endereços, Nara", dizia Hélcio. "Esse de assinantes está desafinado."

Ao contrário do que se pensa, não havia um piano no apartamento. Ou, pelo menos, não regularmente. Menescal lembra-se de ter visto um lá por uns tempos — "Um piano elétrico, que soava como o solovox do Waldir Calmon" —, mas que foi levado embora sem que ninguém se desse conta. Não fazia falta: todos os pianistas do grupo — Luizinho Eça, Luiz Carlos Vinhas, Oscar Castro Neves — também se viravam no violão. Este era o grande instrumento: estava nas mãos de Menescal, Nara, Carlinhos Lyra, Normando, Chico Feitosa (que João Gilberto considerava o seu melhor discípulo) e de dois frequentadores ocasionais, Sylvinha Telles e seu ex-marido Candinho, ás no instrumento. Apenas Ronaldo Bôscoli não tocava, inclusive porque vivia com as duas mãos ocupadas: uma acariciava o já cobiçado joelho de Nara e a outra se servia dos uísques do dr. Jairo. Nara era a noiva de Ronaldo e a musa de todos ali — a "musa da Bossa Nova".

Bebia-se uísque ou guaraná e, às vezes, uísque *com* guaraná. Houve ocasiões em que d. Tinoca, mãe de Nara, tentou impor certos horários à sua filha de dezessete anos — "Vamos lá, Nara, está na hora. Amanhã tem mais Bossa Nova" — , mas não custou a desistir. João Gilberto, por exemplo, quando aparecia, era só depois da meia-noite. E, às quintas-feiras, havia a roda de pôquer do dr. Jairo, formada por regulares como o crítico de teatro Paulo Francis, o jornalista Ivan Lessa e os humoristas Millôr Fernandes e Leon Eliachar. Em noite de pôquer, a Bossa Nova era obrigada a sair para a rua.

Ou para um dos muitos outros apartamentos que já a disputavam.

Luiz Bonfá parou seu Pontiac verde na esquina da Visconde de Pirajá com a Montenegro, em Ipanema, e buzinou para João Gilberto e Pacífico Mascarenhas, que o esperavam na calçada. Os dois entraram. Iam todos naquela tarde — e isso queria dizer *todos* mesmo — para o enorme apartamento do pianista Bené Nunes, na rua Osório Duque Estrada, na Gávea. Era a última semana de 1959 e a revista *O Cruzeiro* queria reunir a Bossa Nova para uma grande reportagem — a primeira sobre o assunto. Do alto dos seus apregoados 700 mil exemplares por semana, a revista tinha poderes para isso. E, se *O Cruzeiro* queria a Bossa Nova como tema, isso significava a vitória absoluta, o triunfo dos garotos que impunham a música moderna aos grandes esquemas.

Pelo apartamento de Dulce e Bené Nunes passaram naquela tarde-noite Tom Jobim, João Gilberto, Luiz Bonfá, Ronaldo Bôscoli, Carlinhos Lyra, Roberto Menescal, Sylvinha Telles, Nara Leão, Oscar Castro Neves, Iko Castro Neves, Luvercy Fiorini, Luizinho Eça, Luiz Carlos Vinhas, Sergio Ricardo, Chico Feitosa, Normando Santos, Alayde Costa, Walter Santos, Pacífico Mascarenhas, Nana Caymmi, a dançarina Elizabeth Gasper, o saxofonista Bebeto, o contrabaixista Henrique, o baterista João Mário, os brotos que compunham o *entourage* — e Ary Barroso.

Ary estava ali para simbolizar que a "Bossa clássica" reconhecia a excelência dos meninos da Bossa Nova. Já com o tanque transbordando de uísque e uma voz que o texto (cheio de bossa) de *O Cruzeiro* chamou de "adstringente", o autor de "Aquarela do Brasil" perguntava:

"Ó Líyra, afináal o que ée Bóossa Nóova?"

Lyra não encontrou as palavras para responder e passou a bola a Bôscoli: "Vai, Ronaldo". Este ponderou que, bem, "filosoficamente, Bossa Nova era um estado de espírito" (a frase iria pegar) e que Chaplin, Picasso, Prokofiev, Debussy — "talvez até mesmo Beethoven", arriscou Ronaldo — todos "tinham sido Bossa Nova". Tom *exemplificou* para Ary, tocando "Fotografia" — só que em ritmo de fox. E Alayde Costa, que os outros chamavam de *Ameixa*, foi sincera: "Eu acho que Bossa Nova é toda música em que entram bemóis e sustenidos".

Ary Barroso, com excepcional bom humor para as circunstâncias, respirou fundo:

"Ahhh... Agora entendi..."

Todos tocaram, cantaram ou teorizaram para Ary e para *O Cruzeiro*. A reunião engoliu as horas e só foi interrompida, como sempre, por volta da meia-noite, para que a mulher de Bené, Dulce Nunes, servisse o seu tradicional *strogonoff* — o prato da moda desde que fora introduzido no Brasil pelo barão Von Stuckart na boate Vogue. O *strogonoff* era um *must* das quintas-feiras na casa de Dulce e Bené, quando a Bossa Nova se reunia na equipadíssima sala de música do casal. Enquanto ele era digerido, a música continuava, já então contando com a participação da dona da casa como cantora — muito admirada por todos, inclusive por sua voz.

Bené Nunes, um pianista da antiga, era o *padrinho* da Bossa Nova. (Era também o pianista de Juscelino: animava todos os saraus do Catete.) Aquela foi uma das muitas reuniões que ele promoveu para a turma e, talvez, a mais importante: rendeu à Bossa Nova dez sensacionais páginas em *O Cruzeiro*.

Dulce e Bené foram os primeiros e mais queridos anfitriões do movimento. Mas não demoraram a aparecer outros, ansiosos para receber em seus salões o que consideravam a música brasileira que melhor combinava com os seus tapetes e lambris. Em dois tempos, a Bossa Nova podia ser vista e ouvida nos apartamentos e casas de *socialites* como Roberto e Irene Singery, na av. Atlântica; de Bianca Janner, na rua Marquês de São Vicente; de Baby Bocayuva Cunha, na av. Rui Barbosa; do senador Vitorino Freire, pai do futuro letrista Lula Freire, no Jardim Botânico; do advogado Nelson Motta, pai do jovem Nelsinho, na rua Paissandu; e até no do poeta Augusto Frederico Schmidt, que fazia complexas comparações entre a Bossa Nova e um grande galo branco, vivo, que tinha em sua sala:

"A Bossa Nova é o reencontro do homem de hoje com o Homem eterno", pontificava Schmidt. "É como este galo: calmo e tranquilo, exceto quando se contempla ao espelho."

Nenhum dos meninos entendia muito bem o que o poeta queria dizer, mas, se havia alguma possibilidade de entendimento, era logo ofuscada pelas baixelas de prata, cheias de pratos coloridos e drinques espumantes, que o garçom equilibrava sobre as cabeças dos convidados. Rapidamente, a Bossa Nova tornou-se tão disputada que começou a conviver com certos confortos, antes mesmo de aprender a lidar com eles. Um dos problemas era a miscelânea humana de que ela era composta: tinha desde um diplomata como Vinicius, um músico sério como Tom e uma garota mortalmente tímida como Nara até músicos com vasta quilometragem nas boates de Copacabana.

Bem que esses músicos tentavam fazer o melhor que podiam. Numa recepção na embaixada da Argentina, em Botafogo, no começo de 1960, o baterista Milton Banana viu-se sentado à mesa do jantar entre duas senhoras do corpo diplomático. Como não tinha nada a dizer para nenhuma das duas, limitou-se a ficar olhando para o prato. A senhora à sua direita passou a conversar com o outro convidado ao lado e virou-lhe casualmente as costas. Quando o garçom começou o serviço à francesa, Banana, vendo que a senhora estava distraída, tentou chamar-lhe a atenção. Só que fez isso com uma bem-intencionada, mas dolorosa, cotovelada em suas costelas, enquanto perguntava, solícito:
"Vai de frango, madame?"
Havia também rumores de que, nas reuniões finas em torno da Bossa Nova, costumavam sumir objetos dos apartamentos, como talheres, cinzeiros e badulaques no varejo. Os jornalistas mais ligados à Bossa Nova desmentiram que os músicos fossem responsáveis por aqueles sumiços — que, na verdade, aconteciam. E era bem provável que fossem mesmo inocentes, porque muitos deles já estavam suficientemente deslumbrados com o fato de que, pela primeira vez, podiam entrar nas festas pela porta da frente, como convidados *normais*. O liberalismo dos anfitriões da Bossa Nova permitia até que, nas reuniões mais íntimas, todos os convidados se sentassem no chão, onde os meninos estavam mais habituados a tocar. O que levou o invejoso compositor de baiões Humberto Teixeira, autor de "Kalu", a definir desdenhosamente a Bossa Nova como "música para tapete".
Teixeira não foi o primeiro a implicar com o movimento. Antonio Maria soltou os cachorros na frente, mas teve suas razões para isso. Em todas as entrevistas a que eram solicitados — e, nos primeiros tempos, isso parecia acontecer de quinze em quinze minutos —, Bôscoli, Menescal, Lyra e o próprio Tom acusavam a música "do passado" de ser macambúzia, sorumbática e meditabunda, além de francamente derrotista. Para eles, a Bossa Nova vinha nos libertar do "*Não, eu não posso lembrar que te amei*" ("Caminhemos", de Herivelto Martins) com a afirmação máscula e decidida de Vinicius em "*Eu SEI que vou te amar/*

Por toda a minha vida eu VOU te amar". O exemplo a *não* ser seguido, e que eles adoravam lembrar, era o inevitável *"Ninguém me ama/ Ninguém me quer"*, de Antonio Maria.

Maria não apenas se encheu com isso como não gostou de ser despachado de súbito para uma zona sombria do passado. Que diabo, tinha apenas 39 anos em 1960, o que o deixava longe de ser um contemporâneo de Matusalém. Além disso, não via qualidade musical naqueles moleques para que eles começassem a fazer pouco da obra de seus mais velhos, como Pernambuco, Fernando Lobo, Haroldo Barbosa, Wilson Batista, Silvio Caldas, Herivelto Martins e, ora, por que não, ele próprio, Antonio Maria. E desde quando seu amigo Vinicius já não usava calças curtas? Desde o fim da Primeira Guerra Mundial, pelo menos. Maria comprou a polêmica e desafiou a Bossa Nova inteira para um debate no seu programa *Preto no Branco*, na TV Rio.

Vinicius continuava fora, em Montevidéu, o que o livrou de se meter nessa sinuca. Mas todos os outros, a quem competia defender as cores da Bossa Nova, tiraram em série o corpo fora: Jobim, João Gilberto, Menescal e o próprio Bôscoli. O abacaxi acabou caindo nas mãos de, logo quem, André Midani. Ele foi à televisão e, com um português em que todas as palavras pareciam transformar-se em oxítonas, enfrentou o enorme e não muito asseado Maria. Midani justificou a nova música em termos de um "mercado jovem" e falou de como os bossa-novistas eram rapazes talentosos, exemplares e sem vícios, apenas um pouco excêntricos. Só faltou dizer que eles tomavam banho todo dia e que o chiclete favorito de Menescal era o de sabor canela.

Antonio Maria não se deixou convencer e continuou com as estocadas através de sua coluna diária em *O Jornal*. Ronaldo Bôscoli retaliou criando-lhe dois terríveis apelidos que passou a espalhar pela noite. O primeiro era "Galak", numa referência a um chocolate branco que acabara de sair. O outro era "Eminência Parda". Os dois tinham a ver com o fato de que, de fato, Antonio Maria não era dos mais louros. Os apelidos devem ter atingido Maria como um ultraje à sua alma branca porque, numa daquelas noites, ele procurou Ronaldo Bôscoli no Beco das Garrafas, para tomar-lhe satisfações.

Se enfrentasse Maria com as mãos limpas, o destino próximo de Bôscoli seria a capela Real Grandeza. E era o que parecia fadado a acontecer, quando o volumoso cronista passou a descompor Ronaldo na porta do Little Club, ameaçando dar-lhe uns safanões, e Bôscoli considerou a hipótese de reagir. Quando os dois estavam a ponto de partir para os sopapos, Aloysio de Oliveira, que se divertia assistindo à cena, resolveu intervir: botou o pinto para fora e urinou no sapato de Antonio Maria. O qual podia esperar tudo, menos isso. Maria ficou olhando para o próprio sapato como se usasse polainas. Parecia uma cena de O Gordo e o Magro. Os três explodiram numa grande gargalhada e entraram no Little Club para beber. Mas Maria continuou antipático à Bossa Nova e Ronaldo, a chamá-lo de *Galak*.

O barulho na imprensa em torno da Bossa Nova tinha o problema de tornar *velha* a música que se fazia antes, e era natural que esta se sentisse pisada nos calos. Chamado a opinar, Silvio Caldas tentou parecer superior:

"É uma manifestação passageira, própria dos moços que retratam o espírito de desobediência e má educação da época atual. Vai passar, porque carece da categoria que somente a autenticidade confere às coisas."

Mas devia estar preocupado porque, quando Cyro Monteiro, um representante *autêntico* da velha guarda, manifestou sua simpatia pelos meninos, Silvio, revoltado, classificou-o de "um transviado do samba". E aproveitou para declarar encerrada a sua carreira pela 12ª vez.

Em São Paulo, o maestro Gabriel Migliori, autor da trilha sonora de *O cangaceiro*, foi fino:

"Bossa Nova me parece uma questão de terceiro sexo."

As melhores mulheres do Rio de Janeiro obviamente não concordavam com ele, porque travavam lutas caninas entre si para conquistar a atenção dos galãs do movimento, como Tom, Menescal, Bôscoli, Lyra e Normando. Os quais, àquela altura, já não decepcionavam tanto André Midani nesse departamento — não Bôscoli, pelo menos.

Tom, o mais cobiçado, mas marcado de perto por sua mulher, Teresa, só se atirava em ocasiões especiais, como acontecera com Mylène Démongeot. Nem todas as moças sabiam que ele era casado. Quando uma delas se debruçava sobre o seu piano, como um paninho de crochê, ele era irresistível o suficiente para dizer à moça:

"Este acorde eu fiz para você..."

O decote da garota arfava, mas quando ela propunha, languidamente, "Tommm, me leva em caaasa?", ele se corrigia logo:

"Um momentinho, vou telefonar pra Teresa..."

O caso mais clássico desse tipo, nos anais da Bossa Nova, é o atribuído a Normando Santos, já então professor na *academia* e tendo como aluna de violão a segunda dama do país, Maria Teresa, mulher do vice-presidente João Goulart. Segundo se conta, ela o convidou certa vez a "ver um filminho no Palácio às quatro horas". Normando, entusiasmado, rumou na hora marcada para o cinema Palácio, na Cinelândia, comprou os ingressos e ficou na porta à espera. Uma hora depois, convenceu-se de que sua ilustre aluna lhe dera o bolo e voltou para casa. No dia seguinte, ficou sabendo que ela o esperara, evidentemente, no Palácio Laranjeiras, e não no cinema Palácio.

A Bossa Nova tinha adversários em todas as áreas, da imprensa ao meio musical, mas, mesmo entre os maestros, Gabriel Migliori estava em minoria. Seu único colega importante a apoiá-lo era Oswaldo Borba, que não tinha a gentileza de esconder a sua aversão à Bossa Nova nem mesmo diante de Aloysio de Oliveira, que o contratara na Odeon. Todos os demais — Peracchi, Panicalli, Radamés e, claro, Lindolfo Gaya e Moacir Santos — apoiaram ou aderiram abertamente à nova música. Os maestros jovens de São Paulo, como Rogério Duprat, Diogo Pacheco e Julio Medaglia, estes se apaixonaram em bloco — talvez porque, como Jobim e Severino Filho, dos Cariocas, tivessem sido alunos do alemão radicado no Rio Hans-Joachim Koellreutter. E outro maestro, Guerra-Peixe, ex-professor de Menescal, só faltou vestir a casaca para dar sua opinião: "A Bossa Nova é um inseticida sonoro na aspereza batuqueira e na castração bolerosa".

O infeliz bolero era o grande vilão e, até como estratégia, a Bossa Nova apontou as suas armas contra ele. Com isso, ela fazia de conta que estava ao lado dos *puristas* e neutralizava os ataques que estes lhe desfechavam, acusando-a de sofrer a influência do jazz. Ronaldo Bôscoli veio a público declarar:

"É um absurdo que o cantor mais popular do Brasil seja um cantor de boleros."

O alvo era Anisio Silva, que arrancava lágrimas às catadupas com canções sentimentais como "Sonhando contigo". Na época, palavras como brega e cafona não existiam, e o máximo do insulto a cantores como ele era chamá-los de xangai — uma expressão criada por Ibrahim Sued, querendo dizer jeca, de mau gosto. Todas as pessoas de *bom gosto* tinham de concordar com Bôscoli a respeito de Anisio Silva, mesmo que não achassem, como ele, que João Gilberto é que deveria ser o cantor mais popular do Brasil. O que Ronaldo não esperava, no entanto, era ouvir do próprio João Gilberto a sua surpreendente declaração em voz baixa, quase envergonhada:

"Eu gosto de Anisio. Ele não é como os outros."

Queria dizer que Anisio Silva, apesar de inegavelmente cantar boleros, não tinha aquela consistência xaroposa que o gênero parecia exigir. Mas João Gilberto ia além. Era fã também de Dalva de Oliveira. "Dalvinha tem afinação absoluta", ele dizia. Bôscoli ouvia aquilo horrorizado e achava melhor que essas opiniões exóticas de João Gilberto não fossem muito divulgadas. Elas não eram boas para os negócios da Bossa Nova. Se alguém lhe dissesse em 1960 que, menos de dez anos depois, João Gilberto estaria gravando coisas como "Farolito" e "Bésame mucho", ele desmentiria com a maior veemência — mas, no fundo, talvez não tivesse tanta certeza.

O que Ronaldo tratava de divulgar era o apelido que João Gilberto pusera no cantor Francisco Carlos, mais conhecido como Chico Carlos ou "El broto". João só o chamava de "Cinco Carlos", querendo dizer que ele cantava a mesma nota em cinco tons diferentes — ou seja, desafinava. Mas, por mais que Ronaldo tentasse desviar os tiros, a velha guarda estava com a Bossa Nova na mira, e esta precisava se cuidar para não ter toda a artilharia contra si ao mesmo tempo. Afinal, as gravadoras — inclusive a Odeon — estavam nas mãos dos homens que ele chamava de "borocoxôs". O negócio era prender a bola para atrair o adversário.

"Não criticamos a velha guarda por ser velha, e sim pelo que se fez de ruim nela", argumentava Bôscoli. "É por vocês que nós existimos", açucarava Menescal. Tom Jobim citava o falecido Custodio Mesquita como um de seus heróis e emendava: "A bossa não é nova, nem velha. Ary Barroso e Dorival Caymmi são expoentes da bossa de todas as épocas". Exceto Ataulpho Alves, que não se conformava por ter sido chamado de "rançoso" por André Midani, os outros sossegaram por uns tempos.

O rasga-seda com Ary Barroso, então, era interminável. O velho compositor foi à televisão várias vezes para declarar que Tom Jobim era "o maior compositor brasileiro das últimas décadas". É verdade que, na Fiorentina, depois de muitos uísques, a opinião de Ary parecia mudar. Mas todos sabiam que, em sua mesa cativa na cantina do Leme, a opinião de Ary contava pouco. Como nas muitas vezes em que insistiu em voltar para casa dirigindo, embora isso significasse morte à vista. Certa noite, um amigo teve de confiscar-lhe a chave do carro e fulminar:

"Porra, Ary, você não está em condições de dirigir nem filme nacional!"

Quanto a Caymmi, era um aliado natural da Bossa Nova, porque João Gilberto o revalorizara, cantando-o de um jeito *moderno*. Além disso, era vizinho de João e Ronaldo. Bôscoli costumava pegá-lo em casa para levá-lo à televisão. Numa das vezes, Caymmi acordou em cima da hora e saiu praticamente da cama para o carro de Bôscoli. Este lhe perguntou:

"Não vai passar nem um pente no cabelo?"

E Caymmi respondeu:

"Não, eu já vim penteado da Bahia."

"Doralice", de Caymmi e Antonio Almeida, era uma das canções que João Gilberto iria incluir no disco que começaria a gravar em fins de março. Os Anjos do Inferno a tinham lançado em 1945 e fora um imenso sucesso em seu tempo — na amplificadora de *seu* Emicles, pelo menos, era das mais pedidas. (Ele se entusiasmou e a tocou até que a cidade pedisse soda.) Mas, desde então, "Doralice" tinha sido pouco gravada e estava bastante esquecida. Menos por João, que ainda se lembrava bem do arranjo de Leo Vilar, especialmente o arremate com aquele pa-ran-pan-pã feito pelos Anjos e que ele gostava de reproduzir.

Outra canção que fazia parte de sua biografia e que ele iria pôr no disco era "I'm looking over a four-leaf clover", de Mort Dixon e Harry Woods. Era um velho sucesso de 1927, mas que voltara às paradas com Al Jolson em 1950. João a ouvia todo dia nas Lojas Murray, primeiro com Jolson, depois com Russ Morgan e, finalmente, com Nilo Sergio, seu amigo na Murray, que fizera uma versão em português e a gravara como "Trevo de quatro folhas". Nilo Sergio depois ficara famoso com outra versão, "Cavaleiros do céu", e tinha agora a sua própria gravadora, a Musidisc. Mas o que João Gilberto estava realmente ansioso para gravar era uma coisinha de que tinha se lembrado e que vinha ensaiando havia seis meses: "O pato".

"Ronaldo, veja se você me ouve: '*O pa-to. O pa-to*'."

João Gilberto deixava aberta a porta do apartamento de Ronaldo Bôscoli e ia para o outro extremo do corredor, onde ficava o elevador. Ronaldo tinha de se colocar no extremo oposto, dentro do apartamento, para ficar o mais distante possível de João Gilberto e tentar ouvi-lo, enquanto este sussurrava o mais baixo que podia:

"*O pa-to. O pa-to.*"

João Gilberto queria testar até quanto poderia enunciar bem baixinho e ainda assim ser ouvido, usando o corredor como uma espécie de megafone. E, com isso, aproveitava para ensaiar "O pato". Os vizinhos de Ronaldo não eram obrigados a saber daquilo e, a princípio, estranharam aquele homem postado no fim do corredor dizendo:

"O pa-to. O pa-to."

Mas acabaram se acostumando. Quem demorou a se habituar foi o próprio Ronaldo, que chegou a comentar com seus três ou quatro companheiros de quarto e sala:

"Se esse pato não for gravado logo, vai morrer de velhice."

"O pato" era uma relíquia do repertório dos Garotos da Lua desde 1948. Tinha sido levado na Rádio Tupi a Milton, o chefe do conjunto, por um dos autores, um mulato alto, elegante e simpático chamado Jaime Silva. Milton nunca o tinha visto antes, nem na rádio, nem nos outros redutos dos cantores da época, como o café Atlântida ou o bar do Zica. Jaime disse que o samba era seu e de sua parceira, Neuza Teixeira, que não estava com ele. Milton ouviu a música e gostou no ato. "O pato" foi incorporado ao repertório dos Garotos da Lua, que a cantaram incontáveis vezes na Tupi e nos seus shows, ainda com Jonas Silva como *crooner*. Mas nunca a gravaram, nem mesmo em acetato. Quando Jonas teve de sair para a entrada de João Gilberto, a música continuou por algum tempo no *book* do conjunto e João cantou-a com eles à exaustão, até que a abandonaram. Agora, iria finalmente gravá-la.

Ronaldo achava que ia enlouquecer de tanto ouvir "O pato" dentro do apartamento, e já se conformara — seria por uma boa causa. Antes que isso acontecesse, no entanto, ele provocou sem querer a interrupção da agonia, quando foi com João ao apartamento de Nara e o apresentou a uma amiga dela, chamada Astrud Weinert. Ao ver Astrud, João ouviu internamente um som parecido com o daquele gongo na abertura dos filmes da Organização Rank. "O pato" passou a dividir o espaço em sua cabeça com a paixão instantânea de que se tomou pela garota. Bôscoli achou ótimo e resolveu trabalhar para que o namoro decolasse. Afinal, todo mundo na Bossa Nova se distraía. Ele estava noivo de Nara; Menescal namorava Norma Bengell; Carlinhos Lyra também tinha seus casos; Vinicius já havia começado o seu rodízio de esposas. Só João parecia sozinho.

Não ia ser fácil promover aquele namoro. Astrud, vinte anos, ex--aluna do Colégio de Aplicação, era uma das três filhas de *seu* Weinert, um alemão aposentado que dava aulas particulares de inglês. As outras duas se chamavam Eda e Iduna, e todas tinham nomes de deusas das sagas germânicas. Astrud nascera na Bahia, quando seu pai trabalhara lá, mas fora para o Rio com oito anos e sempre morara na av. Atlântica. Nenhum baiano a impressionava por ser baiano, e João Gilberto, que estava longe de ser Siegfried, a impressionava menos do que todos os amigos de Nara. Mas ela não contava com o poder de persuasão *daquele* baiano. Bastou a ele descobrir que ela também gostava de cantar.

Uma das artimanhas era formar um imaginário trio vocal com ele, ela e Chet Baker rodando na vitrola sem parar, cantando "There'll never be another you". Outra era a de fazer o que agora já não fazia (pelo menos, de graça) por quase ninguém: acompanhá-la ao violão. João teve outras coisas a seu favor, como o fato de a mãe de Astrud achá-lo o maior cantor de todos os tempos e o de a própria Astrud também alimentar a perspectiva de uma carreira. O fato é que ele venceu, e os dois se casaram no começo de 1960. Foi uma cerimônia rápida, simples e civil, num cartório em Copacabana, tendo Jorge Amado como padrinho. O futuro diria que João Gilberto podia trocar de mulher, mas seria fiel ao padrinho.

Com seus novos deveres de homem casado, entre os quais um filho a caminho e a incumbência inédita de ter de pagar um aluguel (o do apartamento em que foi morar com Astrud, na rua Visconde de Pirajá), João Gilberto viu-se fazendo coisas que depois devem ter parecido inimagináveis até a ele. Como, por exemplo, cantar em televisão à menor solicitação dos programas daquele tempo.

Era normal que ele fosse um dos convidados constantes de *O Bom Tom*, o programa semanal de Carlos Thiré e Walter Arruda no canal 5 de São Paulo, "apresentado" por Jobim. Mas nem tanto do pomposo *Noite de Gala*, na TV Rio, apesar de um dos produtores ser Abelardo Figueiredo, a orquestra ser regida por Tom e um dos assistentes de produção ser seu colega Miele — todos amigos. A TV Rio levava-se mais a sério do que realmente era e, para ela, o pessoal da Bossa Nova não atendia aos seus exigentes padrões de seriedade. Mas, num cochilo da produção, Miele escalou João num quadro adaptado de *O balão vermelho*, um filminho francês para crianças que encantara todo mundo. No esquete, João Gilberto contracenava com uma garotinha e cantava para ela. Uma das coisas que cantou foi, misteriosamente, "Day by day", uma canção americana de Axel Stordahl e Sammy Cahn — em inglês. Fez isso porque cismou que a menina loura era americana. Não estava no roteiro, mas, como se tratava de um sucesso de Sinatra, Miele deixou passar e ainda achou ótimo. Além disso era ao vivo e, uma vez no ar, já era.

Musicais ao vivo na televisão deixavam de cabelos brancos os produtores, porque muitos músicos tinham o péssimo hábito de faltar sem aviso prévio. Quando isso acontecia, um substituto tinha de ser convocado em cima do laço, nem que fosse literalmente laçado para o estúdio. Foi o que aconteceu quando faltou um violonista ao *Cássio Muniz Show*, dirigido por Mauricio Sherman na TV Tupi. O violonista iria acompanhar uma das muitas cantorinhas anônimas que a Tupi *descobria* e que, apesar disso, continuavam anônimas. Outro assistente de produção, Carlos Alberto de Souza, pediu vinte minutos para achar um substituto. Sherman acreditou e, pouco depois, Souza voltou com João Gilberto, que acompanhou a cantora e saiu com o cachê no bolso da capa de chuva. Aliás, teve de tocar vestido com aquela capa — porque, sob ela, estava de pijama.

O casamento com Astrud obrigou João Gilberto a fazer coisas que depois ele pagaria para não fazer, mas talvez nada seja mais impressionante do que saber que, durante o seu noivado, ele também teve um programa semanal de televisão em São Paulo: o *Musical Três Leões*, aos domingos à noite, também na TV Paulista. Os produtores eram os mesmos de *O Bom Tom*, Carlos Thiré e Walter Arruda, que programaram a coisa para que, durante quatro semanas, um músico ou cantor fosse a atração fixa e única, em torno de quem girava o programa de meia hora. Em suas quatro semanas, naquele ano de 1959, João Gilberto foi impecável. Tomava direitinho o avião no Rio e ia para São

Paulo, hospedando-se no hotel Lord, quase ao lado da TV Paulista, na rua das Palmeiras, e fazia tudo que lhe pediam.

Verdade que só lhe pediam uma coisa: cantar. No ar, uma voz em *off* (a cargo do próprio Arruda) lhe perguntava sobre sua carreira ou sobre eventos da época, e as *respostas* de João Gilberto vinham em forma de música — todo o repertório de *Chega de saudade* e uma ou outra coisa que já estivesse preparando para seu segundo disco. Nos quatro programas de que foi o astro, num total de duas horas no ar, não teve de dizer uma palavra que não fizesse parte das letras das canções. "O cachê era ridículo", recorda Walter Arruda, "mas, para João, devia ser uma fortuna. O programa dava *traço* no Ibope e isso nunca pareceu incomodar o patrocinador Abraão Kazinsky, dono das Lojas Três Leões." João Gilberto deu muito menos trabalho do que a atração seguinte do *Musical Três Leões*: o pianista-revelação do Beco das Garrafas, Sergio Mendes. Toda semana, Arruda tinha de despencar-se de São Paulo, buscá-lo pessoalmente em Niterói, onde o assustado Sergio morava, embarcar com ele no avião para São Paulo — e trazê-lo de volta.

Nem o fantasma do aluguel, nem saber que Astrud estava grávida impediam João Gilberto de continuar a fazer coisas pelo simples prazer de fazê-las — ou para ajustar contas com o passado. Como o *jingle* do sabonete Lever que gravou para a agência Lintas, numa das vezes em que foi a São Paulo para o programa de Tom. Um publicitário e compositor, Heitor Carrillo, era um dos convidados de *O Bom Tom*. Ele cantou no ar o seu sucesso, "O vendedor de laranjas", e, nos bastidores, mostrou a João a musiquinha que fizera para o sabonete: *"As estrelas do cinema usam Lever/ O sabonete que você devia usar/ Irradie mais beleza/ Seja estrela do seu cinema/ Use sabonete Lever"*. A campanha da agência previa três versões com cantores diferentes e dois já estavam escolhidos: Agostinho dos Santos e Tony Campello.

Para surpresa de Carrillo, João Gilberto insistiu em ser esse terceiro. Ele já era famoso por "Chega de saudade", e cantores com o seu *status* não ficavam se oferecendo para apregoar sabonetes. Quando se falou em cachê, João Gilberto desconversou e apenas quis saber lugar e hora da gravação. No dia seguinte, estava pontualmente no estúdio Magisom, na rua Barão de Itapetininga, com a musiqueta decorada.

A gravação do *jingle* de trinta segundos levou perto de quatro horas para ficar pronta, porque João a interrompia a todo instante para elogiar:

"Mas é tão bonita esta música..."

Carrillo baixava os olhos de modéstia, mas as horas de estúdio estavam correndo e os diretores da Lintas já começavam a ficar inquietos do outro lado do vidro. Finalmente, uma das versões foi dada como perfeita por João Gilberto e pela agência. Quando lhe falaram em dinheiro, disse que não era nada. O diretor da Lintas argumentou que isso lhes causaria um problema, porque o dinheiro era do cliente e tinha de ser usado. E, se não fosse, eles precisariam se explicar. Mas João se recusava a receber. Alguém teve a ideia salvadora: dar-lhe um "presente". Quando sentiram que ele não opunha tanta resistência a isso, levaram-no à loja da Di Giorgio, no largo do Arouche, e mandaram-no escolher um violão. Eles não sabiam que João Gilberto estava apenas se vingando intimamente, dando-se ao luxo de, agora, poder gravar um *jingle* de graça — e não para almoçar, como havia poucos anos.

O que não terá sentido ao saber que seu *jingle* e o de Tony Campello foram aprovados pelo cliente — e o de Agostinho recusado?

Enquanto a voz e o violão de João Gilberto apregoavam pela Rádio Nacional a excelência do "sabonete das estrelas" no intervalo das novelas, esses mesmos voz e violão estavam no estúdio da Odeon gravando o LP que se chamaria *O amor, o sorriso e a flor* — e que seria o disco de consolidação da Bossa Nova. No dia 28 de março, ele gravou "Meditação", de Tom e Mendonça, "Só em teus braços", apenas de Tom, e "Se é tarde me perdoa", de Lyra e Bôscoli. As três com orquestra. E poderia ter gravado outras se não tivesse recebido um telefonema de Astrud, dando conta de que seu gato (um belo gato preto, vira-lata, chamado Gato) caíra da janela.

Gato havia cochilado no parapeito e despencado, vários andares abaixo, como João temia que um dia acontecesse — e por isso vivia recomendando a Astrud que não deixasse a janela aberta. João ficou desesperado, interrompeu a gravação e voou de táxi para casa. Astrud recolhera Gato ainda com vida e eles o levaram ao veterinário, mas o bichano morreu no caminho. Naquele dia, no estúdio, os músicos da orquestra inventaram a história de que o gato de João Gilberto se suicidara porque não aguentava mais ouvi-lo ensaiando "O pato".

Dois dias depois, já recuperado do choque pela perda de Gato, voltou ao estúdio e gravou "Corcovado", de Tom, e "Discussão", de Tom e Mendonça, com a mesma orquestra. Mas a lenda sobre Gato (que, para seu desgosto, nunca deixou de persegui-lo) não chegou logo aos seus ouvidos — só ficaria sabendo dela anos depois, no México, quando lhe foi contada pela cantora Leny Andrade. Foi bom que os músicos tivessem respeitado o seu luto por Gato porque, nos dias seguintes, em quatro sessões, ele deu conta do resto do disco: no dia 1º de abril, gravou "Um abraço no Bonfá", sua homenagem instrumental ao amigo ("Você já reparou no tamanho da mão do Bonfá?", costumava dizer), "Doralice" e a canção que aprendera em Belo Horizonte, "Amor certinho". No dia 4, "Samba de uma nota só" e, *ouh la lá*, "O pato". No dia 5, "Outra vez", que Dick Farney lançara em 1954 e que Elizeth gravara em 1958, com ele, João, ao violão. E completou o disco no dia 8, com "Trevo de quatro folhas" — "num ambiente de paz e passarinhos", como escreveu Tom na contracapa.

E deve ter sido mesmo. Na preparação de "Corcovado", cujos versos iniciais seriam dos mais lembrados e queridos da Bossa Nova pelas décadas seguintes, havia uma coisa que incomodava João Gilberto. Ele começava a cantar e parava logo:

"*Um cigarro e um violão/ Este amor, uma canção.*"

Tentava de novo e não conseguia. Até que se deu conta e disse a Tom:

"Tomzinho, essa coisa de '*um cigarro e um violão*'. Não devia ser assim. Cigarro é coisa ruim. Que tal se você mudasse para '*um cantinho, um violão*'?"

Jobim, que fumava perto de três maços por dia, acedeu à sugestão de João Gilberto, que havia anos já não fumava nada. Ao contrário: desde sua primeira temporada na casa de Dadainha, em Diamantina, João tomara-se de tal horror pela maconha que passara a responsabilizá-la por todos os seus fracassos iniciais. Não queria saber mais dela. Um dos amigos de Ronaldo, "Ilha Rasa", era usuário. Quando ele ia ao apartamento e acendia um *fino*, João Gilberto não gostava daquilo, mas não dizia nada: trancava-se no banheiro ou saía para a rua. Tinha se tornado um bom menino.

Das seis canções de Antonio Carlos Jobim em *O amor, o sorriso e a flor*, três eram só dele e as outras três em parceria com Newton Mendonça: "Samba de uma nota só", "Meditação" e "Discussão". Poucos se deram conta, mas era um disco sem Vinicius. Nenhum problema entre ele e seu amigo. O poeta apenas passara a maior parte de 1959 em Montevidéu, pelo Itamaraty, torturando-se por estar fora enquanto a vida musical pegava fogo no Rio. Só por isso os dois produziram pouco. Melhor para Mendonça porque, sem Vinicius para alugá-lo, Tom pôde voltar-se para seu mais antigo parceiro e amigo, de quem andara distante nos últimos anos.

"Samba de uma nota só", assim como "Desafinado", tornou-se desde o começo um hino da Bossa Nova — uma espécie de carta de princípios, que os musicólogos esmiuçaram com tanta *profundidade* que não se sabe como ela chegou a ser um sucesso popular. Nunca tão poucos compassos provocaram discussões tão longas. O conceito de "a base é uma só", sabia-se, era uma ideia de João Gilberto para explicar onde caíam as síncopes de sua batida. Mas que história era aquela de "uma nota só", se João Gilberto não tocava notas, mas acordes? E, para alguns, "Samba de uma nota só" era incomodamente parecida com a pouco conhecida introdução de "Night and day", de Cole Porter. Enfim, muita confusão. Bolas, por que não foram logo perguntar a Newton Mendonça?

Porque ninguém o conhecia.

13

O AMOR, O SORRISO E A FLOR

O maior mistério da Bossa Nova iria chamar-se Newton Mendonça. Quando ele morreu, no dia 11 de novembro de 1960, aos 33 anos, muitos dos próprios integrantes do movimento se deram conta de que mal haviam chegado a conhecê-lo; poucos o tinham sequer visto; quase ninguém fora seu íntimo. Para o público, era apenas um nome que vinha entre parênteses, junto ao de Jobim, em várias canções nos discos de João Gilberto e Sylvinha Telles. (E, mesmo assim, no selo de "Desafinado", seu nome saíra como *Milton* Mendonça.) Seus admiradores não saberiam dizer se tinha cabelos e olhos castanhos, se era meio gordinho, não muito alto, se usava óculos ou se preferia peteca a futebol. (Era tudo isso.) Ninguém o via nos shows universitários e ele não fazia a vida social da Bossa Nova. (Carlinhos Lyra falou com ele uma única vez, na casa de Bené Nunes.) Sua foto nunca aparecia nas dezenas de reportagens sobre a Bossa Nova em 1959 e 1960. Repórteres pareciam não procurá-lo para entrevistas. Quando morreu, a notícia coube em uma coluna nas páginas internas. Seu enterro, no cemitério do Caju, não provocou comoções.

Anos se passaram. "Desafinado" e "Samba de uma nota só" tornaram-se clássicos, que resistiram ao tempo e até à "morte" da Bossa Nova. Para muitos, são canções apenas de Tom. Ninguém jamais se empenhou muito para que o nome de Newton Mendonça saísse das sombras.

Até agora.

Com o renascimento nos últimos anos do interesse pela Bossa Nova, as pessoas quiseram saber quem foi Newton Mendonça — quem ele era, por que produziu tão pouco, por que morreu tão jovem. Como poucos de seus contemporâneos podem responder a essas perguntas — e nem todos têm paciência para prestar informações —, fantasiou-se até sobre a possível existência de uma cortina de silêncio ao seu redor. "Por que as pessoas desconversam quando se fala de Newton Mendonça?" — eis uma pergunta que é frequentemente respondida com outra: "É mesmo. Por quê?". Nesse terreno fértil para miragens, até as circunstâncias de sua morte passaram a parecer *suspeitas*.

Para piorar as coisas, teóricos consagrados, mas preguiçosos como investigadores, *radiografaram* as ousadias formais de "Desafinado" e "Samba de uma nota só", e pensaram estar fazendo um grande favor a Newton Mendonça ao *reabilitá-lo* como o "primeiro grande letrista da Bossa Nova". Deram de barato que, se Tom fazia as músicas, Mendonça fazia as letras e, com isso, pincelaram com um verniz acadêmico a curiosa campanha que, não é de hoje, tenta isolar Mendonça como letrista. Nunca ocorreu a esses teóricos que, por mais improvável, poderia até ter sido ao contrário — ou seja, que Mendonça tivesse feito as músicas e Jobim, as letras. Ou que poderia ter sido de outro jeito: música e letra, em partes iguais, de Jobim e Mendonça. E que, ao canonizar Mendonça como letrista, poderiam estar sendo injustos para com ele e para com o próprio Tom.

No fim daqueles anos 50, Newton Mendonça não estava fazendo nenhum progresso como pianista da madrugada. Segundo sua carteira profissional, a boate Mocambo lhe pagava 6 mil cruzeiros por mês em 1953. Nenhuma fortuna. Pelo último registro na carteira, o da boate Carrousel, em 1958, Newton punha no bolso duzentos cruzeiros por noite — que, teoricamente, resultariam nos mesmos 6 mil por mês, se eles valessem tanto quanto os de cinco anos antes. E, claro, se nem uma vez ele faltasse ao serviço. A outra diferença é que, em 1953, Mendonça era um compositor inédito e, em 1958, pelo menos sua obra começava a respirar fora da boate. Já tinha sido gravado por vários cantores; sua parceria com Tom em "Foi a noite" fora um sucesso com Sylvinha Telles; e antes de morrer, em 1960, ele presenciaria — *presenciaria* é bem o termo — o furor provocado por João Gilberto com "Desafinado" e "Samba de uma nota só".

Mas Mendonça não participou desse furor, nem perifericamente. Por diversos motivos, entre os quais o seu jeito arredio e um piramidal orgulho, não soube capitalizar a sensação da Bossa Nova para melhorar a sua cotação na bolsa da noite e fazer com que lhe pagassem decentemente nas boates — já que insistia em trabalhar nelas. E os direitos autorais, ainda mais naquele tempo, não passavam de um boato. A verdade é que, para Newton Mendonça, nenhuma das suas grandes criações rendeu-lhe dinheiro vivo enquanto *ele* esteve vivo.

Era um homem travado e introvertido, que guardava seus diplomas debaixo do colchão e cuja única diversão durante o dia era jogar peteca na praia — um curioso esporte daquele tempo. Era, principalmente, de um atroz ciúme dos amigos e não gostava de estranhos em sua roda. A Bossa Nova, em 1959, agrediu-o em todas essas frentes. Seu melhor e mais velho amigo, Tom, sobre quem até então ele exercia uma considerável ascendência, tornara-se uma minicelebridade. A partir daí, ficou difícil para Newton, ao terminar o serviço na boate às quatro da manhã, conseguir que Tom desafiasse sua mulher, Teresa, e saísse da cama para encontrá-lo num botequim na rua Teixeira de Melo, em Ipanema, como acontecera outras vezes. Newton já se conformara em dividi-lo com Vinicius, de quem também ficara amigo, mas, depois de "Desafinado", Tom passara a ser propriedade de todo mundo no competitivo mundinho da Bossa Nova. Além do mais, tinha sido Tom, e não ele, que se tornara o querido da imprensa — como se pudesse ser de outra forma. Mas Newton se ressentia, acusando os jornalistas: "Eles só querem saber do Tom", queixava-se para sua mulher, Cyrene. Esta depois teria outra explicação: "Newton assustava os repórteres".

Se chegasse a ser entrevistado por um deles, Newton Mendonça provavelmente teria coisas a dizer. Como as que dizia para Cyrene, quando era cobrado por ela a respeito do aperto financeiro em que viviam:

"Não faço música para faxineira cantar varrendo a sala."

Só podia ser uma alusão maldosa à história da empregada que teria levado Tom a compor a deslumbrante "Chega de saudade". Mas diria também que isso não diminuía a sua ambição de se ver reconhecido, e que o fazia irritar-se com as brincadeiras de Tom — como uma que este aprontou, em 1956, na boate Posto 5, onde Newton trabalhava. Tom chegou com o jovem repórter José Carlos de Oliveira, tomou o lugar de Newton ao piano e disse, com grande seriedade:

"Carlinhos, escute este samba-canção que eu acabei de fazer."

E tocou "Foi a noite" — dele e *de* Mendonça, claro. Ronaldo Bôscoli, que estava presente e conhecia a música, fez força para não rir, mas Newton não achou graça. Isso pode ter-se tornado uma prática perversa entre os dois parceiros. Poucos anos depois, em 1959, Mendonça cruzou com Tito Madi no Beco das Garrafas e o fez entrar no Ma Griffe, onde estava agora trabalhando.

"Tito, olha só o que eu acabei de compor", disse Newton.

Sentou-se ao piano e tocou-lhe um samba revolucionário. Tito Madi ficou quase estatelado. Não podia adivinhar, mas acabara de ouvir, em primeira mão, "Samba de uma nota só" — melodia, harmonia e ritmo. Ainda sem letra.

Jobim e Mendonça fizeram "Samba de uma nota só" em fins de 1959 e também no apartamento de Newton. Só que, dessa vez, a sério, sem o espírito de fuzarca que presidiu a confecção de "Desafinado". Mesmo assim, não resistiram a uma pequena provocação a Ary Barroso, ao começar a letra com o verso *"Eis aqui este sambinha/ Feito numa nota só"*. Barroso, que acreditava nos ufanismos nacionalistas que escrevia, foi talvez o único grande compositor brasileiro da velha guarda que nunca flertou com ritmos estrangeiros. Em seus programas de calouros, defendia com unhas e alguns dentes a sacralidade do samba e ficava um tigre quando algum desavisado anunciava que iria cantar "um sambinha" — às vezes dele próprio, Ary. Tanto Jobim quanto Mendonça o admiravam, mas ressentiam-se das espetadas que o homem de "Risque" e "Aquarela do Brasil" distribuía contra a Bossa Nova nas mesas da Fiorentina. Não que quisessem desafiá-lo. Ao contrário: ao *minimizarem* o que tinham feito, classificando o seu próprio samba de "um sambinha", pensavam até em cativá-lo — e neutralizá-lo. (Conseguiram.)

Quando "Samba de uma nota só" foi gravado por João Gilberto em abril do ano seguinte, a Bossa Nova já tinha se tornado a mania nacional, mas isso não alterara o estilo de vida de Newton Mendonça. Seu nome ficara relativamente conhecido no selo dos discos — apesar de ter virado *Milton* em "Desafinado" —, mas sua figura continuava tão na sombra quanto nos tempos de "Foi a noite". "Desafinado" tocava agora em todas as rádios, mas Mendonça não estava vivendo à altura dessa glória. O Ma Griffe era um puteiro e ainda lhe pagava mal. Tudo poderia ter sido diferente se ele não tivesse sofrido o seu primeiro enfarte, em maio de 1959. Na véspera daquele dia, ao voltar de manhã para casa, queixou-se de dores no braço e de dormência nas mãos.

"Ontem toquei por honra da firma", disse para Cyrene.

Não fora o primeiro aviso e ele sabia que vinha de uma família de cardíacos, como seu pai e sua irmã. Mas esses pequenos sustos não impediram que Newton continuasse disputando bárbaras maratonas alcoólicas com sua turma em Ipanema. Certa tarde, depois de drenar o estoque de conhaque Georges Aubert que tinha em casa, mandou sua empregada comprar mais uma garrafa no mercadinho. A moça voltou com a informação:

"Eles disseram que não têm nenhum João Gilberto para vender."

Era natural que ela se atrapalhasse: João Gilberto era o nome que mais se ouvia naquela casa. Depois do serviço na boate, Newton ia para a casa de alguém, bebia o resto, fumava o penúltimo cigarro dos seus quatro maços diários de Lincoln e desabava num sofá. Estava tratando seu coração como se este fosse uma *punching-ball*.

Newton não desapontou os evidentes sintomas e teve o enfarte, à saída do trabalho no Ma Griffe. Foi atendido no pronto-socorro que existia na praça do Lido e, no dia seguinte, internado no próprio Hospital dos Servidores. Ficou 21 dias no hospital. Na saída, os médicos passaram-lhe uma receita que ele achou excessiva: tinha de cortar de vez o cigarro, a bebida e a peteca na praia, moderar o sexo e ficar seis meses sem trabalhar. Newton cumpriu aproximadamente a primeira exigência — parou de fumar quando havia gente olhando — e transgrediu com fervor religioso as demais. Menos de dois meses pós-enfarte, voltou a tocar na noite, novamente na boate Carrousel; elegeu o Veloso, na rua Montenegro, como o seu bar de parada obrigatória a caminho do serviço ou de qualquer lugar; e continuou a jogar peteca, agora clandestinamente, no Posto 6. A ideia de ver o maduro compositor de "Meditação" sendo obrigado a jogar peteca às escondidas é tristíssima, mas foi o que aconteceu.

Quanto ao sexo, Newton foi tudo menos salomônico. Aceitou o conselho médico de que ele e Cyrene dormissem em quartos separados, para poupar o coração de sobressaltos. Mas não o poupou de palpitações intensas nos casos avulsos — reais ou imaginários — que passou a ter fora de casa. Suas colegas de trabalho eram as profissionais da noite, o que lhe abria o chamado leque de opções para quando queria se distrair. Mas o que provavelmente o sobrecarregou de emoções foi a sua capacidade de fantasiar paixões, como a que alimentou pela sambista Francineth e principalmente pela cantorinha de rock Sônia Delfino, que comandava o programa *Alô, Brotos!* na TV Tupi. Aos dezessete anos, rival de Celly Campello e, segundo ela própria, virgem, Sônia era a boneca mais cobiçada do meio musical — e sabia disso. Cyrene suspeitava de que os dois tivessem um caso, o que Newton nem confirmava nem desmentia. (Sônia diria depois que admirava muito Newton Mendonça, "à distância", mas sempre negou que os dois tivessem um caso.)

Por via das dúvidas, Cyrene achou melhor levar Newton para longe de Ipanema. Foram morar num sobrado na rua Torres Homem, em Vila Isabel, onde ela pensava mantê-lo relativamente a salvo de tentações. O que aconteceu é que eles se isolaram e isso não fez bem a Newton. Os únicos amigos que se animavam a ir vê-lo na distante

Zona Norte eram Tom e um jovem chamado Cariê (Carlos Alberto Lindenbergh, depois homem de televisão no Espírito Santo). Mas, como continuava trabalhando no Beco do Joga a Chave, Meu Amor, Newton fazia regularmente a sua vida social em Copacabana e voltava cada vez mais tarde para casa — tomando antes o cuidado de comprar alguns bombons, para adoçar Cyrene.

Numa terça-feira, 11 de novembro de 1960, Newton saiu numa tarde chuvosa para encontrar amigos no Ponto dos Músicos, no centro da cidade. Não iria trabalhar aquela noite. Quando voltou, de madrugada, Cyrene já tinha se deitado. Ela o ouviu acertar a custo a chave na fechadura e imaginou que estivesse bêbado. Levantou-se e foi encontrá-lo na sala. Os vapores em Newton podiam realmente ser sentidos à distância, mas ele estava também branco como gesso e com a mão no peito. Tinha conseguido colocar os bombons sobre o piano e tentava pendurar nele o guarda-chuva, que caiu. Havia uma poltrona por perto e ele se jogou nela, com um gemido profundo. Cyrene viu ali um novo enfarte e saiu correndo para chamar um médico que morava no andar de cima. Quando este chegou, Newton Mendonça estava morto.

O *racha* da Bossa Nova sacudiu a Zona Sul nos primeiros dias de 1960 e as pessoas falavam como se estivessem gritando manchetes: Carlinhos Lyra rompeu com Ronaldo Bôscoli! Pegou de volta dez canções que lhe tinha dado para letrar! Carlinhos não fazia mais Bossa Nova! Fazia *sambalanço* — tinha até registrado o título! Assinou com a Philips e mandou os outros lamberem sabão! Ia gravar um disco só dele! Os amigos de ambos também se dividiram! Sylvinha Telles, os irmãos Castro Neves e Alayde Costa foram com Carlinhos! Menescal, Nara, Normando, Claudette Soares e Sergio Ricardo ficaram com Ronaldo!

E por que tudo isso?

Mil hipóteses. Carlinhos morrera de ciúmes quando Ronaldo começara a compor com Menescal. Carlinhos descobrira que Ronaldo era "de direita". Carlinhos se ofendera quando Ronaldo chamara Juca Chaves de "bicão". Carlinhos fora aliciado pela Philips para assinar contrato e daí fazer um disco solo, sem esperar pelo prometido disco que a turma iria gravar na Odeon. Acertou quem acreditou nesta última hipótese.

André Midani vinha prometendo fazer o disco, *A turma da Bossa Nova*, desde o show na Faculdade de Arquitetura, em setembro, mas continuava enfrentando resistências dentro da Odeon. O "contrato" que redigira na casa de Chico Pereira nunca tivera valor e agora, que eles estavam na marca do pênalti para se profissionalizar, muito menos. Midani chegara a levá-los ao estúdio no final de 1959 e começara a gravar o disco, mas, sem um contrato bonitinho e legalizado, ele não sairia. Carlinhos sentia-se, com justiça, a estrela da turma — mais até do que Ronaldo, que era o líder. Se o parâmetro era o LP *Chega de saudade*, os dois tinham duas músicas gravadas por João Gilberto, mas "Maria Ninguém" desempatava o jogo a favor de Carlinhos porque ele a fizera sozinho. E, além disso, Carlinhos também cantava, e Ronaldo não. Mais do que os outros, ele tinha motivos para se irritar com aquele cerca-lourenço da Odeon em relação ao contrato.

Foi quando a Philips (através de João Araújo, segundo Lyra; através de Marino Pinto, segundo Bôscoli) lhe pôs um contrato na frente, com a promessa de que ele gravaria imediatamente o seu disco — solo — e que fariam dele o seu próprio João Gilberto. O contrato piscava em néon diante dos olhos de Carlinhos, mas ele lealmente revelou que já havia gravado a sua participação no *Turma da Bossa Nova* da Odeon. A Philips garantiu-lhe que, sem contrato, aquilo e nada eram a mesma coisa. Lyra então assinou com a Philips, e o rápido João Araújo encarregou-se de que a foto do evento saísse em todos os jornais no dia seguinte. A notícia explodiu como uma bomba de 1 megaton (o máximo em bomba na época) no quintal da Bossa Nova.

André Midani, púrpura de ódio, convocou os repórteres para anunciar que a Odeon embargaria o disco de Carlinhos Lyra na Philips. A Philips achou graça. A Odeon então retirou o projeto *Turma da Bossa Nova* e reduziu-o a um compacto duplo com o conjunto de

Menescal, que também já havia gravado. Alguns participantes da turma, como os irmãos Castro Neves, sentiram-se lesados e aderiram a Carlinhos. Alayde também estava insatisfeita com a Odeon. A Philips contratou-os correndo e começou a dinamitar o grupo que a Odeon vinha displicentemente protegendo. A Bossa Nova, de repente, era o pavio de uma guerra entre duas gravadoras — e, por coincidência, entre uma poderosa múlti (a Odeon) e uma brava gravadora binacional (a Philips, ex-Companhia Brasileira de Discos, ex-Sinter, comprada agora pelos holandeses, mas ainda presidida por Alberto Pittigliani).

Os furúnculos nacionalistas ainda não estavam tão inflamados em 1960 quanto se tornariam dois ou três anos depois. Mas já começavam a pipocar na sede da UNE (União Nacional dos Estudantes), na Praia do Flamengo, onde se reuniam os rapazes que estavam criando o CPC (Centro Popular de Cultura). Alguns desses rapazes (vá lá) eram Ferreira Gullar, Leon Hirszman, Carlos Estevam, Oduvaldo Viana Filho e, este sim, o garoto Carlinhos. O CPC vinha para "recuperar" as "raízes" da "autêntica" cultura "popular", "sufocadas" pelos "tentáculos" da General Motors, da Esso Standard Oil, da Coca-Cola, da Metro-Goldwyn-Mayer e de outras múltis mamutes.

Não que Carlinhos concordasse com tudo que se discutia no CPC. Duvidava, por exemplo, do filósofo húngaro György Lukács, cuja palavra era lei no CPC. Lukács esculhambava Kafka, que Carlinhos achava o fino, e só gostava de Thomas Mann, que Carlinhos achava um chato. Antes disso Carlinhos já ensaiara uma ligeira dissidência, ao desaprovar o nome original com que queriam batizar o CPC — e que seria CCP (Centro de Cultura Popular).

"Sou contra", ele votou. "Sou burguês. Não faço cultura popular, faço cultura burguesa, não tem jeito."

Alguns o olharam horrorizados. Como alguém tão inteligente e alinhado com as aspirações populares poderia dizer-se "burguês"? Carlinhos explicou que o fato de gostar de samba de morro não o fazia ter vontade de mudar-se para a favela e que, portanto, não saberia produzir o tipo de música que aqueles sambistas faziam. Além disso, usava camisas de zuarte, compradas na Casa da Pátria, na praça

Mauá, apenas porque estavam na moda. Mas era favorável a um centro *popular* de cultura, que estaria aberto a todas as tendências. Ferreira Gullar achou que ele tinha razão. E tinha mesmo de achar porque, havia menos de um ano, Gullar ainda estava empenhado em poemas neoconcretistas, um dos quais, chamado "O formigueiro", fora feito para ser enterrado num terreno baldio — fisicamente enterrado —, não se sabe com que propósitos.

"E, assim, o CCP tornou-se o CPC", disse depois Carlinhos.

A rebeldia de Carlinhos se manifestava também quando ele ia a São Paulo para as primeiras apresentações da Bossa Nova em eventuais programas de televisão, e a produção dos programas tentava induzi-lo a dizer alguma coisa simpática sobre o patrocinador. Num desses, na TV Excelsior, patrocinado pelas pastilhas Mentex, ele terminou de cantar e uma garota fantasiada de coelha, com orelhas, pompom e um tabuleiro pendurado no pescoço, aproximou-se sorridente e perguntou-lhe no ar:

"Aceita um Mentex?"

"Não. Acho horrível", respondeu Carlinhos, ao vivo.

O sincero Carlinhos aproveitava mais essas idas a São Paulo para participar da fundação de uma célula do Partido Comunista em Higienópolis. Mas o contrato com a Philips começou a solicitá-lo demais e, daqueles papos com Vianinha, Flávio Rangel, Chico de Assis, Cleide Yáconis, Stenio Garcia e Gianfrancesco Guarnieri, de concreto para ele só resultou a vontade de que suas músicas falassem de assuntos menos *alienados* do que as que vinha fazendo com Ronaldo Bôscoli. Ironicamente, a primeira pessoa de quem ele ouvira a expressão "ser de esquerda", havia alguns anos, fora Ronaldo — contra, é claro. Os dois se chocavam nesse terreno. Ele, Carlinhos, era "de esquerda", mas isso não os impediu de fazer "Canção que morre no ar", que não era de "esquerda", nem de "direita", apenas bonita.

Mas, para quem era de "esquerda", Carlinhos até que levava um notável jeito para negócios. Por sua iniciativa, a *academia* de violão com Menescal se expandira e tinha agora uma filial, na rua Maestro Francisco Braga, também em Copacabana. Fora Carlinhos quem mais batalhara para que a Odeon produzisse o bendito contrato. E fora ele quem tentara convencer Ronaldo Bôscoli a registrar, em nome de ambos, a expressão Bossa Nova.

Lyra antevia, com razão, que, pelo barulho que se vinha fazendo em torno do nome — o qual chegara decididamente às ruas —, em breve tudo iria ser "Bossa Nova". Aliás, isso já estava começando a acontecer: de vez em quando, uma nova marca de geladeira ou um lançamento imobiliário eram anunciados nos jornais como "Bossa Nova". Temia que, pelo desgaste, os outros lhes tomassem o *seu* brinquedo. Mas, para sua surpresa, Ronaldo não se interessou. Disse que não achava justo: ninguém sabia quem tinha inventado a expressão e, se tivesse de ser alguém, seria a anônima funcionária do Grupo Universitário Hebraico, onde o termo apareceu pela primeira vez. Ele, Ronaldo, havia apenas contribuído para popularizá-lo, juntamente com Moysés Fuks e João Luiz de Albuquerque. Além disso, quem inventara a Bossa Nova? João Gilberto? Tom Jobim, Newton Mendonça, Vinicius? Johnny Alf, João Donato? Ou todo mundo?

As divergências eram muitas entre Lyra e Bôscoli, que os mais velhos chamavam de "o Tom e Vinicius dos juvenis". Quando o contrato com a Philips provocou a cisão com o resto do grupo, Carlinhos achou que não tinha mais o direito de dizer que fazia "Bossa Nova". Procurou um outro nome para a sua música e achou-o: *sambalanço*. Claro que a música era a mesma Bossa Nova, mas aquele nome era seu. Carlinhos estava tão confiante no sucesso do *sambalanço* que, antes que os aventureiros lançassem mão dele, gastou tempo e dinheiro e inscreveu-o no Registro de Marcas e Patentes. (Aconteceu que, na prática, ninguém se interessou em roubar o *sambalanço* e a única aplicação do nome, que não por Carlinhos, foi feita inadvertidamente pelo pianista Cesar Camargo Mariano, que anos depois batizou assim o seu trio — o qual tocava Bossa Nova.)

A Philips deixou que Carlinhos brincasse como quisesse de *sambalanço*, mas, na hora de batizar o seu primeiro disco, não hesitou um segundo. Chamou-o de *Bossa Nova Carlos Lyra*. E ainda pediu a Ary Barroso, a essa altura institucionalizado como o principal avalista do movimento, que escrevesse a contracapa. Quisesse ou não, Carlinhos Lyra continuou Bossa Nova — e nem esta abriria mão do seu (nas palavras do próprio Tom) maior melodista.

A Philips honrou a palavra e soltou *Bossa Nova Carlos Lyra* no começo de maio. O maestro Carlos Monteiro de Souza caprichou para que os arranjos lembrassem os que Jobim fazia para João Gilberto, mas o disco dava a impressão de ter mais Bossa Nova na capa do que no recheio — metade dele era de seus antigos sambas-canção ou soava como se fosse. Carlinhos também estava esvaziando as gavetas. Mas, obviamente, como cantor ele não era João Gilberto, e seu violão menos ainda. (O violão em "Rapaz de bem", de Johnny Alf, que Lyra cantava no disco, era Baden Powell — muito mais para o jazz do que para a Bossa Nova.) Mas todo o repertório ("Chora tua tristeza", "Ciúme", "Barquinho de papel", "Gosto de você", "Quando chegares" etc., para não falar em "Maria Ninguém") era muito bonito e mais do que testado e conhecido nos shows da Bossa Nova no ano anterior.

Show? É mesmo! Haveria outro aquele mês, na própria Faculdade de Arquitetura onde acontecera o primeiro. Bôscoli já o marcara havia meses e prometera que este seria o show da consagração, da apoteose da Bossa Nova. Mas, agora, com o racha entre ele e Carlinhos, como ficavam as coisas?

A turma de Carlinhos deu a resposta: faria o seu próprio show, na PUC, na mesma noite. O Rio de Janeiro iria ver se era grande o bastante para comportar as duas Bossas Novas.

Os jovens da Zona Sul se mobilizaram naquela noite de maio de 1960, uma sexta-feira. Havia quem suspirasse por não poder estar nos dois lugares ao mesmo tempo. Na faculdade da Praia Vermelha, seria *A noite do amor, do sorriso e a flor*, com toda a turma de Ronaldo e a prometida presença de João Gilberto (pela primeira vez num show da Bossa Nova), além de Vinicius. Na faculdade da Gávea, seria a *Noite do Sambalanço*, com a turma de Carlinhos, anunciando como atração uma discutível adesão: Juca Chaves, em voga na época com suas baladas e modinhas, todas mais para Avalon do que para o Arpoador.

Os jornais, com *Última Hora* à frente, fizeram a sua parte para apagar o incêndio com gasolina. Torceram abertamente pela turma de Bôscoli, divulgando dia a dia os ensaios e a escalação do time, com todas as suas estrelas: João Gilberto, Vinicius, Os Cariocas, Johnny Alf (trazido de São Paulo pelo jornal), Norma Bengell e mais três contribuições da Odeon: Rosana Toledo, Elza Soares e o Trio Irakitan. Quando se tratava de falar do outro show, *Última Hora* adorava citar a frase de Nara:

"Os outros são Carlinhos Lyra, Juca Chaves, Alayde Costa e um grupo de aprendizes de violão."

Era nitidamente o show da Odeon contra o da Philips, mas nem todos os seus participantes sabiam disso. Quanto ao público, nem desconfiava. A Odeon cedeu todo o equipamento para a apresentação, instalou-o na Arquitetura e ainda providenciou kombis para o transporte dos artistas. Na PUC, a Philips fez o mesmo. Mais uma vez, estimativas meio aéreas falaram em 3 mil pessoas na Arquitetura e quase outras tantas do lado de fora. Na PUC, que também lotou, foi um pouco menos, mas apenas porque o seu espaço era menor. O show da Arquitetura, como era previsível, foi muito melhor, e os que preferiram o da PUC arrependeram-se no dia seguinte. Aquela batalha específica foi ganha pela Odeon, e de tal forma que ninguém ali adivinharia que, no final, a Philips fosse vencer a guerra.

Ronaldo Bôscoli anunciou ao microfone:

"Esta é *A noite do amor, do sorriso e a flor*. É o primeiro festival de Bossa Nova — mas de Bossa Nova *mesmo*."

Queria dizer que o outro, o da PUC, não era — ou que o realizado no teatro Record, em São Paulo, uma semana antes, também não era muito, por ter sido composto pelo pessoal de Carlinhos Lyra e cantores locais. A *verdadeira* Bossa Nova estava ali na Arquitetura, tendo como cenário um telão pintado pelo estudante Mauro Halfeld dos Guaranys, que mostrava uma rosa e o impressionante escrete de atrações.

Uma dessas atrações era Johnny Alf, que o público carioca não via fazia cinco anos. Enquanto ele estivera fora, justamente em São Paulo, a Bossa Nova acontecera à sua revelia e ele havia ficado para trás. Os mais jovens, e que eram a grande maioria na plateia, não sabiam que, do seu piano no bar do Plaza, tinham saído alguns dos principais ingredientes da receita. Bôscoli tentou ser didático ao apresentá-lo:

"Os verdadeiros entendidos na história da Bossa Nova não poderão estar esquecidos deste nome. Faz dez anos que ele toca música bossa-nova e por isto foi muitas vezes chamado de vigarista e de maluco. Johnny Alf!"

Alf foi ao piano e tocou e cantou "Rapaz de bem" e "Céu e mar", seus dois grandes clássicos — desafinando horrores, vendo a voz falhar, parecendo assustado e trêmulo. E estava mesmo. Arrancá-lo de São Paulo para aquele show já tinha sido uma façanha. Nunca cantara para tanta gente de uma vez e sua colossal timidez entrara em cena. Para criar coragem, tomara hectolitros antes, durante e depois da viagem, e chegara trêbado à Arquitetura. Um dos estudantes, Luís "Chupeta", e mais dois colegas da Associação Atlética convenceram-no a ir com eles a um banheiro da Arquitetura. Lá, tiraram-lhe a roupa e deram-lhe uma possante chuveirada, para fazê-lo voltar ao planeta Terra. Isso considerado, até que sua apresentação foi muito boa.

Norma Bengell, prudentemente, não cantou com as pernas de fora. Mas antes o tivesse feito. Entrou carregando um *poodle* branco e enfiada numa malha justa que realçava cada sinuosidade de seu corpo espetacular. Devia ser uma delícia ouvi-la, com aquele visual, cantando *"Vem, menina feia/ Todo o seu medo vai acabar/ Mas se você é feia/ Amor bonito você vai encont-RRRar"*. Os rapazes na plateia deliravam, mas as meninas — as primeiras tietês da Bossa Nova, como a jovem Wandinha Sá, de quinze anos — nem tanto. Para elas, com seus vestidos tubinho e saias-balão, Norma Bengell era *mulher* demais para ser da Bossa Nova.

Elza Soares, então, nem se fala. Sua participação, cantando "Se acaso você chegasse", foi aplaudida, mas, com todos aqueles *scats* rascantes de Louis Armstrong, ela não saiu do show com o apelido de que gostaria — Elza *Armstrong* Soares —, e sim com outro, muito menos elogioso: *O catarro que canta*. Não se sabe como, mas houve espaço para todo mundo: o pessoal de casa (Normando, Luiz Carlos Vinhas — que entrou no palco de velocípede —, Chico Feitosa, Nara, Claudette Soares, Sergio Ricardo e o conjunto de Menescal — com Eumir Deodato ao piano —, que acompanhou praticamente todo mundo) e mais os dois representantes de São Paulo, Pedrinho Mattar e Caetano Zama. Vinicius foi o único que não cantou: entrou trazendo pela mão sua filha Georgiana, e a Arquitetura veio abaixo. Maldosamente, a *Última Hora* daquele dia o chamara de "vovô Bossa Nova" — embora Vinicius tivesse 47 anos, e Georgiana, sete.

As duas maiores atrações fecharam a noite: sr. e sra. João Gilberto. Ele entrou sob um silêncio de abismo e, debaixo de 3 mil pares de bocas e narizes que se esforçavam para não respirar, cantou "Samba de uma nota só" e "O pato". Em seguida, acompanhou Astrud ao violão, fazendo harmonias com a voz, em "Lamento" e "Brigas, nunca mais", ambas de Tom e Vinicius. As pessoas acharam que Astrud cantava muito direitinho, mas se alguém insinuasse que, dali a quatro anos, ela estaria vendendo milhões de discos nos Estados Unidos, seria internado no Pinel, ali ao lado. Astrud saiu e João Gilberto encerrou com o tema do espetáculo: o amor, o sorriso e a flor de "Meditação", de Tom e Newton Mendonça — o qual, por sinal, não foi visto na Arquitetura e ninguém garante se chegou a ser convidado. (Quando ele morreu, dali a seis meses, devem ter sentido remorsos.)

Três dias depois da *Noite do amor, do sorriso e a flor*, a estrela americana Lena Horne cantou "Bim bom" em português no Golden Room do Copacabana Palace e teve de bisar três vezes o número. Aprendera a música pelo disco de João Gilberto e agora queria conhecer João em pessoa, se possível. O repórter João Luiz de Albuquerque tornou isso possível, levando-o à suíte de Lena no Copa, onde ela ensaiava com seus músicos. Assim que o viu, Lena atirou-se ao seu pescoço e disparou a falar sobre como ele era absolutamente isso e aquilo e aquilo outro. João Gilberto sentia que Lena Horne estava entusiasmada a respeito de alguma coisa, mas começou a ficar desesperado:

"Eu não entendo uma palavra do que esta mulher está dizendo!"

Quando ela sossegou e João pegou o violão para cantar, os músicos de Lena tentaram acompanhá-lo, a princípio cautelosos, mas, em poucos minutos, o som que produziam juntos parecia ter sido ensaiado durante semanas.

Outros cantores americanos começavam a descobrir a Bossa Nova. No ano anterior, Sarah Vaughan viera pela primeira vez ao Brasil, ouvira Johnny Alf na nova Baiúca-Roosevelt, em São Paulo, e o convidara a ir com ela para a América. Alf gelou e fez de conta que não entendeu. Imagine, ir para a América *com* Sarah Vaughan, se Sarah Vaughan era tudo que ele queria *ser*! Nat "King" Cole também estivera por aqui, apresentando-se no Copa e recolhendo material para seus discos *latinos*. Sylvinha Telles gravara duas faixas com ele. Nat era um dos ídolos de João Gilberto, e este ele fez questão de ver de perto. Postou-se num corredor da Odeon, que era a gravadora de ambos, e ficou quase duas horas de tocaia, perto de uma porta pela qual sabia que ele iria sair. Nat "King" Cole saiu, fumando de piteira, e passou rapidamente — alguns segundos —, a milímetros de João Gilberto. Aquela noite, na casa de Tom, João comentou, maravilhado:

"Ele não é preto. É azul!"

Não era a todo mundo que João Gilberto dava aquela confiança. Naquela época, estava pacatamente em casa com Astrud e um amigo, Alberto Fernandes, de Porto Alegre, quando seu padrinho Jorge Amado lhe telefonou. Jean-Paul Sartre e Simone de Beauvoir, em visita ao Brasil, estavam em sua casa no Rio e não seria ótimo que João desse um pulinho até lá e levasse o violão?

"Está bem, Jorge. Eu já vou."

Sartre e De Beauvoir já morreram e até hoje João Gilberto não chegou.

"E, agora, a Voz-Orgulho do Brasil: Vicente Celestino!", anunciou triunfante Cesar de Alencar em seu programa de auditório na Rádio Nacional.

Vicente alçou a fronte, deixou que os ventiladores do palco lhe acariciassem a basta cabeleira e inflou o peito:

"O paaato/ Vinha cantaaando aleeegremente/Qu-ém, qu-ém..."

A escolha de "O pato" por um barítono de opereta como Vicente Celestino já era cômica o suficiente, mas sua maneira de pronunciar o "quém, quém — dividindo as sílabas em "qu-ém, qu-ém" — era de dobrar de rir. Os jurados de Cesar de Alencar, todos jornalistas, faziam o máximo para controlar-se. Afinal, Vicente já estava com 66 anos. Era uma glória da música popular, mas seu último sucesso na vida fora no filme *O ébrio*, em 1946. O fato de ter resolvido cantar uma música da Bossa Nova — mesmo fazendo o reboco cair do teto — mostrava que, pelo menos, o homem tentava atualizar-se. Por isso, os jurados, chamados a dar notas a Vicente, foram passando o microfone de mão em mão e dizendo, quase que no piloto automático:

"Dez."

"Dez."

"Dez."

"Dez."

"Zero."

Silêncio no auditório. Alguém dera zero a Vicente Celestino! O carrasco que ousara fazer isso era Moysés Fuks, ex-*Última Hora*, agora em *Radiolândia*. Seus colegas de júri o olharam como se ele fosse um marciano. Mas Fuks sabia o que estava fazendo. Na qualidade de quem, como diretor artístico do Grupo Universitário Hebraico, promovera o show onde se lera pela primeira vez a expressão Bossa Nova, ele não iria permitir que um clássico do movimento, como "O pato", fosse desfigurado daquele jeito por alguém que considerava um canastrão do passado, por mais glorioso. Alguém no júri fez *tsk*, *tsk*, e foi a última coisa que se ouviu. As *macacas* tiraram dos embornais todo o farnel que haviam levado para sobreviver durante as oito longas horas no auditório e alvejaram Fuks e os demais jurados com ele. Quibes, tomates e laranjas explodiram em suas cabeças, e Cesar de Alencar não sabia se consolava o vexado Vicente ou se salvava os jurados do linchamento.

"O pato" foi, no princípio, o grande *hit* do segundo LP de João Gilberto. Na sua aparente gratuidade, era colorido como um desenho animado e muito bem construído ritmicamente. (Ou, pelo menos, João Gilberto o fizera parecer assim.) Com o sucesso, um de seus autores, Jaime Silva, teve de sair da toca, nem que fosse para acertar com a Odeon o recebimento dos direitos autorais. Jaime aproveitou para procurar João Gilberto e mostrar-lhe mais algumas canções de seu repertório, na esperança de que ele as gravasse. Mas João Gilberto ficou decepcionado. Todos os outros sambas de Jaime Silva eram na linha de "O pato": ele tinha "O sapo", "A vaca", "O marreco" — a granja completa — e nada era tão bom.

Mas "O pato" estava destinado a fazer uma carreira brilhante. Todo mundo parecia conhecê-lo. O programa *Noite de Gala* às vezes era transmitido de fora da TV Rio e, numa dessas noites, foi visitar o Tijuca Tênis Clube. A plateia era composta de centenas de associados do clube, e o ginásio, onde se improvisara o *estúdio*, estava apinhado dos artistas, dos técnicos e de inúmeros sambistas da Mangueira. João Gilberto só concordara em aparecer naquele programa porque o produtor, Abelardo Figueiredo, praticamente o arrastara.

Feito o silêncio possível, João entrou em cena, esperou até ouvir o zumbido de uma mosca e começou:

"O pa-to/ Vinha cantando alegremente-"

Como se estivessem diabolicamente combinados — o que, claro, não estavam —, as centenas de associados, os outros artistas, os técnicos e a turma da Mangueira completaram em uníssono:

"QUÉM-QUÉM!!!"

João Gilberto se calou. Dardejou um olhar sofrido e triste para a plateia, por intermináveis segundos. Então murmurou ao microfone. "Eu não sou Miltinho" — e foi embora.

Nunca se soube por que ele fez essa referência ao ex-*crooner* e pandeirista dos Anjos do Inferno e dos Namorados da Lua, e que estava estourando em 1960 com um samba chamado "Mulher de trinta".

14

É SAL, É SOL, É SUL

Depois de devolver os anéis a Carlinhos Lyra, Ronaldo Bôscoli contraiu núpcias musicais com Roberto Menescal. Começou ali o que Ronaldo classificaria como "o grande feriado" na vida de todos eles. Foi um casamento entre a música e o mar — tão óbvio que ainda não lhes tinha ocorrido. Hoje podemos pensar que a Bossa Nova já nasceu com gosto de sal, porque canções como "Garota de Ipanema", de Tom e Vinicius, em 1962, e "Samba de verão", de Marcos e Paulo Sergio Valle, em 1964, foram imensos sucessos e passaram a simbolizá-la tão bem. Mas não foi sempre assim. O mar só começou a ser explorado a partir do verão de 1960-1961, quando Menescal e Bôscoli juntaram seus arpões e canetas para valer.

Até aquele verão, Menescal não compunha. Sua única tentativa anterior, "Jura de pombo", fora um parto tão doloroso para ele e seu letrista, o próprio Bôscoli, que Menescal decidira contentar-se em ser apenas guitarrista como Barney Kessel, Charlie Byrd ou Jim Hall. (Alayde Costa chegara a gravar a musiquinha, mas Alayde não valia, porque era amiga.) Sem dúvida que a sombra de Carlinhos Lyra ao lado de Ronaldo pesava sobre ele. Menescal achava que nunca seria tão espontâneo, melódico e lírico quanto Carlinhos. Mas, agora que este ficara de mal com quase toda a turma (tinham até separado as *academias*), o mar se abria à frente de Menescal para compor com Ronaldo. E, desse mergulho, saíram, quase de primeira, "Nós e o mar", "Rio", "Ah! Se eu pudesse", "Mar, amar", "A morte de um Deus de sal" e — será preciso citar? — "O barquinho". Todas no gênero sol/sal/sul.

Um fator decisivo para que isso se tornasse possível foi quando Menescal conseguiu arrancar Bôscoli do asfalto e atraí-lo para as pescarias em Cabo Frio, Arraial do Cabo e Rio das Ostras com sua turma: Chico Pereira, Jom Tob (Jomico) Azulay, Henrique *Peropeba*, Ronaldo *Cientista*, o ex-Garoto da Lua Toninho Botelho e, eventualmente, Luizinho Eça e Luiz Carlos Vinhas. Bôscoli e Chico Feitosa juntavam-se a eles e, às vezes, Nara também ia. No começo, Menescal e Chico Pereira alugavam uma traineira com motor a gasolina, a *Thiago III*, com capacidade para dez pessoas — e que seria o próprio barquinho da canção. Só depois foram sócios numa lancha, a *Luanda*. Para não tomar sereno, alugavam uma casa de pescador em Arraial do Cabo e levavam camas Dragoflex, de ferro e lona, ou dormiam sobre esteiras de praia, daquelas em que a areia penetra nas dobras e costuras, e tatua o corpo de quem se deita nelas. Rústico, não? Mas tudo em nome da aventura.

Menescal e os outros faziam pesca de mergulho, mas ninguém era páreo para ele. Seus companheiros de pescaria concordam em que Menescal era imbatível: encontrava peixe, de toca ou de corrida, em qualquer lugar — olhos-de-boi, badejos e garoupas. Estes eram peixes mansos, o que tornava a coisa desleal, porque, embora o peixe estivesse em seu elemento, Menescal tinha as armas — os arpões — e uma pontaria simplesmente assassina. A cada tiro seu o fundo do mar se tingia de sangue. É difícil acreditar que, dessa ferocidade, saíram aquelas canções que fizeram do mar um cenário de idílio nas canções da Bossa Nova.

Os combates debaixo d'água só eram equilibrados quando se tratava de meros ou de arraias jamanta, peixes que não fazem mesuras para ninguém. Mas Menescal ganhava sempre: sua foto com um mero de 360 quilos, humilhantemente fisgado, saiu em vários jornais, para vergonha do mero. Apesar da celebridade, seus talentos como pescador ainda eram motivo de chacota em Ipanema — ninguém que não fosse às pescarias acreditava naquelas façanhas. Até o dia em que, na praia, em frente à rua Farme de Amoedo, Menescal vestiu a roupa de borracha, pegou o arpão no carro e disse aos amigos:

"Vou ali buscar um peixe."

Os outros riram, ele mergulhou e, em poucos minutos, voltou com uma garoupa. Em 1960, peixes ainda iam à praia na Farme de Amoedo.

Bôscoli ficou muito impressionado quando Menescal lhe *provou* a existência de Deus, ao revelar-lhe o fundo do mar e fazê-lo descobrir que ali existia uma "cidade iluminada". Era possível que existisse, mas Bôscoli preferiu descobrir isso da maneira mais segura possível: colocando a máscara e mergulhando a cabeça apenas alguns palmos, enquanto o seguravam pelas pernas dentro do barco. Na verdade, sua verdadeira função nas pescarias era a de "técnico", segundo a sua própria definição. Postava-se na parte mais alta do barco e ficava dando instruções à turma — e ao peixe — lá embaixo:

"Vai, Chico! Recua, Menescal! Peixe, olha o ladrão!"

O uniforme de mergulho eram as roupas de homem-rã, mas Chico Feitosa preferia usar calcinhas de mulher sob elas. Dizia que eram mais confortáveis. Na areia, eles foram dos primeiros no Rio a usar os shorts estampados de surfistas, que ainda não se encontravam para comprar e eram feitos sob medida pela mulher de um dos porteiros da Galeria Menescal. Mas nem tudo era tranquilo nas pescarias. Menescal não permitia bebida a bordo, o que obrigava Ronaldo e Toninho Botelho a contrabandear uísque ou pinga para o barco, em garrafas de guaraná Caçula, casco escuro.

Ceci, o barqueiro que conduzia o *Thiago III*, não acreditava que Ronaldo e Menescal fossem artistas "de rádio". Rádios eram raros em casas de pescadores e televisores, inexistentes. Os dois não se conformavam com que Ceci não prestasse as devidas vênias ao seu sucesso e, num daqueles fins de semana, levaram um rádio de pilha para o barco. Em poucos minutos, a Rádio Jornal do Brasil tocou "O barquinho", e o locutor deu o nome da música e dos autores: "Com Maysa, de Menescal e Bôscoli, ouvimos 'O barquinho'".

"E agora, acredita ou não?", desafiou Menescal. "Você ouviu o que o cara falou: 'O barquinho', de Menescal e Bôscoli."

"E daí?", argumentou Ceci. "Não tem só um Menescal e Bôscoli no mundo."

Talvez não, embora as canções da dupla sobre o mar fossem *the talk of the town* no Rio e aquela parceria valesse, como se dizia, por um "Caymmi da Zona Sul". Mas Ceci, com certeza, não acreditaria nem em João Gilberto, se o visse.

Os próprios Ronaldo e Menescal também achavam difícil acreditar em João Gilberto. Na única vez em que conseguiram levá-lo a Cabo Frio, ele se recusou a entrar no barco e a participar da pescaria. Os outros saíram ao mar e João Gilberto sentou-se numa pedra para esperá-los — de roupa e tudo, sob um sol de derreter catedrais, embora sobrassem árvores na vizinhança. Quando voltaram, quase à noite, encontraram-no no mesmo lugar — absolutamente bordô, inchado da exposição ao sol e gemendo, "Por que vocês fazem isso comigo?". Foi uma sorte que, quando isso aconteceu, em 1961, ele já tivesse gravado "O barquinho".

Muito antes de João Gilberto gravá-lo, no entanto, "O barquinho" já era a sua senha para anunciar-se à janela das casas dos amigos, tarde da noite. Ao ouvir seu assovio, o dono ou dona da casa sabia de quem se tratava e descia para dizer-lhe quem estava lá. Dependendo da lista de presença, João Gilberto entrava para participar da reunião — ou ia assoviar sob outra janela. Não que fosse tão desfrutável. Sua presença numa festa passara a ser mais disputada no Rio do que a do próprio governador Carlos Lacerda — talvez porque, exatamente ao contrário de Lacerda, ele atendesse a apenas um de cada cem convites. Tornou-se um ponto de honra para qualquer *hostess* poder garantir para seus convidados, "O João Gilberto vem!", embora não houvesse a menor garantia de que isso acontecesse — e, na maioria das vezes, *não* acontecesse.

Era grande também o número de anfitriãs que anunciavam a sua presença numa festa — mesmo que nunca o tivessem visto na vida —, apenas para se assegurar da presença de todos os convidados. Mas, mesmo às festas a que comparecia, não havia certeza de que João Gilberto ficasse muito tempo, ou até que ficasse. Certa noite, entrou no apartamento de Billy Blanco, cumprimentou com os olhos, uma a uma, todas as pessoas — conhecia 99% delas — e, ao completar a volta na sala, saiu de novo pela porta sem dizer gato. "Foi o 1% restante que o perturbou", presume Blanco. Ao mesmo tempo, podia aparecer na casa de qualquer amigo sem ser convidado, quando menos se esperava, e cantar até que as pessoas começassem a dormir em rodízio para continuar ouvindo-o.

Já naquele tempo, o principal veículo de comunicação de João Gilberto com o mundo exterior era o telefone. Costumava ligar para sua amiga Laurinha, mulher de Abelardo Figueiredo, e falar com ela durante seis horas seguidas, com apenas um intervalo de quarenta minutos para que *ele* comesse alguma coisa — durante o qual pedia a Laurinha que esperasse na linha. O que ela fazia, lógico.

Brasil 60, produzido por Manoel Carlos e comandado por Bibi Ferreira na TV Excelsior de São Paulo, em 1960, era o programa mais ambicioso da televisão brasileira de seu tempo. Visto de hoje, era mais um programa de auditório, mas queria ser moderno, luxuoso e sofisticado — o que explica que insistisse em incluir a Bossa Nova entre as suas atrações. A reticente e conservadora plateia de *Brasil 60* torcia o nariz a ela, que achava uma "coisa de carioca", mas Manoel Carlos era esperto o suficiente para combinar a Bossa Nova com algo de que a plateia gostasse e fazê-la engolir a pílula.

João Gilberto foi diversas vezes ao *Brasil 60*, em aparições preparadíssimas — com diálogos ensaiados e tudo. Na primeira delas, Manoel Carlos teve a grande ideia de acoplá-lo a seu antigo ídolo Orlando Silva, então apenas um nome, não mais um cantor. Orlando entrou no palco e, com as cordas vocais lamentavelmente esgarçadas, apresentou um de seus clássicos. Agradeceu os aplausos a que fazia jus por seu passado e recebeu João Gilberto, que entrou no palco sob a fria desconfiança da plateia. João Gilberto abraçou-o, confessou-se seu maior fã e disse que o imitava em Juazeiro. Seguindo o *script*, Orlando fingiu não acreditar, pediu para ver e João Gilberto desfiou "Aos pés da cruz". Orlando esperou que ele cantasse a música inteira, juntou-se a ele e os dois terminaram num emocionante dueto.

A plateia sentiu sinceridade em João Gilberto — a qual, apesar do *script*, era real — e começou até a vê-lo com outros olhos. A Bossa Nova, apesar de "carioca", não podia ser tão fútil e leviana, se João Gilberto tinha tanto respeito por Orlando Silva. Muitos daqueles cinquentões teriam conservado seus preconceitos se presenciassem, poucos dias depois, o alquebrado Orlando, com lágrimas nos olhos, queixando-se a um diretor da TV Tupi, no Rio, de que a televisão agora o queria apenas para servir de *escada* para João Gilberto.

Os jovens estudantes do Mackenzie, em São Paulo, podiam não assistir ao *Brasil 60*, mas tinham coisa melhor: depois do programa, Manoel Carlos levava seus convidados — Tom, Vinicius e até mesmo João Gilberto — ao barzinho sem nome do diretório da escola, na rua Dr. Vilanova, onde os meninos podiam ouvi-los ao vivo, acompanhados pelo trio que funcionava no programa: Pedrinho Mattar ao piano, Luiz Chaves ao contrabaixo e Rubinho à bateria — dois terços do futuro Zimbo Trio. O barzinho depois passaria a chamar-se Sem Nome e seria um *point* da Bossa Nova que se produziria em São Paulo.

A Bossa Nova não demorou a descobrir São Paulo, porque, em 1960, era a única cidade a pagar pelo que o Rio achava que devia ter de graça. No futuro próximo, o mercado paulista, incluindo a televisão e os shows no teatro Paramount, seria decisivo para segurar o refluxo da Bossa Nova no Rio. Mas, naquele ano de 1960, Vinicius quase poria tudo a perder ao se meter numa confusão na boate Cave, na rua da Consolação, pronunciando a célebre frase em que chamava São Paulo de o "túmulo do samba".

Vinicius tinha ido a São Paulo resolver uns negócios e entrara no Cave para fazer hora antes de voltar — de táxi — para o Rio. A boate estava vazia, exceto por uma mesa, cujos integrantes o reconheceram e o convocaram em altos brados. "Eram uns grã-finos, já meio no *óleo*", contou depois Vinicius. Sentou-se com eles e, como falavam alto, não ouvia bem a música do conjunto que tocava. De súbito, Vinicius distinguiu o piano de Johnny Alf em meio à barulheira. Levantou-se e foi bater um papo com ele. Aquilo irritou o grupo. Quando voltou, um dos grã-finos censurou-o:

"Que mau gosto, trocar a nossa companhia por um sujeito que não toca coisa com coisa, desafina tudo e com todas as harmonias erradas."

Vinicius o encarou:

"Um sujeito que usa essa sua cara e esse seu bigode não tem o direito de piar sobre música. Johnny Alf é um grande compositor e você é que não tem ouvido para entender as harmonias que ele faz."

Paulo Cotrim, relações-públicas do Cave, ouviu a discussão e veio correndo. Mas Vinicius já tinha voltado ao piano e estava dizendo a Johnny Alf:

"Meu irmãozinho, pegue a sua malinha e se mande para o Rio de Janeiro, porque São Paulo é o túmulo do samba."

E saiu sem dizer tchau. Johnny Alf, pivô involuntário da confusão, preferiu ficar quieto — mesmo porque, apesar de carioca de Vila Isabel, nunca fora exatamente do samba, e sim do jazz. Mas a frase de Vinicius, da qual depois ele se penitenciou de público, foi repetida pelos anos. Os paulistanos custaram a perdoá-lo.

A boba rivalidade entre Rio e São Paulo estava numa espécie de apogeu em 1960, e frases infelizes, como aquela de Vinicius, contribuíram para avivá-la. Um dos que tentaram aplicar uma ducha na história foi Murilinho de Almeida, *crooner* da boate Sacha's, no Leme, e usuário de um *wit* estilo Truman Capote. Em São Paulo, numa festa chique em que se falava da frase de Vinicius e a conversa ameaçava recair para as diferenças entre São Paulo e Rio, Murilinho abaixou as calças, mostrou a bunda branca contrastando com as pernas queimadas de sol e disse no inglês que pensava falar:

"Ladies and gênrolmen, zis is zi difference bè-twin Rio and São Paulo!"

Para um diplomata na ativa, Vinicius parecia fora de forma. No ano anterior ao de sua briga com São Paulo, investiu dez dias de sua vida, em setembro, compondo com Tom Jobim um poema sinfônico sobre uma cidade que ainda não existia: Brasília. Juscelino, em fim de governo, os convidara a ir para lá a fim de escrever uma obra para ser executada no espetáculo de *son et lumière* no dia da inauguração da cidade, 21 de abril de 1960. Os dois foram de carro para Brasília, no fusquinha de Tom, e Juscelino os instalou no Catetinho, o acampamento presidencial. Tudo era precário no Catetinho, menos os serviços de Osório, o mordomo oficial, cuja adega parecia inesgotável. *Parecia* — até a chegada de Tom e Vinicius.

"Brasília, sinfonia da alvorada" foi feita naqueles dez dias, em meio a um cenário desolador, habitado por cascavéis e por um galo que Vinicius apelidou de *Polígamo das secas*. Já naquela época ele se queixava de que Brasília não tinha esquinas.

Você já ouviu "Brasília, sinfonia da alvorada"? Nove chances em dez de que não. Para decepção de Tom e Vinicius, a peça não foi executada no espetáculo de *son et lumière*, que os jornais, *faute de mieux*, chamaram de "feérico". O cerimonial derramou-se em desculpas e deu-lhes várias explicações, nenhuma muito convincente. Uma delas era a de que tinha havido uma mudança de estilo no repertório. Ninguém sabia dos detalhes sobre essa mudança de "estilo", mas o fato é que se executou em seu lugar uma marcha intitulada "Salve o presidente", de Heckel Tavares, intercalada por "Peixe vivo", o tema oficial de jk.

A "Sinfonia da alvorada" foi gravada numa edição para poucos e, se você quer saber, nem esses poucos se animam a cantá-la no chuveiro.

Em 1961, não se virava uma pedra nas ruas do Rio sem se topar por baixo com algo "Bossa Nova". Carlinhos Lyra tinha razão: a marca era boa demais para não ser registrada — embora isso não tivesse impedido que o mundo saísse da toca e a abocanhasse. A imprensa, a televisão e a publicidade foram as que mais se serviram. Seus diretores de arte ganharam uma liberdade com que nunca haviam sonhado e fizeram uma festa com o uso do espaço em branco, da disposição das fotos, dos títulos caprichados, da tipografia quase caligráfica — enfim, de tudo que lhes parecia "Bossa Nova". Na verdade, estavam apenas aplicando o que viam os artistas gráficos americanos fazer desde os anos 50 e que os deixava com água na boca.

Os textos das matérias sobre qualquer assunto, principalmente as de José Amádio em *O Cruzeiro*, passaram a ter um sabor às vezes explícito de "Bossa Nova". Nesse ponto houve uma influência direta das letras de Tom, Vinicius e, principalmente, de Bôscoli, que já era do ramo: a linguagem da imprensa ficou mais leve, solta e criativa. O *Jornal de Vanguarda*, um noticiário supermoderno da TV Rio, mostrava (ou escondia?) um apresentador (Sergio Porto) de costas para o público — e isso era "Bossa Nova". A expressão passou a designar tudo que fosse diferente e, mesmo que não fosse, que comportasse uma interpretação nova. O Flamengo venceu o invencível Santos de Pelé por 1 a 0, com gol contra — era uma "goleada Bossa Nova". Os paraquedistas brasileiros iam para o canal do Panamá com um uniforme novo — era um uniforme "Bossa Nova". A UDN, um partido político que vivia tentando eleger militares, ganhou uma bancada moderadamente renovadora (da qual fazia parte, Deus a perdoe, o deputado José Sarney) — e esta era a "Bossa Nova da UDN". A Bossa Nova não era culpada desses abusos.

A Brastemp criou a sua geladeira "Príncipe bossa nova", que era "maior por dentro e menor por fora". A Westinghouse inventou a máquina de lavar em cores — o esmalte do gabinete era em cores — e ela foi chamada de Bossa Nova. Rádios, vitrolas, enceradeiras, aparelhos de barbear e demais cacarecos que começavam a ser produzidos no Brasil, novos estilos de sapatos, gravatas e até de edifícios, eram lançados sob a chancela de "Bossa Nova". Tudo isso vinha apenas na onda de modernização que atingia o Brasil em 1960, e tinha tanto a ver com a música que lhe dera o nome quanto *Pistoleiro Bossa Nova*, uma chanchada com Ankito e Grande Otelo, parecia-se com os novos filmes brasileiros que estavam sendo feitos no Rio e na Bahia. Ou seja, nem um pouco.

A Bossa Nova propriamente dita teve de construir duplexes para abrigar todo mundo que queria morar nela ou em suas proximidades. Alguns vizinhos foram bem-vindos, como o veterano cantor Mario Reis, que foi convencido por Aloysio de Oliveira a tirar férias de sua aposentadoria e a gravar um LP na Odeon (*Mário Reis canta suas criações em hi-fi*), incluindo duas canções que Tom e Vinicius lhe fizeram de encomenda: "O grande amor" e "Isto eu não faço não". Aloysio, como todo mundo, considerava João Gilberto um seguidor de Mario Reis. Deve ter ficado surpreso ao ser informado de que João *não era* um dos maiores fãs de Mario e de que a única gravação deste que elogiava era a de "Cadê Mimi", de 1934.

As adesões à Bossa Nova começaram a acontecer em penca. Algumas podiam ser consideradas naturais, como a de Wilson Simonal, que cantava chá-chá-chá no Top Club, uma boate da praça do Lido; de Wilson Miranda, ex-samba, ex-rock, ex-twist e ex-hully-gully; e de Jorge Ben, que cantava coisinhas como "Itsy-bitsy, teenie-weenie yellow polka dot bikini" e cujo ídolo, além de João Gilberto, era o roqueiro brasileiro Ronnie Cord. Apesar do passado negro, todos estavam apenas marcando tempo, esperando pela Bossa Nova. E era bom não se falar em passado, porque Alayde Costa viera do bolero, até ser convertida por João Gilberto, e Claudette Soares, do baião. Muito mais natural foi a aproximação de cantores românticos, como Sergio Ricardo, Rosana Toledo, Sylvio Cezar e Pery Ribeiro, ou jazzísticos, como Leny Andrade, Flora Purim e, anos depois, Rosa Maria. Eles fizeram facilmente a transição.

Nessa transição, no entanto, nomes venerados pelos meninos nos anos 50, como Dick Farney, Lucio Alves e Tito Madi, ficaram pelo caminho, apesar de todas as tentativas de integração. Os três, que lançaram as sementes, foram as grandes vítimas da Bossa Nova — sem falar em Johnny Alf. Dick e Lucio ainda gravaram discos na Elenco, quando

Aloysio de Oliveira fundou a gravadora, em 1963, e Lucio chegou a participar do primeiro show na Faculdade de Arquitetura, em 1959, mas ambos sempre se sentiram estranhos no ninho. No auge da Bossa Nova, já morando em São Paulo, Dick preferiu concentrar-se em seu piano, fazendo shows e discos instrumentais de jazz, como se não quisesse ser confundido. Lucio, por sua vez, admitiria muitos anos depois que se sentiu "roubado", ao ver toda aquela liberdade recém-adquirida pelos cantores — e que, em boa parte, se devia a ele — encolhendo as suas oportunidades de trabalho. E Tito Madi foi várias vezes convidado a ir ao apartamento de Nara, mas algo sempre o travou.

Certas adesões, de tão oportunistas, ficaram apenas nas tentativas. Quando perceberam que estavam perdendo mercado, Tony Campello, Agnaldo Rayol e até Anisio Silva consideraram a hipótese de cantar Bossa Nova, mas foram sutilmente desaconselhados a não se expor ao vexame — *remember* Vicente Celestino com "O pato"? Anisio Silva parecia tão desinformado a respeito que foi pedir músicas de Bossa Nova a Carlos Imperial. Provavelmente confundiu-o com Ronaldo Bôscoli — ou talvez não.

Poucos meses antes, ainda em 1960, Imperial promovera uma reunião em seu enorme apartamento na rua Miguel Lemos, em Copacabana. O objetivo era *vender* como Bossa Nova alguns dos jovens roqueiros que empresariava amadoristicamente. O pai de Imperial era banqueiro e ele não precisava trabalhar para viver, mas sua paixão por Elvis Presley o levara a produzir na TV Tupi um programa chamado *Clube do Rock*, em 1958, do qual Roberto Carlos e Tim Maia já participavam como cantores e Erasmo Carlos como contrarregra. Foi o primeiro de uma série na linha *Os Brotos Comandam*, que ele levou a várias rádios e TVs nos anos seguintes, tentando transformar um de seus protegidos no Elvis da Zona Norte. Mas Imperial não estava conseguindo muita coisa — nenhum deles sabia pronunciar direito "*Wop-bop-a-loo-bop-a-lop-bam-boom*" —, e alguns de seus protegidos resolveram tentar outras saídas.

Um deles, Roberto Carlos, dezoito anos, bateu à porta do bar Plaza naquele mesmo ano de 1958 e descobriu um cantor que dava *canjas* com frequência: João Gilberto. Roberto levou um choque. Aquela voz e aquele violão, no canto mais escuro do fundo do bar, acompanhado por uma simples bateria, o deixaram febril e evaporaram Elvis de sua cabeça por um bom tempo. Quando aprendeu a fazer uma passável imitação de João Gilberto, compôs "Brotinho sem juízo" e candidatou-se a participar das *canjas*. Mas, justamente por parecer uma cópia meio aguada do original, não o deixavam sequer chegar perto do microfone. Nas *canjas* das quintas-feiras, no clube Leblon, a mesma coisa. Bem que tentava se enturmar, mas ninguém queria saber dele ou de "Brotinho sem juízo". Em certo momento, Roberto Carlos ficou mesmo insistente, e o mínimo de que o chamavam era de "chato". Numa dessas, na casa do empresário Lauro Boamorte, no Flamengo, Menescal levou-o a um canto:

"Olha, bicho, não dá pra você. Você quer cantar igualzinho ao João Gilberto — e nós já temos o João Gilberto."

Em 1959, Roberto Carlos chegou finalmente ao microfone do Plaza, como *crooner* do conjunto de danças. Mas agora isso lhe parecia pouco, porque João Gilberto estava estourando com o LP *Chega de saudade* e já havia toda a movimentação da Bossa Nova nos shows universitários. Tentou participar desses shows e levou um não em todos — foi recusado até por Carlinhos Lyra, que, depois do *racha* com Bôscoli, estava aceitando adesões para sua turma. O único show de que Roberto Carlos conseguiu participar foi um dos menos importantes, o do colégio Franco-Brasileiro. Cortesia de Ronaldo Bôscoli.

Foi quando Imperial entrou em cena. Ele farejou que Bossa Nova poderia ser apenas uma questão de rótulo e viu a chance de vender sua turma com uma nova embalagem. Então promoveu aquela reunião. Juntou cerca de trezentas pessoas em seu apartamento e chamou a imprensa, para apresentar os "novos talentos da Bossa Nova, revelados por ele". Menescal, também convidado, foi dar uma espiada. Quando viu que um dos "novos talentos" era Roberto Carlos, achou que já tinha ouvido aquele disco e foi pescar. Mas a estratégia de Imperial deu certo porque Roberto Corte Real, da Columbia (a futura CBS), interessou-se pelo rapaz e contratou-o ali mesmo, por quatro anos — durante os quais Roberto Carlos continuaria tentando imitar João Gilberto até encontrar seu, digamos, estilo próprio.

Se a Bossa Nova não teve trabalho para pôr Roberto Carlos no *freezer*, o caso Juca Chaves foi muito mais complicado enquanto durou. Suas sátiras e modinhas nada tinham de Bossa Nova, mas havia quem identificasse o seu jeito de cantar com o de João Gilberto, e a Bossa Nova — exceto Carlinhos Lyra — tinha alergia àquela identificação. Lyra via "afinidades" entre a Bossa Nova e o que Juca estava fazendo e, quando houve a sua *cause célèbre* com Ronaldo Bôscoli, Carlinhos aliciou Juca Chaves para o seu time — para irritar Ronaldo e engrossar a sua própria liderança.

Toda aquela roupa suja poderia ter sido lavada domesticamente com Rinso se, em seguida, Juca Chaves não tivesse composto "Presidente bossa nova". Para Bôscoli, era não apenas uma apropriação indébita da marca, como Juca Chaves ousara usá-la para fazer crítica política, o que nunca esteve nos planos da Bossa Nova. Para piorar, a censura de Juscelino, contrariando os seus hábitos, proibiu a música, tornando-a um sucesso. Houve rumores de que Ronaldo teria acertado o nariz de Juca — e que, certamente, não passaram de rumores porque, se houvesse tentado, Bôscoli não teria como errar. A *passagem* de Juca Chaves pela Bossa Nova só se encerrou quando, uns poucos meses depois, ele próprio se desinteressou da polêmica e continuou fazendo as mesmas coisas de sempre, as quais ninguém nunca mais chamou de Bossa Nova.

15

BOSSA NOVA À VENDA

Enquanto o mundo se engalfinhava pela Bossa Nova em 1961, ela foi esconder-se na rua Duvivier, em Copacabana, numa travessa sem saída que Sergio Porto batizara anos antes como Beco das Garrafadas. O nome foi rapidamente simplificado para Beco das Garrafas, muito mais nobre, mas continuou se referindo ao irritante hábito dos moradores dos seus edifícios de alvejar com garrafas vazias os frequentadores das boates lá embaixo. Os granadeiros nunca foram identificados, mas eram ruins de pontaria, porque não há registro de alguém que tenha tido o crânio premiado. Eram mais eficientes quando se tratava de jogar água ou urina — uma das vítimas foi o ministro do Tribunal Superior do Trabalho Carlos Coqueijo, amigo de Vinicius, compositor bissexto e autor de "É preciso perdoar", que João Gilberto gravaria em 1973.

Em 1961, de dentro do Beco para fora, essas boates eram, pela ordem, o Little Club, o Baccara, o Bottles Bar e o Ma Griffe. Dos quatro, só o Ma Griffe se dedicava primordialmente à prostituição, embora também contivesse um piano que, no passado recente, chegara a estar a cargo de Newton Mendonça. As outras três apresentavam simplesmente a melhor música que se podia ouvir ao sul da baía de Guanabara. Duas delas, Little Club e Bottles, eram dos mesmos proprietários, os italianos Giovanni e Alberico Campana, sempre dispostos a patrocinar jovens talentos, desde que eles mantivessem as suas casas cheias.

O que não era nada difícil. As duas boates comportavam, estourando, sessenta pessoas cada uma, se estas não usassem paletós com ombreiras — e havia muito mais gente do que isso interessada em ver, todas as noites, os *pocket shows* produzidos pela nova dupla Miele e Bôscoli. Eles introduziram no Brasil um novo conceito de show: o da pobreza *de luxe*. Assim como Miele, que, dois anos antes, tinha apenas uma calça, mas era uma calça de *smoking*, os shows do Beco tinham grande música, a cargo de artistas que brevemente o dinheiro não poderia comprar, mas todo o resto era de marré deci. A começar pela produção. Miele e Bôscoli criavam o show, arregimentavam os artistas, escreviam o roteiro, faziam a iluminação (com um único *spot* e canudos de papel higiênico), projetavam os *slides*, cuidavam do som (com a ajuda de Chico Pereira) e dirigiam o espetáculo — sem receber por isso e ainda achando ótimo.

Ou, pelo menos, sem receber em dinheiro. Contentavam-se com o uísque de graça e, mesmo assim, *cowboy*, porque nenhuma das boates tinha geladeira. O gelo, comprado por Giovanni e Alberico em blocos, era para os fregueses. Para beber *on the rocks*, Miele e Bôscoli combinaram com o pianista Sergio Mendes uma introdução bem trepidante — estilo Oscar Peterson — para certas músicas, durante a qual quebravam algumas pedras sem que os proprietários (os quais eram também garçons) percebessem — ou só percebessem tarde demais. Os únicos que eram corretamente pagos (em dinheiro, ao fim do espetáculo), eram os artistas, mas também não bebiam de graça. E havia um que, no começo, pagava para tocar: Sergio Mendes.

Aos vinte anos em 1961, Mendes não apenas não recebia, como era obrigado a consumir e a pagar pelo que consumia.

"Você ainda está aprendendo", dizia Alberico, com seu sotaque italiano. "Então tem de pagar para aprender."

Sergio se submetia porque, agora, podia dar-se a esse luxo. Em meados dos anos 50, ele tomava a barca em Niterói para ir de calças curtas às Lojas Murray e ouvir de graça os discos de seus ídolos: Stan Kenton, que era a paixão comum, e um jovem pianista chamado Horace Silver. Ao fim da tarde, os fregueses da Murray se cotizavam e lhe pagavam a barca de volta para Niterói. Não que ele fosse pobre. Seu pai, médico, é que não lhe soltava o dinheiro. Sua infância tinha sido tétrica, marcada pela escoliose, que o obrigara a passar anos vestido com um colete de gesso enquanto estudava piano. A família lhe raspava a cabeça quando ele tirava notas vermelhas no colégio. Para faturar uns trocados, armou um trio com seu amigo Tião Neto, também de Niterói, tocando contrabaixo, e mais uns bateristas rotativos. Os três faziam toda espécie de bailes — só que tocando jazz, que ninguém conseguia dançar. Quando tinham de tocar a valsa nos bailes de formatura, a única que conheciam era "Lover", de Rodgers e Hart. Depois de tudo isso, Sergio Mendes, que já era um pianista completo, achava café-pequeno quando um idiota jogava bombinhas de são João sob o seu piano no Bottles, durante uma passagem de "All the things you are".

Por volta de 1960, ele começou a comandar as *canjas* de jazz e Bossa Nova nas tardes de domingo no Little Club, que serviram de iniciação para centenas de adolescentes cariocas e muitos músicos amadores. As *canjas* eram um bom negócio para todo mundo. Os garotos entravam de graça e apinhavam o lugar, mas pagavam pelos cubas-libres que consumiam. Os músicos profissionais também tocavam de graça, mas a bebida, nesse caso, era mais ou menos liberada e eles podiam tocar o que realmente gostavam, fora do seu trabalho *quadrado* nas gafieiras, nos conjuntos de dança das boates ou nas orquestras da TV Tupi ou da TV Rio. E o que eles gostavam era de jazz — até que a Bossa Nova os presenteou com uma série de temas modernos e sacudidos, sobre os quais era uma delícia improvisar: coisas como "Menina feia", "Não faz assim", "Desafinado", "Batida diferente" e "Minha saudade", que se tornaram os primeiros *standards* jazzísticos da Bossa Nova.

Um verdadeiro *who's who* de grandes músicos passou por aquelas *canjas* domingueiras no Little Club e, depois, pelas noites do Bottles: os trombonistas Raul de Souza (na época, já admiradíssimo como Raulzinho) e os irmãos Edmundo e Edson Maciel; os saxofonistas e flautistas J. T. Meirelles, Aurino Ferreira, Paulo Moura, Juarez Araújo, Cipó, Jorginho e Bebeto; os trompetistas Pedro Paulo e Maurílio; os pianistas Toninho, Salvador, Tenório Jr., Luizinho Eça e Luiz Carlos Vinhas; os guitarristas Durval Ferreira e Baden Powell; os contrabaixistas Tião Neto, Tião Marinho, Otávio Bailey, Manoel Gusmão e Sérgio Barroso; os bateristas Dom Um, Edison Machado, Vítor Manga, Chico Batera, Airto Moreira, Wilson das Neves, João Palma, Hélcio Milito e Ronie Mesquita; e os craques naqueles instrumentos que a revista *down beat* chamava de *miscellaneous*, como os gaitistas Mauricio Einhorn e Rildo Hora, o vibrafonista Ugo Marotta, o trompista Bill Horn, o percussionista Rubens Bassini. Em comparação ao Sinatra-Farney, o Beco das Garrafas é que esteve para a Bossa Nova assim como o Minton's Playhouse, o clube da rua 118, no Harlem, em Nova York, esteve para o *be-bop* no começo dos anos 40.

A partir de 1961, essa turma se cristalizou em diversos grupos estáveis, como o Tamba Trio de Luizinho Eça, o Bossa Três de Luiz Carlos Vinhas, o Sexteto de Sergio Mendes, o Copa Cinco de Meirelles e o Quinteto Bottles de Tenório Jr., mas seu reduto continuou sendo o Beco. O que eles tocavam não era exatamente a Bossa Nova peso--pluma de Tom, João Gilberto, Menescal e Milton Banana, mas uma variação puxada ao *bop*, que o colunista de jazz Robert Celerier, do jornal *Correio da Manhã*, chamou de *hard Bossa Nova*, muito mais pesada. Tão pesada, por sinal, que João Gilberto, se passasse pelo Beco quando aqueles grupos estivessem apresentando os seus próprios temas, como "Quintessência" ou "Noa-noa", fugiria espavorido: todas as baquetas que ele pensava ter eliminado das baterias brasileiras estavam ali, fazendo mais barulho do que nunca. E, se estivessem nas mãos do baterista Edison Machado, pior ainda: ele havia sido cabo-metralhadora no Exército e às vezes tocava como se estivesse enfrentando os alemães.

Transformada num artigo de quitanda, exposta como mercadoria e começando a ser vulgarizada pela propaganda, a Bossa Nova se sentia respirando com dificuldade em meados de 1961. Menescal e

Bôscoli não gostavam de ver a sua música misturada a cifras, contratos e borderôs, mas precisavam se defender. Tinham uma ligeira impressão de que o dinheiro era *sujo*. Para conservarem as mãos limpas e em condições de compor, entregaram a direção de seus negócios a um editor musical, Umberto Marconi, que se tornou o seu procurador. Não foram os únicos.

João Gilberto, Carlinhos Lyra, Luiz Bonfá e Chico Feitosa também deixaram seus violões em casa e foram ao escritório de Umberto Marconi, na rua Evaristo da Veiga, onde assinaram cartas dando-lhe procuração para resolver absolutamente tudo que se referisse à sua produção musical: editar, vender, ceder, fiscalizar, proteger e, claro, receber o que as canções já estavam rendendo no Brasil e no exterior — e pagar-lhes. Era como permitir a Marconi livre acesso às suas contas bancárias, mas por que não? Marconi era um *pai* para eles. Na primeira vez em que foi chamado ao escritório para receber, Menescal levou um susto — nunca imaginara que uma canção como "Tetê" pudesse render tanto dinheiro. (Afinal, ele e Ronaldo só a tinham feito porque Tom acabara de compor "Dindi".) Como Menescal viria a descobrir depois, esse dinheiro era uma migalha do que ele, de fato, deveria receber, mas, como não sabia disso, ficou feliz. Até comprou com ele um pé de pato novo.

Assim, quando Marconi convocou a turma a dar um pulinho ao Copacabana Palace, a fim de mostrar algumas canções a um editor francês que viera ao Brasil expressamente para conhecê-los, não se fizeram de rogados. O francês era o velho amigo de Vinicius Sacha Gordine, produtor de *Orfeu Negro*. Gordine tinha uma editora em Paris, a Sacha, e queria lançar a Bossa Nova na França — e o que os garotos tinham em estoque? Eles pegaram os violões e cantaram suas coisas, enquanto Gordine, tomando *Pernod*, dizia sim ou não pelo tinido de moedas que as notas musicais produziam em seus ouvidos:

"*Je veux ça*" (Quero esta) ou "*Pas ça, jouez autre chose*" (Esta não, toque outra).

A cada canção aprovada por Gordine, sua representante no Brasil, Lidia Libion, ia datilografando os contratos numa mesinha ao lado.

Cada canção, um contrato — dando a Gordine o direito de revendê-la "para todos os países do mundo" e "por todo o tempo em que gozassem de proteção legal". Isso significava que os meninos transferiam a ele todos os seus direitos de "edição gráfica, representação, execução, reprodução fonomecânica e de radiodifusão" — em troca de porcentagens que variavam de 10% a 75% (em prestações semestrais) do que ela rendesse. Como bônus, levavam ainda trinta cópias de cada canção impressa, "absolutamente grátis".

Para provar que a coisa era séria, Gordine adiantou determinadas quantias a todos eles, que explicou corresponderem a 50% do que iria cobrar pela cessão de subedições gráficas das canções nos Estados Unidos. Aquelas explicações eram de um tédio mortal para os rapazes, especialmente Menescal, que estava louco para pegar o carro e ir pescar em Cabo Frio. Lidia lhes passava os contratos, que eles iam assinando sem ler. Algumas horas depois, cada qual foi cuidar da vida, com o cheque do adiantamento no bolso. Espera-se que tenham feito bom proveito porque, pelos anos seguintes, aquele seria o único dinheiro que eles veriam daquelas canções. Quer saber quais eram?

Por "Lobo bobo", Gordine pagou a Carlinhos Lyra e Ronaldo Bôscoli o equivalente na época a 92 dólares — ou seja, 46 dólares para cada um. Pelo mesmo valor, Menescal e Bôscoli cederam a Gordine "O barquinho", "Errinho à toa", "Panorâmica", "Lágrima primeira" e "Nós e o mar". Idem, idem para quatro canções de Bonfá e três de Chico Feitosa. O pior negócio foi feito por João Gilberto, embora naquele momento a coisa lhe parecesse da China: ele recebeu, sozinho, o equivalente a 307 dólares de 1961 por "Bim bom", "Hô-bá-lá-lá" e "Um abraço no Bonfá" (as três) — mas foi com elas que Gordine abriu para si próprio o mercado internacional da Bossa Nova, subcedendo-as à Leeds Corporation dos Estados Unidos. O dinheiro a ser produzido por essas canções lhes seria pago através de Umberto Marconi, na qualidade de seu paternal procurador.

Ecos do sucesso de "Le petit bateau", "The little boat" e "El barquito" (e das outras canções) chegavam por aqui, mas eles não viam um centavo. Das duas, uma: ou o dinheiro não saía de Paris — ou se perdia em algum cofre da rua Evaristo da Veiga, onde ficava o escritório de Marconi. Não que os garotos fossem muito assíduos na tentativa de receber o dinheiro. Luvercy Fiorini, parceiro de Oscar Castro Neves e um dos primeiros da Bossa Nova a ter uma canção editada e gravada por *todo mundo* nos Estados Unidos ("Chora tua tristeza"), não sabia naquela época que tinha direito a receber por isso — e continuou desinteressado em ir procurar.

Os próprios Tom e Vinicius já haviam sido escalpelados por Gordine no *affaire* de *Orfeu*, o filme. Um ano depois daquela feira de amostras musicais no Copa, Gordine induziu Baden Powell a assinar um contrato, segundo o qual tudo o que ele produzisse nos doze meses seguintes seria de propriedade de Gordine. Baden deve ter achado que ali havia dente de coelho, porque continuou produzindo, mas dizia a Gordine que não estava fazendo nada. Nesse interregno, a francesa Lidia Libion rompeu com Gordine e tornou-se grande amiga da Bossa Nova. Ela acredita até hoje que o dinheiro daquelas canções nunca chegou ao Rio.

Talvez não. Mas, no final dos anos 60, Menescal foi um dos que tiveram motivos para se desapontar com Marconi — ao ir ao seu escritório e, segundo ele, descobrir debaixo da mesa um gravador que registrava todas as conversas entre os dois. Curiosamente, Marconi não demorou muito a desaparecer para sempre do Rio, talvez do Brasil. Ninguém nunca mais foi capaz de localizá-lo — nem se quisesse saber para onde mandar as flores.

Este seria um bom capítulo inicial para um romance de mistério que se intitulasse *O grande roubo da Bossa Nova*.

"Para salvar a Bossa Nova, namoro até o Trio Irakitan", disse Ronaldo Bôscoli, noivo de Nara Leão.

Alguém havia sugerido de brincadeira a Bôscoli que, se ele tivesse um caso com Maysa, ela passaria a cantar Bossa Nova — e bem que, em 1961, a Bossa Nova estava precisando de uma cantora *nacional*. João Gilberto podia ser um deus para muitos, mas todos esses muitos estavam na elite, assim como os fãs de Sylvinha Telles, Alayde Costa, Carlinhos Lyra, Johnny Alf, Sergio Ricardo e Os Cariocas. A Bossa Nova era agora um nome disputado por marcas de geladeiras, mas sua música, que era o que interessava, não penetrara, por exemplo, na Rádio Nacional — não que eles fossem particularmente loucos pela Rádio Nacional.

Maysa era um grande nome, como cantora e como celebridade. Apresentara-se na boate Blue Angel, em Nova York, dizia-se que Marlon Brando tinha todos os seus discos. A partir de 1958 seus porres haviam se tornado públicos, e ela podia ser encontrada tanto nas paradas de sucessos, com "Ouça" e "Meu mundo caiu", quanto nas páginas de escândalos dos jornais. Os motivos eram os de sempre: jogava o sapato, o copo ou o microfone na cabeça de pessoas que conversavam alto na boate em que ela cantava; engalfinhara-se no palco com o pianista Pedrinho Mattar por causa de um acorde; tivera de ser amarrada ao piano para ficar de pé, durante uma apresentação em *Noite de Gala*; fora vista andando descalça na rua, às quatro da manhã, dizendo que era para emagrecer.

Não era, mas *deveria* ser, porque ela engordara barbaramente desde que ficara famosa. Em abril de 1960, Maysa estava pesando 96 quilos quando decidiu emagrecer pelo método favorito das estrelas do seu tempo: operando. Oito médicos de São Paulo debruçaram-se sobre ela durante dez horas, como no famoso quadro de Rembrandt, e fizeram-lhe várias plásticas simultâneas, a principal para aliviá-la da barriga que adquirira durante a gravidez. Em seguida, passaram-lhe uma violenta dieta, que incluía a substituição radical de uísque por leite. Maysa emagreceu 28 quilos — ou "28 litros", como ela disse. Resolveu tomar jeito, mas exagerou na dose. Para espanto geral, foi estagiar como enfermeira no hospital de Nossa Senhora do Carmo, em São Paulo, onde se deixou fotografar de uniforme branco, fazendo tricô e lendo os romances de Pearl S. Buck. Acharam que devia estar pagando alguma promessa.

Se era isso, deu-se rapidamente por quite porque, em poucos meses, já estava brindando a sua volta à ativa. Engordou tudo de novo,

O GRANDE FERIADO

CARREIRA NO FUTURO:
ao lado do marido João, Astrud Gilberto canta para sua primeira plateia na "Noite do amor, do sorriso e da flor"

PROEZA:
Aloysio de Oliveira (com Carlos Lyra ao violão e Vinicius) tira Nara Leão da toca para estrelar "Pobre menina rica", no Bon Gourmet

VIOLÃO DEFINITIVO:
Baden Powell surge para consolidar a Bossa Nova, como compositor e como instrumentista

A VOZ DO MORRO:
Nara Leão incorpora Zé Kéti
e Nelson Cavaquinho
à nova música
e divide a Bossa Nova

TEMPOS DE DESARMONIA:
na porta da boate Zum-Zum, em 1964,
a partir da esq., Guilherme Araújo,
Ruy Guerra, Luiz Eça, a rebelde Nara
Leão, Vinicius e Paulo Soledade

BON GOURMET, AGOSTO DE 1962:
"Este é o encontro com Tom,
Vinicius, João Gilberto..."

"...e a participação especial
dos Cariocas" — estreia mundial
de "Garota de Ipanema"

O DIABO A QUATRO:
João Gilberto (violão), João Donato (piano), Milton Banana (bateria) e Tião Neto (contrabaixo), em Viareggio, Itália. Nenhum dos shows dessa turma foi gravado

NOVA YORK, MARÇO DE 1963:
João Gilberto, Stan Getz (sax-tenor) e Tião Neto (contrabaixo) na gravação do LP *Getz/Gilberto*

TEMPLO DO SAMBA-JAZZ:
as três boates do Beco das Garrafas (Bottles, Baccara e Little Club) onde tudo acontecia

DO BECO PARA O MORRO DA URCA:
o Bossa Três (Tião Neto, Luiz Carlos Vinhas e Edison Machado) posa com os dançarinos Joe Bennett, Martha Botelho e (de chapéu) Lennie Dale, com quem se apresentava no Bottles

SAI DE BAIXO:
atrás, Aurino Ferreira, Bebeto, Hélcio Milito, Luiz Eça e Tião Neto. Na frente, Maciel, Cipó, Luiz Carlos Vinhas, Sergio Mendes e Edison Machado. Em diversos grupos, eles formavam o estado-maior da bossa instrumental

TRIO INAUGURAL:
o insuperável Tamba Trio — no sentido do relógio, Luiz Eça, Hélcio e Bebeto

METRALHADORA DA BOSSA:
se precisasse, Edison Machado não hesitaria em castigar os couros e pratos

REVOLUÇÃO GRÁFICA:

60 LPs clássicos da Bossa Nova, entre 1956 e 1970 — modernos por dentro e por fora

NOITE DE GLÓRIA:
o guitarrista Barney Kessel (com Bud Shank, sax-alto) junta-se entusiasmado a Chico Batera (bateria), Tião Neto (contrabaixo) e Sergio Mendes (piano), no clube de Shelly Manne, em Los Angeles

EM CASA, NO ESTRANGEIRO:
Miúcha e João Gilberto se casam em Nova York

TOMANDO NOVA YORK DE ASSALTO:
Eumir Deodato (esq.) e Walter Wanderley. Seus destinos seriam bem diferentes

FRANKIE GOES TO BOSSA NOVA: ao contrário do que se pensa, Sinatra não foi o primeiro grande cantor americano a gravar Jobim. Mas, quando o fez, foi de forma definitiva. À dir., Tom dá a medida da voz a The Voice

GUERRA CONJUGAL: nada podia ser mais explosivo do que o casamento de Ronaldo Bôscoli e Elis Regina. Mas, por incrível que pareça, a música saiu ganhando

"ALIENADOS" X "PARTICIPANTES": Wanda Sá, Paulo Sergio Valle e Edu Lobo

MANHÃ DE CARNAVAL:
Agostinho dos Santos parou o concerto de Bossa Nova no Carnegie Hall

NOVOS VALORES:
Rosinha de Valença (violão) e Leny Andrade (cantando) com o trio de Luiz Carlos Vinhas

BOSSA CONSOLIDADA:
Sylvia Telles, Tom, Menescal e Marcos Valle levam a música pelo país

TRÊS GIGANTES:
João Gilberto, Luiz Bonfá e Tom Jobim, quando ainda mantinham vasos comunicantes em Nova York

JOÃO DONATO:
às vésperas de voltar para o Rio e reassumir o lugar que nunca lhe foi tomado

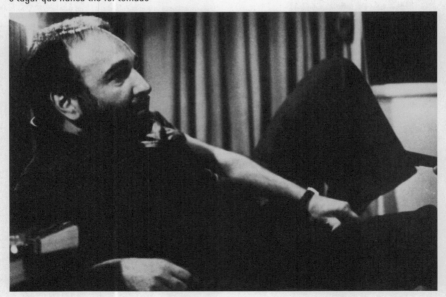

JOÃO GILBERTO:
de volta ao Brasil depois de 18 anos — trancou-se no apartamento do qual só saiu para gerar novas obras-primas

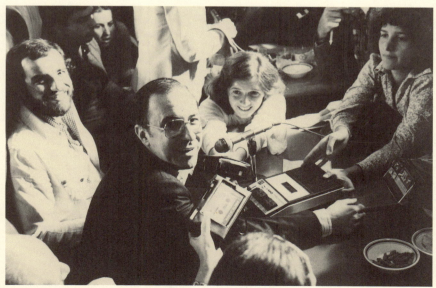

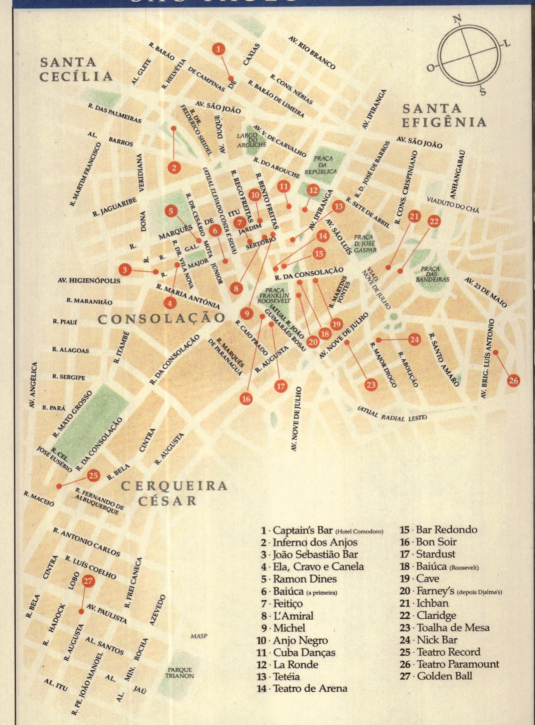

mudou-se para o Rio e, em 1961, foi atraída por Ronaldo e Menescal para cantar suas canções. Bôscoli não achava que, com aquele temperamento *dark*, Maysa fosse adequada para as canções mais tipicamente Bossa Nova, como "O barquinho", que os dois tinham feito para Nara. Mas seria perfeita para coisas mais *sóbrias*, como "Lágrima primeira", deles, ou "Depois do amor", que Bôscoli fizera com Normando, e "Melancolia", com Luizinho Eça.

Mas Maysa queria dar uma imagem *moderna* à sua carreira e apaixonou-se por "O barquinho". Apaixonou-se também por Ronaldo, o qual nunca foi de enjeitar serviço, e zarparam todos para uma excursão ao Chile, Argentina e Uruguai — Maysa, Menescal e Bôscoli, Vinhas e o novo trio que se formara ao seu redor: Luizinho Eça, Bebeto e Hélcio. Ou seja, o Tamba Trio. Durante a excursão, eles testaram o novo repertório e Ronaldo testou-se também numa aventura com uma grande mulher, como Maysa. Ele não era exatamente ingênuo e gostava mesmo de Nara, sua namorada havia quatro anos. Os dois estavam noivos "para casar", como se dizia, e passeavam de anel pela cidade. Mas, naquelas trevas pré-pílula, sexo era um problema e eles viviam levando sustos com a *roleta do Vaticano*. Foi quando apareceu Maysa, com toda a sua experiência, fascínio, beleza — e problemas.

Desde que se vira livre do marido, ela tivera casos com o cantor Almir Ribeiro, que morreria em Punta del Este, e com o irmão de Sylvinha, Mario Telles, entre outros. Como Ronaldo viria a descobrir, Maysa entregava-se com ainda mais volúpia na vida real do que nas músicas, se é que isso era possível. Foi uma revelação até para ele, mas, se dependesse de Bôscoli, seu romance ficaria por ali, no Cone Sul. Quando voltassem ao Brasil, ele continuaria noivo de Nara e, se desse, manteria o caso com Maysa por uns tempos. Só que ela não lhe deu tempo para amadurecer seus planos. No próprio aeroporto de Ezeiza, em Buenos Aires, a poucos minutos da partida para o Brasil, Maysa deu um telefonema para a Columbia no Rio:

"Mande os repórteres para o Galeão. Vou anunciar uma notícia sensacional", garantiu.

Bôscoli, dessa vez, foi o último a saber. Quando o avião pousou, ele estranhou aquela multidão de colegas no aeroporto, esperando-os, e quase teve uma coisa quando Maysa declarou:

"A notícia é a seguinte. Vou me casar com Ronaldo Bôscoli, aqui presente, e ninguém pode impedir."

O gato parecia ter comido a língua de Ronaldo. Ele ficou sem reação. Com o fato consumado, Maysa agarrou-o pelo braço e conduziu-o com a maior facilidade pelo aeroporto. As fotos dessa cena mostram uma Maysa gigantescamente gorda, dentro de um mantô com botões do tamanho de um pires, mirando algum ponto à sua frente com aqueles olhos que eram dois oceanos não pacíficos e com a determinação de quem ia partir para a batalha da Normandia. Ao seu lado, um despenteado e frágil Ronaldo, segurando a mala e a capa, ligeiramente fora de equilíbrio pelo pesado braço de Maysa engastado ao seu, enquanto parecia contemplar a vida com um ar de triste resignação.

Qualquer pessoa que tenha conhecido Nara Leão é capaz de imaginar as nuvens de que caiu quando os repórteres lhe telefonaram do próprio aeroporto, para perguntar o que achava do casamento de seu noivo com Maysa. O desmentido de Nara veio pelos canais mais oficiais possíveis: a coluna de Ibrahim Sued em *O Globo*. Não ia haver casamento nenhum, ela garantiu. Pelos outros jornais, no dia seguinte, Maysa desmentiu o desmentido: ia haver casamento sim, ora quem diria. Nara, então, confirmou que seu noivado estava desfeito. Durante todos aqueles dias, a reportagem não conseguiu localizar o noivo. Estava escondido no hotel Plaza.

Ronaldo queria apenas ganhar tempo, para ver se as coisas esfriavam. Enquanto Nara não o perdoasse pelo caso com Maysa, ele ficaria com Maysa, por quem, de todo jeito, estava fascinado. Não ficaria por muito tempo (digo, fascinado), mas, durante o pouco mais de um ano em que continuaram juntos, ela gravou um grande disco na Columbia, *Barquinho*, que deu finalmente projeção nacional à Bossa Nova, e pôs no mapa a canção que era para ser de Nara. E também protagonizou com Ronaldo Bôscoli alguns dos melhores e piores momentos da guerra entre o homem e a mulher, desde Pafúncio e Marocas.

Quase todas as brigas diárias entre eles tinham a ver com bebida. Ronaldo, que não era abstêmio, abismava-se com as quantidades que Maysa despejava. Vivia escondendo suas garrafas, pelo menos antes dos shows — ou não haveria show. Ela reagia e tapas eram trocados. Numa dessas, a poucos minutos de sua entrada em cena numa boate em São Paulo, um pivô de Maysa voou longe, bem na pista. Apesar da luz negra da boate, a falha no seu teclado dentário ficaria visível. De repente, havia um bando de homens — Bôscoli, Vinhas e outros — de gatinhas, no meio de uma pista de dança, à procura de um pivô.

Todas as brigas com a *Gorda*, como Ronaldo a chamava, pareciam muito engraçadas no dia seguinte, quando ele as contava aos amigos. Mas, enquanto estavam acontecendo, não deviam ser tanto assim. Quando ele pegava o paletó para ir embora do apartamento de Maysa em Copacabana — "para sempre" —, ela jurava que pararia de beber — também "para sempre" — e esvaziava as garrafas na privada. Até o dia em que Bôscoli notou um barbante pendurado na janela do banheiro, dando para fora. Puxou-o e içou uma garrafa de uísque. Ele já tinha visto aquela cena, só que num filme com Ray Milland.

Mas Maysa conseguiu realizar uma façanha: a de enfiar Ronaldo em dois ou três aviões. Ele, por sua vez, arrastou-a uma vez para Cabo Frio, embora apenas para provar ao barqueiro Ceci que a dupla Menescal e Bôscoli de que falava o rádio eram eles — porque, afinal, até Ceci conhecia Maysa. Finalmente, em 1962, ela convenceu Ronaldo (e mais Menescal, Vinhas e o Tamba Trio) a irem todos morar em Vitória, no Espírito Santo, longe deste insensato mundo. O mais incrível é que eles foram. Até o dia, algumas semanas depois, em que Ronaldo se cansou de ver Maysa tentando se destruir, pegou o carro às escondidas e voltou para o Rio, sem deixar nem um bilhete com P. S.

Todo mundo saiu machucado do *affaire* Maysa/Bôscoli. Os dois, pelos motivos óbvios. Nara Leão, idem. Nara levaria anos para perdoar Ronaldo, quando já não havia mais a menor chance entre os dois. Os amigos de Bôscoli afirmam que, por muito tempo, ele continuou *procurando* Nara em todas as mulheres que teve — Betty Faria, Joana Fomm, Mila Moreira. E a Bossa Nova também saiu machucada porque, durante o *affaire*, Menescal e os outros tornaram-se acompanhantes de Maysa e, evidentemente, não puderam mais frequentar o apartamento de Nara. Um importante ponto de aglutinação da turma se perdeu. Mas só para *aquela* turma porque, quase em seguida, Nara iria reaproximar-se de Carlinhos Lyra, ter a cabeça refeita por seu novo namorado — o cineasta moçambicano Ruy Guerra — e passar a se interessar por um tipo de música que, em relação à Bossa Nova, a faria mudar radicalmente de opinião.

"Tenha paciência, Waltinho", implorava João Gilberto para Walter Wanderley, que já dava mostras de querer estar em qualquer outro lugar, menos naquele estúdio.

Era a gravação do terceiro (e, embora não se soubesse, último) LP de João Gilberto para a Odeon — e que se chamaria apenas *João Gilberto*. Ele queria que Wanderley fizesse no órgão um som particular de ronco de navio, para a abertura de "O barquinho". Wanderley não achava o tom certo e João Gilberto lhe mostrava — com a voz — exatamente o tipo de ronco que queria. Os músicos de Walter (Papudinho, trompete; Azeitona, contrabaixo; Toninho Pinheiro, bateria) ficavam assombrados: João Gilberto era capaz de produzir *qualquer* som com sua voz.

Na véspera, 9 de março de 1961, ele havia gravado a primeira faixa do disco, "Bolinha de papel", do falecido Geraldo Pereira, mais um sucesso dos Anjos do Inferno em 1945. Com aquela, era a terceira música do repertório dos Anjos do Inferno que João Gilberto recuperava, espanava, polia e recriava, praticando o milagre de fazer ainda melhor do que eles. (As outras duas tinham sido "Rosa morena" e "Doralice".) E sem se afastar quase nada do original — em "Bolinha de papel", certificou-se, por exemplo, de que o "pistom nasal" de Harry Vasco de Almeida na abertura da gravação dos Anjos fosse feito por um trompete de verdade.

Ninguém iria prestar atenção nesses detalhes, mas ele não se importava. O músico mais *moderno* do Brasil estava tendo um surto de passadismo e, só naquele dia, gravara três canções que podiam ser chamadas de antigas: "Saudade da Bahia" e "O samba da minha terra", ambas de Caymmi, e "Trenzinho", de Lauro Maia. E ainda pretendia incluir no disco outro antigo samba da dupla Bide e Marçal, "A primeira vez", que fora um sucesso de Orlando Silva em 1940. Onde estavam as bossas novas?

João Gilberto estava de mal com a Bossa Nova. Nunca gostara muito do rótulo, mas, agora que este servia para tudo e vinha sendo adotado por gente que ele nem conhecia, começou a dizer que não fazia Bossa Nova — fazia samba. Além disso, suas relações com Jobim estavam péssimas. Tom "não tinha paciência" e a saída de Aloysio de Oliveira da Odeon, em setembro último, complicara tudo. João não gostava muito de Aloysio (só o chamava de "aquele americano"), mas, quando começavam os seus atritos com Tom por questões de trabalho, Aloysio vinha socorrer. Sem este por perto, Tom não quisera participar do disco e era por isso que João estava gravando com Walter Wanderley.

Ismael Corrêa assumira a direção artística da Odeon e dera liberdade a João Gilberto para fazer o que quisesse. Ele tomaria essa liberdade, de qualquer maneira. *Chega de saudade* já vendera 35 mil LPs e *O amor, o sorriso e a flor* ia pelo mesmo caminho. O terceiro disco não podia falhar. Mas estava falhando. O próprio João fizera os arranjos — ou melhor, tentara dizer a Walter Wanderley o que queria —, mas sua insatisfação com o que estava sendo gravado era enorme. No dia seguinte, 11 de março, ele gravou "Presente de Natal" e paralisou o disco. O qual só seria retomado cinco meses depois, em agosto, com Tom de novo no comando. Era a única maneira de salvar a coisa. Tom e João pareciam não conseguir o que mais queriam na vida: livrar-se um do outro.

De 2 de agosto a 28 de setembro, meio aos trancos, eles gravaram o resto, com um repertório lindamente Bossa Nova. Tom conseguiu produzir com os trombones o som de ronco de navio que João Gilberto queria para a introdução de "O barquinho" e simplificou como pôde o trabalho com as outras: "O amor em paz" e "Insensatez", dele com Vinicius, "Este seu olhar", dele sozinho, e "Você e eu" e "Coisa mais linda", da nova e surpreendente dupla Carlinhos Lyra e Vinicius de Moraes.

Foi por mero acaso que, ao procurar Vinicius em seu apartamento no Parque Guinle, em 1961, Carlinhos Lyra não o encontrou na banheira. Era onde Vinicius passava a maior parte do tempo, submetendo-se a um trabalhoso ritual. A água tinha de estar pelando quando ele entrava. À sua volta, em bancadas, banquinhos e tamboretes, espalhava-se o que na época ainda se chamava de parafernália: café, uísque, gelo, cigarros, sanduíches, livros, jornais, revistas, bloco, caneta e telefone. Se alguém visse por ali um patinho de borracha não ficaria surpreso. Se chegasse alguém — uma visita ou mesmo repórteres e fotógrafos —, Vinicius os convidava a tirar a roupa e entrar, e recebia-os ali mesmo, na banheira. Nenhuma sacanagem em vista, mesmo que fossem as suculentas estagiárias que viviam entrevistando-o. Era para provar os efeitos reconstituintes da banheira.

E Vinicius precisava ser reconstituído a cada dia. Sua frase de que o melhor amigo do homem não era o cachorro, e sim o uísque, não era blague. "O uísque é o cachorro engarrafado", ele dizia — a sério. Mas a ideia que a posteridade passou a ter, de que o poeta sempre foi uma extensão do copo, não é exata. Nos anos 40 e 50, ele podia ser até considerado um bebedor moderado, em comparação com os grandes profissionais. Jobim situa a escalada alcoólica de Vinicius (e dele próprio, Tom) em 1960, a partir das férias em Brasília para escrever a "Sinfonia da alvorada". Até então, tratava-se de aquecimento. O próprio Tom às vezes se assustava:

"Mas dá pra aguentar, Vinicius?"

E Vinicius respondia:

"O corpo tem de aguentar. O corpo é o laboratório que tem de destilar esse negócio e transformar o álcool em energia. Porque o sangue só corre bem nas veias quando tem bebida."

As histórias de suas internações para tratamentos de desintoxicação na Clínica São Vicente, na Gávea, eram verdadeiras, por mais que parecessem folclore. Vinicius realmente recebia a chave da clínica e tinha permissão para sair e voltar à hora que quisesse. "Não posso ficar sem uma farofinha", dizia à nutricionista Rita, enquanto vestia as calças para cair na farra. Assim como era verdadeira a história de que ele se ninava para dormir, cantando baixinho coisas como "Tutu marambaia", do seu tempo de infância na ilha do Governador. O engraçado é que, sem esse lado ingênuo e quase infantil, Vinicius, sendo o grande poeta que era, talvez não tivesse preferido a música popular. (Além de não gostar de que sua poesia estivesse virando "receita de paquera em esquina de subúrbio".)

Era esse lado infantil que o fazia, apesar de diabético, assaltar a geladeira de madrugada em busca de papos de anjo — e ser descoberto na manhã seguinte por ter esquecido os óculos dentro dela. Papo de anjo, um doce caseiro, era a sua perdição. Falava dele como se o mundo inteiro partilhasse sua preferência. A certa altura do show que faria com Dorival Caymmi na boate Zum-Zum, em 1964, Vinicius dizia que a melhor coisa do mundo era "comer um papo de anjo, tendo ao lado a mulher amada". Seu amigo Rubem Braga, na plateia, estranhou:

"Está gagá. Não é muito melhor comer a mulher amada, tendo ao lado um papo de anjo?"

Vinicius foi também o grande lançador do diminutivo na Bossa Nova, um movimento musical cujas estrelas se comiam umas às outras e se tratavam por "Tomzinho", "Joãozinho", "Carlinhos" e "Ronaldinho". Mas Vinicius tratava naturalmente todo mundo assim — quando não sabia o nome da pessoa, chamava-a de "neguinha". Ficou magoado porque Pixinguinha sempre fora Pixinguinha, "sem a sua autorização".

Era ciumentíssimo de seus parceiros, mas fazia letras até para escolares que iam levar-lhe uma musiquinha. Quando Carlinhos Lyra foi procurá-lo naquele dia e Vinicius *não estava* na banheira, a ideia era a de pedir-lhe letra para uma ou duas canções que tinha feito e que achava que iam bem com o jeito do poeta. Desde que se separara de Ronaldo Bôscoli, Carlinhos vinha compondo com seu companheiro de CPC e de apartamento na rua Barão da Torre, Nelson Lins de Barros, ou então sozinho. Mas, para aquelas duas canções, Lyra sentia que precisava de alguma coisa especial. Vinicius, que o admirava por "Maria Ninguém" e estava acompanhando com preocupação aquela bobagem de *sambalanço* versus Bossa Nova, aceitou no ato. Transformou-o em seu "parceirinho", e as duas canções se tornaram nada menos que "Coisa mais linda" e "Você e eu".

Vinicius escreveu também a contracapa do segundo LP de Carlinhos, em 1961, na qual foi advertente e, *hélas*, profético: "Carlinhos Lyra pertence ao que poderíamos chamar de 'a corrente mais nacionalista da Bossa Nova', o que o levou, com um senso diferençador, a criar o termo *sambalanço* para as suas composições. Eu, pessoalmente, discuto a necessidade do termo; e tal já lhe disse de viva voz. Parece-me que a expressão Bossa Nova caracteriza perfeitamente bem o que há de melhor e mais sadio na nova música popular brasileira, que deve buscar, sem espíritos divisionistas e rivalidades de grupos, o seu lugar ao sol" etc. etc.

Vinicius parecia estar adivinhando quanto àqueles divisionismos, que ficariam ainda mais coléricos depois de 1964. Ele próprio, que se considerava "de esquerda" e cogitara entrar para o Partido Comunista em 1945, também faria Bossa Nova *social*, mas sem a pobreza demagógica que parecia ser uma marca do gênero. Até no "Hino da UNE", que ele comporia com Carlinhos em 1963, Vinicius conseguiria fazer uma coisa tão neutra, incolor e anódina como... Como o quê? (Falta-me a palavra.) Ora, como um hino.

Em 1961, enquanto a Bossa Nova *aprofundava* discussões, dois dos maiores responsáveis pela sua existência cuidavam de sua própria vida em lados opostos do continente — e em lados mais opostos ainda da música. Em São Paulo, Johnny Alf estava, até que enfim, gravando o seu primeiro LP, *Rapaz de bem*, e mostrando como, em 1955, no Brasil, já se fazia direitinho como os americanos. Na Califórnia, João Donato (ou Joao Donato, devido à ausência de til nas tipografias locais) estava participando de uma revolução que apontava para o futuro: a reincorporação da música afro-cubana ao jazz — e dando uma ou duas contribuições a ela. É impressionante como duas carreiras que pareciam correr tão paralelas, como as de Alf e Donato, podem ter entrado por pistas que foram dar em destinos tão divergentes.

Johnny Alf trocara a glória para poucos ao piano da boate Plaza, no Rio, pela perspectiva do sucesso em São Paulo, em 1955. Estava instalado havia poucos meses na antiga Baiúca da rua Major Sertório, perto da praça Leopoldo Fróes, e já tinha conquistado um razoável *following*, com o seu duo piano/contrabaixo, este a cargo de Sabá. Certa noite, no começo de 1956, estava em meio ao sempre fascinante "*Céu e mar, estrelas na areia/ Verde mar, espelho do céu/ Minha vida é uma ilha bem distante/ Flutuando no oceano*", quando ouviu uma série de gritos:

"Pode baixar! Está fechada!"

Na cozinha, a preta Lucila, que fritava camarões, deu um salto. Eram os Comandos Sanitários, que estavam fechando a Baiúca por falta de higiene e pondo para fora os matarazzos, pignataris, marques da costa e outros personagens de Tavares de Miranda que a frequentavam. Esses milionários só iam à Baiúca para ouvir Johnny Alf e, sabiamente, mantinham-se à distância dos crustáceos de Lucila, mas os Comandos Sanitários não queriam saber disso. Alf e Sabá foram declarados impróprios para consumo, junto com os camarões.

Para Johnny Alf, começou ali a peregrinação habitual dos músicos da noite, de boate em boate, tendo de mudar de pouso antes de formar freguesia fixa — porque a boate faliu, foi transformada em puteiro ou convertida em posto de gasolina. Nos anos seguintes, até 1961, ele passaria pelo Michel, também na rua Major Sertório; Feitiço, idem; Golden Ball, na esquina da rua Augusta com a av. Paulista; Tetéia, na av. Ipiranga; La Ronde, na praça da República; nova Baiúca, na praça Roosevelt; After Dark, na av. Indianópolis; e, em vários desses, várias vezes. Para onde ia, arrastava seu pequeno grande público.

Pode-se argumentar que não lhe faltou emprego. Às vezes faziam-lhe a gentileza de convidá-lo para boas casas, como a boate do hotel Lancaster, na rua Augusta, perto da Estados Unidos, onde tocou com um trio. Então, eram pérolas sobre veludo. Mas, em tempos mais difíceis, tinha de submeter-se a tocar no Stardust ou no Club de Paris, dois inferninhos. E, se o lugar era o Cave, precisava disputar a audiência com os grã-finos surdos (mas não mudos) que haviam irritado Vinicius e provocado aquela frase sobre São Paulo.

Nada de muito grave nesse pula-pula, se sua música, embora grande, não continuasse a mesma. Enquanto Alf estava escondido nas boates em São Paulo, seus antigos fãs no Plaza (Jobim, João Gilberto, Carlinhos Lyra) estavam fazendo e acontecendo no universo musical do Rio. (Newton Mendonça também vivia escondido nas boates, só que em Copacabana, e tinha Tom para respirar por ele.) Assim, quando Johnny Alf finalmente pôde gravar um LP, seis anos depois, era como se o Brasil já tivesse passado de ano e ele continuasse dando o mesmo curso. Coisas formidáveis, como "Rapaz de bem", "Ilusão à toa" e "O que é amar", pareciam ter perdido o impacto. No palco da Faculdade de Arquitetura, em 1960, a convite de Ronaldo Bôscoli, na *Noite do amor, do sorriso e a flor*, Johnny Alf já era quase nostalgia. E o que adiantava a ele ouvir Ronaldo dizer ao microfone que "há dez anos Johnny Alf fazia música bossa-nova", se ninguém queria saber?

João Donato fizera diferente. Em 1959, sem ambiente no Rio porque achavam que ele tocava jazz, foi para a Califórnia tocar música latina — que, na verdade, era o que tentava fazer aqui e ninguém entendia. Chegando lá, foi imediatamente adotado pelos cobras do gênero, como os cubanos Tito Puente, Mongo Santamaria e Johnny Rodriguez, e os americanos Cal Tjader, Herbie Mann e Eddie Palmieri. Donato tivera sem saber uma vida em comum com eles: Santamaria e Tjader eram, respectivamente, a conga e o vibrafone no superquinteto "latino" de George Shearing, cujos discos ele não tirava da vitrola em 1953; e Tito Puente era uma espécie de Stan Kenton cubano. Para variar, Kenton era a maior influência americana sobre todos os músicos cubanos daquele tempo, com a sua gravação de "23°N-83°W", cujo título, por sinal, representava as coordenadas de Havana no mapa.

No meio de todas aquelas congas, timbales e bongôs do *latin jazz*, com possibilidades de rachar os sopros e incluir as harmonias mais loucas do piano, Donato sentiu-se em casa. Tudo era permitido, desde que o ritmo fosse uma *enchilada* de mambos, rumbas, sambas — e, *¿por qué no?*, bossas novas. A Costa Oeste, onde esses músicos estavam baseados, era então, mais do que Nova York, o caldeirão da música latina. De 1959 a 1961, ele tocou piano com Mongo Santamaria e participou da primeira gravação de "Para ti", tocou trombone e escreveu arranjos para os metais de Tito Puente, gravou extensivamente com Cal Tjader, que já era famoso, e com Eddie Palmieri, que ainda não era. Sua entrada em cena fora apenas atordoante.

Nos anos seguintes, eles estariam usando no seu repertório as coisas de Donato, como "A rã", "Amazonas", "Cadê Jodel?" e elas se tornariam *standards* do que viria a chamar-se *funky*. O próprio Donato logo faria os seus discos na Pacific Records e teria o seu *songbook* gravado por outros jazzistas chegados a uma torta de milho com pimenta, como o vibrafonista Dave Pike. Donato seria verbete na *Encyclopaedia of jazz in the Sixties*, de Leonard Feather. Uma façanha que ele não repetiria na *Encyclopaedia of jazz in the Seventies*, do mesmo Feather, porque, como os americanos também descobriram, ele ainda era o garotão de calças curtas do Sinatra-Farney Fan Club.

16

GAROTA DE IPANEMA

Segundo uma história que vive sendo repetida, Vinicius de Moraes entrou na boate Arpège, no Leme, em 1962, para prestigiar seu amigo Tom Jobim, que estava ali ao piano defendendo alguns trocados — e saiu de lá com seu futuro parceiro: um rapaz que tocava guitarra elétrica no conjunto de dança, chamado Baden Powell. Vinicius, que nunca tinha ouvido Baden, entusiasmou-se com o que ele estava tocando — um vasto leque que ia de "My funny Valentine" a "Estúpido cupido". Procurou-o depois do show e convidou-o à queima-roupa para ser seu parceiro, começando naquela própria noite. Baden teria levado um susto — afinal, era o *Vinicius de Moraes*! Ele fez que sim com a cabeça e, à primeira distração do poeta, desapareceu de vista. Daí a dias, depois de tomar muita *coragem*, foi à sua casa. Então os dois se trancaram no apartamento de Vinicius, beberam metade da produção da Escócia e só saíram à rua três meses depois, com 25 canções prontas.

Não se sabe como essa história começou, mas é uma daquelas típicas lendas da Bossa Nova, que tentam fazer tudo parecer muito casual, para pintar os seus protagonistas como rapazes tímidos e assustados. No caso dessa história entre Baden e Vinicius, só o final dela é exato. Em 1962, Tom já era famoso demais para tocar no Arpège, uma boate, no Leme — só fizera isso, provavelmente, por amizade a Waldyr Calmon, seu proprietário. E a identidade de Baden Powell, que de fato tocava naquele conjunto de dança, estava longe de ser secreta. Para dizer a verdade, todos os músicos e cantores do Rio o conheciam pelo menos de nome — inclusive Vinicius. E seria demais que, para o que tinha em mente, o poeta o convidasse a ser seu parceiro baseando-se no repertório de boate que ele tocava ali.

Os dois se conheceram na mesma época, e através de um amigo comum, o empresário Nilo Queiroz, aluno de violão de Baden. Nilo reuniu-os em seu apartamento na av. Atlântica, esquina com a rua Duvivier, com a intenção de que daquele encontro saísse alguma coisa. Depois de ouvir Baden a noite inteira, tocando inclusive Villa-Lobos, Vinicius fez-lhe o convite. E Baden não tinha o menor motivo para se assustar com a proposta, porque já estava esperando por ela — Nilo já lhe falara. O que ele não imaginara era que, ao entrar no apartamento de Vinicius no Parque Guinle, fosse ficar quase noventa dias trancado ali, tomando o maior e melhor porre de sua vida e do qual sairia com 25 canções e uma nova carreira pela frente.

Daquele retiro etílico-musical nasceram, entre outras, "Consolação", "Samba em prelúdio", "Só por amor", "Labareda", "O astronauta", "Bom dia, amigo", "Tempo de amor" (depois mais conhecida como "Samba do Veloso", em homenagem ao bar da rua Montenegro), "Berimbau" e quase todos os *afro-sambas*, inclusive os "Cantos": o de Ossanha, o de Xangô e o de Iemanjá. Uma produção extraordinária, em número e qualidade, principalmente considerando-se o que eles beberam naqueles três meses e o fato de Baden ter conseguido dar um clima tão *baiano* aos *afro-sambas* sem nunca ter ido à Bahia.

O que eles beberam foi orgulhosamente calculado pelo próprio Vinicius: vinte caixas de uísque Haig, num total de 240 ampolas — ou 2,666 garrafas por dia. Parece muito, mas não seria uma quantidade absurda para dois bebedores sérios como Baden e Vinicius se, no começo, também não rolasse gim, o qual não foi contabilizado. E não há indícios de que um de seus frequentes visitantes, o ex-presidente Juscelino, então senador por Goiás, colaborasse muito para devastar o estoque.

Quanto ao *clima* da Bahia, Baden ouviu um extenso relato de Vinicius, que se preparara para fazer aquele ciclo de canções, e os dois tiveram como guia sonoro um disco de folclore baiano que o poeta recebera de seu amigo Carlos Coqueijo. Desse disco constavam as receitas de samba de roda, pontos de candomblé e partes de berimbau. Será possível um dia perdoar Baden e Vinicius pela popularização do berimbau, o instrumento mais monótono do planeta depois da gaita de foles? (Baden só iria à Bahia, para valer, muito tempo depois, em 1968, quando passaria seis meses por lá e voltaria com "Lapinha".) Quanto a Vinicius, saiu do apartamento e internou-se direto na Clínica São Vicente, onde ele e Baden aproveitaram o embalo e fizeram "Amei tanto", "Pra que chorar" e o "Samba da bênção".

Curiosamente, grande parte dessa produção foi para a gaveta e custou para começar a sair. (O disco *Os afro-sambas* só seria gravado quatro anos depois, em 1966.) Mas, para Baden, o trabalho com Vinicius foi um *turning point* em sua vida pessoal e profissional. Com aquilo, ele deixava definitivamente de ser o garoto que morava no subúrbio de Ramos, que desde os dezessete anos ia e voltava de trem para as boates, nas quais tocava para dançar, e às vezes era obrigado a encarar doze horas num ônibus para acompanhar Ivon Curi ao interior de Minas. Aos dezenove anos, em 1956, conseguira aquele emprego no conjunto de Ed Lincoln, na boate Plaza, onde pelo menos podia tocar um pouco de jazz, sua paixão. Seria perfeito, se houvesse alguém na boate para escutá-lo.

Naquele tempo, Baden estava ficando tão habituado a tocar para plateias invisíveis que já conseguia tocar sem tirar o violão do saco. Badeco, dos Cariocas, costumava ir ao Plaza para ver os amigos e saía com Baden pela madrugada. Este queria mostrar-lhe um novo truque que aprendera no violão e não se incomodava em tirá-lo da capa: agarrava as cordas sob a lona e produzia o som que queria. Nos anos seguintes, Baden fez o circuito das boates, entre as quais a Meia-Noite, no Copacabana Palace, com a orquestra de Copinha, e foi parar na TV Continental, acompanhando cantoras. Mas em pouco tempo as cantoras começavam a reclamar: a não ser que a câmera só focalizasse os seus rostos, os telespectadores não tiravam os olhos do violão de Baden — imagine se ele fosse bonito.

Baden então começou a ficar mais ocupado do que gostaria, como músico de estúdio, gravando na Philips com praticamente todo mundo, de Carlinhos Lyra à Lyra de Xopotó — sem nunca ter o nome na contracapa. Quando pensava que ia morrer incógnito, a Philips deixou-o fazer o seu primeiro disco assinado, em 1960, e o segundo, em 1961, mas com o tipo de repertório que, na época, convidaria qualquer jovem a economizar suas agulhas — "Estrellita", "Ojos verdes", "Minha palhoça". E com o seu nome, as pessoas pensavam que eram discos sobre escotismo. (Na verdade, Baden Powell de Aquino nunca foi escoteiro. Seu pai, sim, e, como se vê, ligeiramente fanático.)

Até Vinicius aparecer, as únicas pessoas que haviam se interessado em compor com Baden tinham sido Billy Blanco, em 1959, com "Samba triste" (que Lucio Alves foi o primeiro a gravar), e seu aluno e protetor Nilo Queiroz. Azar dos outros porque, com isso, Vinicius pegou Baden na ponta dos cascos — e, com a participação decisiva do professor Clementino Fraga, da Clínica São Vicente, que manteve os dois vivos, os três formaram a maior dupla do mundo desde Haig & Haig.

"Cresce, baby!" — gemia Lennie Dale a cada trinta segundos no Bottles Bar vazio, às quatro da tarde, ensaiando Wilson Simonal ou Leny Andrade.

Não apenas gemia, mas gesticulava, girava os braços como uma hélice ou rodopiava no ar como um helicóptero desgovernado. O Beco das Garrafas nunca vira coisa igual. Lennie Dale não esperava que aqueles cantores fizessem isso, é claro (ou esperava?), mas queria dar-lhes uma ideia de como o artista deveria *crescer* no palco, ficar *larger than life* — embora já fosse uma temeridade ficar maior do que o palquinho do Bottles, já que a boate inteira não tinha mais do que 15 metros quadrados.

Ninguém sabia direito de onde havia saído aquele bailarino americano que Carlos Machado descobrira em Roma — aparentemente, numa festa para Elizabeth Taylor, em 1960, celebrando o começo das filmagens de *Cleópatra*, do qual ele era assistente de coreografia. Lennie Dale já estava havia dois anos no Brasil e as filmagens de *Cleópatra* continuavam longe de terminar — talvez porque ele tivesse abandonado a produção. Machado o trouxera para dar alguns palpites na coreografia de seu show *Elas atacam pelo telefone,* na boate Fred's, e se impressionara ao ver como ele quase matava as dançarinas de ensaiar. As dançarinas sobreviveram e Lennie, *born* Leonardo La Ponzina, ficou por aqui.

Sua ida para o Beco provocou sensação na época, e justamente por esta novidade que ele introduziu: o ensaio. Até então os cantores, os músicos e os produtores só davam uma passadinha no Bottles, antes do show, para tentar bicar uns goles na ausência dos proprietários. Apesar da improvisação, os shows eram um milagre, mas apenas porque Johnny Alf (de volta ao Rio, tentando recuperar o tempo perdido) ou os conjuntos instrumentais, como o sexteto de Sergio Mendes, o Tamba Trio ou o Bossa Três, eram capazes de superar até aqueles microfones com som de lata. Sylvinha Telles cantava com um *playback* em que estavam gravados os fantásticos arranjos que Nelson Riddle lhe fizera a pedido de Aloysio de Oliveira, e, de repente, o *playback* não entrava. Era tudo muito pobre. Mas, enfim, ninguém ia ao Beco pensando estar na Broadway.

Com Lennie Dale, o Beco *quase* se tornou a Broadway, mesmo que de tanga. Ele obrigava o cantor e o conjunto a ensaiar como se fossem principiantes (o que, aliás, eles eram), repetindo cada detalhe dezenas, centenas de vezes, até que este se tornasse para eles uma segunda natureza. E eram detalhes complicados, com *breaks* súbitos e entradas ainda mais inesperadas, como uma mudança de luz no exato momento em que um prato da bateria era ferido, *spots* coloridos piscando quando as baquetas desferiam uma rajada nos couros, e coisas que tais.

Havia quem achasse o gringo meio louco; outros atribuíam essa genialidade às suas frequentes idas ao camarim; e outros não sabiam por que Lennie Dale estava perdendo tempo no Brasil, quando podia ser um supercoreógrafo, um novo Jerome Robbins, Michael Kidd ou

Bob Fosse, em sua terra. "Oh, well", ele dizia, embora a palavra em português que mais pronunciasse (ainda não sabia muitas, além de "Cresce, baby!") fosse "Men-txiiira!".

Certas produções de Lennie Dale no Beco exigiam aparatos hollywoodianos, como o seu próprio show no Bottles, em que ele cantava "O pato" e entrava em cena com um pato vivo dentro de uma taça. Evidente que a *taça* era uma fruteira e o pato, um filhote. O pato se comportava bem, ficando quieto, depois de exaustivamente ensaiado. Mas, à medida que a temporada do show se esticava (em grande parte por causa do pato), Lennie não podia impedir o pato de crescer e já não caber dentro da fruteira. Fazia mais sentido substituir o pato do que achar uma fruteira maior, mas isso significava que o novo pato tinha de ser ensaiado para ficar quieto. Não queira saber como, mas cada pato substituto parecia ainda melhor do que o outro.

O principal problema provocado pelo pato é que não havia um camarim no Bottles adequado para ele. Com isso, ele foi confiado a Lidia Libion, ex-representante de Sacha Gordine no Brasil. A função de Lidia era abrigar o pato em sua casa, na travessa Santa Leocádia, em Copacabana, e, poucos minutos antes de sua entrada no espetáculo, levá-lo para o Bottles. Acabado o número, Lidia pegava o pato e voltava com ele rapidamente para casa — mesmo porque, se o pato ficasse naquele ambiente irrespirável, ainda que por alguns minutos, Lennie teria de cantar "O pato" solo na noite seguinte.

O pato foi um grande sucesso de público e crítica enquanto o show esteve em cartaz, mas sua carreira subsequente — preparado por Lidia ao tucupi para seu marido Jacques e alguns amigos — teve apenas *mixed reviews*.

Nem todas as ideias de Lennie Dale foram tão *successful*, mas seu maior *flop* foi tentar inventar uma dança para a Bossa Nova. Na época, qualquer novo ritmo musical era obrigatoriamente associado a uma dança, mesmo que isso jamais tivesse passado pela cabeça de seus criadores — e, se havia algum ritmo com o qual se deveria dançar ao som de João Gilberto, é claro que teria de ser o samba. Mas até a isso eles faziam restrições porque, entre os músicos da Bossa Nova, quase todos com rigorosa formação clássica ou jazzística, não podia haver pior sinal de que um colega estava em dificuldades do que quando ele estava "tocando para dançar". O próprio Tom, que nunca dançara na vida, acabara de compor com Vinicius "Só danço samba", mas sem muita convicção. Tanto que, ao ouvir "Só danço samba" pela primeira vez, João Gilberto lhe perguntara: "O que é isto, Tomzinho? Boogie-woogie?".

As danças da moda entre os jovens eram o rock, o *twist* e o *hully-gully* — que a jovem Nara Leão já havia definido, com muita propriedade, como "uma burrice dividida por três". (Havia também *la bostella*, lançada no filme *A doce vida*, de Fellini, em que as pessoas se jogavam no chão e se contorciam epilepticamente ao ritmo da música. Não durou muito.) A Bossa Nova, como uma música exclusivamente para ser ouvida, estava enfrentando todas essas potências da música internacional — e ganhando. Mas talvez não resistisse ao assédio por muito tempo. O francês Sacha Distel já rondava por aqui, depois de ter ouvido em Paris as canções que seu xará Sacha Gordine comprara *bon marché* no Brasil, e procurava uma forma de transformar a Bossa Nova numa dança.

Lennie Dale, que, afinal, era um coreógrafo e já se sentia "da Bossa Nova", resolveu se antecipar e criar a dança, antes que algum gringo o fizesse. E criou, mas ela tinha probleminhas: os homens não se sentiam bem dançando-a, porque ela não favorecia muito a sua masculinidade — em Lennie Dale até que ficava bem, mas ele era um dançarino. E as únicas mulheres que conseguiam executar aqueles contorcionismos, sem acabar no ortopedista, eram Sigrid Hermanny e Letícia Surdi, também bailarinas profissionais. A maior proeza de Lennie Dale com sua dança foi a de ter conseguido executá-la no palquinho do Bottles, embora este o limitasse aos rodopios na vertical. Se saltasse para os lados, cairia em cima da mesa de Cesar Thedim ou no colo de Paulo Garcez, dois frequentadores assíduos. Marly Tavares, outra bailarina profissional, também dançou no Bottles, mas houve um momento em que ela achou o palco mais espaçoso para cantar.

Lennie Dale, sem querer, acabou sendo uma influência maior como cantor do que como dançarino. Não que ele *cantasse*, veja bem, mas, na qualidade de *show-man* americano, tinha de fazer de tudo, inclusive isso. E, naturalmente, ele cantava como os americanos de sua geração que aspiravam a se tornar os novos Sinatras: Steve Lawrence, Buddy Greco, Bobby Darin, Frank D'Rone, Julius La Rosa. Podia ser muito engraçado ouvi-lo cantando "The lady is a tramp" em português, porque todo mundo sabia que não era para valer, mas ele acabou repassando aqueles arabescos vocais para Wilson Simonal, Pery Ribeiro e, no futuro próximo, para Elis Regina. Acabaram todos cantando parecido com Johnny Alf dez anos antes.

>Primeira voz:
>"Este é o encontro..."
>Segunda voz:
>"... com Tom..."
>Terceira voz:
>"... Vinicius..."
>Quarta voz:
>"... João Gilberto..."
>Uníssono:
>"... com a participação especial dos Cariocas."

As vozes, que pareciam estrelas sonoras se abrindo, eram as dos Cariocas, dando início na boate Au Bon Gourmet ao show de Bossa Nova para-acabar-com-todos-os-shows-de-Bossa-Nova: Tom, Vinicius e João Gilberto — juntos, pela primeira e última vez num palco —, com a assistência efetiva de Otávio Bailly ao contrabaixo e Milton Banana à bateria, sob a direção de Aloysio de Oliveira. Era um show também para repor a Bossa Nova nos trilhos, depois de todas as liberdades que vinham se tomando em seu nome, e para fazer com que as pessoas se lembrassem de que ela continuava sendo um fino produto musical — na verdade, o mais fino e musical de todos.

A ideia fora do homem da noite Flávio Ramos, até então proprietário do Jirau, agora uma boate *hi-fi* (movida a discos) onde o *strogonoff* de frango e o mortífero picadinho eram digeridos pelos clientes na própria pista, ao som dos *twists* e *hully-gullies*. Ramos, com toda a razão, achava aqueles *hi-fis* uma pobreza, principalmente porque seu confessado sonho era ser uma espécie de Humphrey Bogart em *Casablanca* e ter um night-club ao qual fosse obrigatório ir, como o Rick's do filme. E havia espaço para isso na noite carioca — a qual, para Ramos, se limitava naquele tempo ao Sacha's, já sem o velho *glitter*, e ao Top Club do Barão Stuckart. (O Bottles não contava, porque seus frequentadores ficavam mais fora do que dentro.)

Certa noite, naquele ano de 1962, Flávio Ramos fora ver o show de Sylvinha Telles no Bottles, em que ela cantava sobre o *playback* com os arranjos de Nelson Riddle. Dito assim parecia o máximo, porque Riddle era o arranjador de Sinatra, e que glória maior haveria do que ser *acompanhada* por ele? Na realidade, o piloto do *playback*, Aloysio de Oliveira, estava separado da cantora por uma reles cortina de banheiro, acionando um arcaico gravador Webster, subalimentado por um amplificador RCA que já tinha conhecido melhores dias — na Segunda Guerra. Não era a ideia que Flávio Ramos fazia de um espetáculo à altura daquela música.

O acaso ajudou-o. O banqueteiro e *restaurateur* José Fernandes, uma lenda na noite carioca, estava de mudança para Brasília e dando quase de graça o seu restaurante Au Bon Gourmet, na av. Copacabana, com todos aqueles veludos vermelhos. Flávio Ramos arrematou o restaurante, mudou toda a decoração e transformou os seus 6 × 40 metros numa casa de espetáculos para trezentas pessoas. Equipou-a com uma bateria de *spots*, comprou microfones Shure e, associado a Aloysio, planejou o primeiro show com nada menos que Tom Jobim, Vinicius de Moraes, João Gilberto e Os Cariocas. E, se Frank Sinatra estivesse de passagem pelo Rio, seria incluído também.

A temporada estava prevista para um mês, mas a casa cheia todas as noites fez com que Ramos a esticasse por mais duas semanas. O show só fechou por estafa terminal de todos os participantes — os artistas e os produtores. O desgaste era diário. O espetáculo, marcado para meia-noite, nunca começava na hora porque, a poucos minutos da entrada, sempre faltava um. Quase sempre João Gilberto. Flávio

Ramos telefonava desesperado e ele respondia, com voz de quem acabara de acordar:

"Mas, Flavinho, já está na hora? Espera que eu vou tomar um banhinho rápido e estou indo pra aí."

Flávio entrava em pânico:

"Não, não venha! Não saia daí! Tome banho e fique onde está. O carro está saindo para te pegar!"

O Cadillac preto de Flávio Ramos ia buscar João Gilberto em Ipanema e, com a prática, Ramos achou que deveria fazer disso uma praxe, para evitar sobressaltos. Depois — por via das dúvidas —, estendeu a cortesia também a Tom e Vinicius, o qual estava internado na Clínica São Vicente. Acontecia às vezes de o Cadillac ir apanhar Vinicius e não o encontrar na clínica. Mas ele não estava longe da boate. Na verdade, já estava por ali, no botequim vizinho ao Bon Gourmet, misteriosamente bebendo com Badeco um uísque nacional chamado Mansion House — quando poderiam estar se servindo dos escoceses que Flávio Ramos deixava no camarim.

Vinicius precisara de permissão oficial do Itamaraty para trabalhar no espetáculo. Como era compreensível, a Casa de Rio Branco não achava *etiquette* ver um de seus vice-cônsules cantando sambas numa boate, com um copo de uísque na mão — e ainda sendo pago por isso. Mas tudo era perdoável, se ele não recebesse o vil pecúnio. Vinicius combinou com Flávio Ramos que, em troca do cachê, seus convidados teriam livre acesso ao espetáculo. Ramos concordou, mas não contava com que, a cada noite, Vinicius arrastasse uma turba de seis ou oito convidados que bebiam como peixes e pareciam insaciáveis diante das ostras e do filé ao molho tártaro, que eram as especialidades do Bon Gourmet. Ao final da temporada, feitas as contas, Vinicius saiu devendo a Flávio Ramos.

Nas primeiras noites Vinicius manteve o decoro diplomático, cantando de terno e bebendo pouco, como lhe pedira o Itamaraty. No final, já se apresentava de roupa esporte e não fazia questão de contar as doses — e foi quando deu suas melhores *performances*. (Não tão soltas, naturalmente, quanto as que daria no futuro, quando já não era do Itamaraty.) Muito do sucesso do espetáculo se deveu ao inusitado de se poder ver o poeta cantando publicamente pela primeira vez.

O show ganhou várias capas de revistas e foi polvilhado de elogios por todos os jornais. Pessoas reservavam duas ou três noites por semana — ninguém se contentava com os 45 minutos que ele durava. O serviço era interrompido durante a apresentação e todo mundo ouvia com fervor religioso.

O máximo de ruído eram os suspiros do empresário Alberto "Betty" Faria e um ou outro uivo de uma *socialite* — geralmente "Que liiindo!" — quando Tom, Vinicius, João Gilberto e Os Cariocas apresentavam (pela primeira vez no mundo) "Garota de Ipanema".

Cinco dos maiores clássicos da Bossa Nova foram estreados no show do Bon Gourmet: "Só danço samba", de Tom e Vinicius; "Samba do avião", de Tom, "Samba da bênção" e "O astronauta", de Baden e Vinicius — e o último deles, por ordem de entrada em cena, "Garota de Ipanema". Na noite da estreia, em agosto de 1962, ninguém sabia o que viria quando Tom dedilhou alguma coisa ao piano e João Gilberto cantarolou:

"Tom e se você fizesse agora uma canção/ Que possa nos dizer/ Contar o que é o amor?"

Ao que Tom respondia:

"Olha Joãozinho, eu não saberia/ Sem Vinicius pra fazer a poesia..."

O vate pegava o mote:

"Para essa canção se realizar/ Quem dera o João para cantar..."

Ao que João Gilberto, inacreditavelmente modesto, completava:

"Ah, mas quem sou eu?/ Eu sou mais vocês./ Melhor se nós cantássemos os três..."

E os três:

"Olha que coisa mais linda, mais cheia de graça..."

Foi um grande momento na vida de todos ali — um momento que se repetiu noite após noite, durante 45 dias, a ponto de ninguém mais se lembrar de que, naquele show, também foram lançadas as outras canções. E muito menos se lembrariam de que "Corcovado", "Samba da minha terra", "Insensatez", "Samba de uma nota só", "Se todos fossem iguais a você" e, com Os Cariocas, "Devagar com a louça", também foram cantadas. Por sorte, tudo aquilo foi gravado, e até em mais de uma noite — dessa vez pelo advogado Jorge Karam, outro apaixonado por som e pela Bossa Nova. A combinação daquelas fitas daria um grande disco, se os seus participantes o permitissem.

A temporada de *O encontro* no Bon Gourmet foi, provavelmente, o maior momento da Bossa Nova no Brasil. Salvou a sua música numa época em que o movimento se esgotara como novidade e em que até a propaganda o abandonara por outros apelos mais comerciais. Foi um espetáculo do pessoal de Aloysio (nem o recém-agregado Baden Powell teve lugar, a não ser como parceiro de Vinicius), e ninguém ali desconfiava que a *turmona* estava prestes a se desfazer. No monólogo do "Samba da bênção", o poeta definia Jobim como "parceiro querido, que já viajaste comigo tantas canções, e ainda há tantas a viajar". Sem dúvida havia, mas ficaram todas na saudade porque, depois daquela fabulosa fornada de 1962, os dois não voltaram a compor juntos.

O motivo alegado por ambos eram as viagens. De fato, Tom iria no final daquele ano para Nova York e só viria de lá esporadicamente; e Vinicius iria servir de novo em Paris, o que não o impediria de continuar compondo com Baden, Carlinhos Lyra, Moacir Santos e, brevemente, Edu Lobo. Era o fim da parceria Tom e Vinicius, embora a amizade se prolongasse pelos próximos milhares de pileques. Mas, se era para que deixassem de trabalhar juntos, não poderia haver maior canção de despedida do que uma das últimas canções que eles fizeram: "Garota de Ipanema".

Já foi dito, mas as pessoas não se conformam: Tom e Vinicius *não* fizeram "Garota de Ipanema" no bar que se chamava Veloso e que depois se chamou Garota de Ipanema, na rua que era Montenegro e que depois se tornou Vinicius de Moraes, esquina com Prudente de Moraes (nenhum parentesco). Nunca foi do estilo da dupla escrever música em mesas de bares, embora eles tenham investido nelas as melhores horas de suas vidas. Tom compôs meticulosamente a melodia em sua nova casa, ao piano, na rua Barão da Torre, e seu destino seria uma comédia musical intitulada *Blimp*, que Vinicius já tinha toda na cabeça, mas que nunca levou ao papel.

Vinicius, por sua vez, escreveu a letra em Petrópolis, como havia feito com a de "Chega de saudade", seis anos antes, e ela lhe deu tanto trabalho quanto. Para começar, não nasceu se chamando "Garota de Ipanema", e sim "Menina que passa" — e toda a sua primeira parte era diferente. Era assim: *"Vinha cansado de tudo/ De tantos caminhos/ Tão sem poesia/ Tão sem passarinhos/ Com medo da vida/ Com medo do amor/ Quando na tarde vazia/ Tão linda no espaço/ Eu vi a menina/ Que vinha num passo/ Cheia de balanço/ Caminho do mar".*

Quanto à famosa garota, é verdade que foi no Veloso, no inverno de 1962, que Tom e Vinicius a viram passar. Não uma, mas inúmeras vezes, e nem sempre a caminho do mar, mas a caminho também do colégio, da costureira e até do dentista. Principalmente porque Heloísa Eneida Menezes Paes Pinto, mais conhecida como Helô, dezenove anos, 1,69 metro, olhos verdes e cabelos pretos longos e escorridos, morava na Montenegro e já era muito admirada no próprio Veloso, onde entrava com uma certa frequência a fim de comprar cigarros para sua mãe — e saía sob uma sinfonia de fiu-fius.

A canção foi feita e lançada no show do Bon Gourmet em agosto. Os primeiros a gravá-la no Brasil foram Pery Ribeiro, na Odeon, e o Tamba Trio, na Philips, ambos em janeiro de 1963, para que nenhuma das gravadoras se sentisse infeliz. (Claudette Soares, toda lampeira, também conseguiu gravá-la rapidinho, na Mocambo, mas estava tão pouco familiarizada com a letra que trocou o *"balançado que parece um poema"* por um *"balanceado"* que mal cabia na métrica.) E, em maio do ano seguinte, 1963, o próprio Tom lançou a canção nos Estados Unidos, no seu primeiro disco feito lá, *The composer of "Desafinado"*. A partir daí, apenas nos primeiros dois anos (mas que foram os dois primeiros anos da beatlemania), "Garota de Ipanema" teve mais de quarenta gravações no Brasil e nos Estados Unidos, algumas das quais por Nat "King" Cole, Peggy Lee e Sarah Vaughan.

A garota Helô assoviava diariamente a canção a caminho do mar, sem saber que tinha sido a sua musa. É verdade que já devia estar desconfiando porque, desde 1962, dois bem informados rapazes da *Fatos & Fotos* — o repórter Ronaldo Bôscoli e o fotógrafo Hélio Santos — viviam atazanando-a para fotografá-la na praia, num daqueles duas-peças que na época pareciam ousados e que hoje dariam para confeccionar vários paraquedas. Acabaram conseguindo, mas só depois que o pai da garota, um general da linha dura, se certificou dos seus bons propósitos. Somente após três anos, em 1965, quando Helô já tinha 22 anos e estava de casamento marcado, é que Tom e Vinicius lhe revelaram — e à súcia da imprensa — que ela era a garota de Ipanema.

Houve então um corre-corre, que criou um misto de orgulho e desconforto no general e no noivo: todos queriam conhecer a coisa mais linda e mais cheia de graça. O Rio comemorava naquele ano o seu quarto centenário e ninguém mais perfeito do que Helô para ser o símbolo oficial da cidade, com a roupinha de normalista. O general e o noivo não deixaram. Dois anos depois, em 1967, o Cinema Novo resolveu filmar *Garota de Ipanema* — e quem seria mais adequada para interpretar o papel-título, dourando-se de biquíni ao sol da Montenegro? Mais uma vez o general e o agora marido se interpuseram entre Helô e os olhos do mundo.

A canção continuou despertando fantasias universais a respeito da mítica garota, mas os anos se passaram e o mundo, cansado de lutar, resolveu tratar da vida e dedicar-se a seus outros interesses. Já tinha até se esquecido do assunto quando, 25 anos depois daquela tarde no Veloso, o mundo pôde finalmente apreciar, desta vez *au grand complet*, os méritos da "Garota de Ipanema" original: na edição de maio de 1987 da *Playboy* brasileira. Bem, 25 anos não são 25 dias.

"Isto é grande música, senhor Oliveira. Vou levá-la para o meu país e divulgá-la", exclamava entusiasmado o *disc-jockey* americano Felix Grant no Bon Gourmet, durante a temporada do show *O encontro*.

Ótimo que Grant tenha feito isso, mas, se ele ouvisse com mais atenção os outros *disc-jockeys* de seu próprio país, descobriria que, em agosto de 1962, a Bossa Nova estava longe de ser o segredo mais bem guardado do planeta. Em 1959, o ano da sua explosão no meio musical brasileiro, Sarah Vaughan, Nat "King" Cole e Billy Eckstine estiveram por aqui — e pelo menos Vaughan ouviu Bossa Nova. Em 1960, vieram Lena Horne e Sammy Davis Jr. — e não apenas Lena cantou "Bim bom" no Copa e cruzou bigodes com João Gilberto, como Sammy Davis foi acompanhado no teatro Record, em São Paulo, por Hélcio Milito já com a *tamba*, a sua bateria que seria a marca do Tamba Trio. Mas a visita mais importante de 1960 foi a do músico menos famoso: o guitarrista Charlie Byrd. Este veio, ouviu e levou a Bossa Nova com ele para os Estados Unidos.

No fim daquele mesmo ano, a Capitol americana lançou nos Estados Unidos o LP *Brazil's Brilliant João Gilberto*, que vinha a ser o nosso *O amor, o sorriso e a flor*. Em maio de 1961, foi a vez de Tony Bennett vir cantar aqui. E já veio sabendo. Numa reunião na casa do empresário Flávio Ramos, futuro dono do Bon Gourmet, Bennett e seus músicos ouviram explicações técnicas de Luizinho Eça sobre a batida e a divisão rítmica da Bossa Nova. Um deles, o contrabaixista Don Payne, levou os discos e as dicas para seu amigo, o saxofonista Stan Getz. Na mesma época, a gravadora Reprise lançou nos Estados Unidos o LP *The Hi-Los happen to Bossa Nova*, que já incluía versões em inglês de "Chega de saudade", "O pato", "Chora tua tristeza", "Outra vez" e mais oito bossas novas.

Em julho de 1961, um batalhão de jazzistas veio ao Rio e São Paulo para o American Jazz Festival, e a confraternização *after hours* com os músicos da Bossa Nova não se limitou aos porres e fuminhos. Um dos visitantes, o flautista Herbie Mann, passara os últimos dois anos desbravando as praias californianas com João Donato [*Zho-ao Don-*

-AH-too] e aprendendo uma coisinha e outra de Bossa Nova. Ou seja: quando Stan Getz e Charlie Byrd gravaram "Desafinado", em março de 1962, e venderam de estalo 1 milhão de cópias, os Estados Unidos já haviam mais do que feito a sua lição de casa sobre o assunto.

17

A LAMBIDA NA MAÇÃ

O motorista do táxi em Nova York virou-se para trás e perguntou ao passageiro:

"Hei, você não é o Agostinho dos Santos?"

Agostinho dos Santos quase olhou em volta para saber de quem o homem estava falando. Tinha acabado de descer no aeroporto de Idlewild, tomara aquele táxi amarelo rumo ao hotel Diplomat, na rua 47, e já estava sendo reconhecido em Nova York! O motorista explicou: sua mulher ouvia de manhã à noite a trilha sonora de *Black Orpheus*, o filme. A foto de Agostinho não estava na capa, mas ao ouvir aquele crioulo falando com a mesma voz e na mesma língua incompreensível do cantor do disco, deduzira que só podia ser ele. Agostinho admitiu satisfeito que era o próprio e pensou em livrar a corrida com um autógrafo. O motorista aceitou o autógrafo, mas apresentou a conta — o autógrafo era para sua mulher, não para ele.

Do mesmo táxi saltaram João Gilberto (num sobretudo marrom-vinho, tcheco, que havia ganhado de Jorge Amado) e o radialista Walter Silva, o *Pica-Pau*, que iria transmitir o show da Bossa Nova para o Brasil, pela Rádio Bandeirantes, direto do Carnegie Hall. João Gilberto depositou sua única mala num canto da recepção, foi ao balcão, pegou o telefone e discou um número que tirou do bolso do sobretudo:

"Alô, Percy?", disse em português. "Aqui é João. Estou no hotel Diplomat. Venha para cá."

Vinte minutos depois chegou ao hotel um negro elegantérrimo do chapéu aos sapatos, com a barba em ponta, parecendo um diplomata zulu. Era Percy Heath, contrabaixista do Modern Jazz Quartet. Os dois haviam se conhecido poucos meses antes no Rio, quando o MJQ tocara no Municipal e Heath fizera questão de ser apresentado a João Gilberto. Foram para um sofá na recepção do hotel Diplomat e ficaram conversando um tempão em língua de músico — porque João não falava inglês, nem Heath, português.

A Bossa Nova, exceto Tom Jobim, estava desembarcando naquela manhã para o concerto que a estranha parceria entre uma gravadora americana, a Audio Fidelity, e um órgão do governo brasileiro, o Itamaraty, havia programado para daí a algumas horas no Carnegie Hall. (Jobim estava tomando o avião no Rio naquele momento e só chegaria a Nova York em cima da pinta para o show.) Teoricamente seria um show "de Bossa Nova", embora algumas das atrações prometidas pelos cartazes na porta do teatro, na rua 57, fossem o violonista Bola Sete, a cantora Carmen Costa, o ritmista José Paulo e o pianista argentino Lalo Schifrin. Os quatro tinham tanto a ver com a Bossa Nova quanto Kennedy, Khruschóv, Fidel ou Dag Hammarskjöld, as figuras da época.

Os outros nomes nos cartazes do Carnegie eram legítimos e representativos: Luiz Bonfá, conjunto de Oscar Castro Neves, Agostinho dos Santos, Carlinhos Lyra, Sexteto Sergio Mendes, Roberto Menescal, Chico Feitosa, Normando Santos, Milton Banana, Sergio Ricardo, Antonio Carlos Jobim e João Gilberto. Os cartazes não diziam, mas a plateia ainda faria jus a outras estrelas da Bossa Nova, como Caetano Zama, Ana Lucia e Claudio Miranda... — o que tornava ainda mais incompreensíveis as ausências de Sylvinha Telles, Johnny Alf, João Donato, o Tamba Trio, Baden Powell, Mauricio Einhorn, Alayde Costa, o Bossa Três ou Os Cariocas, com suas tremendas tarimbas de palco.

É mesmo. Por que uns e não outros?

Quem acompanhou o pandemônio no Rio que antecedeu a viagem da Bossa Nova para o Carnegie Hall teve a sensação de que nem a escalação dos tripulantes nas caravelas de Pedro Álvares Cabral, para se decidir quem iria descobrir o Brasil, comportou tantas trapalhadas. A coisa começou em setembro, quando Sidney Frey, presidente da Audio Fidelity, chegou ao Rio para convidar alguns artistas brasileiros a se apresentar nos Estados Unidos. Quem ele queria? Apenas Tom e João Gilberto, com os quais (mais um contrabaixo e bateria) qualquer um faria um show de primeira. Frey, no entanto, não estava apenas de olho na bilheteria do espetáculo ou nas vendas do disco do show. Tudo isso era *peanuts*, comparado ao grande filé que seria a edição das canções do show nos Estados Unidos, através de suas duas editoras, a Matador e a Eleventh Avenue.

Para Aloysio de Oliveira, o homem certo a ser procurado para essa empreitada, estava perfeito: Tom e João iriam acontecer em pessoa na América. Mas havia uma pedra no caminho de Frey: todo o vasto catálogo anterior de Tom era propriedade de Henrique Lebendiger, que o editara aqui pela Fermata. E sem Jobim, que já era um sucesso nos Estados Unidos como "o compositor de 'Desafinado'", o show não teria sentido.

Mas Frey não era o americano da anedota, nem apenas um espertalhão insensível. Entre outras coisas, não era virgem de Brasil e de brasileiros, como se pensava. A primeira vez em que aportara aqui fora como marinheiro, na Segunda Guerra, e conhecera bem a praça Mauá. Ficara fanático pelo folclore nativo e tinha em sua casa, em Nova York, uma coleção de pandeiros, cuícas e reco-recos que chamava a atenção — mais de duzentos fascinantes badulaques com que os brasileiros faziam barulho. Sabia muito bem a diferença entre o samba e a Bossa Nova, e de como isso poderia ser combinado para fazer festinhas na epiglote americana.

Naquele mês de setembro, no Rio, ele vira e ouvira do bom e do melhor. Conseguira pegar, por exemplo, o fim da temporada do *Encontro* com Tom, Vinicius e João Gilberto no Bon Gourmet, e, como qualquer ser humano, ficara de quatro com "Garota de Ipanema". Além disso, ia regularmente ao Beco das Garrafas, onde Sergio Mendes armara aquele fantástico sexteto com Paulo Moura, sax-alto; Pedro Paulo, trompete; ele, Sergio, ao piano; Durval Ferreira, guitarra; Otávio Bailly, contrabaixo; e Dom Um, bateria. Ouvira também, com o conjunto de Oscar Castro Neves, todas aquelas canções de jovens compositores como Lyra, Menescal, Feitosa, Durval e ele próprio, Oscar. Era material de primeira para se editar nos Estados Unidos — e devia haver mais de onde saíra. Se não pudesse fisgar o melhor de Jobim, faria uma pescaria de arrastão.

Frey foi objetivo: convocou a imprensa a uma ampla boca-livre no Salão Verde do Copacabana Palace, durante a qual anunciou que alugara o Carnegie Hall para uma noite de Bossa Nova no dia 21 de novembro, e que ainda estava decidindo quem iria levar. Nos dias seguintes, cada centímetro dos jornais e revistas abriu-se para essa bomba e os candidatos ao Carnegie Hall choveram na sua suíte no Copa. Parecia um estouro de boiada. Quem tivesse dedilhado um violão em algum show universitário julgou-se apto a enfrentar o palco que abrigara não só os clássicos, mas também Benny Goodman em 1938. Era como se ninguém tivesse espelho em casa. O Carnegie Hall ficara liberal, mas ainda não se tornara a casa da mãe joana. Além disso, esse seria um concerto de Bossa Nova, não de qualquer música brasileira.

Só que, de repente, todo mundo por aqui tornara-se "Bossa Nova": seresteiros, repentistas, conjuntos de lundu, harpistas e até bem-intencionados jazzistas — as conversões foram em massa na 25ª hora. Sidney Frey podia conhecer música brasileira, mas nem todas as suas nuances e, numa dessas, alguém lhe venderia gato por lebre. Além disso, Frey já estava assinando contratos com músicos, em que estes lhe cediam os direitos para explorar esta ou aquela canção lá fora. Mas, como ainda não começara a explorá-las — segundo dizia —, também não tinha de pagar a ninguém. Pelo sim, pelo não, já havia gente ameaçando dar-lhe uns cascudos se ele aparecesse de novo no Beco das Garrafas.

Tudo isso, e mais uma apresentação tumultuada no Carnegie Hall, poderia desmoralizar a música brasileira lá fora. Foi o que se passou na cabeça de um homem ligado à Bossa Nova por vários motivos: o conselheiro Mário Dias Costa, chefe da Divisão Cultural do Itamaraty.

O antigo colega de Vinicius na degustação do *gabarito fosfórico* no Villarino morava na rua Viveiros de Castro, em Copacabana, e era vizinho do Beco das Garrafas, cujas boates frequentava com devoção. Com a sua admiração pela Bossa Nova, ele se ofereceu a Frey para colaborar na triagem. Como o Itamaraty mantinha uma pequena verba para esse tipo de emergências, ele se dispunha a pagar algumas passagens e acompanhar a delegação a Nova York, para certificar-se de que, no hotel, não haveria ninguém comendo com as mãos ou coçando as partes íntimas diante de senhoras. Frey adorou o apoio, principalmente a parte das passagens (a Varig forneceu outras), e sentiu-se liberado para cuidar de seus problemas — mesmo porque agora tinha um, enorme.

Aloysio de Oliveira tentava melar o concerto usando o argumento (por sinal, justo) de que a coisa estava virando bagunça e que poderia ser fatal para as futuras carreiras de todos nos Estados Unidos. Por todos, queria dizer a dos dois que realmente lhe importavam: Jobim e João Gilberto. Sua esperança era a de que, se os grandes nomes não fossem, Frey cancelaria o concerto e este poderia ser feito em outra ocasião e do jeito *certo* — ou seja, apenas com Tom e João. Aloysio parecia estar convencido de que os dois haviam entendido e acatado, porque passou a distribuir palavras de ordem para os seus mais chegados:

"Olhe", ele disse a Carlinhos Lyra, "o Tom e o João Gilberto não vão. Então o negócio é não ir ninguém."

Lyra e Menescal eram dois que já haviam comprado esse peixe quando Vinicius, percebendo a trama, avisou seu parceirinho Lyra:

"Olha, o Tomzinho e o João estão indo. Então você também vai."

"Ué!", espantou-se Lyra. "Mas acabamos de sair de uma reunião na casa do Tom em que todo mundo concordou em evitar o vexame e não ir."

"É", insistiu Vinicius. "Mas os dois vão e você também."

Carlinhos então percebeu que a campanha contra o Carnegie Hall era uma manobra para afastar os que estavam sendo chamados de *cabeças de bagre* (todos, menos Jobim e João) e alertou Menescal. Quando Menescal declarou que, se a coisa era assim, ele também ia, a manobra fracassou e foi ao Carnegie Hall quem quis.

Nem todos quiseram. Sylvinha Telles e Nara Leão continuaram preferindo não se expor ao suposto vexame. Mauricio Einhorn alegou que ia casar. Johnny Alf, convidado por Chico Feitosa, desapareceu do Top Club, onde estava tocando, e ninguém insistiu muito em procurá-lo. João Donato, morando na Califórnia, agradeceu e mandou dizer que não estava precisando. O Tamba Trio, que acabara de voltar de Nova York, não se interessou. E Ronaldo Bôscoli, que, embora não cantasse nem tocasse, seria um convidado natural, disse que não ia a concertos de Bossa Nova frequentados por passistas e ritmistas do velho samba.

Nem todos foram pelo Itamaraty. Os paulistas, por exemplo, tiveram *patrocínio*. A passagem de Agostinho dos Santos foi paga pela sua gravadora, a RGE; a de Caetano Zama, pelos violões Di Giorgio; a da cantora Ana Lucia, pelos Diários Associados. Sergio Ricardo, que estava em Los Angeles apresentando seu filme *O menino da calça branca* num festival de cinema, pediu para participar. Mário Dias Costa contou ao jornalista Renato Sérgio, de *Manchete*, que o compositor de "Zelão" procurou o consulado brasileiro em Nova York, com um livro de poesia debaixo do braço, de autoria de Dora Vasconcellos — por acaso, a consulesa-geral do Brasil. "Sou seu fã, sei suas poesias de cor", disse Sergio Ricardo a d. Dora. "E começou a recitar, com tal emoção, que ela ficou encantada", contou Dias Costa. "Ele entrou no concerto na hora."

Sergio Mendes já tinha avisado na reunião entre os músicos e o americano Sidney Frey, pouco antes do espetáculo:

"Ou eu abro ou fecho o show. E não acompanho ninguém."

Para quem havia passado todo o voo com um terço na mão, achando Nova York muito longe se comparada a Niterói, Sergio Mendes estava com a sua porção *business* a mil. Sidney Frey achou mais conveniente que ele abrisse o espetáculo. O encerramento em grande estilo estaria a cargo — que dúvida! — de João Gilberto. Afinal, era para ouvi-lo que estavam na plateia nomes ilustres como Tony Bennett, Peggy Lee, Dizzy Gillespie, Miles Davis, Gerry Mulligan, Erroll Garner e Herbie Mann.

Eles e mais 3 mil pessoas, que, segundo todos os cálculos, lotavam o Carnegie Hall. Falou-se em outras mil que ficaram do lado de fora, naquela noite de muita chuva em Nova York, no dia 21 de novembro de 1962. As estimativas variam quanto à porcentagem de brasileiros na plateia. Para Tom Jobim, que estava no palco e com centenas de *spots* contra os seus olhos, "todo mundo" era brasileiro. Para o jornalista Sylvio Tullio Cardoso, de *O Globo*, também presente, os brasileiros eram no máximo quinhentos. Mas que diferença faz, se a maioria, brasileira ou não, ouviu pouco do que se tocou ali? Isso apesar da famosa "floresta de microfones": havia cinco só para a Audio Fidelity, mais os da CBS, Voz da América, US Information Agency, BBC, Rádio Europa-Livre (transmitindo para Moscou) e até o da Rádio Bandeirantes, a única emissora brasileira presente. Todos os microfones funcionaram bem, exceto os do próprio teatro, para o som interno — a equipe de Frey, mais preocupada com a gravação do disco, não ligou muito para esse detalhe.

A plateia do balcão (US$ 2,80 a cadeira) ouviu melhor do que a da orquestra (US$ 4,80 a poltrona), porque não enfrentou a competição das 5 mil xícaras de cafezinho servidas pelo IBC no saguão e cujo alarido de pires e colherinhas às vezes vazava durante o show. Todos esses contratempos com o som até vieram a calhar, para esconder as inúmeras derrapadas e equívocos que artistas e técnicos cometeram durante o show, e que, depois, a imprensa brasileira explorou com sádica satisfação, ao se referir ao "fracasso da Bossa Nova" no Carnegie Hall.

Algumas dessas derrapadas e equívocos são hoje hilariantes. Quase todos os cantores tentaram falar inglês para a plateia, deixando muito mal em Nova York a reputação dos nossos colégios. Normando Santos começou a cantar "Amor no samba" num microfone desligado.

Fizeram-lhe o sinal de que não se ouvia nada; ele parou e, justamente quando ligaram o microfone, puderam ouvi-lo perguntando, *"No hear? No hear?"*. Caetano Zama, não contente em cometer uns passos de sapateado, cantou algo chamado "Bossa Nova in New York" numa língua muito parecida com o inglês, mas que só os brasileiros na plateia conseguiram entender — principalmente quando se referia a um país chamado "Brêi-zil". E Roberto Menescal atrapalhou-se de tal forma com a letra de "O barquinho" que nunca mais cantou na vida, nem mesmo no chuveiro.

Tom Jobim talvez fosse, ali, o homem mais preocupado. Depois de Luiz Bonfá, era o mais velho no palco — iria completar 36 anos dentro de dois meses. Até então nunca havia saído do Brasil, mas passara a vida sonhando com a noite em que se apresentaria para uma plateia em Nova York. Era também o que mais tinha a perder com um desastre (seu ou do espetáculo), porque suas canções já corriam a América na voz de vários de seus antigos ídolos. E, para seu desespero, aquela noite estava sendo exatamente como ele temia: uma porção de meninos talentosos, mas amadores, arriscando-se a comprometer uma grande música com a sua inexperiência.

Sem contar as papagaiadas que já haviam acontecido. Bola Sete, Carmen Costa e José Paulo apresentaram "In the mood" com Bola Sete tocando violão nas costas — o que isso tinha a ver com a Bossa Nova? Um bando de ritmistas fizera uma demonstração de malabarismos com pandeiros na vez de Bonfá. Só faltava agora uma baiana jogar cocadas para o auditório. E, havia poucos minutos, um guarda americano, tamanho armário, quase dera uns tapas em Carlinhos Lyra nos bastidores, ao flagrá-lo fumando debaixo de um aviso de "Don't smoke". E Carlinhos pensara em reagir, arriscando-se a até acabar na cadeira elétrica! — imaginou Tom.

Daí a relutância deste em tomar o avião no Rio, aquela manhã. Sua mulher, Teresa, também não queria que ele fosse. Tom foi enfiado nele quase à força por seu amigo, o cronista Fernando Sabino, e só depois que este prometeu que o avião não cairia. O problema de Tom não era o avião, mas o medo de ver sua carreira despencar. Sabino percebeu: "Você vai vencer, Tom. A partir desta noite, o mundo vai te ouvir". Bem, uma boa parte do mundo *já* ouvia Tom Jobim, porque "Desafinado" tivera onze gravações nos Estados Unidos somente aquele ano — uma delas, a de 1 milhão de discos, com Stan Getz e Charlie Byrd. Mas a intuição mineira de Sabino brilhou como uma lâmpada quando ele se referiu *àquela* noite. Um novo Tom Jobim iria acordar na manhã seguinte.

Naquele momento, no entanto, ali no palco do Carnegie Hall, Antonio Carlos Jobim estava com cinco polegares em cada mão sobre o teclado. Entrara debaixo de uma estrondosa saudação, mas Agostinho dos Santos, que cantara logo antes a sua própria "A felicidade", era difícil de superar. Tom sentou-se ao piano, afastou o cabelo que lhe caía sobre o olho direito (e que voltou a cair imediatamente sobre o mesmo olho), começou a cantar "Samba de uma nota só" e — pior até do que Menescal com "O barquinho" — encalacrou-se todo com a letra. As palavras não lhe vinham, como se as tivesse esquecido no Veloso. Só as recuperou a partir do verso "*E quem quer todas as notas/ Ré, mi, fá, sol, lá, si, dó*" e, daí em diante, levou a letra até o fim, inclusive em inglês. Aplausos delirantes.

Tom começou pior ainda a segunda canção, "Corcovado", errando o tom. Mas foi ali que Antonio Carlos Jobim começou a nascer. Parou a música, fez um gesto de "um momentinho" para Menescal e Milton Banana, que o acompanhavam, e, com grande autoridade, começou de novo — e tocou e cantou até o fim, sem errar, em português e inglês. O Carnegie Hall só faltou ajoelhar-se. Tom levantou-se do piano, tropeçou num microfone como se fizesse isso todo dia e tentou sair do palco, mas foi chamado de volta pelos aplausos. Então disse, no melhor inglês da noite, superado apenas pelo do mestre de cerimônias, o crítico Leonard Feather:

"*It's my first time in New York and I'm very, very, very glad to be here. I'm loving the people, the town, everything. I'm very happy to be with you.*"

Para quem nunca saíra do Brasil, seu inglês era quase perfeito *demais* — e, para quem parecia tão tímido, sua segurança a partir daí seria impressionante. Talvez todos tivessem se enganado com sua aparente fragilidade, afinal de contas. Talvez o próprio Tom tivesse se enganado consigo, até então.

Mas ninguém se enganaria com João Gilberto. Ele também viera ao Carnegie Hall a negócios. Mal iniciado o show, ainda se vestindo enquanto os primeiros se apresentavam, ele implicou com o vinco de sua calça: não estava paralelo à costura lateral. Chamou o conselheiro Mário Dias Costa e mostrou-lhe:

"Veja, Mário. Não está paralelo. Assim não posso cantar."

João Gilberto tinha razão de se preocupar. Para um violonista, o vinco da calça é tão importante quanto ter o pé direito do sapato reluzente como um espelho. Um pianista não se preocupa com isso, porque enfia as pernas e os sapatos debaixo do piano, mas o violonista fica ali, encarapitado no banquinho, e as pessoas só olham para essas coisas. Além disso, quando toca, João Gilberto sacode as pernas ao balanço da música. Um vinco não paralelo à costura faria com que ele jogasse a perna para um lado e a calça fosse para o outro, o que comprometeria a imagem da música brasileira no exterior.

João disse tudo isso para Mário Dias Costa. Mário ponderou a coisa, viu que João tinha razão, mas não sabia o que fazer. Pediu socorro à consulesa, d. Dora Vasconcellos. Mais experiente nos usos e costumes da cidade, d. Dora sabia que a calça precisava ser passada a ferro e o problema era achar um ferro àquela hora no Carnegie Hall. A custo conseguiram localizar a costureira do teatro — há sempre uma de plantão, para remendar cortinas, pregar botões nas camisas dos tenores depois de um dó de peito e coisas assim. As duas conseguiram forçar a porta do cubículo da passadeira, que já havia ido embora, acharam o ferro de engomar e, ali, enquanto Carlinhos Lyra, no palco, cantava "Influência do jazz", a própria consulesa-geral do Brasil passou a calça de João, que esperava de cueca no camarim.

Já com o vinco impecável, João Gilberto foi chamado por Leonard Feather ao palco do Carnegie Hall. Entrou com seu violão, um Romeu nº 3, que lhe fora emprestado por Billy Blanco. Pela primeira vez no show, fotógrafos e cinegrafistas se arremessaram. Era por ele que os americanos tinham a maior curiosidade — e ele sabia disso melhor que ninguém, embora seu jeito humílimo fizesse parecer o contrário. Era só uma questão de estilo. Sidney Frey, na cabine de som do Carnegie Hall, não o assustava mais do que *seu* Emicles, o dono da amplificadora em Juazeiro. Aliás, assustava-o menos.

Os técnicos regularam precariamente os microfones e ele esperou que se fizesse silêncio. Então cantou "Samba da minha terra", apenas com Milton Banana na bateria, "Corcovado" e "Desafinado", estas últimas com Jobim ao piano. Foi muito aplaudido por quem conseguiu ouvi-lo, mas a impressão que deixou em Peggy Lee, Miles Davis, Dizzy Gillespie e outros artistas nos camarotes foi incomparavelmente maior do que nas pessoas comuns da plateia — as quais continuaram achando que o ponto máximo do show tinha sido Agostinho dos Santos, com Bonfá ao violão, cantando "Manhã de Carnaval".

Nos dias seguintes, alguns dos nomes mais influentes da imprensa brasileira deliciaram-se em fazer picadinho do show no Carnegie Hall, classificando-o de um fracasso histórico. Estavam finalmente se vingando das fanfarronices de Bôscoli, da arrogância de Menescal e da autossuficiência dos jovens da Bossa Nova nos últimos anos. Antonio Maria dava gargalhadas pelo jornal, Sergio Porto fazia piadas pela televisão e a *bête noire* da Bossa Nova, o crítico José Ramos Tinhorão, produziu a pior crueldade de todas: uma narrativa de palco e bastidores do Carnegie Hall, em *O Cruzeiro*, que ainda era o veículo de maior penetração. O que ele contou revelava apenas a desorganização do espetáculo ou o nervosismo de alguns dos participantes. Mas Tinhorão, com sua vasta munição verbal, pintou a coisa de ridículo e definiu-a como um "fracasso" dos músicos brasileiros na sua tentativa de parecer "esforçados imitadores da música americana". Todo o resto da imprensa fez-lhe coro.

Tinhorão não estava lá, o que fez com que Sylvio Tullio Cardoso classificasse a sua reportagem em *O Cruzeiro* de "mediúnica". Na verdade, era como se Tinhorão estivesse, não na plateia, mas nos bastidores e no próprio palco do Carnegie Hall. As informações para a matéria ("Bossa Nova desafinou nos EUA", *O Cruzeiro* de 8/12/1962) lhe foram passadas pelo *stringer* da revista em Nova York, o cubano Orlando Suero — o qual as colheu de alguém que estava *lá dentro*: Sergio Ricardo.

A matéria criou um enorme embaraço para d. Dora Vasconcellos em Nova York e, na volta, obrigou o conselheiro Mário Dias Costa a se explicar, "em posição de sentido", para o ministro das Relações Exteriores. Com que, então, o Itamaraty gastava dinheiro para financiar os negócios de um empresário americano e ainda fazia a música brasileira passar vergonha lá fora? (Esse era o tom da reportagem.) Mas o que os quintas-colunas e inimigos da Bossa Nova não esperavam é que o show havia sido filmado por uma equipe de TV americana. O filme, comprado por d. Dora por 450 dólares e trazido ao Brasil na mala de Walter Silva, foi exibido pelas TVs Continental e Tupi, e mostrava uma visão bem diferente da que foi passada a Tinhorão por Orlando Suero nas anotações à mão, em papel de carta, que o cubano mandou para o redator da revista. Mostrava, por exemplo, a plateia aplaudindo entusiasticamente Agostinho dos Santos, Bonfá, Sergio Mendes, Jobim e João Gilberto. (A não ser que só tenham filmado blocos seletos da plateia — mas é duvidoso que o Itamaraty tivesse poderes para obrigá-los a fazer isso...)

Na verdade, os aplausos ocorreram durante *todo* o show, como se pode ouvir nas inúmeras fitas piratas do áudio completo do espetáculo, que existem ainda hoje nas mãos de colecionadores do Rio e de São Paulo. Nessas fitas, ouve-se também o locutor Walter Silva anunciando a participação de Sergio Ricardo e informando que ela foi possível graças "aos auspícios da revista *O Cruzeiro*", para a qual ele iria "escrever a reportagem sobre o espetáculo". Aparentemente, o autor de "Zelão" revelou-se desatento como correspondente de guerra — porque, diante do filme do concerto, a revista viu-se obrigada a se retratar com outra matéria, semanas depois, esta assinada pelo seu redator principal, David Nasser.

Durante a monumental feijoada oferecida por Frey depois do Carnegie Hall, vários brasileiros fecharam contratos para continuar por lá. João Gilberto assinou por três semanas com a boate Blue Angel e para a gravação de um disco na Verve. Tom foi contratado como arranjador pela Leeds Corporation — que pagou 1500 dólares de adiantamento pela edição de "Garota de Ipanema" (a qual, prudentemente, ele não tocou no Carnegie Hall, guardando-a para o futuro próximo). O conjunto de Oscar Castro Neves foi para o Empire Room do hotel Waldorf Astoria — é verdade que tocando "para dançar". Sergio Mendes mostrou que tinha categoria internacional. E até Sergio Ricardo se beneficiou: sua música "Zelão" foi editada por Frey e começou a aparecer em quase todos os discos da Audio Fidelity. Tudo isso, no entanto, seria apenas a lambida na maçã, comparado com o que viria.

Duas semanas depois, com a maior parte dos *cabeças de bagre* já de volta ao Brasil, a Bossa Nova fez um novo show, em escala menor, no George Washington Auditorium, em Washington, D.C., com a participação de Jobim, João Gilberto, Lyra, Menescal, Sergio Mendes, Sergio Ricardo e Caetano Zama. Na plateia, entusiasmadíssimo, estava o jovem jornalista carioca Telmo Martino, então trabalhando na Voz da América. Havia anos fora do Brasil, ele levou um susto:

"Que maravilha, música brasileira sem pandeiro..."

Depois do show, a Bossa Nova foi recebida na Casa Branca pela primeira-dama, Jacqueline Kennedy, a qual fez com que Carlinhos Lyra quase se esquecesse de sua aversão ao imperialismo ao dizer-lhe que uma de suas canções favoritas era "Maria Nobody".

Durante todo o ano e meio que antecedeu o Carnegie Hall, a carreira de João Gilberto poderia ser descrita como tudo, menos como no *ápex*. Seu terceiro disco para a Odeon, *João Gilberto*, fora uma decepção em vendas, se comparado aos dois primeiros. Para não falar dos aborrecimentos que tivera para gravá-lo. E ele começava a suspeitar de que a Odeon alimentava sentimentos sombrios a seu respeito: ninguém lhe falara em disco em 1962 e não havia indícios de que estivessem ansiosos para renovar o seu contrato. No ano anterior, a Odeon *abrira mão* dos serviços de Sylvinha Telles, Lucio Alves e Sergio Ricardo. Em solidariedade a Sylvinha, com quem estava casado, Aloysio de Oliveira pedira demissão. João se tornara o único cantor do seu gênero na gravadora, mas, com o relativo fiasco do terceiro disco, nem Nossa Senhora das Grotas podia garanti-lo. E agora que seu filho João Marcelo ia fazer dois anos, ele não podia dar-se ao luxo de viver de brisa no Rio, como nos bons tempos.

Jorge Amado, seu padrinho de casamento e experiente nessas coisas de mercado externo, vivia aconselhando-o:

"Você já fez tudo aqui. Está na hora de ir embora."

Além disso, João começara a acumular problemas em viagens. Em Porto Alegre, faltara a uma apresentação no *Programa Maurício Sobrinho*, do poderoso Maurício Sirotsky, na Rádio Gaúcha, e este desfechara uma campanha contra ele que tomara conta da cidade. E Porto Alegre era uma de *suas* cidades. Acabaram desculpando-o, mas custou. Nada se comparou, no entanto, ao incidente que teve com Tito Madi em fins de 1961, no teatro Paramount, em São Paulo.

Foi uma cena digna das velhas comédias de Abbott & Costello, só que dirigida por Roger Corman. João Gilberto e Tito eram alguns dos cantores premiados pela TV Record com o troféu Chico Viola. Elza Laranjeira e Isaurinha Garcia eram as outras. Os quatro já estavam em seus postos atrás das cortinas, esperando chegar a vez. Enquanto os prêmios menores eram distribuídos, João, Elza e Isaurinha brincavam de cantar alguma coisa, com João ao violão. Tito, espiando o palco pela cortina, ouviu o pessoal da produção dizer que aquela chacrinha lá atrás estava vazando para os microfones. Foi até os amigos e pediu que ficassem quietos. Houve um pequeno alarido entre os quatro e os gritos de "psiu" começaram a sair de todos os lados. Tito Madi foi um dos que fizeram "psiu".

João Gilberto se irritou:

"Não faça 'psiu' para mim, Tito."

Mais "psius" se ouviram e Tito admite que, enquanto fazia inconscientemente outro "psiu", deu um leve empurrão em João Gilberto. Este não piscou: ergueu seu próprio violão, como quem ergue um machado, e vibrou-o na cabeça de Tito Madi. A vibração produziu um acorde em mi menor.

Talvez sem querer, o golpe foi dado com a lateral do violão, quase de quina. Tito, com reflexos invejáveis para um cantor romântico, ainda conseguiu abaixar a cabeça alguns centímetros, mas sem impedir que o violão o pegasse firme no topo do crânio. O golpe abriu-lhe o couro cabeludo, o sangue jorrou do corte e ensopou-lhe o *smoking* preto e o peito da camisa branca. Tito caiu desmaiado e houve uma lufa-lufa. A produção apareceu fazendo mais "psius", mas, quando viram aquela cena de sangue na rua da Consolação, mandaram levar Tito dali. Chamaram João Gilberto ao palco, puseram-lhe o Chico Viola na mão e nem quiseram que ele cantasse. Foi embora sem ser molestado.

Tito também foi embora, mas para o Hospital das Clínicas, onde recebeu dez pontos na cabeça — a uma semana de seu casamento. Do hospital, teve de ir à delegacia para prestar depoimento. Foi a contragosto, porque não queria registrar queixa. Fizeram-lhe o exame de corpo de delito e Tito disse ao delegado que caíra de uma escada. Mas diversas testemunhas — na certa fãs de Francisco Carlos, que nunca perdoaram João Gilberto por aquela história do *Cinco* Carlos —, contaram a verdade ao delegado e este resolveu abrir inquérito. O que se seguiu foi uma longa série de amolações para Tito Madi e que o fizeram começar a suspeitar de que não gostava muito de João Gilberto.

Morando no Rio, Tito vivia sendo obrigado a interromper temporadas para ir a São Paulo prestar depoimento. João não, porque estava sempre viajando e nunca era encontrado — e, do Carnegie Hall em diante, nem se fala. Tito levou quase dois anos, mas conseguiu que o inquérito fosse transferido para o Rio e, aqui, achou um delegado compreensivo que o encerrasse. Ao sair do Carnegie Hall para a feijoada no apartamento de Sidney Frey, João Gilberto convenceu-se de que Jorge Amado estava certo. Ele já tinha feito tudo no Brasil.

"Tom, diga a esse gringo que ele é um burro", ordenou João Gilberto para Tom Jobim, em português.

"Stan, o João está dizendo que o sonho dele sempre foi gravar com você", transmitiu Jobim, em inglês.

"*Funny*", respondeu Stan Getz, em sacanês. "Pelo tom de voz, não parece que é isto o que ele está dizendo..."

A gravação do disco *Getz/Gilberto* não foi tão plácida como as suas fantásticas oito faixas dão a entender. Getz, cuja relação normal com a humanidade naquela época era de três ou quatro doses à frente, era um pouco lerdo em relação ao resto das coisas. Poucos dias depois do concerto do Carnegie Hall, eles haviam mantido um primeiro encontro — Getz, Jobim, João Gilberto e o produtor Creed Taylor, dono da gravadora Verve —, no Rehearsal Hall do próprio Carnegie. Queriam sentir as possibilidades do disco. João cantou e tocou "Samba de uma nota só", com Tom ao piano, para mostrar a Getz como deveria ser. Getz já havia gravado a canção, no seu disco do ano anterior, *Jazz samba*, com Charlie Byrd, mas nunca a pegara direito. E, pelo visto, continuava não pegando.

Lutando contra a impaciência e contra os cabelos rebeldes, Tom pediu ao fotógrafo David Drew Zingg, seu amigo e de Creed Taylor, e que fizera o contato entre os dois:

"David, dê um pulo àquela *delicatessen* na esquina e compre uma garrafa de uísque para o homem, para ver se ele desembucha."

Getz desembuchou. A experiência de tocar Bossa Nova com músicos brasileiros deu-lhe um susto. Em *Jazz samba*, por exemplo, usara dois bateristas americanos, Buddy Deppenschmidt e Bill Reichenbach, e eles pareciam sofrer de lumbago, em comparação com o balanço e a elasticidade que Milton Banana, sozinho, produzia. Mas nem sempre os dois astros que assinavam o disco se tratavam com essa maciez. Quanto mais aos sussurros João Gilberto queria cantar, mais Getz insistia em soprar como se tivesse foles gigantes no lugar de pulmões ou como se o microfone fosse surdo. (No futuro, João Gilberto se queixaria também de que Getz reequalizou o disco e fez seu saxofone soar ainda mais alto, para ficar o tempo todo em primeiro plano.) Os dois também não chegavam a um acordo quanto à escolha do *take* definitivo entre os vários gravados para cada canção, e Creed Taylor era obrigado a desempatar. Foi um recorde que as oito faixas tenham sido gravadas em apenas dois dias (18 e 19 de março de 1963). Inclusive "Garota de Ipanema" com Astrud Gilberto.

A história de que a participação de Astrud no disco foi *casual* é outra que tem sido repetida com enorme candura desde então, principalmente depois que o compacto contendo "Garota de Ipanema" vendeu 2 milhões de cópias. E, de fato, era uma história bonita demais para não ser contada aos netos: a esposa do cantor, que até então só cantara na intimidade do lar, é convidada a fazer uma ponta numa faixa e torna-se um instantâneo sucesso mundial. Mais até do que o próprio marido. Nos velhos tempos, Hollywood *pagava* para que os roteiristas lhe inventassem essas fábulas.

Na verdade, a única *casualidade* na participação de Astrud no disco foi o fato de que ninguém ali, exceto ela e, talvez, João Gilberto, sabia que isso ia acontecer. Na cabecinha de Astrud, a ideia de gravar profissionalmente já não era de hoje. Não fora à toa que ela ensaiara à exaustão com João Gilberto para a sua participação na *Noite do amor, do sorriso e a flor*, na Faculdade de Arquitetura, dois anos antes, e que ele, tão rigoroso, a dera como pronta para cantar em público — e até a acompanhara. É mais do que certo que ela continuaria se apresentando nos outros shows amadores da Bossa Nova, se eles tivessem acontecido. (*A noite do amor, do sorriso e a flor* foi o último do seu gênero e, a partir daí, os meninos partiram para a profissionalização.)

O fato é que, naquele segundo dia de gravação do *Getz/Gilberto*, Astrud insistiu com João e Stan para participar de "Garota de Ipanema", cantando a versão em inglês. João *desconversou*, mas ela persistiu e ganhou aliados nos outros. Creed Taylor achou que ia bem uma voz feminina e não faria mal que alguém naquele disco cantasse numa língua menos exótica; Tom já ouvira Astrud antes e sabia que ela daria conta do recado; e Getz, francamente, não estava muito interessado. João se submeteu e, em algum dos quatro ou cinco *takes*, chegou até a se entusiasmar.

A faixa saiu enorme (5m15s), incluindo a parte de João, em português; a entrada de Astrud, em inglês; o solo de Getz; o solo de Tom ao piano; e a volta de Astrud com Getz para terminar. Não fazia mal que ficasse tão longa, se fosse um disco para o mercado jazzístico, sem aspirações à parada de sucessos. Taylor gostou tanto do resultado que lhes sugeriu repetir a fórmula na última faixa que faltava, "Corcovado". Mas alguma coisa já devia estar lhe passando pela cabeça, porque pediu que a fizéssemos um pouco mais curta, e "Corcovado" saiu com 4m15s.

A fita com *Getz/Gilberto* ficou meses na gaveta de Creed Taylor enquanto este decidia o que fazer com ela. Não era o seu primeiro disco juntando Stan Getz e brasileiros. Em fevereiro, tinha gravado *Jazz samba encore!*, acoplando Stan e Luiz Bonfá, com Jobim ao piano, e, em seis faixas, os vocais em português de Maria Helena Toledo, mulher de Bonfá. Era um disco excelente, muito melhor do que o de Getz com Charlie Byrd, mas nem o ponto de exclamação no título servira para entusiasmar os compradores. Não queria que acontecesse o mesmo com *Getz/Gilberto*.

Quanto mais o ouvia, principalmente as duas faixas com Astrud, Creed Taylor mais se convencia de que seria tolice vendê-lo apenas como um disco de *prestígio*. No fim do ano, Taylor fez o que a razão lhe dizia, embora lhe trincasse relativamente o coração: aplicou o bisturi e extirpou o vocal de João Gilberto em "Garota de Ipanema". Com isso, economizou 1m20s e reduziu a duração da faixa para 3m55, deixando-a de bom tamanho para tocar no rádio. Empacotou-a num *single*, lançou-a no suplemento latino da gravadora e cruzou os dedos. Ninguém sabe por que essas coisas acontecem, mas o disco só com Astrud puxou o LP para o sucesso e rendeu-lhe uma coleção de Grammys e muito dinheiro no banco para todos os envolvidos — ou *quase* todos.

18

A FLOR ARMADA

Aloysio de Oliveira achou uma barata viva, safra do ano, 1961, dentro de sua gaveta na Philips. Disse "Oops!", fechou a gaveta e resolveu ir embora dali. Não foi a barata, evidentemente, que o levou a pedir demissão do cargo de diretor artístico da gravadora, apenas um ano depois de se ter demitido da mesma função na Odeon. Saíra da Odeon porque esta dispensara Sylvinha Telles, além de Lucio Alves e Sergio Ricardo, com os quais ele estava formando um núcleo de cantores *modernos* e adultos. Mas a Odeon preferira ficar apenas com João Gilberto. Então fora para a Philips, levara Sylvinha e Lucio com ele, e começara a fazer ali o mesmo trabalho, mas sentia-se sem liberdade para agir. A barata apenas reforçou a sua decisão. O ideal seria que tivesse a sua própria gravadora, na qual pudesse reunir todo aquele elenco de gente talentosa e sem espaço, ligada à Bossa Nova.

Sua resistência aos cantores *sem voz* começara a se dissolver com um disco que produzira na Philips logo ao chegar: *Bossa Nova mesmo*, apresentando a turma que se agrupara em torno de Carlinhos Lyra, depois do *racha* com Ronaldo Bôscoli. Quase ninguém naquele disco sabia cantar, entre os quais Vinicius de Moraes, que gravava pela primeira vez. Mas o resultado fora excelente, e André Midani talvez tivesse razão quando dizia que a *turminha* devia ser aproveitada.

O resultado dessas elucubrações de Aloysio de Oliveira foi a gravadora Elenco, que ele passou o ano de 1962 preparando, enquanto produzia shows para Flávio Ramos no Bon Gourmet. A ideia inicial de Aloysio era a de que a Elenco fosse um selo dentro de uma gravadora, com o que teria a comercialização e a distribuição asseguradas. Procurou a CBS, mas esta não se interessou. Como não se sentia ansioso para propor nada à Odeon ou à Philips, resolver fazer a gravadora ele mesmo, em sociedade com Flávio Ramos, fabricando os discos na RCA. Ramos entrou com capital, experiência administrativa e seu amplo apartamento, na rua Marquês de Abrantes, para servir como escritório inicial da gravadora e local de ensaios. Aloysio entrou com ideias, trabalho e uma turma que o seguiria para onde ele fosse.

Montada a gravadora e lançados os primeiros suplementos, os dois sócios brigaram e Ramos retirou seu investimento. O dinheiro poderia ser conseguido em outra fonte, mas agora Aloysio estava entregue ao seu próprio jeito para negócios, classificado unanimemente como nenhum. André Midani o descreve como "um mestre — do estúdio para dentro". E devia ser mesmo porque, contra todos os fatores adversos, ele fez da Elenco a única gravadora brasileira cujos discos eram procurados nas lojas pelo selo. Os compradores costumavam perguntar aos balconistas, "Saiu alguma coisa da Elenco?", como se diz que os hipocondríacos fazem com a Bayer.

Tinham razão em perguntar, porque, nos três anos (1963-1966) em que a Elenco esteve diretamente sob o controle de Aloysio de Oliveira, ela produziu ou lançou cerca de sessenta discos — estrelados por Tom Jobim, Sylvinha Telles, Dick Farney, Lucio Alves, João Donato, Sergio Mendes, Sergio Ricardo, Baden Powell, Roberto Menescal, Quarteto em Cy; os primeiros discos de Nara Leão, Edu Lobo, Rosinha de Valença, Sidney Miller e até mesmo de Billy Blanco como cantor; shows ao vivo de Maysa, Lennie Dale, Vinicius e Caymmi; uma série de *encontros*, como os de Caymmi e Tom, Vinicius e Odete Lara, Sylvinha e Lucio Alves, Dick Farney e Norma Bengell; e bem boladas reabilitações da velha guarda, como mais um disco de Mario Reis e outro, excepcional, de Cyro Monteiro cantando Baden e Vinicius. Às vezes Aloysio escorregava numa falsa boa ideia, como a de gravar o então governador Carlos Lacerda lendo a sua própria tradução de *Júlio César*, de Shakespeare — cujo encalhe, anos depois, ainda entulhava o toalete do pequeno escritório da Elenco, na av. Pres. Antonio Carlos, no Centro.

Os discos da Elenco podiam ser reconhecidos à distância pelas capas: sempre brancas (houve apenas duas ou três exceções), com as fotos de Chico Pereira em preto e branco processadas em alto-contraste pelo diretor de arte César Villela. Para os teóricos, esse estilo de capas — econômico, direto, sem alardes, como a própria música contida no vinil — era uma *proposta* revolucionária. Chico Pereira atribui essa economia à pura e simples falta de dinheiro. Numa das capas mais engraçadas da Elenco, *Surfboard*, os músicos de Menescal aparecem vestidos de aqualoucos. Mas não havia dinheiro para comprar as fantasias e eles foram fotografados apenas de cuecas — e César Villela desenhou-lhes as roupas a nanquim, *vestindo-os* de aqualoucos.

Segundo Chico Pereira, as capas da Elenco teriam mais cores do que as da Odeon, se houvesse recursos. Mas, gostasse ele ou não, as fotos em alto-contraste acabaram se tornando uma *trademark* da Bossa Nova e as outras gravadoras logo começaram a adotá-las. (A Philips foi a primeira, nos discos do Tamba Trio, seguida pela RCA e pela RGE.) Mais grave do que a economia de recursos era a de informações: Aloysio, tentando fazer tudo, nem sempre se lembrava de dar os devidos créditos nas contracapas — que ele mesmo escrevia. Era comum faltar a lista dos músicos que compunham o conjunto ou que acompanhavam o cantor e, às vezes, ele distraidamente omitia até o nome do seu principal colaborador: o assistente de direção artística José Delphino Filho, um homem capaz de achar um executante de tuba ou de fagote às três da manhã, ao simples capricho de um arranjador, geralmente Gaya.

A Elenco não tinha bala para a divulgação. O próprio Aloysio escrevia os *press releases*, passava-os no mimeógrafo, colava os envelopes com a língua e despachava-os para os jornais e revistas. Eventualmente era auxiliado nisso pelo jovem Guilherme Araújo, futuro empresário de shows. Era Aloysio também quem varava as madrugadas no estúdio da Rio-Som, equalizando e mixando as delicadas combinações de vozes e instrumentos. Não deixava para ninguém o que soubesse — e o que não soubesse — fazer.

Ninguém era contratado na Elenco, nem mesmo os artistas. Todos recebiam *royalties*, o que podia ser uma grande opção, se os discos vendessem milhões. Mas isso não acontecia. As tiragens iniciais eram de 2 mil cópias, e o pavor da gravadora era o de que um de seus discos tivesse vida para chegar às 10 mil: ela não teria como atender aos pedidos. Alguns deles bateram na trave — *Vinicius e Caymmi no Zum-zum*, *Dick Farney & Norma Bengell* —, mas nenhum atingiu a marca. Mas tanto fazia que a Elenco rodasse 2 mil ou 10 mil, porque ela não tinha como fazer com que seus discos chegassem aos compradores. Em 1963 não existiam os grandes esquemas de distribuição de hoje, e eram as próprias gravadoras que colocavam os discos, quase de porta em porta. A Continental, por exemplo, tinha vendedores em lombo de burro, vendendo discos até no sertão de Goiás. Já para a Elenco era difícil fazer com que seus discos chegassem até as lojas do Centro do Rio, quanto mais às de outras cidades.

Esse foi também o drama de outra brava gravadorinha da época, a Forma, de Roberto Quartin e Wady Gebara Netto, que tinha um projeto ambicioso: seus discos eram explicitamente de luxo, com capas encorpadas e duplas, ilustradas com pintura *moderna* e títulos idem, como *Coisas* (o impressionante disco do maestro Moacir Santos), *Novas estruturas* (com o Bossa Três) e *Inútil paisagem* (o primeiro disco oficial de Eumir Deodato). A Forma acabou tendo de cortar custos e voltar ao formato mais tradicional das capas, embora seus discos continuassem a ser *difíceis*, como *Os afro-sambas*, de Baden e Vinicius.

Aloysio de Oliveira cometeu outra distração com a Elenco: levou exatamente um ano para lançar a gravadora em São Paulo, onde sempre esteve o grande mercado da Bossa Nova. E quando fez isso, em 1964, São Paulo já estava produzindo e gravando em grande quantidade a sua própria Bossa Nova. Começou pela RGE de José Scatena, que sempre tivera Agostinho dos Santos e passaria a ter também Ana

Lúcia, Manfredo Fest, Paulinho Nogueira, o Zimbo Trio, e depois iria capturar até os cariocas Tenório Jr., Wanda Sá e Francis Hime. Em São Paulo ficava também a filial brasileira da Audio Fidelity, que gravou grandes discos com Alayde Costa, Milton Banana e o Sambalanço Trio de Cesar Camargo Mariano e foi a primeira a lançar Walter Santos e Geraldo Vandré em LP. Sem falar na pequena gravadora Farroupilha, de Tasso Bangel, que teria Vera Brasil, Pedrinho Mattar e iria emplacar um enorme sucesso com "Menino das laranjas", de Theo de Barros, pelo sensacional Jongo Trio.

Mas a principal escalada da Bossa Nova em discos — e contra a qual Aloysio não tinha como fazer frente — aconteceu na própria Philips, de onde ele havia saído, e foi promovida pelo homem que o substituiu: Armando Pittigliani. Numa rápida manobra, Pittigliani agrupou em sua gravadora Os Cariocas, o Tamba Trio, o Bossa Rio de Sergio Mendes, Walter Wanderley e Os Gatos (de Eumir Deodato e Durval Ferreira). Pittigliani já havia *descoberto* Jorge Ben no Beco das Garrafas e não se incomodava quando a plateia do Bottles fazia "pxiu" ao ouvi-lo cantar "Chove chuva" e "Por causa de voxê". Gravou Jorge Ben e o seu primeiro disco, *Samba esquema novo*, vendeu 100 mil cópias em dois meses, em 1963. Mas a grande tacada de Pittigliani seria tomar Nara Leão de Aloysio de Oliveira.

O pai de Nara Leão, dr. Jairo, estava em seu sofá, de pernas cruzadas, lendo o *Correio da Manhã* no famoso apartamento, quando Nara lhe comunicou que acabara de aceitar o convite de Carlinhos Lyra e Vinicius de Moraes para estrelar no espetáculo *Pobre menina rica*, no restaurante Au Bon Gourmet. Dr. Jairo nem descruzou as pernas. Apenas tirou os olhos do jornal e disse:

"Ah, quer dizer que vai virar vagabunda?".

Flávio Ramos, dono do Bon Gourmet, lembra-se da cena. O pai de Nara voltou ao seu jornal e Nara, desconcertadíssima, foi para o quarto. Mas já tomara a decisão e, além disso, estava cansada de ser *protegida* e regulada por todo mundo.

Enquanto cantava nos apartamentos e shows universitários da Bossa Nova, ninguém ligava muito para Nara Leão. Ela era, no máximo, um bibelô querido por todos — Menescal, Lyra e, claro, seu noivo, Ronaldo Bôscoli. Quando a *turminha* começou a se profissionalizar, no final de 1960, eles próprios se encarregaram de impedir que Nara fizesse o mesmo. Tinha de continuar no papel de musa. Ronaldo não via nela qualidades como cantora e nunca lhe escondeu isso. Os outros achavam que, pela sua estrutura frágil como uma libélula, Nara não deveria se meter na guerra sem escrúpulos do meio profissional. E — a confirmar a opinião inicial de André Midani — os preconceitos eram tão *belle époque* que, para eles, ela não era do tipo que deveria cantar "na noite".

Quando estourou o escândalo Maysa/Bôscoli e ela se viu repentinamente sem noivo, Nara achou que seus compromissos com eles também tinham terminado. Magoadíssima com Ronaldo, reaproximou-se de seu velho amigo Carlinhos Lyra, que comandava a *outra* turma. Em 1963, ele também mudara de opinião e achava agora que Nara deveria cantar. Tinha feito com Vinicius uma comédia musical, *Pobre menina rica,* cujo título lembrava o de uma canção de Noël Coward, "Poor little rich girl", de 1920, mas que era uma arca de canções geniais: "Samba do carioca", "Sabe você?", "Pau de arara", "Maria Moita" e "Primavera", entre outras. Eles levariam a peça no Bon Gourmet e Nara era a própria *pobre menina rica.*

Seu pai não fez nada para impedi-la, exceto resmungar, e Nara estreou numa casa noturna, no primeiro semestre daquele ano — absolutamente apavorada pela plateia. Já não se tratava de cantar em sua casa, ou em auditórios que, às vezes, eram menores do que a sala de seu apartamento. E, nos shows na Arquitetura, em que havia muita gente, ela não conseguia distinguir ninguém nas arquibancadas. No Bon Gourmet, conhecia quase todo mundo naquelas mesas e sentia-se absolutamente nua no palquinho, mesmo com Carlinhos e Vinicius ao seu lado. Aloysio de Oliveira, o diretor do show, teve de usar toda a sua habilidade:

"Você está entre amigos, Nara", ele dizia. "Cante no Bon Gourmet como se estivesse em sua casa."

Nara cumpriu a temporada de três semanas, à custa de um brutal esforço. Flávio Ramos teve mísera meia casa todas as noites e o show não repetiu, nem em sombra, o sucesso de *O encontro*, com Tom, Vinicius, João Gilberto e Os Cariocas, poucos meses antes. "Nara não segurava", recordou Flávio. "Ainda não era uma profissional."

Ela começara a namorar o cineasta Ruy Guerra, que dali a pouco iria rodar *Os cafajestes*, com a famosa sequência em que Norma Bengell ficava nua durante quase cinco minutos — comparativamente, uma nudez da metragem de *...E o vento levou*. Ruy Guerra era "de esquerda", assim como Carlinhos Lyra, o qual, cada dia mais CPC, já falava da Bossa Nova como se fosse uma coisa do passado:

"A Bossa Nova estava destinada a viver pouco tempo", declarou naquela época. "Era apenas uma forma musicalmente nova de repetir as mesmas coisas românticas e inconsequentes que vinham sendo ditas havia muito tempo. Não alterou o conteúdo das letras. O único caminho é o nacionalismo. Nacionalismo em música não é bairrismo."

O fato de Lyra ter declarado isso em novembro de 1962 não o impediu de, poucas semanas depois, apresentar-se no Carnegie Hall. Mas, de volta ao Brasil, ele estava mais do que nunca disposto a dedicar-se à *pesquisa* com os velhos sambistas de morro pelos quais finalmente se apaixonara: Cartola, Nelson Cavaquinho, Zé Kéti — ou seja, os *autênticos*. Municiado ideologicamente por seu parceiro Nelson Lins de Barros, Carlinhos levou essa turma ao apartamento de ambos na rua Barão da Torre, em Ipanema. A ideia era a de tentar compor em parceria com eles. O jornalista José Ramos Tinhorão, que continuava a ser o dragão da maldade em relação à Bossa Nova, surpreendentemente participou de uma dessas reuniões e lembra-se de ter-se divertido muito ao observar Nelson e Carlinhos servindo cachaça e cerveja aos sambistas — porque era o de que sambistas "gostavam" — enquanto eles próprios tomavam uísque. "Não lhes passava pela cabeça que os crioulos também pudessem gostar de uísque", diz, rindo, Tinhorão.

O resultado dessas tentativas de compor juntos foi pífio, segundo Tinhorão, porque a linguagem musical de Nelson e Carlinhos, quisessem eles ou não, era muito elaborada para a de Cartola ou Nelson Cavaquinho. A solitária parceria a resultar daquelas cataratas de cerveja foi o "Samba da legalidade", de Carlinhos com Zé Kéti — não por acaso, o único dos três sambistas que não era músico e capaz de contribuir apenas com o *know-how* de primitivismo. Acabaram todos se convencendo de que o melhor era continuar cada macaco no seu galho, embora isso não impedisse que as composições quase inéditas daqueles sambistas pudessem ser gravadas de uma maneira *moderna* — digamos, Bossa Nova. O que Nara imediatamente quis fazer.

O disco *Nara*, gravado no final de 1963 pela Elenco, não foi a estreia de Nara em gravações, como se pensa. Meses antes, ela participara em duas faixas do terceiro e melhor disco de Carlinhos Lyra até então, *Depois do Carnaval*. Mas, para o seu disco, ela faria os sambistas descerem do morro. Durante meses, foi a sua vez de reunir Cartola, Zé Kéti e Nelson Cavaquinho no enorme apartamento da av. Atlântica. Ela não cometeu a gafe de Carlinhos e Lins de Barros e serviu-lhes convenientemente uísque, deixando-os sentir pelo menos o doce aroma da burguesia, enquanto aprendia seus sambões.

Aloysio de Oliveira, que iria produzir o disco, não estava gostando nada daquelas escolhas. Para ele, a Bossa Nova caíra do céu para o seu gosto musical de homem urbano e *sofisticado*, mas já fora um esforço vê-la cantada por cantores *sem voz*. Agora que finalmente se acostumara, Nara, com ainda menos voz, tentava substituir aquela temática do mar e do amor por coisas de favela e pobreza, inteiramente estranhas ao movimento. Mas Nara insistiu e gravou "Diz que vou por aí", de Zé Kéti; "O sol nascerá", de Cartola e Elton Medeiros; e "Luz negra", de Nelson Cavaquinho.

Aloysio curvou-se e fez o disco, mas, no texto que escreveu para a contracapa, teve de esforçar-se para disfarçar sua má vontade para com o repertório de Nara, o qual incluía músicas que, segundo ele, "nada tinham a ver com a Bossa Nova". E — observava Aloysio —, mesmo quando Nara cantava os compositores ligados à Bossa Nova, inclinava-se para as suas composições "de tendências puramente regionais", como "Feio não é bonito" e "Maria Moita", de Carlinhos;

"Berimbau" e "Consolação", de Baden e Vinicius; "Nanã", de Moacir Santos, ainda sem letra; e "Canção da terra" e "Réquiem para um amor", do jovem Edu Lobo e de Ruy Guerra — todas meio que com um sabor de senzala. Sem saber, Aloysio tinha razão em preocupar-se: aquele flerte com o populismo iria acabar estragando a poesia da coisa.

Mas, quando o disco de Nara saiu, a Bossa Nova até que o assimilou bem. Os conservadores é que avançaram de tacape contra Nara, para dizer que ela estava assaltando a *pureza* da *autêntica* música popular ao intrometer-se nela. O veterano músico Jacob do Bandolim (que tinha a fama de dar azar e as pessoas batiam na madeira quando pronunciavam o seu nome) detestava-a como cantora. E o filho deste, o jornalista Sérgio Bittencourt, começou a atacá-la dia sim, dia não, em sua mal-humorada coluna "Bom dia, Rio" no *Correio da Manhã*. Chegou até a promover uma bizantina discussão sobre se Nara era *sambista* ou não e, para sua surpresa, ela foi defendida por dois insuspeitos fãs da velha guarda: Lucio Rangel e Sérgio Cabral. Na época, Bittencourt foi abordado na rua por Zé Kéti:

"Pelo amor de Deus, pare com isto", implorou Zé Kéti. "Ela é a única que grava músicas minhas, do Cartola e do Nelson Cavaquinho!"

A tímida Nara, que até bem pouco precisava ser *protegida* pelos amigos, estava se temperando magnificamente naquelas batalhas. Uma consulta aos seus álbuns de recortes mostra que ela guardava tudo que se escrevia a seu respeito, inclusive os insultos, com o mesmo carinho com que arquivava os elogios. A libélula finalmente saiu da casca e arriscou voar perto dos néons. Em janeiro de 1964, ela sobreviveu a uma temporada no quase selvagem Bottles e, poucos meses depois, foi nada menos que ao Japão com o trio de Sergio Mendes, Tião Neto e Edison Machado. A excursão ao Japão era uma iniciativa da Rhodia, para o lançamento da sua coleção *Brazilian style*.

Antes do embarque, Nara e o trio posaram para uma extensa matéria de moda na revista *Jóia*, fotografada em Salvador, com Nara exibindo os modelitos da coleção. Sua imagem, até então, exceto pelo fato de que era a "musa da Bossa Nova", não diferia muito da de sua irmã Danuza no departamento elegância frívola. Mas algo aconteceu com Nara em Tóquio, para que ela insistisse em incluir "Diz que vou por aí" no repertório, cujo grande *hit*, naturalmente, era "Garota de Ipanema". Sergio Mendes recusou-se — não ficava bem tocar Zé Kéti num desfile de modas — e os dois tiveram sérios atritos.

Na volta do Japão, no segundo semestre de 1964, a libélula Nara resolveu aproximar suas asas da fogueira: com os militares já no poder e os liberais brasileiros sentindo um gosto amargo de derrota, ela assinou com a Philips para gravar um disco chocante — *Opinião de Nara*.

Esse foi realmente o disco que rachou a Bossa Nova — muito mais do que os ciúmes e pendengas comerciais entre Carlinhos Lyra e Ronaldo Bôscoli, quatro anos antes, ou do que o seu próprio disco na Elenco. Exceto por "Derradeira primavera", de Tom e Vinicius, e "Em tempo de adeus", de Edu Lobo e Ruy Guerra, duas canções românticas de gênero indefinido, o resto era uma mesura de noventa graus aos valores da *realidade* brasileira: continha dois sambões de Zé Kéti ("Opinião" e "Acender as velas"); e outros dois de Baden e Vinicius ("Deixa" e "Labareda"); uma marchinha do Carnaval de 1940 ("Mal-me-quer"); uma toada de *protesto* do maranhense João do Vale ("Sina de caboclo"); outros protestos avulsos de Sergio Ricardo e Edu Lobo e até duas capoeiras do folclore baiano. Era a maior fuga a Ipanema já registrada desde que "Chega de saudade" mudara a vida de "uma geração".

O irônico é que quem ouvir *Opinião de Nara* hoje, pela primeira vez, o achará um disco tão "de Bossa Nova" quanto qualquer outro. A explicação para isso pode estar nos músicos que a acompanham: Erlon Chaves, ao piano; Edu Lobo, ao violão, fazendo a batida de João Gilberto; Tião Neto, ao contrabaixo; e nada menos que Edison Machado à bateria, tocando como se estivesse no Bottles, enquanto Nara dizia, na música de João do Vale, "*Eu sou um pobre caboclo/ Ganho a vida na enxada...*". Mas, para os ouvidos de 1964, era a coisa mais anti-Bossa Nova possível. E, se não era, ficou sendo, quando Nara respondeu às críticas que vinha sofrendo, por estar *traindo* o movimento, com uma bombástica entrevista ao repórter Juvenal Portela, na revista *Fatos & Fotos*.

"Chega de Bossa Nova", ela dizia na entrevista. "Chega de cantar para dois ou três intelectuais uma musiquinha de apartamento. Quero o samba puro, que tem muito mais a dizer, que é a expressão do povo, e não uma coisa feita de um grupinho para outro grupinho. E essa história de dizer que a Bossa Nova nasceu na minha casa é uma grande mentira. Se a turma se reunia aqui, fazia-o em mais de mil lugares. Eu não tenho nada, mas nada mesmo, com um gênero musical que não é o meu nem é verdadeiro."

Portela lhe perguntou se aquilo era um rompimento.

"Se estou me desligando da Bossa Nova?", respondeu Nara. "Há algum tempo fiz isso, mas ninguém quis acreditar. Espero que agora compreendam que não tenho mais nada a ver com ela. A Bossa Nova me dá sono, não me empolga. Pode ser que, no passado, eu tenha sido uma tola, aceitando aquela coisa quadrada, que ainda tentam me impingir. Eu não sou isso que querem fazer parecer que eu sou: uma menininha rica, que mora na av. Atlântica, de frente para o mar."

Todos os jornais foram atrás de Nara na av. Atlântica para que confirmasse as declarações e, a cada entrevista, ela ficava mais agressiva:

"Na Bossa Nova o tema é sempre na mesma base: amor-flor-mar--amor-flor-mar, e assim se repete. É tudo complicado. Precisa-se ouvir sessenta vezes o que se diz para se entender. Não quero passar o resto da vida cantando "Garota de Ipanema" e, muito menos, em inglês. Quero ser compreendida, quero ser uma cantora do povo."

A Bossa Nova sentiu as orelhas ardendo, mas não cruzou os braços vendo a sua ex-musa enxovalhá-la pela imprensa. A própria *Fatos & Fotos*, em seu número seguinte, ouviu várias respostas à atitude de Nara:

"Nara quer dar um pulo muito grande, quando ainda está na idade do amor-flor-mar", disse Sylvinha Telles. "Por mais que queira sonhar, ela é autêntica Bossa Nova. Está subestimando a inteligência do público, ao dizer que, na Bossa Nova, é preciso repetir um punhado de vezes para se fazer entender. A Bossa Nova é a música da época em que todo mundo mora em apartamento."

"Não sei qual é o povo de Nara Leão", ironizou Aloysio de Oliveira. "'Garota de Ipanema' é música para todos. Quer queira, quer não, ela é uma típica cantora de apartamento, que quer negar a existência do amor-flor-mar como motivo musical. Isso seria negar o que o mundo inteiro quer. Ninguém deseja mudar Nara. Ela é que deseja se passar pelo que não é."

Seu ex-noivo, Ronaldo Bôscoli, com a intimidade dos ex-noivos, foi duro:

"Feio, não é bonito, o que ela está fazendo conosco. Nara é muito jovem para entender que ninguém pode negar seu passado. Se ela renega a Bossa Nova, está renegando a si própria e está sendo ingrata com quem tanto a promoveu. Para notar sua incoerência, basta lembrar que ela viajou quatro continentes cantando 'Garota de Ipanema' em inglês. Portanto, foi ela quem espalhou a *mentira* da Bossa Nova pelo mundo. E ganhou bom dinheiro." (Exagero de Ronaldo: Nara só viajou dois continentes.)

"Quando Nara souber o que é música pura, e conseguir transmiti-la, todos seremos músicos puros e iremos juntos para o céu", disse Menescal. "Enquanto isso não acontece, continuamos nos apartamentos, fazendo bossinha nova para vender."

A Bossa Nova se ressentiu do que considerava "ingratidão" de Nara. Uma piada corrente dizia: "Vamos ver se ela sobrevive fora do apartamento". Mas Nara não teve falta de quem a acolhesse. O grupo de sambistas Voz do Morro, que até então jamais ouvira falar dela, deu uma festa na gafieira Estudantina Musical, na praça Tiradentes, para comemorar a sua *adesão*. A escola de samba Unidos de São Clemente compareceu e o evento atraiu mais de quinhentas pessoas. Considerando-se também *convidada*, a Bossa Nova (leia-se Ronaldo Bôscoli, pelo estilo) respondeu com um zombeteiro telegrama publicado pelos jornais:

"Parabéns Nara PT Felizmente impossível comparecer promoção comercial usando prestígio Bossa Nova PT Assinado Bossa Nova."

No começo de dezembro, a guerra foi declarada de vez com a estreia de *Opinião*, o show de Oduvaldo Viana Filho, Armando Costa e Paulo Pontes, dirigido por Augusto Boal e estrelando Nara, João do Vale e Zé Kéti. O palco do conflito era o teatro de arena do Super Shopping Center, na rua Siqueira Campos, em Copacabana. Naquele clima ultrapolitizado de fins de 1964, em que algumas pessoas já começavam a suspeitar de que tão cedo não nos livraríamos dos militares, *Opinião* era o que o médico havia receitado como catarse. Foi também a inauguração da *ideologia da pobreza*, que, durante muito tempo, seria a saúva da cultura brasileira.

Todos os textos e canções do espetáculo falavam de miséria. É verdade que, em *Opinião*, a temática era meio confusa. A maioria das canções nordestinas era um apelo à reforma agrária, mas, como as coisas nem sempre vinham chamadas pelos nomes, um observador mais distraído ficaria sem saber se o camponês era infeliz porque não tinha terra ou porque não tinha namorada. Provou-se depois, também, que os militares devem ter ouvido com atenção a pregação de João do Vale em "Sina de caboclo" ("*É só me dar terra pra ver como é/ Eu planto feijão, arroz e café/ Vai ser bom pra mim e bom pro doutor/ Eu mando feijão, ele manda trator*"), porque só faltaram incluí-la no seu Estatuto da Terra. O show apenas *parecia* revolucionário. No fundo, era de um delicioso reformismo, aliás de acordo com a prática política de seus autores, todos alinhados com o velho Partidão.

Era natural também que, naquele ambiente repressivo de 1964, a plateia vibrasse quando Zé Kéti cantava "*Podem me prender, podem me bater/ Podem até deixar-me sem comer/ Que eu não mudo de opinião*". Parecia um hino de resistência aos maus bofes dos milicos, perfeito para o momento. Mas era estranho que as pessoas não se sentissem desconfortáveis na plateia quando Zé Kéti continuava a letra: "*Daqui do morro, eu não saio não*". Por que alguém preferiria continuar morando no barraco, se tivesse outra opção? "*Se não tem água, eu furo um poço/ Se não tem carne, eu compro um osso/ E ponho na sopa/ E deixa andar*", insistia Zé Kéti. Isso já não era reformismo, e sim o mais leso e preguiçoso conformismo, mas ninguém parecia reparar.

As plateias de *Opinião* (cerca de 100 mil pessoas até agosto de 1965) ficariam muito desapontadas se soubessem que, ao fazer aquela música (a própria canção-título do show), Zé Kéti já *não* morava no morro havia muito tempo, mas numa casa ao nível do mar, com "jardim e quintal", no subúrbio de Bento Ribeiro. E ficariam no mínimo horrorizadas se fossem informadas de que, "comovida pela música", a então odiada secretária dos Serviços Sociais da Guanabara, Sandra Cavalcanti, lhe dera uma casa na Vila Kennedy — exatamente para onde estavam sendo removidos os favelados que o governador Carlos Lacerda a mandara despejar do Morro do Pasmado, incendiando os barracos. E, o que é pior, Zé Kéti tinha aceitado.

O show galvanizou a cidade de várias maneiras. Na semana da estreia, estudantes não identificados, mas seguramente com más intenções, picharam os cartazes na porta do teatro, acrescentando sob os inocentes nomes de Nara, João do Vale e Zé Kéti a tola provocação, "Direção de Karl Marx". O que ninguém esperava é que essa galvanização fosse de tal ordem que, sem querer, *Opinião* fizesse falir o reduto em que se inspirara: o restaurante Zicartola, na rua da Carioca. No começo daquele ano, seu proprietário, o compositor Cartola, comprara a parte dos sócios, fechara-o para reformas e o reabrira espetacularmente, usando como atrações, além de si próprio, Zé Kéti e João do Vale. A *intelligentsia* se apaixonara pelo lugar e passara a ver qualidades inauditas até na carne-seca com abóbora servida por d. Zica, mulher do compositor. O resultado é que Cartola ia muito bem nos negócios — até a estreia de *Opinião*.

O show roubou mais do que as suas grandes estrelas — roubou também o seu público, que se transferiu todo para o Shopping da Siqueira Campos. Muitos viram *Opinião* cinco ou seis vezes; outros iam toda noite, sem entrar no teatro, como se *frequentassem* o show. Ficou difícil para Cartola sustentar o Zicartola, que mantinha atrações fixas como Nelson Cavaquinho, Geraldo Babão, um conjunto regional, a mulata Teresinha e o grupo de passistas e ritmistas intitulado *Technicolor*, de Jorginho do Pandeiro. Era uma senhora folha de pagamento, apresentando-se agora para ninguém. A própria Nara viu-se obrigada a cantar lá uma noite, para reparar o estrago, mas já era tarde. Pouco tempo depois, quando o Zicartola fechou, *Opinião* ainda estava em cartaz.

Cada qual tinha uma especialidade em *Opinião*: Zé Kéti cantava a miséria urbana, João do Vale a miséria rural e Nara, well, Nara tentava dar a entender que o fato de morar de frente para o mar não a restringia à música do seu quarteirão. Simples assim, visto de hoje. A própria roupa com que se apresentava — camiseta listradinha de preto, vermelho e branco, com as mangas arregaçadas, calça Lee de veludo gelo e tênis cor de tijolo — não escondia a sua origem nas butiques de Ipanema. Mas, quando ela começava o "Carcará", de João do Vale, a plateia sentia um *frisson*, como se desabafasse ali toda a sua revolta pela existência do marechal Castello Branco, o primeiro militar presidente. E, a cada vez que Nara ajeitava a franja, era como se Castello Branco estivesse sendo fisicamente varrido da cena brasileira.

Carlinhos de Oliveira, então o cronista mais influente da imprensa carioca, elegeu-a a *namorada espiritual* de sua coluna e passou a escrever quase todo dia a seu respeito no *Jornal do Brasil*. Quando não tinha nada a dizer, inventava alguma coisa, nem que fosse para anunciar "Nara de novo no front". Nessa mesma época, Nelson Rodrigues, em *O Globo*, quando queria dizer que alguém estava ficando rico, comparava esse alguém a Nara Leão. Pensou-se que era mais uma das suas implicâncias contra a "esquerda", mas Nara confirmou:

"Estou ganhando tanto dinheiro que não sei onde enfiar."

Em dezembro de 1964, Nara admitiu estar faturando 1,1 milhão de cruzeiros de salário por mês em *Opinião*, mais 11% dos lucros, fora os rendimentos de seu disco na Philips e os cachês de televisão — da qual se tornara, subitamente, a artista mais requisitada. (Como comparação, Roberto Carlos, já na época o cantor mais bem pago do Brasil, dizia receber 2 milhões de cruzeiros por mês, em vendas de discos, e 300 mil cruzeiros por apresentação.) Nada mau para Nara — principalmente porque ninguém na Bossa Nova ganhava sequer vestígio desse dinheiro.

O show *Opinião* teve muitas consequências, além de tirar Nara do apartamento e matar a Bossa Nova de ciúmes. Transformou-a na *musa do protesto,* numa época em que a nova geração universitária estava precisando desesperadamente de algo no gênero. Não importava o que acontecesse, os jornais iam ouvir a sua opinião. Nara dava entrevistas diárias sobre a pílula, o papa, o câncer, a República Dominicana e a linha Cardin. Em maio de 1966, declarou ao *Diário de Notícias* que "os militares podem entender de canhão ou de metralhadora, mas não *pescam* nada de política". Na mesma entrevista — de uma coragem quase inédita para a época —, pediu a extinção do Exército brasileiro, a cassação dos militares no poder e a devolução do país aos civis. E, num tapa de luva, disse que "as nossas Forças Armadas não servem para nada, como foi constatado na última revolução, em que o deslocamento das tropas foi prejudicado por alguns pneus furados". Caramba!

É fácil imaginar o estado de nervos que isso provocou no marechal Arthur da Costa e Silva, então ministro da Guerra. Ele já tivera problemas parecidos com o atrevido colunista do *Correio da Manhã* Carlos Heitor Cony, que rogara uma praga em sua farda, condenando-a às traças, além de chamá-lo de caranguejo e dizer que seu veículo devia ser o cipó. E agora essa moça ofendia o Exército desse jeito, falando em pneus furados. (Os militares devem ter levado em conta essa declaração de Nara porque, no futuro próximo, se serviram liberalmente do orçamento da União para comprar pneus novos e equipar o Exército.) Costa e Silva quis enquadrá-la na Lei de Segurança Nacional e os intelectuais correram em defesa de Nara. Carlos Drummond de Andrade fez uma bonita crônica, Sergio Porto classificou-a de "a Joana d'Arc do telecoteco", e o poeta Ferreira Gullar escreveu: *"Moço, não se meta/ Com uma tal de Nara Leão/ Que ela anda armada/ De uma flor e uma canção".*

A própria Nara se definiu naquela época:

"Sou a mulher mais corajosa que conheço. Na intimidade, podem me chamar de Nara Coração de Leão."

19

PONTE AÉREA

Enquanto, para alguns, o mundo pegava fogo em 1964, para outros o ambiente continuava de paz e passarinhos. A cantora Wanda Sá, dezenove anos, Roberto Menescal e seus músicos e o engenheiro de som Umberto Contardi chegaram ao estúdio aquele dia na hora certa. Iam gravar "Inútil paisagem", de Tom e Aloysio de Oliveira, a última faixa do disco de estreia de Wanda, *Vagamente*, para a RGE. O estúdio estava fechado e vazio, embora fosse uma quarta-feira comum. Mas Contardi tinha a chave e entraram. Só faltavam agora os músicos responsáveis pelas cordas. Horas se passaram e ninguém chegava. Estranharam aquilo — violinistas são homens sérios, quase sempre de meia-idade, cumpridores de horários. Wanda e Menescal desistiram de esperar e gravaram com o que tinham. Na saída, de volta para a Zona Sul, notaram movimentos estranhos no Campo de Santana e uma agitação anormal na Central do Brasil. Quando passaram pelo Flamengo, viram a UNE sendo incendiada. Os músicos haviam faltado porque a CGT decretara greve geral e os transportes desapareceram. Aquele dia era 1º de abril de 1964 e eles não tinham a menor ideia do que estava acontecendo.

Menescal era então um dos rapazes mais influentes da Bossa Nova, como compositor, músico e produtor. Gravara três discos quase seguidos na Elenco, e seu conjunto parecia onipresente — sem crédito — acompanhando cantores em inúmeros outros discos da época, produzidos por ele mesmo. Quando a Bossa Nova rachou em *esquerda* e *direita*, Roberto Menescal era um aliado importante a ser conquistado.

"Temos de fazer música *participante*", disse-lhe Geraldo Vandré. "Os militares estão prendendo, torturando. A música tem de servir para alertar o povo."

"Em primeiro lugar, não acredito em nada disso", respondeu o desligado Menescal. "Em segundo lugar, música não foi feita para alertar coisa nenhuma. Quem alerta é corneta de regimento."

Política era a última preocupação de Menescal, milhas atrás de seus problemas com pés de pato, aqualungs e roupas de homem-rã. Mas a formação de uma ala esquerda no que ainda se chamava de Bossa Nova — Nara, Carlinhos Lyra, Sergio Ricardo, Vandré, Edu Lobo, Ruy Guerra, Gianfrancesco Guarnieri — remetera para a *direita* todos os outros, apenas porque eles continuavam interessados exclusivamente em fazer música. (Os piores eram os *alienados* assumidos, como Bôscoli, Tom Jobim e Aloysio de Oliveira.) Já Vinicius conseguira estabelecer uma pinguela entre as duas margens e passava de uma a outra com a maior desenvoltura. A opinião de João Gilberto não interessava e, naquele ano de 1964, ele já estava longe do Brasil havia muito tempo.

A nova leva de compositores que estavam chegando (na verdade, a segunda geração da Bossa Nova) também pensava mais nas harmonias do que nas desarmonias. Eles eram Marcos Valle, Francis Hime, Dori Caymmi, Eumir Deodato e Nelsinho Motta — quase todos libertos do acordeão de Mario Mascarenhas pelos shows da Bossa Nova na Arquitetura ou na PUC, dos quais participaram como tietes. A exceção era Edu Lobo, que parecia muito sério e fazia um tipo de música *social* (rótulo do qual ele não gostava), ainda que de alta qualidade. As afinidades se estabeleceram com naturalidade: Marcos, Francis, Dori e Eumir sentiam-se mais próximos de Tom e Menescal; Nelsinho, de Ronaldo Bôscoli; e Edu, de Vinicius e da turma do Teatro de Arena. Música para teatro sempre fora um dos interesses de

Edu Lobo e, desde 1962, ele vinha fazendo experiências no gênero, até que, em parceria com Guarnieri e Boal, compôs as canções para *Arena canta Zumbi*, uma peça sobre a escravidão, que estreou em maio de 1965 em São Paulo.

Já na época, o disco de *Arena canta Zumbi* só conseguia ser ouvido como tarefa partidária, e mesmo assim penosa. Mas várias canções de Edu, como "Zambi", "Upa Neguinho" e "Estatuinha", iriam escapar daquele cativeiro e ganhar a alforria na voz da futura Elis Regina, acompanhada por uma bateria Bossa Nova. A peça em si era um primor de primarismo e demagogia, mas, com ela, seus autores Boal e Guarnieri anunciavam estar *descobrindo* o Brasil e praticando uma "arte impura", que falava de coisas desagradáveis, como a escravidão, o trabalho e a *liberdade*. Naturalmente, a única preocupação da turma era a de usar a escravidão para falar da ditadura militar, usando a *ideologia da pobreza* e fazendo com que a Bossa Nova se sentisse, em comparação, o próprio *souris de la société*.

Marcos Valle, 21 anos em 1964 e egresso dos dentes de leite da Bossa Nova que se reuniam no apartamento de Lula Freire no Posto 6, foi um dos primeiros a se indignar com aquele populismo, que os outros queriam impor autoritariamente. Suas primeiras composições em 1963 com seu irmão Paulo Sergio, como "Sonho de Maria", "Amor de nada", "E vem o sol", "Razão do amor" e "Ainda mais lindo", eram na linha amor-flor-mar que sua antiga companheira de praia, Nara, pusera fora da lei. Quando Nara dera a tal entrevista, Marcos sentiu-se pessoalmente atingido. E estava vendo com apreensão aquele tipo de azedume se espalhar entre os outros da Bossa Nova que, como ele, só conheciam o Nordeste de cartão-postal — e que, até havia pouco, partilhavam o seu fascínio pela trinca amor-flor-mar.

Os próprios Marcos e Paulo Sergio já haviam feito "Terra de ninguém", cuja letra tinha um forte conteúdo social, mas cujo balanço era também uma receita de felicidade. As Ligas Camponesas, uma espécie de Movimento dos Sem-terra de 1964, poderiam até tê-la adotado como hino durante suas ocupações, se fossem mais revolucionárias. Mas o que Nara e outros estavam propondo era uma volta ao folclore mais atrasado e reacionário, além de exclusivista: não permitiam que seus amigos fizessem outro tipo de música.

Os dois irmãos não tiveram dúvidas. Abriram o piano e sapecaram uma resposta (intitulada, justamente, "A resposta") que distribuía carapuças entre os neoengajados de sua turma: *"Se alguém disser que teu samba não tem mais valor/ Porque ele é feito somente de paz e de amor/ Não ligue não, que essa gente não sabe o que diz/ Não pode entender quando o samba é feliz.// O samba pode ser feito de céu e de mar/ O samba bom é aquele que o povo cantar/ De fome basta a que o povo na vida já tem/ Pra que lhe fazer cantar isso também?// Mas é que é tempo de ser diferente/ E essa gente/ Não quer mais saber/ De amor.// Falar de terra na areia do Arpoador/ Quem pelo pobre na vida não faz um favor/ Falar de morro morando de frente pro mar/ Não vai fazer ninguém melhorar"*.

O implacável e insuspeito José Ramos Tinhorão não discordaria de uma vírgula, mas, segundo Marcos, eles sofreram represálias: Edu Lobo e outros velhos amigos passaram algum tempo sem falar com eles. Para provar que não estavam brincando, Marcos e Paulo Sergio fizeram em seguida uma série de canções na mais *alienada* linha amor-flor-mar: "Gente", "Seu encanto", "Samba de verão", "Os grilos", "Batucada surgiu", "O amor é chama", "Deus brasileiro", "Tudo de você", "Vamos pranchar", "Preciso aprender a ser só". Mas nem eles resistiram e, três anos depois, em 1967, também trocaram o violão pela viola e foram para o mato, com "Viola enluarada". Até para dois bossa-novistas da gema, como eles, estava difícil escapar à onda que tendia a transformar os palcos em palanques e qualquer canção num comício.

Ironicamente, uma cantora declarou-lhes pouco depois que eles tinham uma música que ela gostaria de gravar. A música era "A resposta" — e a cantora, Nara Leão.

"Mudo de opinião de duas em duas horas", justificou-se Nara.

"*Autênticos*, para mim, são a avenca e o jequitibá", disse Tom Jobim. "O que não é *autêntico* é avenca querer ser jequitibá e vice-versa."

* * *

No começo de 1964, insensível ao bafafá na frente doméstica da Bossa Nova, Creed Taylor lançou nos Estados Unidos o *single* de Getz/Astrud com "The girl from Ipanema" e o LP completo *Getz/Gilberto*. Durante todo o ano anterior, em que o disco dormira na gaveta, muita coisa havia acontecido. Tom Jobim gravara finalmente o seu próprio disco, *The composer of "Desafinado"* — apenas ao piano e violão, sem cantar, o que fora uma astuta decisão de Creed Taylor, para assegurar a reputação de Tom nos Estados Unidos. No lugar de sua voz, entraram as cordas do arranjador alemão Claus Ogerman, que, seguindo as instruções de economia e bom gosto de Jobim, iriam estabelecer um padrão para esse tipo de arranjos nos discos seguintes da Bossa Nova. O LP recebeu as cinco estrelas que a revista *DownBeat* conferia às obras-primas e o crítico Pete Welding lamentou que não tivesse mais estrelas em catálogo para dar ao disco.

Nada acontece muito depressa nos Estados Unidos, nem mesmo quando você se chama Antonio Carlos Jobim e está salpicado de estrelas pela *DownBeat*. Nos muitos meses que passou por lá em 1963, Tom teve de tocar um bocado de violão — porque, para os americanos, este se adequava melhor do que o piano à imagem do *latin lover* em que queriam transformá-lo. Além disso, fez arranjos para diversos cantores, inclusive Peggy Lee; acompanhou Andy Williams várias vezes em seu programa de televisão, um dos primeiros a ser transmitido costa a costa, via satélite; e pagou a conta do hotel na Califórnia, aonde fora se esconder do frio de Nova York, com sua participação num disco quase clandestino do pianista Jack Wilson, em que figurou como "Tony Brazil". Na estrada o tempo todo, sua produção de canções foi quase zero em 1963. Uma das poucas que fez chamava-se "Bonita", e com razão: sua inspiradora era uma garota, Candice Bergen, que ele teve o prazer de conhecer na casa do presidente da Atlantic Records, Nesuhi Ertegun. Aliás, o prazer foi mútuo.

Tom estava começando ali o seu longo trabalho de peregrino da Bossa Nova. Ninguém mais do que ele (nem mesmo João Gilberto, que, afinal, só tinha obrigações como intérprete) foi levar pessoalmente as canções a gentes de tantos lugares. Foi uma sorte que já tivesse construído um repertório tão vasto antes de se fazer ao mar em 1963 — ou não teria aguentado tocar "Garota de Ipanema" zilhares de vezes.

João Gilberto também pôs o pé na estrada naquela época, mas calçado com pantufas. Em julho, ele partiu de Nova York para a Europa com João Donato, que saiu da Califórnia especialmente para acompanhá-lo, mais o contrabaixista Tião Neto e o baterista Milton Banana. Astrud foi com eles, mas apenas no papel de esposa de João, embora o casamento já estivesse no fim — sua "Garota de Ipanema" continuava inédita e ela não cantou em nenhuma das apresentações do grupo. Começaram por Roma, onde ficaram uma semana no Foro Italico, e partiram para Viareggio, no Sul da Itália, onde lotaram durante três meses o Bussoloto, o *privé* de uma enorme casa de shows chamada La Bussola. (Os quatro jamais ensaiaram juntos, e João Gilberto e João Donato passavam o show rindo baixinho um dos erros do outro, mas, mesmo assim, segundo Tião, o que eles faziam era sensacional.)

O Bussoloto era uma sala no andar superior, frequentada pelos intelectuais. No grande salão de baixo, a orquestra de Bruno Martino tocava *hully-gullies* e rebatia com um bolero de autoria do próprio, chamado "Estate" — de que, muitos anos depois, João Gilberto iria se lembrar e gravar. Na Bussola apresentavam-se também os grandes cartazes comerciais, como Jean Sablon, o *chansonnier* de "Vous qui passez sans me voir", e Chubby Checker, o rei do agonizante twist. Os dois, depois de seus shows, subiam ao Bussoloto para ouvir João Gilberto. Não é difícil presumir o que Sablon, velho amigo dos brasileiros, achou dele — mas é impossível imaginar o que se passou pela cabeça de Chubby Checker, ao ouvir João Gilberto, exceto que ela fez *tilt*.

De frente para o hotel onde o grupo se hospedou, na Marina Pietrasanta, a apenas cinquenta metros, abria-se uma praia com quatro quilômetros de extensão. Nos três meses em que ficaram ali, João Gilberto não deixou suas pegadas na areia uma vez sequer, nem mesmo de sapatos. Permaneceu trancado no apartamento, afagando uma gata que trouxera de Roma, chamada Romaninha, e preocupando-se com os primeiros sintomas de uma distensão muscular que iria atingir a sua mão e parte do braço direito. As horas diárias de violão nos últimos anos, fazendo com os dedos aquela posição que todo mundo achava impossível, finalmente estavam lhe cobrando a dívida.

Tiveram de encerrar a temporada em outubro, recusar convites para apresentações na Tunísia e desarmar a barraca. Donato, Tião Neto e Milton Banana voltaram para Nova York e Astrud para o Rio. João Gilberto foi para Paris, a fim de se tratar com um médico acupunturista, o dr. Zapalla, que "cuidara de Pelé". O médico não conseguiu curá-lo (o problema só seria resolvido no ano seguinte, em Nova York), mas, em Paris, ele conheceu uma estudante chamada Miúcha Buarque de Holanda.

"Esta gaúcha é muito caipira", declarou Tom Jobim, no estúdio da CBS, no Rio, em julho de 1964. "Ainda está cheirando a churrasco."

Elis Regina não ouviu esse comentário, que a evaporou da gravação do disco *Pobre menina rica*, de Carlinhos Lyra e Vinicius. Mas ouviu de Carlinhos a informação de que o arranjador — Jobim, já de volta ao Rio — não a achara adequada para o papel da pobre menina rica. Com seu vestidinho de chita e penteado estilo Farah Diba (um bolo de noiva com recheio de BomBril), ela podia não ser uma das dez mais elegantes do Ibrahim, mas, ora bolas, tratava-se de um disco. Ninguém iria vê-la e saber que ela estava muito mais para a pobre menina pobre do que para a sofisticadinha personagem de Vinicius.

Mas, pensando bem, era difícil imaginar que quem se vestia como Elis pudesse ser adequada para o papel. Além disso, Tom já tinha alguém em vista: Dulce Nunes, mulher do pianista Bené Nunes, velha amiga de todos eles. Dulce podia já não ser uma menina (estava perto dos trinta), mas era rica, chique e sua voz, sim, era de menina. Tom condicionou sua própria participação no disco à substituição de Elis por Dulce. A troca foi feita, mas Tom acabou não entregando os arranjos — segundo Carlinhos Lyra, por medo de se envolver com um disco de "temática social" naqueles dias conturbados pós-golpe militar (e isso poderia dificultar a sua volta aos Estados Unidos); segundo Tom, foi por falta de tempo mesmo. Os arranjos acabaram nas mãos mágicas de Radamés Gnattali, e, com isso, *Pobre menina rica* perdeu a chance de reunir Tom Jobim e Elis Regina dez anos antes que esse encontro finalmente acontecesse, no disco *Elis & Tom*, de 1974.

Elis Regina, de fato, ainda estava fresca dos Pampas naqueles dias. Chegara ao Rio "para ficar", no dia 28 de março de 1964, com dezenove anos recém-feitos. Já havia sido *descoberta* em Porto Alegre (se você juntar os *descobridores* de Elis, eles não caberão no Maracanãzinho) e, enquanto morava lá, fizera três LPs para gravadoras cariocas: *Viva a brotolândia*, em 1961; *Poema*, em 1962, ambos para a Continental; e *O bem do amor*, em 1963, para a CBS, que a tinha sob contrato. Nesses discos, principalmente os dois primeiros, ela não negava a influência da cantora que sempre foi a sua maior admiração — Angela Maria —, e o repertório constava de: boleros, baladas, versões e até o chá-chá-chá "Las secretarias".

A CBS promovera a sua vinda para o Rio em 1964, a fim de pô-la no páreo para ser a sucessora de Celly Campello no trono de *rainha dos brotos*. Depois de explodir com "Lacinhos cor-de-rosa", "Banho de Lua" e "Estúpido Cupido", Celly se casara, se aposentara aos vinte anos e fora morar em Taubaté, SP. Sônia Delfino, sua sucessora natural, resolvera cantar coisas mais adultas, e deixara vago o trono de Cinderela. Nos planos das gravadoras, as candidatas eram Selma Rayol, Elis Regina, Cleide Alves, Rosemary e Wanderléa. O empresário Marcos Lázaro deu um banho de Henné na morena Wanderléa e convenceu a CBS a investir nela. Não se sabe como as outras reagiram, mas Elis pouco se importou: ela já viera de Porto Alegre com uma promessa de Armando Pittigliani de assinar com a Philips, caso as coisas não dessem certo na CBS. O episódio *Pobre menina rica* serviu de pretexto para a troca de gravadora.

A Philips a tratou melhor: escalou-a no programa *Noite de Gala*, de Abelardo Figueiredo, um homem ligado à Bossa Nova. O pai de Elis, *seu* Romeu, com suas mãos grossas de vidraceiro e ambicioso como uma mãe de miss, viera com ela do Sul e transformara-se em seu empresário, agente e cobrador. Nem sempre muito hábil. Quando Pittigliani foi propor a Ronaldo Bôscoli que fizesse um show com Elis no Beco das Garrafas, ele já conhecia ambos:

"Uma vesguinha? O pai dela é um pentelho."

A dupla Miele-Bôscoli criou um show para Elis no Little Club, em que ela aparecia com o conjunto Copa Trio do baterista Dom Um Romão, mais a bailarina Marly Tavares e o pandeirista Gaguinho. Nunca se soube como conseguiram espremer tanta gente no palco para o *finale*. É verdade que Elis, 1,54 metro, era tamanho transístor — o que não a impedia de rosnar como uma jaguatirica para Claudette Soares, cinco centímetros mais baixa, quando a via entrar no Beco da Fome:

"Aquela tampinha!"

O Beco da Fome, na av. Prado Júnior, era uma galeria frequentada pelos boêmios e músicos dos outros becos da vizinhança, como o das Garrafas e o do Joga a Chave, Meu Amor. Muitos desses rapazes salvaram a vida naquelas madrugadas, enfrentando a rabada e o caldo verde da mulata Lindaura e o quibe cru do Beduíno, gororobas baratas e alimentícias o suficiente para manter a Bossa Nova funcionando até a manhã seguinte. (A opção era o Frango de Ouro, ali ao lado, com a sua "uma canja e duas colheres" — ou seja, um prato para dois. Os dois costumavam ser Sergio Mendes e Ronaldo Bôscoli.) Outro *must* da região era a Farmácia do Leme, onde os músicos faziam suas compras de Estelamina, Pervitin e Preludin, os *pick-me-ups* em voga.

Elis não gostava de Claudette e também não ia muito com Leny Andrade, então a imperatriz do Beco das Garrafas. Leny, assim como Wilson Simonal, também era discípula de Lennie Dale, mas só Elis levou a fama. Lennie sempre negou que a tivesse ensinado a rodopiar os braços como se fossem moinhos de vento, o que valeu a Elis o apelido de "Hélice" Regina. Segundo Dale, a ideia foi dela e ele apenas aprovou. Mas era a própria Elis quem se referia aos seus ensaios com ele como "aulas de natação". O incrível é constatar que Lennie Dale influenciou a maneira de cantar de Elis Regina: basta ouvir em sequência os três primeiros discos de Elis; os dois de Lennie, gravados na época em que ela o conheceu no Beco; e os discos seguintes de Elis, *Samba eu canto assim* e *O fino do Fino*.

Não era um jeito de cantar muito diferente do de Wilson Simonal, que, quando surgiu no Beco, em 1963, provocou uma sensação que é hoje indescritível e talvez inacreditável. Ele era apenas o máximo para seu tempo: grande voz, um senso de divisão igual ao dos melhores cantores americanos e uma capacidade de fazer gato-sapato do ritmo, sem se afastar da melodia nem apelar para os *scats* que eram a especialidade de Leny Andrade. Bôscoli, que o atraíra para fora da influência de Carlos Imperial, passou a municiá-lo com material original, como "Telefone" (com Menescal), "Ela vai, ela vem" (idem) e "Mais valia não chorar" (com Normando). Mas Simonal era perfeito também para coisas jazzísticas como "Nanã", de Moacir Santos, depois que Mario Telles lhe aplicou a letra definitiva; foi o lançador da Bossa Nova temporã de Tito Madi, em "Balanço Zona Sul", e de Evaldo Gouveia e Jair Amorim, em "Garota moderna"; e tornou-se o melhor intérprete de Jorge Ben até "País tropical".

Naquela fase ele era capaz de encaixar as bossas mais surpreendentes num tema e torná-lo irresistível. Mas, quando só as bossas passaram a ser importantes em seu estilo, Simonal ficou repetitivo e voltou à esfera de Carlos Imperial. Em 1966, já estava cantando "Mamãe passou açúcar ni mim". Em 1971, ele *regeu* — com um dedo só — 15 mil pessoas no Maracanãzinho ao som de uma xaroposa apropriação de Imperial, "Meu limão, meu limoeiro". Poucos meses depois, encalacrou-se numa obscura história que o envolvia como informante dos órgãos de segurança do governo Médici no meio artístico, e isso destruiu sua carreira. Para usar o jargão que ele criou nos seus dias de glória, Simonal *deixou cair e se machucou*. Mas não pode ser expulso da história da Bossa Nova.

Seu jeito de cantar abriu a Bossa Nova para que os cantores do vozeirão, que até então vinham apenas tangenciando o movimento, como Pery Ribeiro, aderissem de vez. Em 1963, Pery foi o lançador de "Garota de Ipanema" e, em 1965, estrelou com Leny Andrade e o Bossa Três de Luiz Carlos Vinhas o show *Gemini V*, na boate Porão 73, em Copacabana. *Gemini V*, um espetáculo tipicamente Miele e Bôscoli, entrou em cartaz enquanto *Opinião*, já com Maria Bethânia no lugar de Nara, derrubava a ditadura militar todas as noites na rua Siqueira Campos. Um turista que fosse aos dois espetáculos em noites seguidas acreditaria estar visitando dois países diferentes: em *Opinião*, uma ave terrível, chamada carcará, sobrevoava um Brasil agrário, favelado e farofeiro, em que os nordestinos morriam de sede ou afogados, com dados do IBGE para provar; em *Gemini V*, gaivotas revoavam num céu azul-*Manchete*, ao som de trechos da "Sinfonia do Rio de Janeiro", das gotas de orvalho numa pétala de flor de Tom e Vinicius e dos sóis, sais, suis de Menescal e Bôscoli, com uma ênfase que deixava a plateia mareada. Para a juventude de 1965, escolher entre ir a *Opinião* ou a *Gemini V* era quase uma opção política, principalmente nas mesas de bares como o Paissandu, no Flamengo, e o Zeppelin, em Ipanema.

Sob o impulso do Bossa Três e o dinamismo de Pery e Leny, *Gemini V* era, até a data, o show mais másculo da Bossa Nova. A famosa batida do violão estava presente em cada segundo — no piano, na bateria, nas inflexões de voz —, mas o canto era forte *para fora*, usando todos os decibéis em estoque. Como se, de certa maneira, um cantor chamado João Gilberto nunca tivesse existido.

Quase em silêncio, duas cariocas que haviam colaborado no parto da Bossa Nova trocaram o Rio por São Paulo entre 1962 e 1963: Alayde Costa e Claudette Soares. Já na época, Alayde era perseguida pelo estigma que iria acompanhá-la por toda a sua carreira: era um mito entre os músicos e respeitada por todos os cantores, mas não tinha chances nas gravadoras. Desde que fora *descoberta* por João Gilberto em 1958 e levada a frequentar o apartamento de Bené Nunes nas reuniões da Bossa Nova, mal conseguira gravar um LP, *Alayde canta suavemente*, pela RCA, onde lançara "Lobo bobo", "Chora tua tristeza" e "Minha saudade". Depois fora para a Odeon, que a deixara na geladeira. As gravadoras diziam que ela era *difícil* para o público. Alayde preferia ver naquilo um mal disfarçado racismo:

"Para eles, uma crioula só podia cantar sambas e rebolar na avenida."

E, assim, a ex-aluna do maestro Moacir Santos (também negro) mudou-se para São Paulo em 1962, onde gravou direto um LP na Audio Fidelity, e em 1965 chegou ao teatro Municipal pela mão do maestro Diogo Pacheco, embalada por Stravinsky, Villa-Lobos e modinhas medievais, no espetáculo *Alayde, alaúde*. Mas seu maior sucesso seria em 1964, ao silenciar o teatro Paramount com a sua interpretação de "Onde está você?".

No Rio, a situação de Claudette Colbert Soares (seu pai era fã da estrela do cinema americano) podia ser considerada até pior. A fama de "princesinha do baião", que adquirira no rádio carioca em 1954, já fora mais difícil de apagar do que a marca do Zorro. Em 1958 ela trabalhara no bar do Plaza e, em 1960, cantou na *Noite do amor, do sorriso e a flor*. Já era quase uma veterana e nada de a deixarem gravar. O máximo que lhe haviam permitido era participar em duas faixas de um disco ginasiano de Bossa Nova, *Nova geração em ritmo de samba*, cujo interesse histórico é o de conter os primeiros arranjos de Eumir Deodato — e que devem ter sido o motivo pelo qual Eumir se trancou em casa nos dois anos seguintes, para estudar.

Uma das faixas de Claudette — "Sambop", de Durval Ferreira e Mauricio Einhorn — era a melhor do disco, mas só a deixariam fazer o seu LP três anos depois, em 1963, quando já se mudara para São Paulo e conquistara o público do Juão Sebastião Bar e da boate Ela, Cravo e Canela. No Juão Sebastião, havia um motivo para que Claudette cantasse sentada sobre o piano de Pedrinho Mattar: qualquer pessoa a mais no chão, mesmo ela, que cabia numa unha, significaria uma mesa a menos. Quanto ao seu primeiro disco, foi gravado na Mocambo, uma gravadora também pequena cujo diretor artístico se chamava Jonas Silva — ele mesmo, o ex-*crooner* dos Garotos da Lua e ex-vendedor das Lojas Murray. A partir dali, Claudette só iria ao Rio para participar de um show de Miele e Bôscoli, "Primeiro tempo: 5 × 0", com Taiguara, no teatro Princesa Isabel, ou para ser chamada de *tampinha* por Elis Regina.

A ida de Alayde e Claudette para São Paulo era o prenúncio de uma mudança que a Bossa Nova — ou o que restaria dela no Brasil — estava prestes a fazer. O antigo "túmulo do samba" iria converter-se no seu palco.

No dia 26 de outubro de 1964, no show *O remédio é Bossa*, no teatro Paramount, em São Paulo, Os Cariocas — um em cada canto da plateia — anunciavam as atrações. Quando suas vozes se juntaram para dizer o nome de Antonio Carlos Jobim e este apareceu em cena, 2 mil botões de rosas choveram das frisas, camarotes e galerias sobre o palco. Foi um grande momento para Tom, que se apresentava pela primeira vez ao vivo em São Paulo. (Suas inúmeras apresentações no programa de TV *O Bom Tom* em 1959, não valeram.) As rosas haviam sido fornecidas pela floricultura Dora, em troca de uma citação no programa do show, mas a homenagem da plateia fora de coração: para ela, Tom era o principal responsável por aquela era de ouro da música popular. Ele não sabia se agradecia, se recolhia as rosas ou onde punha as mãos. Na dúvida, foi para o piano e cantou — também em estreia mundial — "Só tinha de ser com você", sua e de Aloysio de Oliveira.

Em outro momento do espetáculo, a luz escorria ouro sobre o cabelo e o violão de Marcos Valle e se refletia na sua camisa azul-turquesa, enquanto ele cantava "Terra de ninguém". De repente, nos versos cruciais da letra, um refletor acendeu-se sobre um praticável em forma de queijo e uma baixinha, Elis Regina (num vestidinho branco, bem curto, que a deixava menor ainda), inundou o teatro com sua voz, cantando "*Mas um dia há de chegar/ E o mundo vai saber/ Não se vive sem se dar/ Quem trabalha é quem tem/ Direito de viver/ Pois a terra é de ninguém*", enquanto o encapetado Dom Um, à bateria, dava tudo nos couros. Não se sabe como as 2 mil pessoas ali presentes não saíram direto do Paramount para fazer a reforma agrária.

Tom deve ter levado um susto. Aquela baixinha era a mesma que se candidatara ao *Pobre menina rica*, apenas três meses antes. Com trinta segundos de participação, ela conseguira calar todos os outros astros de *O remédio é Bossa* — Alayde Costa, Sylvinha Telles, Carlinhos Lyra, Vera Brasil, Walter Santos, Vinicius de Moraes, Os Cariocas, os conjuntos de Roberto Menescal, Oscar Castro Neves, Paulinho Nogueira e Pedrinho Mattar, o Zimbo Trio e o Quarteto em Cy. Nascia uma estrela — grande demais para caber nos palcos para pulgas do Bottles e do Little Club.

Era o que Ronaldo Bôscoli, no Rio, já estava desconfiando havia tempos. Elis vivia faltando aos seus shows no Beco das Garrafas. No dia seguinte, ela se justificava, dizendo que estava *estressada*. No mesmo dia, ele ouvia ecos das suas apresentações em São Paulo. Imaginou que o pai de Elis, para quem nenhum dinheiro era pouco, a estava obrigando a viver na ponte aérea — ou que fosse ela mesma a principal interessada no mercado paulista, muito mais promissor. Na terceira vez em que Elis faltou a uma apresentação, Ronaldo mandou pintar uma tarja preta, de luto, sobre o nome de Elis no cartaz à porta do Bottles. "Mas de tal maneira que se pudesse ler o nome dela por baixo da tinta", diz Ronaldo. Elis, que era espírita e tinha uma relação particular com a morte, não gostou daquilo. Seguiu-se uma discussão (mais uma) que deixaria humilhada a Guerra dos Farrapos. Em sequência, ela abandonou o show, o Beco e o Rio, e tornou-se inimiga mortal de Ronaldo Bôscoli. Isso, claro, até se casar com ele, três anos depois.

O remédio é Bossa não foi o primeiro nem o último de uma longa série de shows no teatro Paramount em 1964, os quais davam a impressão de que, naquele ano, a Bossa Nova tinha novo endereço: São Paulo. Em maio, os estudantes do Centro Acadêmico XI de Agosto, da Faculdade de Direito, haviam realizado o primeiro, que se chamou *O fino da Bossa* — marca criada pelo presidente do Centro, Horácio Berlinck, que viu nela um futuro e resolveu até registrá-la. O objetivo era o mais inocente possível: amealhar fundos para a festa de formatura, no fim do ano. O resultado é que, pelos tempos seguintes, a ponte aérea seria o remédio que o médico havia receitado para a Bossa Nova.

Do show do xi de Agosto já participava o radialista Walter Silva, o *Pica-Pau*, que conseguira arregimentar os cariocas Nara Leão, Wanda Sá, Jorge Ben, Sergio Mendes, Marcos Valle, Rosinha de Valença, Os Cariocas e o trio do baterista Edison Machado, além do catarinense Luiz Henrique, misturando-os com a turma da casa: Walter Wanderley, Ana Lucia, Geraldo Cunha, Paulinho Nogueira, o novo e sensacional Zimbo Trio e as agora *paulistanas* Claudette Soares e Alayde Costa. A qual, como costumava fazer nos primeiros espetáculos da Bossa Nova em 1959, com "Chora tua tristeza", *parou* novamente o show — dessa vez, com a sua interpretação do "Onde está você?", dos mesmos Oscar Castro Neves e Luvercy Fiorini.

Walter Silva viu ali um filão e arrendou o Paramount para novos espetáculos. Não seria por falta de shows que os estudantes de outras disciplinas deixariam de receber os seus canudos. Um atrás do outro, naquele segundo semestre de 1964, ele promoveu o show da Filosofia da USP (*Samba novo*), o da Medicina (*Mens sana in corpore samba*, com as estreias dos desconhecidos Toquinho, Taiguara, Tuca e Chico Buarque) e o da Odontologia (*Primeira denti-samba*), além de *O remédio é Bossa*. Em todos esses shows, Walter Silva atraiu uma média de 2 mil pessoas por espetáculo — a lotação do Paramount era de 1700 pessoas sentadas, mas ainda cabia uma boa quantidade em pé ou sentada no chão. Tudo que se apresentou neles foi gravado e boa parte lançado em discos pela RGE.

No show da Medicina, a primeira parte com os artistas estreantes foi apenas um aquecimento para a grande atração da noite: a reprodução do show que Sylvinha Telles, Oscar Castro Neves e o conjunto de Roberto Menescal estavam apresentando na nova boate da Bossa Nova no Rio, o Zum-Zum, de Paulinho Soledade. No da Odontologia, Alayde, Geraldo Vandré, Pery Ribeiro e outros abriram o show para o que já começava a ser a grande atração de São Paulo: Elis Regina.

O show de Elis no Bottles com o Copa Rio de Dom Um — o mesmo que lhe valera a tarja de luto no cartaz — seria reproduzido no Paramount, mas quase não aconteceu: o hotel Danúbio, de São Paulo, onde ficavam os artistas cariocas convidados por Walter Silva, praticou racismo explícito e recusou-se a receber Dom Um e o pianista Salvador — e não era pelo belo perfil de Mefistófeles do baterista. Elis e o contrabaixista Gusmão armaram uma cena na recepção e, com a intervenção de Walter Silva, o hotel só faltou dar a suíte presidencial aos dois músicos negros.

Não era conveniente comprar briga com Elis Regina. Ela ficava ainda mais estrábica quando irritada e tudo podia acontecer, como relatam os seus amigos. Seu humor tinha mais zigue-zagues do que um eletrocardiograma. Era capaz de virar literalmente a mesa por perder no biriba e, daí a um minuto, sentar-se para fazer tricô, cantarolando. Sua vida, até o começo do sucesso, fora uma longa sucessão de lutas — uma delas, contra a pobreza. Sua família morava num cortiço vertical (um conjunto habitacional do IAPI em Porto Alegre) e ela era hostilizada pelos vizinhos por cantar no rádio. Quando gravou os primeiros discos, os gaúchos se ressentiram porque ela parecia estar falando com sotaque *carioca*. Seu pai fora com ela para o Rio, instalaram-se num pequeno apartamento na rua Figueiredo Magalhães, em Copacabana, e, poucos meses depois, a mãe e o irmão vieram juntar-se a eles. Todos passaram a viver do seu dinheiro e desenvolveu-se ali uma perversa relação de dependência, em que ela parecia sentir prazer em ser explorada por eles e poder humilhá-los em troca. Na verdade, tanto ao machucar quanto ao ser machucada, era em Elis que doía.

No começo ela era unanimemente considerada feia, cafona e ignorante. Mas Elis aprendia rápido — às vezes, rápido demais. "Cada pessoa, para ela, era uma escola", recordou Walter Silva. "Quando tirava o diploma, ia para outra." Seu principal namorado depois que chegou do Sul foi o produtor da TV Excelsior, Solano Ribeiro. O sucesso dos shows do Paramount levara Solano a criar na Excelsior o que seria o primeiro Festival da Canção, no qual Elis concorreu com "Arrastão", de Edu Lobo e Vinicius, e "Por um amor maior", de Francis Hime e Ruy Guerra. Venceu com "Arrastão". Durante o festival, ela se viu grávida de Solano. Quando o festival terminou, tirou o filho e terminou também o namoro. Não se discutia com Elis. O apelido *Pimentinha* lhe foi dado nessa época, numa dúbia homenagem ao seu gênio terrível, e Elis o odiava. Se alguém a chamava disso, respondia com uma banana.

Mas, se você a descascasse, ela continuava a ser a menina romântica que ouvia rádio e sonhava com as estrelas em Porto Alegre. Quando se apaixonou por Edu Lobo depois do festival, saiu desenhando corações flechados e escrevendo com pincel atômico nas tapadeiras do camarim da TV Record: "Elis ama Edu, vulgo Eduardo Góes Lobo". E — o que devia ser chocante para a Elis que ela depois se tornaria — submetia-se às mais penetrantes reportagens da *Revista do Rádio*, respondendo sobre sua cor favorita (marrom), perfume (Replique), penteado (coque) e leitura (*Pato Donald* e Sófocles.)

Em abril de 1965, alguns dias antes de completar um ano desde que deixara Porto Alegre, Elis faria um show no Paramount, do qual resultariam um disco recordista de vendagem e um programa de televisão que, de certa maneira, seria um tiro no peito da Bossa Nova. O show e o disco seriam com Jair Rodrigues e o Jongo Trio. O programa, *O Fino da Bossa*.

Mudar-se para São Paulo foi a solução mais confortável encontrada pela Bossa Nova para fazer de conta que não estava saindo de casa. No Rio, nenhum dos shows do Bon Gourmet em 1963 conseguira repetir o sucesso de *O encontro* com Tom, Vinicius e João Gilberto — o qual também não dera lucro a Flávio Ramos. O que ele gastara com os divos para mimá-los levara-o a se perguntar se não devia estar empresariando Maria Callas ou Renata Tebaldi. *Pobre menina rica* sofrera com a verde inexperiência de Nara e os shows seguintes também deram a Flávio Ramos alguns coruscantes cabelos brancos.

O show de Baden Powell, que veio a seguir, às vezes parava pela metade porque Baden — já para lá de Bariri — se debruçava sobre o violão, como se procurasse uma nota perdida no fundo do peito — e, quando a plateia estranhava que essa nota estava custando a chegar, punha as mãos em concha atrás das orelhas e ouvia um suave ressonado. O violonista caíra em sono anestésico sobre o instrumento, com as mãos fazendo a posição da nota que ele buscava. Aliás, Baden passara a morar num quarto dos fundos do Bon Gourmet, para não se arriscar a perder a hora de entrar em cena. Quando acordava e via todas aquelas garrafas, achava que estava sonhando. Bebia por conta do salário e, ao fim da temporada, saiu quase em débito com a boate, direto para a Clínica São Vicente.

O de Maysa — o último produzido por Aloysio de Oliveira para Flávio Ramos — já foi escrito *à propos*. Maysa saía da plateia para o palco, com um copo na mão, cantando "Demais", de Tom e Aloysio (*"Todos acham que eu falo demais/ E que ando bebendo demais/ E que essa vida agitada/ Não serve pra nada/ Andar por aí, bar em bar, bar em bar"*), e ninguém tinha a menor dúvida de sua sinceridade. Nem todos na plateia sabiam que, para entrar em cena, ela passara mais de uma hora sendo maquiada pela chapeleira do Bon Gourmet, que tentava disfarçar-lhe os *galos e* roxos em seu rosto — das surras que levava diariamente de seu novo namorado, um toureiro espanhol chamado Miguel Azenza. Com tudo isso, Maysa dava uma grande *performance* quase toda noite. (Uma delas foi gravada por Aloysio e saiu em disco pela Elenco.) Ao final do show era levada quase desmaiada para casa no famoso Cadillac preto. Com todas essas aventuras, o Bon Gourmet fechou em dezembro de 1963.

Quase ninguém era extremamente profissional naqueles dias heroicos — e os poucos que tentavam ser, como Sergio Mendes, eram acusados de mercantilistas pelos outros. Mas alguns estavam começando a aprender. Menescal se apresentava com Sylvinha Telles no Zum-Zum, a boate na rua Barata Ribeiro que sucedeu ao Bon Gourmet em 1964, e não gostou quando o pagamento começou a atrasar mais do que o esperado. Não pestanejou: convocou seu velho amigo Candinho, ex-Sylvinha, ex-violonista, ex-boêmio e agora um sóbrio advogado — e Candinho confiscou judicialmente a geladeira do Zum-Zum, como pagamento para Menescal.

Certa noite durante aquele show, Sylvinha encerrou o espetáculo, tomou um uísque com tranquilizante e pegou seu fusquinha verde-garrafa para voltar para casa, no bairro Peixoto. Dormiu ao volante à saída do túnel Major Vaz, na rua Tonelero, e bateu feio num Chevrolet. Este mais o carro de Sylvinha bateram em três outros carros. No choque, o volante amassou-se contra o seu estômago. Ela quebrou os dentes superiores, o para-brisa estilhaçou-se e os cacos penetraram em sua testa. Sylvinha desmaiou e foi socorrida pelo cantor Francisco Carlos, que passava por ali e viu tudo. Ele não a reconheceu de pronto sob a camada de sangue no rosto. Levou-a para o hospital Miguel Couto e ela foi salva de, entre outras coisas, uma hemorragia interna. Sylvinha não deixou que lhe fizessem plástica imediatamente — poucos meses antes, já havia feito seis de uma só sentada, com o dr. Urbano Fabrini, que a deixaram parecida com uma cantora ainda desconhecida, chamada Barbra Streisand. Aquele não era o seu primeiro acidente porque, em 1962, batera com o carro na Rio-São Paulo e quebrara um braço. Infelizmente, também não seria o seu último acidente.

Desde 1961, a carreira e a vida de Sylvinha estavam sob a administração de Aloysio de Oliveira. Ele fora instrumental para que, a partir daquele ano, ela gravasse uma série de ótimos discos para o mercado americano, tendo como arranjadores Nelson Riddle, Calvin Jackson, Bill Hitchcock e o idolatrado Barney Kessel, e cuidava de suas aparições em televisão nos Estados Unidos. Mas Aloysio continuava um mestre apenas do estúdio para dentro, porque o casamento entre ambos foi um dos mais agitados e ciumentos da Bossa Nova. Em certa época, Sylvinha chegou a andar armada, para o caso de flagrá-lo com outra. Mesmo assim, quando se separaram para que ele se casasse com Cyva, do Quarteto em Cy, Sylvinha fez questão de ser a madrinha. Seu coração não caberia num álbum triplo.

Apesar de "mais velha" (afinal, era da geração Dolores), Sylvinha continuava a ser o rosto feminino da Bossa Nova, resistindo às levas de novas cantorinhas que surgiam de quinze em quinze minutos. Exceto no Carnegie Hall, ela estivera presente em todos os momentos importantes da Bossa Nova: gravara o 78 rpm com "Foi a noite", em 1956; seu nome *puxara* o show no Grupo Universitário Hebraico, em 1958; fora a primeira profissional a fazer a ponte entre a *turminha* e a *turmona*; e, quase até o fim, nunca cantara outra coisa que não fosse samba *moderno*. E quer saber de uma coisa? Não é absurdo que, na relação de incesto estilístico que os primeiros cantores da Bossa Nova mantiveram com João Gilberto, ela é que o tivesse influenciado — e não o contrário. Lembre-se que os dois foram namorados em 1952, quando João ainda usava amígdalas à Orlando Silva e a acompanhava todo dia ao violão. Não se pode ter certeza de como ela cantava naquele tempo, mas, desde os seus primeiros 78s a partir de "Foi a noite", em 1956, Sylvinha já era a mesma cantora que em 1959 gravaria *Amor de gente moça*. Ela não havia mudado; João Gilberto, sim.

Em 1966, ela puxaria as orelhas de Elis Regina pela TV Globo, no programa *O Jogo da Verdade*, de Dercy Gonçalves, condenando os cantores que estavam transformando a Bossa Nova em "ginástica sueca". Não citou Elis, no apogeu do seu jogo de braços, e talvez não quisesse se referir apenas a ela. Na mesma época, Pery Ribeiro estava inaugurando no Brasil a moda de dar pulos no palco, ao som dos pratos da bateria, e o *partner* de Elis, Jair Rodrigues, conseguia cantar plantando bananeiras. Muitos cantores estavam inventando suas próprias bufonarias e esquecendo-se cada vez mais de cantar. Aquela não era a xícara de chá de Sylvinha Telles.

Em dezembro de 1966, Sylvinha iria voltar a Nova York para gravar mais um disco americano. A Kapp Records a queria no estúdio aquele mês, mas ela resolveu adiar a gravação e só embarcar depois do Natal. Na madrugada do dia 17, um sábado, ela entrou no fusca, tendo a bordo sua cadelinha Nicole e ao volante o advogado Horácio de Carvalho Jr., seu ex-namorado, e partiram pela rodovia Amaral Peixoto, rumo a Maricá. Seria uma despedida para ambos, já que iriam separar-se de vez a partir dali: Horácio ficara noivo de outra moça e ela iria para uma longa temporada nos Estados Unidos. O sábado estava nascendo no quilômetro 24 da Amaral Peixoto quando o fusca ziguezagueou pela estrada, entrou debaixo de um caminhão carregado de abacaxis, foi arrastado por ele e finalmente despencou num matagal, vários metros abaixo. Os dois morreram e a Polícia Técnica do estado do Rio concluiu que Horácio dormiu ao volante.

A ideia inicial do show no teatro Paramount em São Paulo, naquele abril de 1965, era com Elis Regina, Wilson Simonal e o Zimbo Trio. Mas Livio Rangan, da Rhodia, contratara Simonal e o Zimbo para uma excursão pelo Brasil. Walter Silva, produtor do espetáculo, fechou então com Elis, Baden Powell e o Jongo Trio. Às vésperas da estreia, Baden preferiu ir tocar na Alemanha. Silva e Elis foram encontrar o empresário Marcos Lázaro na boate Cave e viram Jair Rodrigues em cena. O sucesso de Jair Rodrigues no ano anterior, "Deixa isso pra lá", em que cantava fazendo mãozinhas, já provocava nevralgias em quem o ouvia, mas ele era alegre e tinha preparo físico para fazer parceria com Elis. Foi contratado ali mesmo. O primeiro ensaio aconteceu na própria tarde da estreia, com a sequência de canções dos dois enormes *pot-pourris* pintada no chão do palco: "O morro não tem vez", "Feio não é bonito", "Samba do carioca" etc. — doze canções em cada um!

Jair não era o que você classificaria como um cantor *moderno*. Suas preferências pessoais estavam mais para a música sertaneja do que para o que já se começava a chamar de "MPB". Quanto à Bossa Nova, então, ele era deliciosamente virgem. Algumas das canções no repertório do show o incomodavam, como "Menino das laranjas", de Theo de Barros, e "Marcha da Quarta-feira de Cinzas", de Carlinhos Lyra e Vinicius:

"Essas músicas são muito comunistas", ele disse.

Sua preocupação devia ser com o *"no entanto"* no verso *"E, no entanto, é preciso cantar"* na marcha-rancho de Lyra. Achava que era uma referência ao golpe de 1964. Mas acabaram convencendo-o de que aquilo não tinha nada de mais. A tal ponto que, apenas no ano seguinte, 1966, ele estaria defendendo uma moda de viola caipira do mesmo Theo e de Geraldo Vandré, "Disparada", no segundo festival da Excelsior — certamente sem saber que estava cantando o que, para a época, parecia uma pregação aberta à insurreição rural.

Elis Regina, Jair Rodrigues e o Jongo Trio lotaram o Paramount nas noites de 9, 10 e 11 de abril de 1965, com a sua altissonante combinação de temas da Bossa Nova e sambas tradicionais, cimentada por uma forte base jazzística no acompanhamento. Era a "MPB" a caminho. Walter Silva gravou o show da noite de estreia e, ao contrário do que vinha fazendo, não vendeu a fita para a RGE, mas para a Philips, da qual Elis e Jair eram contratados. A gravação, transformada no disco *Dois na Bossa*, tornou-se o "disco de música brasileira mais vendido da História" até então, embora ninguém pareça disposto a apresentar números. Sabe-se que a venda da fita foi uma transação à vista — quando, se tivesse sido na base de *royalties* para Walter Silva e os músicos, teria rendido muito mais dinheiro para todos. Para o Jongo Trio, segundo o contrabaixista Sabá, nunca rendeu um centavo.

O Jongo Trio era um milagre, pelo que se constatou quando ele lançou o seu próprio disco *Jongo Trio* naquele mesmo ano de 1965, pela gravadora Farroupilha. Ninguém poderia imaginar que ainda pudesse surgir algo espetacular sob os céus da Bossa Nova no departamento trios, desde que a explosão do Tamba no Beco das Garrafas, no final de 1961, provocara uma enxurrada de conjuntos à base de piano, contrabaixo e bateria.

O Tamba de Luizinho Eça, Bebeto e Helcio Milito não era um simples trio, porque o contrabaixista Bebeto dublava na flauta. Seu primeiro disco, *Tamba Trio*, gravado com playbacks para que Bebeto pudesse tocar os dois instrumentos ao mesmo tempo, era perfeito — o que significava dizer que era um disco instrumental, apenas pontilhado de pequenos vocais do trio em algumas faixas. Já nos discos seguintes, as vozes de Luizinho, Bebeto e Helcio começaram a disputar espaço com os instrumentos, e nenhum dos três era cantor. Ronaldo Bôscoli, com sua franqueza típica, comentou na época:

"Se o Tamba Trio só tocasse e se Os Cariocas só cantassem, que maravilha seria."

Referia-se ao fato de achar que o acompanhamento instrumental dos Cariocas não estava à altura dos fabulosos vocais que eles faziam. Para surpresa de Bôscoli, um dos Cariocas — Badeco — concordava com ele e achava que os dois conjuntos poderiam ser acoplados para um disco difícil de superar. Além disso, os dois grupos pertenciam à Philips. Mas os respectivos líderes (Eça, pelo Tamba Trio, e Severino Filho, pelos Cariocas) não se interessaram e a ideia morreu. O Tamba Trio chegou perto do Éden, no entanto, com o disco *Luiz Eça & cordas*, que era na verdade o trio sem as vozes e, no lugar destas, os violinos magistralmente arranjados por Luizinho.

O outro grande trio que se revelou a seguir, este apenas instrumental, foi o Bossa Três, com Luiz Carlos Vinhas ao piano, Tião Neto ao contrabaixo e Edison Machado à bateria. Eles também surgiram no Beco das Garrafas em 1962 e, no começo de 1963, já estavam em Nova York sob contrato com Sidney Frey, o dono da Audio Fidelity e responsável pelo concerto no Carnegie Hall. Frey os fez gravar uma série de discos para o mercado americano, levou-os ao programa de Andy Williams na televisão e escalou-os no Village Vanguard, um dos redutos santificados do jazz. Mas perderam boas oportunidades, como a de tocar no Birdland acompanhando gente importante, porque um de seus integrantes, Edison Machado, não lia música.

Todos os outros pianistas do Beco das Garrafas, como Don Salvador, Sergio Mendes e Tenorio Jr., e até os bateristas, como Milton Banana e o próprio Edison, tiveram eventualmente os seus trios. Mas a realidade provaria que, pela quantidade de boates e de gravadoras dispostas a assimilá-los, os trios instrumentais seriam um fenômeno de São Paulo. Em certo momento, entre 1963 e 1966, coexistiam na Paulicéia o Zimbo Trio; o Sambalanço, de Cesar Camargo Mariano; o de Walter Wanderley, em que o líder tocava órgão em vez de piano; o de Pedrinho Mattar; o Bossa Jazz, de Amilson Godoy; o de Manfredo Fest; e o de Ely Arcoverde — apenas entre os mais importantes. Mas eram dezenas. De todos estes, o único que sobreviveu e chegou ao ano 2000 foi o altamente técnico Zimbo Trio, formado pelo pianista Amilton Godoy e dois homens com mais horas na noite do que toda a dinastia do Fantasma Voador: o contrabaixista Luiz Chaves e o baterista Rubinho Barsotti.

O trio mais efêmero (menos de um ano de vida; um único disco exclusivo) foi justamente o mais empolgante: o Jongo Trio. Na sua formação oficial, com o pianista Cido Bianchi, o contrabaixista Sabá e o baterista Toninho Pinheiro, eles arrasaram em 1965 com as suas gravações de "Feitinha pro poeta", de Baden Powell e Lula Freire, "Seu Chopin, desculpe", de Johnny Alf, e do próprio "Menino das laranjas". Não apenas o seu instrumental era possante e competente, mas os vocais também eram de uma enorme ousadia, porque Sabá, irmão de Luiz Chaves e ex-comparsa de Johnny Alf na Baiúca, era egresso de conjuntos vocais no Pará em começos dos anos 1950. Durante todo aquele ano o Jongo puxou a fila nos cartazes dos shows de Bossa Nova em teatros, universidades e clubes, e seu disco, *Jongo Trio*, foi um sucesso até nas rádios do Rio, que nunca tiveram muita paciência com os trios de São Paulo.

Eles, os trios, tiveram o seu momento de glória e contribuíram para que se ouvisse música instrumental como nunca no Brasil, um país tradicionalmente surdo a qualquer coisa que não seja cantada. Os músicos, por seu turno, nunca se viram com um melhor mercado de trabalho. Mas esse momento passou depressa porque os trios exauriram o interesse do público, multiplicando-se como coelhos e repetindo fórmulas — e porque, cerca de 1966, o mercado jovem estava sendo definitivamente engolido por uma coisa chamada iê--iê-iê.

Alguém se lembra de quando as pessoas começaram a se envergonhar da expressão Bossa Nova e a substituí-la por "MPB"? A sigla não queria dizer apenas *música popular brasileira*, que seria o óbvio, mas uma determinada música popular brasileira — que podia ser tudo, menos determinável. A "MPB" de fraldas parecia algo que já não era Bossa Nova, mas ainda era um pouco (muito pouco); não tinha compromissos com o samba e queria flertar à vontade com outros ritmos, temas e posturas. E queria, principalmente, ser *nacionalista*, para purgar-se dos *excessos* de influência do jazz na Bossa Nova.

A "MPB" era uma espécie de irmã menor do MDB (Movimento Democrático Brasileiro) — *uma frente* musical, em que cabia quase tudo que não fosse iê-iê-iê, assim como o MDB, como partido político, era uma frente partidária, concedida pelos militares para agasalhar os políticos sobreviventes, das mais variadas plumagens — aos quais não ficava bem pertencer à Arena, que era o partido do governo. Não muito por acaso, a "MPB" começou na mesma época que o MDB: segundo semestre de 1965.

Ironicamente, seu plenário foi o programa *O Fino da Bossa*, na TV Record, de São Paulo.

20

A DIÁSPORA

Com o dinheiro que *Getz/Gilberto* lhe rendeu quando o disco foi finalmente lançado, em julho de 1964, Stan Getz comprou uma casa em Irvington, NY, que pertencera a Frances Gershwin, irmã do falecido George. Era uma casa no estilo *...E o vento levou*, de 23 quartos, com colunas brancas de dois andares e que só faltava vir equipada com a própria Scarlett O'Hara. Pela sua participação no mesmo disco, João Gilberto, como coastro, recebeu 23 mil dólares no primeiro semestre e um cobiçado par de Grammys como cantor e violonista — duas estatuetas que ele guardou num armário e perdeu quando se mudou e deixou o armário para trás. Astrud Gilberto, que cantou "Garota de Ipanema" em inglês e provocou todo o impacto mundial do disco, ganhou o que o sindicato dos músicos americanos mandava pagar por uma noite de trabalho: 120 dólares.

Mas, quando o disco saiu, Getz pegou Astrud, já separada de João Gilberto, e rodou com ela pelos Estados Unidos e pela Inglaterra, vendendo boas versões ao vivo de "Garota", "Corcovado" (agora famosa como "Quiet nights of quiet stars"), "Samba de uma nota só", "Eu e você", de Carlinhos Lyra e Vinicius, "Telefone", de Menescal e Bôscoli, e outras novidades que Astrud trouxera do Brasil. Numa das temporadas, a do café Au Go Go, no Village, em meados de agosto,

Astrud passou pelo teste de enfrentar uma plateia de Nova York — e os aplausos que arrancou garantiram-lhe uma carreira nos Estados Unidos. Um primeiro disco foi feito ali (*Getz Au Go Go, featuring Astrud Gilberto*), mas ainda era um disco de Getz. Creed Taylor, o dono da Verve, se encarregaria de que ela gravasse rapidamente o seu *The Astrud Gilberto album* e, a partir daí, ela superou a façanha de Dick Farney quinze anos antes: impôs-se no mercado americano cantando em inglês — e em português. Evidentemente, não tanto quanto o seu ex-marido João Gilberto, que se impôs ao seu modo, cantando apenas quando e onde quisesse — e *em português.*

Miúcha fora juntar-se a João Gilberto em Nova York em fevereiro de 1964. Ela o conhecera em Paris no fim do ano anterior, durante um show da chilena Violeta Parra na boate La Candelaria, no Quartier Latin. (O que *ele* estava fazendo num show de Violeta Parra, ela jamais conseguiu entender.) Miúcha tinha dado uma *canja* na boate quando um argentino seu amigo, Fernando, disse que havia ali uma pessoa querendo conhecê-la. Ela ouviu aquilo com uma pulga na orelha porque a última pessoa a quem Fernando tentara apresentá-la fora um xeque árabe que se dedicava ao tráfico de escravas brancas. Miúcha viu aquele brasileirinho que assistia ao show (não da plateia, mas por uma fresta no corredor), e dispôs-se a conversar com ele sem saber o seu nome. ("Sem nomes", havia dito João Gilberto a Fernando.) Mas, mesmo no escurinho da boate, ela descobriu de ouvido que se tratava de João Gilberto — seu herói desde "Chega de saudade".

Meses depois, aceitou o convite de João para servir como sua secretária em Nova York e foram morar juntos num apartamento no Central Park West, na altura da rua 72, junto ao edifício Dakota. (Foi o primeiro dos pelo menos oito endereços que tiveram, entre Estados Unidos e México, nos sete anos em que viveu com ele lá.) Mas o dinheiro era curto, porque *Getz/Gilberto* ainda não havia saído nem se sabia se um dia sairia. João Gilberto tentou vender sua parte no disco para a Verve, mas a gravadora não se interessou. Miúcha então foi trabalhar como datilógrafa num escritório de advocacia em Manhattan — sem saber datilografia ou inglês. Meses depois, quando os advogados se deram conta de suas deficiências e a despediram, *Getz/ Gilberto* finalmente saiu e as coisas melhoraram.

Não tanto para João Gilberto, porque o acupunturista parisiense não resolvera o seu problema muscular e ele estava agora se tratando com três médicos americanos, os drs. John Utereker, Saul Goldfarb e Guilholm Bloch — quase uma junta médica. A junta constatou uma pequena atrofia no seu ombro direito e prescreveu-lhe aplicações de ultrassom. Durante meses João submeteu-se às aplicações no consultório, até que resolveu comprar um aparelho igual ao dos médicos, com o qual se aplicou em casa nos anos seguintes. Mas continuava achando que havia algo errado com sua mão e, para reforçar o tratamento, passava algumas horas por dia com ela dentro de uma lata de salmoura.

Durante todo o primeiro período americano de João Gilberto, de 1963 a 1969, o Brasil ocupou-se mais do seu folclore no autoexílio do que em saber que, todas as vezes em que ele efetivamente pisou num palco estrangeiro, conquistou para sempre a plateia para a Bossa Nova e a música brasileira. Foi assim, por exemplo, na excursão que fez com Stan Getz ao Canadá naquele próprio ano de 1964, antes de *Getz/Gilberto* ser lançado, e no concerto que deram no fim do ano no Carnegie Hall, o qual resultou no disco *Getz/Gilberto 2*. Ou em suas apresentações em diversos clubes de Nova York, como o Village Vanguard, o Village Gate e o Bottom Line, às vezes em tabelinha com o pianista Bill Evans ou o trompetista Art Farmer, e em cidades como Boston, Washington e Los Angeles.

Nenhuma agenda extenuante, é verdade. Nesses seis anos, João Gilberto tocou pouco e gravou menos ainda, como se tivesse decretado um grande feriado para a alma e como se todas as aspirações fermentadas em Juazeiro, Salvador e Rio fossem, de repente, coisas do passado. Sempre havia algum motivo. Primeiro, a mão; anos depois, seria a voz. Muitos convites para fazer discos foram recusados sob a alegação de que os técnicos *maquiavam* a gravação, cortando a respiração do cantor:

"Eles não entendem que, atrás das notas e das palavras, existe uma pessoa", dizia.

Recusava-se também a trabalhar em qualquer lugar em que a plateia conversasse e deixou shows pela metade, como em Washington, quando cantou duas músicas e foi embora, explicando:

"Eles não estavam gostando."

Da mesma forma, ninguém podia acusá-lo de ser muito cooperativo com a imprensa. Não quis receber um fotógrafo da revista *Life* porque, em suas páginas, "todo mundo saía de batom". Com os jornalistas (que ele chamava de "esses vocês"), era ainda mais reticente, mas havia o impedimento da língua — um problema, na verdade, que ele preferia exagerar. As histórias que circulavam por aqui davam conta de que João Gilberto morava havia anos nos Estados Unidos e não falava uma palavra de inglês. Uma dessas histórias é a de que teria sido o inventor da célebre frase, que repetia quando um desconhecido lhe dirigia a palavra na rua: "Me no speak" (Mim não falar) — o que levara o colunista Teimo Martino, seu admirador, a escrever que "João Gilberto é o único brasileiro que aprendeu inglês com Tarzan".

Na realidade, ele não demorou a entender tudo o que se dizia ao seu redor e acumulou um vocabulário razoavelmente numeroso para se fazer entender em Nova York sem ser por mímica — bem além do simples *"Pliz, one orange juice"*. Nunca chegou ao nível de seu amigo Luiz Bonfá — que, segundo o próprio Bonfá, aprendera a falar inglês "fluentemente errado" —, mas não era de forma alguma o mudo que se pintava. Poderia ter aprendido até a falar direitinho se vários americanos, principalmente os músicos, como o contrabaixista Don Payne, não tivessem estudado português para conversar com ele.

Ao contrário de muitos outros brasileiros da Bossa Nova, que deram um caráter mais do que profissional às suas carreiras nos Estados Unidos, João Gilberto não parecia pensar em termos de *carreira*. Suas apresentações eram apenas para mantê-lo solvente pelas próximas luas, embora houvesse momentos em que ele tinha de usar de sua criatividade para satisfazer alguns luxos. Por exemplo, quando convenceu um brasileiro chamado Vladimir, que trabalhava numa *delicatessen* da vizinhança, a desviar certos temperos da loja para que Miúcha pudesse preparar-lhe o cuscuz e a moqueca de peixe de que não abria mão. (Com ambrosia como sobremesa.) Ou quando alugaram por três meses o apartamento de um casal na rua 23 Leste — o casal voltou de suas férias, quis reaver o apartamento e eles o convenceram de que poderiam morar todos juntos.

Ou ainda quando se mudaram para Weehawken, em Nova Jersey, e alugaram uma casa abandonada cuja única peça de mobília era uma mesa. João e Miúcha completaram o recheio da casa fazendo excursões noturnas e recolhendo os móveis que os vizinhos abandonavam na rua. Numa dessas expedições, acharam até uma mesa de pingue-pongue, com a rede e as raquetes, e João só teve de comprar as bolinhas. Uma das vantagens dessa casa era uma porta secreta que saía da cozinha e dava para o terceiro andar, o que permitia a João Gilberto passar dias sem ser visto pelos eventuais convidados de Miúcha — e continuar se alimentando. Um dos hóspedes do casal, o maestro Júlio Medaglia, passou três dias lá e só viu João Gilberto na hora de se despedir.

Em 1965, Miúcha recebeu um telegrama de seus pais, Sérgio Buarque de Holanda e Maria Amélia:

"Jornais noticiam seu casamento com João Gilberto PT Aguardamos desmentido PT Beijos Sérgio e Maria Amélia."

A resposta foi confirmativa, anexada a um bilhete de Jorge Amado a seu velho amigo Sérgio Buarque:

"Queridos Sérgio e Maria Amélia. João Gilberto é um praça da melhor qualidade, boníssimo, extremamente sensível, tímido, um pouco louco como todo músico que conheço. Creio que vocês irão gostar muito dele. Abraços, Jorge."

Com esse aval, o casal Buarque de Holanda desarmou os espíritos e, com João Gilberto divorciado de Astrud nos Estados Unidos, ele e Miúcha se casaram em abril de 1965 na Capela de Todas as Nações, da ONU, com direito a champanhe, chuva de arroz e fuga num carro rebocando latas. Sua filha Bebel nasceu em 1966 e, assim que abriu os olhos, teve como uma de suas primeiras visões o trompetista Dizzy Gillespie, amigo de João, inflando as bochechas para diverti-la. (Quem um dia viu Gillespie inflar as bochechas ao tocar seu trompete pode imaginar a ideia que Bebel fez do que a esperava fora do útero.)

João voltara ao Brasil pela primeira vez em outubro de 1965, depois de quase três anos de ausência. Entre outros motivos, havia o de tratar-se com o foniatra Pedro Bloch: achava que estava perdendo a voz. Bloch não viu nada de mais com ela, mas João não se convencia. Bloch então recomendou-lhe alguns medicamentos para deixá-lo feliz: Disofrol, para desentupir a respiração; Actiol, para reativar a musculatura das cordas vocais; e pílulas de alho Ilja Rugoff, alemãs. E disse-lhe *en passant* para não falar muito por uns tempos.

João Gilberto assustou-se porque, desde que chegara ao Brasil, estava falando como se tivesse sido vacinado com uma agulha de vitrola. Cantara três números no programa *O Fino da Bossa*, comandado por Elis Regina na TV Record, e, pelas amostras que ouvira ali, não saiu com uma boa impressão do estado de coisas da música brasileira. À saída do programa, falou para alguns:

"É melhor tocar iê-iê-iê do que esse jazz retardado."

Por "jazz retardado" só podia estar se referindo aos trios instrumentais e cantores puxados a be-bop que então dominavam a Bossa Nova. Mas ele não perderia por esperar porque, em pouco tempo, diversos de seus antigos colegas estariam aderindo a Roberto Carlos, e toda uma nova ala de compositores (por coincidência, seus conterrâneos) iria empenhar-se num movimento de renovação do iê-iê-iê, chamado Tropicalismo.

João Gilberto tomou ao pé da letra o conselho de Pedro Bloch a respeito de economizar a voz e simplesmente parou de falar. Daí a famosa história de que se comunicava ao telefone dando pancadinhas no bocal do aparelho, numa espécie de código Morse particular: uma pancadinha querendo dizer sim; duas, não; e três, um momentinho, vou pensar. Esse foi um dos milhares de episódios a contribuir para que se armasse ao seu redor um folclore mais rico do que sobre o curupira ou o saci-pererê. Ninguém parou para pensar que, se isso de fato podia ser uma excentricidade, também deveria ser atribuída aos que se sujeitaram a *conversar* com ele por aquele processo, entre os quais Dorival Caymmi.

A DIÁSPORA

O fato de preferir falar pouco não o impedia de tocar violão, o que passou a ser a sua ocupação em tempo integral na volta a Nova York. Às vezes tocava dezoito horas seguidas, sem intervalos nem para cortar as unhas — e sempre coisas do passado, como "Na Baixa do Sapateiro", de 1938, e "Pica-pau", uma marchinha de 1942, ambas de Ary Barroso; "Curare", de seu amigo Bororó, de 1940; e um verdadeiro festival de Herivelto Martins com diversos parceiros: "Praça Onze", de 1942; "Odete", de 1944; "A Lapa", de 1949. Não era anormal que, a partir dessa época, ele se voltasse cada vez mais para o passado musical, e não só brasileiro. Seu desinteresse pela música de *protesto* que estava sendo feita no Brasil era pouco mais do que total — achava tudo uma "bobagem demagógica". As poucas voltas ao presente, quando cantava em casa, se deviam a coisas dos novatos Sidney Miller, como "Pede passagem", e seu cunhado Chico Buarque, como "Ela desatinou", e outras de Tom que nunca havia cantado, como "Fotografia" e "Ela é carioca". Até que se sentiu seguro para voltar a gravar.

Os admiradores de João Gilberto sempre souberam que ele era surpreendente, mas não esperavam que o seu disco seguinte, gravado no México em 1970, depois de seis anos de silêncio, contivesse os boleros "Farolito", de Agustin Lara, "Bésame mucho", de Consuelo Velazquez, e "Eclipse", de Ernesto Lecuona, as grandes expressões do gênero. Sua própria ida com Miúcha para o México, em 1969, fora uma surpresa — até para ela. Haviam fechado a casa na Hudson Street, em Brooklyn Heights, para uma temporada de dez shows em Guadalajara e Cidade do México, pelos quais ele iria receber 12 mil dólares. Acabaram ficando dois anos.

Na Cidade do México, alugaram uma casa em estilo japonês na estrada para Toluca, cercada por uma área verde habitada por pavões e macacos e com um quintal que abrigava uma tribo de índios. No México, João Gilberto aperfeiçoou-se no pingue-pongue com um jogador chinês, que lhe ensinou um saque de efeito, difícil de ser rebatido. Entrou também para uma autoescola e conseguiu ser aprovado no exame, o que lhe permitiu tirar, aos quarenta anos, a sua primeira carteira de motorista. Mas seus maiores dias no México foram durante a Copa do Mundo de 1970, em que o Brasil se tornou tricampeão. Não foi a nenhum jogo, mas viu todos pela televisão e passava horas ao telefone com o brasileiro Didi, treinador da seleção peruana, discutindo esquemas táticos e armação de jogadas. Está explicada a boa campanha do Peru naquela Copa.

E, ah, sim, seu disco, *Joao Gilberto en México*, com arranjos de Oscar Castro Neves, era uma beleza, apesar das críticas quase mornas com que foi recebido aqui. Continha "De conversa em conversa", que Lucio Alves havia composto aos treze anos de idade, em 1940, e repassado a Haroldo Barbosa para que este lhe copidescasse a letra; tinha também uma das seiscentas versões que o mesmo Haroldo Barbosa fizera para a Rádio Nacional, dessa vez a de "The trolley song", de Hugh Martin e Ralph Blane, atribuída erradamente na contracapa a Irving Berlin; duas canções de Tom, "Ela é carioca", com Vinicius, e "Esperança perdida", com Billy Blanco; e dois instrumentais que havia composto em Nova York, no tempo em que se dedicara quase exclusivamente ao violão: "Acapulco" (em homenagem a uma cidade do México a que ele nunca tinha ido) e "João Marcelo", para o seu filho com Astrud.

As novidades no disco, além dos boleros, eram "O sapo", de João Donato, e "Samba da pergunta", de Pingarilho e Marcos de Vasconcellos. A primeira, mais tarde conhecida como "A rã" (depois da letra que lhe seria aposta por Caetano Veloso), constava do único disco recente de um brasileiro que João Gilberto ouvia muito nos últimos tempos: *A bad Donato*, o grande LP que seu velho ego pelo avesso havia gravado na Califórnia aquele ano. O surpreendente nisso era que a *A bad Donato* parecia uma infernal cacofonia free-jazzística, com uma pesadíssima percussão afro-cubana, inclusive a que sustentava "The frog" — *nada* aparentemente a ver com ele, João Gilberto. Mas, em seu disco mexicano, ele passou o sapo de Donato no liquidificador e destilou aquele *vocalise* suave e caudaloso, tipicamente João Gilberto.

A outra faixa-surpresa, "Samba da pergunta", era de uma safra de compositores da Bossa Nova — os surgidos a partir de 1960 — para a qual ele nunca dera muita bola (e continuaria não dando). Era compreensível que seus autores Pingarilho e Marcos de Vasconcellos

A DIÁSPORA

dessem pulos (como deram) de alegria ao saber que haviam sido gravados por João Gilberto. Esse foi um prazer que ele nunca concedera a Baden Powell, Dori Caymmi, Durval Ferreira, Edu Lobo, Eumir Deodato, Francis Hime, Geraldo Vandré, Jorge Ben, Luizinho Eça, Lula Freire, Marcos Valle e Oscar Castro Neves. Mas por que estes deveriam reclamar? Em toda a sua vida, João Gilberto também só gravara uma canção de Luiz Bonfá, Donato e Johnny Alf, cada, e nenhuma de Mario Telles, Sergio Ricardo, Tito Madi e Walter Santos — todos velhos amigos.

O show no Carnegie Hall, em novembro de 1962, fora o estampido para a diáspora. Os que se sentiam prontos ficaram em Nova York, como João Gilberto e Tom. Outros, que não tinham ido para o show, foram em seguida, como o Bossa Três. E houve os que voltaram do Carnegie Hall, mas apenas para bater o pique no Brasil, enquanto esperavam a sua vez de decolar para sempre. O principal deles foi Sergio Mendes.

Durante o ano de 1963 ele excursionara em trio pela Rhodia, ao Japão e à França, levando Nara Leão. Mas a grande chance viria no ano seguinte, quando o Itamaraty (ou, deve-se dizer, Mário Dias Costa?) o convidou a organizar um grupo para uma "turnê cultural" pelo México e Estados Unidos. Sergio formou um time com Jorge Ben, violão e vocal; Wanda Sá, vocal; Rosinha de Valença, violão; Tião Neto, contrabaixo, e Chico Batera, bateria. Correram as universidades de praxe (afinal, a turnê era "cultural"), mas, terminado o patrocínio oficial, em dezembro de 1964, Sérgio achou que havia ouro além do arco-íris e convenceu os outros a ficar. Ou quase todos.

Jorge Ben já não estava gostando muito de Los Angeles. Para melhorar seu humor, resolveu cortar o cabelo. Achou uma barbearia na Vine Street e entrou. Estava vazia e os dois únicos barbeiros liam jornal, com seus pentes e tesouras no bolsinho da jaqueta. Jorge sentou-se despreocupadamente numa das cadeiras vazias, disse "Barba e cabelo" e ficou esperando. Os barbeiros olharam um para o outro, depois para Jorge e, de novo, um para o outro. Jorge Ben só se lembrou de que era negro quando um deles lhe disse, usando apenas um canto da boca, "Estamos ocupados". Saiu dali e foi direto à Varig comprar a passagem de volta.

Foi pena, porque perdeu uma grande noite, dias depois, quando Sergio e o grupo se apresentaram no Shelly's Manne Hole, a boate do ex-baterista de Stan Kenton em Los Angeles. No meio da apresentação, alguém gritou da primeira fila:

"Não se atrevam a parar! Volto em quinze minutos!"

Era o guitarrista Barney Kessel. Foi correndo à sua casa para pegar a guitarra e, nos quinze minutos que prometera, estava de volta com ela. Tocou com eles pelo resto da noite, e foi a vez de Wandinha Sá sentir-se a Julie London da sua própria vida.

Havia outra pessoa importante na plateia: Dave Cavanaugh, o presidente da Capitol. Nas semanas seguintes ele gravaria dois discos de Sergio Mendes com aquele grupo, o Brasil '65. Mendes sentiu que os discos eram o caminho e procurou Nesuhi Ertegun, presidente da Atlantic Records e velho frequentador do Beco das Garrafas. Na Atlantic ele gravou outros discos do Brasil '65, um deles com arranjos de gente ligada à Bossa Nova, como o pianista Clare Fischer, ou com grande experiência, como Bob Florence — mas nenhum dos dois fez muito pelas canções de Dori Caymmi e Edu Lobo, que Sergio estava introduzindo. Ainda não era a fórmula que ele queria — seus discos continuavam a soar como um trio do Beco das Garrafas, ampliado com cordas ou metais, mas sempre Beco.

Wanda Sá, sozinha, era uma sensação. Depois do precedente aberto por Astrud, que liberou a humanidade para acolher cantoras com um tico de voz, Wanda, com o mesmo tico, tinha grandes possibilidades na América: mais bonita, corpo de sereia, muita presença no palco e um uso esperto e sensual do microfone. Gravou o seu disco individual na Capitol, intitulado *Softly*, e a indústria preparou-se para continuar gravando-a. Mas, já naquele tempo, o coração tinha razões que etc., e Wanda preferiu voltar para o Brasil, paralisar a carreira e levar a sério sua paixão por Edu Lobo, com quem se casou.

A DIÁSPORA

Rosinha de Valença e Chico Batera também voltaram naquele final de 1965 e, no lugar deles, Sergio Mendes importou Marcos Valle, a mulher deste, Ana Maria, e o baterista João Palma. As escolhas eram boas, mas o erro estava na receita: Sergio Mendes dificilmente chegaria a algum lugar em Los Angeles com um casal fazendo vocais em português e à base de violão. Esse problema foi resolvido quando, poucas semanas depois, bateram à porta do apartamento de Marcos Valle em seu hotel no Sunset Boulevard:

"FBI", disse um americano com três metros de altura, fazendo a clássica cena com a lapela. "O senhor deveria ter embarcado *ontem* para o Vietnã."

Como todo imigrante, Marcos tivera de alistar-se nas Forças Armadas americanas e, com sua saúde A-1, era candidato certo a ir enfrentar o vietcongue. Refeito do susto, mandou dizer que já ia e pegou o primeiro voo noturno — para o Rio. E, com isso, Sergio Mendes *teve* de achar a sua receita ideal.

"Tom, I've got money on my mind!"

Ray Gilbert, o letrista americano, entrou no quarto de hotel de Tom Jobim em Nova York, em 1964, com moedas de 25 *cents* grudadas na testa. Queria dizer que, com as canções de Tom, vertidas por ele para o inglês e publicadas pelas editoras que iria fundar para lançar exclusivamente Bossa Nova — a RioCali e a Ipanema Music —, os dois iriam ficar ricos. Mas Jobim, que tinha alguns antepassados mineiros, não estava muito certo disso.

É verdade que Tom não estava satisfeito com as versões que Norman Gimbel, Gene Lees e Jon Hendricks (principalmente este) haviam feito para suas canções. Achava que elas reduziam as suas imagens, de Vinicius ou de Newton Mendonça, àquele folclore caipira de *"coffee and bananas"*. Johnny Mercer, o fundador da Capitol e letrista de "Midnight sun", "Blues in the night", "Too marvelous for words" e outras que faziam Tom suspirar, telefonara-lhe para dizer que adoraria compor com ele. Mas não podiam trabalhar juntos. Mercer era filiado à Ascap (American Society of Composers and Performers), e Tom à BMI (Broadcasting Music Inc.) — e quem pertencesse a uma das duas supersociedades arrecadadoras não poderia ser parceiro de quem pertencesse à outra. (Essa proibição infeliz seria suspensa muitos anos depois, mas Mercer já estava morto desde 1976.) Então Tom teve de contentar-se com Ray Gilbert, recomendado por seu amigo Aloysio de Oliveira.

A Broadway produziu alguns dos maiores letristas do século: homens como Cole Porter, Lorenz Hart, Ira Gershwin, Irving Berlin, Howard Dietz, Alan Jay Lerner, E. Y. Harburg, a dupla Betty Comden-Adolph Green, Stephen Sondheim e, claro, Johnny Mercer — para não falar de excepcionais segundos e terceiros times, que só são segundos e terceiros porque no primeiro cabem apenas onze. Confrontado com qualquer deles, Ray Gilbert não serviria nem como gandula. As canções de Tom mereciam os melhores letristas americanos, mas os grandes nomes da Broadway dificilmente pegam canções avulsas para letrar. Existem os *crafstmen*, que executam esse tipo de tarefa, e, entre estes, havia muitos capazes de fazer um grande trabalho com Tom. Na época em que as suas canções foram lançadas nos Estados Unidos, Dorothy Fields, Sammy Cahn, Carolyn Leigh e a dupla Alan-Marilyn Bergman estavam na praça e disponíveis. Mas era inevitável que, a depender de Aloysio, a preferência recaísse sobre Ray Gilbert.

Até a Bossa Nova, a única passagem de Ray Gilbert pelos anais da música popular americana fora a reboque de um velho clássico instrumental do jazz de New Orleans ("Muskrat ramble", de Kid Ory, de 1926), a que tinha posto letra trinta anos depois. Exceto isso, tudo o mais que fizera estava associado a Walt Disney ou Carmen Miranda — ou seja, a Aloysio de Oliveira. Aloysio o conhecera justamente no estúdio de Disney em 1942, durante as filmagens daqueles desenhos animados *sul-americanos*, estrelando Pato Donald, Zé Carioca e grande elenco. A função de Gilbert era verter canções como "Na Baixa do Sapateiro", e transformar *"Na Baixa do Sapateiro encontrei um dia/ A morena mais frajola da Bahia"* em *"I live the memory of many dreams ago/ When the stars were bright and you were mine alone"*. Como se vê, cor local não era com ele. A não ser, é claro, que se tratasse de brincar com onomatopeias gugu-dadá, tipo "Zip-a-dee-doo-dah" ou "Ypseee-I-O", duas de suas canções. Era dele também a letra em inglês do bolero "Solamente una vez" (a.k.a. "You belong to my heart"). E se Tom estava infeliz com a intromissão de bananas em suas canções, Gilbert era precisamente o autor (em parceria com Aloysio de Oliveira) de algo chamado "I make my money with bananas", que fora imposto à pobre Carmen.

O fato de ele ter aplicado suas letras opacas a grande parte da produção de Tom, impedindo-as talvez de ir ainda mais longe em versões vocais, era apenas esperado. Mas, naturalmente, como editor delas, através da RioCali e da Ipanema Music, Gilbert tornava-se também seu proprietário. Na verdade, mais do que isso, porque sua parte no faturamento de cada canção era a do editor (50%) e mais a fatia que lhe cabia como *parceiro*. No caso de uma música que fosse só de Tom, como "Fotografia", caberia a Gilbert 75% do dinheiro. E foi assim que, salvo omissões, Gilbert enriqueceu sua vida e obra com as seguintes canções de Jobim e eventual parceiro:

"Esperança perdida" (com Billy Blanco), "Por causa de você" (com Dolores Duran), "Ela é carioca" e "O morro não tem vez" (com Vinicius), "Dindi", "Inútil paisagem", "Só tinha de ser com você", "Samba torto" e "Preciso de você" (com Aloysio), "Surfboard", "Valsa de 'Porto das Caixas'", "Bonita" e "Fotografia" (só de Tom).

Mas, por indicação de seus maiores, os jovens compositores da Bossa Nova também entregaram sua obra a Gilbert numa bandeja. Alguns *highlights* do tabuleiro foram "Preciso aprender a ser só", "Seu encanto" e "Vamos pranchar" (Marcos e Paulo Sergio Valle), "Você", "A morte de um deus de sal" e "Tetê" (Menescal e Bôscoli), "Berimbau" (Baden e Vinicius), "Chuva" e "Tristeza de nós dois" (Durval Ferreira), "Razão de viver" (Eumir Deodato), "Imagem" (Luizinho Eça e Aloysio de Oliveira), "Morrer de amor" (Oscar Castro Neves e Luvercy Fiorini) e "Das Rosas" (Dorival Caymmi).

Marcos Valle, que, depois do susto do FBI, resolvera fazer uma nova incursão pelo território em 1966, vasculhou as gavetas e entregou suas canções a Gilbert, menos "Samba de verão", para que ele as editasse, lhes pusesse letra e as lançasse nos Estados Unidos. Em troca, Marcos assinou um contrato de cinco anos — durante os quais o que ele e seu irmão Paulo Sergio produzissem iria automaticamente para Gilbert (ou para um letrista americano indicado por este). Na verdade, Gilbert estava de olho em Marcos Valle desde a explosão de "Summer samba", que vendera 1 milhão de cópias na gravação de Walter Wanderley e já fora editada pela Duchess Music.

Veja bem: não há nada de ilegal nesse tipo de operação. É apenas um jogo esperto — feito em toda parte do mundo, inclusive no Brasil —, mas no qual o compositor nunca sai com a parte do leão. E, se você não quiser que o dinheiro que tem a receber encolha demais, é bom dormir perto dele. Daí por que muitos da Bossa Nova — Tom, Bonfá, João Gilberto, Eumir Deodato, Oscar Castro Neves, Sergio Mendes, Walter Wanderley — preferiram mudar-se para os Estados Unidos, alguns por longas temporadas, outros para ficar. Pela primeira vez, uma geração inteira de músicos brasileiros era confrontada com o dilema de Dick Farney.

Marcos Valle ficou apenas um ano, 1966, preocupado com o Vietnã. De Los Angeles mandava as canções para que Paulo Sergio fizesse as letras. Paulo Sergio era piloto de aviação na linha Rio-Manaus, e passava mais tempo no ar do que em terra. Várias de suas letras foram escritas a 10 mil metros de altura — uma delas, a de "O amor é chama". Mas era ele quem estava com os pés no chão ao ameaçar esmurrar Ray Gilbert, quando este praticamente os abandonou em 1968 e impediu-os de procurar outro editor. A justificativa de Gilbert era a de que, sem Marcos Valle nos Estados Unidos, ficava difícil colocar as suas canções e que cinco anos eram o mínimo de que precisava para firmá-lo no mercado.

Talvez. Mas muito menos do que isso — cinco meses — foi o de que o organista Walter Wanderley precisou para se tornar extremamente popular na América, e justamente com uma canção de Marcos Valle. Wanderley (cujo nome tinha a vantagem de poder ser pronunciado *uonn'dar-li*) chegou a Nova York em 1966, contratado por Creed Taylor. Gravou "Samba de verão" em maio e foi direto para as paradas. No

Brasil, tinha grande prestígio entre os músicos e seus discos eram populares, mas nada que obrigasse a se chamar os bombeiros — seu repertório era um festival de boleros e chá-chá-chás, quando se sabia que o inacreditável balanço de seu órgão merecia um material muito melhor.

Os que o conheciam da noite de São Paulo tinham certeza disso desde 1958, quando Walter, aos 26 anos, chegara de Pernambuco para tocar na boate Oásis e no Captain's Bar do hotel Comodoro. Nessa época estava casado com a cantora Isaurinha Garcia, de quem era acompanhante e arranjador. Por volta de 1963, passou a acompanhar e fazer arranjos para Claudette Soares, e aproveitou para mudar também de repertório, com o que todos saíram ganhando — exceto talvez Isaurinha, que ficou sem marido. Tony Bennett, que o ouvira numa de suas viagens ao Brasil, achou que não havia nada igual em matéria de órgão, recomendou-o a Creed Taylor, e o resto você sabe.

Ou talvez não. O enorme sucesso de Walter Wanderley nos Estados Unidos teria passado em branco no Brasil se os seus discos americanos não fossem lançados às vezes por aqui, onde eram recebidos com a apatia usual. Nenhum empresário brasileiro jamais se interessou em trazê-lo para tocar em seu país. Os americanos, enquanto isso, comparavam o seu humor ao de Fats Waller, o primeiro organista do jazz, e a sua técnica à de Jimmy Smith, o último. Em certo momento, Walter Wanderley teve na palma da mão todos os clubes de jazz da área de Los Angeles e vivia excursionando ao México, Europa e Japão.

Infelizmente, ele parecia sofrer daquela maldição que persegue certos músicos e que faz com que criem barreiras entre eles e o sucesso, como se este fosse um tigre que devesse ser mantido à distância. No seu caso, essas barreiras vinham em garrafas. Depois de uma coleção de trapalhadas que fizeram com que até os seus empresários mais entusiastas temessem programá-lo, Walter teve aos seus dedos, em 1969, a oportunidade de uma vida: passar os anos seguintes às custas do Holiday Inn, apresentando-se nas centenas de hotéis de sua cadeia nos Estados Unidos, México e Japão. Sua estreia seria na inauguração do Holiday Inn de San Francisco. Para isso, até convidou Cyva e Cybele, do Quarteto em Cy, para fazer os vocais femininos.

No primeiro *set* da noite da estreia, tudo bem. No segundo, seu estilo já estava sendo influenciado por Johnny Walker. Entre o segundo e o último *set* Wanderley deve ter tomado um coquetel Molotov nos camarins porque conseguiu apenas dar o sinal para as meninas, de que ia começar — um-dois, um-dois-três — e desabou sobre o órgão como um fardo morto. Quando conseguiram acordá-lo, horas depois, adeus Holiday Inn.

"Quem foi para a América e disse que ganhou muito dinheiro está mentindo. Inclusive eu", disse o veterano violonista Laurindo de Almeida, ex-Stan Kenton.

Há quem discorde.

"My name is Luiz Bonfá. I'm the composer of 'Black Orpheus'." De brincadeira ou não, era como diziam que Bonfá se apresentava normalmente às pessoas nos Estados Unidos, como se tirasse da boca um cartão de visitas. Isso, naturalmente, antes de 1967, quando teve de mudar os dizeres:

"My name is Luiz Bonfá. I'm the composer of 'Gentle rain'."

Bonfá não era exatamente *the composer* do filme *Orfeu Negro*, porque havia outro, chamado Antonio Carlos Jobim, mas era verdade que "Manhã de Carnaval", chamada no passaporte de "A day in the life of a fool", correra mais mundo do que qualquer outra canção daquele *score*. Bonfá era um dos dois brasileiros nos Estados Unidos (o outro, naturalmente, Jobim) que podia se anunciar como o autor de mais de uma canção que todo mundo parecia conhecer.

O mundo fora simpático a Luiz Bonfá em seus giros ao redor do próprio eixo. Nos primeiros anos 50, ele deixara o Quitandinha Serenaders (lembra-se?) para compor e tocar sozinho. Como compositor foi logo adotado por Dick Farney, que o achou *moderno* o suficiente para gravar quase toda a sua produção até então, incluindo "Sem esse céu", "Perdido de amor" e "Ranchinho de palha". Como violonista,

A DIÁSPORA

Bonfá impressionou também de saída pela técnica e pelas harmonias diferentes que bordava em qualquer canção que lhe caísse no colo. Em 1957 já estava consagrado no Brasil e, quando lhe perguntavam de onde tirava aquelas harmonias, respondia sério:

"Uma vez fui ao cinema ver um filme chamado *Suplício de uma saudade*, ouvi a música e disse para mim mesmo que era aquilo que eu queria fazer."

Se o interlocutor risse, Bonfá não precisaria explicar; se não risse, nenhuma explicação adiantaria. A canção a que ele se referia, "Love is a many-splendored thing", de Paul Francis Webster e Sammy Fain, fora um sucesso em 1956, quando ele, Bonfá, já estava mais do que pronto. Em 1958, ensacou o violão e partiu para Nova York com o dinheiro de suas próprias economias. Antes de embarcar, deixou duas canções ("Manhã de Carnaval" e "Samba de Orfeu") com Sacha Gordine, para o filme que se tornaria *Orfeu Negro*. Em Nova York, foi ouvido pela deusa da Broadway, a cantora Mary Martin, numa festa na casa de Julius Glazier, dono da joalheria Cartier, a que fora levado por um amigo rico brasileiro. Mary Martin gostou dele e convidou-o a ser o seu acompanhante numa longa excursão que começaria pelo Alasca.

Enquanto Bonfá tocava no Alasca e em outros lugares mais "hóspitos", *Orfeu Negro* colecionava prêmios pelas telas do mundo, e "Manhã de Carnaval", com seu violão e a voz de Agostinho dos Santos, apaixonava as pessoas. Em 1959, quando voltou para o Brasil, a Bossa Nova engatinhava e Bonfá sentiu-se tão à vontade com ela como se tivesse sido um de seus obstetras — sem mudar o seu estilo de compor ou de tocar. Em 1962, quando foram abertas as inscrições para o concerto no Carnegie Hall, ele não precisou se afobar: depois de Tom e João Gilberto, era um dos poucos de quem Sidney Frey realmente não abriria mão. Naquela noite, no Carnegie, ele solou e acompanhou Agostinho em "Manhã de Carnaval", agradeceu todos os aplausos possíveis e resolveu continuar sua carreira em Nova York, com sua nova mulher e parceira, Maria Helena Toledo. E já havia gravado por lá uma infinidade de discos quando, em 1967, teve a ideia de convidar o jovem organista, pianista, guitarrista, compositor, arranjador, produtor e regente Eumir Deodato a ir trabalhar com ele em Nova York.

Bonfá até lhe pagou a passagem — baratinha, se comparada ao volume de bagagem musical levado por Deodato no avião. No Rio, aos dezesseis anos, em 1959, Eumir atuara nos dentes de leite da primeiríssima *turminha* da Bossa Nova. Então retirara-se para o seu apartamento em Laranjeiras, onde passaria os próximos anos de pijama, numa cadeira giratória, cercado por piano, teclados e pranchetas — estudando teoria, harmonia, contraponto, solfejo, arranjo e instrumentação por correspondência, com todos os livros e cursos importados que o carteiro lhe trazia. Um dos cursos era o de Henry Mancini. E, como acontecera com a geração imediatamente anterior à sua (a de Menescal), o disco que tocava para o seu ouvido externo, enquanto ele estudava com o ouvido interno, era o mesmo *Julie is her name*, com Julie London e Barney Kessel.

Quando se julgou preparado, Eumir saiu à rua e entrou nos estúdios — literalmente, *todos* os estúdios do Rio. De 1963 a 1967 ele participou de dezenas de gravações, numa das multifunções que era capaz de desempenhar. Seus arranjos estiveram por trás de todos os cantores que você seria capaz de citar naquele tempo: Simonal, Marcos Valle, Wanda Sá, Maysa, Nara Leão, Pery Ribeiro, Leny Andrade, Quarteto 004, Tita, Elis Regina, Sambacana de Pacífico Mascarenhas, muitos mais. Quando você comprava discos da Elenco, intitulados *A Bossa Nova de Roberto Menescal* ou *A nova Bossa Nova de Roberto Menescal*, pensava estar comprando Menescal, mas na verdade estava comprando Deodato — Menescal apenas posava com prazer como líder do grupo. Outros discos sem paternidade definida, como os dois gravados na Philips pelos Gatos (*Os Gatos* e *Aquele som dos Gatos*), podiam parecer Durval Ferreira, mas eram também Eumir. E não ria, mas, nessa mesma época, ele ainda encontrava tempo para fazer arranjos musicais para um show de Carlos Machado na boate Fred's (*Carlos Machado's Holliday*) e atuar no programa de Marlene (*É a Maior!*) na TV Rio. Nada como ter vinte anos.

Com essa idade, Eumir Deodato já devia estar se sentindo um veterano. Foi quando lançou o seu *primeiro* disco — *Inútil paisagem*, pela gravadora Forma, de Roberto Quartin — e espantou pela maturidade. Quatro longos anos depois, em 1967, não lhe restava outra saída que a do Galeão, como diria Tom Jobim. Principalmente porque Deodato acabara de ser demitido da EMI-Odeon, onde trabalhava como arranjador. O pretexto alegado por Milton Miranda, diretor artístico da gravadora, era o de que seus arranjos eram "complicados demais e confundiam os cantores; além disso, seus discos não vendiam".

Foi quando Bonfá lhe mandou aquela passagem para Nova York, para que ele fizesse os arranjos de um disco de sua mulher, Maria Helena Toledo. Deodato entregou esses arranjos e, chamado por Astrud Gilberto a escrever alguns para seu disco *Beach samba*, assustou o produtor Creed Taylor ao orquestrar e gravar cinco canções em apenas seis horas — algo típico daqueles estouvados brasileirinhos a fim de mostrar serviço. Mas Taylor sabia que ele seria capaz de fazer ainda melhor se trabalhasse um pouco mais devagar e, aos poucos, foi-lhe confiando os seus demais contratados: o próprio Tom, Walter Wanderley, Wes Montgomery, Paul Desmond, Roberta Flack, Aretha Franklin, Tony Bennett, Frank Sinatra. Em fins de 1972, Deodato — já com a provecta idade de 29 anos — iria gravar o seu primeiro disco oficial para Creed Taylor, intitulado *Prelude*, e abri-lo com um arranjo jazz-pop para "Also sprach Zarathustra". Vendeu 5 milhões de *singles*.

Uma proeza sem tamanho, considerando-se que o mercado era infinitamente menor que o de hoje, quando esse número ainda é impressionante. E também porque popificar "Zarathustra" certamente deu-lhe menos trabalho (e prazer) do que outra tarefa que realizou aquele ano: desemaranhar seis horas de fita que João Donato deixara gravadas num estúdio em Nova York — improvisações livres sobre velhos temas, como "Cadê Jodel?", e outros que Donato inventou na hora, aos teclados —, com um bilhete para o produtor da Muse Records, a quem devia um disco:

"Entregue isto para o Eumir Deodato. Ele me entende e saberá o que fazer."

Deodato pegou aquele rolo, acrescentou os seus próprios teclados, borrifou com alguns metais, com a gaita de Mauricio Einhorn e a percussão de Airto Moreira, e o resultado foi um clássico da *fusion* Bossa Nova-latin jazz: *Donato/Deodato*, lançado quase em segredo no Brasil.

A presença de Deodato nos Estados Unidos fez bem igualmente à carreira do homem que lhe abriu as portas de Nova York: Luiz Bonfá. Ele *modernizou* Bonfá, abrindo-o para um lado mais jazzístico e até o convencendo a experimentar outros instrumentos, como a craviola, o violão ovation e a própria guitarra elétrica. Bonfá não perdeu suas medalhas de compositor e de grande virtuose e ainda ampliou seu público, gravando discos surpreendentes como *The new face of Luiz Bonfá*, em 1970, e aquele que é considerado um clássico do violão solo nos Estados Unidos, *Introspection*, em 1972. Os quais também passaram perfeitamente despercebidos no Brasil.

Já a carreira de Eumir Deodato deu saltos como os que Super-Homem constumava dar nos gibis antes de aprender a voar. Nas paredes de seu estúdio de Nova York, ele teria no futuro quinze discos de platina — equivalentes a 15 milhões de cópias vendidas —, como instrumentista, arranjador e produtor na área da música pop. Passaria a cobrar 250 mil dólares pelo arranjo e produção de uma simples faixa e, em 1988, chegaria a pagar mais impostos nos Estados Unidos do que os bem-sucedidos Airto Moreira e Flora Purim iriam *ganhar* em 360 dias de trabalho.

Há muitos anos Eumir não se apresenta em público — nem precisa. Mais exatamente, desde 1976, quando teve o Carnegie Hall só para ele e sua banda, pela última vez.

No palco da Opera House de Chicago, em 1968, a minissaia de Karen Phillip, uma das duas vocalistas americanas do Brasil '77 de Sergio Mendes, quase fazia a plateia esquecer que ela era afinada e competente. A de Lani Hall, a outra voz feminina, idem. Depois do show, o grupo recebeu nos camarins uma importante visita: a do senador Bob Kennedy. Ele ficara tão impressionado com o som do Brasil '77, principalmente com o balanço criado por Tião Neto ao contrabaixo, Dom Um à bateria e Rubens Bassini à percussão, que resolvera ir aos camarins para conhecer Karen Phillip. Era difícil resistir a Kennedy, mas Karen segurou-se: ela sabia que era perigoso andar em sua companhia. Você sabe como são esses atentados: podem sobrar balas para quem estiver perto do alvo. (Bob Kennedy foi morto alguns meses depois.)

Com a implosão dos Beatles naquele ano, Sergio Mendes tornara-se a maior potência do mercado pop. No final de 1965, ele resolvera experimentar uma nova fórmula para o seu grupo, agora chamado Brasil '66: colocou duas vozes femininas cantando em inglês; trocou a cozinha rítmica, eliminando qualquer vestígio de jazz e fazendo uma combinação samba-pop-Bossa Nova; e passou a usar os temas mais dançantes que os jovens compositores brasileiros lhe ofereciam, combinando-os com os Bacharachs e Lennon & McCartneys do momento. Herb Alpert, líder de um grupo tex-mex chamado Tijuana Brass e dono de uma pequena gravadora, a A&M, ouviu-o, gostou e começou a investir nele. Em 1966, Mendes estourou com vários *singles* e com o LP *Look around*. Em 1968, já como Brasil '77, vendeu 4 milhões de *singles* de "Fool on the hill" — mais do que os Beatles haviam vendido com a sua própria música.

Quem não se conformava com isso era seu amigo Armando Pittigliani, da Philips. Em 1960, Pittigliani convidara Sergio Mendes a fazer um disco em sua gravadora — um disco dançante. Mendes resistia: queria fazer um disco "de jazz". Pittigliani acabou convencendo-o e *Dance moderno* foi feito, mas Mendes pincelou os arranjos com tantas bossas jazzísticas e complicadas que ninguém conseguia dançar. O disco não vendeu. Poucos anos depois, estava gravando música dançante, só que na casa dos outros. Na época, Pittigliani lhe emprestara algum dinheiro e Sergio lhe pagara com um cheque — sem fundos, porque vivia duro. Quando se reencontraram em 1968, Pittigliani lembrou-lhe, rindo, do cheque. Sergio Mendes, já rico e famoso, deu-lhe uma sugestão:

"Aquele cheque agora é valioso. Você devia emoldurá-lo e pendurá-lo na parede."

Em apenas dois anos, de 1966 a 1968, o grupo já tocara em centenas de cidades americanas, correra toda a Europa (tocando às vezes em dois países diferentes no mesmo dia), Austrália e Extremo Oriente, principalmente Japão, onde fazia 27 cidades em cada temporada — num mínimo de duas temporadas japonesas por ano. No princípio, Sergio Mendes chegara a abrir vários shows para Frank Sinatra, mas, logo depois, não estava abrindo shows para ninguém. Tornara-se uma atração do tamanho dos Rolling Stones. Só faltava agora que Sergio cumprisse a promessa que fizera a seu velho colega do Beco das Garrafas, Ronaldo Bôscoli: a de surrupiar para Bôscoli uma cueca de Sinatra, "com pouco uso". Mas esta ele não cumpriu.

Quando quis ter o seu Xanadu particular, Sergio Mendes já o encontrou pronto: uma casa em Encino, que Clark Gable mandara construir para sua mulher, Carole Lombard, em 1939, no tempo em que Hollywood era a *cidade das redes*. Mudou-se para ela, equipou-a com quadros de Di Cavalcanti, móveis no estilo colonial-Catete, decorou-a com artesanato tipo panelas de ferro e, para se divertir, montou nos fundos um estúdio de gravação — que, anos depois, venderia para a gravadora Som Livre. E quando criou suas duas editoras musicais, a Rodra e a Berna, seus escritórios foram inundados com a produção musical brasileira da época: Marcos Valle, Edu Lobo, Dori Caymmi — todos os que queriam se ver livres de espertos como Ray Gilbert passaram a entregar-lhe suas canções. A casa de Sergio Mendes em Encino tornara-se a nova Meca, como o apartamento de Nara Leão, no Posto 4, nos velhos tempos, só que por outros motivos.

Nos anos seguintes, Sergio Mendes apresentou-se várias vezes no Carnegie Hall. Mas, por algum motivo, a gloriosa casa de espetáculos de Nova York já não tinha *aquele* encanto extra-plus que o havia inundado em novembro de 1962, quando ele comandara o seu sexteto na apresentação de "Batida diferente", de Durval Ferreira e Mauricio Einhorn — o primeiro número do histórico concerto da Bossa Nova.

Não que o Carnegie tivesse se tornado carne de vaca. Mas porque nada parecia capaz de superar a emoção daquela noite.

Mas uma emoção parecida, talvez maior, iria acontecer a Sergio Mendes, Tião Neto, Dom Um e Rubens Bassini no dia 5 de maio de 1968, na mesma Opera House de Chicago. O Brasil '77 seria a atração final da noite. E de quem era a banda que iria abrir o show para eles?

A de Stan Kenton.

Se eles contassem isso para o pessoal da Murray, ninguém iria acreditar.

21

O MUNDO COMO SAÍDA

Enquanto isso, no Brasil...

"Nara canta muito mal, mas fala muito bem", disse Elis Regina. "Está sempre nos jornais, desmentindo alguma coisa que disse na véspera. E traiu cada movimento a que aderiu: Bossa Nova, samba de morro, canção de protesto e iê-iê-iê."

Nara Leão também não tinha sua rival em ótima conta:

"Elis é uma mulher pueril, agressiva e desequilibrada", ela declarou.

Era a guerra nas estrelas em 1966. Mas parecia uma briga de comadres. Poucos minutos antes dessas declarações, as duas haviam posado juntas e sorridentes para a reportagem de *Manchete*, que perguntara separadamente a cada uma o que achava da outra.

Não que o público estivesse tão dividido: os fãs de Nara eram mais ou menos os mesmos de Elis, e a gravadora de ambas era a mesma Philips. Nara, de fato, não tinha muita paciência com suas próprias posições estéticas — a única coisa imutável em sua cabeça era a franjinha que usava desde criança. Mas fora maldade de Elis acusá-la de haver *traído* o iê-iê-iê, se ela nem chegara a aderir a ele. O máximo de intimidade que tivera com esse grupo fora o seu rápido namoro com Roberto Carlos, dado como *furo* pelo comentarista Claudio de

Mello e Souza, na TV Rio. E, por sinal, a notícia não agradara aos fãs de nenhum dos dois.

Se fosse apenas uma disputa entre duas cantoras, seria uma reedição de Emilinha × Marlene, só que discutida através da *Revista Civilização Brasileira*, e não pela *Modinha Popular*. Mas, no amplo bate-boca que cercava Elis e Nara, quem estava sendo posto para escanteio era a própria música popular. A briga era supostamente política, e os litigantes eram um novo grupo de compositores, muito mais ocupados em queimar pestanas sobre os livros do intransponível sociólogo Herbert Marcuse do que sobre métodos de violão ou composição. Não era o caso de Edu Lobo, que levava o estudo a sério, mas o de Geraldo Vandré, para quem dois acordes davam e sobravam para se fazer uma canção. "O importante é a comunicação com o povo", dizia. *Comunicação* e *povo*, aliás, eram palavras muito importantes naquele tempo.

Elis e Nara apenas serviam de peões. A vitória de "Arrastão", de Edu e Vinicius, com Elis, no festival da TV Excelsior em 1965, provara que era bobagem recolher folclore — como Sergio Ricardo havia feito em 1964, com sua apropriação de cantadores nordestinos no filme *Deus e o diabo na terra do sol*. Quem queria ouvir aquilo? E, além do mais, para quê, se era possível produzir industrialmente esse mesmo folclore, com harmonias europeias, e ainda vencer festivais?

"Arrastão" tornou possível a existência de "Disparada", uma moda de viola de Theo de Barros, com letra de Geraldo Vandré, defendida por Jair Rodrigues no festival de 1966, já na TV Record. O acompanhamento do Quarteto Novo em "Disparada" incluía o ex-baterista do Sambalanço e futuro Weather Report, Airto Moreira, tocando uma queixada de burro que ele achara à beira de uma estrada. Tudo bem que o mar fosse virar sertão, mas tinha de ser tão depressa? Apenas um ano antes, por exemplo, Vandré estava respondendo sobre Bossa Nova no programa de prêmios *O Céu é o Limite*, na TV Record, de São Paulo, e excursionando pela Rhodia, entre sedas e cetins.

Contra a agressividade de "Disparada", que era uma espécie de "Carcará" a cavalo, surgiu no mesmo festival a interiorana e nostálgica "A banda", de Chico Buarque de Holanda, defendida por — quem?

— a outrora terrível Nara Leão. No ano anterior, a própria Nara revelara Chico Buarque com "Olê, olá" e "Pedro pedreiro", e o Brasil se apaixonara pelo compositor. Chico Buarque conquistara não apenas uma grande parcela dos jovens, mas encantara também os mais velhos, que logo o classificaram como "o novo Noel". Com os ecos da Bossa Nova ainda nos ouvidos de muitos, o que ele fazia parecia mesmo uma volta mais jovem ao velho samba, mas e daí, se fosse bom? Além de cunhado de João Gilberto, Chico era quase sobrinho da Bossa Nova, já que seu pai, Sérgio Buarque, era *irmão íntimo* de Vinicius de Moraes havia trinta anos. E, antes mesmo de "A banda", quando perguntavam casualmente a Vinicius o que havia de novo, ele respondia:

"Chico Buarque de Holanda."

Mas a torcida por "Disparada" também era fortíssima na parte da plateia que se julgava mais politizada, e as duas canções tinham barulhentas charangas organizadas no teatro Record. O júri votou, os votos foram contados e "A banda" ganhou, mas, para que não houvesse uma conflagração no auditório, Paulo Machado de Carvalho Filho, diretor da Record, decidiu que elas tinham empatado. Nenhuma das duas torcidas gostou, mas a Philips achou ótimo — ambas as músicas eram seus lançamentos.

Em tempo recorde, a Philips pôs nas ruas o compacto de Nara Leão com "A banda" e, apenas nos primeiros quatro dias, ela vendeu 55 mil cópias. O tempo recorde tinha uma explicação: o disco já estava gravado havia dois meses, mas a Philips o segurara, para que a canção pudesse ser inscrita no festival.

"Na época da 'Banda'", recordou Nara em 1973, "eu poderia ter dez escravos para ficar ao meu redor, me lisonjeando, segurando a minha bolsa, puxando a cadeira para que eu sentasse. Eu me sentia a filha única de uma família rica. Uma vez, na Bahia, fiz um avião esperar enquanto acabava de comer o meu caruru. Eles chamando pelo alto-falante e eu mandando esperar — e eles esperaram!"

"Disparada", com Jair Rodrigues, também vendeu muito e foi gravada quase em seguida — com muita propriedade — pela dupla caipira Tonico e Tinoco.

* * *

Elis Regina estava fora do páreo naquele festival de 1966, mas também não podia se queixar. Gravara o segundo volume de *Dois na Bossa* com Jair Rodrigues, que prometia repetir o estouro do primeiro (não repetiu, mas quase), e incendiava os seus próprios auditórios com o programa *O Fino da Bossa*, também na TV Record. Um momento inevitavelmente culminante era a sua interpretação de "Canto de Ossanha", um *afro-samba* de Baden e Vinicius. Quando cantava o refrão *"Vai, vai, vai, vai!"*, temia-se que levantasse voo, mas ela estava ganhando adeptos até entre as pessoas mais inesperadas:

"A Elis Regina faz de qualquer canção uma *Marselhesa*", comentou Nelson Rodrigues com seu amigo Otto Lara Rezende, quando os dois viram o show de Elis com Baden no Zum-Zum.

A Bossa Nova não viera ao mundo para produzir marselhesas, mas, em 1966, *O Fino da Bossa* já deixara de ser *da Bossa* e tivera o título reduzido para apenas *O Fino*. O principal motivo fora a saída de Horácio Berlinck da equipe de produção, e ele era o dono da marca. Mas não fazia diferença, porque havia muito o programa se tornara uma espécie de *As 14 mais* de toda a música brasileira que não fosse iê-iê-iê.

Uma das revelações de *O Fino* foi um baiano chamado Gilberto Gil. Em 1965 ele chegara a São Paulo de terno, gravata e pasta, para trabalhar na Gessy Lever, trazendo canções como "Louvação", "Roda" e "Lunik 9" — esta, por sinal, um alerta contra os satélites artificiais que ameaçavam roubar o luar dos poetas, seresteiros e namorados. (Os ex-sinatra-farneys Armando Cavalcanti e Klecius Caldas já haviam tratado desse momentoso tema numa marchinha para o Carnaval de 1961, "A lua é dos namorados".) As músicas de Gil eram vigorosas, feitas para ser cantadas em voz alta — estilo marselhesa —, e ele chegara bem na hora para Elis, com seus temas nacionalistas e participantes. O próprio Gil, como cantor, era daqueles que podiam ser ouvidos à distância. Daí a tempos, preocupados com a ascensão do iê-iê-iê, Gil, Elis, Edu Lobo e uma pequena multidão de artistas e tietes marcharam do teatro Paramount em direção ao largo de São

Francisco, em São Paulo, no burlesco episódio que ficou conhecido como a "passeata contra as guitarras".

"Não era bem contra a guitarra", recordaria Gil, anos depois, para a repórter Regina Echeverria. "Na verdade, era um ressentimento todo do pessoal se manifestando, uma coisa meio xenófoba, meio nacionaloide, 'a favor da música brasileira'. Aquela passeata era contra um bocado de coisas, mas toda a retórica dos slogans era contra a música estrangeira, a música alienante. Era uma coisa meio Geraldo Vandré."

Gilberto Gil tinha toda a razão de enrubescer levemente ao falar do episódio porque, em menos de um ano, ele estaria usando as guitarras elétricas dos Mutantes na sua apresentação de "Domingo no parque" num festival da canção. Teria ficado ainda mais constrangido se soubesse que aquela passeata, como afirmam alguns, não passou de uma ideia de Paulinho Machado de Carvalho para estimular a rivalidade entre os dois programas de auditório de sua televisão: *O Fino*, de Elis Regina, e *Jovem Guarda*, de Roberto Carlos.

Jovem Guarda começara em setembro de 1965, cinco meses depois de *O Fino* (então ainda *da Bossa*), e ia ao ar, ao vivo, nas tardes de domingo, tipo sessão pipoca. Congregava a turma de jovens roqueiros que Carlos Imperial vinha adubando havia anos no Rio, sem muito sucesso. Nas mãos agora de um esperto empresário de São Paulo, Marcos Lázaro, e com Roberto Carlos já famoso por "Splish splash" (desistira finalmente de "Brotinho sem juízo"), eles estavam prontos para a virada. Esta aconteceu com "Quero que vá tudo pro inferno" em 1966 e, a partir daí, bastou que eles deixassem o cabelo crescer e aplicassem os alisadores. A receita de André Midani para vender discos, naquele remoto ano de 1958, estava mais de pé do que nunca: o grande mercado era a juventude. E a música desta passara a ser o iê-iê-iê.

"Elis Regina terá para sempre o consolo de saber que a Guerra do Vietnã é muito pior", escreveu o cronista Carlinhos de Oliveira no

Jornal do Brasil quando se anunciou o casamento de Elis com seu pior inimigo, Ronaldo Bôscoli.

A história já registrara outras alianças surpreendentes — Hitler e Stálin em 1938, Luís Carlos Prestes e Getulio Vargas em 1945, Marilyn Monroe e Arthur Miller em 1956 —, mas ninguém no eixo Rio-São Paulo esperava por aquilo em 1967. Desde o famoso rompimento no Beco das Garrafas, em 1964, Elis e Ronaldo haviam dedicado os três anos seguintes a usar dardos em vez de palavras quando se referiam um ao outro — por escrito, através de recados ou em mortíferas entrevistas. Os venenos eram sempre de caráter profissional porque, até então, seus únicos contatos físicos tinham sido os dedos em riste nos respectivos narizes. Bôscoli chegara até a produzir um show no Rio para a cantora Cláudia, com o título *Quem tem medo de Elis Regina?*

Mas, em meados de 1967, *O Fino* estava caindo pelas tabelas em audiência — um pouco pela ascensão de *Jovem Guarda*, mas muito pela traição à sua fórmula original, ao apresentar figuras da música popular que pouco ou nada tinham a ver com a Bossa Nova, como Elizeth Cardoso, o regional do maestro Caçulinha, Ary Toledo, até mesmo Juca Chaves e, claro, Jair Rodrigues. O diretor do programa, Manoel Carlos, tentara transformá-lo numa reedição de seu antigo *Brasil 60*, mas Elis não era Bibi Ferreira e não estava ali para decorar textos, mas para cantar. Aos olhos da Record, a fórmula para salvar o programa era contratar uma nova dupla de produtores: Miele e Bôscoli. Aos olhos de Elis Regina, essa solução era como se lhe estivessem jogando um fio desencapado para içá-la de um poço.

No Rio, naquele ano, as perspectivas para Ronaldo Bôscoli também não pareciam brilhantes. Quase toda a Bossa Nova se mudara do Brasil. Em Nova York estavam Tom Jobim, João Gilberto, Eumir Deodato, Luiz Bonfá, Maria Helena Toledo, Astrud Gilberto, Helcio Milito. Na Califórnia, Sergio Mendes, João Donato, Tião Neto, Dom Um Romão, Luizinho Eça, Oscar Castro Neves, Walter Wanderley, o Quarteto em Cy, Aloysio de Oliveira, Moacir Santos, Raulzinho, Rosinha de Valença. No México, Pery Ribeiro, Leny Andrade, o Bossa Três, Carlinhos Lyra. Em Paris, Baden Powell. Já de malas prontas, Francis

Hime e Edu Lobo. Sem saber se ia ou se ficava, Marcos Valle. Em permanente trânsito pelo mundo, Vinicius de Moraes.

Os Cariocas tinham acabado de se dissolver. Sylvinha Telles havia morrido. O Beco das Garrafas deixara de existir, quando Alberico Campana vendera suas boates em 1966. Aloysio de Oliveira praticamente dera a Elenco para a Philips. Ele próprio, Ronaldo, compunha cada vez menos com Menescal ou com qualquer outro. Da turma antiga, Chico Feitosa tornara-se produtor de jingles, Normando saíra do ar e Nara continuava brigada com ele. O que sobrara da Bossa Nova? Um bando de jovens mais interessados em discutir política ou ganhar festivais do que em fazer música — enquanto as rádios e gravadoras eram ocupadas, minuto a minuto, pelo iê-iê-iê.

Era o fim daquele longo e lindo feriado.

E então Ronaldo Bôscoli, *à côté* Miele, engoliu o seu orgulho e foi para São Paulo, a fim de tentar salvar *O Fino* para Elis Regina — e para si próprio. Não conseguiu, porque o estrago que se fizera fora muito grande para comportar remendos. Mas, a caminho da TV Record para o primeiro encontro com Elis, se alguém lhe dissesse que no dia 5 de dezembro daquele ano ele estaria casado com a patroa, Ronaldo responderia que, antes disso, Frank Sinatra teria vindo ao Brasil para cantar no Zum-Zum.

Sinatra, o ídolo de Ronaldo desde 1940 ("Gosto mais de Frank Sinatra do que de mulher", ele dizia), foi um de seus grandes prejuízos no casamento com Elis. Ao se casar com ela, ele entrara na casa da av. Niemeyer, no Rio, onde iriam morar, com um baú contendo toda a sua coleção de sinatras: centenas de *long-playings*, alguns raros, outros já fora de catálogo, todos preciosos e muitos deles comprados na loja de discos de Flávio Ramos, no começo dos anos 50.

O baú continha a edição original de *Songs for young lovers* e *Swing easy*, o estouro de Sinatra na Capitol, os primeiros discos da sua triunfal recuperação depois de anos de baixo-astral na Columbia. Eram dois *long-playings* de dez polegadas, com oito faixas cada um, lançados em 1953 — a primeira vez no mundo que um cantor popular fazia um disco *conceitual* (ainda não se conhecia a palavra), para dizer tudo o que ele queria: sofrimento, solidão, saudade. Eram discos tristes à beça, mas as cordas e metais de seu novo arranjador, Nelson Riddle, formavam um tapete para a voz mais adulta e madura de Sinatra — a voz de um homem que estava passando o diabo nas unhas de Ava Gardner.

Toda a biografia de Ronaldo (bem, quase toda) estava naqueles LPs importados de Sinatra, como *Songs for swinging lovers*, de 1955, *Close to you*, de 1957, *Only the lonely*, de 1958. Pois imagine o seu horror ao voltar para casa, depois de uma briga, e descobrir que Elis fora à sacada e os atirara todos, como discos voadores, no oceano Atlântico. Alguns dos discos não haviam chegado ao mar e podiam ser vistos, como peixes mortos, na pista da av. Niemeyer. Não era a primeira *vendetta* de Elis. Tempos antes, ela pusera fogo em outro baú de Ronaldo, contendo cartas, poemas, os originais de suas letras, fotos das pescarias, do Beco das Garrafas e de suas ex-namoradas.

Carlinhos de Oliveira tinha razão: não era um casamento, era o Vietnã, embora fosse difícil saber quem fizesse ali o papel do americano — e Bôscoli não era exatamente uma vítima. Uma das brigas aconteceu quando Elis conferia seu cartão de crédito e descobriu uma conta do King's Motel. Ronaldo havia apenas dado um pulinho ao King's com uma admiradora e pagado com o cartão de Elis. A mobília voou e Elis, como sempre, pegou João Marcelo, o filho de ambos, e foi para a casa de Jacques e Lidia Libion, em Copacabana. Acontecia às vezes de ela sair de casa depois de uma briga, ir para a casa de Jacques e Lidia e já encontrar Ronaldo instalado lá. Ele também havia ido buscar refúgio.

Essas, pelo menos, eram brigas por motivos concretos — porque, nos quatro anos e quatro meses em que estiveram casados, até 1972, não se passou um dia em que o folclore carioca sobre Elis e Ronaldo não fosse enriquecido com palpitantes batalhas. Mais até, se você incluir as brigas nas vésperas e no próprio dia do casamento. E, em 90% das histórias, ninguém, nem eles próprios, sabia contar por que a briga começara. Naquele mar encapelado, o casamento entre a cantora de "Arrastão" e o compositor de "O barquinho" *não foi* um terreno propício para a Bossa Nova.

Um dos motivos disso, segundo Bôscoli, era o de que Elis vivia em estado de guerra contra os principais nomes da Bossa Nova. Ela nunca se recuperara completamente do veto que Tom lhe impusera na gravação de *Pobre menina rica* e, embora eventualmente o incluísse em seus *pot-pourris* (qual cantor brasileiro moderno poderia passar sem Jobim nos anos 60?), não era com a paixão que dedicava a Edu Lobo, que foi por muito tempo o seu favorito. Mas Tom era amigo de Bôscoli, frequentava a sua casa e, no começo, Ronaldo tinha de ficar de olho em Elis para que ela não lhe servisse costela queimada nos churrascos que o casal promovia na Niemeyer.

Foi um casamento digno dos Bórgias, mas pelo menos serviu para fechar velhas feridas entre a maior cantora (Elis) e o maior compositor do Brasil (Tom) — porque, em 1969, ela gravou pela primeira vez uma canção completa de Jobim ("Wave"), no disco que fez com o gaitista Toots Thielemans na Suécia. A partir daí, Elis incluiu Tom com regularidade no seu repertório, tornou-se dona de "Águas de março" e, em 1974, dois anos depois de separada oficialmente de Bôscoli, gravou com Jobim em Los Angeles o seu melhor disco até então, *Elis & Tom* — no qual a orquestra, por coincidência, era regida por Bill Hitchcock, o homem que descobrira Dick Farney no Cassino da Urca em 1946.

"Assunto: Vinicius de Moraes. Demita-se esse vagabundo. Ass. Arthur da Costa e Silva."

Com esse grosseiro memorando ao chanceler Magalhães Pinto, o marechal-presidente decretou a saída do poeta do corpo diplomático em fins de 1968. Vinicius recebeu a notícia em alto-mar, a bordo da banheira de sua cabine no navio *Eugênio C*. Chorou convulsivamente, porque adorava o Itamaraty, embora detestasse a burocracia do serviço público e nunca tivesse ligado para a *carrière*. Algum tempo antes, pedira para ser agregado, o que significava uma licença de dois anos, sem vencimentos e sem contar para a promoção, apenas para a aposentadoria. Na primeira oportunidade, ao promover uma caça aos "alcoólatras, pederastas e subversivos" do Itamaraty, enquadraram-no vagamente nesta última categoria e mandaram-lhe o bilhete azul.

O último cargo de Vinicius fora em Paris, como delegado junto à Unesco, em 1963-4 — tempo que ele aproveitou para compor exaustivamente com Baden, que o acompanhara. Daquela época saíram os grandes sambas para Cyro Monteiro, como "Deixa", "Formosa", "Tempo feliz" e "Amei tanto". Então Vinicius voltou para o Rio, Baden ficou em Paris e saltou de um restaurante fuleiro chamado Feijoada para o palco do Olympia. Lula Freire passou por lá e os dois fizeram um samba para Vinicius, chamado "Feitinha pro poeta". A carreira de Baden já estava sobre rodas e Vinicius dedicou-se a continuar compondo com Carlinhos Lyra, Edu Lobo e Francis Hime.

Iria dedicar-se também a uma série de projetos que nunca chegaria a realizar, mas que eram irresistíveis só de pensar: uma versão para o cinema de *Pobre menina rica*, dirigida por ele e estrelada por sua amiga Brigitte Bardot, e a filmagem de uma *Ópera do Nordeste*, com direção de Glauber Rocha e, no elenco, João Gilberto e Grande Otelo. Por incrível que pareça, se um dos dois projetos fosse factível, seria com a estrelíssima Brigitte.

Foi uma grande fase para Vinicius, mas mesmo seus buquês continham uma abelha embutida. Sua parceria com Jobim já estava encerrada, mas ele não conseguiu conter os ciúmes quando Tom pediu a Chico Buarque, em 1968, que lhe pusesse letra numa canção chamada "Gávea". Chico transformou-a em "Sabiá". Um ano depois, em Roma, Vinicius mostrou a Chico a sua letra para "Gente humilde", de Garoto, e pediu-lhe que desse umas mexidas. Chico não viu o que mexer, mas Vinicius insistiu. Quando Chico se rendeu e trocou algumas palavras para contentá-lo, Vinicius ligou exultante para Tom, no Rio:

"Tomzinho, o Chico agora também é meu parceirinho!"

O lado infantil de Vinicius já o fizera descobrir que sua principal diversão era apresentar-se em público, nem que tivesse de triplicar as doses para encarar sem medo a plateia. O show com Caymmi no Zum-Zum, em 1964, fora apenas o primeiro. Haveria muitos outros, mas só depois da demissão do Itamaraty e de sua parceria com Toquinho, a partir de 1970, é que Vinicius começaria a se levar a sério como um artista de palco. Para o bem ou para o mal, Toquinho iria conseguir com Vinicius o que até então ninguém sonhara ser possível: profissionalizá-lo.

"Ora, deixe de história", disse a cantora Dionne Warwick no Rio, em 1966, a Ronaldo Bôscoli. "Todo mundo sabe que foi Burt Bacharach quem inventou a Bossa Nova."

Todo mundo quem, cara-pálida? — poderia ter perguntado Ronaldo se a expressão já existisse. Mas, se fosse uma cantora francesa, Dionne Warwick provavelmente teria atribuído a Bossa Nova a Francis Lai e Pierre Barouh, cujo *score* para um filme tremendamente popular aquele ano, *Um homem, uma mulher*, era Bossa Nova em seus melhores momentos. O melhor dos melhores era um longo "Samba saravah" — "Samba da bênção", de Baden e Vinicius, distraidamente omitidos dos créditos na tela —, que Barouh havia gravado no Rio com Baden, Copinha, Oscar e Iko Castro Neves e Milton Banana.

Silenciosamente (o que é um contrassenso, tratando-se de música), a Bossa Nova instalara-se no ouvido interno das pessoas em toda parte e já havia quem reproduzisse a sua batida de violão, a suavidade da bateria e o seu jeito de cantar como se aquilo sempre tivesse existido.

Tom Jobim passara grande parte de 1965 e 1966 nos Estados Unidos, dessa vez na Califórnia, fazendo televisão, apresentações pessoais e arranjos. Para amenizar o banzo, amigos brasileiros de passagem levavam-lhe alguns presentes de sua mãe: sabonete Phebo, chocolates Garoto e cachaça Praianinha. (Uma das garrafas de pinga, levada por um fotógrafo, não chegou ao destino: o homem da alfândega em

Los Angeles suspeitou do conteúdo, quebrou a garrafa ali mesmo e encachaçou o recinto.) Mas a principal ocupação de Tom eram os discos que começara a gravar para a Warner, através da RioCali. Nesse sentido, Ray Gilbert estava funcionando — embora, como era natural, desse preferência às canções de que era letrista e editor.

Num dos discos, *The wonderful world of Antonio Carlos Jobim*, Tom gravou cantando pela primeira vez. É verdade que solidamente protegido por orquestra e arranjos de Nelson Riddle, mas isso não era um refresco. Bem ao contrário. Sabe lá o que é ser um quase estreante e estar gravando com um músico que você passou a vida admirando, e logo o homem que dera nova vida à carreira de Sinatra, apenas onze anos antes? E, além disso, Nelson Riddle estava habituado a Sinatra, ouvia-o cantar no banheiro e tinha intimidade para chamá-lo de "Frankie". Era uma tremenda responsabilidade. Mas, exceto por suas limitações como cantor, você jamais diria, ao ouvir *The wonderful world of Antonio Carlos Jobim*, que Antonio Carlos Jobim estava assustado.

Assustado — neste caso, sim — ele se sentiu alguns meses depois, em dezembro, já de novo no Brasil e instalado em seu nicho predileto, o Veloso, numa roda vespertina de chopes e amigos. *Seu Armênio, dono do boteco, foi chamá-lo ao telefone — "ligação dos Estados Unidos".* Tom atendeu, alguém disse: Frank Sinatra ia falar.

Pausa.

Em dezembro de 1966, se alguém o chamasse ao telefone e, na outra ponta do fio, a 10 132 quilômetros de distância, estivesse Frank Sinatra, era um caso para você parar e pensar. Como explicar ao leitor de hoje o que aquilo significava? Não há equivalentes no *show business* atual. Nenhum dos *megastars* pós-Sinatra (exceto os Beatles, e mesmo assim quando eles eram quatro e andavam juntos) conseguiu acumular o mesmo volume de poder, prestígio e inacessibilidade — tudo ao mesmo tempo. (Muitos dos ídolos de hoje podem ter duas dessas coisas, nenhum tem as três.) Em 1966, aos cinquenta anos, Sinatra podia orgulhar-se também de sua durabilidade: nenhum outro cantor se habituara a acordar ao lado do próprio mito há tantos anos — era famoso desde pelo menos 1940. Certa vez, em 1939, quando ele ainda cantava com a banda de Harry James, um repórter disse a James que iria entrevistar seu *crooner*.

"Pelo amor de Deus, não faça isto!", implorou James. "O garoto mal começou, ninguém o conhece e ele já pensa que é maior do que Caruso!"

O poder de Sinatra chegara ao máximo em 1960, quando, torcedor fanático do Partido Democrata, ele dera tudo como cidadão e artista na campanha de John Kennedy à Presidência dos Estados Unidos. Com a vitória de Kennedy, fora promovido quase a ministro sem pasta. Organizara o colossal show para a festa de posse e, a partir daí, tornara-se móveis e utensílios da Casa Branca — até que o irmão de Jack, Bob Kennedy, passou a tranca na porta. Bob era procurador-geral, estava ameaçando acabar com a Máfia e achava que não o levariam a sério na sua cruzada quando tinha na sala de visitas alguém cujo prato favorito era macarrão. As futricas de Bob acabaram fazendo com que John Kennedy fosse à Califórnia e se hospedasse na casa do republicano Bing Crosby — para caracterizar o rompimento com Sinatra. Este se afastou da Casa Branca, mas John continuou seu amigo e os dois se divertiam muito, quando o presidente ia a Nova York, para cometer as suas farras em segredo no hotel Carlyle.

Sinatra ainda era o maior cantor popular do mundo em 1966. De 1954 a 1961 ele colocara *todos* os seus LPS da Capitol entre os cinco mais vendidos nos Estados Unidos. *Only the lonely*, de 1958, e *Come fly with me*, de 1959, tinham sido nº 1. Em 1961 formara sua própria gravadora, a Reprise, que fundira em 1963 com a WEA, num negócio que o tornou ainda mais milionário do que já era. E, naquele mesmo ano de 1966, em plena era beatle, seu *single* com "Strangers in the night", uma canção de Bert Kaempfert, também fora nº 1. Era esse o homem que estava telefonando para Tom Jobim no Veloso.

Não que aquilo fosse uma completa surpresa para Tom. Desde 1964, o Rancho Mirage, a fortaleza de Sinatra no meio do deserto, em Palm Springs, já emitia sinais de que *A voz* queria gravar suas canções. Mas, com Sinatra, as coisas só acontecem quando ele se convence de que é hora — e, além disso, não precisava ter pressa. Seu mercado havia anos era o público adulto, e a explosão dos Beatles, em 1964, não o afetara. O que estava havendo era uma baixa produção de grandes canções no seu estilo — na verdade, era o começo da decadência da grande música americana. Como outros cantores, ele estava procurando um novo tipo de material, e a Bossa Nova tinha qualidade, sofisticação e *appeal* comercial mais do que suficientes. E, para Sinatra, a Bossa Nova era Jobim.

Alguém passou o telefone para Sinatra e este disse:

"Quero fazer um disco com você e saber se você gosta da ideia."

Tom disse, *"It's an honor, I'd love to"*. Sinatra mencionou o alemão Claus Ogerman para os arranjos e Tom concordou prontamente — fora Ogerman quem fizera os arranjos para o seu próprio *The composer of "Desafinado"*, três anos antes, e aquele, sem dúvida, era o disco que Sinatra devia estar usando como orientação. Sinatra sugeriu que Tom participasse do disco como violonista. O pianista Jobim estava meio cansado de ser apresentado como violonista nos Estados Unidos — onde ainda associavam o violão à figura do *latin lover* —, mas não seria por aquilo que iria complicar as coisas. Topou, mas pediu um baterista brasileiro. Sinatra disse sim. No final, Sinatra perguntou-lhe se podia ir imediatamente para Los Angeles, a fim de já ir trabalhando com Ogerman nos arranjos — o que significava que as canções já estavam mais ou menos escolhidas. *A voz* deu a última orientação:

"Não tenho tempo para aprender canções novas e detesto ensaiar", disse Sinatra. "Vamos ficar com as mais conhecidas — os clássicos."

A gravação foi marcada para fins de janeiro e, com isso, os dois se despediram e cada qual pegou seu avião: Tom, para Los Angeles, e Sinatra, para Barbados — um pouco para preparar a voz e outro tanto para se recuperar da tremenda crise que estava passando em seu casamento com Mia Farrow. Sinatra, cinquenta anos, e Mia, vinte, tinham se casado havia menos de um ano, e, desde então, o evento vinha alimentando e pagando o aluguel de todos os humoristas americanos. Milhares de piadas eram feitas diariamente pelos jornais e pela televisão. Dizia-se que algumas das gravatas de Sinatra eram mais velhas do que Mia; que Ava Gardner sempre soubera que Frank iria "acabar na cama com um garotinho"; e que só faltava agora Frank Sinatra Jr. se casar com Maureen O'Sullivan (mãe de Mia e ex-*Jane* de Johnny Weissmuller nos filmes de Tarzan nos anos 30).

O problema daquele casamento, no entanto, era que Frank queria que Mia ficasse em casa, cozinhando raviólis, e ela, no voluntarismo de seus vinte anos, insistia em perseguir uma carreira no cinema — para não se tornar "a mulher de Sinatra". Contra a vontade dele, fora para Nova York filmar *O bebê de Rosemary* com Roman Polanski. Seu papel era tenso, o filme era tenso e Polanski era tenso. Tanta tensão acabaria por abalá-la física e psicologicamente. Se você viu o filme e se lembra do estado de Mia nas sequências finais, saiba que ela *não estava* maquiada para parecer uma mulher em trabalho de parto de um filho do demônio. A filmagem terminou, mas Mia não quis voltar para o casamento. Os dois estavam virtualmente separados.

Na mesma época em que telefonara para Tom, Sinatra convidara Mia a passar o Natal com ele em Palm Springs, numa tentativa de salvar o que restava. Ela aceitou, mas, segundo o colunista Earl Wilson, foi como se tivesse sido "uma visita". Os dois combinaram "dar um tempo", durante o qual Frank iria para Barbados. Quanto a Mia (de novo contra a vontade de Sinatra, para quem ela estava sendo explorada), zarpou naquele próprio mês de janeiro rumo à Índia — a bordo de John Lennon e George Harrison —, para um *spa* de meditação, relaxamento e LSD com o *guru* Maharishi Mahesh Yogi. Era esse o clima em que seria gravado *Francis Albert Sinatra & Antonio Carlos Jobim*.

Antonio Carlos Jobim, por sua vez, já não tinha motivos para passar o dia assoviando. Esgotada a euforia inicial de ver a sua música interpretada pelo deus de sua geração, baixara-lhe a terrível realidade: era agora ou nunca para sua carreira. Chegara a Los Angeles e fora instalado num apartamento com piano e geladeira no hotel Sunset-Marquis. Claus Ogerman ia vê-lo diariamente e os dois acertavam, com precisão de relojoeiro, as delicadas engrenagens de "Garota de Ipanema", "Dindi", "Corcovado", "Meditação", "Inútil paisagem", "Insensatez", "O amor em paz".

Três canções americanas seriam incluídas no programa, depois de passadas pelo coador de malha superfina da Bossa Nova: "Change partners", de Irving Berlin, lançada por Fred Astaire em 1938 no filme *Dance comigo*; "I concentrate on you", de Cole Porter, também apresentada ao mundo por Fred Astaire, no filme *Melodia da Broadway de 1940*; e "Baubles, bangles and beads", que Bob Wright e George Forrest fizeram para *Kismet*, um musical da Broadway em 1953. A inclusão de canções americanas era para tirar do disco um caráter exclusivamente *latino* — e, quanto à inclusão de "Baubles, bangles and beads", não é absurdo supor que Sinatra já soubesse como ela soava bem em Bossa Nova. Entre os vários discos que ouviu para se familiarizar com o ritmo, *It might as well be spring*, que Sylvinha Telles havia gravado naquele mesmo ano para a Kapp Records, contendo "Baubles, bangles and beads".

O trabalho com Ogerman não demorou muito — mesmo porque tudo seria resolvido pelo próprio Sinatra no estúdio, na hora da verdade. Então, pelas semanas seguintes de janeiro, restou a Tom sentar-se no hotel e esperar pela volta de Sinatra, para que começassem a trabalhar. Na Califórnia os dias custavam a passar, mesmo no inverno, quando até os gafanhotos de Nathanael West saíam para tomar sol. Tom se distraía escrevendo para Vinicius ou Caymmi e pintando um quadro talvez exagerado da sua situação. Numa das cartas a Vinicius, ele se descrevia:

"Um infeliz paralisado num quarto de hotel, esperando o chamado para a gravação, naquela astenia física que precede os grandes acontecimentos, vendo televisão sem parar e cheio de barrigose."

E assinava:

"Astênio Claustro Fobim."

No dia 25 de janeiro ele faria quarenta anos, uma grande idade para gravar com Frank Sinatra — trinta e tantos anos depois que seu padrasto alugara um piano usado para que sua irmã Helena estudasse. O piano, velho, feio e desdentado, fora instalado na garagem de sua casa em Ipanema, e Helena não se interessara muito — mas ele sim. Depois disso ele contabilizara milhares de horas de estudos, outras tantas em boates enfumaçadas e ainda outras nos estúdios. As coisas tinham melhorado. Seus teclados eram agora reluzentes, com as notas todas no lugar — e ali estava ele, naquele quarto de hotel, às vésperas de ir tocar (e logo violão!) para Sinatra. O dia 25 chegou e Tom, astênico, não fez nada de especial por seus quarenta anos. Até que o produtor Sonny Burke ligou para dizer que começariam a gravar naquele dia 30.

"A última vez em que cantei tão baixo foi quando tive laringite", riu Frank Sinatra.

Ele terminara de interpretar "Dindi", a primeira canção de Tom a ser gravada. Antes, fizera um aquecimento com suas velhas amigas "Baubles, bangles and beads" e "I concentrate on you", para se adaptar àquela batida do violão e até à maneira como pretendia enunciar durante todo o disco. Nos anos 40, Sinatra tinha promovido uma revolução na música popular, ao suavizar ainda mais o estilo Crosby. Como nenhum outro cantor de seu tempo, ele prolongava certas vogais (e até algumas consoantes) com toda a naturalidade do mundo e ligava uma frase com a outra, em forma de colar, como se não precisasse respirar. Os estudiosos adoravam citar a sua confissão de que aprendera aquilo ao observar seu ex-patrão, Tommy Dorsey, fazendo a mesma coisa ao trombone, noite após noite.

Mas o que as canções de Jobim lhe exigiam estava além — aliás, aquém — de qualquer suavidade. Stan Cornyn, autor da contracapa da edição original de *Sinatra/Jobim*, descreve o ambiente da primeira noite de gravação como se cada pessoa no Studio One da Warner, na Sunset Strip, se empenhasse em fazer *psius* mais baixos do que a outra — e isso incluía o arranjador e regente Ogerman, os músicos e os técnicos. Aplicar ruídos estranhos às canções de Jobim, diz Cornyn, seria como "lavar cristais numa betoneira". A sessão estava marcada para as oito da noite, mas Sinatra chegara mais cedo, para repassar sozinho as canções. Ao ser apresentado a Tom pouco depois, Frank lhe diria que "procuraria se conter, para não tirar a sutileza da Bossa Nova".

Do estúdio, separado do resto do mundo pela parede de vidro, Sinatra via a cabine de controle ser tomada por várias pessoas que, nitidamente, tinham tanto a fazer ali quanto Dean Martin numa reunião dos Alcoólicos Anônimos. Havia uma lista na porta com os nomes das pessoas a quem seria permitida a entrada, e aquelas não constavam. Mandou um de seus homens perguntar quem eram o sujeito de quepe de iatista e o de bigode branco. Foi informado de que se tratava de "brasileiros" que acompanhavam o presidente da gravadora, Mick Martrand: um deles, Ray Gilbert; o outro, Aloysio de Oliveira. Sinatra fuzilou-os com um olhar e ambos se encolheram num canto da cabine.

"Ele tem olhos de aço", diria depois Jobim. "E também tem olhos de cigana — nunca se engana com as pessoas."

"Fechem a porta!", gritou Sinatra, antes de começar a cantar. Um semitom acima em sua voz parecia capaz de liquefazer qualquer subordinado ali presente. Como se costuma dizer, não é que Sinatra vivia cercado de *yes-men* — quando ele dizia *não*, todos também diziam *não*. Um trombonista deixou a vara de seu instrumento deslizar milímetros fora do compasso e Sinatra percebeu. O homem quase se enfiou debaixo da estante. Aloysio de Oliveira, em suas recordações daquela noite, contou depois que, diante de Sinatra, todos "ficam sob o domínio absoluto de sua personalidade". Será? Havia um homem ali, pelo menos, que não parecia sob o efeito de *The Voice*: o baterista Dom Um Romão, que Tom pedira emprestado a Astrud Gilberto em Chicago. Cornyn, na contracapa, o descreve como parecendo "simultaneamente alerta e chapado". No Brasil, Dom Um era, juntamente com Edison Machado, o mais jazzista dos bateristas da Bossa Nova. Ali, acompanhando Sinatra e Jobim, ele acolchoara o bumbo da bateria com uma almofada e estava tocando tão baixo quanto Milton Banana com João Gilberto — como este dizia que se devia fazer.

Segundo Aloysio de Oliveira, Tom estava "nervoso" — o que ele admite. É uma condição normal entre músicos ao alcance do ouvido de Sinatra. Mas Tom não estava *tão* nervoso.

Afinal, já gravara muitas vezes com João Gilberto.

***

Tom entrou correndo no Sunset-Marquis e convocou todo mundo ao seu apartamento. Na manhã daquele primeiro dia de gravação, muitos amigos haviam chegado do Brasil com Aloysio: Oscar Castro Neves, Marcos Valle e sua mulher, Ana Maria, e as meninas do Quarteto em Cy. Tom trouxera uma fita cassete do estúdio, contendo as primeiras faixas gravadas: "Dindi", "Corcovado", "Inútil paisagem". Todos ficaram deslumbrados. Era ouvir para crer — e ele estava felicíssimo. A vitória não era só sua, mas de toda a Bossa Nova. As mesmas exclamações se repetiram no Rio, poucos dias depois, quando a fita completa, com os vocais de Tom com Sinatra em "Garota de Ipanema" e "Insensatez", mais "Amor em paz" e "Meditação", chegou misteriosamente às mãos do produtor Roberto Quartin, antes de todo mundo. Quartin conta que, durante aquele verão, amigos e conhecidos saíam da praia, molhados e com restos de areia, e invadiam o seu estúdio em Ipanema para ouvir a fita — concebida, na verdade, "milhões de sonhos atrás".

Sinatra estava cantando baixinho, como a Bossa Nova exigia. Tão baixo que não podia ser ouvido fora das paredes daquele estúdio. Enquanto isso, na rua, em Ipanema, no Rio, no resto do Brasil, os sons eram outros: uma babel de protestos durante os festivais, brigas por primeiros lugares e por altos prêmios em dinheiro, vaias e violões voando sobre auditórios, pouca música e muita discussão.

A Bossa Nova, sentindo-se fora de casa, pegou seu banquinho e seu violão, e saiu de mansinho.

Felizmente tinha para onde ir: o mundo.

PAIS E FILHOS:
Vinicius, Caymmi e Tom (esq.) abriram o caminho para os mais novos

CANÇÃOGRAFIA

ANTES, DURANTE E DEPOIS DA BOSSA NOVA

Desde Chiquinha Gonzaga (1847-1935), a música popular brasileira dividiu-se em romântica e de bossa — a primeira, mais lenta e dolente; a segunda, sapeca e sincopada. Cada uma dessas águas produziu compositores, instrumentistas e cantores excepcionais, que trabalharam com inúmeros ritmos: canções, valsas, modinhas, choros, foxes, frevos, marchas e, naturalmente, o samba em suas muitas modalidades — de breque, exaltação, terreiro, quadra, partido-alto, gafieira, Carnaval, enredo, samba-canção, samba-choro, sambalanço, samba-jazz e muitas mais. A Bossa Nova é uma dessas modalidades — e não o resultado final de uma decantação de tudo que se fez em música brasileira, como pensam alguns. Todos os ritmos se influenciam mutuamente, e a Bossa Nova tanto se beneficiou do que a antecedeu como foi absorvida pelos praticantes desses e de outros ritmos que viriam depois dela.

As três listas desta cançãografia se referem ao que se produziu antes, durante e depois do apogeu desse estilo que dividiu a música brasileira. Relacionadas pelo ano de produção, aqui estão mais de seiscentas canções de diversos estilos e que, menos ou mais, foram importantes para a Bossa Nova. Ao título de cada canção, seguem-se o nome do autor ou autores e do cantor que foi o primeiro a gravá-la. Esta cançãografia é pioneira, mas não se propõe completa.

A primeira lista, abrangendo de 1929 a 1957, compreende canções, compositores e cantores admirados pelos principais nomes que fariam a Bossa Nova — o leitor reconhecerá muitos títulos gravados por João Gilberto. A maioria é de sambas "de bossa", mas incluem também títulos românticos na voz de Orlando Silva, talvez a maior admiração de João Gilberto, e as canções americanas, mexicanas, cubanas, francesas e italianas que ele igualmente gravou — e transformou em "bossa nova".

A segunda lista, de 1958 a 1970, começa com a gravação de "Chega de saudade" e "Bim bom" por João Gilberto e compreende os anos oficiais e mais férteis da nova música. Com uma única exceção, todos os seus maiores clássicos surgiram nesse período. Foi quando ela se tornou um "movimento" da juventude brasileira, a trilha sonora de um novo país em construção. Musicalmente, ela significava um novo jeito de tocar e compor, com uma decidida adesão ao samba. Em poucos anos, no entanto, seus autores passaram a se aventurar também por outros ritmos — valsas, baiões, modinhas, beguines, marchas-rancho e o indestrutível samba-canção —, sem que o que faziam deixasse de ser "bossa nova" aos ouvidos de seus seguidores. Para estes, tudo que viesse de João Gilberto, Tom, Vinicius, Sylvia Telles, Oscar Castro Neves, Carlos Lyra, Menescal e Bôscoli era Bossa Nova.

E continuou a sê-lo mesmo depois que alguns dos parâmetros iniciais começaram a ser quebrados — como o do canto a seco de João Gilberto, atropelado pelas interpretações mais exuberantes de Pery Ribeiro, Leny Andrade, Wilson Simonal, Lennie Dale e Elis Regina. O mesmo quanto às formações instrumentais, que desenvolveram uma espécie de samba-jazz, praticada vibrantemente por trios, sextetos ou orquestras inteiras. Mas um formato não anulava os outros, e a Bossa Nova passou a ser um amplo guarda-chuva de ritmos e estilos. A partir de 1966, seu predomínio sobre o mercado foi ameaçado e finalmente suplantado pela música produzida para os festivais da canção por uma nova geração de compositores. Em 1970, exceto por João Gilberto e Tom Jobim, a Bossa Nova já parecia mais remota do que a umbigada ou o lundu.

É do que trata a terceira lista desta cançoografia: a esparsa produção de canções, de 1971 até cerca de 1990 — o que não impediu que, em 1972, Tom Jobim apresentasse o último grande clássico que faltava ser composto, "Águas de março", e, em 1974, se gravasse um dos maiores discos do gênero, *Elis & Tom*. Foram anos difíceis para a Bossa Nova — nas décadas de 70 e 80, ela só existiu fora do Brasil. Enquanto era menosprezada, acusada de velha e alienada ou simplesmente ignorada por aqui, seus fundamentos rítmicos, melódicos e harmônicos estavam sendo adotados nos Estados Unidos e se incorporando para sempre à gramática musical americana.

As canções listadas na terceira parte já estavam muito longe de "O barquinho" e só podem ser chamadas de "bossa nova" por terem sido feitas por alguns dos remanescentes do movimento ou assim tratadas por eles. A Bossa Nova deixou de ser um jeito de compor, mas estabeleceu-se de vez como um jeito de tocar. João Gilberto, por exemplo, passou a conciliar mais do que nunca sua fidelidade a alguns temas eternos do gênero, como "Chega de saudade", "O pato" e "Garota de Ipanema", com sua paixão pelos sambas que, de calças curtas e dedo no nariz, ele ouvia por aquele remoto alto-falante de sua cidade-natal, Juazeiro.

É como se ele nunca tivesse saído de lá — e como se toda a revolução que deflagrou na música popular com "Chega de saudade", em 1958, tivesse sido apenas para poder continuar cantando o que ouvia em criança.

1. O ANTES [1929-57]

1929
    Jura [Sinhô] — Mario Reis
    Novo amor [Ismael Silva] — Mario Reis
    Vamos deixar de intimidade [Ary Barroso] — Mario Reis

1931
    Com que roupa? [Noel Rosa] — Noel Rosa
    Faceira [Ary Barroso] — Silvio Caldas
    Se você jurar [Ismael Silva-Nilton Bastos-Francisco Alves] — Francisco Alves e Mario Reis

1932
    Coisas nossas [Noel Rosa] — Noel Rosa
    Farolito [Agustín Lara] — Agustín Lara
    Loura ou morena [Vinicius de Moraes-Haroldo Tapajós] — Irmãos Tapajós
    Tem francesa no morro [Assis Valente] — Aracy Cortes

1933
    Arrasta a sandália [Aurélio Gomes-Oswaldo Vasques] — Moreira da Silva
    Guacira [Hekel Tavares-Joracy Camargo] — Raul Roulien
    Moreninha da praia [João de Barro] — Almirante
    Não tem tradução [Noel Rosa] — Francisco Alves
    Quando o samba acabou [Noel Rosa] — Noel Rosa
    A tua vida é um segredo [Lamartine Babo] — Mario Reis

1934

    Agora é cinza [Bide-Marçal] — Mario Reis
    Alô, alô [André Filho] — Carmen Miranda e Mario Reis
    Ao voltar do samba [Sinval Silva] — Carmen Miranda
    Na batucada da vida [Ary Barroso-Luiz Peixoto] — Carmen Miranda

1935

    Adeus, batucada [Sinval Silva] — Carmen Miranda
    Conversa de botequim [Noel Rosa-Vadico] — Noel Rosa
    Minha palhoça [J. Cascata] — Silvio Caldas
    Palpite infeliz [Noel Rosa] — Aracy de Almeida

1936

    Boa noite, amor [José Maria de Abreu-Francisco Matoso] — Francisco Alves
    Favela [Roberto Martins-Valdemar Silva] — Francisco Alves
    No tabuleiro da baiana [Ary Barroso] — Carmen Miranda e Luiz Barbosa
    Palpite infeliz [Noel Rosa] — Aracy de Almeida

1937

    Juramento falso [J. Cascata-Leonel Azevedo] — Orlando Silva
    Lábios que beijei [J. Cascata-Leonel Azevedo] — Orlando Silva
    Seu Libório [João de Barro-Alberto Ribeiro] — Luiz Barbosa
    Última canção [Guilherme A. Pereira] — Orlando Silva

1938

    Camisa listada [Assis Valente] — Carmen Miranda
    Uma dor e uma saudade [Zé Pretinho-Reis Saint-Clair] — Orlando Silva
    Na Baixa do Sapateiro [Ary Barroso] — Carmen Miranda
    Nada além [Custodio Mesquita-Mario Lago] — Orlando Silva
    Se acaso você chegasse [Lupicinio Rodrigues] — Cyro Monteiro

1939

    Aquarela do Brasil [Ary Barroso] — Francisco Alves
    Camisa amarela [Ary Barroso] — Aracy de Almeida
    Da cor do pecado [Bororó] — Silvio Caldas
    Dá-me tuas mãos [Roberto Martins-Mario Lago] — Orlando Silva
    Joujoux e balangandãs [Lamartine Babo] — Mario Reis e Mariah
    Uva de caminhão [Assis Valente] — Carmen Miranda

1940

    Bésame mucho [Consuelo Velazquez] — Emilio Tuoro
    Curare [Bororó] — Orlando Silva
    Disseram que voltei americanizada [Vicente Paiva-Luiz Peixoto] — Carmen Miranda
    Eclipse [Ernesto Lecuona] — Lecuona Cuban Boys
    Mulher [Custodio Mesquita-Sadi Cabral] — Silvio Caldas
    Naná [Custodio Mesquita-Geysa Bôscoli] — Orlando Silva
    A primeira vez [Bide-Marçal] — Orlando Silva
    Samba da minha terra [Dorival Caymmi] — Bando da Lua

1941

    Brasil pandeiro [Assis Valente] — Os Anjos do Inferno
    É doce morrer no mar [Dorival Caymmi-Jorge Amado] — Dorival Caymmi
    Emilia [Haroldo Barbosa-Wilson Baptista] — Vassourinha
    Morena boca de ouro [Ary Barroso] — Silvio Caldas
    Preconceito [Wilson Baptista-Marino Pinto] — Orlando Silva

1942

    Aos pés da cruz [Zé da Zilda-Marino Pinto] — Orlando Silva
    Ave-Maria no morro [Herivelto Martins] — Trio de Ouro (com Dalva de Oliveira)
    Eu vi um leão [Lauro Maia] — Quatro Ases e Um Coringa
    Fez bobagem [Assis Valente] — Aracy de Almeida
    Isto aqui o que é? [Ary Barroso] — Moraes Neto
    Renúncia [Roberto Martins-Mario Rossi] — Nelson Gonçalves
    Rosa morena [Dorival Caymmi] — Os Anjos do Inferno

1943

    Acontece que eu sou baiano [Dorival Caymmi] — Os Anjos do Inferno
    Beija-me [Roberto Martins-Mario Rossi] — Cyro Monteiro
    Louco (Ela é seu mundo) [Wilson Baptista-Henrique Almeida] — Orlando Silva
    Una mujer [Paul Misraki-Pontal Rios-C.Olivari] — Elvira Rios
    Não vou pra casa [Antonio Almeida-Roberto Roberti] — Joel e Gaúcho
    Pra machucar meu coração [Ary Barroso] — Déo
    Que reste-t-il de nos amours [Charles Trenet-Leon Chauliac] — Charles Trenet
    Trem de ferro (Trenzinho) [Lauro Maia] — Quatro Ases e Um Coringa

1944
> Como os rios que correm para o mar [Custodio Mesquita-Evaldo Ruy] — Silvio Caldas
> Falsa baiana [Geraldo Pereira] — Cyro Monteiro
> Noturno em tempo de samba [Custodio Mesquita-Evaldo Ruy] — Silvio Caldas
> Sem compromisso [Geraldo Pereira-Nelson Trigueiro] — Os Anjos do Inferno
> The trolley song [Hugh Martin-Ralph Blane] — Judy Garland [versão de Haroldo Barbosa gravada por João Gilberto em 1960]
> A valsa de quem não tem amor [Custodio Mesquita-Evaldo Ruy] — Nelson Gonçalves

1945
> Bolinha de papel [Geraldo Pereira] — Os Anjos do Inferno
> Boogie-woogie na favela [Denis Brean] — Cyro Monteiro
> Doce veneno [Valzinho-Carlos Lentine-Espiridião Goulart] — Marion
> Doralice [Dorival Caymmi-Antonio Almeida] — Os Anjos do Inferno
> Eu quero um samba [Janet de Almeida-Haroldo Barbosa] — Os Namorados da Lua
> Eu sambo mesmo [Janet de Almeida] — Os Anjos do Inferno
> Isaura [Herivelto Martins-Roberto Roberti] — Francisco Alves
> Morena faceira [Janet de Almeida] — Os Namorados da Lua
> Pra que discutir com madame? [Janet de Almeida-Haroldo Barbosa] — Janet de Almeida
> Se você quer ser alguém (Swinging on a star) [Jimmy Van Heusen-Johnny Burke-Haroldo Barbosa] — Orlando Silva

1946
> Copacabana [João de Barro-Alberto Ribeiro] — Dick Farney
> Deus me perdoe [Lauro Maia-Humberto Teixeira] — Cyro Monteiro
> Saia do caminho [Custodio Mesquita-Evaldo Ruy] — Aracy de Almeida
> O samba agora vai [Pedro Caetano] — Quatro Ases e Um Coringa

1947
> Bahia com H [Denis Brean] — Francisco Alves
> De conversa em conversa [Haroldo Barbosa-Lucio Alves] — Isaura Garcia e Os Namorados da Lua
> Lá vem a baiana [Dorival Caymmi] — Dorival Caymmi

Marina [Dorival Caymmi] — Francisco Alves
Segredo [Herivelto Martins-Marino Pinto] — Dalva de Oliveira

1948

Adeus, América [Haroldo Barbosa-Geraldo Jacques] — Os Cariocas
Um cantinho e você [José Maria de Abreu-Jair Amorim] — Dick Farney
Esquece [Gilberto Milfont] — Dick Farney
I'm looking over a four-leaf clover (Trevo de quatro folhas) [Mort Dixon-Harry Woods-Nick Lucas-Nilo Sergio] — Nilo Sergio
Nova ilusão [Zé Menezes-Luiz Bittencourt] — Os Cariocas
Ser ou não ser [José Maria de Abreu-Alberto Ribeiro] — Dick Farney
Somos dois [Klecius Caldas-Armando Cavalcanti-Luiz Antonio] — Dick Farney

1949

Cadê a Jane? [Wilson Baptista-Erasmo Silva] — Os Cariocas
Chuvas de verão [Fernando Lobo] — Francisco Alves
Não me pergunte [José Maria de Abreu-Jair Amorim] — Dick Farney
Nunca mais [Dorival Caymmi] — Lucio Alves
Ponto final [José Maria de Abreu-Jair Amorim] — Dick Farney
Trombone do Tribuza [Denis Brean] — Cyro Monteiro

1950

Baiana do Harlem [Denis Brean] — Linda Baptista
Disse alguém (All of me) [Seymour Simons-Gerald Marks-Haroldo Barbosa] — Garotos da Lua (com Jonas Silva)
Joãozinho Boa Pinta [Haroldo Barbosa-Geraldo Jacques] — Blecaute
Malandro em Paris [Denis Brean-Blota Jr.] — Linda Baptista
Marca na parede [Ismael Netto-Mario Faccini] — Os Cariocas
Não tem solução [Dorival Caymmi-Carlos Guinle] — Dick Farney
Você não sabe amar [Dorival Caymmi-Carlos Guinle-Hugo Lima] — Francisco Carlos

1951

Amar é bom [Zé Kéti-Jorge Abdala] — Garotos da Lua (com João Gilberto)
Canção de amor [Chocolate-Elano de Paula] — Elizeth Cardoso
Uma loura [Hervé Cordovil] — Dick Farney
Nick Bar [Garoto-José Vasconcellos] — Dick Farney
Olhos verdes [Vicente Paiva] — Dalva de Oliveira

Sábado em Copacabana [Dorival Caymmi-Carlos Guinle] — Lucio Alves
Tim-tim por tim-tim [Haroldo Barbosa-Geraldo Jacques] — Os Cariocas

1952

Alguém como tu [José Maria de Abreu-Jair Amorim] — Dick Farney
Invitation [Bronislau Kaper] — Donato e seu trio
Nem eu [Dorival Caymmi] — Dorival Caymmi
Nova ilusão [Claudionor Cruz-Pedro Caetano] — Lucio Alves
Quando ela sai [Alberto Jesus-Roberto Penteado] — Garotos da Lua (com João Gilberto)
Sem esse céu [Luiz Bonfá] — Dick Farney
Você morreu pra mim [Newton Mendonça-Fernando Lobo] — Dora Lopes

1953

Baubles, bangles and beads [Robert Wright-George Forrest] — Peggy Lee
De cigarro em cigarro [Luiz Bonfá] — Nora Ney
Duas contas [Garoto] — Trio Surdina
Escuta [Johnny Alf] — Mary Gonçalves
Falseta [Johnny Alf] — Johnny Alf
Incerteza [Jobim-Newton Mendonça] — Mauricy Moura
Meia-luz [Hianto de Almeida-João Luiz] — João Gilberto
Na madrugada [Garoto-Nilo Sergio] — Trio Surdina
Perdido de amor [Luiz Bonfá] — Dick Farney
O que é amar [Johnny Alf] — Mary Gonçalves
O relógio do vovô [Garoto-Fafá Lemos-Chiquinho do Acordeom] — Trio Surdina
Os três ursinhos (The three bears) [Bobby Troup-Haroldo Barbosa] — Garotos da Lua (com Edgardo Luiz)
Você esteve com meu bem? [João Gilberto-Russo do Pandeiro] — Marisa

1954

Canção da volta [Ismael Netto-Antonio Maria] — Dolores Duran
Não diga não [Tito Madi-Georges Henri] — Tito Madi
Neurastênico [Betinho-Nazareno de Brito] — Os Cariocas
Outra vez [Jobim] — Dick Farney
Rosinha [Jonas Silva] — Jonas Silva (gravação particular)
Sinfonia do Rio de Janeiro [Billy Blanco-Jobim] — Dick Farney, Os Cariocas, Gilberto Milfont, Elizeth Cardoso, Lucio Alves, Doris Monteiro, Emilinha Borba, Nora Ney, Jorge Goulart

Solidão [Jobim-Alcides Fernandes] — Nora Ney
Teresa da praia [Billy Blanco-Jobim] — Dick Farney e Lucio Alves
Valsa de uma cidade [Ismael Netto-Antonio Maria] — Lucio Alves

1955

Amendoim torradinho [Henrique Beltrão] — Vera Lucia
O barbinha branca [Bonfá-Jobim] [base de "Um abraço no Bonfá"] — Luiz Bonfá
Café soçaite [Miguel Gustavo] — Jorge Veiga
Dó-ré-mi [Fernando Cesar] — Doris Monteiro
Esperança perdida [Billy Blanco-Jobim] — Lucio Alves
Eu e o meu coração [Inaldo Villarim-Antonio Botelho] — Doris Monteiro
Minha saudade [João Donato-João Gilberto] — Luiz Bonfá
Óculos escuros [Valzinho-Orestes Barbosa] — Zezé Gonzaga
Opus in chartreuse [Stan Kenton] — Stan Kenton
Qu'est-ce que tu penses? [Haroldo Barbosa-Bidu Reis] — Os Cariocas
Se é por falta de adeus [Jobim-Dolores Duran] — Doris Monteiro
Sorriu pra mim [Garoto-Luiz Claudio] — Venilton Santos
Teu castigo [Jobim-Newton Mendonça] — Dalva de Oliveira

1956

Chove lá fora [Tito Madi] — Tito Madi
Estatutos de boate [Billy Blanco] — Inezita Barroso
Foi a noite [Jobim-Newton Mendonça] — Sylvia Telles
Gosto da vida [Hianto de Almeida-Francisco Anysio] — Doris Monteiro
Joga a rede no mar [Nazareno de Brito-Fernando Cesar] — Doris Monteiro
Lamento no morro [Jobim-Vinicius de Moraes] — Roberto Paiva
Luar e batucada [Jobim-Newton Mendonça] — Sylvia Telles
Maracangalha [Dorival Caymmi] — Dorival Caymmi
Menina [Carlos Lyra] — Sylvia Telles
Mocinho bonito [Billy Blanco] — Doris Monteiro
Na cadência do samba (Que bonito é) [Luiz Bandeira] — Luiz Bandeira
Rapaz de bem [Johnny Alf] — Johnny Alf
Se todos fossem iguais a você [Jobim-Vinicius de Moraes] — Roberto Paiva
Siga [Fernando Lobo-Helio Guimarães] — Trio Irakitan
Só louco [Dorival Caymmi] — Dorival Caymmi
Só saudade [Jobim-Newton Mendonça] — Claudia Morena
A voz do morro [Zé Kéti] — Jorge Goulart

CHEGA DE SAUDADE

1957
    Cansei de ilusões [Tito Madi] — Tito Madi
    Conversa de samba [Denis Brean-Oswaldo Guilherme] — Aracy de Almeida
    Dizem por aí [Manuel da Conceição-Alberto Paz] — Lucio Alves
    É luxo só [Ary Barroso-Luiz Peixoto] — Elizeth Cardoso
    Estatutos da gafieira [Billy Blanco] — Jorge Veiga
    Laura [João de Barro-Alcir Pires Vermelho] — Jorge Goulart
    Ouça [Maysa] — Maysa
    Por causa de você [Jobim-Dolores Duran] — Sylvia Telles
    Quando a lembrança me vem [Jobim-João Donato] — gravada por Miúcha em 2005
    Saudade da Bahia [Dorival Caymmi] — Dorival Caymmi

2. O DURANTE [1958-70]

1958
    Bim bom [João Gilberto] — João Gilberto
    Caminhos cruzados [Jobim-Newton Mendonça] — Sylvia Telles
    Chega de saudade [Jobim-Vinicius de Moraes] — Elizeth Cardoso
    Criticando [Carlos Lyra] — Os Cariocas
    Desafinado [Jobim-Newton Mendonça] — João Gilberto
    Discussão [Jobim-Newton Mendonça] — Sylvia Telles
    Estrada do sol [Jobim-Dolores Duran] — Agostinho dos Santos
    Eu não existo sem você [Jobim-Vinicius de Moraes] — Elizeth Cardoso
    Hô-bá-lá-lá [João Gilberto] — João Gilberto
    Mamadeira atonal [Oscar Castro Neves-Ronaldo Bôscoli] — nunca gravada
    O menino desce o morro [Vera Brasil-De Rosa] — Geraldo Cunha
    Samba de doutor [Billy Blanco] — Paulo Marquez
    Viva meu samba [Billy Blanco] — Dolores Duran

1959
    Brigas, nunca mais [Jobim-Vinicius de Moraes] — Dalva de Andrade
    Demais [Jobim-Aloysio de Oliveira] — Sylvia Telles
    Dindi [Jobim-Aloysio de Oliveira] — Sylvia Telles
    Eu sei que vou te amar [Jobim-Vinicius de Moraes] — Lenita Bruno
    A felicidade [Jobim-Vinicius de Moraes] — Agostinho dos Santos
    Fim de caso [Dolores Duran] — Dolores Duran
    Fotografia [Jobim] — Sylvia Telles

Lobo bobo [Carlos Lyra-Ronaldo Bôscoli] — Alayde Costa
Madrugada [Marino Pinto-Candinho] — Alayde Costa
Mambinho [João Donato-João Gilberto] — João Donato
Manhã de Carnaval [Luiz Bonfá-Antonio Maria] — Agostinho dos Santos
Maria Ninguém [Carlos Lyra] — João Gilberto
Meditação [Jobim-Newton Mendonça] — Isaura Garcia
A noite do meu bem [Dolores Duran] — Tony Vestani
O nosso amor [Jobim-Vinicius de Moraes] — Luely Figueiró
Perdido nos teus olhos [Jobim-Newton Mendonça] — Dick Farney
Samba de Orfeu [Luiz Bonfá-Antonio Maria] — Agostinho dos Santos
Saudade fez um samba [Carlos Lyra-Ronaldo Bôscoli] — João Gilberto
Sem você [Jobim-Vinicius de Moraes] — Lenita Bruno
Sente [Chico Feitosa-Ronaldo Bôscoli] — Norma Bengell
Só em teus braços [Jobim] — Sylvia Telles
Zelão [Sergio Ricardo] — Sergio Ricardo

1960
Um abraço no Bonfá [João Gilberto] — João Gilberto
Amor em paz [Jobim-Vinicius de Moraes] — Marisa
Céu e mar [Johnny Alf] — Agostinho dos Santos
Cheiro de saudade [Djalma Ferreira-Luiz Antonio] — Miltinho
Chora tua tristeza [Oscar Castro Neves-Luvercy Fiorini] — Alayde Costa
Ciúme [Carlos Lyra] — Carlos Lyra
Complicação [Chico Feitosa-Ronaldo Bôscoli] — Alayde Costa
Corcovado [Jobim] — João Gilberto
Discussão [Jobim-Newton Mendonça] — João Gilberto
Esquecendo você [Jobim] — Sylvia Telles
Fim de noite [Chico Feitosa-Ronaldo Bôscoli] — Alayde Costa
Gosto do seu olhar [Oscar Castro Neves-Luvercy Fiorini] — Sylvia Telles
O grande amor [Jobim-Vinicius de Moraes] — Mario Reis
Jura de pombo [Roberto Menescal-Ronaldo Bôscoli] — Alayde Costa
Menina feia [Oscar Castro Neves-Luvercy Fiorini] — Lucio Alves
Menina-moça [Luiz Antonio] — Tito Madi
Mulher de trinta [Luiz Antonio] — Miltinho
Olha pro céu [Jobim] — Lana Bittencourt
Patinho feio [Oscar Castro Neves-Dolores Duran] — Laïs
O pato [Jaime Silva-Neuza Teixeira] — João Gilberto [composta em 1950]
Pela luz dos olhos teus [Vinicius de Moraes] — Vinicius de Moraes
Quando chegares [Carlos Lyra] — Carlos Lyra
Samba de uma nota só [Jobim-Newton Mendonça] — João Gilberto

Samba torto [Jobim-Aloysio de Oliveira] — Sylvia Telles
Samba triste [Baden Powell-Billy Blanco] — Rosana Toledo
Sambop [Durval Ferreira-Mauricio Einhorn] — Claudette Soares
Se é tarde me perdoa [Carlos Lyra-Ronaldo Bôscoli] — Luely Figueiró
Tem dó de mim [Carlos Lyra] — Carlos Lyra
O tempo não desfaz [Newton Mendonça] — Geny Martins
Tetê [Roberto Menescal-Ronaldo Bôscoli] — Sylvia Telles
Tristeza de nós dois [Durval Ferreira-Bebeto-Mauricio Einhorn] — Altamiro Carrilho

1961

Água de beber [Jobim-Vinicius de Moraes] — Isaura Garcia
O amor em paz [Jobim-Vinicius de Moraes] — João Gilberto
O barquinho [Roberto Menescal-Ronaldo Bôscoli] — Maysa
Canção do azul [Newton Mendonça] — Marisa
Canção do pescador [Newton Mendonça] — Marisa
Coisa mais linda [Carlos Lyra-Vinicius de Moraes] — João Gilberto
Coisas que lembram você (These foolish things) [Strachey-Marvel-Link--Aloysio de Oliveira] — Lucio Alves
Disa [Johnny Alf-Mauricio Einhorn] — Sergio Mendes
Domingo azul do mar [Jobim-Newton Mendonça] — Geny Martins
Errinho à toa [Roberto Menescal-Ronaldo Bôscoli] — Maysa
Estate [Bruno Martino-Bruno Bringhetti] — Bruno Martino
Fiz o bobão [Haroldo Barbosa-Luiz Reis] — Bossa Três
Ilusão à toa [Johnny Alf] — Johnny Alf
Insensatez [Jobim-Vinicius de Moraes] — João Gilberto
Malvadeza Durão [Zé Kéti] — Germano Matias
Onde anda o meu amor [Orlandivo] — Orlandivo
Palhaçada [Haroldo Barbosa-Luiz Reis] — Miltinho
Sambadinho [Orlandivo] — Orlandivo
Samba toff [Orlandivo] — Orlandivo
Seu amor, você [Newton Mendonça] — Lenita Bruno
Tema do boneco de palha [Vera Brasil-Sivan Castelo Neto] — Vera Brasil
Você e eu [Carlos Lyra-Vinicius de Moraes] — Sylvia Telles

1962

Alegria de viver [Luiz Eça] — Tamba Trio
Amanhã [Walter Santos-Tereza Souza] — Walter Santos
O amor que acabou [Chico Feitosa-Luiz Fernando Freire] — Tamba Trio
Aruanda [Carlos Lyra-Geraldo Vandré] — Carlos Lyra

Batucada [Murilo A. Pessoa] — Tamba Trio
Canção que morre no ar [Carlos Lyra-Vinicius de Moraes] — Carlos Lyra
Está nascendo um samba [Tito Madi-Romeu Nunes] — Tito Madi
Fica mal com Deus [Geraldo Vandré] — Geraldo Vandré
Índio perdido [João Donato] — João Donato
Influência do jazz [Carlos Lyra] — Carlos Lyra
Insensatez [Jobim-Vinicius de Moraes] — João Gilberto
Jive samba [Nat Adderley] — Cannonball Adderley
Mania de "snobismo" [Durval Ferreira-Newton Chaves] — Tamba Trio
A mesma rosa amarela [Capiba] — Conjunto Farroupilha
Não faz assim [Oscar Castro Neves-Luvercy Fiorini] — Oscar Castro Neves
Nós e o mar [Roberto Menescal-Ronaldo Bôscoli] — Maysa
Quem quiser encontrar o amor [Carlos Lyra-Geraldo Vandré] — Carlos Lyra
Samba novo [Durval Ferreira] — Tamba Trio
Só danço samba [Jobim-Vinicius de Moraes] — Elza Laranjeira
Tamanco no samba (Samba blim) [Orlandivo-Helton Menezes] — Orlandivo
Tamba [Luiz Eça] — Tamba Trio
Vem balançar [Walter Santos-Tereza Souza] — Walter Santos
Volta por cima [Paulo Vanzolini] — Noite Ilustrada

1963

Ah! Se eu pudesse [Roberto Menescal-Ronaldo Bôscoli] — Maysa
Amanhecendo [Roberto Menescal-Luiz Fernando Freire] — Os Cariocas
O astronauta [Baden Powell-Vinicius de Moraes] — Vinicius de Moraes e Odette Lara
Baiãozinho [Eumir Deodato] — Roberto Menescal
Balanço Zona Sul [Tito Madi] — Wilson Simonal
Bolinha de sabão [Orlandivo-Adilson Azevedo] — Sonia Delfino
Bossa na praia [Pery Ribeiro-Geraldo Cunha] — Pery Ribeiro
Caminho de casa [João Donato] — João Donato
Chove chuva [Jorge Ben] — Jorge Ben
Chuva [Durval Ferreira-Pedro Camargo] — Hebe Camargo
Coisa nº 1 [Moacir Santos-Clovis Mello] — Baden Powell e Jimmy Pratt
Coisa nº 2 [Moacir Santos] — Baden Powell e Jimmy Pratt
Deixa [Baden Powell-Vinicius de Moraes] — Vinicius de Moraes e Odette Lara
Deixa o morro cantar [Tito Madi] — Tito Madi
Devagar com a louça [Haroldo Barbosa-Luiz Reis] — Os Cariocas

Deve ser amor [Baden Powell-Vinicius de Moraes] — Baden Powell e Jimmy Pratt
Ela é carioca [Jobim-Vinicius de Moraes] — Os Cariocas
Esqueça não [Tito Madi] — Tito Madi
Esse mundo é meu [Sergio Ricardo-Ruy Guerra] — Sergio Ricardo
Evolução [Pery Ribeiro-Geraldo Cunha] — Pery Ribeiro
Feio não é bonito [Carlos Lyra-Gianfrancesco Guarnieri] — Carlos Lyra
Fim de semana em Eldorado [Johnny Alf] — Johnny Alf
Folha de papel [Sergio Ricardo] — Sergio Ricardo
Garota de Ipanema [Jobim-Vinicius de Moraes] — Pery Ribeiro
Inútil paisagem [Jobim-Aloysio de Oliveira] — Os Cariocas
Jodel [João Donato] — João Donato
Labareda [Baden Powell-Vinicius de Moraes] — Vinicius de Moraes e Odette Lara
Málaga [Fred Bongusto] — Fred Bongusto
Marcha da Quarta-Feira de Cinzas [Carlos Lyra-Vinicius de Moraes] — Carlos Lyra
Maria do Maranhão [Carlos Lyra-Nelson Lins de Barros] — Carlos Lyra
Mas que nada [Jorge Ben] — Jorge Ben
Menina flor [Luiz Bonfá-Maria Helena Toledo] — Caterina Valente e Luiz Bonfá
Minha namorada [Carlos Lyra-Vinicius de Moraes] — Os Cariocas
Muito à vontade [João Donato] — João Donato
Nuvens (Clouds) [Durval Ferreira-Mauricio Einhorn] — Tamba Trio
Olhou pra mim [Ed Lincoln-Sylvio Cezar] — Doris Monteiro
Paralelo [Orlandivo] — Orlandivo
Por causa de você, menina [Jorge Ben] — Jorge Ben
Pra que chorar [Baden Powell-Vinicius de Moraes] — Os Cariocas
O que eu gosto de você [Sylvio Cezar] — Doris Monteiro
Rio [Roberto Menescal-Ronaldo Bôscoli] — Os Cariocas
Rosa flor [Baden Powell-Geraldo Vandré] — Geraldo Vandré
Samba de duas notas [Luiz Bonfá] — Stan Getz e Luiz Bonfá
Samba de teleco-teco [João Roberto Kelly] — João Roberto Kelly
Samba do avião [Jobim] — Cauby Peixoto
Samba em prelúdio [Baden Powell-Vinicius de Moraes] — Geraldo Vandré e Ana Lucia
Sambou, sambou [João Donato-João Melo] — João Donato
Silk stop [João Donato] — João Donato
Sonho de Maria [Marcos Valle-Paulo Sergio Valle] — Tamba Trio
Só tinha de ser com você [Jobim-Aloysio de Oliveira] — Os Cariocas

Só vou de balanço [João Roberto Kelly] — João Roberto Kelly
Surfboard [Jobim] — Tom Jobim
Tim dom dom [João Melo-Clodoaldo Melo [Codó] — Jorge Ben
Villa Grazia [João Donato] — João Donato
Vivo sonhando [Jobim] — Tom Jobim

1964
Aboio [J. T. Meirelles] — Meirelles
Adriana [Roberto Menescal-Luiz Fernando Freire] — Wanda Sá
O amor que acabou [Chico Feitosa-Luiz Fernando Freire] — Maysa
Ao amigo Tom [Marcos Valle-Paulo Sergio Valle-Osmar Milito] — Claudette Soares
Ataque [Eumir Deodato] — Os Catedráticos
Barravento [Sergio Ricardo] — Sergio Ricardo
Batida diferente [Durval Ferreira-Mauricio Einhorn] — Roberto Menescal
Batucada surgiu [Marcos Valle-Paulo Sergio Valle] — Marcos Valle
Berimbau [Baden Powell-Vinicius de Moraes] — Nara Leão
Bom dia, amiga [Baden Powell-Vinicius de Moraes] — Mario Telles
Bonita [Jobim] — Tom Jobim
Brotinho bossa nova [João Roberto Kelly] — João Roberto Kelly e Luiz Reis
Cara de pau [Haroldo Barbosa-Luiz Reis] — João Roberto Kelly e Luiz Reis
Cavalo marinho [Baden Powell-Vinicius de Moraes] — Mario Telles
Consolação [Baden Powell-Vinicius de Moraes] — Wilson Simonal
Depois de amar [Orlandivo-Roberto Jorge] — Os Cobras
Diagonal [Johnny Alf-Mauricio Einhorn] — Johnny Alf
Diz que fui por aí [Zé Kéti-Hortensio Rocha] — Nara Leão
Domingo azul [Billy Blanco] — Os Cariocas
Embalo [Tenório Jr.] — Tenório Jr.
E nada mais [Durval Ferreira-Luiz Fernando Freyre] — Os Gatos
Enquanto a tristeza não vem [Sergio Ricardo] — Quarteto em Cy
Estamos aí [Durval Ferreira-Mauricio Einhorn-Regina Werneck] — Os Gatos
E vem o sol [Marcos Valle-Paulo Sergio Valle] — Wanda Sá
Faço um lê-lelê [Haroldo Barbosa-Luiz Reis] — João Roberto Kelly e Luiz Reis
Gente [Marcos Valle-Paulo Sergio Valle] — Claudette Soares
Jangal [Dom Um Romão] — Dom Um
Keep talking [João Donato] — Chris Montez
Luz negra [Nelson Cavaquinho-Amancio Cardoso] — Nara Leão
Mar, amar [Roberto Menescal-Ronaldo Bôscoli] — Claudette Soares

Maria Moita [Carlos Lyra-Vinicius de Moraes] — Thelma
Menino das laranjas [Theo de Barros]— Geraldo Vandré
Moça da praia [Roberto Menescal-Luiz Fernando Freire] — Lucio Alves
A morte de um deus de sal [Roberto Menescal-Ronaldo Bôscoli] — Tamba Trio
Nanã (Coisa nº 5) [Moacir Santos-Mario Telles] — Wilson Simonal
Nebulosa [Tenório Jr.] — Tenório Jr.
Nega Dina [Zé Kéti] — Germano Matias
Nem o mar sabia [Roberto Menescal-Ronaldo Bôscoli] — Os Cariocas
Noa... noa [Sergio Mendes] — Sergio Mendes & Bossa Rio
Nuvem [Durval Ferreira-Mauricio Einhorn] — Os Gatos
Passa por mim [Marcos Valle-Paulo Sergio Valle] — Luiza
Pau de arara [Carlos Lyra-Vinicius de Moraes] — Ary Toledo
Pensativa [Clare Fischer] — Bossa Três
Porque somos iguais [Durval Ferreira-Pedro Camargo] — Os Catedráticos
Pra que chorar [Baden Powell-Vinicius de Moraes] — Mario Telles
Primavera [Carlos Lyra-Vinicius de Moraes] — Carlos Lyra e Dulce Nunes
Primitivo [Sergio Mendes] — Sergio Mendes & Bossa Rio
Quintessência [Meirelles] — Meirelles e os Copa 5
Razão de viver [Eumir Deodato] — Os Catedráticos
Sabe você? [Carlos Lyra-Vinicius de Moraes] — Carlos Lyra
Samba da bênção [Baden Powell-Vinicius de Moraes] — Vinicius de Moraes
Samba da legalidade [Carlos Lyra-Zé Kéti] — Nara Leão
Samba de verão [Roberto Menescal-Ronaldo Bôscoli] — Os Cariocas
Samba do carioca [Carlos Lyra-Vinicius de Moraes] — Moacir Santos
São Salvador [Durval Ferreira-Aglaé] — Os Gatos
Sem mais adeus [Francis Hime-Vinicius de Moraes] — Wanda Sá
Seu Chopin, desculpe [Johnny Alf] — Johnny Alf
O sol nascerá [Elton Medeiros-Cartola] — Nara Leão
Só por amor [Baden Powell-Vinicius de Moraes] — Elizeth Cardoso
Também quem mandou [Carlos Lyra-Vinicius de Moraes] — Wanda Sá
Telefone [Roberto Menescal-Ronaldo Bôscoli] — Os Cariocas
Tem dó [Baden Powell-Vinicius de Moraes] — Mario Telles
Tema para quatro [Severino Filho] — Os Cariocas
Tristeza de amar [Geraldo Vandré-Luiz Roberto] — Wanda Sá
Vagamente [Roberto Menescal-Ronaldo Bôscoli] — Wanda Sá
Você [Roberto Menescal-Ronaldo Bôscoli] — Dick Farney e Norma Bengell
Vou por aí [Baden Powell-Aloysio de Oliveira] — Nara Leão
Zambezi [Dom Um Romão] — Dom Um

1965
- Amei tanto [Baden Powell-Vinicius de Moraes] — Cyro Monteiro
- Arrastão [Edu Lobo-Vinicius de Moraes] — Elis Regina
- Canção da terra [Edu Lobo-Ruy Guerra] — Edu Lobo
- Canção do amanhecer [Edu Lobo-Vinicius de Moraes] — Nara Leão
- Carcará [João do Vale] — Nara Leão
- Chegança [Edu Lobo-Vinicius de Moraes] — Nara Leão
- Cicatriz [Zé Kéti-Herminio Bello de Carvalho] — Nara Leão
- Coisa nº 3 [Moacir Santos] — Moacir Santos
- Coisa nº 4 [Moacir Santos] — Moacir Santos
- Coisa nº 6 (Dia de festa) [Moacir Santos-Geraldo Vandré] — Geraldo Vandré
- Coisa nº 7 (Quem é que não chora?) [Moacir Santos] — Moacir Santos.
- Coisa nº 8 (Navegação) [Moacir Santos-Regina Werneck-Nei Lopes] — Moacir Santos
- Coisa nº 9 (Ganga Zumba) [Moacir Santos-Regina Werneck) — Moacir Santos
- Coisa nº 10 (Quero explicação) [Moacir Santos-Mario Telles] — Moacir Santos
- Coisa nº 11 (Tema do banzo) [Moacir Santos] — Moacir Santos
- Começou de brincadeira [Pacífico Mascarenhas] — Sambacana
- Das rosas [Dorival Caymmi] — Dorival Caymmi
- Deus brasileiro [Marcos Valle-Paulo Sergio Valle] — Marcos Valle
- Ela vai, ela vem [Roberto Menescal-Ronaldo Bôscoli] — Jongo Trio
- Em tempo de adeus [Edu Lobo-Ruy Guerra] — Edu Lobo
- Estou só [Johnny Alf] — Alayde Costa
- Formosa [Baden Powell-Vinicius de Moraes] — Cyro Monteiro
- Garota moderna [Evaldo Gouveia-Jair Amorim] — Wilson Simonal
- Os grilos (Crickets sing for Anamaria) [Marcos Valle-Paulo Sergio Valle] — Marcos Valle
- Imagem [Luiz Eça-Aloysio de Oliveira] — Luiz Eça
- Mascarada [Zé Kéti-Elton Medeiros] — Zé Kéti
- Menino travesso [Moacir Santos-Vinicius de Moraes] — Elizeth Cardoso
- Minha [Francis Hime-Ruy Guerra] — Luiz Eça
- Não bate o coração [Eumir Deodato] — Roberto Menescal
- Nega Dina [Zé Kéti] — Nara Leão
- Negro [Roberto Menescal-Ronaldo Bôscoli] — Roberto Menescal
- Oba-oba [Luiz Bonfá] — Steve Lawrence, Eydie Gormé e Luiz Bonfá
- Onde está você? [Oscar Castro Neves-Luvercy Fiorini] — Alayde Costa
- Pra você [Sylvio Cezar] — Sylvio Cezar

Preciso aprender a ser só [Marcos Valle-Paulo Sergio Valle] — Elis Regina
Resolução [Edu Lobo-Luiz Fernando Freire] — Elis Regina
A resposta [Marcos Valle-Paulo Sergio Valle] — Marcos Valle
Reza [Edu Lobo-Ruy Guerra] — Edu Lobo
Samba da legalidade [Zé Kéti-Carlos Lyra] — Nara Leão
Samba de rei [Pingarilho-Marcos Vasconcellos] — Leny Andrade
Samba do dom natural [Pingarilho-Marcos Vasconcellos] — Leny Andrade
Samba em Paris [Nelsinho] — Leny Andrade
Seu encanto (The face I love) [Pingarilho-Marcos Valle-Paulo Sergio Valle-Ray Gilbert] — Sylvia Telles
Se você disser que sim [Moacir Santos-Vinicius de Moraes] — Elizeth Cardoso
Sou sem paz [Adilson Godoy] — Elis Regina
Tempo feliz [Baden Powell-Vinicius de Moraes] — Baden Powell e Mauricio Einhorn
Terra de ninguém [Marcos Valle-Paulo Sergio Valle] — Elis Regina
Tom da canção [Pacífico Mascarenhas] — Sambacana
Tudo que é meu [Alayde Costa-Vinicius de Moraes] — Alayde Costa
Último canto [Francis Hime-Ruy Guerra] — Agostinho dos Santos
Vai, João [Vera Brasil] — Jongo Trio
Vê [Roberto Menescal-Ronaldo Bôscoli] — Os Cariocas
Vim da Bahia [Gilberto Gil]— Quarteto em Cy

1966
Aleluia [Edu Lobo-Ruy Guerra] — Edu Lobo
O amor é chama [Marcos Valle-Paulo Sergio Valle] — Os Cariocas
Apelo [Baden Powell-Vinicius de Moraes] — Claudette Soares
Avarandado (Caetano Veloso) — Gal Costa e Caetano Veloso
Borandá [Edu Lobo] — Edu Lobo
Canto de Ossanha [Baden Powell-Vinicius de Moraes] — Elis Regina
Casa forte [Edu Lobo] — Edu Lobo
Cidade vazia [Baden Powell-Luiz Fernando Freire] — Milton Nascimento
Coração vagabundo [Caetano Veloso] — Gal Costa e Caetano Veloso
De amor e paz [Luiz Carlos Paraná-Adauto Santos] — Elza Soares
Dia das rosas [Luiz Bonfá-Maria Helena Toledo] — Maysa
E nada mais [Durval Ferreira-Luiz Fernando Freire] — Os Gatos
The gentle rain [Luiz Bonfá] — Luiz Bonfá
Inaiá [Luiz Carlos Sá] — Luiz Carlos Sá
Morrer de amor [Oscar Castro Neves-Luvercy Fiorini] — Oscar Castro Neves

No balanço do jequibau [Mario Albanese-Ciro Pereira] — Mario Albanese
Pede passagem [Sidney Miller] — Nara Leão
Pra dizer adeus [Edu Lobo-Torquato Neto] — Elis Regina
Razão de viver [Eumir Deodato-Paulo Sergio Valle] — Claudette Soares
Samba da pergunta [Pingarilho-Marcos Vasconcellos] — Os Cariocas
Saveiros [Dori Caymmi-Nelson Motta] — Nana Caymmi
Upa, neguinho [Edu Lobo-Gianfrancesco Guarnieri] — Elis Regina
Veleiro [Edu Lobo-Torquato Neto] — Elis Regina
Você é muito mais [Pacifico Mascarenhas] — Sambacana

1967
Antigua [Jobim] — Tom Jobim
O cantador [Dori Caymmi-Nelson Motta] — Elis Regina
O circo [Sidney Miller] — Nara Leão
Eu e a brisa [Johnny Alf] — Márcia
The frog (A rã) [João Donato] — Sergio Mendes & Brasil '66
Look around [Sergio Mendes-Alan & Marilyn Bergman] — Sergio Mendes & Brasil '66
Look to the sky (Olha pro céu) [Jobim] — Tom Jobim
Margarida [Gutemberg Guarabyra] — Grupo Manifesto
Maria Joana [Sidney Miller] — Nara Leão
Mojave [Jobim] — Tom Jobim
Passa, passa, gavião [Sidney Miller] — Nara Leão
Ponteio [Edu Lobo-Capinam] — Edu Lobo e Marília Medalha
A praça [Sidney Miller] — Nara Leão
The red blouse [Jobim] — Tom Jobim
So many stars [Sergio Mendes-Alan & Marilyn Bergman] — Sergio Mendes & Brasil '66
Triste [Jobim] — Tom Jobim
Wave [Jobim] — Tom Jobim

1968
Andança [Danilo Caymmi-Edmundo Souto-Paulinho Tapajós] — Beth Carvalho e Golden Boys
Baby [Caetano Veloso] — Gal Costa
Bom tempo [Chico Buarque] — Claudette Soares
The dolphin [Luiz Eça] — Tamba 4
Dorme profundo [Pingarilho-Marcos Valle] — Márcia
Mudando de conversa [Mauricio Tapajós-Herminio Bello de Carvalho] — Doris Monteiro

Non-stop to Brazil [Luiz Bonfá] — Quincy Jones
Retrato em branco e preto [Jobim-Chico Buarque] — Tom Jobim e Quarteto 004
Sabiá [Jobim-Chico Buarque] — Cynara e Cybele
Samba do crioulo doido [Sergio Porto] — Quarteto em Cy
Vou te contar [Wave] — Quarteto 004

1969
País tropical [Jorge Ben] — Wilson Simonal
Que maravilha [Jorge Ben-Toquinho] — Jorge Ben
Que pena [Jorge Ben] — Jorge Ben
Saudosismo [Caetano Veloso] — Gal Costa
Teletema [Antonio Adolfo-Tiberio Gaspar] — Eva
Ye-me-lê [Chico Feitosa-Luiz Carlos Vinhas] — Sergio Mendes & Brasil '67
Zazueira [Jorge Ben] — Jorge Ben

1970
Azul da cor do mar [Tim Maia] — Tim Maia
Caribe [Jobim] — Tom Jobim
Children's games [Jobim] — Tom Jobim
Madalena [Ivan Lins-Ronaldo Monteiro de Souza] — Elis Regina
Remember [Jobim] — Tom Jobim
Sue Ann [Jobim] — Tom Jobim
Takatanga [Jobim] — Tom Jobim
Tema jazz [Jobim] — Tom Jobim
Tereza my love [Jobim] — Tom Jobim
Tide [Jobim] — Tom Jobim

3. O DEPOIS [1971-89]

1971
Acapulco [João Gilberto] — João Gilberto
João Marcelo [João Gilberto] — João Gilberto
Tarde em Itapoã [Toquinho-Vinicius de Moraes] — Vinicius de Moraes, Toquinho e Marília Medalha

1972
Águas de março [Jobim] — Tom Jobim
Atrás da porta [Francis Hime-Chico Buarque] — Elis Regina

1973
Amazonas (Keep talking) [João Donato] — João Donato
Ana Luiza [Jobim] — Tom Jobim
Até quem sabe? [João Donato-Lysias Enio] — João Donato
Cadê Jodel? (Where's J.D.?) [João Donato-Marcos Valle] — João Donato
Chorou, chorou [João Donato-Paulo Cesar Pinheiro] — João Donato
Emoriô [João Donato-Gilberto Gil] — João Donato
Matita perê [Jobim-Paulo Cesar Pinheiro] — Tom Jobim
Mentiras [João Donato-Lysias Enio] — João Donato e Nana Caymmi
Terremoto [João Donato-Paulo Cesar Pinheiro] — João Donato

1974
Chovendo na roseira (Children's games) [Jobim] — Elis Regina
Ligia [Jobim] — João Gilberto e Stan Getz
Passaredo [Francis Hime-Chico Buarque] — Chico Buarque
Saudade do Brasil [Jobim] — Bill Evans

1975
Bananeira (Villa Grazia) [João Donato-Gilberto Gil] — João Donato
É preciso perdoar [Carlos Coqueijo] — João Gilberto
Lugar comum (Índio perdido) [João Donato-Gilberto Gil] — João Donato
Patumbalacundê [João Donato-Orlandivo-Durval Ferreira-Gilberto Gil] — João Donato
Undiú [João Gilberto] — João Gilberto
Valsa (Como são lindos os youguis) [João Gilberto] — João Gilberto

1976
Ângela [Jobim] — Tom Jobim
Boto [Jobim-Jararaca] — Tom Jobim e Miúcha
Carta ao Tom '74 [Toquinho-Vinicius de Moraes] — Vinicius de Moraes

1977
Cordeiro de Nanã [Mateus-Dadinho] — Os Tincoãs

1979
Bye, bye Brasil [Roberto Menescal-Chico Buarque] — Roberto Menescal

1980
Café com pão (Jodel) [João Donato-Lysias Enio] — Nana Caymmi
Gaiolas abertas (Silk stop) [João Donato-Martinho da Vila] — João Donato

Mania de você [Rita Lee-Roberto de Carvalho] — Rita Lee
Menino do Rio [Caetano Veloso] — Baby Consuelo
Two kites [Jobim] — Tom Jobim
Você vai ver [Jobim-Ana Jobim] — Tom Jobim

1981
Borzeguim [Jobim] — Quarteto em Cy
Luiza [Jobim] — Tom Jobim e Edu Lobo

1983
Como uma onda (Zen-surfismo) [Lulu Santos-Nelson Motta] — Lulu Santos
Tema de amor de Gabriela [Jobim] — Gal Costa e Tom Jobim

1984
Desejo [Djavan] — Djavan
Imagina [Jobim-Chico Buarque] — Djavan e Olivia Byington
Me chama [Lobão] — Lobão
Meninos, eu vi [Jobim-Chico Buarque] — Djavan e Olivia Byington
Samba do grande amor [Chico Buarque] — Djavan e Sergio Ricardo
Sinhazinha [Chico Buarque] — Zezé Motta
A violeira [Jobim-Chico Buarque] — Elba Ramalho

1985
Passarim [Jobim] — Tom Jobim

1987
Bebel [Jobim] — Tom Jobim
Chansong [Jobim] — Tom Jobim
Eu gosto mais do Rio (How about you?) [Burton Lane-Ralph Freed-Pacífico Mascarenhas] — Nara Leão

1988
Faz parte do meu show [Cazuza-Ladeira] — Cazuza

1989
Nostalgia da Bossa [Durval Ferreira-Regina Werneck] — Regina Werneck

DISCOGRAFIA

ETERNA ENQUANTO DURE

HOMEM DO DISCO:
Aloysio de Oliveira conduziu a Bossa Nova pela Odeon, Philips e Elenco

Os títulos citados nesta discografia foram lançados originariamente em LP ou CD — alguns deles, como *João Gilberto cantando as músicas de "Orfeu do Carnaval"* e *Bossa é bossa*, com o Conjunto Bossa Nova (de Roberto Menescal), são compactos duplos. Ficou desnecessário discriminar o formato dos discos, já que em breve eles tendem a desaparecer como objetos. Mas, enquanto isso não acontece, o leitor gostará de saber que esses discos existiram, e, com sorte, ainda é possível encontrá-los em sebos físicos e virtuais.

Esta é, provavelmente, a maior discografia já reunida da Bossa Nova. E não está completa, não esgota os títulos gravados por intérprete, nem isso parece mais possível. Com a absorção dos inúmeros pequenos selos que acolheram a Bossa Nova em seus primórdios pelas grandes marcas internacionais, a maioria de seus discos tem sido pulverizada em coletâneas que nem sempre indicam a origem de cada faixa.

Por sorte, quase todos os títulos aqui relacionados podem ser acessados na íntegra pela internet.

ADDERLEY, Cannonball. *Cannonball Bossa Nova* (com Sexteto Bossa Rio). Philips.
ADNET, Mario. *Para Gershwin e Jobim*. Indie. *Para Gershwin e Jobim – 2 kites*. Indie. *Rio carioca*. Universal. *Ouro negro* (com Zé Nogueira) [Canções de Moacir Santos]. MP,B. *Jobim sinfônico*. Biscoito Fino. + *Jobim jazz*. Biscoito Fino. *Reencontro* [canções de Luiz Eça]. Biscoito Fino.

ADNET, Maúcha. *Songs I learned from Jobim*. Venus.

ADNET, Muíza. *As canções de Moacir Santos*. Adnet Música.

ALF, Johnny. *Rapaz de bem*. RCA Victor. *Diagonal*. RCA Victor. *Johnny Alf*. Mocambo. *Ele é Johnny Alf*. Parlophone. *Nós*. EMI. *Desbunde total*. Chantecler. *Olhos negros*. BMG. *Cult Alf — Gravado ao vivo*. Natasha. *Eu e a bossa: 40 anos de Bossa Nova*. Rob Digital. *Noel Rosa* (com Leandro Braga). Lumiar. *Johnny Alf*. Sesc.

ALMEIDA, Laurindo. *Guitar from Ipanema*. Capitol. *Viva Bossa Nova!* Capitol. *Olé! Bossa Nova!* Capitol. *It's a Bossa Nova world*. Capitol. *Stan Getz with guest artist Laurindo Almeida*. Verve.

ALVES, Lucio. *Mestres da MPB*. Continental. *Serestas*. Mocambo. *As melhores de Lucio Alves*. Musicolor. *Sua voz íntima, sua bossa nova, interpretando sambas em 3-D*. Odeon. *Interpreta Dolores Duran*. Odeon. *A bossa é nossa*. Philips. *Tio Samba*. Philips. *Cantando depois do sol*. Philips. *Balançamba*. Elenco. *Bossa session* (com Sylvinha Telles e Roberto Menescal). Elenco. *Lucio Alves*. RCA. *Doris e Lucio no Projeto Pixinguinha* (com Doris Monteiro). Odeon. *Romântico*. *Inverno & Verão*. *Lucio Alves*. Sesc.

AMES, Nancy (com Laurindo Almeida). *Spiced with Brazil*. Epic.

AMMONS, Gene. *Bossa Nova*. Prestige.

ANA LUCIA. *Ana Lucia canta triste*. RGE. *Ana Lucia*. Chantecler. *O encanto e a voz de Ana Lucia*. RCA Victor.

ANA MARGARIDA. *Ana Margarida* (com Tamba Trio e Quinteto Villa-Lobos). Forma.

ANDRADE, Leny. *A sensação*. RCA Victor. *A arte maior de Leny Andrade*. Polydor. *Estamos aí*. Odeon. *Gemini V* (com Pery Ribeiro e Bossa Três). Odeon. *Bossa Nova*. Eldorado. *Leny Andrade-Johnny Alf*. BMG. *Registro*. CBS. *Letra & música: Antonio Carlos Jobim* (com Cristovão Bastos). Lumiar. *E quero que a canção... seja você* [canções de Ronaldo Bôscoli]. Albatroz. *Bossas novas*. Albatroz. *Alegria de viver* (com Roni Ben-Hur). Motema.

ARCOVERDE, Ely. *Ely Arcoverde Quarteto*. RGE. *Balanço*. RGE. *Músicas para o seu relax*. Fama.

ARIEL, Marcos. *Piano com Tom Jobim*. Humaitá.

A TRÊS. *Vocalise*. Eldorado.

AURINO [Ferreira] e JORGINHO [Jorge Ferreira da Silva]. *Na cadência do samba*. RCA Camden.

BALANÇO TRIO. *Ritmo... bossa... balanço*. Imperial.

BANANA, Milton. *The rhythm and sound of Bossa Nova*. Audio Fidelity. *Milton Banana Trio*. Odeon. *Balançando*. Odeon. *Balançando vol. 2*. Odeon. *Vê.*

Odeon. *O som do Milton Banana Trio*. Odeon. *Ao meu amigo Tom*. RCA. *Ao meu amigo Vinicius — Samba é isso aí*. RCA. *Sambas de bossa*. RCA.

BARROSO, Myrzo. *Myrzo Barroso*. RCA Victor.

BASSINI, Rubens. *Ritmo fantástico*. Pawal.

BASTOS, Vania. *Canções de Tom Jobim*. Velas. *Vania Bastos & cordas*. Velas.

BAXTER, Les. *Les Baxter*. Crescendo.

BEBETO [Bebeto Castilho]. *Bebeto*. Tapecar. *Amendoeira*. Biscoito Fino.

BEBOSSA [Breno Hirata, Rafael Maia, Thiago Marcondes e Geferson Horta]. *Bebossa*. Independente.

BEN, Jorge. *Samba esquema novo*. Philips. *Ben é samba bom*. Philips. *Sacundin Ben samba*. Philips.

BENGELL, Norma. *Oooooh! Norma*. Odeon.

BENNETT, Tony. *Songs for the Jet Set*. Columbia.

BITTENCOURT, Lana. *Sambas do Rio — De Luiz Antonio e Antonio Carlos Jobim*. Columbia.

BLANCO, Billy. *Billy Blanco na voz do próprio*. Elenco. *Paulistana*. Evento. *Informal ao vivo*. Cid. *Doutores em samba* (com Radamés Gnattali). Kuarup. *A bossa de Billy Blanco*. Biscoito Fino. *Billy Blanco*. Sesc.

BOLA SETE. *O extraordinário Bola Sete*. Philips. *Travessuras do Bola Sete*. Odeon. *Vince Guaraldi, Bola Sete & friends*. Fantasy. *Bossa Nova*. Fantasy. *Autentico!* Fantasy. *At the Monterey Jazz Festival*. Verve.

BONFÁ, Luiz. *Luiz Bonfá e as raízes da Bossa* (com Dick, Lucio, Jobim etc.). WEA. *Luiz Bonfá* (com Jobim, João Donato, Altamiro Carrilho etc.). Continental. *Noite e dia* (com Ed Lincoln). Continental. *A voz e o violão* (com Norma Suely). Odeon. *Recado novo*. Odeon. *Bossa Nova* (com Lalo Schifrin e Oscar Castro Neves). Verve. *Jazz samba encore* (com Stan Getz e Maria Helena Toledo). Verve. *Luiz Bonfá, composer of "Black Orpheus", plays and sings Bossa Nova*. Verve. *Braziliana* (com Maria Helena Toledo). Universal. *Steve & Eydie & Bonfá & Brazil* (com Steve Lawrence e Eydie Gormé). CBS. *The Bonfá magic*. Caju. *Jacarandá*. Orchard. *Introspection*. Orchard. *Non-stop to Brazil*. Chesky.

OS BOSSAIS. *Os Bossais*. Audio Fidelity.

BOSSA JAZZ TRIO. *Bossa Jazz Trio*. Fermata. *Bossa Jazz Trio vol. 2*. Fermata.

THE BOSSA NOVA MODERN QUARTET [Jorginho]. *Bossa Nova jazz samba*. Nilser.

BOSSA 4. *Repeteco*. Equipe.

BOSSA RIO. *Bossa Rio*. Polydor. *Alegria!* Odeon. *Live in Japan*. Blue Thumb. Ver Sergio Mendes.

BOSSA TRÊS. *The Bossa 3*. Audio Fidelity. *Os Bossa Três e seus amigos*. Audio

Fidelity. *Os Bossa Três & Jo Basile*. Audio Fidelity. *Jazz tempo, Latin accents!* (com Sonny Simmons, Clifford Jordan e Prince Lasha). Audio Fidelity. *Os reis do ritmo*. Odeon. *Em forma*. Forma. *Novas estruturas*. Forma. Ver Luiz Carlos Vinhas.

BOSSA TRIO [Alfredo Cardim]. *D.N.A.* Cid.

BRACKEEN, JoAnn. *Breath of Brazil*. Concorde. *Take a chance*. Concorde.

BRANCO, Waltel. *Mancini também é samba*. Mocambo. *Guitarra Bossa Nova*. Musidisc.

BRASIL, Victor Assis. *Desenhos* (com Tenório Jr., Edison Lobo e Chico Batera). Forma. *Victor Assis Brasil toca Tom Jobim*. Quartin.

BROOKMEYER, Bob. *Trombone jazz samba*. Verve.

BRUBECK, Dave. *Bossa Nova USA*. Columbia.

BRUNO, Lenita. *Por toda a minha vida*. Festa. *Lenita Bruno em Hollywood*. Fermata. *Works of love*. Nucleus.

BURRELL, Kenny. *Lotsa Bossa Nova!* Kapp.

BYINGTON, Olivia. *Canção do amor demais*. Biscoito Fino.

BYRD, Charlie. *Jazz samba* (com Stan Getz). Verve. *Brazilian Byrd — Music of Antonio Carlos Jobim*. Columbia. *More Brazilian Byrd*. CBS. *Bossa Nova pelos pássaros*. Riverside. *Charlie Byrd's Bossa Nova once more!* Riverside.

CANDINHO. *Mergulhador* (com Cussy de Almeida). Phonodisc. Ver Mitchell & Ruff.

CANTUÁRIA, Vinicius. *Tucumã*. Universal.

CARAM, Ana. *Rio after dark*. Chesky. *Amazonia*. Chesky. *The other side of Jobim*. Chesky. *Bossa Nova*. Chesky.

CARAMURU, Fabio. *Piano*. MCD.

CARDOSO, Elizeth. *Canção do amor demais*. Festa. *Elizeth interpreta Vinicius*. Copacabana. *Magnífica*. Copacabana. *Momento de amor*. Copacabana.

OS CARIOCAS. *Mestres da MPB*. Continental. *Os Cariocas a Ismael Netto*. Columbia. *Os Cariocas*. Columbia. *O melhor de... Os Cariocas*. Columbia. *A bossa dos Cariocas*. Philips. *Mais bossa com Os Cariocas*. Philips. *A grande bossa dos Cariocas*. Philips. *Os Cariocas de 400 bossas*. Philips. *Os Cariocas, arte/vozes*. Philips. *Passaporte*. Philips. *Minha namorada*. Som Livre. *Reconquistar*. WEA. *Rio de Janeiro, gosto de você*. RioArte-Spassoquatro. *A bossa brasileira*. Paradoxx. *Os Cariocas*. Albatroz. *Nossa alma canta*. Guanabara. *Estamos aí*. Biscoito Fino.

CARRILHO, Altamiro. *Bossa Nova in Rio*. Copacabana. Ver Turma da Gafieira.

CASÉ. *Samba irresistível*. Beverly.

CASTRO NEVES, Mario. *Mario Castro Neves & Samba S.A.* RCA Victor.

CASTRO NEVES, Oscar. *Big band Bossa Nova.* Audio Fidelity. *Brazilian days* (com Paul Winter). Living Music. *Oscar!* (com Paul Winter). Living Music. *Oscar Castro Neves.* Imagem. *Oscar Castro Neves & Lee Ritenour.* Evento. *Brazilian scandals.* JVC.

OS CATEDRÁTICOS. *Ver Eumir Deodato.*

CAYMMI, Danilo. *Sol moreno.* EMI. *Mistura brasileira.* EMI. *Eu, você, nós dois.* Albatroz. *Falando de amor — Famílias Caymmi e Jobim.* Sony/BMG.

CAYMMI, Dori. *Influências.* Universal. *Brazilian serenata.* WEA. *Dori Caymmi.* WEA. *Rio-Bahia* (com Joyce Moreno). Biscoito Fino.

CAYMMI, Nana. *Nana.* RGE. *A noite do meu bem.* EMI. *Quem inventou o amor.* Som Livre. *Dorival e Nana.* BMG. *Nana Caymmi.* Polygram.

CHAVES, Erlon. *Em tempo de samba.* RCA Victor. *Sabadabada.* Continental.

CHAVES, Luiz. *Projeção.* RGE. *Ver Zimbo Trio.*

CHEVALIER, Claire. *Saveur Brésil* (com Rosinha de Valença). Paradoxx.

CHIMELLI, Alberto (com Luiz Alves). *Piano bar.* Canoas. *Piano bar 2.* Canoas. *Cante comigo — Americans in Bossa Nova* [versões de Pacífico Mascarenhas] (com Carla Villar). Independente.

OS CINCO-PADOS. *Os Cinco-Pados.* Chantecler.

CLOONEY, Rosemary. *Brazil* (com John Pizzarelli). Concord.

OS COBRAS. *O LP* (com Cipó, Raulzinho, Maurílio, Aurino Ferreira, Paulo Moura, Tenório Jr. etc.). RCA Victor.

COMO, Perry. *Lightly Latin.* RCA Victor.

CONJUNTO BOSSA NOVA. *Bossa é bossa.* Com Roberto Menescal, violão; Bebeto Castilho, sax-alto; Bill Horn, trompete; Luiz Carlos Vinhas, piano; Luiz Paulo, contrabaixo; Hélcio, bateria. Compacto duplo com quatro faixas. Primeiro conjunto a se chamar de "Bossa Nova". Odeon.

CONJUNTO CASTELINHO. *Os donos da Bossa.* Spot.

CONJUNTO DE JAZZ BOSSA NOVA [maestro Nelsinho]. *Brasil Bossa Nova.* RCA.

CONJUNTO FARROUPILHA. *Os Farroupilhas.* Farroupilha.

CONJUNTO GEMINI. *Na base do balanço.* Spot.

CONJUNTO SOM 4. *Conjunto Som 4.* Continental.

CONJUNTO 3D [Beth Carvalho etc.]. *Muito na onda.* Copacabana.

CONNOR, Chris. *Sings gentle Bossa Nova.* Atlantic. *Blame it on the Bossa Nova.* Atlantic.

CORISCO E OS SAMBALOUCOS. *Show de Bossa.* Philips. *Outro show de Bossa.* Philips.

COSTA, Alayde. *Gosto de você.* RCA Victor. *Alayde canta suavemente.* RCA Victor. *Joia moderna.* RCA Victor. *Afinal...* Audio Fidelity. *Alayde Costa.* Som Maior. *Alayde Costa & Oscar Castro Neves.* Odeon.

COSTA, Gal. *Domingo* (com Caetano Veloso). Philips. *Gal Costa canta Tom Jobim*. BMG. *Gal canta Caymmi*. Polygram. *Aquarela do Brasil* (*Canções de Ary Barroso*). Polygram. *Gabriela* (com Antonio Carlos Jobim). Polygram. *Rio revisited* (com Antonio Carlos Jobim e Banda Nova). Polygram.
COSTITA, Hector. *Impacto*. Fermata.
CREUZA, Maria. *O grande encontro* (com Toquinho e Vinicius). Sigla. *Você abusou*. RGE.
CUNHA, Geraldo. *Quem tem bossa faz assim*. Audio Fidelity.
CYNARA E CYBELE. *Cynara e Cybele*. CBS. Ver Quarteto em Cy.
DALE, Lennie. *Um show de bossa...* (com Bossa Três). Elenco. *Lennie Dale e o Sambalanço Trio*. Elenco. *A 3ª dimensão de Lennie Dale* (com Trio 3-D). Elenco.
DAMONE, Vic. *Stay with me*. RCA.
DAY, Doris. *Latin for lovers*. Columbia.
DEARIE, Blossom. *Blossom Dearie*. Verve. *Blossom Dearie sings rootin' songs*. Daffodil.
DELANNO, Cris. *Canta Newton Mendonça*. Nikita.
DELFINO, Sonia. *Alô, broto!* Philips.
DEODATO, Eumir. *Inútil paisagem*. Forma. *Ataque* [Os Catedráticos]. Equipe. *Impulso* [Os Catedráticos]. Equipe. *Samba nova concepção* [Os Catedráticos]. Equipe. *Ideias*. Odeon. *Donato/Deodato*. Muse. Ver Roberto Menescal, Os Gatos, Frank Sinatra.
DE PAULA, Irio. *Saravá Jobim*. Pacific Time.
DESMOND, Paul. *Bossa antigua*. RCA Victor. *From the hot afternoon*. A&M.
DISTEL, Sacha. *Un amour, un sourire, une fleur...* EMI.
DOM UM. *Dom Um*. Philips. *Dom Um Romão*. Muse.
DONATO, João. *Vamos dançar*. Sinter. *Dance conosco*. Copacabana. *Chá dançante*. Odeon. *Muito à vontade*. Polydor. *A bossa muito moderna de Donato*. Polydor. *Bud Shank, Donato, Rosinha de Valença*. Elenco. *A bad Donato*. Blue Thumb. *Amazonas*. Elephant. *Quem é quem*. EMI. *Sambou, sambou*. Pacific. *Bud Shank & his Brazilian friends*. EMI. *Lugar comum*. Philips. *Coisas tão simples*. EMI. *Só danço samba*. Lumiar. *Ê lalá lay-ê*. DeckDisc. *Remando na raia*. Lumiar. *The frog* (com Orquestra Jazz Sinfônica). Elephant. *Brazilian time*. Elephant. *Café com pão* (com Eloir de Moraes). Lumiar. *Emilio Santiago encontra João Donato*. Lumiar. *Wanda Sá com João Donato*. DeckDisc. *Os Bossa Nova* (com Carlys Lyra, Roberto Menescal e Marcos Valle). Biscoito Fino.
DURAN, Dolores. *Dolores Duran 50 anos depois* [caixa com sete CDs]. EMI. *Entre amigos — Gravações inéditas da década de 50*. Biscoito Fino.

EÇA, Luiz. *Uma noite no Plaza*. Rádio. *Um piano na madrugada*. Copacabana. *Luiz Eça e Astor — Cada qual melhor*. Odeon. *Luiz Eça & cordas*. Philips. *Ver Tamba Trio. Piano & cordas*. Elenco. *Antologia do piano*. Philips. *Encontro marcado* (com Maria Petersen). Line. *Reencontro*. Biscoito Fino.

EINHORN, Mauricio. ME. Clam. *Conversa de amigos 1*. Delira. *Conversa de amigos 2*. Delira. *80 anos e convidados*. Ministério da Cultura.

ELIAS, Eliane. *Eliane Elias plays Jobim*. Blue Note. *Eliane Elias sings Jobim*. Blue Note.

ELIS REGINA. *No Fino da Bossa ao vivo*. Velas. *O fino do Fino* (com Zimbo Trio). Philips. *2 na Bossa* (com Jair Rodrigues e Jongo Trio). Philips. *2 na Bossa, vol. 2* (com Jair Rodrigues e Luiz Loy Quinteto). Philips. *Elis*. Philips. *Elis especial*. Philips. *Elis, como e por quê*. Philips. *Elis Regina in London*. Philips. *Elis, Miele e Bôscoli. Ao vivo no Teatro da Praia, RJ*. Philips. *Elis Regina & Toots Thielemans*. Philips. *Elis & Tom* (com Jobim). Philips.

ELLIS, Herb. *Three guitars in Bossa Nova time* (com L. Almeida e Johnny Gray). Epic.

ELLYS, Ray. *Swings Bossa Nova*. MGM.

ELPIDIO, Fats. *Piano Bossa Nova*. RCA Victor.

EMBALO TRIO. *Embalo Trio*. RCA Victor.

OS EMPOLGADOS. *Samba de empolgação*. Spot.

ERNANI FILHO. *Dois amigos — As músicas de Ary Barroso na voz de Ernani Filho*. Odeon.

FAOUR, Paula. *A música de Marcos Valle & Burt Bacharach*. Biscoito Fino.

FARNEY, Dick. *Copacabana*. Revivendo. *Dick Farney & Lucio Alves*. Continental. *Música romântica com Dick Farney*. Continental. *Meia-noite em Copacabana*. Polydor. *Atendendo a pedidos*. Odeon. *Dick Farney em canções para a noite de meu bem*. Odeon. *Os grandes sucessos de Dick Farney*. RGE. *Dick Farney* (com Norma Bengell). Elenco. *Dick Farney — piano & orquestra Gaya*. Elenco. *Penumbra e romance*. London. *Dick Farney*. London. *Dick Farney e você*. London. *Dick Farney*. Odeon. *Tudo isto é amor* (com Claudette Soares). EMI. *Tudo isto é amor, vol. 2* (com Claudette Soares). EMI. *Dick Farney*. Sesc.

FEITOSA, Chico. *Chico Fim de Noite apresenta Chico Feitosa*. Forma.

FERREIRA, Durval. *Batida diferente*. Guanabara [único disco em seu nome, mas presente como instrumentista em centenas de outros — talvez o recordista em gravações da Bossa Nova].

FEST, Manfredo. *Bossa Nova, nova bossa*. RGE. *Alma brasileira*. RGE. *Evolução*. RGE. *Manfredo Fest Trio*. RGE. *Fascinating rhythm*. Concord. *Just Jobim*. DMP.

FISCHER, Clare. *Só danço samba*. World-Pacific. *Latin patterns*. Universal.

FITZGERALD, Ella. *Ella abraça Jobim*. Pablo.
FOGUEIRA TRÊS. *Bossa Nova*. Cid.
FRAGA, Neyde. *Balançando* (com Walter Wanderley). Philips. *Mais balanço*. Philips
FRANCO, Luciene. *Luciene, a notável*. Copacabana.
GABRIELA, Marília. *Perdida de amor*. Universal.
GARCIA, Isaura. *Atualíssima*. Odeon.
OS GATOS. *Os Gatos* (com Durval Ferreira, Eumir Deodato etc.). Philips. *Aquele som dos Gatos*. Philips.
GAYA, Lindolpho. *Rio de 400 janeiros*. Elenco.
GETZ, Stan. *Jazz samba* (com Charlie Byrd). Verve. *Big band Bossa Nova* (com Gary McFarland). Verve. *Stan Getz & Luiz Bonfá — Jazz samba encore*. Verve. *Getz/Gilberto* (com João e Astrud Gilberto). Verve. *Getz/Gilberto #2* (com João Gilberto). Verve. *Getz au Go Go* (com Astrud Gilberto). Verve. *Stan Getz/Laurindo Almeida*. Verve. *The girl from Ipanema: The Bossa Nova years*. Verve. *The best of two worlds* (com João Gilberto e Miúcha). CBS. *Getz/Gilberto '76* (com João Gilberto; ao vivo no Keystone Korner, San Francisco, em 1976). Resonance.
GILBERTO, Astrud. *Getz/Gilberto* (com João Gilberto e Stan Getz). Verve. *Getz au Go Go* (com Stan Getz). Verve. *Beach samba*. Verve. *The Astrud Gilberto album*. Verve. *The shadow of your smile*. Verve. *A certain smile, a certain sadness* (com Walter Wanderley). Verve.
GILBERTO, Bebel. *Tanto tempo*. Universal.
GILBERTO, João. *Chega de saudade*. Odeon. *O amor, o sorriso e a flor*. Odeon. *Cantando as músicas do filme "Orfeu do Carnaval"*. Compacto duplo com quatro faixas. Odeon. *João Gilberto*. Odeon. *Getz/Gilberto* (com Stan Getz). Verve. *Getz/Gilberto #2*. Verve. *João Gilberto en México*. Orpheon. *Interpreta Antonio Carlos Jobim* (compilação de matrizes 1958-61). Odeon. *João Gilberto*. Verve. *Amoroso*. WEA. *The best of two worlds* (com Stan Getz e Miúcha). CBS. *Live at the 19th Montreux Jazz Festival*. WEA. *João Gilberto Prado Pereira de Oliveira*. WEA. *Brasil* (com Caetano Veloso, Gilberto Gil, Gal Costa e Maria Bethânia). WEA. *Live at Montreux*. WEA. *João*. Polygram. *Eu sei que vou te amar* (ao vivo). Epic. *João Gilberto in Tokio*. Universal. *Live at Umbria Jazz*. Egea. *João, voz e violão*. Universal. *Getz/Gilberto '76* (com Stan Getz; ao vivo no Keystone Korner, San Francisco, em 1976). Resonance.
GILLESPIE, Dizzy. *New Wave!* Philips.
GINGA TRIO. *Plenitude*. Chantecler.
GONÇALVES, Mary. *Convite ao romance*. Sinter.

GRUPO MANIFESTO. *Grupo Manifesto*. Elenco.

GUARALDI, Vince. *The Latin side of Vince Guaraldi*. Fantasy.

GUDIN, Eduardo. *Balãozinho*. Continental. *Notícias dum Brasil*. Velas.

HACKETT, Bobby (com Billy Bitterfield e Luiz Henrique). *Bobby/Billy/Brasil*. Verve.

HAMPTON, Lionel. *Bossa Nova jazz*. Glad Hamp.

HAWKINS, Coleman. *Desafinado — Bossa Nova & jazz samba*. Impulse.

HENDERSON, Joe. *Double rainbow*. Verve.

HENDRICKS, Jon. *Salud! João Gilberto*. Reprise.

HERALDO [Heraldo do Monte]. *Batida diferente*. RCA Camden.

HIGGINS, Eddie. *Speaking of Jobim*. Summerside.

THE HI-LOS. *The Hi-Los happen to Bossa Nova*. Reprise.

HIME, Francis. *Francis Hime*. Odeon. *Passaredo*. Cast/Sigla. *Álbum musical*. WEA. *50 anos de música*. Biscoito Fino.

HIME, Olivia. *Olivia Hime*. RGE. *Alta madrugada*. Paradoxx. *O fio da meada*. Cast/Sigla. *Almamúsica ao vivo* (com Francis Hime). Biscoito Fino.

HOLMES, Leroy. *Bossa Nova*. United Artists.

HORA, Rildo, e o Clube dos 7. *Samba made in Brazil*. Copacabana.

HORA, Rildo; LUBAMBO, Romero. *Autonomia*. Visom.

HORTA, Toninho. *From Tom to Tom*. VACM.

OS INTOCÁVEIS. *Os Intocáveis*. Audio Fidelity.

THE IPANEMA POP ORCHESTRA [Cipó, Luiz Eça e Eumir Deodato]. *Bossa Nova for swinging lovers*. London. *Bossa Nova meets USA*. London.

OS IPANEMAS. *Os Ipanemas*. CBS.

JACKSON, Milt. *Jazz 'n' samba*. Impulse.

JAMES, Joni. *Bossa Nova style*. MGM.

JOBIM, Antonio Carlos. *The composer of 'Desafinado' plays*. Verve. *Caymmi visita Tom e leva seus filhos* (com Dorival, Dori e Nana Caymmi). Elenco. *Love, strings and Jobim — The eloquence of Antonio Carlos Jobim*. WEA. *The wonderful world of Antonio Carlos Jobim*. WEA. *Francis Albert Sinatra & Antonio Carlos Jobim*. Reprise. *Wave*. A&M. *Tide*. A&M. *Stone flower*. CBS. *Tom, Vinicius, Toquinho, Miúcha. Gravado ao vivo no Canecão*. Som Livre. *Matita perê*. Philips. *Urubu*. WEA. *Echoes of Rio*. BMG. *Elis & Tom* (com Elis Regina). Philips. *Edu & Tom, Tom & Edu* (com Edu Lobo). Polygram. *Terra Brasilis*. WEA. *Passarim*. Polygram. *Amigos interpretam Tom Jobim e outros convidados* [incluindo a "Sinfonia do Rio de Janeiro", versão 1960]. Continental. *O tempo e o vento*. Som Livre. *Rio revisited* (com Gal Costa). Polygram. *Tom Jobim inédito*. BMG. *Minha alma canta* (com Edu Lobo, Gal Costa, Leila Pinheiro etc.). Lumiar. *Antonio Brasileiro*. Sigla. *Antonio Carlos Jobim and friends* (com Herbie Hancock, Joe Henderson etc.). Verve. *Tom canta Vinicius*. Universal. *Em Minas ao vivo* [piano e voz]. Biscoito Fino.

JOBIM, Família. *Amazonas*. Sigla. *Falando de amor — Famílias Jobim e Caymmi cantam Antonio Carlos Jobim*. RCA.

JOBIM-MORELENBAUM QUARTETO. *Jobim-Morelenbaum Quarteto*. Universal.

JONES, Quincy. *Big band Bossa Nova*. Mercury.

JONES, Salene. *Salene Jones sings Jobim*. Velas.

JONGO Trio. *Jongo Trio*. Farroupilha. *Dois na Bossa* (com Elis Regina e Jair Rodrigues). Philips. *Jongo Trio*. Diebold. Ver *Som Três*, Wilson Simonal, Dick Farney.

JORGE AUTUORI TRIO. *Jorge Autuori Trio*. Mocambo. *Jorge Autuori Trio Vol. 2*. Mocambo.

JOTA JUNIOR. *Nova Bossa Nova*. Musidisc.

JOYCE. *Joyce*. Philips. *Tom Jobim — Os anos 60* (com Gilson Peranzetta). EMI. *Negro demais no coração*. EMI. *Hard bossa*. Far Out. *Tudo bonito* (com João Donato). Epic. *Tardes cariocas*. Far Out. *Live at the Mojo Club*. Universal. *Astronauta*. OMCX. *Hard Bossa*. FVCK. *Rio de Janeiro*. Biscoito Fino. *Gafieira moderna*. Biscoito Fino. *Raiz* (com Roberto Menescal). OMCX.

JUAREZ [Juarez Araújo]. *Bossa Nova nos States*. Masterplay. *O inimitável Juarez*. Masterplay. *Masterplay goes to New York*. Masterplay. *Isto é Bossa Nova mesmo*. Masterplay.

JULINHO [Julio Barbosa]. *100% Bossa*. Masterplay. *O som do Julinho*. Equipe. Ver *Sete de Ouros*.

KALLEN, Kitty. *Quiet nights*. 20th Century Fox.

KAY, Judith. *Sounds like Brazil*. Tasty.

KELLY, João Roberto. *João Roberto Kelly e os Garotos da Bossa*. Mocambo. *Garotas no balanço*. Musicolor. *Samba a quatro mãos* (com Luiz Reis). RCA Victor. *Happy hour*. Cid.

KENT, Stacey. *Ao vivo* (com Marcos Valle). BMG. *Brazil*. Erato.

KENTON, Stan. *Artistry in Bossa Nova*. Capitol.

KESSEL, Barnie. *Bossa Nova*. Valiant.

KONING, Josee. *Tribute to Antonio Carlos Jobim*. Sony.

KOORAX, Ithamara. *Red river*. King. *Bossa Nova songbook*. King. *Bossa Nova meets drum 'n' bass*. King. *Rhapsody in blue*. Milestone. *Almost in love (Sings the Luiz Bonfá songbook)*. Paddle Wheel. *Featuring Dom Um Romão*. Irma. *Bossa Jobim*. Seven Seas. *Bim bom — Ithamara Koorax sings the complete João Gilberto songbook* (com Juarez Moreira). Motema.

KORMAN, Cliff. *Bossa jazz* (tocando Pacífico Mascarenhas). Independente.
KRALL, Diana. *The look of love*. Capitol. *Live in Rio*. Verve.
LARA, Odette. *Vinicius & Odette Lara*. Elenco. *Contrastes*. Elenco. *Vinicius de Moraes [poemas] por Odette Lara*. Luz da Cidade.
LARANJEIRA, Elza. *A música de Jobim e Vinicius*. RGE.
LEÃO, Nara. *Nara*. Elenco. *Opinião de Nara*. Philips. *Opinião* [disco do show com Nara Leão, Zé Kéti e João do Vale]. Philips. *O canto livre de Nara*. Philips. *5 na Bossa* (com Nara Leão, Edu Lobo e Tamba Trio). Philips. *Nara pede passagem*. Philips. *Dez anos depois*. Polygram. *Abraços e beijinhos e carinhos sem ter fim*. Polygram. *Garota de Ipanema*. Polygram. *Nara e Menescal: um cantinho, um violão*. Polygram. *Meus sonhos dourados*. Polygram. *My foolish heart*. Polygram.
LEPORACE, Gracinha. *Gracinha Leporace*. Philips.
LEWIS, Ramsey. *Bossa Nova* (com Carmen Costa e José Paulo). Argo.
LIGHT, Enoch. *Big band Bossa Nova*. Command. *Let's dance Bossa Nova*. Command.
LINCOLN, Ed. *Ed Lincoln e seu órgão espetacular*. Musidisc. *Ed Lincoln, vol. II*. Musidisc. *A volta de Ed Lincoln*. Musidisc.
LOBO, Edu. *Edu Lobo por Edu Lobo* (com Tamba Trio). Elenco. *Edu*. Philips. *Edu canta Zumbi*. Elenco. *Tom & Edu, Edu & Tom* (com Jobim). Polygram. *Corrupião*. Velas. *Sergio Mendes presents Lobo*. A&M. *Meia-noite*. Velas.
LOY, Luiz. *Luiz Loy Quinteto*. RGE.
LUIZ CLAUDIO. *Luiz Claudio*. RCA Victor. *Entre nós*. Musidisc. *Reportagem*. Odeon. *Este seu olhar*. Revivendo.
LUIZ HENRIQUE. *A bossa moderna de Luiz Henrique*. Philips. *Popcorn* (com Walter Wanderley). Verve. *Barra limpa*. Verve. *Oscar Brown Jr. & Luiz Henrique*. Fontana. *Mestiço*. Itagui.
LUIZ ROBERTO. *Velha guarda em Bossa Nova*. 007.
LUIZA. *Luiza*. RCA.
LULI. *Luli*. Philips.
LYRA, Carlos. *Bossa Nova*. Philips. *Carlos Lyra*. Philips. *Depois do Carnaval*. Philips. *The sound of Ipanema* (com Paul Winter). CBS. *Pobre menina rica* (com Dulce Nunes). CBS. *Carlos Lyra — Gravado no México*. Capitol. *25 anos de Bossa Nova*. Continental. *BossaLyra*. BMG. *Carioca de algema*. EMI. *Carlos Lyra*. Sesc. *Os Bossa Nova* (com Roberto Menescal, Marcos Valle e João Donato). Biscoito Fino.
MACHADO, Edison. *Edison Machado é samba novo*. Columbia. *Ver Bossa Três, Rio 65 e Don Salvador*.

MADI, Tito. *Chove lá fora*. Continental. *A saudade mata a gente*. Continental. *Carinho e amor*. Columbia. *De amor se fala*. Odeon. *Balanço Zona Sul e outros sucessos*. Odeon. *Tito Madi nova dimensão*. RCA Victor. *Maysa e Tito Madi, dois na fossa*. RCA Victor. *Brasil samba canção* (com Doris Monteiro). Sony. *Tito Madi*. Cid. *Ilhas cristais*. Dubas.

MAIA, Tim. *Interpreta clássicos da Bossa Nova*. Vitória Régia. *Amigo do rei* (com Os Cariocas). Vitória Régia.

MANN, Herbie. *Do the Bossa Nova*. Atlantic. *Jazz e Bossa Nova*. Atlantic-Fermata. *Herbie Mann & João Gilberto with Antonio Carlos Jobim*. Atlantic. *Latin fever*. Atlantic.

MARANO & MONTERO [Nancy Marano e Eddie Montero]. *A perfect match*. Denon. *Double standards*. Denon.

MÁRCIA. *Eu e a brisa*. Polydor. *Márcia vol. 2*. Philips.

MARIA CREUZA. *Eu sei que vou te amar*. RGE. *Maria Creuza*. RGE. *Poético*. RCA.

MARIANO, Cesar Camargo. *Octeto de Cesar Camargo Mariano*. Som Maior. Ver Sambalanço Trio e Som Três.

MARISA [Gata Mansa]. *A suave Marisa*. Copacabana. *Canções e saudade de Dolores Duran* (com Denise Duran). Copacabana. *Marisa simplesmente*. Copacabana. *Marisa*. Equipe. *Marisa no Little Club*. Copacabana.

MARQUES, Moacyr. *Jazz & Bossa Nova*. Tiger. *No balanço do samba*. Albatroz.

MARQUEZ, Paulo. *Doutor em samba — Interpretando Billy Blanco*. Columbia.

MASCARENHAS, Pacífico. *Um passeio musical* [primeiro disco independente produzido no Brasil]. Companhia Brasileira de Discos. *Guiness — Bossanovíssima* (com sessenta canções de sua autoria). Independente. Ver Sambacana.

MATTAR, Pedrinho. *Bossa Nova*. Fermata. *Pedrinho Mattar Trio*. Farroupilha. *Pedrinho Mattar Trio, vol. 2*. Farroupilha. *Pedrinho Mattar Trio, vol. 3*. Farroupilha.

MAYSA. *Convite para ouvir Maysa*. RGE. *Maysa*. RGE. *Convite para ouvir Maysa nº 2*. RGE. *Convite para ouvir Maysa nº 3*. RGE. *Maysa é Maysa... é Maysa... é Maysa*. RGE. *Voltei*. RGE. *Canção do amor mais triste*. RGE. *Barquinho*. Columbia. *Maysa*. Elenco. *Canecão apresenta Maysa*. Copacabana.

MCCORKLE, Susannah. *No more blues*. Concord. *Sabiá*. Concord. *From Bessie to Brazil*. Concord.

MCFARLAND, Gary. *Soft samba*. Verve. *Soft samba strings*. Verve. *Today*. Skie.

MCPARTLAND, Marian. *Bossa Nova + soul*. Mocambo.

MEDALHA, Marília. *Marília Medalha*. Philips.

MEIRELLES, J.T. *O som* (com Os Copa 5). Philips. *O novo som de Meirelles e Os Copa 5*. Philips. *Samba-jazz*. Dubas.

MELLO, João. *A "Bossa" do balanço.* Philips.

MENDES, Sergio. *Dance moderno.* Philips. *Você ainda não ouviu nada!* (com Sexteto Bossa Rio). Philips. *Bossa Nova York.* Elenco. *In the Brazilian bag.* Tower. *The swinger from Rio* (com Brazil '65). Atlantic. *The great arrival* (com Brasil '65). Atlantic. *In person at El Matador* (com Brasil '65). Atlantic. *Brasil 65 — Wanda de Sah featuring the Sergio Mendes Trio.* Capitol. *Herb Alpert presents Sergio Mendes & Brasil '66.* A&M. *Equinox.* A&M. *Look around.* A&M. *Crystal illusions.* A&M.

MENESCAL, Roberto. *Bossa Nova.* Imperial. *A Bossa Nova de Roberto Menescal.* Elenco. *A nova Bossa Nova de Roberto Menescal.* Elenco. *Surfboard.* Elenco. *Bossa session* (com Sylvia Telles e Lucio Alves). Elenco. *Bossa Nova.* EMI. *Ditos & feitos.* WEA. *Bossa evergreen.* Albatroz. *Os Bossa Nova* (com João Donato, Carlos Lyra e Marcos Valle). Biscoito Fino. *Roberto Menescal.* Sesc. Ver Nara Leão, Elis Regina, Wanda Sá.

MIELE. *Bem-vindo ao Rio* (com Alberto Chimelli Trio). Produção Pacífico Mascarenhas.

MILITO, Osmar. ... *E deixa o relógio andar.* Som Livre. *Nem paletó, nem gravata.* ATCO. *Viagem.* Continental. *Na trilha de Osmar Milito — Temas de sucesso em novelas.* Soma. *Ligia.* Continental.

MILLER, Sidney. *Sidney Miller.* Elenco. *Do Guarani ao guaraná.* Elenco. *Línguas de fogo.* Som Livre.

MILTINHO. *Bossa & balanço.* RGE.

MIRANDA, Wilson. *A outra face de Wilson Miranda.* Chantecler.

MITCHELL & RUFF. *Brazilian trip* (com Candinho, Durval Ferreira etc.). Epic.

MIÚCHA. *The best of two worlds* (com Stan Getz e João Gilberto). CBS. *Miúcha & Antonio Carlos Jobim.* RCA. *Miúcha & Tom Jobim.* RCA. *Miúcha.* Continental. *Rosa amarela.* BMG. *Miúcha.compositores.* Biscoito Fino. *Miúcha canta Vinicius & Vinicius* [música e letra]. Biscoito Fino. *Outros sonhos.* Biscoito Fino.

MONTEIRO, Cyro. *De Vinicius e Baden especialmente para Ciro Monteiro.* Elenco.

MONTEIRO, Doris. *Minhas músicas.* Continental. *Confidências de Doris Monteiro.* Continental. *Vento soprando.* Continental. *Gostoso é sambar.* Philips. *Doris Monteiro.* Philips. *Doris.* Columbia. *Simplesmente.* Odeon. *Brasil samba-canção* (com Tito Madi). CBS. *Doris e Lucio no Projeto Pixinguinha* (com Lucio Alves). EMI.

MORAES, Mariana de. *Mariana de Moraes.* Del Soul.

MORAES, Vinicius de. *Vinicius & Odette Lara.* Elenco. *Vinicius/Caymmi no Zum-Zum* (com Quarteto em Cy e conjunto de Oscar Castro Neves). Elenco.

Os afro-sambas de Baden e Vinicius. Forma. *Vinicius: poesia & canção*. Forma. *Vinicius: poesia & canção vol. 2*. Forma.

MORELENBAUM, Paula. *Paula Morelenbaum*. Cameratti. *Morelebaum2/Sakamoto: Casa* (com Jacques Morelenbaum e R. Sakamoto). WEA. *Quarteto Jobim-Morelenbaum*. Velas.

MOTTA, Zezé. *Divina saudade*. Albatroz.

MOURA, Paulo. *K-Ximblues* (com Mauricio Einhorn). Rob.

MPB-4. *MPB-4*. Elenco. *Deixa estar*. Philips. *De palavra em palavra*. Phonogram. *Vinicius, a arte do encontro* (com Quarteto em Cy). Som Livre.

MULLIGAN, Gerry. *Paraíso* (com Jane Duboc). Telarc.

MURPHY, Mark. *Stolen... and other moments*. 32Jazz.

MUSICANOSSA. *Musicanossa*. Forma. *Musicanossa*. RCA Victor. *Isto é Musicanossa!*. Rozenblit. *O som & o tempo*. Odeon.

NANAI. *Noite de samba no Nanai* [Ao vivo no Bar Nanai, Rio de Janeiro]. Musidisc.

NECO. *Velvet Bossa Nova — Neco's guitar and the Ipanema strings*. London. *Samba e violão*. London. *Coquetel Bossa Nova*. CBS.

NELSINHO. *Nelsinho e seus trombones*. MagiSom.

NOGUEIRA, Paulinho. *Paulinho Nogueira*. RGE. *A nova bossa é violão*. RGE.

NO OLHO DA RUA. *Samba-jazz 40°*. Rob. *No Olho da Rua in Rio*. Rob. *Ele é carioca*. Tratore. *Experiência nº 12*. Delira.

NUNES, Dulce. *Dulce Nunes*. Forma. *Canção do amor ausente*. Forma. *Ver Lyra, "Pobre menina rica"*.

ONO, Lisa. *Bossa carioca* (com Paulo Jobim e Daniel Jobim). Abril Music. *Essência*. Toshiba. *Minha saudade* (com João Donato). BMG. *Dream*. Abril Music. *La musique française rencontre la Bossa Nova*. DeckDisc.

ORLANDIVO. *A chave do sucesso*. Musidisc. *Orlann Divo*. Musidisc. *Samba em paralelo*. Musidisc. *Orlann Divo*. Copacabana. *Sambaflex*. DeckDisc.

THE PAN AMERICAN ORCHESTRA [Severino Filho]. *Big band big voices Bossa Nova*. Musidisc.

PASSOS, Rosa. *Curare*. Velas. *Rosa Passos canta Caymmi*. Lumiar. *Rosa Passos canta Antonio Carlos Jobim — 40 anos de Bossa Nova*. Lumiar.

PEIXOTO, Cauby. *A bossa e o swing de Cauby Peixoto*. BMG.

PEIXOTO, Moacyr. *Pra balançar*. Philips.

PERACCHI, Leo. *O mestre Leo Peracchi e a Jazz Sinfônica — Canções de Tom e Vinicius* (com Vania Bastos, Monica Salmaso, Celine Imbert, Jane Duboc etc.). Dabliú.

PERKINS, Carl. *Bossa Nova with strings attached*. Liberty.

PIKE, Dave. *Dave Pike plays the music of João Donato*. New Jazz.

PINGARILHO. *Histórias e sonhos*. UBS/JSR. *Passeando por aí*. Construir/ISSO.
PINHEIRO, Leila. *Bênçâo, Bossa Nova*. Polygram. *Isso é Bossa Nova*. EMI.
PITMAN, Eliana & Booker. *News from Brazil — Bossa Nova!* Polydor.
PIZZARELLI, John. *Bossa Nova*. Telarc. *Brazil* (com Rosemary Clooney). Concord.
OS POLIGONAIS. *Os Poligonais*. RCA Victor. *Novas ideias*. Farroupilha.
PORTINHO. *Fogo nos metais*. Continental.
POWELL, Baden. *Apresentando Baden Powell e seu violão*. Philips. *Um violão na madrugada*. Philips. *Baden Powell swings with Jimmy Pratt*. Elenco. *Baden Powell à vontade*. Elenco. *Tempo feliz* (com Mauricio Einhorn). Forma. *Os afro-sambas de Baden e Vinicius*. Forma. *De Baden e Vinicius para Cyro Monteiro* (com Cyro Monteiro). Elenco. *Le monde musical de Baden Powell*. Barclay. *Ao vivo no Teatro Santa Rosa*. Elenco. *De Baden para Vinicius*. Atlantic. *The Frankfurt Opera concert 1975*. ANS. *Baden Powell & filhos*. Cid. *Baden Powell*. Sesc.
PRIMO TRIO. *Sambossa*. Musidisc. *Primo Trio*. Musidisc.
PUENTE, Tito. *Bossa Nova by Puente*. Palladium.
PURIM, Flora. *Flora é M.P.M.* RCA Victor. *500 miles high* (com Michael Brock). Fantasy. *Perpetual emotion*. Narada.
O QUARTETO. *Antologia da Bossa Nova: 20 anos depois*. Universal.
QUARTETO BOSSAMBA [Walter Wanderley]. *Quarteto Bossamba*. Som Maior.
QUARTETO EM CY. *Quarteto em Cy*. Elenco. *Em Cy maior*. Elenco. *De marré de Cy*. Elenco. *Quarteto em Cy*. Forma. *O som definitivo* (com Tamba Trio). Forma. *The girls from Bahia — Pardon my English*. WEA. *The girls from Bahia — Revolución con Brasilia*. WEA. *Lobos, Caymmis e Jobins*. RGE. *Bossa em Cy*. BMG. *Vinicius em Cy*. Cid.
QUARTETO ESCALA [versão feminina de Severino Filho para Os Cariocas]. *Apresentando o Quarteto Escala*. Polydor.
QUARTETO NOSTALGIA. *Quarteto Nostalgia* (com Chaim Lewak). Som.
QUARTETO NOVO. *Quarteto Novo*. Odeon.
QUARTETO 004. *Retrato em branco e preto*. Codil. *Discomunal* (com Jobim, Baden Powell, Eumir Deodato etc.). Codil.
RABELLO, Raphael. *Todos os tons*. BMG.
RAULZINHO. *À vontade mesmo*. BMG. Ver Raul de Souza.
REIS, Célia. *O samba é Célia Reis*. Philips.
REIS, Luiz. *Samba de balanço*. Philips. *Samba a quatro mãos* (com João Roberto Kelly). RCA Victor.
REIS, Mario. *Mario Reis canta suas criações em hi-fi*. Odeon. *Mestres da MPB*. Continental.

RESENDE, Markos. *About Jobim... and other greatest masters*. BMG.

REYS, Rita. *Rita Reys sings Antonio Carlos Jobim*. Philips.

RIBAMAR. *Ribamar interpreta Dolores Duran*. Camden.

RIBEIRO, Almir. *Uma noite no Cave*. Copacabana.

RIBEIRO, Pery. *Pery é todo bossa*. Odeon. *Pery muito mais bossa*. Odeon. *Gemini V* (com Leny Andrade e Bossa Três). Odeon. *Pery Ribeiro + Bossa Três*. Odeon. *Cores da minha bossa*. Fonoplay. *Pery Ribeiro sings Bossa Nova hits*. Copacabana. *Pra tanto viver* (com Luiz Eça). Continental.

RIO 65 TRIO. *Ver Don Salvador*.

RODRIGUES, Pedrinho. *Pedrinho Rodrigues*. Musidisc. *Tem que balançar*. Musidisc.

ROGERS, Shorty. *Bossa Nova*. Reprise.

ROLLINS, Sonny. *What's new? Bossa Nova* (com Jim Hall). RCA Victor.

ROSA MARIA. *Uma Rosa com Bossa*. Odeon.

ROSENBLIT, Alberto. *Trilhas brasileiras*. Caravelas.

ROUSE, Charlie. *Bossa Nova bacchanal*. Blue Note.

SÁ, Wanda. *Wanda vagamente*. RGE. *Softly!*. Capitol. *Brasil '65 — Wanda de Sah featuring the Sergio Mendes Trio*. Capitol. *Eu e a música* (com Roberto Menescal). Cid. *Brasileiras* (com Celia Vaz). Cid. *Wanda & Menescal*. Cid. *Bossa entre amigos* (com Roberto Menescal e Marcos Valle). Albatroz. *Estrada Tokyo-Rio*. Albatroz. *Wanda Sá & Bossa Três*. Abril Music. *Domingo azul do mar*. DeckDisc. *Wanda Sá com João Donato*. DeckDisc. *Bossa do Leblon*. DeckDisc.

SABOYA, Carol; FARIA, Nelson. *Interpretam as canções de A.C. Jobim*. Lumiar.

SALVADOR, Don. *Don Salvador Trio*. Imagem. *Salvador Trio*. Mocambo. *Rio 65 Trio*. Philips. *A hora e vez da M.P.M*. Philips.

SALVADOR, Henri. *Chambre avec vue*. Virgin.

SAMBACANA. *Conjunto Sambacana* (com Roberto Menescal). Odeon. *Muito pra frente* (com Milton Nascimento). Odeon. *IV Sambacana* (com Wagner Tiso e Toninho Horta). Tapecar. *Sambacana*. Ariola.

SAMBALANÇO TRIO. *Sambalanço Trio*. Audio Fidelity. *Sambalanço Trio*. Som Maior. *Reencontro*. Som Maior. *Octeto de Cesar Camargo Mariano*. Som Maior.

OS SAMBEATLES [Manfredo Fest]. *Os Sambeatles*. Fermata.

SAMBOSSA 5. *Sambossa 5*. Som Maior. *Zero hora*. RCA Victor.

SAMBRASA TRIO. *Em som maior*. Som Maior.

SANSA TRIO. *Sansa Trio*. Som Maior. *Sansa Trio / Vol. 2*. Som Maior.

SANTIAGO, Emilio. *Feito para ouvir*. Polygram. *Bossa Nova*. Epic. *Emilio Santiago encontra João Donato*. Lumiar.

SANTOS, Agostinho dos. *Uma voz e seus sucessos*. Polydor. *Agostinho espetacular*. RGE. *Antonio Carlos Jobim e Fernando Cesar na voz de Agostinho dos Santos*. RGE. *O inimitável Agostinho dos Santos*. RGE. *Vanguarda*. RGE. *Agostinho dos Santos*. Elenco. *Agostinho dos Santos*. EMI.

SANTOS, Moacir. *Coisas*. Forma. *The maestro*. Blue Note. *Saudade*. Blue Note. *Carnival of spirits*. Blue Note.

SANTOS, Vittor. *Trombone*. Leblon Records.

SANTOS, Walter. *Bossa Nova*. Audio Fidelity. *Caminho*. RCA Victor.

SAUER, Breno. *Viva a bossa!* CBS. *4 na Bossa*. Musidisc.

OS SAXSAMBISTAS BRASILEIROS. *Saxsambando*. Plaza. *Bossa Nova espetacular!* Plaza.

SCHIFRIN, Lalo. *Bossa Nova groove*. Audio Fidelity. *Samba para dos* (com Bob Brookmeyer). Verve. *Insensatez*. Verve. *Piano, strings and Bossa Nova*. MGM.

OS SEIS EM PONTO. *Os Seis em Ponto* (com Francis Hime e outros). RGE.

SERGIO AUGUSTO. *Barquinho diferente*. Continental.

SERGIO RICARDO. *Não gosto mais de mim — A bossa romântica de Sergio Ricardo*. Odeon. *Depois do amor*. Odeon. *Um sr. talento*. Polygram. *A grande música de Sergio Ricardo*. Philips. *Sergio Ricardo*. Sesc.

SETE DE OUROS [Cipó, Chaim, Julio Barbosa etc.]. *Sete de ouros*. Odeon. *Impacto*. Polydor.

SEVERINO FILHO. *Rio de Janeiro, gosto de você*. Polydor. *Vozes e metais em festival*. Polydor. Ver Os Cariocas e Orquestra Pan-American.

SEXTETO DE JAZZ MODERNO. *Bossa Nova*. RCA Victor.

SHANK, Bud. *Brazilliance, vol. 1* (com Laurindo Almeida). Blue Note. *Bud Shank & his Brazilian friends* (com João Donato e Rosinha de Valença). EMI. *Bossa Nova jazz samba* (com Clare Fischer). Pacific. *Brazil! Brazil! Brazil!* (com Laurindo Almeida, Chet Baker, João Donato etc.). Pacific. *Brasamba!* (com Clare Fischer, Joe Pass). Pacific. *Bossa Nova Years* (com João Donato, Sergio Mendes etc.). Ubatuqui.

SHEARING, George. *George Shearing Bossa Nova*. Capitol.

SILVA, Jonas. *Jonas Silva*. Radio [compacto duplo com quatro faixas]. *Cheiro de saudade*. Philips [compacto duplo com quatro faixas].

SIMONAL, Wilson. *Wilson Simonal tem algo mais*. Odeon. *A nova dimensão do samba*. Odeon. *Wilson Simonal*. Odeon.

SIMONETTI. *Meditação — Authentic Brazilian Bossa Nova*. Dot. *Bossa Nova in Hollywood*. RGE. *Bossa*. Atila.

SIMS, Zoot. *Recado Bossa Nova*. Audio Fidelity. *New beat Bossa Nova (means the samba swings)*. Colpix. *New beat Bossa Nova (means the samba swings) vol. 2*. Colpix.

SINATRA, Frank. *Francis Albert Sinatra & Antonio Carlos Jobim*. Reprise. *Sinatra & company* (com Jobim e Eumir Deodato). Reprise.

SINGERY. Irene. *Irene Singery*. Som Livre.

SIVUCA. *Bossa Nova*. Barclay.

SMITH, Paul. *Brazilian detour*. Warner.

SOARES, Claudette (com Eumir Deodato, Paulo Silvino etc.). *Nova geração em ritmo de samba*. Copacabana. *Claudette Soares*. Mocambo. *É dona da bossa*. Mocambo. *Quem não é a maior tem que ser a melhor*. Philips. *Primeiro tempo 5x0* (com Taiguara e Jongo Trio). Philips. *Claudette*. Philips. *Claudette Soares*. Philips. *Fiz do amor meu canto* [canções de Tito Madi]. Odeon. *Eu sei que vou te amar — A música de Vinicius de Moraes*. Odeon. *Claudette Soares ao vivo*. Som Livre. *Foi a noite — Homenagem a Tom Jobim e Sylvinha Telles*. Lua. Ver Dick Farney.

SOARES, Elza. *Se acaso você chegasse*. Odeon. *A bossa negra*. Odeon. *Sambossa*. Odeon.

SOMMERS, Joanie. *Softly, the Brazilian sound*. Warner.

SOM TRÊS. *Som/3. Som Maior. Som Três show*. Odeon. *Um é pouco, dois é bom, este Som Três é demais*. Odeon. Ver Jongo Trio, Wilson Simonal, Dick Farney.

SONIA ROSA. *A bossa rosa de Sonia*. Continental.

SONYA. *Coisas que lembram você* [letras de Aloysio de Oliveira]. CPC-Umes.

SOUZA, Carlos Monteiro de. *Metais em brasa na Bossa Nova*. Philips.

SOUZA, Clayber de. *Nos caminhos da Bossa*. Allegreto.

SOUZA, Raul de. *Rio*. MixHouse. *The other side of the moon*. RGE. *No palco*. Inter-Records. *Jazzmim*. Biscoito Fino. Ver Raulzinho.

STRATTA, Ettore. *Symphonic Bossa Nova*. Teldec.

SYLVIO CEZAR. *Sem carinho, não!* Musidisc. *Amor demais*. Musidisc. *Só tinha de ser com… Sylvio Cezar*. Odeon. *Amigos da Bossa*. Paradoxx.

TABAJARA, Orquestra. *Tabajara plays Jobim*. Cid.

TAIGUARA. *Taiguara!* Philips.

TAMBA 4. *Samba blim*. A&M. *We and the sea*. A&M.

TAMBA TRIO. *Tamba Trio*. Philips. *Avanço*. Philips. *Tempo*. Philips. *Tamba Trio*. Philips. *La chica de Ipanema — Brasil saluda a México*. Philips.

TANIA MARIA. *Apresentando Tania Maria*. Continental.

OS TATUÍS [José Roberto Bertrami]. *Os Tatuís*. Farroupilha.

TELLES, Claudia. *Chega de saudade*. Cid. *Dedicado a Sylvia Telles*. Cid. *Sambas & bossas*. Cid.

TELLES, Mario. *Mario Telles*. Columbia.

TELLES, Sylvia. *Carícia*. Odeon. *Sylvia*. Odeon. *Amor de gente moça — Músicas* de Antonio Carlos Jobim. Odeon. *Amor em hi-fi*. Philips. *Sylvia Telles U.S.A*. Philips. *Bossa, balanço e balada*. Elenco. *Bossa session* (com Lucio Alves e Roberto Menescal). Elenco. *The face I love*. Kapp. *The music of Mr Jobim by Silvia Telles*. Elenco. *It might as well be spring*. Elenco.

TEMPO TRIO. *Tempo Trio*. London.

TENÓRIO Jr. *Embalo*. RGE. *Ver Os Cobras, Edison Machado*.

THELMA. *Thelma*. CBS. *The haunting new voice from Brazil*. Columbia.

THIELEMANS, Toots. *Aquarela do Brasil* (com Elis Regina). Polygram.

TITA. *Tita*. Polydor.

TOLEDO, Maria Helena. *Maria Toledo sings the Best of Luiz Bonfá*. United Artists. *Braziliana* (com Luiz Bonfá e Bob Scott). Verve.

TOLEDO, Rosana. *A voz acariciante de Rosana*. Polydor. ... *E a vida continua*. RGE. *A voz do amor*. Odeon. *Momento novo*. Philips.

TOQUINHO. *A Bossa do Toquinho*. RGE. *Convite para ouvir Toquinho & Vinicius*. RGE. *São demais os perigos desta vida* (com Vinicius de Moraes). 30XD.

TOSTES, Suzana e Bob. *Sessão dupla/Novas bossas*. Dabliú.

3 NA BOSSA. *3 na Bossa*. Abril Music.

TRIO IRAKITAN. *A bossa que gostamos de cantar*. Odeon.

TRIO PENUMBRA. *Trio Penumbra em Bossa Nova*. MusiColor.

TRIO SURDINA. *Trio Surdina em Bossa Nova*. Musidisc.

TRIO 3-D. *O Trio 3-D convida*. RCA.

TUCA. *Meu eu*. Chantecler.

TURMA DA BOSSA. *Ao vivo no Bar do Tom*. Cid.

TURMA DA GAFIEIRA [Altamiro Carrilho, Sivuca, Raulzinho etc.]. *A Turma da Gafieira*. Musidisc. *Turma da Gafieira vol. 2*. Musidisc.

VALENÇA, Rosinha de. *Apresentando Rosinha de Valença*. Elenco. *Rosinha de Valença ao vivo*. Forma. *Folklore e Bossa Nova do Brasil* (com Edu Lobo e Sylvia Telles). MPS.

VALENTE, Caterina (com Luiz Bonfá). *Caterina Valente & Luiz Bonfá*. London.

VALLE, Marcos. *Samba "demais"*. Odeon. *O compositor e o cantor*. Odeon. *Braziliance! A música de Marcos Valle*. Odeon. *Samba '68*. Verve. *Nova Bossa Nova*. FarOut. *Escape*. FarOut. *The essential Marcos Valle*. Mr.Bongo. *Songbook Marcos Valle*. Lumiar. *Bossa entre amigos* (com Wanda Sá e Roberto Menescal). Albatroz. *Os Bossa Nova* (com João Donato, Carlos Lyra e Roberto Menescal). Biscoito Fino.

VANDRÉ, Geraldo. *Geraldo Vandré*. Audio Fidelity. *Hora de lutar*. Continental. *Cinco anos de canção*. Som Maior.

VÁRIOS. *Coleção Folha 50 anos de Bossa Nova*. Vinte livros-CD com texto de Ruy

Castro, cada qual dedicado a um artista: Antonio Carlos Jobim, Dick Farney, Vinicius de Moraes, Baden Powell, Carlos Lyra, Nara Leão, João Donato, Johnny Alf, Lucio Alves, Miúcha, Roberto Menescal, Marcos Valle, Leny Andrade, Pery Ribeiro, Sylvia Telles, Maysa, Wilson Simonal, Os Cariocas, Joyce e Milton Banana. *Folha de S.Paulo*.

VAUGHAN, Sarah. *Copacabana*. Pablo. *O som brasileiro de Sarah Vaughan*. RCA.

OS VELHINHOS TRANSVIADOS. *A bossa dos Velhinhos Transviados*. RCA Victor. *Os 7 Velhinhos Transviados na Bossa Nova*. Musidisc.

VELOSO, Caetano. *Domingo* (com Gal Costa). Polygram. *Totalmente demais*. Polygram. *A bossa de Caetano*. Polygram.

VERA LUCIA. *Confidências…* Sinter.

VEROCAI, Arhur (com Sanny Alves). *Saudade demais*. Independente.

VESPAR, Geraldo. *Samba nova geração*. Odeon. *Take 5*. Polydor. *Eu e o violão*. Parlaphone.

VINHAS, Luiz Carlos. *O som psicodélico de Luiz Carlos Vinhas*. CBS. *Luiz Carlos Vinhas no Flag*. Odeon. *Baila com Vinhas*. Polygram. *O piano mágico de Luiz Carlos Vinhas*. Som Livre. *Ver Bossa Três*.

WANDERLEY, Walter. *Walter Wanderley*. Odeon. *Samba é samba com Walter Wanderley*. Odeon. *O samba é mais samba com Walter Wanderley*. Odeon. *Samba no esquema de Walter Wanderley*. Odeon. *O autêntico Walter Wanderley*. Philips. *Entre nós*. Philips. *O toque inconfundível de Walter Wanderley*. Philips. *A certain smile, a certain sadness* (com Astrud Gilberto). Verve. *Popcorn* (com Luiz Henrique). Verve. *Batucada*. Verve. *Chegança*. Verve. *Rain forest*. Verve. *Kee-ka-roo*. Verve. *Samba swings!*. CTI. *Summer samba*. CTI.

WARWICK, Dionne. *Aquarela do Brasil*. Arista.

WATANABE, Sadao. *Sadao meets Brazilian friends*. Columbia.

WILSON, Jack. *Brazilian Mancini* (com "Tony Brazil" [Tom Jobim]). Vault.

WINTER, Paul. *Jazz meets the Bossa Nova*. CBS. *The sound of Ipanema* (com Carlos Lyra). CBS. *Rio* (com Luiz Bonfá, Roberto Menescal, Luiz Eça). CBS.

ZÉ MARIA. *Esquema 64*. Continental. *Tudo azul — Bossa Nova e balanço*. Continental. *Bossa & balanço S. A.* Continental. *Nova onda*. RCA Victor.

ZENTNER, Si. *Desafinado — The Bossa Nova beat!* Liberty.

ZIMBO TRIO. *O fino do fino* (com Elis Regina). Philips. *Zimbo Trio*. RGE. *Zimbo Trio volume 2*. RGE. *Zimbo Trio volume 3*. RGE. *Ao vivo no Teatro João Caetano* (com Elizeth Cardoso e Jacob do Bandolim e Época de Ouro). Museu da Imagem e do Som. *Caminhos cruzados — Zimbo Trio interpreta Antonio Carlos Jobim*. Movieplay. *35 anos ao vivo*. Movieplay. *Zimbo Trio*. Sesc.

ZUMBA CINCO. *Zumba Cinco*. Musidisc.

ANTOLOGIAS, TRILHAS SONORAS, ESPECIAIS E SONGBOOKS

The adventurers. Music from the soundtrack of the Paramount picture composed by Antonio Carlos Jobim. Paramount.

O amor, o sorriso e a flor. Com Roberto Menescal, Claudette Soares, Luiz Carlos Vinhas, Sylvio Cezar, Sonia Delfino etc. Castle [3 CDs].

O amor, o sorriso e a flor. Com Marina, Gal Costa, Nara Leão, MPB-4 etc. Polygram / Reader's Digest [4 CDs].

Antonio Carlos Jobim — Meus primeiros passos e compassos. Com Nora Ney, Doris Monteiro, Ernani Filho, Dick Farney etc. Revivendo.

Antonio Carlos Jobim songbook. Com João Bosco, Elba Ramalho, Wagner Tiso, Djavan, Emilio Santiago, João Nogueira etc. Lumiar [5 CDs].

Antonio Carlos Jobim songbook instrumental. Com Ed Motta, Nelson Ayres, Sivuca, Vittor Santos, Leandro Braga etc. Lumiar.

Antonio Carlos Jobim — The man from Ipanema. Com Stan Getz, Elis Regina, Astrud Gilberto, Luiz Bonfá, João Gilberto etc. Polygram [3 CDs].

Antonio Carlos Jobim. Com Myrzo Barrozo, Delora Bueno, Erlon Chaves, Cauby Peixoto [primeira gravação de "Samba do avião"], Os Cariocas etc. RCA Victor.

Black Orpheus. Trilha do filme de 1959 (com Luiz Bonfá, Agostinho dos Santos etc.). Polygram

Blue Note plays Bossa Nova. Blue Note [3 CDs].

Blue Note plays Jobim. Blue Note.

Bossacucanova, vol. 1. Com Carlos Lyra, Astrid, Claudia Telles, Cris Delanno, Roberto Menescal etc. RDS.

Bossa 12 vezes. Com Os Farroupilhas, Leny Eversong, Jongo Trio etc. Farroupilha.

Bossa é bossa. Com Celso Murilo, Helio Balona e Helio Mendes. Discobertas [5 CDs].

Bossa jazz de luxe. Com Jobim, Cal Tjader, Moacir Santos, Oscar Peterson, Sergio Mendes. Dubas.

A Bossa no Paramount. Com Marcos Valle, Elis Regina, Vinicius de Moraes, Wanda Sá, Zimbo Trio etc. RGE.

Bossa Nova — Acervo especial. Com Dick Farney, Os Cariocas, Alayde Costa, Flora Purim, Miúcha etc. BMG.

Bossa Nova. Trilha do filme de 1999 (com Eumir Deodato e outros). Verve.

Bossa Nova and the rise of Brazilian music in the 1960s. Com Elis Regina, Tamba Trio, Edu Lobo, Pery Ribeiro etc. Soul Jazz [2 CDs].

Bossa Nova at Carnegie Hall. Com Jobim, João Gilberto, Carlos Lyra, Sergio Mendes, Luiz Bonfá, Agostinho dos Santos etc. Audio Fidelity.
Bossa Nova lounge. Com Jobim, Bossa Três, Joyce, muitos mais. Dubas [4 CDs].
Bossa Nova mesmo. Com Carlos Lyra, Laís, Lucio Alves, Sylvia Telles, Vinicius de Moraes [sua primeira gravação]. Disco histórico. Philips.
Bossa Nova, sua história, sua gente. Com Mario Reis, Norma Bengell, Lucio Alves, Dick Farney, Nara Leão, Maysa etc. Philips [caixa com 3 LPs].
Bossa Nova trinta anos depois. Com Caetano Veloso, Tamba Trio, Jobim, MPB-4, Elis Regina etc. Polygram.
Bossa sempre Nova. Com Carlos Lyra, Claudia Telles, Sylvio Cezar, Pery Ribeiro, Sonia Delfino, Tito Madi etc. RGE [3 CDs].
Brazilian horizons. Com Vince Guaraldi, Mongo Santamaria, Bola Sete, Bill Evans, Kenny Burrell, Cal Tjader, Ella Fitzgerald etc. BMG.
Carlos Lyra songbook. Com Jobim, Caetano Veloso, Cassia Eller, Joyce, Leila Pinheiro, Simone, Emilio Santiago, Lobão etc. Lumiar.
Casa da Bossa. Com Nana Caymmi, Patricia Marx, Sandra de Sá, Johnny Alf, Wilson Simonal, Erasmo Carlos etc. Polygram.
Chega de saudade — The best of Bossa Nova. Com João Gilberto, Norma Bengell, Donato, Sylvia Telles, Carlos Lyra, Marcos Valle etc. EMI.
Chega de saudade. Com Os Namorados, Dick Farney, Vinicius, Tamba Trio etc. Polygram Special Marketing/Org. Propeg-BR [fora do comércio].
Disney adventures in Bossa Nova. Com Marcos Valle, Joyce, Quarteto em Cy, Miúcha, Edu Lobo e outros, cantando canções dos filmes de Walt Disney. Disney.
12 x Bossa Nova. Com Pedrinho Mattar, Os Farroupilhas, Vera Brasil e Edgard. Farroupilha.
Edu Lobo songbook. Com Jobim, Chico Buarque, Garganta Profunda, Tim Maia, Nana Caymmi, Guinga etc. Lumiar [2 CDs].
Em cada estrela uma canção. Canções de Newton Mendonça. Com Mariza, Ernani Filho, Carminha Mascarenhas. Copacabana.
Festival da Balança. Com Jongo Trio, Marisa, Maricene Costa etc. RCA.
O fino da bossa. Show no Teatro Paramount, em São Paulo. Com Rosinha de Valença, Alayde Costa, Paulinho Nogueira, Jorge Ben, Nara Leão etc. RGE.
Forma — A grande música brasileira. Com Baden Powell, Vitor Assis Brasil, Moacir Santos, Eumir Deodato, Francis Hime, Bossa Três etc. Polygram.
Forma '65. Com Moacir Santos, Baden Powell, Dulce Nunes etc. Forma.
Forma '66. Forma.

Garota de Ipanema. Trilha sonora original do filme. Com Nara Leão, Vinicius, Eumir Deodato etc. Philips.

Grandes compositores — Menescal & Bôscoli. Com Maysa, Wanda Sá, Os 6 em Ponto, Agostinho dos Santos. RGE.

Os grandes sucessos do Paramount. Com Alayde Costa, Zimbo Trio, Walter Santos, Tito Madi etc. RGE.

L'histoire de la bossa-nova, volume 1 — Soirée à Copacabana. Marcos Wagner (Org.). Com Dolores Duran, Nora Ney, Maysa, Jacques Klein, Fafá Lemos, Os Cariocas etc. Nocturne.

L'histoire de la bossa-nova, volume 2 — L'aube à Copacabana. Marcos Wagner (Org.). Com Johnny Alf, João Gilberto, João Donato, Elizeth Cardoso, Miltinho etc. Nocturne.

Hits da Bossa Nova [5 LPs]. Com Tamba Trio, Jorge Ben, Doris Monteiro, Os Cariocas, Meirelles, Os Gatos, Dom Um, Sergio Mendes, Nara Leão etc. Philips.

Un homme et une femme. Trilha sonora original do filme. AZ.

Jazz samba. Com Dom Um, Edison Machado, Luiz Carlos Vinhas etc. Dubas.

João Donato songbook. Com Ângela Ro-Rô, Emilinha Borba, Eduardo Dusek, Zé Renato, Djavan, Titãs etc. Lumiar [3 CDs].

Marcos Valle songbook. Com Ed Motta, Johnny Alf, Wanda Sá, Azymuth, Ithamara Koorax etc. Lumiar [2 CDs].

Meus primeiros passos e compassos [gravações originais de todas as canções de Jobim até 1958]. Revivendo.

A música de Baden Powell. Com Elis Regina, Elizeth Cardoso, Os Cariocas, Geraldo Vandré, Toquinho. Som Livre.

As músicas dos filmes de Carlos Diegues. Com Nara Leão, Jorge Ben, Maria Bethânia etc. Natasha.

Noites tropicais. Compilação de Nelson Motta. Com João Gilberto, Tamba Trio, Sergio Mendes, Jorge Ben, Nara Leão, Elis Regina etc. Universal.

Nossa Bossa. Com Clara Moreno, Paula Morelenbaum, Moreno Veloso, Kay Lyra, Mariana de Moraes, Daniel Jobim etc. BMG.

No Tom da Mangueira. Com Tom Jobim, Joyce, Johnny Alf, Nelson Cavaquinho etc. Biscoito Fino.

Olha que coisa mais linda — Homenagem a Tom Jobim. Com Ivan Lins, Ed Motta, Clifford Brown, Daniela Mercury. Som Livre.

Orfeu. Trilha do filme de 1999. Com Caetano Veloso. Natasha.

Orfeu Negro. Trilha sonora original do filme. Philips.

Para viver um grande amor. Com Djavan, Dori Caymmi, Zezé Motta, Elba Ramalho, Olivia Byington e Sergio Ricardo. Trilha sonora original do filme. Columbia.

Les précurseurs de la Bossa Nova 1948-1957. Com Dick Farney, Lucio Alves, Tito Madi, Sylvia Telles, Doris Monteiro etc. Frémeaux & Associés.

40 anos — Bossa Nova. Com Roberto Menescal, Wanda Sá, Ivan Lins, Joyce, Leila Pinheiro etc. Albatroz.

60 anos da CNI, 40 da Bossa Nova. Com Sylvia Telles, Lucio Alves, Jobim, Lennie Dale, Norma Bengell etc. Polygram Special Marketing. CNI (fora do comércio) [2 CDs].

Show Opinião. Com Nara Leão, Zé Kéti e João do Valle. Polygram.

Sinfonia do Rio de Janeiro. Com Dick Farney, Os Cariocas, Emilinha Borba, Lucio Alves etc. Continental.

Tempos de Bossa Nova (Bossa Nova times). Com Candinho, Tito Madi, Chico Feitosa, Normando, Durval Ferreira etc. Ventura.

Tom Jobim — Raros compassos. Com Mario Reis, Marlene, Carlos José, Angela Maria, Vicente Celestino, Elza Soares, Stellinha Egg etc. Revivendo [3 CDs].

A trip to Brazil. Com Os Namorados, João Donato, Os Gatos, Paul Desmond, Marcos Valle etc. Motor.

A trip to Brazil, vol. 2: Bossa & beyond. Com João Gilberto, Jon Hendricks, Jorge Ben, Erlon Chaves, Azymuth etc. Universal.

A trip to Brazil, vol. 3: Back to Bossa. Com Bill Evans, Luiz Bonfá, Os Cariocas, Wes Montgomery, Baden Powell, Pingarilho etc. Universal [2 CDs].

Vamos dançar? Primeiras gravações de João Donato, Johnny Alf etc. Sinter.

Vinicius de Moraes songbook. Com Jobim, Simone, Ney Matogrosso, Ivan Lins, Joyce, Miúcha etc. Lumiar [3 CDs].

Viva a Bossa Nova. Com Marcos Valle, Gilson Peranzetta, Leila Pinheiro, Doris Monteiro, João Donato etc. EMI.

Vivendo Vinicius. Com Baden Powell, Carlos Lyra, Miúcha e Toquinho. BMG.

The warm world of Antonio Carlos Jobim. Com Maysa, João Gilberto, Maciel, Isaura Garcia etc. Cherry.

OUTROS DISCOS DE INTERESSE DA BOSSA NOVA

ADNET, Mario. *Samba meets boogie woogie*. Adnet Musica. *Tem + boogie woogie no samba* (com Antonia Adnet). Biscoito Fino.

ALMEIDA, Laurindo (com Bud Shank). *Braziliance*. Pacific.

ALVES, Francisco; REIS, Mario. *Francisco Alves e Mario Reis*. Odeon. *Ases do samba*. Revivendo.

ANJOS DO INFERNO. *Clássicos da velha guarda*. Motodiscos.

BAKER, Chet. *The best of Chet Baker sings*. Pacific.

BARROSO, Ary. *Este é o Ary que eu gosto*. Com João Gilberto, Elizeth Cardoso, Jamelão, Elis Regina, Francisco Alves etc. Warner.

BATISTA, Marília. *História musical de Noel Rosa*. Musidisc.

CAYMMI, Dorival. *Canções praieiras*. Odeon. *Sambas*. Odeon. *Eu vou pra Maracangalha*. Odeon. *Caymmi e o mar*. Odeon. *Ary Caymmi Dorival Barroso*. Odeon. *Caymmi e seu violão*. Odeon. *Eu não tenho onde morar*. Odeon. *Caymmi 1965*. Odeon. *Caymmi visita Tom e leva seus filhos*. Elenco. *Caymmi's grandes amigos*. EMI. *Dori, Nana, Danilo e Dorival Caymmi*. EMI.

CHRISTY, June. *The uncollected June Christy* (com The Kentones). Hindsight. *Something cool*. Capitol.

CONNOR, Chris. *Chris*. Bethlehem.

DAY, Doris. *Sings 22 original recordings 1952-53* (com Page Cavanaugh Trio). Hindsight.

DENNIS, Matt. *Matt Dennis plays and sings Matt Dennis*. RCA Victor. *Dennis, anyone?* RCA Victor. *Welcome Matt Dennis*. RCA Victor. *Plays "Melancholy baby"*. RCA Victor. *Saturday date*. Tops.

ECKSTINE, Billy. *Everything I have is yours* [*Best of the MGM years*]. Verve.

FELICE, Ernie. *Cocktail time*. Capitol.

GARCIA, Isaura. *Mestres da MPB*. Continental. *Cantores do rádio*. EMI.

GAROTO. *Garoto*. Museu da Imagem e do Som. *Garoto revive em alta fidelidade*. Odeon. *Viva Garoto*. Projeto Memória Brasileira.

GONZAGA, Zezé. *Valzinho: Um doce veneno*. Copacabana.

KENTON, Stan. *Stan Kenton and his orchestra 1946*. Classics. *Artistry in rhythm*. Capitol.

LONDON, Julie. *Julie is her name* (com Barney Kessell). London.

LOPES, Dora. *Enciclopédia da gíria*. InterRecords.

MESQUITA, Custodio. *Prazer em conhecê-lo*. Com Marlene, Ney Matogrosso, Rosana Toledo etc. Funarte. *Custodio Mesquita*. Com Angela Maria, Elizeth Cardoso, Roberto Silva etc. Som.

MIRANDA, Carmen. *Carmen Miranda hoje* [remix acústico por Henrique Cazes de gravações originais dos anos 30]. Biscoito Fino. *Carmen canta Ary Barroso*. EMI. *Carmen canta sambas*. EMI. *Os Carnavais de Carmen*. EMI. *Carmen no Cassino da Urca*. EMI.

MONTEIRO, Cyro. *A bossa de sempre*. RCA Camden.

MOONEY, Joe. *Do you long for oolong?* Hep. *Joe breaks the ice.* Hep.

NEY, Nora. *Tire seu sorriso do caminho.* Sigla. *Nora Ney.* Sesc.

O'DAY, Anita. *Let me off uptown!* (com Gene Krupa). Sony.

PAGE CAVANAUGH TRIO. *After hours.* Vaya. *Keyboard Kings.* MGM. *The Page Cavanaugh Trio 1 2 3.* "X". *Three of a kind.* "X". Ver Doris Day.

PEREIRA, Geraldo. *Evocação V.* Com João Nogueira, Elton Medeiros, Nelson Sargento etc. Eldorado.

PIED PIPERS. *The best of the Pied Pipers featuring Jo Stafford.* EMI.

REIS, Mario; BARBOSA, Luiz. *Gosto que me enrosco.* Revivendo.

ROSA, Noel. *Noel pela primeira vez* [caixa com 14 CDs contendo todas as suas composições pelos intérpretes originais]. Velas. *Canções de Noel Rosa cantadas por Noel Rosa.* Continental. *Noel por Noel.* EMI.

SAMBALANÇO. Com Miltinho, Elza Soares, Orlandivo e outros. EMI.

SILVA, Ismael. *O samba na voz do sambista.* Sinter.

SILVA, Orlando. *O cantor das multidões* (gravações originais, 1935-42). BMG [3 CDs].

SINATRA, Frank. *Songs for young lovers.* Capitol. *Songs for swingin' lovers.* Capitol. *Frank Sinatra sings for only the lonely.* Capitol. *Nice 'n' easy.* Capitol.

TORMÉ, Mel, and The Mel-Tones. *A foggy day.* Musicraft. *There's no one but you.* Musicraft.

TRIO SURDINA. *Trio Surdina.* Musidisc. *Trio Surdina toca Ary Barroso.* Musidisc. *Trio Surdina interpreta Dorival Caymmi, Ary Barroso e Noel Rosa.* Musidisc. *Aquarela do Brasil.* Musidisc.

VADICO. *Festa dentro da noite.* Festa.

VAN DAMME, Art. *The Van Damme sound.* Collectables.

VÁRIOS. *Brazil bossa beat — Bossa Nova and the story of Elenco Records, Brazil.* Soul Jazz.

VÁRIOS. *Uma noite no Chiko's Bar.* Com Leny Andrade, Nana Caymmi, Johnny Alf, Luiz Eça, Edson Frederico. Recarey.

VÁRIOS. *Para viver um grande amor.* Com Marília Barbosa, José Ricardo, Victor Hugo.

VÁRIOS. *West Coast jazz.* Com Laurindo.de Almeida, Chet Baker, Stan Kenton, Bud Shank, Gerry Mulligan. Fantasy [4 CDs].

VAUGHAN, Sarah. *The essential Sarah Vaughan.* CBS.

BIBLIOGRAFIA

A MÚSICA EM FORMA DE LETRA

BOSSA IMPRESSA:
Historinha do Desafinado, de 1965, foi o livro pioneiro. Ao lado, a Bossa Nova chega à *Revista do Rádio*

ALBUQUERQUE, Célio (Org.). *1973 — O ano que reinventou a MPB*. Rio: Sonora, 2013.

ALEXANDRE, Ricardo. *Nem vem que não tem — A vida e o veneno de Wilson Simonal*. São Paulo: Globo, 2009.

ALONSO, Gustavo. *Simonal — Quem não tem swing morre com a boca cheia de formiga*. Rio: Record, 2011.

ARAÚJO, Paulo Cesar de. *Eu não sou cachorro, não — Música popular cafona e ditadura militar*. Rio: Record, 2002.

BAHIANA, Ana Maria. *Almanaque 1964*. São Paulo: Companhia das Letras, 2014.

BLANCO, Billy. *Tirando de letra e música*. Rio: Record, 1996.

BOTEZELLI, J. C. (Pelão); PEREIRA, Arley. *A música brasileira deste século por seus autores e intérpretes*. São Paulo: Sesc, 2001. 8 v.

BRITO, Gilvan de. *Não me chamem Vandré*. São Paulo: Patmos, 2015.

BRITTO, Jomard Muniz de. *Do Modernismo à Bossa Nova*. Rio: Civilização Brasileira, 1966.

CABRAL, Sérgio. *ABC do Sérgio Cabral*. Rio: Codecri, 1979.

_____. *Tom Jobim*. CBPO-Sabiá-Odebrecht, 1987.

_____. *Elizeth Cardoso — Uma vida*. Rio: Lumiar, s/d.

_____. *No tempo de Ary Barroso*. Rio: Lumiar, s/d.

CÂMARA, Leide. *A Bossa Nova de Hianto de Almeida*. Natal: Sesc-RN, 2012.

CÂMARA, Marcelo; MELLO, Jorge; GUIMARÃES, Rogério. *Caminhos cruzados — A vida e a música de Newton Mendonça*. Rio: Mauad, 2001.

CAMPOS, Augusto de (Ed.) *Balanço da bossa*. São Paulo: Perspectiva, 1968.
CAMPOS, Marcello. *Week-end in Rio — Cinco décadas (e meia) de conjunto melódico Norberto Baldauf*. Porto Alegre: Marcello Campos, 2007.
CARDOSO, Sylvio Tullio. *Dicionário biográfico de música popular*. Rio: edição particular, 1965.
CARVALHO, Hermínio Bello. *Taberna da Glória e outras glórias — Mil vidas entre os heróis da música brasileira*. Organização de Ruy Castro. Rio: Edições de Janeiro, 2015.
CASTRO, Ruy. *A onda que se ergueu no mar — Novos mergulhos na Bossa Nova*. São Paulo: Companhia das Letras, 2001.
_____. *Tempestade de ritmos — Jazz e música popular no século XX*. São Paulo: Companhia das Letras, 2007.
_____. *Rio Bossa Nova — Um roteiro lítero-musical*. Rio: Casa da Palavra, 2013.
_____. *Letra & música — A canção eterna*. São Paulo: Cosac Naify, 2013.
_____. *A noite do meu bem — A história e as histórias do samba-canção*. São Paulo: Companhia das Letras, 2015.
CAVALCANTE, Cássio. *Nara Leão — A musa dos trópicos*. Recife: Cepe, 2008.
CAYMMI, Stella. *Dorival Caymmi — O mar e o tempo*. São Paulo: Editora 34, 2001.
_____. *Caymmi e a Bossa Nova*. Rio: Íbis Libris, 2008.
_____. *O que é que a baiana tem? Dorival Caymmi na era do rádio*. Rio: Civilização Brasileira, 2013.
_____ et al. *Dorival Caymmi — Acontece que ele é baiano*. Rio: 19 Design e Editora, 2013.
CHEDIAK, Almir. *Songbook da Bossa Nova*. Rio: Lumiar, s/d. 5 v.
_____. *Songbook de Carlos Lyra*. Rio: Lumiar, s/d.
_____. *Songbook de Dorival Caymmi*. Rio: Lumiar, s/d.
_____. *Songbook de João Donato*. Rio: Lumiar, s/d.
_____. *Songbook de Marcos Valle*. Rio: Lumiar, s/d.
_____. *Songbook de Tom Jobim*. Rio: Lumiar, s/d. 3 v.
_____. *Songbook de Vinicius de Moraes*. Rio: Lumiar, s/d. 3 v.
CRAVO ALBIN, Ricardo. *Dicionário Houaiss Ilustrado — Música popular brasileira* (criação e supervisão geral). Rio: Paracatu, 2006.
DELFINO, Jean-Paul. *Brasil Bossa Nova*. Aix-en-Provence, França: Édisud, 1988.
DIAS, Andrea Ernest. *Moacir Santos ou os caminhos de um músico brasileiro*. Rio: Folha Seca, 2014.
ECHEVERRIA, Regina. *Furacão Elis*. Rio: Nórdica, 1985.
FAOUR, Rodrigo. *Dolores Duran — A noite e as canções de uma mulher fascinante*. Rio: Record, 2012.

FISCHER, Marc. *Ho-ba-la-lá — À procura de João Gilberto*. São Paulo: Companhia das Letras, 2011.
GARCIA, Walter (Org.). *João Gilberto*. São Paulo: Cosac Naify, 2012.
GAVIN, Charles. *O som do vinil — Quem é quem (João Donato, 1973)*. Rio: Ímã, 2014.
GOMES, Anita Ayres (Org.). *Nara Leão*. Rio: Beco do Azougue, 2014.
GRYNBERG, Halina. *Paulo Moura — Um solo brasileiro*. Rio: Casa da Palavra, 2011.
HOMEM DE MELLO, Zuza. *A era dos festivais — Uma parábola*. São Paulo: Editora 34, 2003.
_____. *Eis aqui os Bossa-Nova*. São Paulo: Martins Fontes, 2008.
_____. *Música nas veias — Memórias e ensaios*. São Paulo: Editora 34, 2007.
_____. *Música com Z — Artigos, reportagens e entrevistas (1957-2014)*. São Paulo: Editora 34, 2014.
JOBIM, Ana e Antonio Carlos. *Ensaio poético*. Rio: Passaredo/Record, 1988.
_____. *Toda a minha obra é inspirada na Mata Atlântica*. Rio: Jobim Music, 2001.
JOBIM, Paulo e Antonio Carlos. *Cancioneiro Jobim*. Rio: 19 Design e Editora, 2000.
JHOSEP. *Ronaldo Bôscoli, o senhor Bossa Nova*. Rio: Toca do Vinicius, 1996.
JOYCE. *Fotografei você na minha Rolleyflex*. Rio: MultiMais, 1997.
LIBRANDI, Lulu. *Mensagem a Isaurinha Garcia*. São Paulo: MIS, 2013.
LIRA NETO. *Maysa — Só numa multidão de amores*. Rio: Globo, 2007.
LYRA, Carlos. *Eu & a Bossa — Uma história da Bossa Nova*. Rio: Casa da Palavra, 2008.
MACIEL, Luiz Carlos; CHAVES, Ângela. *Eles e eu — Memórias de Ronaldo Bôscoli*. Rio: Nova Fronteira, 1994.
MARCONDES, Marcos Antônio (Org.). *Enciclopédia da música brasileira erudita, folclórica e popular*. São Paulo: Art Editora. 2 v.
MARIA, Antonio. *O Jornal de Antonio Maria*. Organização de Ivan Lessa. Rio: Saga, 1968.
_____. *Pernoite*. Organização de Leonardo Castilho e Sonia Motta. Rio: Martins Fontes/Funarte, 1989.
_____. *Com vocês, Antonio Maria*. Organização de Alexandra Bertola. São Paulo: Paz e Terra, 1994.
_____. *As crônicas de Antonio Maria*. Organização de Joaquim Ferreira dos Santos. Rio: Civilização Brasileira, 2002.
_____. *O diário de Antonio Maria*. Organização de Joaquim Ferreira dos Santos. Rio: Civilização Brasileira, 2002.

MARIA, Julio. *Elis Regina — Nada será como antes*. São Paulo: Máster Books, 2015.
MARIZ, Vasco. *A canção popular brasileira*. 6.ª ed. Rio: Francisco Alves, 2002.
MÁXIMO, João. *Sinfonia do Rio de Janeiro — 60 anos de história musical da cidade*. Rio: Papel & Tinta, 2015.
MAYRINK, Geraldo. *Vinicius, o poeta que amava as mulheres*. Suplemento especial de *A Revista*. São Paulo: Gráfica Takano, s/d.
MELLO, Jorge. *Gente humilde — Vida e música de Garoto*. São Paulo: Sesc-SP, 2012.
MIELE, Luiz Carlos. *Miele, o contador de histórias*. Rio: Bookstart, 2015.
MONJARDIM, Jayme. *Maysa*. Rio: Globo, 2008.
MONTEIRO, Denilson. *Ronaldo Bôscoli — A bossa do lobo*. Rio: Leya, 2011.
MORAES, Vinicius de. *Livro de letras*. São Paulo: Companhia das Letras, 1991.
_____. *Encontros*. Rio: Beco do Azougue, 2007.
_____. *Cancioneiro Orfeu* (texto de Sergio Augusto). Rio: Jobim Music, 2006.
_____. *Cancioneiro Vinicius de Moraes* (2 vols.: *Biografia* e *Obras selecionadas*). Organização de Ana Lontra e Paulo Jobim. Rio: Jobim Music, 2007.
_____. *Jazz & Co.* Org. de Eucanaã Ferraz. São Paulo: Companhia das Letras, 2013.
MORAES, Suzana et al. *Vinicius de Moraes — Um poeta dentro da vida*. Rio: Repsol Sinopec, 2011.
MOTTA, Nelson. *Noites tropicais*. Rio: Objetiva, 2000.
_____. *As sete vidas de Nelson Motta*. Rio: Foz, 2014.
NEPOMUCENO, Eric. *Edu Lobo — São bonitas as canções*. Rio: Edições de Janeiro, 2015.
NUZZI, Vitor. *Geraldo Vandré — Uma canção interrompida*. São Paulo: Kuarup, 2015.
OLIVEIRA, Frederico Mendonça de [Fredera]. *O crime contra Tenório — Saga e martírio de um gênio do piano brasileiro*. Alfenas: Atenas, 1997.
PASSOS, Claribalte. *Música popular brasileira*. Recife: Universidade Federal de Pernambuco, 1968.
QUINDERÉ, Fernanda. *Bodas da solidão — Um olhar azul para Luiz Eça*. Fortaleza: Livro Técnico, 2007.
RAMALHO NETO. *Historinha do Desafinado*. Rio: Vecchi, 1965.
ROBERTS, John Storm. *The Latin tinge*. NY-Oxford: Oxford University Press, 1999.
RODRIGUES, Caetano; GAVIN, Charles. *Bossa Nova e outras bossas — A arte e o design das capas dos LPs*. Apresentação de Ruy Castro. Rio: Petrobras, 2005.
ROSSI, Fred (Org.). *Anotações com arte — Vinicius de Moraes*. São Paulo: Fred Rossi, 2003.

_____. *Anotações com arte — Tom Jobim*. São Paulo: Fred Rossi, 2007.

_____. *Anotações com arte — 50 anos de Bossa Nova*. São Paulo: Fred Rossi, 2008.

SANTOS, Alcino et al. *Discografia brasileira 78 rpm 1902-1964*. Rio: Xerox-Funarte, 1982. 5 v.

SANTOS, Joaquim Ferreira dos. *Um homem chamado Maria*. Rio: Objetiva, 2005.

SANTOS, Jorge Fernando dos. *Vandré — o homem que disse não*. São Paulo: Geração Editorial, 2015.

SEVERIANO, Jairo. *Uma história da música popular brasileira — Das origens à modernidade*. São Paulo: Editora 34, 2008.

SEVERIANO, Jairo; HOMEM DE MELLO, Zuza. *A canção no tempo — 85 anos de músicas brasileiras. Vol. 1: 1901-1957*. São Paulo: Editora 34, 1997.

_____. *A canção no tempo — 85 anos de músicas brasileiras. Vol. 2: 1958-1985*. São Paulo: Editora 34, 1998.

SILVA, Walter [Pica-Pau]. *Vou te contar — Histórias da música popular brasileira*. São Paulo: Códex, 2002.

SOUZA, Tárik de; ANDREATO, Elifas. *Rostos e gostos da MPB*. Porto Alegre, L&PM, 1979.

STREGA, Enrique. *Bossa Nova e novo tango — Uma história de Vinicius a Piazzolla*. Buenos Aires: Corregidor, 2010.

SUKMAN, Hugo. *Coisas — Cancioneiro Moacir Santos*. Rio: Jobim Music, 2005.

TÁVOLA, Arthur da. *40 anos de Bossa Nova*. Rio: Sextante, 1998.

TERRA, Renato; CALIL, Ricardo. *Uma noite em 67 — Entrevistas completas com os artistas que marcaram a era dos festivaus*. São Paulo: Planeta, 2013.

TINHORÃO, José Ramos. *O samba agora vai...* Rio: JCM Editores, 1969.

_____. *Música popular — Um tema em debate*. Rio: JCM Editores, 1969.

_____. *Pequena história da música popular*. Petrópolis: Vozes, 1974.

_____. *Música popular — Do gramofone ao rádio e TV*. São Paulo: Ática, 1981.

VÁRIOS AUTORES. *Nova história da música popular brasileira* [coleção de fascículos e discos, dezenas de volumes]. 2.ª ed. São Paulo: Abril Cultural, 1978.

_____. *Brasil musical*. Rio: Art Bureau, 1988.

_____. *As grandes entrevistas do "Pasquim"*. Rio: Codecri, 1975.

_____. *O som do "Pasquim"*. Rio: Codecri, 1976.

_____. *Do barquinho ao avião* [encarte do álbum comemorativo dos 30 anos da Bossa Nova e da Líder Táxi Aéreo]. Rio, 1989.

VELOSO, Caetano. *Verdade tropical*. São Paulo: Companhia das Letras, 1997.

VILLELA, Cesar G. *A história visual da Bossa Nova*. Rio: ADG-Brasil e UniverCidade, 2003.

AGRADECIMENTOS

UMA SINFONIA DE INFORMANTES

Sobre a infância de João Gilberto em Juazeiro, Bahia, vali-me das inestimáveis informações de seus conterrâneos e contemporâneos Belinha Abujamra, Clovis Moura, Giuseppe Muccini, Ieda Castiel, Merita Moura e Miécio Caffé, e de seus irmãos, Dewilson de Oliveira e dona Dadainha de Oliveira Sá. Sobre sua temporada em Porto Alegre, aprendi com Alberto Fernandes, Glenio Reis, Paulo Diniz e a extraordinária dona Boneca Regina, "mãe gaúcha de Joãozinho". Em várias conversas telefônicas, o próprio João Gilberto confirmou e ampliou muitas dessas informações. Quanto ao Sinatra-Farney Fan Club, tive o privilégio de conversar com seus antigos membros e fundadores Carlos Manga, Cyl Farney, Henrique Fernando Cruz, João Orlando da Costa Gomes (que me emprestou a carteirinha), Maria do Carmo Queiroz e Oswaldo Carneiro.

Se os informantes se tornam quase coautores de um livro, meu muito obrigado a Achilles Chirol; Acyr e Alvinho (dos Garotos da Lua); Alberico Campana; Alberto Ruschel; Alfonso Lafita; Alvaro de Moya; Alvaro Ramos; André Midani; Antonio Carlos Jobim; Araken Peixoto; Armando Pittigliani; Billy Blanco; Candinho (José Cândido de Mello Mattos); Carlos Conde; Carlos Lyra; Chico Feitosa; Christina Gurjão; Cravinho (Aminthas Jorge Cravo); Cyrene (viúva de Newton) Mendonça; David Drew Zingg; Edison Machado; Elba e João Luiz de Albuquerque; Emília e Pacífico Mascarenhas; Eumir Deodato; Fernando Sabino; Flávio Ramos; Gerson Bergher; Haroldo Costa; Heitor Carrillo; Ivan Lessa; Ivon Curi; Jacques e Lidia Libion; Janio de Freitas; João

Donato; João Gilberto; João Mário Medeiros; João Máximo; Jonas Silva; Jorge Karam; José Domingos Rafaelli; José Lino Grünewald; José Ramos Tinhorão; Júlio Hungria; Juvenal Fernandes; Laura e Chico Pereira; Laurinha e Abelardo Figueiredo; Luciana de Moraes; Lucio Alves; Luiz Claudio; Luiz Eça; Luvercy Fiorini; Marcos Valle; Mario Telles; Marisa (Gata Mansa); Mauricio Sherman; Miele (Luiz Carlos Miele); Milton Banana; Miúcha; Moysés Fuks; Nara Leão; Nilo Queiroz; Oswaldo Gurzoni; Paulo César de Oliveira; Paulo Francis; Paulo Garcez; Paulo Lorgus; Paulo Moura; Pingarilho (Carlos Alberto Pingarilho); Raul de Souza (Raulzinho); Reinaldo Di Giorgio Jr.; Roberto Menescal; Ronaldo Bôscoli; Sabá; Severino Filho, Badeco e Quartera, de Os Cariocas; Sheila e Luiz ("Chupeta") Gomes; Sonia Delfino; Suzana de Moraes; Telmo Martino; Tião Neto; Tito Madi; Umberto Contardi; Walter Arruda; Walter Clark; Walter Silva; Wanda Sá; e Ziraldo. E quem diria que, ao passar tantas tardes ouvindo Irineu Garcia falar da produção do LP *Canção do amor demais* por seu selo discográfico Festa, aquelas histórias viriam parar neste livro? Foi entre 1973 e 1975, em Lisboa, onde fui morar a trabalho, conheci Irineu, já residente de longa data na capital portuguesa, e nos tornamos amigos.

Nenhum biógrafo ou historiador trabalha sozinho. Pode não ter uma equipe, mas sempre dependerá da boa vontade e paciência de muitas pessoas. Daí, agradecimentos especiais a Leon Barg, de Curitiba, pela generosidade em me ceder imagens de sua fabulosa coleção de 78 rpms, manancial de seu selo Revivendo; a Sérgio Cabral, sempre pronto a ajudar; a Ricardo Carvalho, por sua amorosa pesquisa sobre Vinicius; a Almir Chediak, irmão das primeiras batalhas pela volta da Bossa Nova; a Isabel Leão Diegues, por permitir acesso ao arquivo de sua mãe, Nara; e a Arnaldo de Souteiro, que sabe tudo sobre a carreira internacional da Bossa Nova.

Pela cessão e/ou reprodução de material fotográfico, muito além da boa vontade, obrigado a Gabriela Albuquerque, Zevi Ghivelder, Ivson, Hélio Campos Mello e Katia Valadares. O mesmo, quanto a textos, a Margarete de Lara e Fátima Pardini. E, por me abrir o caminho a personagens-chave, muito, muito obrigado a Miriam Christofani.

Pela paciência comigo e observações oportunas no texto final, minha gratidão a Marta Garcia. Pelo decisivo apoio no Rio, em acolhida, amizade e estímulo, meu amor a Rita Kauffman e Giovani Mafra e Silva. E, pelo apoio em São Paulo, em inúmeros sentidos, todos os obrigados a Decio Carraro — em muitos momentos, este livro pareceu ser um projeto também dele.

E, por fim, o maior agradecimento ao prof. Carlos Vogt, então vice-reitor da Universidade de Campinas, pela minha inclusão no Projeto do Artista Residente, permitindo que, durante dois anos, eu me dedicasse a este trabalho com o empenho e carinho que ele exigiu. Sem essa bolsa — e sem a adoração pela Bossa Nova pulsando em todos os mencionados acima —, *Chega de saudade* teria sido apenas um sonho.

Um sonho que nunca teria se tornado realidade se não fosse por Alice Sampaio.

CRÉDITOS DAS IMAGENS

Todos os esforços foram feitos para determinar a origem das imagens publicadas neste livro, porém isso nem sempre foi possível. Teremos prazer em creditar as fontes, caso se manifestem.

CAPA
 Foto: DR/ Carlos Kerr/ Manchete
 Discos: Acervo pessoal do autor

QUARTA-CAPA
 Acima: DR/ Manchete
 Abaixo: DR/ Acervo João Luiz de Albuquerque

VERSOS DA CAPA (as duas)
 DR/ Indalecio Wanderley

LOMBADA
 DR/ Carlos Kerr/ Manchete

FOTO DO AUTOR
 Chico Cerchiaro

 pp. 4-5: Discos: Philartphacei/ iStock. Selos: Acervo pessoal do autor

pp. 6-7: DR/ Acervo pessoal do autor
pp. 8-9: Arquivo O Cruzeiro/ EM/ D.A. Press
pp. 10-11: Antonio Nery/ TYBA
p. 12: DR/ Aldyr Tavares/ Manchete
p. 418 (acima): Paulo Scheuenstuhl
p. 418 (abaixo): DR/ Eveline Muskat/ Manchete
p. 439 (à esquerda): DR/ Acervo João Luiz de Albuquerque
p. 439 (à direita) e 469: Acervo pessoal do autor
p. 504: DR/ Carlos Kerr/ Manchete

CADERNO 1

pp. 1 (acima e abaixo), 2 (abaixo), 6 (abaixo) e 7 (acima à direita e abaixo): DR/ Acervo pessoal do autor
p. 1 (centro): DR/ Ivson
pp. 2 (acima) e 3: DR/ Acervo Jonas Silva
p. 2 (centro): DR/ Acervo Badeco
p. 4 (acima à esquerda): DR/ Maria do Carmo Queiroz
pp. 4 (acima à direita e abaixo) e 6 (abaixo): DR/ Manchete
p. 5 (acima): DR/ Acervo Araken Peixoto
p. 5 (abaixo): DR/ Jean Solari
p. 6 (acima): DR/ Acervo Cyrene Mendonça
p. 6 (centro) e 10: Acervo pessoal do autor
pp. 7 (acima à esquerda) e 12 (acima): DR/ Acervo João Luiz de Albuquerque
p. 11 (acima): DR/ Acervo Nara Leão
p. 11 (abaixo): DR/ Hélio Santos
p. 12 (abaixo): DR/ Carlos Kerr/ Manchete
p. 13: DR/ Indalecio Wanderley/ Manchete
pp. 14-15: DR/ Acervo Roberto Menescal
p. 16: DR/ O Cruzeiro/ Diários Associados

CADERNO 2

p. 1: DR/ Fernando Abrunhosa
p. 2 (acima): DR/ Acervo João Luiz de Albuquerque
p. 2 (abaixo): Domicio Pinheiro/ Estadão Conteúdo
p. 3 (acima): DR/ Acervo Nara Leão
pp. 3 (abaixo) e 12 (acima): DR/ Carlos Abrunhosa/ Manchete
p. 4 (acima): Antonio Nery/ TYBA/ Acervo Flavio Ramos

CRÉDITOS DAS IMAGENS

p. 4 (abaixo): Antonio Nery/ TYBA/ Acervo Badeco
pp. 5, 6 (abaixo) e 10 (acima): DR/ Acervo Tião Neto
p. 6 (acima), 7 (acima e abaixo à esquerda), 11 (acima), 12 (abaixo) e 13 (centro): DR/ Acervo pessoal do autor
p. 7 (abaixo à direita): DR/ Emanuel Nery
pp. 8-9: Acervo pessoal do autor
p. 10 (abaixo à esquerda): DR/ Paulo Lorgus
p. 10 (abaixo à direita): DR/ Acervo Miúcha
p. 11 (abaixo): DR/ Manchete
p. 13 (acima): DR/ Esko Murto
p. 13 (abaixo): DR/ Luís Conceição
pp. 14-15 (acima): DR/ Acervo Arnaldo de Souteiro
p. 14 (abaixo): DR/ Acervo João Donato
p. 15 (abaixo): DR/ Wilson Chumbo/ Manchete
p. 16: DR/ O Cruzeiro

ÍNDICE REMISSIVO

"Abismo de rosas", 198
"Abraço no Bonfá, Um", 248, 286
Abreu, Zequinha de, 46
"Acapulco", 382
"Acender as velas", 343
"Adeus, América", 58, 89, 228
"Adeus, batucada", 16
"Adeus", 105
Afro-sambas, Os, 302
"After you", 64
"Agonia", 105
"Águas de março", 406
"Ah! Se eu pudesse", 269
"Ainda mais lindo", 352
Alayde canta suavemente, 360
Alayde, alaúde, 361
Alberto, 20-2
Albuquerque, Armando de, 142
Albuquerque, João Luiz de, 227, 260, 264

Alencar, Cesar de, 93, 101-2, 186, 200, 204, 206, 216, 266-7
Alencar, Hélio de, 182, 184
Alf, Johnny (Alfredo José da Silva), 35, 37, 41, 80, 92-5, 101, 110-1, 124, 128, 136, 145, 153, 157, 163, 169, 189-90, 192, 202, 231, 260-3, 265, 274, 277, 288, 296-8, 304, 307, 317, 321, 373, 383
"Alguém como tu", 98
"Alguém me disse", 187
"All of me", 55
"All the things you are", 283
Almeida, Antonio, 242
Almeida, Aracy de, 113
Almeida, Harry Vasco de, 292
Almeida, Henrique de, 197
Almeida, Hianto de, 72

Almeida, Janet de, 51, 231
Almeida, Joel de, 156
Almeida, Laurindo de, 46, 81, 390
Almeida, Murilinho de, 274
Alpert, Herb, 395
"Also sprach Zarathustra", 393
Alves, Ataulpho, 81, 167, 241
Alves, Cleide, 357
Alves, Francisco, 15, 87
Alves, Lucio, 41, 47-50, 55, 57, 61, 64, 67-8, 73-4, 79, 93, 97-8, 128, 158, 165, 181, 187-9, 205-6, 226, 228, 277, 303, 329, 334-5, 382
Alves, Rômulo, 169
Alvinho, 55, 60, 62, 64-6, 70, 76-7
Amádio, José, 276
Amado, Jorge, 17, 244, 265, 316, 329-30, 379

"Amanhã", 21
"Amar é bom", 66
"Amar, o que é", 92, 298
"Amazonas", 299
"Amei tanto", 302, 407
"Amendoim torradinho", 109-10, 112, 124
American Jazz Combo, 132
"Amor certinho", 176, 230, 248
Amor de gente moça, 369
"Amor de nada", 352
"Amor é chama, O", 353, 388
"Amor em paz, O", 294, 412
"Amor no samba", 322
Amor, o sorriso e a flor, O, 230, 247, 249, 264, 293, 314
Amorim, Jair, 359
Aná, 131-2, 134, 200
Ana Lúcia, 317, 321, 337-8, 364
Ana Maria, 385, 416
"Andorinha preta", 127
Andrade, Carlos Drummond de, 113, 134, 176, 349
Andrade, Gilberto de, 60
Andrade, Leny, 248, 277, 303, 358-9, 392, 403
Angela Maria, 81, 357
"Anjo cruel", 66
Anjos do Inferno, 15, 51-2, 56-7, 161, 242, 267, 292
Ankito, 276
Antonio Maria, 61, 66, 68, 82, 85-8, 101, 113, 115, 120, 128, 218, 236-8, 326

"Aos pés da cruz", 64, 197, 208, 215, 273
"Aquarela do Brasil", 234, 254
Aquele som dos Gatos, 392
Araújo, Guilherme, 336-7
Araújo, João, 257
Araújo, Juarez, 284
Arcoverde, Ely, 372
Arena canta Zumbi, 352
Arlen, Harold, 59
Armstrong, Louis, 264
Arnaz, Desi, 110-1
"Arpoador", 97
"Arrastão", 365, 399, 406
Arruda, Walter, 244-6
"Artistry in rhythm", 38
Assis, Chico de, 259
Assumpção, Roberto, 113
Astaire, Fred, 21, 30, 413
"Astronauta, O", 301, 310
Astrud Gilberto album, The, 376
"Aula de matemática", 104, 216
Austregésilo, Teresa, 81
"Ave-Maria no morro", 15
Axidentals, The, 66
Azeitona, 292
Azenza, Miguel, 367
Azevedo, Waldir, 46

Babauzinho, 21-2
Babo, Lamartine, 142
Bach, Johann Sebastian, 90
Bacharach, Burt, 395, 408
Bad Donato, A, 382
Badeco, 57, 168-9, 178, 192, 228, 302, 309, 372
Bailly, Otávio, 307, 319
Baker, Chet, 165, 244

"Balanço Zona Sul", 359
Baliza, Oswaldo, 106
Ball, Lucille, 110-1
Bálsamo, Geni, 37
Banda de Música 22 de Março, 18
"Banda, A", 399-400
Bandeira, Manuel, 108
Bando da Lua, 16, 55-6, 105, 152, 154-5
Bangel, Tasso, 338
Baptista, Dircinha, 65
"Bar da noite", 128
Barbato, Nancy, 48
Barbosa, Haroldo, 51, 55, 58-9, 74, 113, 237, 382
Bardot, Brigitte, 222, 407
Barouh, Pierre, 408
Barquinho, 290
"Barquinho de papel", 131, 197, 261
"Barquinho, O", 225, 269, 271, 286, 289, 292-3, 323-4, 406
Barreto, Lima, 83
Barrios, Gregorio, 15
Barro, João de (Braguinha), 30, 97
Barros, Nelson Lins de, 296, 340
Barros, Raul de, 231
Barros, Theo de, 338, 370, 399
Barroso, Ary, 101, 108, 113, 155, 208, 234, 241, 253, 260, 381
Barroso, Mirzo, 35
Barroso, Sérgio, 284
Barsotti, Rubens, 373
Bassini, Rubens, 180, 284, 395, 397

ÍNDICE REMISSIVO

Bastos, Newton, 90
"Batida diferente", 283, 396
Batista, Wilson, 128, 237
"Batucada surgiu", 353
"Baubles, bangles and beads", 413-4
Beach samba, 393
Beatles, The, 395, 409, 411
Beauvoir, Simone de, 265
Bebeto, 44, 200, 221, 230, 232, 234, 284, 289, 371
Beduíno, 358
Beethoven, Ludwig van, 90, 234
"Begin the beguine", 46
Belinha, 22, 140
Beltrão, Henrique, 109
Bem do amor, O, 357
Ben, Jorge, 277, 338, 359, 364, 383-4
Beneke, Tex, 52, 74
Bengell, Norma, 81, 197, 216, 220-5, 227-8, 243, 262-3, 335, 337, 340
Bennett, Tony, 314, 322, 389, 393
Bergen, Candice, 354
Bergman, Marilyn, 386
"Berimbau", 301, 342, 387
Berlin, Irving, 59, 382, 386, 413
Berlinck, Horácio, 363, 401
"Bésame mucho", 240, 381
"Bewitched", 54
Bianchi, Cido, 373
Bide, 293
Bierce, Ambrose, 197
Bilac, Olavo, 176
"Bim bom", 73, 134, 148, 158, 160, 165, 170-1, 177, 179-84, 197, 208, 231-2, 264, 286, 314

Bittencourt, Sérgio, 342
"Black coffee", 53
Blanco, Billy, 35-6, 95-6, 99, 103, 111, 128, 221, 225, 272, 303, 325, 335, 382, 387
Blane, Ralph, 382
Blecaute, 29
Bloch, Guilholm, 377
Bloch, Pedro, 380
"Blues in riff", 47
"Blues in the night", 385
Boal, Augusto, 346, 352
Boamorte, Lauro, 279
Bogart, Humphrey, 308
Bola Sete, 317, 323
Bolão e seus Rockettes, 187
"Bolinha de papel", 15, 51, 292
"Bom dia, amigo", 301
"Bom é querer bem", 102
Boneca Regina, d., 141
Bonfá, Luiz, 35-6, 83, 94, 120, 198, 217-8, 233-4, 285, 317, 323, 333, 378, 383, 390, 394, 403
"Bonita", 354, 387
"Boogie-woogie na favela", 15
Borba, Emilinha, 29, 81, 97, 399
Borba, Oswaldo, 239
Bororó, 158, 162, 381
Bôscoli, Geysa, 15, 116
Bôscoli, Héber de, 116
Bôscoli, Jardel, 116
Bôscoli, Lila, 116-9, 166
Bôscoli, Ronaldo, 88, 104, 116-9, 127-32, 134, 136-7, 199-200, 202-4, 208, 210, 213-5, 217-8, 221-2,

225-8, 231-4, 236-8, 240-3, 247, 253, 256-7, 259-63, 268-71, 276, 278-80, 282, 285-7, 289-91, 296, 298, 313, 321, 326, 334, 339, 343, 345, 351, 358-61, 363, 371-2, 375, 387, 396, 403-6, 408
Bossa Jazz Trio, 372
Bossa Nova Carlos Lyra, 260-1
Bossa Nova de Roberto Menescal, 392
Bossa Nova mesmo, 334
Bossa Rio, 338
Bossa Três, 284, 304, 317, 337, 359-60, 372, 383, 403
Botelho, Toninho, 55, 61-2, 66, 70, 160-1, 226, 269-70
Braga, Rubem, 82, 119, 218, 295
Brando, Marlon, 288
Brasil '65, 384
Brasil '66, 395
Brasil '77, 394-5, 397
"Brasil pandeiro", 83
Brasil, Vera, 338, 363
Brazil's Brilliant João Gilberto, 314
"Brigas, nunca mais", 208, 216, 264
Britinho, 72-3, 80
"Brotinho sem juízo", 279, 402
Brubeck, Dave, 98, 164
Bruno, Lenita, 181, 216
Buarque de Holanda, Chico, 364, 381, 399-400, 407

483

Buarque de Holanda, Maria Amélia, 379
Buarque de Holanda, Miúcha, 356, 376, 378-9, 381
Buarque de Holanda, Sérgio, 379, 400
Buck, Pearl S., 288
"Buquê de Isabel", 206
Burke, Sonny, 414
Buti, Cario, 15
Byrd, Charlie, 268, 314-5, 324, 331, 333

"C'est si bon", 222
Cabral, Pedro Álvares, 318
Cabral, Sérgio, 342
"Cachito", 181
Caçulinha, 403
"Cadê Jodel?", 299, 393
"Cadê Mimi", 277
Caetano, Pedro, 78
Cahn, Sammy, 245, 386
Caldas, Klécius, 35
Caldas, Silvio, 114, 158, 237-8
Callas, Maria, 366
Calmon, Waldir, 233, 301
Câmara, Helder, d., 109
"Cambalache", 15
"Caminhemos", 236
"Caminho de pedra", 174
"Caminhos cruzados", 202, 216
Campana, Alberico, 282, 404
Campana, Giovanni, 282
Campello, Celly, 187, 255, 357
Campello, Tony, 246-7, 278
Campos, Paulo Mendes, 113, 119

Camus, Marcel, 218-9
Canaro, Francisco, 15
"Canção da eterna despedida", 216
"Canção da Índia", 15, 142
"Canção da terra", 342
"Canção da volta", 88, 102, 112
Canção do amor demais, 166, 171-4, 177, 198, 216, 218
"Canção que morre no ar", 259
Candinho (José Cândido de Mello Mattos), 93, 109-12, 118, 120, 233, 367
"Canta, canta mais", 216
"Cantinho e você, Um", 23
"Canto de Ossanha", 401
"Cantos", 301
Capote, Truman, 274
"Caravan", 15, 55, 61
"Carcará", 348, 399
Cardoso, Elizeth, 166, 171-4, 177-9, 198, 216, 218, 248, 403
Cardoso, Ney Lopes, 48
Cardoso, Sylvio Tullio, 48, 53, 322, 326
Carequinha, palhaço, 108-9
Carícia, 199
Cariê (Carlos Alberto Lindenbergh), 256
Cariocas, Os, 56-8, 65, 67, 78, 88-9, 97, 128, 136, 153, 168-9, 175, 178, 199, 217, 228, 239, 262, 288, 302, 307-8, 310-1, 317, 338, 340, 362-4, 371-2, 404

Carlos Estevam, 258
Carlos José, 216
Carneiro, Oswaldo, 38
Carrilho, Altamiro, 112, 191
Carrillo, Heitor, 246-7
"Carta a Tom 74", 119
Cartola, 340-2, 347
Caruso, Enrico, 38, 410
Carvalho Filho, Paulo Machado de, 400
Carvalho Jr., Horácio de, 369
Carvalho, Eustórgio de, 53, 101
Castello Branco, Humberto de Alencar, 348
Castro Neves, Iko, 132, 221, 234, 408
Castro Neves, Leo, 132, 221
Castro Neves, Mário, 132, 221
Castro Neves, Oscar, 132, 198, 221, 224, 226, 233-4, 287, 317, 319, 328, 363-4, 382-3, 387-8, 403, 416
Castro, Everardo Magalhães, 191
Castro, Moacyr Werneck de, 119
Catarino e sua orquestra, 186
Catita, 180
Cavalcanti, Armando, 35, 401
"Cavaleiros do céu", 242
Cavanaugh, Dave, 384
Cavanaugh, Page, 54-5, 61, 145
Caymmi visita Tom, 155

ÍNDICE REMISSIVO

Caymmi, Dori, 351, 383-4, 396
Caymmi, Dorival, 21, 40, 113, 128, 155, 178-9, 208, 210, 241-2, 271, 293, 295, 335, 337, 380, 387, 408, 413
Caymmi, Nana, 234
Ceci, 270-1, 291
Celerier, Robert, 284
Celestino, Vicente, 31, 266, 278
"Céu e mar", 92, 263
"Céu moreno", 64
Chá dançante, 193
Chaim, 168
"Change partners", 413
Chaplin, Charlie, 234
Chateaubriand, Assis, 60
Chaves, Erlon, 185, 343
Chaves, Juca, 257, 262, 280, 403
Chaves, Luiz, 273, 373
Chaves, Ovídio, 140
Checker, Chubby, 200, 355
Chega de saudade, 188, 208-9, 213, 216, 219-20, 246, 257, 279, 293
"Chega de saudade", 57, 73, 147, 165-6, 171, 173-4, 178-90, 195, 197-9, 205, 207-8, 225, 228, 231, 246, 253, 312, 314, 343, 376
"Cheiro de saudade", 231
Chico (Francisco Nepomuceno de Oliveira), 185
Chico Batera, 284, 383, 385
Chico Carlos (Francisco Carlos), 240, 330, 368
Chiozzo, Adelaide, 177, 196

Chiquinho do Acordeon, 152
"Chiquita bacana", 29, 97
Chopin, Frédéric, 90
"Chora tua tristeza", 224, 261, 287, 314, 360, 364
"Chove chuva", 338
"Chove lá fora", 112, 124, 159, 199
Christy, June, 46
"Chuva", 387
Cipó, 42, 55, 68, 284
"Ciúme", 261
"Clair de lune", 83
Clark, Walter, 118
Cláudia, 403
Clift, Montgomery, 213
Close to you, 405
"Coisa mais linda", 294, 296
Coisas, 337
"Coisas nossas", 201
Colé, 109
Comden, Betty, 386
Come fly with me, 410
"Comigo é assim", 193
"Complicação", 131
Composer of "Desafinado", The, 312, 354, 411
"Conceição", 177
Conchita, 196
Conde, Carlos, 53
Connor, Chris, 46
"Consolação", 301, 342
Contardi, Umberto, 350
"Conversa de botequim", 114
Convite para ouvir Maysa, 107
Cony, Carlos Heitor, 349
Copa Cinco, 284

Copa Trio, 358
"Copacabana", 17, 30-2, 97-8, 195
Copinha, 80, 173, 191, 193-4, 208, 231, 302, 408
Coqueijo, Carlos, 281, 302
"Corcovado", 248, 311, 324, 326, 333, 375, 412, 416
Cord, Ronnie, 277
Corman, Roger, 329
Cornyn, Stan, 414-5
Corrêa, Ismael, 179, 181-2, 208, 293
Corte Real, Roberto, 105-7, 176-8, 279
Coslow, Sam, 74
Costa e Silva, Artur da, 349, 406
Costa, Alayde, 220-1, 223-6, 228, 234, 256, 258, 262, 268, 277, 288, 317, 338, 360-4
Costa, Armando, 346
Costa, Carmen, 317, 323
Costa, Gal, 187
Costa, Haroldo, 120
Costa, Mário Dias, 113, 172, 320-1, 325, 327, 383
Costa, Zequinha Marques da, 121
Cotrim, Paulo, 274
Coward, Noël, 339
Cravinho (Jorge Aminthas Cravo), 52, 63-4, 74, 150, 170
"Criticando", 153
Crosby, Bing, 32, 41, 47, 51, 64, 77, 410, 414
"Cry me a river", 197
"Cry", 44
Cunha, Baby Bocayuva, 235

485

Cunha, Geraldo, 364
"Curare", 158, 381
Curi, Ivon, 91, 204, 206, 216, 302
Cybele, 389
Cyva, 368, 389

D'Rone, Frank, 307
"Da cor do pecado", 158
Dadainha, 19, 24, 142-4, 147, 151, 175, 249
Dag, 181, 317
Dale, Lennie, 303-6, 335, 358
"Dá-me tuas mãos", 64
Dance conosco, 193
Dance moderno, 395
"Dans mon île", 197
Darin, Bobby, 307
"Das Rosas", 387
Davis Jr., Sammy, 314
Davis, Miles, 45, 322, 326
Dawn, Marpessa, 218
"Day by day", 245
"De cigarro em cigarro", 94
"De conversa em conversa", 50, 382
"De você eu gosto", 104, 216
Debussy, Claude, 90, 234
Dedé, 19
"Deixa isso pra lá", 370
"Deixa", 343, 407
Delfino, Sônia, 255, 357
"Delicado", 46
Delphino Filho, José, 336
"Demais", 104, 216, 367
Démongeot, Mylène, 217, 239

Deodato, Eumir, 167, 196, 264, 337-8, 351, 361, 383, 387-8, 392-4, 403
"Depois do amor", 289
Depois do Carnaval, 341
Deppenschmidt, Buddy, 331
Derek, 38
"Derradeira primavera", 343
"Desafinado", 132, 203-9, 216, 225, 249-54, 283, 315, 324, 326
"Descendo o morro", 97
"Desejo", 110
Desmond, Paul, 393
"Deus brasileiro", 353
"Deusa do cassino", 64
"Devagar com a louça", 311
Dewilson, 21, 24, 149, 150
Di Cavalcanti, 119, 396
Dias, Orlando, 187
Diba, Farah, 356
Didi (Waldir Pereira), 382
Diegues, Cacá, 220, 222
Dietz, Howard, 386
"Dindi", 104, 216, 285, 387, 412, 414, 416
"Discussão", 216, 248-9
Disney, Walt, 31, 154, 386
"Disparada", 370, 399-400
Distel, Sacha, 306
Dixon, Mort, 242
"Diz que vou por aí", 341, 343
"Dobrado de amor a São Paulo", 120
Dois na Bossa, 371, 401
"Domingo azul do mar", 216

"Domingo no parque", 402
Donato, João, 35, 41-4, 47-51, 56-7, 76-7, 79-80, 93-4, 101, 128, 134, 145, 157, 168-9, 189-94, 196, 230, 260, 297-9, 314, 317, 321, 335, 355-6, 382-3, 393-4, 403
Donato/Deodato, 394
"Doralice", 51, 215, 242, 248, 292
Dorsey, Tommy, 15, 48, 54, 76, 142, 414
Doyle, Iracy, 130
Dragão, Luís Carlos, 130, 214-5
"Dream lover", 15
Dreyer, Carl Theodor, 117
"Drume negrita", 222
"Duas contas", 71, 111, 127, 153
Dunham, Katherine, 114
Duprat, Rogério, 195, 239
Duran, Dolores, 93, 100-4, 111, 113, 128, 134, 172, 188, 221, 225, 368, 387
Dutra, Eurico Gaspar, 32, 61, 79

"É luxo só", 208
"É preciso dizer adeus", 216
"É preciso perdoar", 281
"E vem o sol", 352
"Eager beaver", 47
Eça, Luizinho, 93, 110, 169, 200, 226-7, 233-4, 269, 284, 289, 314, 371, 383, 387, 403
Echeverria, Regina, 402
Eckstine, Billy, 40, 64, 314

ÍNDICE REMISSIVO

"Eclipse", 381
Edgardo Luís, 70
Edinho, 123, 133, 163
Edu da Gaita, 158
Einhorn, Mauricio, 44, 93, 284, 317, 321, 361, 394, 396
Eisenstein, Serguei, 117
"Ela desatinou", 381
"Ela é carioca", 381-2, 387
"Ela vai, ela vem", 359
Eliachar, Leon, 233
Elis & Tom, 357, 406
Elis Regina, 307, 352, 356-8, 361-2, 364-5, 369-71, 380, 392, 398, 401-4
Ellington, Duke, 15
"Em tempo de adeus", 343
Emicles, *seu*, 15-6, 21-2, 242, 326
Erasmo Carlos, 189, 278
"Errinho à toa", 286
Ertegun, Nesuhi, 354, 384
"Esperança perdida", 382, 387
"Esquece", 32
"Esquecendo você", 216
"Estamos sós", 92
"Estate", 355
"Estatuinha", 352
"Estatutos da gafieira", 99
"Este seu olhar", 216, 294
"Estrada do sol", 102
"Estrellita", 303
"Estúpido Cupido", 300, 357
"Eu e você", 375
"Eu não existo sem você", 174
"Eu preciso de você", 104, 216, 222
"Eu quero um samba", 48, 51, 57, 77, 157, 192
"Eu sambo mesmo", 51-2
"Eu sei que vou te amar", 216, 222
"Eu sonhei que tu estavas tão linda", 142
"Eugênia, 119
Evans, Bill, 377
"Everything I have is yours", 64

Fabrini, Urbano, 368
"Fahne Hoch, Die", 32
Fain, Sammy, 391
"Falseta", 94
Faraj, Jorge, 90
Faria, Alberto "Betty", 310
Faria, Betty, 292
"Farinhada", 193
Farmer, Art, 377
Farney, Cyl (Cyleno), 35, 40, 43, 170
Farney, Dick (Farnésio Dutra), 17, 23, 30-4, 39, 40, 47, 49-50, 52, 73, 80, 88, 93, 97-8, 128, 145, 175, 195, 208, 248, 277, 335, 337, 376, 388, 390, 406
"Farolito", 240, 381
Farrow, Mia, 411
Feather, Leonard, 299, 324-5
"Feio não é bonito", 341, 370
"Feitiço da Vila", 55, 114
"Feitinha pro poeta", 373, 407
"Feitio de oração", 114
Feitosa, Chico (Francisco Libório Feitosa), 116, 118, 121, 129-31, 198-200, 214-5, 221, 225-6, 231, 233-4, 264, 269-70, 285-6, 317, 319, 321, 404
Felice, Ernie, 57, 192
"Felicidade, A" (Tom e Vinicius), 216, 218-9, 230, 324
"Felicidade" (Lupicinio Rodrigues), 83
Fellini, Federico, 306
Ferguson, Maynard, 46
Fernandes, Alberto, 141, 265
Fernandes, Alcides, 103, 141
Fernandes, José, 308
Fernandes, Millôr, 233
Fernando, 376
Ferreira, Aurino, 284
Ferreira, Bibi, 272, 403
Ferreira, Breno, 127
Ferreira, Djalma, 94, 191, 231
Ferreira, Durval, 93, 284, 319, 338, 361, 383, 387, 392, 396
Fest, Manfredo, 338, 372
"Fever", 197, 222
"Fibra de herói", 184
Fields, Dorothy, 386
Fifi, madame, 92
Figueiredo, Abelardo, 244, 267, 272, 357
Figueiredo, Laurinha, 272
"Fim de caso", 104
"Fim de noite", 129
Fino do Fino, O, 359
Fiorini, Luvercy, 224, 234, 287, 364, 387

487

Fischer, Clare, 384
Fitzgerald, Ella, 53
"Fiz a cama na varanda", 140-1
Flack, Roberta, 393
Florence, Bob, 384
"Foi a noite", 112, 124, 156-7, 164, 195, 202, 252-4, 369
"Folha de papel", 206
Fomm, Joana, 292
Fonseca, Talita, 230
"Fool on the hill", 395
Ford, Mary, 74
"Formosa", 407
Forrest, George, 413
Fortunato, Gregório, 99
Fosse, Bob, 305
"Fotografia", 216, 234, 381, 387
Fraga, Clementino, 303
Francineth, 255
Francis Albert Sinatra & Antonio Carlos Jobim, 412
Francis, Paulo, 233
Frank, Waldo, 116
Franklin, Aretha, 393
Fred, 56
Freire, Lula, 235, 352, 373, 383, 407
Freire, Vitorino, 235
Freitas, Janio de, 56
"Frevo", 218
Frey, Sidney, 318-22, 326, 328, 330, 372, 391
Fuks, Moysés, 199-200, 202, 227, 260, 266
Funaro, Heraldo, 95

Gabin, Jean, 85
Gable, Clark, 396
Gaguinho, 358
Garbo, Greta, 101
Garcez, Paulo, 306
Garcia, Irineu, 113, 172
Garcia, Isaurinha, 216, 329, 389
Garcia, Léa, 120
Garcia, Stenio, 259
Gardner, Ava, 44, 48-9, 405, 412
Garner, Erroll, 322
"Garota de Ipanema", 268, 310-3, 318, 328, 332-3, 343-4, 355, 359, 375, 412, 416
"Garota moderna", 359
Garoto, 53, 69, 71, 94, 109, 110-1, 128, 132, 152-3, 160, 162, 198, 201, 407-8
Garotos da Lua, Os, 55, 60-71, 73-4, 76, 87, 146, 160-1, 207, 221, 226, 230-1, 243, 361
Gasper, Elizabeth, 234
Gata Mansa, Mariza *ver* Mariza Gata Mansa
Gatos, Os, 338, 392
Gaya, Lindolfo, 78, 155, 239, 336
Gelin, Daniel, 126
"General da banda", 29
Gennari Filho, Mário, 196
"Gente humilde", 153, 407
"Gente", 353
Georgiana, 264
Geraldo Babão, 347
Gershwin, Frances, 375
Gershwin, George, 59, 128, 375
Gershwin, Ira, 193, 386
Getz Au Go Go, featuring Astrud Gilberto, 376

Getz, Stan, 314-5, 324, 331, 333, 375, 377
Getz/Gilberto, 331-3, 354, 375-7
Getz/Gilberto 2, 377
Gil, Gilberto, 401-2
Gilbert, Ray, 385-6, 388, 396, 409, 415
Gilberto, Astrud, 243-8, 264, 265, 332-3, 354-6, 375-6, 379, 382, 384, 393, 403, 415
Gilberto, Bebel, 379
Gilberto, João, 19-20, 57, 62-79, 81-4, 87, 93-4, 101, 108, 110, 115, 132-50, 152, 157-66, 168-71, 173-90, 192-3, 195, 197-200, 205-10, 213-20, 222, 226, 229-34, 237, 240-50, 252, 254, 257, 260-2, 264-5, 267, 271-3, 277, 279-81, 284-7, 292-3, 298, 305-10, 314, 316-8, 320, 322, 325, 327-34, 340, 343, 351, 354-6, 360, 366, 369, 375-83, 388, 391, 400, 403, 407, 415
Gillespie, Dizzy, 322, 326, 379
Gimbel, Norman, 385
Glazier, Julius, 391
Gnattali, Radamés, 31, 59-60, 89, 92, 97, 128, 142, 357
Godoy, Amilson, 372
Goldfarb, Saul, 377
Gomes, Luís "Chupeta", 263
Gonçalves, Dercy, 369

ÍNDICE REMISSIVO

Gonçalves, Lélio, 203
Gonçalves, Mary, 81
Gonçalves, Nelson, 225
Gonzaga, Chiquinha, 116
Gonzaga, Luís, 58, 169, 196
Goodman, Benny, 36, 319
Gordine, Sacha, 218-9, 285-7, 305-6, 391
"Gosto de você", 261
Goulart, João, 239
Goulart, Jorge, 97
Goulart, Maria Teresa, 239
Gouveia, Evaldo, 359
Grable, Betty, 47
Gracindo, Paulo, 186
"Grande mágoa", 79
Grande Otelo, 81, 276, 407
Grant, Felix, 314
Greco, Buddy, 307
Greco, Juliette, 167
Green, Adolph, 386
"Grilos, Os", 353
Gross, Walter, 33
Grupo "X", 56
Guarany, 180, 207
Guaranys, Mauro Halfeld dos, 262
Guarnieri, Gianfrancesco, 259, 351-2
Guerra, Adroaldo, 141
Guerra, Ruy, 292, 340, 342-3, 351, 365
Guerra-Peixe, 184, 239
Guimarães, Roberto, 176, 230
Guinle, Carlinhos, 40
Guinle, Jorginho, 40, 44
Gullar, Ferreira, 258-9, 349
Gurzoni, Oswaldo, 182-5
Gusmão, Manoel, 284, 365

Hall, Jim, 268
Hall, Lani, 394
Harburg, E. Y., 386
Harrison, George, 412
Hart, Lorenz, 386
"Hava nagila", 200
"Hawaiian war chant", 66
Haymes, Dick, 31, 47-9, 51, 56, 64, 98, 105
Hayton, Lennie, 41
Hayworth, Rita, 48
Heath, Percy, 317
Helena, 413
Hendricks, Jon, 385
Henrique, 200, 221, 234
Henrique *Peropeba*, 269
Hepburn, Katharine, 111
Herman, Woody, 33, 39
Hermanny (Jobim), Teresa *ver* Jobim, Teresa Hermanny
Hermanny, Sigrid, 306
Heston, Charlton, 195
Heusen, Jimmy Van, 128
Hi-Los happen to Bossa Nova, The, 314
Hi-Los, The, 58
Hime, Francis, 338, 351, 365, 383, 404, 407
"Hino ao Sol", 97
Hirszman, Leon, 258
Hitchcock, Bill, 31, 368, 406
Hitler, Adolf, 116, 403
"Hô-bá-lá-lá", 133-4, 160, 165, 177, 197, 207-8, 222, 286
Holanda, Nestor de, 101
Holman, Bill, 46
Hope, Bob, 77
Hora, Rildo, 284

Horn, Bill, 200, 232, 284
Horne, Lena, 264-5, 314
Horta, Beatriz, 115
Hortênsia, 153, 228
"How high the moon", 37, 53
Hungria, Júlio, 220, 222-3

"I concentrate on you", 413-4
"I didn't know what time it was", 47
"I wish I knew", 42
"I'm looking over a four-leaf clover", 66, 242
Ieda, 22-3, 140
Ignez, d., 184
"Ilusão à toa", 298
"Imagem", 387
Imperial, Carlos, 189, 278, 359, 402
"In the mood", 32, 55, 61, 155, 323
Iná, d., 105
"Influência do jazz", 153, 325
"Insensatez", 294, 311, 412, 416
Introspection, 394
Inútil paisagem, 337, 393
"Inútil paisagem", 350, 387, 412, 416
"Invitation", 192
Iola, 79
Iracy, d., 153
Irani, 173
It might as well be spring, 413

"Jacarepaguá", 29
Jackson, Calvin, 368

489

Jacob do Bandolim, 342
Jacques, Geraldo, 58
Jambeiro, 110
James, Harry, 47, 410
Janner, Bianca, 235
Jardel Filho, 116
"Jardineira", 23
"Jeepers creepers", 94
Jesus, Alberto, 72
João Gilberto, 292, 328
Joao Gilberto en México, 382
João Luís, 56
João Marcelo, 329, 382, 405
"João Marcelo", 382
João Mário (Medeiros), 200, 234
João Paulo, 125, 129
Jobim, Teresa Hermanny, 35, 102, 119, 206, 239, 252, 323
Jobim, Tom (Antonio Carlos Jobim), 35-6, 80, 88, 90-3, 95-9, 102-4, 111-2, 115-6, 118-22, 124, 128, 130, 132, 134, 136, 141, 155-7, 164-6, 170-5, 177-80, 182, 186, 193, 195, 198-9, 202-10, 216-9, 221-2, 225-6, 232, 234-9, 241, 244-54, 256, 260-1, 264-5, 268, 273, 275-7, 284-5, 287, 293-4, 298, 300, 306-13, 317-28, 331-3, 335, 340, 343, 350-1, 353-4, 356-7, 360, 362, 366-7, 381-3, 385-8, 390-1, 393, 403, 406-16
Joca *ver* Queiroz, Joca
Joel & Gaúcho, 156
"Joga a rede no mar", 159

Johnson, Arthur, 74
Johnson, Van, 192
Jolson, Al, 41, 121, 242
Jongo Trio, 338, 366, 370-1, 373
Jorge, garçom, 113
Jorginho, 72, 231, 284
Jorginho do Pandeiro, 347
José Augusto, 170
José Paulo, 317, 323
Jovininho, 19
"Juazeiro", 58
Julie is her name, 124, 392
Juquinha, 173, 180
"Jura de pombo", 225, 268
"Jurei, mas fracassei", 23
"Just one more chance", 74
Juveniano, *seu*, 18-9, 24, 147, 148-50

Kaempfert, Bert, 410
Kafka, Franz, 258
"Kalu", 236
Kaper, Bronislau, 192
Karam, Jorge, 311
Kazinsky, Abraão, 246
Kelly, Gene, 41
Kennedy, Jacqueline, 328
Kennedy, John, 317
Kennedy, Robert (Bob), 395, 410
Kenton, Stan, 34, 38, 40, 45-7, 54-6, 145, 170, 190-1, 283, 298, 384, 390, 397
Kern, Jerome, 59, 193
Kessel, Barney, 124, 197, 268, 368, 384, 392
Kéti, Zé, 340-3, 346-8
Kidd, Michael, 304
"King" Cole Trio, 34, 37, 110

Klein, Jacques, 42
Koellreutter, Hans-Joachim, 239
Konitz, Lee, 39, 46
Kubitschek, Juscelino, 143-4, 147, 159, 215, 235, 275, 280, 301

La Rosa, Julius, 307
"Labareda", 301, 343
"Lábios que beijei", 64
Lacerda, Carlos, 99, 207-1, 336, 347
"Lacinhos cor-de-rosa", 187, 357
"Lady is a tramp, The", 105, 307
Lafita, Alfonso, 162-3, 168-9
"Lágrima primeira", 286, 289
Lai, Francis, 408
Laine, Frankie, 40
Lalo Schifrin, 317
"Lamento no morro", 121
Lamour, Dorothy, 77
Lane, Virgínia, 81
"Lapinha", 302
Lara, Agustin, 381
Lara, Odete, 335
Laranjeira, Elza, 216, 329
Lau, 181
Lauro, dr., 22
Lawrence, Steve, 307
Lázaro, Marcos, 357, 370, 402
Leão, Carlos, 113
Leão, Danuza, 87, 126, 342
Leão, Jairo, 126, 131, 214, 232-3, 338

ÍNDICE REMISSIVO

Leão, Nara, 125-7, 129-32, 134, 167, 199-201, 209, 214, 221, 226, 232-5, 243-4, 256, 262, 264, 269, 278, 287, 289-92, 306, 321, 335, 338-40, 342-9, 351-3, 360, 364, 366, 383, 392, 396, 398-400, 404
Lebendiger, Henrique, 121, 318
Lecuona, Ernesto, 381
Lee, Peggy, 34, 197, 313, 322, 326, 354
Lees, Gene, 385
Leigh, Carolyn, 386
Lemos, Fafá, 35, 41, 81, 181, 191
Lennon, John, 395, 412
Lerner, Alan Jay, 386
Lessa, Adail, 183-4, 186
Lessa, Ivan, 40, 53, 233
Libion, Jacques, 305, 405
Libion, Lidia, 285, 287, 305, 405
Lieberson, Goddard, 157
Lincoln, Ed, 169, 191, 230, 302
Lindaura, 358
Lippman, Joe, 54
"Lobo bobo", 131, 200, 208, 220, 228, 286, 360
Lobo, Edu, 196, 311, 335, 342, 343, 351-3, 365-6, 383-4, 396, 399, 401, 404, 406-7
Lobo, Fernando, 88, 101, 113, 237
Lombard, Carole, 396
London, Julie, 124, 197, 222, 384, 392

"Long ago and far away", 193
Look around, 395
"Louco", 197
"Loura ou morena", 119
"Loura, Uma", 98, 127
"Louvação", 401
"Love is a many-splendored thing", 391
"Lover", 283
Lu, 131-2, 134, 200
"Lua é dos namorados, A", 401
"Luciana", 174
Lucila, 297
Luiz Antonio, 231
Luiz Claudio, 159-60, 175-7, 186, 197-8, 205-6, 216
Luiz Eça & cordas, 372
Luiz Henrique, 364
Luiz Roberto, 169, 175, 178, 228
Lukács, György, 258
"Lunik 9", 401
Lutcher, Nellie, 34
"Luz negra", 341
Lyra de Xopotó, 303
Lyra, Carlinhos, 88, 93-5, 109, 112, 124-5, 127, 129-31, 135, 153, 157, 162-3, 167, 197-8, 200-2, 208-9, 220-1, 225-6, 228, 233-4, 236, 238, 243, 247, 250, 256-7, 260-2, 268, 275, 279-80, 285-6, 288, 292, 294-6, 298, 303, 311, 317, 319-20, 323, 325, 328, 334, 338-41, 343, 351, 356, 363, 370, 375, 403, 407

MacDonald, Jeanette, 15
Macedo, 71-2
Machado, Carlos, 31, 80, 82-3, 121, 220, 222-3, 303, 392
Machado, Edison, 284, 342-3, 364, 372, 415
Maciel, Edmundo, 173, 190, 193, 208, 283
Maciel, Edson, 283
Madi, Tito, 112, 124, 128, 158-9, 161, 175, 177, 198-9, 205, 231, 253, 277-8, 329-30, 359, 383
"Mãe solteira", 128
Mag, 181
Maia, Déo, 81
Maia, Lauro, 293
Maia, Lurdinha, 196
Maia, Tim, 189, 278
"Mais valia não chorar", 359
"Malagueña salerosa", 21, 83
"Mal-me-quer", 343
"Mamadeira atonal", 132, 225
"Mamãe passou açúcar ni mim", 359
"Mambinho", 193
"Man I love, The", 46
Mancini, Henry, 392
Manga, Carlos, 35-6, 43, 222
Manga, Ruth, 36
Manga, Vítor, 284
"Manhã de Carnaval", 218-9, 326, 390, 391
Mann, Herbie, 221, 298, 314, 322
Mann, Thomas, 258

491

Manne, Shelly, 46, 384
Manoel Carlos, 272-3, 403
"Mar, amar", 269
"Maracangalha", 178
"Marcada", 105
Marçal, 293
"Marcha da Quarta-feira de Cinzas", 370
Marconi, Umberto, 285-7
Marcuse, Herbert, 399
Maria Bethânia, 360
Maria Luísa, 158, 162-3
"Maria Moita", 339, 341
"Maria Ninguém", 131, 200, 208, 220, 257, 261, 296
Maria, d., 71
Mariano, Cesar Camargo, 260, 338, 372
"Marina", 21, 32
Marinho, Tião, 284
Mário Reis canta suas criações em hi-fi, 277
Mariza Gata Mansa, 78-82, 146
Marlene, 392, 399
Marotta, Ugo, 196, 284
"Marreco, O", 267
Marta Maria, 143-4, 146-7
Martin, Dean, 415
Martin, Hugh, 382
Martin, Mary, 391
Martino, Bruno, 355
Martino, Telmo, 328
Martins, Heriveltо, 236-7, 381
Martrand, Mick, 415
Marx, Groucho, 77
Marx, irmãos, 214
Marx, Karl, 347

Mascarenhas, Mario, 196, 351
Mascarenhas, Pacífico, 144, 175, 229-30, 233-4, 392
Mascarenhas, Raul, 35, 41, 43
Matarazzo, André, 104, 107-8
Matarazzo, Ermelindo, 106
Matarazzo, família, 104, 106-7, 297
Matarazzo, Francisco, 104
Matoso, Francisco, 142
Mattar, Pedrinho, 264, 273, 288, 338, 361, 363, 372
Maurílio, 284
Maysa (Maysa Figueira Monjardim Matarazzo), 100-1, 104-8, 177, 188, 206, 216, 271, 287-92, 335, 339, 367, 392
Mazoier, Roberto, 103
McCartney, Paul, 395
McGuire, Dorothy, 192
Medaglia, Júlio, 239, 379
Medeiros, Elton, 341
Medeiros, João Mário, 200, 234
Médici, Emílio Garrastazu, 227, 359
"Meditação", 202, 216, 247, 249, 255, 264, 412, 416
"Meia-luz", 72-3, 80
Meirelles, J. T., 284
"Melancolia", 289
Mello e Souza, Claudio de, 398-9
Mello, Acyr Bastos, 53, 55, 60-2, 66, 69-71, 160-1, 207
Mello, Breno, 218-9

Melo Neto, João Cabral de, 172
Melo, Dilu, 196
Mel-Tones, 34, 54, 61
Mendes, Sergio, 246, 282-4, 304, 317-8, 321, 327-8, 335, 338, 342-3, 358, 364, 367, 372, 383-5, 388, 394-7, 403
Mendonça, Cyrene, 203, 252-6
Mendonça, Newton, 88, 90, 92, 104, 112, 118, 128, 130, 134, 136, 156, 198, 202, 209, 216, 249-56, 260, 264, 281, 298, 385
Menescal, Roberto, 88, 123-35, 163-4, 167, 196, 198, 200, 202, 215, 219-21, 225-6, 232-4, 236-9, 241, 243, 256, 258-9, 264, 268-71, 279, 284-7, 289, 291-2, 317, 319-21, 323-4, 326, 328, 335-6, 339, 345, 350-1, 359-60, 363-4, 367, 375, 387, 392, 404
Menezes, Zé, 97
"Ménilmontant", 15
"Menina feia", 227-8, 283
"Menina que passa", 312
"Menina", 112, 157
"Menino das laranjas", 338, 370, 373
Mercer, Johnny, 33, 385-6
Merita, 22
Merky, Z. J., 179
Merry-Macs, The, 66
Mesquita, Custodio, 15, 90, 128, 241
Mesquita, Ronie, 284

"Meu consolo é você", 23
"Meu limão, meu limoeiro", 359
"Meu mundo caiu", 288
Midani, André, 166-8, 179, 188, 190, 206-7, 213, 221, 226, 228, 237-8, 241, 257, 334-5, 339, 402
"Midnight sun", 385
Miele, Luís Carlos, 214-5, 244-5, 282, 358, 360-1, 403-4
Migliori, Gabriel, 238-9
Miguel, 60-1
Milfont, Gilberto, 97
Milito, Hélcio, 232, 284, 314, 371, 403
Milland, Ray, 291
Miller, Ann, 41
Miller, Arthur, 403
Miller, Glenn, 45, 54
Miller, Sidney, 335, 381
Mills Brothers, 21
Miltinho, 57, 267
Milton Banana, 94, 169-70, 180, 206, 230, 236, 284, 307, 317, 324, 326, 331, 338, 355-6, 372, 408, 415
"Minha palhoça", 303
"Minha saudade", 169, 193, 283, 360
"Minuto só, Um", 74, 79
Miranda, Aurora, 154
Miranda, Carmen, 16, 31, 33, 39, 77, 105, 114, 154, 386
Miranda, Claudio, 317
Miranda, Milton, 393
Miranda, Tavares de, 297
Miranda, Wilson, 277

Miúcha *ver* Buarque de Holanda, Miúcha
Modern Jazz Quartet, 167, 317
Modernaires, 54
Modernistas, Os, 56-7
Monjardim, Alcebíades, 104-5
Monroe, Marilyn, 403
Monteiro, Cyro, 15, 119, 201, 238, 335, 407
Monteiro, Doris, 35, 68, 97
Montgomery, Wes, 393
Mooney, Joe, 61, 145
Moraes, Tati de, 116-7
Moraes, Vinicius de, 35-6, 44, 103-4, 112-22, 127, 130, 157, 165-6, 170-4, 180, 182, 186, 198, 208-9, 216-9, 221, 225-6, 232, 235-7, 243, 249, 252, 260-2, 264, 268, 273-7, 281, 285, 287, 294-6, 298, 300-3, 306-13, 318, 320, 334-5, 337-40, 342-3, 351, 356, 360, 363, 365-6, 370, 375, 382, 385, 387, 399-401, 404, 406-8, 413
"More I see you, The", 41
Moreira, Airto, 284, 394, 399
Moreira, Mila, 292
"Morena boca de ouro", 208
Moreyra, Álvaro, 119
Morgan, Russ, 66, 242
"Morrer de amor", 387
Morris, Mr., 156
"Morro não tem vez, O", 370, 387

"Morte de um deus de sal, A", 269, 387
Motta, Nelson, 235, 351
Moura, Laércio Dias de, 220
Moura, Paulo, 35-6, 43-4, 93, 191, 284, 318
"Muié rendera", 168
"Mulher de trinta", 267
"Mulher, sempre mulher", 121
Müller, Maneco, 120
Mulligan, Gerry, 39, 221, 322
Murnau, Friedrich, 117
"Musica proibita", 15
"Muskrat ramble", 386
Mussolini, Benito, 116
Mutantes, Os, 402
"My funny Valentine", 300

"Na Baixa do Sapateiro", 381, 386
"Na paz do Senhor", 98
Namorados da Lua, 48, 50-1, 55, 57, 67, 267
Namorados, Os, 57, 77, 79, 157, 192, 194
"Naná", 15, 24
"Nanã", 342, 359
Nanai, 57, 194
"Não faz assim", 132, 200, 226, 283
"Não tem solução", 40
"Não tenho lágrimas", 126
Nara, 341
Nascimento, Abdias do, 121
Nascimento, Roberto, 162
Nasser, David, 327
Nat "King" Cole, 94, 126-7, 265, 313-4

Navarro, Osmar, 153
"Nel blu di pinto di blu", 181
Nelson Cavaquinho, 340-2, 347
Nelson, Bob, 59
Netto, Ismael, 57, 67, 88-9, 153
Neves, Wilson das, 284
New face of Luiz Bonfá, The, 394
Ney, Nora (Iracema Ferreira), 35, 43, 88, 93, 97, 141
Ney, Paulo, 169
"Nick Bar", 98, 127
Niemeyer, Oscar, 120
"Night and day", 30, 249
Nilo Sergio, 242
Nilza, d., 166
"Ninguém me ama", 87-8, 195
"Noa-noa", 284
Noel, Noélia, 140
Nogueira, Paulinho, 338, 363-4
"Noite do meu bem, A", 104
"Noites do Rio", 97
"Nome de mulher, Um", 121
"Nós e o mar", 269, 286
"Nosso amor, O", 216, 218-9
Nova Bossa Nova de Roberto Menescal, A, 392
Novas estruturas, 337
Nunes, Adalberto de Barros, 227
Nunes, Armando, 112

Nunes, Bené, 233-5, 250, 356, 360
Nunes, Dulce, 234-5, 356

"O que é amar", 92, 298
"O que tinha de ser", 216
O'Day, Anita, 46
O'Neill, Eugene, 120
O'Sullivan, Maureen, 412
"Odete", 381
Ogerman, Claus, 354, 411-4
Oito Batutas, 126
"Ojos verdes", 303
"Olê, olá", 400
"Olhe-me, diga-me", 177
Oliveira, Aloysio de, 55, 104, 112, 114, 116, 154, 178, 182, 208, 210, 216, 221, 226, 238-9, 277-8, 293, 304, 307-8, 318, 320, 329, 334-5, 337-9, 341, 345, 350-1, 362, 367-8, 386-7, 403-4, 415
Oliveira, Carlinhos de, 348, 402, 405
Oliveira, Dalva de, 156, 208, 240
Oliveira, José Carlos de, 253
"On the sunny side of the street", 155, 222
"Onde está você?", 361, 364
"Onde o céu azul é mais azul", 15
Only the lonely, 405, 410
Ooooooh! Norma, 197, 222
Opinião de Nara, 343
"Opinião", 343
Orico, Vanja, 168-9, 191

Ory, Kid, 386
"Ouça", 288
"Outra vez", 99, 171, 174, 198, 248, 314

Pacheco, Diogo, 239, 361
Pacheco, Francisco, 83
Paciência, Roberto, 161
Page Cavanaugh Trio, 54, 61
"País tropical", 359
Paiva, Dirce, 120
Paiva, Roberto, 121, 157
Palma, João, 284, 385
Palmieri, Eddie, 298-9
Pancetti, 113
Panicalli, Lyrio, 59, 239
"Panorâmica", 286
Papudinho, 292
"Para ti", 299
Parra, Violeta, 376
Parreira, Paulo, 141
"Pássaro de fogo", 46
Pastels, The, 46, 54, 56, 64
"Pato, O", 242-3, 248, 264, 266-7, 278, 305, 314
Patu, dona, 19, 147, 149-50
"Pau de arara", 339
Paul, Les, 33, 74
Payne, Don, 314, 378
"Pede passagem", 381
"Pedreiro Waldemar", 29
Pedrito, 20-2
Pedro Paulo, 284
"Pedro pedreiro", 400
"Peguei um ita no norte", 193
"Peixe vivo", 275
Peixoto, Cauby, 177
Peixoto, Luiz, 208
Penteado, Roberto, 72

ÍNDICE REMISSIVO

Peracchi, Leo, 59-60, 120, 155, 157, 239
"Perdido de amor", 390
"Perdoa-me pelo bem que te quero", 187
Pereira, Chico, 163-4, 167, 197, 213, 222, 224, 257, 269, 282, 336
Pereira, Geraldo, 292
Péricles, 142-4, 147
Pernambuco, João, 237
"Pernas", 206
Perrone, Luciano, 97
Peterson, Oscar, 282
Petrônio, Francisco, 206
Phillip, Karen, 394-5
Piaf, Edith, 105
"Pica-pau", 381
Picasso, Pablo, 234
Pied Pipers, 34, 54, 58, 61, 89
Pike, Dave, 299
Pingarilho, Carlos Alberto, 196-8, 382
Pinheiro, Helô (Heloísa Heneida Menezes Paes Pinto), 312-3
Pinheiro, Toninho, 292, 373
"Pinky", 64
Pinto, Magalhães, 406
Pinto, Marino, 104, 128, 208, 215-6, 257
Pires, Nelson, 150
Pittigliani, Alberto, 258
Pittigliani, Armando, 338, 357, 395
Pittman, Booker, 42
Pixinguinha, 126, 295
Platters, The, 159
Pobre menina rica, 338-9, 356-7, 362, 366, 406-7

Poema, 357
"Poinciana", 38
Polanski, Roman, 412
Pongetti, Henrique, 107
Pontes, Paulo, 346
"Poor little rich girl", 339
"Por causa de você", 102-3, 338, 387
"Por toda a minha vida", 216
"Por um amor maior", 365
Porter, Cole, 30, 59, 105, 128, 133, 249, 386, 413
Porto, Sergio, 53, 101, 113, 201, 276, 281, 326, 349
Powell, Baden (Baden Powell de Aquino), 93, 162, 192, 231, 261, 284, 287, 300-1, 303, 311, 317, 335, 366, 370, 373, 383, 403
"Pra que chorar", 302
"Pra que discutir com madame?", 231
"Praça Onze", 381
"Preciso aprender a ser só", 353, 387
"Preciso de você", 387
Prelude, 393
"Presente de Natal", 293
"Presidente bossa nova", 280
Presley, Elvis, 105, 278, 279
Prestes, Luís Carlos, 116, 403
"Primeira vez, A", 16, 293
Prokofiev, Serguei, 234
Prudente, Carmen, 106, 107
Puente, Tito, 298-9
Purim, Flora, 277, 394

"Quando chegares", 261
"Quando ela sai", 72-3, 80
"Quando tu passas por mim", 120
"Quando você recordar", 66
Quartera, 57, 228
Quarteto 004, 392
Quarteto de Bronze, 56
Quarteto em Cy, 156, 335, 363, 368, 389, 403, 416
Quarteto Novo, 399
Quartin, Roberto, 337, 393, 416
Quatro Ases e Um Coringa, 56
"Que samba bom!", 29
Queiroz, Didi, 30-1, 34, 37, 43-4, 48
Queiroz, Jandira, 37
Queiroz, Joca (Maria do Carmo), 30-1, 34, 37, 43-4, 48-9
Queiroz, José, 37
Queiroz, Nilo, 301, 303
Queiroz, Teresa, 30-1, 34, 37, 43-4, 48
"Quem é", 153
"Quem foi?", 102
"Quero que vá tudo pro inferno", 402
Quintana, Mario, 139
"Quintessência", 284
Quinteto Bottles, 284
Quitandinha Serenaders, 36, 56, 81, 83-4, 138, 142, 390

"Rã, A", 299, 382
Rafaelli, José Domingos, 53

495

Raimundo, Pedro, 196
Ramalho Neto, 94
Ramos, Álvaro, 183-6
Ramos, Flávio, 307-9, 314, 335, 338, 340, 366-7, 404
"Ranchinho de palha", 98, 390
Rangan, Livio, 370
Rangel, Flávio, 259
Rangel, Lucio, 101, 113-6, 119, 342
Rapaz de bem, 296
"Rapaz de bem", 92, 111, 202, 230, 261, 263, 298
Raulzinho *ver* Souza, Raul de
Ravel, Maurice, 90
Ray, Johnnie, 44
Rayol, Agnaldo, 278
Rayol, Selma, 357
"Razão de viver", 387
"Razão do amor", 352
Razuk, Samir, 185
"Recordar é viver", 81
Reichenbach, Bill, 331
Reis, Dilermando, 198
Reis, Mário, 277, 335
Reis, Norival, 69
"Reloginho do vovô", 132
Renato Sérgio, 321
"Réquiem para um amor", 342
"Resposta, A", 353
Rezende, Otto Lara, 401
Ribamar, 93, 159
Ribeiro, Alberto, 30, 85
Ribeiro, Almir, 121, 289
Ribeiro, Pery, 277, 307, 312, 359, 364, 369, 392, 403
Ribeiro, Solano, 365

Riddle, Nelson, 304, 308, 368, 405, 409
Rilke, Rainer Maria, 134
Rimsky-Korsakov, Nikolai, 142
"Rindo de mim", 105
"Rio", 269
"Risque", 254
Rita, nutricionista, 295
Robbins, Jerome, 304
Roberto Carlos, 278-80, 348, 380, 398, 402
Rocha, Glauber, 407
"Roda", 401
Rodgers, Richard, 59, 283
Rodrigues, Jair, 366, 369-71, 399-401, 403
Rodrigues, Lupicinio, 83, 128, 193
Rodrigues, Milton, 43
Rodrigues, Nelson, 348, 401
Rodriguez, Johnny, 298
Rogers, Ginger, 21
Rogers, Shorty, 46
Rolling Stones, 396
Romão, Dom Um, 284, 319, 358, 362, 364-5, 395, 397, 403, 415
Romeu, *seu*, 357
Ronaldo Cientista, 269
Rosa Maria, 277
"Rosa morena", 208, 292
Rosa, Noel, 90, 114, 201
Rosay, Madeleine, 71
Rosemary, 357
Rosinha de Valença, 335, 364, 383, 385, 403
"Rosinha", 160, 231
Rosolino, Frank, 46, 145, 190

Rossano, Herval, 157
"Round midnight", 105
Rugolo, Pete, 38, 46, 54
Ruschel, Alberto, 83-4
Ruschel, Paulo, 84
Russo do Pandeiro, 77-8, 80, 178
Russo, Bill, 46

Sá, Wanda, 338, 350, 364, 383-4, 392
Sabá, 196, 297, 371, 373
"Sábado em Copacabana", 98
"Sabe você?", 339
"Sabiá", 407
Sabino, Fernando, 323-4
Sablon, Jean, 204, 355
Salvador, Don, 284, 365, 372
Salvador, Henri, 197
"Salve o presidente", 275
"Samba da bênção", 302, 310-1, 408
"Samba da legalidade", 341
"Samba da minha terra, O", 16, 293
"Samba da pergunta", 197, 382
"Samba de amanhã, O", 97
"Samba de Orfeu", 218, 391
"Samba de uma nota só", 216, 248-54, 264, 311, 324, 331, 375
"Samba de verão", 268, 353, 387-8
"Samba do avião", 310
"Samba do carioca", 339, 370
"Samba do Veloso", 301

"Samba em prelúdio", 301
Samba esquema novo, 338
Samba eu canto assim, 359
Samba these days, 155
"Samba torto", 387
"Samba triste", 303
Sambacana, 175, 230, 392
Sambalanço, 261, 338, 372, 399
"Sambop", 361
"Sandália de prata", 78
Santamaria, Mongo, 298-9
Santoro, Fada, 43
Santos, Agostinho dos, 185, 216-7, 219, 246, 316-7, 321, 324, 326-7, 337, 391
Santos, Clóvis, 79
Santos, Hélio, 313
Santos, Moacir, 239, 311, 337, 342, 359, 361, 403
Santos, Normando, 131, 200, 221, 225-6, 233-4, 238-9, 256, 264, 289, 317, 322, 359, 404
Santos, Paulo, 45, 53, 220
Santos, Rui, 67
Santos, Walter ("Waltinho"), 20-2, 160, 174, 234, 292, 338, 363, 383
"São Paulo quatrocentão", 152-3
"Sapo, O" (Jaime Silva), 267
"Sapo, O" (João Donato), 382
Sargentelli, Oswaldo, 186
Sarney, José, 276
Sartre, Jean-Paul, 265
"Saudade da Bahia", 293
"Saudade fez um samba", 208, 220

"Saudade querida", 231
"Saudades do Abaeté", 168
"Sayonara", 181
Scatena, José, 107, 337
Schmidt, Augusto Frederico, 172, 235
"Se acaso você chegasse", 193, 263
"Se é por falta de adeus", 102, 111
"Se é tarde, me perdoa", 131
"Se o tempo entendesse", 98
"Se todos fossem iguais a você", 120-1, 164, 195, 218, 311
"Se você soubesse", 230
"Secretarias, Las", 357
"Sem ela", 66
"Sem esse céu", 98, 390
"Sem você", 216
"Senhorita", 161
Senna, Alvinho, 55, 60, 62, 64-6, 70, 76-7
"Sente", 131, 200, 222
"Ser ou não ser", 32
"Serenata do adeus", 174
Sergio Ricardo, 206, 210, 234, 256, 264, 277, 288, 317, 321, 327, 328-9, 334-5, 343, 351, 383, 399
Serrano, Luís, 33-4, 38-9, 45
Serrano, Paulo, 34, 57, 94, 96, 192-3
Serzedelo Machado, família, 79
"Seu Chopin, desculpe", 373
"Seu encanto", 353, 387

Severino Filho, 57, 239, 372
Shaw, Artie, 54
Shearing, George, 37, 93, 298
Sherman, Mauricio, 245
Shore, Dinah, 34, 54
"Siboney", 15
Silva, Alfredo José da *ver* Alf, Johnny
Silva, Anisio, 181, 187, 240, 278
Silva, Jaime, 243, 267
Silva, Jonas, 53, 55, 60-2, 65-6, 68, 70, 87, 145, 160-1, 189, 230-2, 243, 361
Silva, Milton, 55, 60, 62, 65-6, 68-70, 73
Silva, Orlando, 15-6, 23, 51, 64, 72-5, 145, 148, 156, 165, 189, 272-3, 293, 369
Silva, Walter, 185-6, 316, 327, 364-5, 370-1
Silveira, Orlando, 72
Silver, Horace, 283
Silvino Neto, 51
Silvino, Paulo, 51
Simonal, Wilson, 277, 303, 307, 358-9, 370, 392
"Sina de caboclo", 343, 346
Sinatra Jr., Frank, 412
Sinatra, Frank, 30-45, 47-9, 51, 54, 56, 58, 64, 88, 93, 98, 103, 128, 145, 170, 245, 284, 299, 308, 393, 396, 404-5, 409-16
"Sinceridade", 65
"Sinfonia da alvorada", 275, 294
Sinfonia do Rio de Janeiro, 97, 119

"Sinfonia do Rio de Janeiro", 95-6, 132, 156, 360
Singery, Irene, 235
Sirotsky, Maurício, 329
Sivuca, 196
Smith, Jimmy, 389
"Só danço samba", 306, 310
"Só em teus braços", 216, 247
"Só por amor", 301
"Só saudade", 202
"Só tinha de ser com você", 362, 387
Soares, Claudette, 169, 256, 264, 277, 312, 358, 360-2, 364, 389
Soares, Elza, 262-3
Soares, Jô, 35-6
Sófocles, 366
"Sol nascerá, O", 341
"Solamente una vez", 387
Soledade, Paulo, 103, 113, 364
"Solidão" (Dolores Duran), 104
"Solidão" (Tom Jobim), 141, 164
"Some of these days", 155
Sondheim, Stephen, 386
Songs for young lovers, 404
"Sonhando contigo", 240
"Sonho de Maria", 352
"Sorriu para mim", 153
"Southern scandal", 47
Souza, Carlos Alberto de, 245
Souza, Carlos Monteiro de, 261
Souza, Raul de, 283, 403

"Spaniard that blighted my life, The", 41
"Splish splash", 402
Stafford, Jo, 34, 54
Stálin, Josef, 403
Starlighters, 51, 54
"Stella by starlight", 42
Stockhausen, Karlheinz, 182
Stockler, João, 103
Stordahl, Axel, 31, 245
"Strangers in the night", 410
Stravinsky, Igor, 46, 361
Streisand, Barbra, 368
"Sucedeu assim", 222
Sued, Ibrahim, 120, 240, 290
Suero, Orlando, 327
"Suicídio", 128
Surdi, Letícia, 306
Surfboard, 336
"Surfboard", 387
Swing easy, 404

"Taça do Mundo é nossa, A", 181
Taiguara, 361, 364
Tamba Trio, 44, 284, 289, 291, 304, 312, 314, 317, 321, 336, 338, 371-2
"Tangerine", 69
"Tannhäuser", 102
Tapajós, Haroldo, 119
Tavares, Heckel, 275
Tavares, Marly, 306, 358
Tavares, Odorico, 64
Taylor, Creed, 331-3, 354, 376, 388-9, 393
Taylor, Elizabeth, 304

Taylor, Robert, 30
Tebaldi, Renata, 366
Teixeira, Humberto, 58, 236
Teixeira, Neuza, 243
Teixeira, Patrício, 126-7
"Telefone", 359, 375
Telles, Luiz, 83-4, 138-43, 158, 161-2
Telles, Mario, 70-1, 108, 146, 152, 158, 289, 359, 383
Telles, *seu* Paulo, 71-2, 110
Telles, Sylvinha, 69-72, 78, 93, 100-1, 104, 108-12, 124, 128, 146, 156-8, 161-2, 187-8, 199-202, 216-7, 220-1, 223-6, 228, 233-4, 250, 252, 256, 265, 288-9, 304, 308, 317, 321, 329, 334-5, 344, 363-4, 367-9, 404, 413
"Tempo de amor", 301
"Tempo feliz", 407
"Tenderly", 32-3, 192
Tenório Jr., 284, 338
"Teresa da praia", 97, 99, 191
Teresinha, 347
"Terra de ninguém", 352, 362
"Tetê", 285, 387
"That old black magic", 222
"That old feeling", 38
Thedim, Cesar, 306
"There'll never be another you", 244
Thielemans, Toots, 406
Thiré, Carlos, 244-5
"Three bears, The", 55

ÍNDICE REMISSIVO

Tião Neto, 283-4, 342-3, 355-6, 372, 383, 395, 397, 403
"Tico-tico no fubá", 46
Tijuana Brass, 395
Tinhorão, José Ramos, 326-7, 340, 353
Tinoca, d., 126, 233
Tita, 392
Titulares do Ritmo, 56, 181, 185
Tjader, Cal, 298-9
Tocantins, Os, 56
Toledo, Ary, 403
Toledo, Maria Helena, 333, 391, 393, 403
Toledo, Rosana, 262, 277
Tonico e Tinoco, 400
Toninho (pianista), 284
"Too marvelous for words", 52, 385
Toquinho, 119, 364, 408
Tormé, Mel, 33-4, 54, 64
Tracy, Spencer, 111
Trenet, Charles, 15
"Trenzinho", 293
Três Marias, As, 68
"Trevo de quatro folhas", 215, 242, 248
Trio de Ouro, 15-6
Trio Irakitan, 123, 127, 133, 163, 181, 262, 287
Trio Nagô, 56
Trio Penumbra, 110
Tristano, Lennie, 39, 93
"Tristeza de nós dois", 387
"Trolley song, The", 382
Trovadores, Os, 56
Truman, Harry S., 40
"Tu e eu", 112
Tuca, 364

"Tudo de você", 353
Turma da Bossa Nova, A, 257
"Tutu marambaia", 295

"Upa Neguinho", 352
Utereker, John, 377

"Vaca, A", 267
Vadico (Oswaldo Gogliano), 114, 128, 231
Vaga-Lumes do Luar, 55-6
Vagamente, 350
Valdir, 57
Vale, João do, 343, 346-8
Valente, Assis, 83-4
Valle, Marcos, 196, 351-2, 362, 364, 383, 385, 387-8, 392, 396, 404, 416
Valle, Paulo Sergio, 268, 387
"Valsa de 'Porto das Caixas'", 387
"Valsa de Orfeu", 121
"Valsa de uma cidade", 88
Valzinho, 128, 201
"Vamos pranchar", 353, 387
Vandré, Geraldo, 338, 351, 364, 370, 383, 399, 402
Vargas, Getulio, 91, 99, 403
Vasconcellos, Dora, 321, 325, 327
Vasconcellos, José, 154
Vasconcellos, Marcos, 197
Vaughan, Sarah, 53-4, 64, 93, 265, 313-4
Vavá, 19
Velazquez, Consuelo, 381
Velho Januário, 196
Veloso, Caetano, 382

"Vem cá, Bitu", 46
Vermelho, Alcyr Pires, 78
Viana Filho, Oduvaldo, 258, 346
Viana, Alípio, 25
Viana, Jovino, 25
Viana, Yulo, 25
Vianna, Antonio Moniz, 118
Vidal, 94, 97
Vilar, Leo, 242
Villa-Lobos, Heitor, 90, 113, 301, 361
Villarim, Inaldo, 55
Villela, César, 336
"Vingança", 128
Vinhas, Luiz Carlos, 131, 220-1, 225-6, 233-4, 264, 269, 284, 289, 291, 359, 372
"23°N-83°W", 299
"Viola enluarada", 353
Viva a brotolândia, 357
Vivinha, 19
Vladimir, 378
Vocalistas Tropicais, 56, 231
"Você e eu", 294, 296
"Você esteve com meu bem?", 77-9, 178
"Você", 387
"Vocezinha", 231
Von Stuckart, barão, 234
"Vous qui passez sans me voir", 355

Wagner, Richard, 102
Wainer, Samuel, 87, 117, 126, 207
Waller, Fats, 389
Wander, Silvio, 45

Wanderléa, 357
Wanderley, Walter, 292-3, 338, 364, 372, 388-9, 393, 403
Warwick, Dionne, 408
"Wave", 406
Weather Report, 399
Webster, Paul Francis, 391
Weissmuller, Johnny, 412
Welding, Pete, 354
Welles, Orson, 118
"What is this thing called love", 54
Williams, Andy, 354, 372
Williams, Esther, 77
Wilson, Earl, 412

Wilson, Jack, 354
Wonderful world of Antonio Carlos Jobim, The, 409
Woods, Harry, 242
Wright, Bob, 413

Yáconis, Cleide, 259
Yogi, Maharishi Mahesh, 412
"You belong to my heart", 387
"You better go now", 222
"You never say 'never' again", 66
Youmans, Vincent, 59
"Ypseee-I-O", 387

Zama, Caetano, 264, 317, 321, 323, 328
"Zambi", 352
Zan, Mario, 196
Zapalla, dr., 356
"Zarathustra", 393
Zé Carioca, 105, 386
Zé da Zilda, 208
Zeca, d., 37, 43
"Zelão", 321, 327-8
Zica, d., 347
Zimbo Trio, 273, 338, 363-4, 370, 372
Zingg, David Drew, 331
"Zip-a-dee-doo-dah", 387

RUY CASTRO NA COMPANHIA DAS LETRAS

BIOGRAFIA, HISTÓRIA E ENSAIO

Chega de saudade: A história e as histórias da Bossa Nova (1990)
O anjo pornográfico: A vida de Nelson Rodrigues (1992) — Prêmio Nestlé de Literatura
Estrela solitária: Um brasileiro chamado Garrincha (1995) — Prêmio Jabuti de Livro do Ano
Ela é carioca: Uma enciclopédia de Ipanema (1999)
A onda que se ergueu no mar: Novos mergulhos na Bossa Nova (2001)
Carnaval no fogo: Crônica de uma cidade excitante demais (2003)
Carmen: Uma biografia (2005) — Prêmio Jabuti de Livro do Ano
O vermelho e o negro: Pequena grande história do Flamengo (2012)
A noite do meu bem: A história e as histórias do samba-canção (2015) — Prêmio da APCA de Livro do Ano
Metrópole à beira-mar: O Rio moderno dos anos 20 (2019)
A vida por escrito: Ciência e arte da biografia (2022)

PERFIL, CRÍTICA E CRÔNICA

Saudades do século 20 (1994)
Um filme é para sempre: 60 artigos sobre cinema (2006)
Tempestade de ritmos: Jazz e música popular no século XX (2007)
O leitor apaixonado: Prazeres à luz do abajur (2009) — Prêmio Jabuti de Reportagem
Crônicas para ler na escola (2010)
Terramarear: Peripécias de dois turistas culturais (com Heloisa Seixas) (2011)
Trêfego e peralta: 50 textos deliciosamente incorretos (2017)

FICÇÃO
Bilac vê estrelas (2000)

O pai que era mãe (2001)
Era no tempo do rei: Um romance da chegada da Corte (2007)
Os perigos do imperador: Um romance do Segundo Reinado (2022) — Prêmio Jabuti de Romance Literário

HUMOR
Mau humor: Uma antologia definitiva de frases venenosas (2002)
Amestrando orgasmos: Bípedes, quadrúpedes e outras fixações animais (2004)

EDIÇÃO E ORGANIZAÇÃO
A vida como ela é..., de Nelson Rodrigues (1992)
O casamento, de Nelson Rodrigues (1992)
O óbvio ululante: Primeiras confissões, de Nelson Rodrigues (1993)
À sombra das chuteiras imortais: Crônicas de futebol, de Nelson Rodrigues (1993)
A coroa de orquídeas e outros contos de "A vida como ela é...", de Nelson Rodrigues (1993)
A menina sem estrela: Memórias, de Nelson Rodrigues (1993)
Asfalto selvagem: Engraçadinha, seus amores e seus pecados, de Nelson Rodrigues (1994)
O sapo de Arubinha: Os anos de sonho do futebol brasileiro, de Mario Filho (1994)
A pátria em chuteiras: Novas crônicas de futebol, de Nelson Rodrigues (1994)
A cabra vadia: Novas confissões, de Nelson Rodrigues (1995)
O reacionário: Memórias e confissões, de Nelson Rodrigues (1995)
O remador de "Ben-Hur": Confissões culturais, de Nelson Rodrigues (1996)
Uma pulga na camisola: O máximo de Max Nunes (1996)
O pescoço da girafa: Pílulas de humor por Max Nunes (1997)
Flor de obsessão: As 1000 melhores frases de Nelson Rodrigues (1997)
Um filme é um filme: O cinema de vanguarda dos anos 60, de José Lino Grünewald (2001)
Querido poeta: Correspondência de Vinicius de Moraes (2003)
Um filme por dia: Crítica de choque (1946-1973), de A. Moniz Vianna (2004)
As vozes da metrópole: Uma antologia do Rio dos anos 20 (2021)

TRADUÇÕES
Big loira e outras histórias de Nova York, de Dorothy Parker (1987)
O livro dos insultos, de H. L. Mencken (1988)
Alice no país das maravilhas, de Lewis Carroll (1993)
Frankenstein, de Mary Shelley (1994)
24 contos, de F. Scott Fitzgerald (2004)
Alice através do espelho... e o que ela encontrou lá, de Lewis Carroll (2023)

1ª EDIÇÃO [1990] 2 reimpressões
2ª EDIÇÃO [1991] 11 reimpressões
3ª EDIÇÃO [2003] 8 reimpressões
4ª EDIÇÃO [2016] 6 reimpressões

ESTA OBRA FOI COMPOSTA POR ACOMTE
EM PALATINO E IMPRESSA PELA GRÁFICA SANTA MARTA
EM OFSETE SOBRE PAPEL PÓLEN DA SUZANO S.A.
PARA A EDITORA SCHWARCZ EM ABRIL DE 2024

A marca FSC® é a garantia de que a madeira utilizada na fabricação do papel deste livro provém de florestas que foram gerenciadas de maneira ambientalmente correta, socialmente justa e economicamente viável, além de outras fontes de origem controlada.